◎ 高等院校经济与管理核心课经典系列教材 ◎
国际经济与贸易专业

国际经济合作教程

INTERNATIONAL ECONOMIC COOPERATION

（第五版）

卢进勇 杜奇华 李 锋 ◎ 主 编

首都经济贸易大学出版社
Capital University of Economics and Business Press
·北 京·

图书在版编目(CIP)数据

国际经济合作教程/卢进勇,杜奇华,李锋主编.--5版.--北京:首都经济贸易大学出版社,2019.9

ISBN 978-7-5638-2959-0

Ⅰ.①国… Ⅱ.①卢… ②杜… ③李… Ⅲ.①国际合作—经济合作—高等学校—教材 Ⅳ.①F114.4

中国版本图书馆 CIP 数据核字(2019)第153253号

国际经济合作教程(第五版)
卢进勇 杜奇华 李 锋 主编
GUOJI JINGJI HEZUO JIAOCHENG

责任编辑 田玉春
封面设计 砚祥志远·激光照排 TEL: 010-65976003
出版发行 首都经济贸易大学出版社
地　　址 北京市朝阳区红庙(邮编 100026)
电　　话 (010)65976483 65065761 65071505(传真)
网　　址 http://www.sjmcb.com
E-mail publish@cueb.edu.cn
经　　销 全国新华书店
照　　排 北京砚祥志远激光照排技术有限公司
印　　刷 北京市泰锐印刷有限责任公司
开　　本 710毫米×1000毫米 1/16
字　　数 536千字
印　　张 30.5
版　　次 2006年4月第1版 2009年7月第2版
2012年8月第3版 2016年1月第4版
2019年9月第5版 2019年9月总第11次印刷
印　　数 47 001~51 000
书　　号 ISBN 978-7-5638-2959-0/F·1615
定　　价 55.00元

第五版前言

《国际经济合作教程》自 2016 年出版第四版以来，受到了更多教师、学生和读者的欢迎，发行量突破四万册，成为国际经济合作领域的品牌教材。在经济全球化的大背景下，随着中国“走出去”战略和“一带一路”倡议的深入推进，社会各界都迫切希望掌握国际经济合作领域的业务知识和发展态势。本书系统地介绍了国际经济合作领域的知识体系，并结合最新发展进行了第五版的修订。

与第四版相比，第五版在内容上做了以下几个方面的修改和充实：第一，对各类国际经济合作业务的发展动态与数据进行了更新，通过最新数据和具体事实体现了近几年国际经济合作业务的发展变化。第二，对部分案例进行修订、删减或替换，力求案例的准确性和时效性。第三，修订了书中涉及的政策法规，结合近几年国际经济合作领域的相关改革进行政策法规的更新与充实，尤其是国际投资新规则和国内涉外投资体制改革等方面。

本书第五版的修订工作由对外经贸大学卢进勇教授总体负责，具体修订工作由外交学院李锋副教授承担。各章节编写与修订的分工是：卢进勇（对外经贸大学）负责第一章、第十二章和第十三章，卢进勇和李锋（外交学院）负责第二章、第三章、

第四章和第五章，杜奇华（对外经贸大学）负责第六章、第七章、第九章和第十章，杜奇华和李锋负责第八章和第十一章。首都经贸大学出版社田玉春主任对本书第五版的出版给予了大力支持，我们愿借此机会表示诚挚的谢意！在第五版编写与修订过程中，对外经贸大学的裴秋蕊、杨杰、郭凌威、王光等参与了部分案例资料的收集和编写工作，在此表示感谢！尽管进行了新的修改和补充，但书中仍难免存在错误或不准确的地方，敬请广大读者批评指正，以便今后再次修订时更改。

作　者

2019年5月

目　录

第一章 国际经济合作总论

Introduction to International Economic Cooperation

第二次世界大战以后，随着科学技术的发展和国际分工的深化，作为一种新型的国际经济交往方式，国际经济合作开始出现并取得了迅速发展。当前，国际经济合作已成为国家间经济交往的重要内容之一，它有力地推动了参与合作国家国民经济的增长和整个世界经济的发展。本章首先论述了国际经济合作的概念与含义，然后对国际经济合作的类型与方式、国际经济合作产生的原因和发展趋势进行了分析，同时还分析了开展国际经济合作所能起到的作用，最后阐述了生产要素的国际流动与国际经济合作的内在联系以及围绕生产要素国际流动方面的一些其他问题。通过本章的学习，学生可以对国际经济合作的基本概念和理论有一个概括性的了解，从而为后面的学习打下良好的基础。

学习要点

Since the World War II, with the development of science & technology and the deepening of international labor division, International Economic Cooperation has emerged and quickly developed as a new method of international economic communication. International Economic Cooperation now plays a critical role in international communication and significantly pushes the economic growth of participating countries as well as the whole world. This chapter firstly introduces the definition of International Economic Cooperation, and then focuses on its types, patterns, causes, trends and significances. At the end it illustrates the internal relationship between the flow of factors of production and International Economic Cooperation as well as some relevant questions. By studying this chapter, students are expected to get a general idea about the concept and theories concerning International Economic Cooperation, so to lay a sound foundation for future studies.

第一节　国际经济合作的概念

一、国际经济合作的概念

国际经济合作是指世界上不同国家(地区)政府、国际经济组织和超越国家界限的自然人与法人为了共同利益,在生产领域和流通领域(侧重生产领域)内所进行的以生产要素的国际流动和重新合理组合配置为主要内容的较长期的经济协作活动。

国际经济合作与世界经济、国际贸易等相关学科一样,也是研究国际经济关系的学科之一,但各自研究的重点不同。国际经济合作着重研究国家间在生产领域所进行的经济协作活动,即发生在生产领域中的以生产要素国际流动为本质内容的经济关系的特点和规律。

二、国际经济合作的含义

根据上述定义,我们可以看出,国际经济合作具有以下几个方面的含义:

第一,国际经济合作的主体是不同国家(地区)政府、国际经济组织和各国的企业与个人。它们之间的合作超越国界,不同于国内各地区间的自然人、法人(企业或经济组织)和各级政府的经济协作。国际经济合作所涉及的政治风险、文化背景、国家法律、管理条件等都远比国内地区间经济协作复杂。

第二,开展国际经济合作的基本原则是平等互利。在国际经济合作过程中,不论国家(地区)大小强弱,企业规模如何,它们的地位是平等的,都有权利享受合作的利益。因此,国际经济合作不同于历史上宗主国对殖民地附属国的掠夺、侵略与剥削,也有别于在不平等条约下国与国之间、国家与地区之间的经济活动,它是随着殖民体系全面崩溃而发展起来的新的经济范畴。

第三,国际经济合作的范围主要是生产领域。随着科学技术和生产力的发展,国家间的经济联系不断加强,经济全球化的趋势日益明显。过去的那种仅仅发生在流通领域的国际经济联系方式已经不能完全适应科技进步和生产力发展的需要了,现代化的大生产要求在全球范围内实现生产资源和要素的最优配置,以取得最佳的经济效益。国际经济合作就是这种要求在经济领域的反映。

第四,国际经济合作的主要内容是不同国家生产要素的优化组合与配置。由于各国的自然条件和经济发展水平不同,各国所拥有的生产要素存在着一定的差异,包括质量和数量上的差异,只有将不同国家占有的优势生产要素结合起来,才能更快地发展经济。通过国际经济合作,各国可以输入自己经济发展所必需而又稀缺的各种生产要素,输出自己具有优势或者多余的生产要素,从而实现生产要素的优化组合,使各国的生产要素充分发挥作用,优势互补,推动各国生产力的发展。

第五,国际经济合作是较长期的经济协作活动。传统的国际贸易活动一般都是就某些商品的交易进行磋商,达成协议并签订合同后,卖方负责备货交货,买方验收付款,货款两讫后,买卖双方的权利与义务即告结束,合同即告终止,此笔交易也告完成。每笔交易持续的期限一般都不长。国际经济合作要求合作各方建立一种长期、稳定的协作关系,共同开展某些经济活动,因此,国际经济合作活动的周期一般比较长,有些项目的合作周期可能长达数十年。而且,国际经济合作的方式也比国际贸易更为灵活多样。由于合作的时间长,一般来讲其风险比较大。

第二节　国际经济合作的类型与方式

一、国际经济合作的类型

国际经济合作的内容十分丰富,从不同的角度着眼,可以把国际经济合作划分成不同的类型。目前,人们一般认为国际经济合作应包括以下几种类型。

(一)广义的国际经济合作与狭义的国际经济合作

广义的国际经济合作是指除国际贸易以外的国际经济协作活动。狭义的国际经济合作则仅指国际工程承包与劳务合作和对外经济援助。我们着重研究的是广义的国际经济合作。

(二)宏观国际经济合作与微观国际经济合作

宏观国际经济合作是指不同国家(地区)政府之间以及不同国家(地区)政府同国际经济组织之间通过一定的方式开展的经济合作活动。微观国际经济合作是指不同国籍的自然人和法人之间通过一定方式开展的经济活动,其中主要是指不同国家的企业或公司间的经济合作活动。宏观国际经济合作对微观国际经济合作的主体、范围、规模和性质有较大的影响,但宏观国际经济合作服务于微观国际经济合作,多数形式的宏观国际经济合作最终都要落实到微观国际经济合作上来,微观国际经济合作是宏观国际经济合作的基础。

(三)多边国际经济合作与双边国际经济合作

多边国际经济合作是两个以上的国家(地区)政府之间以及一国(一个地

区)政府与国际经济组织之间所进行的经济合作活动。多边国际经济合作又可分为全球多边与区域多边两种具体类型。双边国际经济合作是指两国(地区)政府之间进行的经济合作活动。多边国际经济合作与双边国际经济合作一般都属于宏观国际经济合作的范围。

(四)垂直型国际经济合作与水平型国际经济合作

垂直型国际经济合作是指经济发展水平差距较大的国家(地区)之间所开展的经济合作活动。水平型国际经济合作则是指经济发展水平较接近的国家(地区)之间所开展的经济合作活动。垂直型或水平型国际经济合作一般都包括宏观与微观的国际经济合作。

二、国际经济合作的方式

国际经济合作的内容十分丰富,方式多种多样,主要的方式有以下几种。

(一)国际工程承包

国际工程承包的具体形式包括总包、单独承包、分包、二包、联合承包和合作承包等。国际工程承包业务涉及的范围比较宽,不仅涵盖工程设计和工程施工,还包括技术转让、设备供应与安装、资金提供、人员培训、技术指导和经营管理等。

(二)国际劳务合作

国际劳务合作主要包括直接境外形式的劳务合作和间接境内形式的劳务合作。其具体形式有劳务人员(劳动力)的直接输出和输入、国际旅游、国际咨询、服务外包以及加工贸易中的一些业务环节等。

(三)国际技术合作

国际技术合作包括有偿转让和无偿转让两个方面。有偿转让主要指国际技术贸易,国际技术贸易所采取的形式有许可证贸易(分为专利、商标和专有技术许可等),技术服务,合作生产或合资经营中的技术转让,工程承包或补偿贸易中的技术转让等。无偿转让一般以科技交流和技术援助的形式出现。

(四)国际发展援助

国际发展援助主要包括对外援助和接受国外援助两个方面,具体形式有财政援助、技术援助、项目援助、方案援助、智力援助、成套项目援助、优惠贷款、援外合资合作等方式。

（五）国际直接投资

国际直接投资包括一个国家引进的其他国家的直接投资和在其他国家进行的直接投资，其具体方式有合资企业、合作企业、外资企业、外商投资股份有限公司、合作开发、境外投资企业、境外加工贸易企业、境外研发中心、境外并购、非股权投资等。

（六）国际间接投资

国际间接投资主要是指国际证券投资，具体形式包括债券、股票、基金投资以及风险投资等。

（七）其他方式

除以上国际经济合作方式外，其他方式包括双边与多边（分全球多边和区域多边）经贸合作，国际经济政策的协调与合作，国际土地合作（具体有对外土地出售、土地出租、土地有偿定期转让、土地入股、土地合作开发等），国际经济信息合作，国际经济管理合作等。

第三节　国际经济合作的产生与发展

一、国际经济合作是一个历史性的经济范畴

国际经济合作是在传统国际经济联系形式的基础上产生和发展起来的，是国际经济关系在一定历史条件下的存在方式。所以，国际经济合作是一个历史性的经济范畴，它的产生与发展有着深刻的经济、科技和社会历史原因。

在第二次世界大战以前传统的国际分工格局中，商品贸易是国际经济联系最主要的形式，国际生产要素直接转移的地位并不重要。各国所具有的生产要素优势主要以商品贸易为中间载体和媒介进行间接转移，即由各国发展具备相对优势商品的生产，向其他国家出口这种商品，同时进口本国处于相对劣势的商品。在这种国际分工状况下，各国的生产要素主要是在国内进行直接的自由流动，而在各国之间没有实现完全直接地自由转移。因此，第二次世界大战以前，国际经济合作只是处于萌芽状态。

第二次世界大战后，国际经济联系发生了一系列变化，出现了一些新的联系形式，各国在更广泛的领域内进行合作，以国际生产要素转移为主要内容的国际经济合作活动已发展成为当代世界经济和国际经济关系中一个非常重要的领域。真正意义上的国际经济合作是第二次世界大战以后产生和发展起来

的。其主要动因有以下几个方面。

(一)第三次科学技术革命的出现

随着第三次科学技术革命成果在生产中的广泛运用,大量“技术密集型”产品出现。而且,技术商品化的形成,又导致了新的独立的生产要素市场——技术市场的出现。在资本、劳动力、土地资源等其他生产要素中,技术的作用越来越明显,科学技术成为影响一国生产力水平的最重要因素。第三次科学技术革命对国际生产、国际通信和国际运输产生了深远的影响,使国家(地区)之间在生产领域进行广泛合作成为可能,为生产要素在国家(地区)间直接转移和重新组合配置提供了必要条件和实际内容。因此,第三次科技革命的出现是国际经济合作在第二次世界大战(以下简称“二战”)后产生与发展的直接动因。

(二)跨国公司的大发展

第二次世界大战以后,跨国公司取得了长足的发展。跨国公司与其子公司、分公司之间以及与其他国家的企业之间的生产投资和经济技术活动日益发展,经济活动范围遍及全世界。跨国公司的活动有力地促进了各国在生产领域的合作,促进了生产领域的国际化,它们是开展国际经济合作和生产要素国际流动的一个重要主体。

(三)战后国际分工的新变化

国际分工是国际经济关系的具体体现。第二次世界大战以后,世界经济进入了一个全新的发展阶段,国际分工有了新的发展,出现了一些新的特征:

第一,国际分工产生的基础发生了变化。二战前,国际分工产生的基础主要是自然条件,而二战后,尽管自然条件对国际分工仍有重要影响,但国际分工产生的主要基础已经变为科学技术水平和由此决定的一国的综合竞争力。

第二,国际分工的地域和范围不断扩大。由于国家(地区)间的经济联系进一步加强,几乎所有的国家和地区都被纳入当代世界经济的体系中来,自觉不自觉地参与了国际分工。

第三,国际分工的深度进一步发展。二战后,国际分工已由部门间发展到部门内和公司内,而且还出现了国与国之间在不同产品、不同零部件和不同生产工艺流程方面的分工,即实现了按产品、按规格型号、按零部件、按生产工艺流程的国际分工。各国的直接生产过程成为统一的世界生产过程的组成部分。与此相适应,各类生产要素不断在国家间转移并重新组合配置,出现了各国在生产领域进行国际商务合作的各种方式。

第四,混合型国际分工成为国际分工的主要类型。二战后,虽然垂直型和水平型国际分工都存在，但居于主导地位的是二者结合而成的混合型国际分工。

第五，国际分工的性质也发生了改变。由于二战后世界政治经济格局发生了重大变化，广大发展中国家纷纷独立，所以，战后国际分工的性质也由战前那种基本上不平等的分工变成了基本上平等的分工。

（四）经济生活国际化和国家（地区）间相互依赖程度的加强

进入20世纪50年代以后，世界经济的一个重大特点就是经济生活国际化趋势和相互依赖关系的迅速发展与加强。经济生活国际化是生产力发展的直接结果，是世界各国（地区）经济生活社会化和生产的专业化协作发展超越本国界限而实行国际安排的表现。正是生产力这一最活跃、最革命因素的不断发展，推动生产的社会化越过了一个地区、一个国家，进而把现代社会的整个经济生活推向了国际化。经济生活国际化具体表现在生产国际化、市场国际化、资本国际化、金融国际化、科技国际化和经济调节国际化等方面。经济生活国际化不仅强化了国家之间在经济技术领域的相互依赖，使全球经济日益融合为一个难以分割的整体，而且也使国家之间在经济协调领域的相互依赖加深。任何国家都不可能在封闭状态下求得发展，任何国家的经济活动必然会以某种渠道或某种方式“传递”到其他国家，同时也接受其他国家对自己“传递”的影响。近年来，经济生活国际化进一步发展到经济全球化，各种商品和生产要素在全球范围内大规模流动与配置，跨越国界的经济活动日益增加，各国经济在各个层面上进一步相互渗透、融合与依存。经济生活国际化和国家间经济依赖的加强，成为当代世界经济发展的主要趋势之一，也是推动国际经济合作发展的一个重要动因。

二、国际经济合作的发展趋势

国际经济合作的开展，能够推动各国经济的发展和人民福利水平的提高，并能在某些方面发挥国际贸易难以起到的作用，这已是越来越多的国家的共识。国际生产要素市场的状况也会对国际经济合作的开展产生一定的影响。国际经济合作今后主要的发展趋势是：

第一，竞争更加激烈。国际经济合作领域同国际贸易领域一样存在着激烈的竞争，今后这种竞争将呈现加强的势头：在资本要素市场上现在是买方竞争，众多的国家（地区）都在为吸引更多的资本流入本国（本地区）而想方设法；在劳动力要素市场上则是卖方竞争，劳动力输出国之间为争夺劳务市场而展开的竞争丝毫不亚于为争夺有形商品市场而展开的竞争。

第二，集团化趋势更加明显。由于生产要素移动趋向集团化，各经济集团内国家之间以及经济集团与经济集团之间的经济合作业务将会有较多的增加。国际经济合作中出现的集团化趋势,实际上是发达国家之间经济合作加强的表现,因为目前发展层次较高的区域经济一体化经济集团主要集中在发达资本主义国家。

第三,经济合作形式多样化。形式是为内容服务的,国际经济合作形式将随着国际经济合作业务内容的发展而不断多样化。近年来在国际经济合作中出现的新的形式主要有:非股权形式的国际投资,BOT 投资方式,联合研究与开发新技术或新产品,带资承包工程,带资移民,劳务支付形式的补偿贸易,对外加工装配等形式的境内国际劳务合作,跨国性经济特区等。

第四,经济政策协调经常化、制度化。国际经济政策的协调属于宏观国际经济合作。国与国之间经济依赖性的加强以及为保障和推动生产要素国际流动更顺利地进行,需要加强国际经济政策协调。现在,世界贸易组织(以下简称WTO)成员之间、八国集团之间、欧盟成员国之间、发展中国家之间以及在联合国内进行的发达国家与发展中国家之间的经济政策协调日趋频繁,并且正在向定期化和制度化方向发展。

三、国际经济合作的意义和作用

国际经济合作的开展,打破了以商品贸易为主的国际经济交往格局,为国际经济联系增添了新的内容。国际经济合作的开展,不仅会对直接参加合作的各国(各地区)的经济起到积极作用,而且也会对整个世界经济的发展产生良好的影响。

(一)国际经济合作加深了各国生产的国际化和经济的国际化

由于国际经济合作是各国间重点在生产领域开展的较长期的经济协作活动,也是各国在生产领域的相互结合,即生产的直接国际化,这就大大扩展了生产力发展的空间和余地,使世界经济由传统的以世界市场为主要特征的时代,演变成以世界工厂为主要特征的时代。

(二)国际经济合作提高了要素的使用效率和要素收益

生产要素由闲置或过剩的国家流向短缺的国家,由价格低、报酬低的国家流向价格高、报酬高的国家,实际上也就是由使用效率低的国家流向使用效率高的国家,这样可以提高要素的使用效率和收益。一个国家(地区)可以通过输出本国(本地区)相对充裕或处于闲置或半闲置状态的生产要素而为本国(本地区)带来比较利益和绝对利益。

（三）国际经济合作直接实现了各国之间在生产要素数量、质量和种类方面的互补

通过国际经济合作，能够实现各国间在生产要素方面的互通有无，能够促进生产要素的国际优化配置，使各国获得在生产中所必需但又缺少的生产要素，使各个国家的经济发展能够突破本国生产要素禀赋的局限性。例如，某种产品生产需要 A 和 B 两种生产要素。如果甲国拥有较多的 A 生产要素而不具备 B 生产要素，乙国拥有较多的 B 生产要素而不具备 A 生产要素，在不存在生产要素流动的条件下，甲、乙两国都不具有生产该种产品的能力。而通过国际贸易，甲、乙两国是不能生产该种产品的，只有当甲、乙两国开展国际经济合作，即甲国从乙国流入 B 生产要素，乙国从甲国流入 A 生产要素的时候，甲、乙两国才都具备了该种产品的现实生产能力。通过开展国际经济合作，输入本国稀缺的生产要素，实现生产要素的国际集合，可以为各国进行规模经济生产创造条件。规模经济的发展可以提高劳动生产率、降低产品的生产成本、扩大产品的销售市场，使产品的质量和竞争力提高，从而获得规模经济效益。

（四）国际经济合作促使生产要素价格在世界范围内出现均等化的趋势

根据赫克歇尔—俄林—萨缪尔森定理（简称 H-O-S 定理），如果各国都以自己的要素禀赋比率和要素价格比率的差距为基础来进行商品的生产和贸易，其结果将会使贸易前相对充裕的要素价格上升，使贸易前相对稀缺的要素价格下跌，从而逐渐地达到要素价格的国际均等化，这是分析各国之间若进行自由贸易、进行以进出口商品为载体的要素的间接移动所导致的结果。进行生产要素的直接移动更会导致生产要素的价格在世界范围出现均等化的趋势，但是，这仅仅是一个趋势，要达到各国之间要素价格的完全均等化是可望而不可即的，这是因为各国政府会对要素的国际流动进行或多或少的限制，况且市场上的要素价格也因各种因素的影响而不停变动。

（五）国际经济合作将扩大国际贸易的数量和范围，影响和改变国际贸易的流向

从动态和实际业务工作的角度来看，生产要素的国际流动将给国际贸易带来多方面的积极影响：其一，资本和技术要素的国际流动会导致机器设备和原材料等资本货物类商品的国际贸易的增加；其二，一国把从国外输入的生产要素投入出口产品生产企业或出口产业部门，会推动该国出口贸易的扩大；其三，国际工程承包业务的开展会带动和扩大与此相关的设备材料等商品的进出口；

其四,生产要素国际流动数量的增加还意味着世界服务贸易(无形贸易)规模的扩大。另外,生产要素的国际流动,特别是以直接投资形式出现的资本要素的国际流动,可以突破贸易保护主义的限制,实现国外生产国外销售,从而使国际贸易的商品流向发生改变。

(六)国际经济合作有助于参与各方调整其产业结构,改变在国际分工中承担的角色

生产要素的国际流动会导致某些出口产业的国际转移和某些替代进口产业的加速建立,改变一些国家和地区参加国际分工的态势。众所周知,劳动密集型出口产业总是呈现出从劳动费用高的国家向劳动费用低的国家进行"候鸟式"转移的特征。20世纪50年代,劳动密集型产业由欧美转移到日本,60年代开始转移到亚洲"四小龙",80年代移向泰国、马来西亚等东盟国家和中国东南沿海地区。近年来,日本等发达国家开始向国外转移一些资本密集型的产业。任何产业的国际转移都包含着一部分资金、技术等生产要素的国际转移,也就是说,它们是通过生产要素的国际流动实现的。随着出口产业的国际转移,必然会使相关国家的出口产业结构、出口企业组织结构和出口商品结构发生变化,从而改变这些国家在国际分工中的地位。从另一个角度来看,一个国家要加速本国进口替代产业的发展,就必须采用开放式的进口替代发展战略,通过输入国外的生产要素,促进本国进口替代产业与产品的发展,从而实现本国产业结构的高级化和现代化。

(七)国家间的经济协调行动为世界各国经济发展提供了良好的外部条件

国家间在政策方面进行协调,发展区域合作和跨区域合作是战后国际经济合作的重要内容和主要特征之一。第二次世界大战以后,国家间在经济上的协调包括经济发展水平相近或差距较大的国家间的协调,区域性经济组织、跨区域性经济组织所进行的协调等多种形式。国际经济协调有利于克服国际经济的矛盾和纠纷,有利于解决国际经济中的不平衡现象,从而有利于各国之间开展各种形式的国际经济合作。

第四节 生产要素的国际流动与国际经济合作

一、生产要素的概念和种类

从一定的角度来讲,生产要素分析是经济学的一个重要基础。对于如何理

解生产要素这一概念以及生产要素包括哪些主要内容，国内外经济学界存在着不同的看法。较具代表性的观点有五种：

第一种观点认为，生产要素是指用于商品和劳务生产的经济资源，通常分为土地、劳动和资本。

第二种观点认为，生产要素是指用于生产过程的社会资源，通常包括土地、劳动、资本和企业家才能。这个解释与西方经济学教科书的解释基本相同。

第三种观点认为，生产要素是进行物质资料生产所必须具备的条件，即劳动者和生产资料。

第四种观点认为，我国经济学界在研究生产力系统的构成因素时提出的，这种观点认为，生产力因素是社会生产力的细胞形态，是生产力经济学的逻辑起点。但是，在分析生产力具体由哪些因素构成时，却存在着"七要素论"和"九要素论"的争论。"七要素论"认为，生产力的构成因素包括：劳动者、劳动资料、劳动对象、科学技术、生产管理、经济信息和现代教育；"九要素论"则认为生产力的构成因素有九个，即劳动者、生产工具、能源设施、基础设施、材料、科学技术、生产信息、现代教育和生产管理。

最后一种观点是中国经济界在解决企业兼并和产权转让等现实问题时提出的。这种观点认为，生产要素包括人员、资金、土地、固定资产、物资、技术、信息、管理和经营权等。

以上我们分别介绍了中外经济学界对生产要素概念和内容的不同解释。第一种观点提出的是三要素，第二种观点提出的是四要素。这两种观点侧重于从使用价值的创造和具体生产过程的角度来分析生产要素，基本上反映的是西方经济理论界较传统的认识，对二战后提出的新生产要素（人力资本要素、研究与发展要素、规模经济要素和信息要素等）未加以分析概括。第三种观点实际上是我国政治经济学界对生产要素的解释，由于是从人类社会生产最基本和最一般条件的角度所下的定义，所以比较抽象。第四种观点对现代化大生产条件下的生产力构成情况进行的分析虽然比较具体，但对于要素内容的概括过于宽泛，在理论渊源上与第三种观点有一定联系。第五种观点则完全是从实际经济活动的过程来概括生产要素的内容。后三种观点在一定程度上反映了我国经济理论界和实际经济部门对生产要素概念和内容的认识。

借鉴以上几种观点的长处，并结合对国际经济合作实际业务的理论分析，我们认为应当把生产要素定义为：生产要素是指使具体的生产过程得以正常进行所必需的各种物质条件和非物质条件。生产要素通常包括资本、劳动力、技术、土地、经济信息和经济管理等六种。其中：资本是指通过直接和间接形式最终投入产品生产过程的资本货物（指机器设备、厂房建筑物和原材料等）和金融资产（指股票、债券和借款等）；劳动力是指可用于生产过程的一切人力资源，不仅包括体力劳动者也包括脑力劳动者,劳动力与劳动是两个关系密切但又有区别的概念,劳动是劳动力的使用和消费,即人们在生产中付出体力和智力的活动;技术是指制造某项产品、应用某项工艺或提供某项服务的系统知识,技术要素的表现形态可以是文字、表格、数据、配方等有形形态,也可以是实际生产经验、个人的专门技能等无形形态;土地是一个广义的概念,不仅包括土地本身,还包括地下的矿藏和地上的自然资源;经济信息要素是指与产品生产、销售和消费直接相关的消息、情报、数据和知识等,经济信息是经济运动过程中各种发展变化和特征的真实反映,它具有可传递性、可再生性、可处理性、可贮存性和可共享性等特征;经济管理要素又称生产组织要素或企业家才能要素,它是指人们为了生产和生活的需要而对经济活动过程的一种自觉的控制,即通过计划、组织、指挥、监督等手段,使生产过程中的各种生产要素在时间、空间、种类和数量上组成更为合理的结构,实现最佳效益生产,经济管理的主要职能是决策和协调。

二、生产要素分析的历史发展

生产要素理论出现于 20 世纪 30 年代,第二次世界大战以后,这一理论的研究取得了新的突破和进展。当然,生产要素理论的渊源可以追溯到 18 世纪的古典经济学。

(一)绝对成本和比较成本理论中的要素分析

亚当·斯密在 1776 年出版的《关于国民财富的性质和原因的研究》中,提出了作为国际贸易理论第一块基石的“绝对成本说”。按照他的观点,在由两个国家和两种商品构成的所谓“2×2 模型”中,两国各自在一种商品的生产效率上具有优势,而在另一种商品的生产效率上处于劣势,通过商品生产的专业化以及相互间的商品交换,两国皆可获得“绝对利益”。决定商品优劣势所在的根本原因在于各国在商品生产的劳动成本上存在着差异,因而只有能生产出成本绝对低的产品才有可能进行国际交换。显然,“绝对成本说”无法解释下述两个问题:第一,由于各国的生产发展水平不一样,许多生产力水平低下的国家生产不出成本绝对低的产品,但他们仍然可以参加国际贸易;第二,在两种商品的生产上皆具有优势或皆处于劣势的国家是否仍有必要参与国际贸易与获得利益。

1817 年,大卫·李嘉图在其《政治经济学及赋税原理》一书中提出了意义深远的“比较成本说”,该学说在西方国际贸易理论中一直占据着重要地位。这一学说的主要观点是:即使一国在两种商品的生产上皆具备优势或皆处于劣势,也可通过国际生产专业化以及商品交换而获取所谓“比较利益”,即生产和出口优势较大(劣势较小)的商品,进口优势较小(劣势较大)的商品。与“绝对成本说”相同的是,“比较成本说”也把决定商品生产优劣势的基本原因归因于各国在劳动成本方面存在的差异。

绝对成本理论、比较成本理论奠定了自由贸易理论的基础,对以后国际贸易理论的发展具有十分重要的意义。在要素分析上,绝对成本理论与比较成本理论采用的都是单个要素,亦即劳动要素分析法。在假定生产要素不能自由国际流动的前提下,以活劳动消耗的多少来区别成本的差异。李嘉图在其比较成本理论中假定,各国每单位劳动的素质是同一的,各国生产同类产品的生产函数是不同的。两国间劳动量投入与产出的差异来源于各国劳动要素在生产过程中所处的条件差异,因此而导致了同质劳动的不同生产效率。李嘉图当时分析的生产过程中的条件差异主要指自然资源状况方面存在的国别差异。古典经济学家坚持了劳动价值理论,以劳动成本来说明贸易的流向和利益。亚当·斯密和李嘉图在分析劳动成本差异时,都把各国自然资源的差异放在十分重要的地位。

(二)生产要素禀赋理论与里昂惕夫之谜

生产要素禀赋理论是瑞典经济学家赫克歇尔和俄林提出的,人们有时又把该理论称为“赫克歇尔—俄林定理”。他们把国际贸易理论的分析扩大到一个要素以上,并且明确提出生产要素禀赋是国际贸易的基础。生产要素禀赋理论认为:不同的商品需要不同的生产要素比例,而不同国家拥有的生产要素相对来说是不同的,因此,各国应生产那些能密集地利用其较充裕的生产要素的商品,以换取那些需要密集地使用其较稀缺的生产要素的进口商品。俄林《地区间贸易和国际贸易》从区域贸易论及国际贸易,认为由于生产要素供给的差异,供给充裕的要素价格便宜,而稀缺要素的价格昂贵,这样,不同国家生产要素价格的差异,就导致了生产成本的不同,从而导致商品的价格不同,于是产生了贸易的比较利益。要素禀赋论认为,产生比较成本差异的两个前提条件是:两个国生产家的禀赋不一样,不同产品在生产过程中所使用的要素配置不一样。生产要素禀赋理论还包括生产要素价格均等化的内容。由于在前面的阐述中已论及这一问题,所以这里不再赘述。

生产要素禀赋理论为大多数西方经济学家所接受,较长时期以来一直是国际贸易理论的主流学说。但是,随着研究的深入,要素禀赋理论的两点不足逐渐暴露出来:一是它的一些假定与国际贸易的现实不符;二是它基本上采用的是静态分析方法。要克服这两点不足,就需要在研究上有所突破。真正对生产要素禀赋理论构成挑战的是“里昂惕夫之谜”。美国经济学家里昂惕夫于1947年利用美国的投入—产出表对赫克歇尔—俄林定理进行实证研究时,得出了一个与通常见解相反的结果:美国出口劳动密集型产品,进口资本密集型产品。

他根据美国的投入—产出表考察了美国200种产业,特别是其中直接进行对外贸易的产业,比较生产每百万美元的美国出口商品与进口竞争的商品所需的资本和劳动的比率。结果他发现,美国进口替代产品的资本密集程度高于出口产品,而美国出口产品的劳动密集程度大于进口替代产品。换句话说,美国进口的商品是资本密集型产品,而出口的商品是劳动密集型产品,这正与一般公认美国是全世界资本最为丰富的国家,其出口商品应较进口商品资本密集的先入之见相反,表明美国的贸易结构与方向同赫克歇尔—俄林所预测的背道而驰。里昂惕夫在其所著《国内生产和对外贸易:美国资本状况再考察》(1953)一文中公布了这一发现,使美欧国际贸易学界大为震惊,被称为"里昂惕夫之谜"。许多学者对其他国家进行实证研究的结果,有的符合赫克歇尔—俄林定理,有的符合"里昂惕夫之谜"。为回答学术界的评论,里昂惕夫又对此问题做了大量研究,他发表的《生产要素比例与美国贸易结构:进一步的理论和检验分析》(1956)一文所得到的结果仍与前述结论基本相同。为了解开"里昂惕夫之谜",里昂惕夫本人及其他学者曾提出多种相关因素(诸如劳动生产率、人力资本、研究与开发、要素密集度逆转等)进行解释,试图调和赫克歇尔—俄林定理与"里昂惕夫之谜"。正是从这个意义上说,"里昂惕夫之谜"的提出,带动了其他经济学者对国际贸易各种新现象的分析,促进了现代国际贸易理论的创新和对生产要素禀赋理论更加全面的认识。

(三)第二次世界大战以后生产要素分析的新发展

第二次世界大战以后,对生产要素的认识和分析不论在深度还是在广度方面都取得了新的进展。

1.生产要素分析在深度方面的新发展。生产要素分析在深度方面的新发展主要有以下几个方面:

(1)生产要素的非同一性(异质性)。传统的贸易理论含有一种假定,就是土地、劳动和资本三种生产要素之中的每一种要素其本身都是同一的,没有任何差异。然而,实际上,每种生产要素都不是同一的,它包含着许多小类或亚种,这些小类或亚种的组合也是千差万别。因此,各国的生产要素禀赋不仅有数量供应的差异,还有质量上的差异。忽略生产要素禀赋质的差异,即生产要素的非同一性,就无法对贸易做出完整或合理的解释。例如,就劳动力而言,不同国家之间不仅在数量上可能是不相等的,更为重要的是在质量上也可能存在差异,即在教育程度、技能以及健康等方面都可能不相同。

(2)生产要素禀赋的变动性。在一个简单的分析模型中,将一国拥有的生产要素假设为固定不变似乎有其必要性,但运用于具体的贸易分析,就必须考察生产要素禀赋的变动性。一个国家所拥有的资源与生产要素不仅在数量上,而且在质量上都是一个变数。技术的进步,人口的增加和资本积累等因素作用所产生的要素禀赋的变动,必然会影响一个国家比较优势的变动,从而影响国际贸易的流向、种类和数量。例如,资本和技术要素在一个经济落后的国家或经济发展处在起步阶段的国家可能是短缺的,但当一国经济发展起来尤其是成为发达国家之后,其资本和技术的短缺状况就会大为缓解,甚至会出现相对过剩。

(3)生产要素配置比例密集性特征的变换。生产要素密集性变换指的就是同种商品在不同的国家要素密集特征的不同。赫克歇尔—俄林在其理论的分析中曾假定,各种商品的生产函数在各国相同,因此,各国商品的生产要素密集性特征是一样的。然而,事实上,各国同类商品的生产技术必然存在差异,生产中各类要素的实物配置比例不会相同。或者说,各类生产要素的价格在各国并不相同,以价格表示的生产要素密集性质会有差异。假定日本由于资本便宜而劳动力昂贵,商品 A 的劳动密集度比商品 B 高,而在其他国家,由于资本昂贵劳动力便宜,商品 A 的资本密集度比商品 B 高。只要在生产 A 商品时,用一种生产要素替代另一种生产要素比在生产 B 商品时困难,这种生产要素密集变化就会发生,于是下述情况就有可能出现:日本输出的商品 A 在日本是劳动密集型的;而日本输入的 B 商品在国外也是劳动密集型的。生产要素密集性变换表明,商品生产在一国是资本密集,在另一国则可能表现为劳动密集,所以赫克歇尔—俄林定理所揭示的贸易流向在两国可能都是不正确的,这样就会出现里昂惕夫之谜。第二次世界大战后,许多经济学家用要素密集变换来解释里昂惕夫之谜。第一个完成要素密集变换系统研究的是明纳斯,他认为现实世界中要素密集变换广泛地发生着。

(4)技术进步与生产要素密集特征的转移。我们知道,商品生产的要素配置比例是由生产技术条件决定的。除了各国生产技术条件差异导致生产要素密集变换外,生产技术的变动必然使产品的要素密集特征发生转移。如果说变换说明的是同一时期国与国之间横向比较的要素密集性特点,那么,转移则表明在时间序列上纵向的要素密集性变化。比如说,20 世纪初时美国生产的轿车是资本密集型的,而现在则已变成技术密集型的了。技术是在商品生产和劳务生产中所积累的知识、技巧和熟练劳动的总和,它通过资本、劳动和自然资源的生产效率来体现。技术进步和技术创新意味着一定的投入量可以生产更多的产品,或者说一定的产量只需较少的投入量。这说明,技术进步是通过影响各种要素的投入量和产品的产出量而促成产品要素密集特征发生变化的。

2.生产要素分析在广度方面的扩展。第二次世界大战后,生产要素分析的新发展还表现在新要素观点的提出。新要素观点认为,在考虑国际贸易商品比较优势时,除了以往的资本、劳动和自然资源要素以外,还有其他要素发挥着重要的作用。该理论赋予生产要素新的内涵,突破了原先的局限,提出了人力资本、研究与开发、规模经济等可以作为新的生产要素的见解。

人力资本是指体现在劳动者身上,以劳动者的素质表示的资本。人力资本也称为技能劳动,主要由教育和培训投资产生,它可以作为一种特殊形态的资本发挥作用。人力资本对现代贸易格局有重要影响,同时,由于它区分了劳动力素质的差异,对于解开里昂惕夫之谜也有帮助。研究人力资本与贸易格局问题的代表人物有克莱弗斯(Kravis)、基辛(Kessing)和韦赫勒(Waehror)等。研究与开发要素是指开发某项产品时所投入的费用。重视研究与开发要素研究的主要是格鲁勃(Gruber)和梅达(Mehta)等学者。研究与开发要素密集度较高的产品就是知识与技术密集度较高的产品,一般指的都是新产品。规模经济的含义是指随着产出量的增加而发生的单位成本的下降,或者说企业达到一定的规模后所能得到的经济上的利益。规模经济的直接好处就是随着产量的增加,单位成本下降,从而可以增强产品在国际竞争中的优势。所以,学者们认为规模经济同其他要素禀赋一样,也应该是国际贸易的基础。

通过回顾生产要素分析的历史发展过程,我们可以看出以下几个特征:第一,对生产要素的分析总是伴随着对贸易的分析。对生产要素分析的最初目的是为了揭示贸易产生的原因和贸易利益的来源以及贸易的格局,但是后来分析的范围和目的都扩展了,这说明我们在研究国际经济合作时不可能完全离开对国际贸易的研究。第二,生产要素的种类由少到多,非自然的、非物质的生产要素逐步增加。从最初分析时的一种生产要素扩大到后来的六种,从最初基本上都是自然的和物质的生产要素发展到后来非自然的和非物质的要素,要素种类越来越多。第三,生产要素分析趋向动态化,越来越反映现代化大生产中所使用的生产要素的实际构成状况。

三、生产要素国际流动的原因

由于制约和影响生产要素国际流动的因素较多,所以对生产要素国际流动原因的分析就较为复杂和困难。一般而言,导致生产要素国际直接流动的具体原因主要有:各国(地区)之间生产要素禀赋的差异,各国(地区)之间经济发展水平的不平衡和各国(地区)政府的干预。

(一)各国(地区)之间生产要素禀赋的差异性

由于受到自然地理条件、经济发展程度和科学技术发展水平等因素的影响,各国(地区)之间的生产要素存在着较大的差异。这种差异性主要表现在以下几个方面:

1. 各国(地区)之间资本要素的差异。各国(地区)之间资本要素的差异主要是由历史的原因和经济与科技发展水平不同所决定的。资本丰裕的国家对于资本密集型产品的生产具有巨大的优势。在历史发展过程中,发达资本主义国家通过原始积累和殖民主义的对外经济政策获取了大量建立现代化工业的资本。二战后,科学技术的发展促进了社会劳动生产率的提高,从而推动了当今发达资本主义国家的资本积累。与发展中国家相比,发达资本主义国家具有资本优势。因此,发达国家与发展中国家在发展经济的资本要素方面具有显著的差别。不仅如此,即使在发展中国家之间或者发达国家之间,在发展经济所需的资本要素方面也存在着一些差异。

2. 各国(地区)之间劳动力要素的差异。各国(地区)之间劳动力要素的差异也是经济发展一个重要的影响因素,人口稠密的国家在劳动密集型产品的生产方面具有明显优势。由于历史等原因,发展中国家的劳动力比较丰裕,因此,二战后劳动密集型产品的生产主要集中在发展中国家。对于劳动力的分析,不仅要考虑劳动者的数量,而且还需考虑劳动者的能力。

劳动者的能力取决于人的天然资质、接受教育的程度和长期从事的职业等:

(1)人的天然资质。就某项工作而言,某些人的天然资质优于其他人,不同的天然资质会使某人更适合于做一个工程师,另一个人更适合当医生或从事律师工作。

(2)一个人接受教育的程度取决于该国的教育水平。一般而言,接受教育多的劳动者比接受教育少的劳动者能生产出更多的产品。二战后,西方经济学提出的人力资本概念就是指这一情况。人力资本是指在劳动者身上进行的投资(其中包括教育、培训、卫生、保健等投资),以使普通劳动者的素质大大提高,从而提高劳动生产率,发展科学,利用先进的技术。这种投资和劳动力结合,可以形成一种新的生产要素,并对国际经济合作和国际贸易发生作用。

(3)长期从事的职业。即使每个人的天然资质和接受教育的水平一样,长期从事一种或少数几种职业仍然会使人与人之间的能力产生差别,劳动者的技能会因职业不同而发生变化或改进。

3. 各国(地区)之间技术要素的差异。赫克歇尔和俄林在生产要素禀赋理论中,假设各国间在技术上是没有差别的。用这一假设来解释二战后各国间经济发展和经济往来是不现实的。各国间劳动力、资本和自然资源方面的差异对于各国生产要素的流动固然具有十分重要的影响,但技术也是一个不可忽视的因素。第二次世界大战后,一些主要的资本主义国家又开始了新的科学技术革命,这次科学技术革命首先发源于美国,随后,西欧和日本也迎头赶上,在这一过程中,国际技术转让起了很大的作用。一个国家在科学技术上的优势,决定了该国在技术密集型产品生产方面具有的有利条件。发达资本主义国家由于技术比较发达,其技术密集型产品的生产条件大大优于发展中国家。技术要素属于一种人为的可得性生产要素,从根本上来说,各国(地区)之间技术要素方面的差异性源自其在基础研究和应用研究方面的水平。

4. 各国(地区)之间在其他生产要素方面的差异。各国(地区)之间在土地要素、经济信息要素和经济管理要素方面也存在一些差异。由于各国(地区)所处的纬度位置和地理条件的不同,又由于社会历史的因素,各国(地区)的国土面积、土地状况和气候状况都不尽相同。土地要素丰富的国家或地区,土地价格会相对低廉,相反则会相对昂贵。土地要素丰富,有利于进行土地和资源密集型产品的生产。

经济信息要素对于经济发展来说也是不可缺少的因素之一。经济信息虽是一种无形的非物质的生产要素,但是,当它与其他有形的生产要素结合在一起时,就能够对产品的生产、销售和消费等产生巨大的影响。二战后,发达国家都十分强调这一要素的重要性并具有一定的相对优势,而广大的发展中国家也日益对这一要素加以重视。

各国或地区在经济管理要素方面的丰裕程度也不尽相同。与市场经济相关的经济管理,既包括整个国民经济的宏观管理,又包括微观企业的管理。总的来说,发达国家这种要素丰裕一些,而发展中国家稀缺一些。

(二)各国(地区)之间经济发展水平的不平衡性

制约和影响生产要素在各国间进行流动的第二个重要因素在于各国经济发展水平不平衡规律的作用。发展中国家如何从不发达的经济状态进入经济发达国家的行列,如何提高本国人民的社会福利水平,都与正确的国内经济发展战略及合理的对外经济战略密切相关。其中,一个非常重要的问题就在于,如何通过对自己相对充裕要素(劳动力、土地等)的输出和相对稀缺要素(资本、技术、管理等)的输入,做到国内资源的合理配置与使用。因而,从发展中国家和发达国家经济发展的阶段性差距来看,要素的国际流动非常必要。另一方面,从发达国家之间的关系来看,发展不平衡规律的作用也导致了生产要素在发展水平相近的欧美等资本主义国家间的相互流动。

从各国经济结构角度来分析,各产业间、各部门间、各类产品生产间的比例在经济发展水平相差悬殊的国家间会产生不一致,即使在经济发展水平相近的国家间也不会完全一致。这种经济发展的不平衡性从两个方面促进了生产要素进行跨越国界的移动:一方面,各国在生产能力、生产结构上的不一致,导致了对于要素需求在种类、质量和数量上的不一致;另一方面,从要素供给的角度来看,各国在要素禀赋、要素创造方面的不一致,使得各国在各类要素的可供量上也存在种类、质量和数量上的不一致。这种来自供给和需求两个方面的促进因素，将直接造成要素在各国市场上供求状况的差异，进而造成它们的价格差异。有了价格差，如果各国又不对要素流动施加限制，生产要素就将会为获取更高的报酬而开始流动。这是因为，生产要素的国际直接流动是一国参加国际分工的一种方式，获取绝对利益和相对利益是生产要素发生国际流动的根本原因。追求更高的要素收益是国际流动的一个基本出发点，是价值规律在各国间发生作用的必然结果。当然，在现实的经济生活中，由于要素配置在数量和质量上相对固定，或由于对要素价格在未来某个时期可能提高的预期以及出现强大的非经济因素的作用，有时也会出现某种生产要素由价格相对较高的国家流向价格相对较低的国家的现象。

（三）各国（地区）政府的干预

在这里，我们主要分析各国（地区）政府所采取的鼓励性措施对生产要素国际流动的影响。毫无疑问，国际经济的现实说明，各国（地区）政府采取的鼓励性干预措施对生产要素的国际直接流动产生了巨大的推动作用，是促使生产要素流出和流入的一个重要原因。这种干预措施所采取的主要手段有行政手段（颁布有关行政性的政策条例）、法律手段（以法律的形式固定有关条文）、经济手段（如税收方面的优惠政策）和国际协调手段（通过双边政府首脑会议或多边国际组织），干预的范围涉及各种生产要素。就干预措施中的法律手段而言，涉及资本要素流动的有外商投资法和海外投资法等，涉及技术要素流动的有技术转让法、专利法和商标法等，涉及劳动力要素流动的有外国劳工管理法和本国劳工输出管理法规等，涉及土地要素流动的有经济特区法和有关土地出售与出租方面的法规等。尽管政府干预的动机多种多样，然而如果就经济动机来考察的话，政府的一切干预措施都是着眼于鼓励本国充裕要素的流出和本国稀缺要素的流入，从而缓解本国在生产要素数量、质量和结构方面的不平衡，直接和间接地提高本国要素的收益率。

四、生产要素国际流动与重新组合配置的机制及生产要素市场的主要类型

（一）生产要素国际流动与重新组合配置的机制

生产要素国际流动与重新组合配置有市场机制和非市场机制两种主要机制。市场机制是一种自发的过程，它主要通过价格杠杆来进行调节；非市场机制主要指政府和有关国际经济组织的调节，它是一种自觉的过程，主要通过法律、行政、计划等手段和政策协调来实现调节。国家通过制定经济发展战略、经济发展计划，通过国家立法和对外签署有关协定，有意识地对生产要素的流入

与流出进行调节,这就是非市场调节机制。非市场调节机制不仅可以保证一国在国际生产要素流动中获得最佳效益,同时也在某种程度上影响和制约着生产要素流动的方向和生产要素流动与重新组合配置的规模。例如,如果两国间签有投资保护协定和避免双重征税协定,就有可能使这两国间的生产要素特别是资本要素流动规模扩大,速度加快;如果一国对生产要素流出的政策较为宽松,限制较少,那么该国相对充裕的生产要素对外流动的规模就相对较大,反之则较小。市场机制与非市场机制的有机结合,有效地促进了生产要素的国际流动与重新组合配置。

(二)生产要素市场的主要类型

生产要素的国际流动是通过生产要素市场进行的,在市场上,各种要素表现为不同的要素商品,要素商品价格的确定和一般商品价格的确定既有相同点也有不同点。生产要素的国际市场为要素的跨国界流动提供了条件和动力。与商品的国际市场一样,它也是由需求方(买方)与供给方(卖方)构成的。在国际市场中,需求方力图以较低的价格购买所需要素,而供给方则力图以较高的价格售出自己所具有的要素。供需双方的行为,形成了两个方向相反的作用力,都对最终的成交价格、成交数量起着极大的影响。要素价格属于使用价格,需求方在支付了要素价格之后得到的仅是要素的使用权,要素所有权仍归供给方,从而,利息是资本要素的使用价格,利润是管理要素的使用价格(不包括超额利润),工资是劳动力要素的使用价格,而地租则是土地要素的使用价格。消费者之所以对商品提出需求,是为了从中求得生理和心理欲望的满足(亦即所谓"获得效应"),因而称之为"直接需求"。生产者之所以需要生产要素,是为了运用它们进行产品生产,并通过交换使自己的利益最大化。由于生产者对于要素需求的大小与消费者对其产品的需求量密切相关,因此,生产者对要素的需求称为"间接需求"。通过加总所有生产者对于某一特定要素的需求量,可以得出对这种要素的总需求;而加总所有的供给者对于某一特定要素的供给量,则可获得这种要素的总供给。显然,随着价格水平和市场规模的变动,总需求和总供给也会发生变动。因而,要素的流动规模也会发生变动。

从市场理论角度来划分,生产要素市场分别属于如下几种类型,即完全竞争市场、完全垄断市场、垄断性竞争市场。不同类型的市场中,买卖双方的行为方式不同,要素流动的特点也存在着差异。

1. 完全竞争的要素市场。该类型市场的特点是:

(1)供给或者需求的要素完全同质,供给者和需求者双方都是在平等的地位上进行交易决策,一视同仁,互不歧视。

(2)要素的供给者或需求者的数目无限多,单个供给者或需求者的销售量或购买量仅占总供给或总需求的极小部分，从而单个供给者或需求者无法影响总成交量和价格。

(3)要素的供给者和需求者拥有关于市场的充分信息。

(4)要素的供给者和需求者皆可自由出入市场，因而，在这类市场中，任何单个的买者或卖者都无法通过操纵要素成交量和价格得到额外的利益。

2. 完全垄断的要素市场。从买方和卖方两个角度来分析，有买方垄断和卖方垄断两种形式的垄断要素市场。卖方垄断市场指的是一个卖者面临着许多相互竞争的买者，而买方垄断市场的情形却恰好相反。卖方(买方)完全垄断市场的特性在于：

(1)市场上仅有一个要素的供给者(需求者)，因而要素供给量(需求量)的大小完全取决于他的行为，其个人的供给量(需求量)就是整个市场上的总供给量(总需求量)。

(2)某类要素具有特殊的、难以为其他要素所替代的性质。

(3)垄断性供给者(需求者)可独自决定要素的价格。

(4)根据自己利益的需要，供给者(需求者)会在不同的市场中制定不同的价格，以求获得整体利益的最大化。

3. 垄断性竞争的要素市场。这一类市场介于上述两类极端市场之间，并且同时具备上述两类市场的某些特征。卖(买)方垄断性竞争市场的主要特征在于：卖(买)方数目非常多以致无法对各自的竞争者产生影响，这一点与完全竞争市场相似；然而，每一个卖(买)者所供给(需求)的要素在性质上很相似但又不完全相同，其他要素可部分地而非完全地替代，这一点显然又与垄断市场相近。这类市场的垄断性(竞争性)与要素的不可替代性(可替代性)呈正向关系。在现实的国际经济环境中，大多数的要素市场属于这种类型。

五、生产要素的国际流动与国际经济合作的内在联系

早期的经济学家在考察国际分工与国际生产时，假定生产要素在国内完全流动，而在国际则完全不流动。由于各国生产要素的自然禀赋状况不同，每个国家都是依据本国具有优势的生产要素参加国际分工，它们集中生产那些密集使用本国禀赋丰富的生产要素的商品，然后同其他国家进行交换，大家都能从国际交换中获利。在这种情况下，国与国之间进行经济联系的主要方式就是国际贸易，各种生产要素是物化在商品中发生国际流动的，商品的国际流动代替了要素的国际流动。

伴随生产国际化趋势的加强，国与国之间经济交往的规模和方式不断扩大并日趋多样化，生产要素国际直接流动日益频繁。经济生活的现实推翻了生产要素国际完全不流动的假定。生产要素的国际直接流动与国际贸易之间既存

在相互替代的关系,也存在相互补充的关系,一方不能取代另一方的功能。替代关系着眼于静态分析,它指的是:一方面,要素流动有其障碍,国际贸易仍然有替代要素流动的基础;另一方面,国际贸易只能减轻却不能消除生产要素在各国的边际生产力差异,而且,国际贸易的进行也会遇到各种障碍,因此,贸易也不能消除生产要素流动的基础。补充关系着眼于动态分析,是指国际贸易的进行间接地扩大了生产要素的国际流动。反过来讲,生产要素的国际流动也会从侧面促进贸易机会的扩大,国际贸易与生产要素的国际流动,成为一国发展与他国经济联系的两种相互补充、交错使用的方式。当然,从本质上讲,国际贸易与生产要素国际流动的起因是相同的,即都是由于各国生产要素禀赋不同所导致的生产要素价格差异,同时,它们的进行又都会使各国生产要素的价格差异趋向均等化。

生产要素的国际直接流动,使各国原本相互独立的生产过程走向国际化,使国家间经济关系的重心由传统的流通领域进入生产领域,各个国家在生产领域依据一定的原则进行较长期、稳定的经济合作活动。国家间借助于生产要素的直接流动与重新合理组合配置而进行的活动就是国际经济合作,生产要素的国际直接流动与重新合理组合配置是国际经济合作的实质和主要内容。为了保障和推动生产要素国际流动的顺利进行,各个国家之间经常在经济政策的制定和执行方面进行一些协调活动,这种政策协调也属于国际经济合作的范畴,它是宏观国际经济合作。

六、国际经济合作与国际贸易的区别和联系

国际经济合作和国际贸易是既有联系又有区别的两个经济范畴,相互之间既存在着一定的区别,也存在着一定的联系。

(一)国际经济合作与国际贸易的区别

国际经济合作与国际贸易的主要区别表现在:

1. 研究对象不同。国际贸易主要研究国际商品流通的特点和规律,即生产要素间接国际流动的特点和规律,研究的重点是商品的进口与出口,属于流通领域的范畴。国际经济合作主要研究生产要素国际直接流动和重新组合配置的特点与规律及其协调机制,研究的重点在于生产领域内的直接协作。

2. 国际经济合作和国际商品贸易开展的领域不同。国际经济合作是各国侧重在生产领域方面的合作,而国际商品贸易则是各国侧重在流通领域中开展的经济往来活动。

3. 国际经济合作业务与国际商品贸易的交易方式不同。这主要表现在以下几个方面:

(1) 国际商品交易都是买断和卖断的行为,所需时间一般较短。当交易达成后,买方收货付款,卖方交货收款,买方与卖方的关系随着交易的达成而告结束。而在国际经济合作业务中,各方需在一段较长的时期内进行合作并发生经济往来,直到合同规定的合作期满或项目完成为止。

(2) 国际商品贸易的方式比较简单。商品贸易的谈判签约内容相对比较简单,成交较快。而国际经济合作业务的内容一般都比国际商品贸易复杂,合作方式多样,合作项目的风险也较大,因而谈判时间长、难度大。

(3) 国际商品贸易的作价比较容易。国际商品贸易在价格和支付条款方面都有国际市场行情和国际惯例可供参考,而国际经济合作项目的价格构成、计算方法以及支付方式等都要比商品贸易复杂得多。

(4) 国际商品贸易的表现形式一般是各种各样的合同,而国际经济合作一般表现为各种各样的项目。虽然项目中包含着合同,但是项目的范围比合同广,除了包括合同外,还包括项目建议书、项目可行性研究报告与项目章程等内容。

4. 国际经济合作和国际商品贸易对各国国民经济所起的作用不同。国际商品贸易主要是通过各国的进口和出口影响各国国民经济,对各方来说,都可从对方获得稀缺的产品,或者通过比较利益节约生产要素的耗费,但并不直接影响各国科技水平和生产力的提高,不能直接解决一国的资金短缺问题。而国际经济合作则是合作各方在生产领域的直接合作,通过资本、技术、劳动力等方面的转移,可以直接促进各国技术水平的提高和生产力的发展,并可缓解一国经济建设时的资金紧张状况。

(二) 国际经济合作与国际贸易的联系

国际经济合作与国际贸易的联系表现在:

1. 国际经济合作与国际贸易是一国对外经济交往的两种主要形式。国际经济合作与国际贸易是各个国家参与国际分工、获得比较利益的重要手段,两者都需要在国际市场上进行交换,都必须受到平等互利和相互尊重主权等原则的制约和调节。

2. 国际经济合作和国际贸易都与生产要素禀赋相关。生产要素禀赋决定了国际经济合作中各种生产要素的组合形式和结构类型,同时,生产要素的禀赋也决定了国际贸易中各国参与交换的商品种类、数量和结构。

3. 国际经济合作和国际贸易都与商品生产有关。在国际经济合作中,合作各方以自己占优势的生产要素直接参与合作,共同生产商品和服务;在国际贸易中,各国利用自己相对占优势的生产要素生产商品,通过商品的国际交换实现生产要素间接转移,获得比较利益。

4. 在现实的经济活动中,国际经济合作与国际贸易常常结合在一起。如国际经济合作方式中的补偿贸易、承包工程都与国际商品贸易结合进行,技术转让、直接投资等也往往与国际商品贸易连接在一起,构成国际经济合作和国际贸易两种业务相互交织的综合性国际经济活动。国际经济合作与国际贸易总的关系是两者相互替代、相互补充、相互促进、共同发展。

案例研究

案例一:中国对外经济贸易与国际经济合作的主要方式及发展状况

2018 年,我国进出口总额 4.62 万亿美元,同比增长 12.6%。其中,出口 2.48 万亿美元,增长 9.9%;进口 2.14 万亿美元,增长 15.8%;贸易顺差 3 517.6 亿美元,收窄 16.2%。按人民币计,我国进出口总额 30.51 万亿元人民币,增长 9.7%。其中,出口 16.42 万亿元,增长 7.1%;进口 14.09 万亿元,增长 12.9%;贸易顺差 2.33 万亿元,收窄 18.3%。2018 年我国进出口运行情况呈现出以下亮点:一是规模创历史最好水平;二是贸易结构持续优化;三是发展动力加快转化;四是外贸发展更趋平衡;五是对国民经济、社会发展贡献增强;六是对全球经济贸易发展发挥重要作用。

2018 年,我国利用外资规模创历史新高,质量和水平进一步提升。2018 年全国实际使用外资 8 856.1 亿元人民币,同比增长 0.9%(折合 1 349.7 亿美元,同比增长 3%)。制造业实现快速增长,制造业实际使用外资同比增长 20.1%,占比为 30.6%,高技术制造业同比增长 35.1%。中西部地区实现快速增长,中部地区、西部地区实际使用外资同比分别增长 15.4%、18.5%。外资大项目实现快速增长,合同外资 5 000 万美元以上大项目近 1 700 个,同比增长 23.3%,显示外商对华投资信心不减。

2018 年,我国全行业对外直接投资 1 298.3 亿美元,同比增长 4.2%。截至 2018 年底,我国对外直接投资存量达到 1.94 万亿美元。制造业等实体经济领域对外投资稳步增长,非理性对外投资继续得到有效遏制。企业对外投资并购活跃,并购项目 405 个,实际交易总额 702.6 亿美元。同时,实物投资、股权置换、联合投资、投建营一体化等对外投资也呈现出良好的发展态势。

2018 年,我国对外承包工程完成营业额 1 690.4 亿美元,同比增长 0.3%,主要集中在交通运输、一般建筑和电力工程建设行业,有效改善东道国基础设施条件,为当地创造就业岗位 84.2 万个,改善了东道国民生。同时,对外承包工程带动设备、技术、服务、标准“走出去”作用明显,其中带动我国设备材料出口近 170 亿美元,同比增长 10.4%。

截至2018年末，我国对外劳务合作在外各类劳务人员99.7万人，较2017年同期增加1.7万人。目前贫困地区在外劳务人员3.5万人，对外劳务合作对带动贫困地区经济发展、脱贫致富发挥了积极作用。

根据《中国的对外援助（2014）》，2010—2012年，中国对外援助规模持续增长，其中，成套项目建设和物资援助是主要援助方式，技术合作和人力资源开发合作增长显著。2010—2012年，中国对外援助金额为893.4亿元人民币。对外援助资金包括无偿援助、无息贷款和优惠贷款三种方式。无偿援助重点用于帮助受援国建设中小型社会福利项目以及实施人力资源开发合作、技术合作、物资援助和紧急人道主义援助等。三年中，中国对外提供无偿援助323.2亿元人民币，占对外援助总额的36.2%。无息贷款主要用于帮助受援国建设社会公共设施和民生项目。三年中，中国对外提供无息贷款72.6亿元人民币，占对外援助总额的8.1%。优惠贷款主要用于帮助受援国建设有经济社会效益的生产型项目、大中型基础设施项目，提供较大型成套设备、机电产品等。三年中，中国对外提供优惠贷款497.6亿元人民币，占对外援助总额的55.7%。在发展进程中，中国坚持把中国人民的利益同各国人民的共同利益结合起来，在南南合作框架下向其他发展中国家提供力所能及的援助，支持和帮助发展中国家特别是最不发达国家减少贫困、改善民生。中国以积极的姿态参与国际发展合作，发挥出建设性作用。中国提供对外援助，坚持不附带任何政治条件，不干涉受援国内政，充分尊重受援国自主选择发展道路和模式的权利。相互尊重、平等相待、重信守诺、互利共赢是中国对外援助的基本原则。

案例思考与讨论

1. 中国对外经贸业务的主要方式有哪些?

2. 在国际经济合作业务中会涉及哪些生产要素的国际流动？为什么会发生这些生产要素的国际流动?

案例二：斯里兰卡科伦坡港口城项目

科伦坡港口城由中国交建与斯里兰卡国家港务局共同开发，是斯里兰卡国内首个综合类特大型投资建设项目。科伦坡港口城项目是由公司投资建设运营的大型城市综合体开发项目，集围海造地、一级土地开发和房地产开发为一体，将为科伦坡再造一个全新的CBD。项目一期投资14亿美元，是斯里兰卡迄今为止最大的外商直接投资项目，预计将带动相关投资130亿美元，为当地创造超过8.3万个就业机会。港口城被美国《福布斯》杂志评为“影响未来的五座新城”之一，建成后将成为斯里兰卡首都科伦坡全新的中央商务区。

该项目包括在首都科伦坡港口附近填海造地，建造一个有高尔夫球场、酒店、购物中心、水上运动区、公寓和游艇码头在内的港口城。根据协议，填海造地后的港口城的108公顷土地将归中国交通建设股份有限公司(CCCC)所有，其中20公顷土地完全所有，斯里兰卡港务局将拥有剩余125公顷的土地所有权，但开发公司有99年的租用地契。

科伦坡港口城项目的吹填造陆工作于2014年9月正式开工。2019年1月，269公顷吹填造陆工作全部完成。项目建设过程中，四艘超大型耙吸挖泥船，不分昼夜来往于取砂区和吹填施工现场，日吹填工程量高达25万方，累计完成7 400余吹填船次，完成回填工程量达7 100万方。与此同时，为了顺利完成防波堤的建设，项目采用了我国自主研发的亚洲最大的全自动液压系统长臂挖机，配备了国际先进的声呐可视化系统、GCS900理坡系统，让防波堤扭王字块可视化安装成为可能。

案例思考与讨论

1. 本案例中所述经济活动属于哪种方式的国际经济合作？该种方式的国际经济合作主要涉及哪些生产要素的国际流动？

2. 除了上述方式之外，国际经济合作还有哪些方式？请举例说明。

思考与练习

1.国际经济合作的概念和含义是什么？它有哪些方式？

2.生产要素国际流动的主要原因。

3.生产要素的国际流动与国际经济合作是什么关系？

4.在历史上，人们对生产要素进行过哪些分析？第二次世界大战后对生产要素的分析在深度和广度方面有哪些新的进展？

第二章 国际直接投资

International Direct Investment

近些年来，作为世界经济增长重要引擎之一的国际直接投资，引起了人们越来越广泛的关注。本章先后分析和论述了国际直接投资的概念与基本形式，国际直接投资的动机和主要理论，跨国并购，国际投资环境及其评估方法，世界贸易组织与多边投资协定和国际直接投资协调等内容。本章的叙述比较概括，通过学习，可以对国际直接投资相关问题有一个基本的理解与把握，从而在头脑中形成一个大体框架。

学习要点

In rencent years, International Direct Investment has aroused more and more attention as one of the critical economic enginees to the whole world. This chapter respectively illustrates the definition and basic patterns as well as the motives and main theories of International Direct Investment, Transnational M&As, International Investment Climates and the assessment methods, World Trade Organisation and Mutilateral Investment Treaties, International Direct Investment Coordination System and so on. After studying this chapter, students are expected to have a general understanding to the relevant questions of International Direct Investment and set up a basic knowledge framework in mind.

第一节　国际直接投资的概念与形式

一、国际直接投资的概念

国际直接投资(International Direct Investment)指的是以控制国(境)外企业的经营管理权为核心的对外投资。国际直接投资又称外国直接投资(Foreign Direct Investment,缩写为 FDI)、对外直接投资或海外直接投资。根据国际货币基金组织的解释,这种控制是指投资者拥有一定数量的股份,因而能行使表决权并在企业的经营决策和管理中享有发言权。

近些年来,国际直接投资发展很快,其增长速度已超过国际贸易,成为国家、区域和全球经济增长的重要引擎。同时,国际直接投资也成为将各国经济联系在一起的一个重要机制,大大推动了经济全球化的进程。根据联合国贸易与发展会议(UNCTAD)公布的《2018 年世界投资报告》,2017 年国际直接投资流入量达 14 298 亿美元,流出量达 14 300 亿美元;截至 2017 年底,国际直接投资累积流入和流出存量已分别达到 315 244 亿美元和 308 379 亿美元。

二、国际直接投资的基本形式

(一)国际合资企业

国际合资企业是指外国投资者和东道国投资者为了一个共同的投资项目联合出资,按东道国有关法律在东道国境内建立的企业。

国际合资企业是股权式合营企业,它的特点是各方共同投资、共同经营、共担风险、共享利润。国际合资企业是当前国际直接投资中最常用的形式。建立国际合资企业的优点主要是:可以充分发挥各投资方在资金、技术、原材料、销售等方面的优势,形成组合优势;不易受到东道国民族意识的抵制,容易取得优惠待遇,减少投资风险;在经营上较少受到各种限制,有助于打入新的市场。但是,由于投资各方的出发点不尽相同,短期和长期利益不尽一致,在共同的经营管理中有时也会产生分歧和冲突,影响企业的正常运转。

(二)国际合作企业

国际合作企业是指外国投资者和东道国投资者在签订合同的基础上,依照东道国法律共同设立的企业。它的最大特点是合作各方的权利、义务均由各方通过磋商在合作合同中约定,是典型的契约式合营企业。

总的说来,国际合作企业与国际合资企业的利弊大体相似,只是合作企业由于以合同规定作为各方合作的基础,所以在企业形式、利润分配、资本回收等方面可以采用比较灵活的方式,更便利于适应合作各方不同的需要。

(三)国际独资企业

国际独资企业是指外国投资者依照东道国法律在东道国设立的全部资本为外国投资者所有的企业。作为单独的出资者,外国投资者独立承担风险,单独经营、管理独资企业,独享经营利润。

由于享有企业完全的所有权和经营管理权,建立独资企业的方式为跨国公司尤其是大型跨国公司所偏爱,它们有时宁愿放弃投资机会也不愿以合资方式进行直接投资。当然,建立国际独资企业虽然可以做到垄断技术,避免泄露企业秘密,但在经营上往往受到东道国比较严格的限制,容易受到当地民族意识的抵制,经营风险较大。

三、国际直接投资的发展

20 世纪 90 年代中期以来,国际直接投资的规模不断扩大。根据《2018 年世界投资报告》公布的数据,全球外国直接投资的流量在 2015 年达 19 213 亿美元,是自 2008—2009 年全球经济和金融危机以来的最高值。从 2008 年开始,受全球金融和经济危机的影响,全球国际直接投资流入规模出现一定幅度的下降,2008 年和 2009 年全球跨国直接投资总额分别为 14 852 亿美元和 11 791 亿美元,2010 年和 2011 年有所回升,达到 13 719 亿美元和 15 677 亿美元,在此之后出现波动。截至 2017 年底,国际直接投资累积流入和流出存量已分别达到 315 244 亿美元和 308 379 亿美元。一般来讲,国际直接投资的规模会伴随世界经济形势的变化而起伏涨落,也就是说,投资增长和经济发展存在周期波动的规律,因而,从长远来看,国际直接投资仍会呈现出增长的趋势。表 2-1 反映了1990—2017 年国际直接投资年度总金额和发达国家及发展中国家利用外资金额变化的情况。

表 2-1　　1990—2017 年国际直接投资流入统计　　单位:亿美元

年份	1990	1995	2000	2005	2010	2015	2016	2017
全球总额	2 049	3 415	13 586	9 489	13 719	19 213	18 675	14 298
发达国家	1 702	2 198	11 211	5 868	6 798	11 413	11 332	7 124
发展中国家	346	1 178	2 316	3 315	6 285	7 440	6 702	6 707

资料来源:根据《2018 年世界投资报告》整理。

近年来,国际直接投资的发展呈现出以下几个特征:第一,国际直接投资规模出现大起大落,从 2008 年开始进入新一轮调整期,先是下降,2010 年又开始逐渐回升,在此之后出现波动。第二,发达国家仍是国际直接投资的双重主角,在对外投资方面和吸引外资方面(Inflow and Outflow)所占的比例都比较高;同时,发展中国家吸收的外资金额有所增加。第三,跨国公司继续扮演 FDI 的主要角色,其作为世界经济增长强劲发动机的地位获得了进一步的增强。第四,各国纷纷采取投资自由化、便利化和规范化(概括为"三化")措施,改善投资环境,以吸引更多的外资进入。第五,跨国并购(Cross-border M&As)超过绿地投资(Greenfield Investment),成为国际直接投资的主要方式。第六,多边投资协定(框架)(MAI or MFI)谈判步履艰难,已经两次搁浅。

四、近年来全球跨国并购投资状况

进入 20 世纪 90 年代中期以后,随着经济全球化的深入发展和各国资本市场的日趋完善,跨国并购活动逐渐增多,并购金额屡创新高,大型跨国并购交易也层出不穷。1995 年,全球跨国并购投资金额达到了 1 099 亿美元。此后,全球跨国并购流出额增长速度不断加快,并在 2007 年创下了 10 327 亿美元的历史纪录(见图 2-1)。跨国并购的迅速发展,使其渐渐替代了"绿地投资",成为对外直接投资的一种主要方式。1996 年后,跨国并购在国际直接投资中所占的比重持续上升,在 2007 年达到了 57%。这一比重在 2008 年下降为 32%,2017 年回升至 49%。但是总体来看,绿地投资金额及项目数仍大于跨国并购。

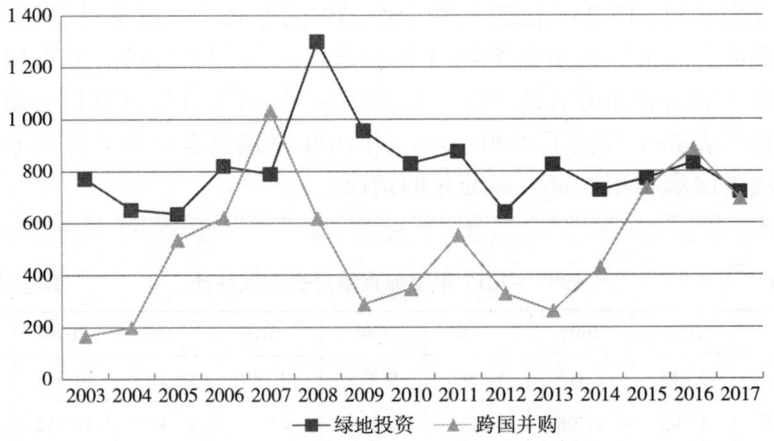

图 2-1　2003—2017 年国际直接投资方式的发展变化(单位:十亿美元)

资料来源:《2018 年世界投资报告》,p7。

第二节　国际直接投资的动机与理论

一、国际直接投资的主要动机

国际直接投资的动机有时也称为国际直接投资的目的，它主要是从必要性的角度阐明投资者在进行投资决策时所考虑的主要因素，也就是说明投资者为什么要进行某一特定类型的投资。投资者在进行对外投资时，既受企业本身特有优势（资金、技术、管理、规模经济、市场技能等）的影响，也受企业所处客观社会经济环境（自然资源禀赋，国内市场规模，经济发展水平，产业结构，技术水平，劳动力成本，政府政策等）的制约，由于企业在这两方面存在相当大的差异，不同企业对外投资的动机以及同一企业投资不同项目的动机都不相同。归纳起来，国际直接投资的动机主要有以下几种。

（一）市场导向型动机

这种类型的投资主要以巩固、扩大和开辟市场为目的，具体又可分为几种不同的情况：

1.投资企业本来是出口型企业，它在本国进行生产，通过出口使商品进入国外市场，但由于东道国或区域性经济集团实行了贸易保护主义，影响和阻碍了企业的正常出口，因而企业转为对外投资，在当地设厂，就地生产就地销售，以维持原有的市场或开辟新的市场。企业有时也会转向没有受到出口限制的第三国投资生产，再出口到原有市场所在国。

2.企业对国外某一特定市场的开拓已达到一定程度，为了给顾客提供更多的服务，巩固和扩大其市场占有份额，在当地直接投资进行生产和销售，或者在当地投资建立维修服务和零部件供应网点。例如，机电产品在国外某一市场销售达到一定规模后，就有必要加强售后服务，建立一些维修服务和零部件供应网点。又如，食品制造商或汽车制造商在国外有足够规模的生产设施，需要就地取得食品容器或汽车零配件，这时，制造容器或零配件的公司就会配合需要，在国外投资建厂，以便就地供应，以免失去顾客或买主。

3.企业为了更好地接近目标市场，满足当地消费者的需要。如，快餐食品、饮料和食品原料等商品不能久储或不耐长途运输，而顾客却分散在世界各地，为了更好地接近或维持国外销售市场，企业不得不在国外投资设立网点，以利于就近提供新鲜食品。至于无形商品服务，几乎无法储存与运输，要想出口，主要就是通过对外投资，在国外设立企业，边生产边出售边消费。

4.企业的产品在国内市场的份额已接近饱和，或者受到其他企业产品的有力竞争,在国内的进一步发展受到限制,冲破限制的有效办法之一就是对外投资,开发国外市场,寻求新的市场需求。

总之,市场方面的考虑在对外投资决策中占据主导地位。

(二)降低成本导向型动机

出于这种动机所进行的投资,主要是为了利用国外相对廉价的原材料和各种生产要素,以降低企业的综合生产成本,提高经营效益,保持或提高企业的竞争能力。这一类投资可以分为几种具体情况:

1.出于自然资源方面的考虑。如果原料来自国外,最终产品又销往原料来源国,那么在原料产地从事生产经营活动可节省与原料进口和产品出口相关的运输费用。还有,企业为了获得稳定的原材料供应,也会在资源丰富的国家投资建立原材料开采生产企业,满足本企业的需要。

2.出于利用国外便宜的劳动力和土地等生产要素方面的考虑。对于劳动密集型工业来讲,工业发达国家之所以进行对外投资,主要是想利用发展中国家廉价但有保证的劳动力,以降低生产成本。如果本国土地要素价格偏高,企业就有可能通过对外投资将生产经营转移到价格较低的国家去。

3.出于汇率变动方面的考虑。汇率的变动会直接导致出口商品价格的变动。当一国的货币升值时,会使其出口商品以外币表示的价格升高,影响其商品在国际市场的竞争力。在这种情况下,该国企业往往会扩大对外直接投资,以克服本币升值的不利影响。

4.出于利用各国关税税率的高低来降低生产成本的考虑。如果一个国家的关税税率高,那么其他国家的企业就有可能为了降低产品成本而在该国投资进行生产;反之,如果一个国家的关税税率低,国内市场上进口商品竞争力强,则会促使该国企业到生产成本更低的国家投资建厂。

5.出于利用闲置的设备和工业产权、专有技术等技术资源方面的考虑。以对外投资形式向国外输出闲置的设备与技术资源,可以减少在国外的企业的生产与经营成本,并可实现规模生产,提高经营效益。

(三)技术与管理导向型动机

这种投资的目的主要是为了获取和利用国外先进的技术、生产工艺、新产品设计和先进的管理经验等。有些先进的技术和管理经验通过公开购买的方式不易得到,于是可以通过在国外设立合营企业或兼并与收购当地企业的方式获取。获取和充分利用这些技术和管理经验,可促进投资企业的发展,提高竞争力。技术与管理导向型投资具有较强的趋向性,一般集中在发达国家和发达地区。例如,据美国发表的一份报告,日本通过与美国公司和大学建立合资项目,获取了美国大量的尖端生物工程技术。

(四)分散投资风险导向型动机

这种投资的目的主要是为了分散和减少企业所面临的各种风险。投资者在社会稳定国家投资的目的是寻求政治上的安全感,因为社会稳定的国家一般不会采取没收、干预私有经济等不利于企业的措施,企业在这类国家从事生产经营决策的灵活性较大。再有,这些国家一般不会出现给企业生产经营活动造成极大影响的国内骚动,一般也不会出现市场销售状况的突发性变动。很明显,如果企业的投资过分集中在某个国家、某个地区或某个行业,一旦遇到风险,就会由于回旋余地不大而出现较大损失。企业所要分散的国际投资风险主要是政治风险,同时也包括经济的、自然的和社会文化方面的风险。一般而言,直接投资的这种动机是出于对国际投资风险的考虑,但在某些情况下,也有出于国内风险原因而进行对外投资的。如一家企业在世界各地进行投资生产与经营活动,不仅可以扩大销售,而且可以带来原材料、技术、人员以及资金等多元化的供应来源,从而使企业不受一国国内条件的限制。

(五)优惠政策导向型动机

该类投资者进行对外投资的主要目的是为了利用东道国政府的优惠政策以及母国政府的鼓励性政策。东道国政府为了吸引外来投资,常会制定一些对外来投资者的优惠政策,如优惠的税收和金融政策,优惠的土地使用政策,并尽可能创造良好的投资软、硬环境,这些优惠政策尤其是税收方面的优惠政策会诱导外国投资者做出投资决策。同样,母国政府对对外投资的鼓励性政策也会刺激和诱发本国企业或个人做出对外投资决策,如鼓励性的税收政策、金融政策、保险政策以及海外企业产品的进口政策等。

除了以上五种主要的较普遍的国际直接投资动机之外,还有一些不太普遍的动机,如全球战略导向型动机(投资的主要目的是提高企业的知名度,在世界范围内树立良好的企业形象,以实现其全球发展战略)、信息导向型动机(主要目的是获取国际经济贸易方面的最新信息和最新动态)、"随大流"型动机(跟随本企业的竞争对手或本行业的带头企业进行对外投资)、公司决策者个人偏好型动机(因公司决策者对某个国家或地区的某方面事物的偏好而决定进行的投资)、为股东争利导向型动机(进行对外投资的目的是为了给企业的股东特别是普通股股东争取更多的利益)等。

在分析和理解国际直接投资的动机时,应注意这样几个问题:

第一,对国际直接投资动机的分析大多是从必要性的角度入手,而对可能性方面考虑的比较少。国际直接投资理论就是把必要性与可能性结合起来进行分析,因此,为了加强对国际直接投资动机的理解,还应学习和研究国际直接投资的主要理论。

第二,上述各种投资动机都是国际直接投资的经济动机,并未考虑政治与军事方面的动机。

第三,国际直接投资的根本动机和目的是利润最大化。各种类型的国际直接投资动机是追求利润最大化的不同途径与方式。在获取利润的问题上,有直接与间接、局部与整体、近期与远期之分,这也导致了投资动机呈现多样化。另外,不同企业的内外条件与所处环境之间存在着相当大的差异,这也使不同企业在追求相同的目标时采取了不同的手段。

第四,国际直接投资的动机是可以相互交叉的。一笔对外投资可以有一个动机,也可以有两三个动机。同时并存的动机越多,在投资得以完成之后对投资者的好处就越大。例如,一家美国企业在中国经济特区深圳投资建立了一家劳动密集型企业,其产品90%以上在国内市场销售,这家美国企业的在华投资可能具有这样几个动机:降低成本导向型动机、市场导向型动机、利用中国政府给予外商投资企业的优惠政策导向型动机等。

第五,不同类型国家之间直接投资的主要动机是不相同的。发达国家之间出于市场导向型和分散投资风险导向型动机的相互投资相对较多;发展中国家之间的投资出于市场导向型和降低成本导向型动机多于其他动机;发达国家向发展中国家的投资主要是出于市场导向型动机和降低成本导向型动机;发展中国家向发达国家的投资多数考虑的是市场、技术、管理与分散风险。

二、主要的国际直接投资理论

第二次世界大战后,尤其是进入20世纪60年代以后,随着各国对外直接投资和跨国公司的迅速发展,西方经济学界对国际直接投资这一领域进行了大量研究和探讨,形成了许多观点各异的理论。这些理论一般统称为国际直接投资理论或对外直接投资理论,当然,这些理论有时因其提出的时间较长,被称为传统的国际直接投资理论,有时又因其多涉及跨国公司的对外投资行为,被称为跨国公司对外直接投资理论。下面对其中一些有代表性的理论作一简要介绍。

(一)垄断优势理论

垄断优势理论(Monopolistic Advantage Theory)是最早研究对外直接投资的独立理论,它产生于20世纪60年代初,在这以前,基本上没有独立的对外直接投资理论。1960年,美国学者海默(Stephen H. Hymer)在他的博士论文《国内企业的国际经营:对外直接投资研究》中,首先提出了以垄断优势来解释对外直接投资的理论。此后,海默的导师金德尔伯格(Charles P. Kindleberger)在《对外直接投资的垄断理论》等文中又对该理论进行了补充和系统阐述。由于两个人从理论上开创了以国际直接投资为研究对象的新的研究领域,学术界将他们二人并列为这一理论的创立者。由于该理论主要是以产业组织理论为基础展开分析,因此也被称为产业组织理论分析法。

海默研究了美国企业对外直接投资的工业部门构成,发现对外直接投资和垄断的工业部门结构有关。他认为,跨国公司拥有的垄断优势是它们开展对外直接投资的决定因素。美国从事对外直接投资的企业主要集中在具有独特优势的少数部门。美国企业走向国际化的主要动机是为了充分利用自己独占性的生产要素优势,以谋取高额利润。海默认为,其他国家的对外直接投资也与部门的垄断程度较高有关。

垄断优势理论把跨国公司从事对外直接投资所凭借的垄断优势分为以下几类:

1.来自产品市场不完全的垄断优势。如来自跨国公司拥有的产品差异化能力、商标、销售技术和渠道、其他市场特殊技能以及包括价格联盟在内的各种操纵价格的条件。

2.来自要素市场不完全的垄断优势。如技术要素(优势可来自专利、技术诀窍等知识产权,技术的专有和垄断既可以使跨国公司的产品与众不同,又可以限制竞争者进入,而充足的研发费用更加快了大公司的技术创新步伐)、资本要素(跨国公司可凭借其拥有的较高的金融信用等级而在资本市场上以较低的成本较多较快地筹集到资金)、管理技能和信息等方面。

3.来自规模经济的垄断优势。大企业为谋求规模经济而投入的巨额初始资本,对欲与之竞争的新企业来说不仅是一道难以逾越的门槛,而且伴随着很大的风险。另外,跨国公司可以利用国际专业化生产来合理配置生产经营的区位,避免母国和东道国对公司经营规模的限制,扩大市场份额。

4.来自政府干预的垄断优势。东道国和母国政府可以通过市场准入、关税、利率、税率、外汇及进出口管理等方面的政策法规对跨国公司的直接投资进行干预,跨国公司可以从政府提供的税收减免、补贴、优先贷款等方面的干预措施中获得某种垄断优势。

海默还分析了产品和生产要素市场的不完全竞争性对国际直接投资的影响。在市场完全竞争的情况下,国际贸易是企业参与和进入国际市场或对外扩张的唯一方式,企业将根据比较利益原则从事进出口活动。但在现实生活中,市场是不完全的,这种不完全性是指竞争是不完全的,市场上存在着一些障碍和干扰,如关税和非关税壁垒,少数卖主或买主能够凭借控制产量或购买量影响市场价格,政府对价格和利润的管制等。正是上述障碍和干扰的存在,严重阻碍了国际贸易的顺利进行，减少了贸易带来的益处，从而导致企业利用自己所拥有的垄断优势，通过对外直接投资进入国际市场。

（二）内部化理论

内部化理论（The Theory of Internalization）也称市场内部化理论，它是 20 世纪 70 年代以后西方跨国公司研究者为了建立所谓跨国公司一般理论时所提出和形成，是解释对外直接投资的一种比较流行的理论，但还不足以称其为“通论”。这一理论主要是由英国学者巴克莱（Peter Buckley）、卡森（Mark Casson）和加拿大学者拉格曼（Allan M. Rugman）共同提出来的。巴克莱和卡森在 1976 年合著的《多国企业的未来》及 1978 年合著的《国际经营论》中，对跨国公司内部化形成过程的基本条件、成本与收益等问题做了明确的阐述，使人们重新审视内部化概念。1979 年，卡森在《多国企业的选择》中对内部化概念作了进一步分析。此外，拉格曼在《在多国企业内部》一书中对内部化理论进行了更为深入的探讨，并扩大了内部化理论的研究范围。

内部化是指在企业内部建立市场的过程，以企业的内部市场代替外部市场，从而解决由于市场不完全带来的不能保证供需交换正常进行的问题。企业内部的转移价格起着润滑剂的作用，使内部市场能向外部市场一样有效地发挥作用。跨国经营是企业内部化超越国界的表现。

内部化理论认为，由于市场的不完全性和交易成本的上升，企业通过外部市场的买卖关系不能保证企业获利，并导致许多附加成本。企业进行对外直接投资，建立企业内部市场，可以通过跨国公司内部形成的公司内市场，克服外部市场上的交易障碍，弥补市场机制不完全的缺陷所造成的风险与损失。该理论认为，市场不完全并非由于规模经济、寡占或关税壁垒，而是因为某些市场失灵（Market Failure）、某些产品的特殊性质或垄断势力的存在。

内部化理论建立在三个假设的基础上：一是企业在不完全市场上从事经营的目的是追求利润的最大化；二是当生产要素特别是中间产品的市场不完全时，企业就有可能以内部市场取代外部市场，统一管理经营活动；三是内部化超越国界时就产生了多国公司。

市场内部化的过程取决于四个因素：一是产业特定因素（Industry-Specific Factor），指与产品性质、外部市场结构和规模经济等有关的因素；二是区位特定因素（Region-Specific Factor），指由于区位地理上的距离、文化差异和社会特点等引起的交易成本的变动；三是国家特定因素（Country-Specific Factor），指东道国的政治、法律和财经制度对跨国公司业务的影响；四是公司特定因素（Firm-Specific Factor），指不同企业组织内部市场的管理能力。在这几个因素中，产业特定因素最为关键。因为，如果某一产业的生产活动存在着多阶段生产的特点，那么就必然存在中间产品（原材料、零部件、信息、技术、管理技能等），若中间产品的供需在外部市场进行，则供需双方无论如何协调，也难以排除外部市场供需间的摩擦和波动，为了克服中间产品市场的不完全性，就可能出现市场内部化，市场内部化会给企业带来多方面的收益。

（三）产品生命周期理论

产品生命周期理论（The Theory of Product Life Cycle）是美国哈佛大学教授维农（Raymond Vernon）在1966年发表的《产品周期中的国际投资与国际贸易》一文中提出的。在该文中，他十分重视创新的时机、规模经济和不稳定性等因素的重要性。维农认为，美国企业对外直接投资的变动与产品的生命周期有密切的联系。他把国际直接投资同国际贸易和产品的生命周期结合起来，利用产品生命周期的变化解释美国战后对外直接投资的动机与区位的选择。这一理论既可以用来解释新产品的国际贸易问题，也可以用来解释对外直接投资。

维农把一种产品的生命周期划分为创新、成熟和标准化三个阶段，不同的阶段决定了不同的生产成本和生产区位的选择，决定了公司应该有不同的贸易和投资战略。

在产品创新阶段，由于创新国垄断着新产品的生产技术，因此，尽管价格偏高也有需求，产品的需求价格弹性很低，生产成本的差异对公司生产区位的选择影响不大，这时最有利的安排就是在国内生产。企业主要利用产品差别等竞争手段，或力图通过垄断技术与产品生产来占领市场。这一阶段，新产品的需求主要在国内，如果其他经济结构、消费水平与创新国类似的国家对这种新产品有需求，创新国企业也主要是通过出口而不是直接投资来满足这些国外的市场需求。

在产品成熟阶段，产品逐渐标准化，最有效的生产工序已经形成，产品的生产技术基本稳定，市场上出现了仿制品和替代品，在国内市场需求扩大的同时，市场竞争也日趋激烈，新产品生产企业的技术垄断地位和寡占市场结构被削弱。此时，产品的需求价格弹性逐步增大，降低成本对提高竞争力的作用增强，因而如何降低生产成本成为企业考虑的首要因素。为此，企业一方面通过规模经济来降低成本，通过价格竞争来维持和占领国内国际市场，另一方面，在国内竞争日趋激烈，市场日趋饱和以及国外市场对这类产品的需求不断扩大的条件下，创新国企业开始进行对外直接投资，在国外建立子公司进行生产，投资地区一般是那些消费水平与创新国相似，但劳动力成本略低于创新国的地区。到国外投资办厂的另一个好处就是可以避开进口国关税与非关税壁垒。

在产品标准化阶段，产品的生产技术、工艺、规格等都已完全标准化，产品已完全成熟。创新国企业的技术优势已经丧失，企业之间的竞争更加激烈，竞争的焦点和基础是成本和价格，因此，企业将在世界范围内寻找适当的产品生产区位，通过对外直接投资将产品的生产转移到工资最低的国家和地区(一般是发展中国家和地区)，以降低生产成本，继续参与市场竞争。最初的创新国将从发展中国家运回最终产品以满足国内需求，原来新产品的生产企业也将由于产品生命周期的终结而必须转向另一新产品的研究和开发。

产品生命周期理论的独到之处在于将企业所拥有的优势同该企业所生产产品的生命周期的变化联系起来，这样，就为当时的对外直接投资理论增添了时间因素和动态分析的色彩。这一理论把美国的经济结构、美国企业的产品创新取向以及美国跨国公司海外生产的动机和选址三者较好地联系起来，一方面解释了美国跨国公司从事对外直接投资的特点，另一方面也说明了这些公司先向西欧再向发展中国家投资的原因。

(四)比较优势理论

比较优势理论(The Theory of Comparative Advantage)有时也称为边际产业扩张论，是日本一桥大学小岛清教授(Kiyoshi Kojima)在20世纪70年代提出来的。从二战后到20世纪70年代中期，日本理论界接受和流行的对外直接投资理论主要是海默和金德尔伯格的垄断优势理论以及维农的产品生命周期理论。但后来，日本理论界提出了不同的看法，认为上述两个理论只研究了美国跨国公司的对外直接投资，没有考虑其他国家对外直接投资的特点，不能解释日本的对外直接投资。因此，应创立符合日本国情的对外直接投资理论，用以说明和指导日本企业的对外直接投资活动。在此背景下，小岛清在其于1979年出版的《对外直接投资论》和1981年出版的《跨国公司的对外直接投资》及《对外贸易论》等书中提出了新的观点。

小岛清的投资理论有三个基本命题：第一，国际贸易理论中的赫克歇尔—俄林模型(H-O模型)的基本假定是合理的，即资源禀赋或资本—劳动要素比例的假定是对的，但在运用其分析对外直接投资时，可使用比资本更广义的经营资源(Managerial Resources)的概念来代替资本要素。第二，凡是具有比较成本优势的行业其比较利润率也较高，建立在比较成本或比较利润率基础上的国际分工原理不仅可以解释国际贸易的发生，也可以说明国际投资的原因。小岛清甚至认为，可以将国际贸易和对外直接投资的综合理论建立在比较优势(成本)的基础上。第三，日本式的对外直接投资与美国式的对外直接投资是不同的。

小岛清认为，由于各国的经济状况不同，根据美国对外直接投资状况而推断出来的理论无法解释日本的对外直接投资。日本的对外直接投资与美国相比有四点明显的不同：一是美国的海外企业大多分布在制造业部门，从事海外投资的企业多处于国内具有比较优势的行业或部门；而日本的对外直接投资主要分布在自然资源开发和劳动力密集型行业，这些行业是日本已失去或即将失去比较优势的行业，对外投资是按照这些行业比较成本的顺序依次进行的。二是美国从事对外直接投资的多是拥有先进技术的大型企业；而日本的对外直接投资是以中小企业为主体，所转让的技术也多为适用技术，比较符合当地的生产要素结构及水平，对当地发展具有比较优势的劳动密集型产业、增加就业和扩大出口等都有积极促进作用。三是美国对外直接投资是贸易替代型的（反贸易导向），由于一些行业对外直接投资的增加而减少了这些行业产品的出口；与此相反，日本的对外直接投资行业是在本国已经处于比较劣势而在东道国正在形成比较优势或具有潜在的比较优势的行业，所以对外直接投资的增加会带来国际贸易量的扩大，这种投资是贸易创造型的（顺贸易导向）。四是美国公司设立的海外企业一般采用独资形式，与当地的联系较少，类似“飞地”；而日本的对外直接投资多采用合资形式，注意吸收东道国企业参加，有时还采用非股权安排方式（Non-Equity Arrangement）。

比较优势理论的基本内容是：对外直接投资应该从本国已经处于或即将处于比较劣势的产业（边际产业）依次进行。这些产业是指已处于比较劣势的劳动力密集部门或者某些行业中装配或生产特定部件的劳动力密集的生产环节或工序。即使这些产业在投资国已处于不利地位，但在东道国却拥有比较优势。凡是在本国已趋于比较劣势的生产活动都应通过直接投资依次向国外转移。

小岛清认为，国际贸易是按既定的比较成本进行的，根据上述原则所进行的对外投资也可以扩大两国的比较成本差距，创造出新的比较成本格局。据此，小岛清认为，日本的传统工业部门很容易在海外找到立足点，传统工业部门到国外生产要素和技术水平相适应的地区进行投资，其优势远比在国内新行业投资要大。

（五）国际生产折中理论

国际生产折中理论（The Eclectic Theory of International Production）又称国际生产综合理论，是 20 世纪 70 年代由英国里丁大学国际投资和国际企业教授邓宁（John H. Dunning）提出的。邓宁是 20 世纪著名的研究跨国公司与国际直接投资的专家，他的代表作是 1981 年出版的《国际生产和跨国公司》，该书汇集了一系列阐述其折中理论的论文。

国际生产是指跨国公司对外直接投资所形成的生产活动。邓宁认为，导致其提出这一理论的原因主要是两个：一是二战后尤其是 20 世纪 60 年代以后国际生产格局的变化。在 60 年代以前，国际生产格局比较单一，那时以美国为基地的跨国公司在国际生产中占有重要地位,国际生产主要集中在技术密集的制造业部门和资本密集的初级工业部门,投资主要流向西欧、加拿大及拉美国家,海外子公司大多采用独资形式。进入60年代以后,国际生产格局出现了复杂化趋势,西欧和日本的跨国公司兴起,发达国家间出现相互交叉投资现象,一些跨国公司开始向新兴工业化国家(地区)和其他发展中国家投资,一些发展中国家的企业也开始加入对外直接投资的行列之中,合资形式成为海外企业的主要形式。二是缺乏统一的国际生产理论。传统的理论只注重资本流动方面的研究,而缺乏将直接投资、国际贸易和区位选择综合起来加以考虑的研究方法。在邓宁看来,他的理论将企业的特定垄断优势、国家的区位与资源优势结合起来,为国际经济活动提供了一种综合分析的方法,从而弥补了过去的不足,所以他的理论也可称为综合理论。

邓宁认为,自20世纪60年代开始,国际生产理论主要沿着三个方向发展:一是以海默等人的垄断优势理论为代表的产业组织理论;二是以阿利伯的安全通货论和拉格曼的证券投资分散风险论为代表的金融理论;三是以巴克利和卡森等人的内部化理论为代表的厂商理论。但这三种理论对国际生产和投资的解释是片面的,没有把国际生产与贸易或其他资源转让形式结合起来分析,特别是忽视了对区位因素的考虑。国际生产折中理论吸收了上述三个理论的主要观点,并结合区位理论解释跨国公司从事国际生产的能力和意愿,解释它们为什么在对外直接投资、出口或许可证安排这三个参与国际市场的方式中选择对外直接投资。

国际生产折中理论认为,一个企业要从事对外直接投资必须同时具有三个优势,即所有权优势(Ownership - Specific Advantages)、内部化优势(Internalization-Specific Advantages)和区位优势(Location-Specific Advantages)。

1.所有权优势主要是指企业所拥有的大于外国企业的优势。它主要包括技术优势、企业规模优势、组织管理能力优势、金融和货币优势以及市场销售优势等。邓宁认为,对外直接投资和海外生产必然会引起成本的提高与风险的增加,在这种情况下,跨国公司之所以还愿意并且能够发展海外直接投资,并能够获得利益,是因为跨国公司拥有一种当地竞争者所没有的比较优势,这种比较优势能够克服国外生产所引起的附加成本和政治风险。他把这种比较优势称为所有权优势,这些优势要在跨国生产中发挥作用,是因为它是这个公司所特有的、独占的,在公司内部能够自由流动,并且能够跨越一定的距离。

2.内部化优势是指企业在通过对外直接投资将其资产或所有权内部化过程中所拥有的优势。也就是说,企业将拥有的资产通过内部化转移给国外子公司,可以比通过交易转移给其他企业获得更多的利益。一家企业拥有了所有权优势,还不能说明它必然进行对外投资活动,因为它可以通过其他途径发挥和利用这些优势。一般而言,企业有两个途径发挥利用这些优势:其一,将所有权资产或资产的使用权出售给别国企业,即把资产的使用外部化;其二,企业自己利用这些所有权资产,即把资产的使用内部化。企业到底是选择资产内部化还是资产外部化,取决于利益的比较。由于外部市场是不完善的,企业将所拥有的各种优势进行外部化使用有丧失优势的危险,因而,为了保持垄断优势,企业就存在对其优势进行内部化使用的强大动力。国际直接投资就是企业利用它的所有权优势直接到国外办厂开店、建立企业内部的国际生产和运营体系的过程。

3.区位优势是指可供投资的地区在某些方面较国内优越。在邓宁看来,一家企业具备了所有权优势,并有能力将这些优势内部化,还不能完全解释清楚直接投资活动,还必须加上区位优势。区位特定优势包括:劳动力成本,市场需求,地理距离,自然资源,基础设施,运输与通讯成本,关税和非关税壁垒,政府对外国投资的政策,因历史、文化、风俗、商业惯例差异而形成的心理距离等。企业进行国际生产时必然受到区位因素的影响,只有在国外区位优势大时,企业才可能从事国际生产。

如果一家企业同时具有上述三个优势,那么它就可以进行对外直接投资。这三种优势的不同组合,还决定了企业进入国际市场和从事国际经济活动的不同方式。

国际生产折中理论的特点和贡献在于:第一,它吸收借鉴了在此之前 20 年中出现的新的国际直接投资理论,采用了折中和归纳的方法,对各家之长兼容并蓄,并在区位理论方面做出了独到贡献。第二,它与国际直接投资的所有形式都有联系,涵盖和应用的范围宽。第三,它能够较好地解释企业选择国际化经济活动三种主要模式的原因,即如果企业仅具有所有权优势,则应选择许可(也称契约或技术转让)模式进入国际市场;如果企业既具有所有权优势,也具有内部化优势,则应选择出口模式进入国际市场;如果企业同时具有所有权、内部化和国外区位三个优势,则应选择对外直接投资模式开展国际化经营(国际生产折中理论与企业国际化经营模式选择的关系见表 2-2)。第四,邓宁将这一理论同各国经济发展的阶段与结构联系起来进行动态化分析,还提出了“投资发展周期”学说。

国际生产折中理论有时也被称作 OIL(Ownership-Internalization-Location)理论,因其概括性、综合性和应用性强而获得了对外直接投资“通论”之称。这一理论目前已成为世界上对外直接投资和跨国公司研究中最有影响的理论,并被广泛用来分析跨国公司的对外直接投资活动。

表 2-2　　国际生产折中理论与企业国际化经营模式选择的关系

优势 模式	所有权优势	内部化优势	国外区位优势
许可模式	√		
出口模式	√	√	
投资模式	√	√	√

以上我们分析和介绍了西方学者在研究国际直接投资时提出的五种主要理论。除此之外，还有其他一些国际直接投资理论，如投资诱发要素组合理论、寡占反映理论、产业内双向直接投资理论、纵向一体化直接投资理论、横向一体化直接投资理论、核心资产论、投资与贸易替代论、公司战略理论、动态化比较优势论等。这些理论有的是从微观角度展开研究，有的则是从宏观角度研究和分析国际直接投资现象，力图找到东道国为什么要利用外资、资本为什么要发生国际流动等问题的答案。国际直接投资理论是在 20 世纪 60 年代从国际间接投资（国际证券投资）理论中独立出来的，理论的发展源于实践的发展，可以相信，随着各国对外直接投资活动的不断开展和跨国公司影响的进一步扩大，有关这方面的理论研究也必将会不断有所创新、有所发展。

（六）国际直接投资理论的共同出发点

不同的国际直接投资理论都是采用不同的方法，从不同的角度研究企业的国际投资活动，对同一现象或不同现象做出自己的解释。尽管各种理论的体系和方法不尽相同，但它们都有一些共同的出发点：

第一，直接投资不同于证券投资，都无法沿用传统的国际资本流动理论来解释，因为直接投资中除包含资本要素的国际流动外，还包含着投资企业的技术、设备、品牌、信息和管理才能等生产要素的转移。

第二，国际直接投资是企业在国内市场发展到一定规模和具有某些绝对或相对优势时的海外扩张行为，跨国公司是企业海外扩张的产物，所以学者们在进行理论阐述时一般都以不完全竞争的假设取代完全竞争的假设。

第三，除阿利伯和邓宁等学者在从事微观研究的同时也力图进行一些宏观的分析以外，大多数学者则侧重研究微观的企业行为，如研究跨国公司从事对外直接投资的决定因素、动机、竞争优势、条件及其方式等。

第四，从总的方面来看，现有的对外直接投资理论的研究主要涉及的是以下几个基本问题：采用什么样的理论模式和研究方法去研究与解释跨国公司的对外直接投资行为，如何用成本与收益分析方法去分析和评价跨国公司对外直接投资的效益,对外直接投资的决定因素或制约条件是什么,企业开展对外投资的主要动机是什么,企业的竞争优势到底在哪里,企业怎样选择国外的投资区位等。

三、服务业国际直接投资理论

(一)主要和传统的国际直接投资理论在服务业的适用性

服务业的国际化过程有其特殊性,其发展的内在动力与外部环境与工业企业有所不同。第二次世界大战后,对外直接投资的发展和跨国公司的扩张主要发生在制造业部门,因此有关理论研究也一直集中于此,相比之下,对服务业对外直接投资的分析比较少。随着服务业在发达国家国民收入、就业和国际收支平衡等方面发挥的作用不断加强,服务部门的国内和国际地位迅速提高,对服务业跨国生产和经营的研究也开始发展起来,其出发点首先是对传统对外直接投资理论在服务部门适用性的讨论。通过对不同的传统理论观点在服务部门进行适用性检验,越来越多的经济学家相信,制造业对外直接投资理论经过修正,完全可以用于分析服务业对外直接投资行为。其中,代表性的研究主要有以下几个:

1. 鲍德温(Boddewyn,1989 年)试图使用主流理论来解释服务业跨国公司的行为。他发现,由于服务产品的特殊性会引发一些问题,如对理论假设前提的违背,对服务产业特定优势区分的难度等。他认为,应该对这些问题进一步深入探讨,但不需要给出特别的定义和理论解释,只需通过简单的条件予以限制和详细说明,就能容易地运用现有的理论。

2. 邓宁(Dunning,1989 年)将其在制造业发展起来的国际生产折中理论扩展到了服务部门。他在《跨国企业和服务增长:一些概念和理论问题》这篇代表性文章中,解释了服务业跨国公司行为的有关概念和理论问题,指出国际生产折中理论的基本框架适用于服务业跨国公司,并对原有的所有权优势、内部化优势和区位优势在服务企业的具体表现进行了阐述,还列举出一些特定服务行业对外直接投资所需要具备的优势。在邓宁分析的基础上,恩德韦克(Enderwick,1989 年)又分析了该理论模型应用于服务部门时要特别注意的一些问题。譬如,服务业很多部门是技术复杂性较低的行业,确定企业特定优势较难。又如,跨国经营的非股权方式,如许可证、管理合同、特许经营等在服务业中广泛使用,而这些以市场交换为基础的经营方式对于跨国公司理论中的内部化作用有着重要的含义。

3. 卢格曼(Rugman,1981 年)以银行业为基点分析了内部化理论的适用性。他认为,按照内部化理论,跨国公司通过创造内部市场来克服世界商品市场和要素市场的不完全性，同样地，跨国银行同样也可以实现交易内部化，从而克服国际金融市场的不完全性。与卢格曼的分析基点相似，亚诺普勒斯(Yannopoulos, 1983 年)、格瑞(Gray, 1981 年)、考(Cho, 1983 年)、格鲁伯(Grube,1977 年)、佩克乔利(Pecchioli,1983 年)和威尔斯(Wells,1983 年)等也是以银行业为分析对象，阐明了邓宁的国际生产折中理论在解释跨国银行业发展方面的合理性。不过，这些分析假定银行的外国子公司在国际金融市场实现运作。格瑞指出，当一个银行选择在超国家的市场例如欧洲货币市场经营时，不必拥有相同的优势条件，因为在超国家金融市场，没有当地银行，不需要以所有权优势作为补偿优势。这实际上相当于重新定义了区位优势，将其范畴从某一特定国家扩展到了超国家市场，此时，区位优势具有更重要的意义。此外，上述分析指出，在银行业之外的一些服务部门，如国际饭店业、商业服务业、商业服务公司的外国机构等，所有权优势、内部化优势和区位优势也同样适用，只不过需要根据行业特点做一些限制和详细说明。

弗农对于传统直接投资理论的适用性问题没有做过多说明。他直接指明，既然知识的转移可以代替物品转移，那么有关制造业跨国公司的理论就可以应用于对服务业跨国公司的解释。

(二)服务业国际直接投资理论

目前涉及服务业对外直接投资的理论已有了一定发展，比较典型的如巴克利和卡森的“内部化”理论，他们在原“内部化”理论的基础上，说明服务企业也有内部化中间市场的优势。卡森强调，服务消费中买者的不确定性是市场不完善的来源之一，将会导致较高的交易成本，从而使企业的对外直接投资成为一种必要。作为对外直接投资理论的集大成者，邓宁在服务业对外直接投资方面也有比较系统的论述。他指出，服务业对外直接投资也应同时具备所有权优势、内部化优势和区位优势三个条件。相对而言，该理论体系比较完善，也最具代表性，因此本书将以此为基础，对服务业对外直接投资的基础和动因做出解释。

1.所有权优势。服务业所有权优势可以理解为企业得以满足当前或潜在顾客需求的能力。对此，一般有三个重要的评判标准：第一，服务的特征和范围，如服务的构思、舒适度、实用性、可靠性、专业化程度等；第二，服务的价格和成本；第三，有关售前、售中及售后服务。具体来讲，服务业跨国公司的所有权优势主要体现在以下几个方面：

(1)质量。由于服务一般具有不可存储性、异质性等特点，保证服务质量对企业来说尤为重要，特别是随着收入水平的提高和企业之间竞争的加剧，质量日益成为影响消费者服务需求和生产者服务供给的重要变量，在许多情况下，它是决定服务业跨国公司竞争力的一个最重要的变量。在一些服务行业中,企业创造和保持一个成功品牌形象的能力,或者在多个地区提供服务时实行质量监控的能力和降低购买者交易成本的能力,是其保持质量形象和占有竞争优势的关键。

(2)范围经济。这是指服务提供者可以满足消费者对产品种类和价格的多种不同需求。运输、商业等服务行业都不同程度地存在范围经济。典型的是零售业,零售商储存商品的范围越宽、数量越大,他们在同供应商交易过程中的议价能力就越强,就越能通过讨价还价方式以较低价格从供应商处获得商品;同时,供货品种和数量的加大使其有能力降低消费者的交易成本,因为后者只需在一处就可以买到多种商品;此外,议价能力的提高使零售商能够加强对其买卖的产品和服务质量的控制,也有助于增大其所有权优势。

(3)规模经济。从本质上讲,规模经济和专业化在制造业与一些服务业企业间并无太大区别,比如500个床位的宾馆提供的住宿服务与30个床位的宾馆相比,大医院提供的医疗服务与小医院相比,前者能够通过较大的规模有效降低单位成本。类似的,大型咨询机构和投资银行等可以在机构内部调动人员、资金和信息,实现人事和管理的专业化,从而可以针对不同的经营环境来调整价格,以实现利润最大化。此外,大型服务业公司还往往容易得到优惠的融资条件和折扣等。至于规模经济和范围经济产生的分散风险优势,在保险、再保险和投资银行业中表现得更为突出,在这三个行业中,规模是成功进行对外直接投资的前提条件。

(4)技术和信息。在制造业中,衡量生产技术和产品知识成分的指标,通常是R&D占销售额的比重,专业人员、科技人员和工程人员在全部就业人员中的比重以及取得的专利数量等。服务业中,与上述衡量标准类似的指标是对信息的把握和处理能力。在许多服务业中,以尽可能低的成本对信息进行收集、加工、储存、监控、解释和分析的能力,是关键的无形资产或核心竞争优势。对于证券、咨询这类以数据处理为主要内容的服务行业来说,情况更是如此。随着知识经济的发展,知识密集型服务行业的跨国公司数量增多,信息和技术在竞争中的地位日益重要,他们还能为规模经济、范围经济以及垂直一体化提供机会,特别有利于大型的、经营多样化的跨国公司,但由于数据技术往往需要昂贵的辅助资产、固定成本或基础设施,因此拥有这两项优势的服务业企业也就占据了竞争中的有利地位。

(5)企业的信誉和品牌。服务是典型的"经验产品",其性能只有在消费之后才能得到评价,而且,由于服务的主体是人,其性能还往往呈现出了多样性,因此,信誉和商标品牌这样的非价格因素往往是服务业企业向消费者传递信息的有力手段,也成为企业主要的竞争优势之一。许多成功的服务业跨国公司,其卓越服务和优良品牌的扩散往往成为对外直接投资的先导。

(6)人力资源。服务的施动者和受动者都是人,人力资源素质的提高无疑将使服务的质量和数量大大提升,有利于增大企业的优势。另外,在人力资源的使用过程中还普遍存在着像"干中学"和"溢出效应"这样的动态效应,为服务企业优势的创造、保持和发展奠定了基础。所以,人力资源对于服务企业来讲尤为重要。

(7)创新。在许多情况下,创新形成了跨国服务公司的竞争优势,例如美国的沃尔玛、法国的家乐福等跨国零售企业在国外采取了超级市场的新概念,国际医疗服务连锁经营把现代管理方式运用到传统的缺乏价格敏感度的领域而取得竞争利益等。把商品和服务结合在一起进行创新,也可以得到竞争利益,例如计算机辅助设计、数据传递、娱乐服务等。不断在生产、经营和管理等方面进行创新,是现代企业保持恒久竞争力的源泉。

此外,所有权优势还可以表现在服务业企业利用诸如劳动力、自然资源、金融、数据处理和传送设备等投入进入产品市场以及进入信息、金融、劳动力国际市场的机会,或者表现在对国际市场的了解程度等方面。

2.区位优势。区位优势与所有权优势和内部化优势不同,它是东道国所有的特定优势,企业无法自行支配,只能适应和利用这种优势。区位特定优势主要表现在以下几个方面:

(1)东道国不可流动的要素禀赋所产生的优势,如自然资源丰富,地理位置方便,人口众多等。不同的服务行业对外直接投资对区位优势的要求也不同,比如,旅游业服务点选址显然与金融业大不相同,前者需要考虑气候、自然风光、名胜古迹等等,后者则集中在工商业中心。除了区位约束性服务外,跨国公司东道国的区位选择主要受服务消费者需求支配,因此东道国人口数量、人口素质、习惯性的消费偏好等因素也决定了跨国公司的对外直接投资行为。除此之外,东道国较大的市场规模,优越的资源质量,较为完善的基础设施以及地理相邻、语言相通、文化相近的地缘优势等因素,也构成了重要的区位优势。

(2)东道国的政治体制和政策法规灵活、优惠而形成的有利条件。东道国政府在服务领域的政策干预可能会给投资者创造更好的竞争机会,例如,美国废除了对金融业混业经营的限制,这不仅有利于其境内的金融机构扩大规模,也有利于外资金融机构扩大其在美经营范围,从而有利于吸引外国投资。又如,我国台湾地区由于逐渐放宽了对外资进入服务业的限制,成为东南亚地区服务业直接投资流向的一个热点区域。

(3)聚集经济也是一种区位优势。竞争者集中的地方,会产生新的服务机会,这种服务是针对市场发展需求而产生的。例如:国际银行在竞争者集中的大金融中心创立了银行间市场,严重依赖专业信息来源和专门技巧的服务商大多选择同类企业相对集中的领域,而保险和银行业常常会选择主要城市和中心商业区。

区位优势的获得与保持往往是服务业对外直接投资的关键。当企业投资的产业选择与东道国的区位特色相融合时,会强化产业比较优势和区位比较优势,促进对外直接投资的发展;反之,则使两者的优势相互抵消、衰减乃至丧失。但应注意的是,尽管区位因素直接影响跨国公司对外直接投资的选址及其国际化生产体系的布局,却只构成对外直接投资的充分条件。

3.内部化优势。内部化优势是指服务业企业为了克服外部市场的不完全性和不确定性,防止外国竞争对手模仿,将其无形资产使用内部化而形成的特定优势。一般而言,与服务业跨国公司特别有关的内部化优势包括以下几个方面:

(1)避免寻找交易对象并与其进行谈判而节约的成本。服务业国际贸易的起始点是跨越国境寻求合适的客户资源,这其中必然会产生包括寻租成本、协商成本等在内的一系列交易成本。跨国公司通过将外部交易内部化,可以有效地降低交易成本,尤其是当跨国投资的启动成本低于外部交易成本时,对外直接投资就有利可图,企业也能因此取得竞争优势。

(2)弱化或消除要素投入在性质和价值等方面的不确定性。由于服务产品的差异性较大,又具有量身定做的特征,信息的不对称使得买方对产品的了解程度远低于卖方,容易出现服务业的买方出价过低或卖方要价过高的现象。内部化可以克服以上弊端,消除投入方面的不确定因素,这对于中间性服务产品尤为重要。

(3)中间产品或最终产品质量的保证。产品质量控制是服务业企业对外直接投资的主要动力之一,通过将服务交易内部化,服务企业可以用统一的衡量标准,实现在全球范围内对产品质量的监控,使其所有权优势得以保持和发挥。

(4)避免政府干预。目前,对服务产品跨国交易的严格管制普遍存在,配额、关税、价格管制、税收差异等干预手段层出不穷。相对来讲,外商投资由于其在一国经济发展中所产生的积极影响而易于被东道国所接受。因而,通过跨越国境投资设厂可以降低服务业国际交易中的政策性因素的干扰,而且能得到东道国的一些优惠性投资待遇,有利于企业在当地市场展开竞争。

邓宁认为,下列几种类型的服务公司具有内部化开发利用优势和从事对外直接投资的强烈倾向:

第一,信息密集型的服务行业,如银行业和商业服务业。这类企业以拥有的信息和知识为主要优势,这些知识带有默示性质,生产费用高、复杂且特征性强,但易于复制,只有在企业内部才能得到更好的保护和更有效的运用。

第二,以产品品牌或公司形象而著称的公司,如建筑、汽车租赁、广告和一些商业服务行业。当企业寻求质量保持和商誉维护时，就需要为服务产品建立严格的、直接的质量标准，此时就会出现水平一体化，因为内部化对于质量标准的控制比外部市场交易更加有效。

第三，以知识为基础的创新型服务企业。实现生产和消费的垂直一体化有利于新型服务产品的推广，这是因为在创造服务需求和普及服务产品时，需要指导购买者消费服务，而创新者对其产品所具备的知识使其成为最佳引导者。

第四，拥有商标和版权等无形资产的企业。这类企业会在国外建立保护其资产权利的分支机构。

第五，工业跨国公司拥有股权的服务业附属公司。这些公司旨在保证制造业公司以最优条件获得投入物，帮助母公司维持和开展生产、出口及海外市场活动。

邓宁的内部化优势理论源于巴克利和卡森等人的分析，但他认为，拥有无形资产所有权优势的企业，通过扩大组织和经营活动，将这些优势的使用内部化，可以带来比股权转让更多的潜在或现实利益。然而，拥有所有权内部化优势的企业也可以扩大国内的规模，并通过出口来获得充分的补偿，并非一定要进行对外直接投资。所以，这两项优势只是企业对外直接投资的必要条件，而非充分条件。

邓宁关于服务业对外直接投资理论的核心是"三优势模型"，他认为所有权优势、区位优势和内部化优势，加上服务业的特性使对外直接投资、跨国经营成为服务业企业的必然选择。但是该理论强调，企业只有同时具有上述三大优势时，才能进行有利的对外直接投资。如果只有所有权优势和内部化优势，没有区位优势，企业就会缺乏优越的投资场所，只能将有关优势在国内加以利用，即在国内进行生产，然后出口。如果没有内部化优势和区位优势，仅有所有权优势，企业就难以内部使用其自身拥有的无形资产优势，只能通过特许转让等方式来获取收益。

1993 年，索旺(Sauvant)主持的"服务业跨国化"研究对服务业跨国公司进行了综合实证分析。他用包括不同国家 11 个部门中最大的 210 个企业在 10 年间(1976—1986 年)的数据进行了回归法检验，以测定影响服务业跨国公司对外直接投资的决定因素。回归分析确定了 9 个决定服务业对外直接投资的主要因素，即市场规模、东道国的商业存在、文化差距、政府法规、服务业的竞争优势、全球寡头反应、产业集中度、服务业的可贸易性以及企业规模与增长。这一检验结果充分证实了邓宁理论在现实中的解释力。

四、发展中国家国际直接投资理论

20 世纪 80 年代以来，随着发展中国家跨国公司的形成和发展，陆续出现了一些专门用来解释发展中国家企业对外直接投资行为的理论。

（一）小规模技术理论

小规模技术理论是由美国学者威尔斯（L. Wells）针对发展中国家的对外直接投资提出的。该理论注意到发展中投资母国对发展中国家跨国公司的“特定优势”的影响，认为发展中国家跨国公司的技术优势具有十分特殊的性质，是投资母国市场环境的反映。具体来说，发展中国家跨国公司具有如下三点优势：

1.小规模技术优势。由于发展中投资母国大多市场规模不大，需求多样化，从而迫使发展中国家的企业不得不将引进的技术加以改造，使其生产技术更具有灵活性，提供品种繁多的产品，以适应本国小规模、多样化的市场需求，从而具有小规模技术的特征。这些经过改造的小规模技术成为发展中国家跨国公司到类似市场开展对外直接投资的特殊优势之一。

2.当地采购和特殊产品优势。威尔斯发现，当发达国家的技术转移到发展中国家后，往往需要对其加以改造，以便适应发展中国家当地的原料供应和零部件配套生产的能力，而这一优势同样成为发展中国家企业对外直接投资的特殊优势之一。另外，发展中国家的对外直接投资往往还带有鲜明的民族特色，能够提供具有民族文化特点的特殊产品，在某些时候它甚至可以成为压倒性的经营优势。

3.物美价廉优势。发展中国家跨国公司之所以有可能做到这一点，主要原因有二：一是与发达国家相比，发展中国家的劳动力成本普遍较低；二是发展中国家跨国公司的广告支出较少。

威尔斯的小规模技术论的贡献在于：将发展中国家跨国公司的竞争优势与其投资母国自身的市场特征结合起来，能够解释发展中国家对外直接投资的部分行为。但该理论也存在明显的缺陷，如威尔斯始终将发展中国家在技术上的创新活动局限于对现有技术的继承和使用上，从而限制了该理论的适用范围。

（二）技术地方化理论

拉奥（S. Lall）在对印度跨国公司的竞争优势和投资动机进行了深入研究之后，提出了关于发展中国家跨国公司的技术地方化理论。和小规模技术理论一样，技术地方化理论也是从技术角度来分析发展中国家跨国公司的竞争优势。

所谓技术地方化，是指发展中国家跨国公司对外国技术进行消化、改进和创新，从而使得产品更适合自身的经济条件和需求。拉奥强调，发展中国家跨国公司的这种创新过程是企业技术引进的再生过程，而非单纯的被动模仿和复制。所产生的技术在小规模生产条件下具有更高的经济效益，且效果会由于民族或语言等因素而得到加强。另外，拉奥还认为，当发展中国家的国内市场较大，存在特殊的市场需求的情况下(如消费者的不同口味和购买力),发展中国家的跨国公司有可能填补这些市场,从而使其产品具有一定的竞争力。

(三)技术创新产业升级理论

英国学者坎特威尔(J. Cantwell)和托兰惕诺(P. E. Tolentino)对发展中国家对外直接投资问题进行了系统的考察,提出了发展中国家技术创新产业升级理论。

技术创新产业升级理论强调技术创新是国家、产业、企业发展的根本动力。与发达国家跨国公司的技术创新活动有所不同,发展中国家跨国公司的技术创新活动具有明显的"学习"特征,换句话说,这种技术创新活动主要利用特有的"学习经验"和组织能力,掌握和开发现有的生产技术。坎特威尔和托兰惕诺认为,不断的技术积累可以促进一国经济的发展和产业结构的升级,而技术能力的不断提高和积累与企业的对外直接投资直接相关,它影响着发展中国家跨国公司对外直接投资的形式和增长速度。

(四)投资发展周期理论

英国学者邓宁(J. Dunning)实证分析了1967—1978年67个国家的有关资料,将一国的吸引外资能力和对外投资能力与其经济发展水平结合起来,提出了投资发展周期理论。在这一理论中,邓宁使用了"净对外直接投资额"的概念,即一国企业对外直接投资总额与引进外国直接投资总额的差额。该理论是其国际生产折中理论在发展中国家的运用和延伸。邓宁认为,在一定的经济发展条件下,一国利用外资和对外投资是紧密相连的两个发展过程,具体可以依据人均GDP的多少划分为四个阶段,并且指出,一国的海外投资地位与其人均国民生产总值呈正比关系,随着人均国民生产总值的逐步提高,一国的对外直接投资先是落后于外商对该国的直接投资,而后则会逐渐赶上并超过(见表2-3)。

表2-3　邓宁的投资发展周期理论

人均GDP	利用外资和海外投资情况
400美元以下	只有少量的外国直接投资,几乎没有对外直接投资
400~2 500美元	利用外资量有所增加,本国对外直接投资量仍较少,净对外直接投资额仍为负值
2 500~4 000美元	在利用外资进一步增长的同时,对外直接投资大幅度增长,其发展速度可能超过引进外国直接投资的速度,但净对外直接投资额仍为负值
4 000美元以上	对外直接投资增长速度高于引进外国直接投资的速度,净对外直接投资额为正值

投资发展周期理论是少有的从宏观经济角度分析发展中国家对外直接投资的理论。这一理论将一国吸收外资和对外投资能力与经济发展水平结合起来,动态地描述了跨国投资与经济发展的辩证关系,扩大了理论的解释范围。虽然该理论存在很大的局限性,但它从理论上指出了发展中国家对外直接投资发展的一般轨迹,阐明了发展中国家跨国公司发展的可能性,因而获得了理论界较为广泛的重视。

第三节　跨国并购

一、并购的概念、类型与动因

(一)并购的概念

并购(Mergers and Acquisitions,缩写为 M&A)是收购与兼并的简称,有时也称为购并,是指一个企业将另一个正在运营中的企业纳入自己企业之中,或实现对其控制的行为。在并购活动中,出资并购的企业称并购企业(公司),被并购的企业称目标企业(公司)。跨国并购是指外国投资者通过一定的法律程序取得东道国某企业的全部或部分所有权的投资行为。跨国并购在国际直接投资中发挥着重要的作用,现在已发展成为设立海外企业的一种主要方式。跨国并购行为既有投资者单独出资进行的,也有投资者联合出资进行的。

通过分析可以发现,收购与兼并既有相同之处也有区别。两者的相同之处主要表现在:第一,基本动因相似。有的是为扩大企业市场占有率,有的是为扩大经营规模、实现规模效益,或者为拓宽企业经营范围,实现分散经营或综合化经营。总之,都是增强企业实力的外部扩张策略或途径。第二,都以企业产权为交易对象。

收购与兼并的区别主要在于:第一,在兼并中,被兼并企业作为法人实体将不复存在;而在收购中,被收购企业仍然可以法人实体的形式存在,其产权可以是部分转让。第二,在兼并后,兼并企业成为被兼并企业新的所有者和债权债务的承担者,是资产、债权、债务的一同转换;而在收购后,收购企业是被收购企业的新股东,以收购出资的股本为限承担被收购企业的风险并享有相应的权益。第三,兼并活动一般发生在被兼并企业财务状况不佳、生产经营陷于停滞或半停滞之时,兼并后一般需调整其生产经营,重新组合其资产;而收购活动多数出现在企业的生产经营处于正常状态之时,产权转让后对企业运营的影响是逐步释放的。

并购与合并(分新设合并与吸收合并)也是两个既有区别又有联系的概念。并购一般是以并购企业为主,目标企业处于被动地位,而合并时(主要指新设合并)两个企业的地位则相对平等;并购后,并购企业的名称仍然保持,目标企业的名称有的不存在有的还存在,但合并后(主要指新设合并)合并双方原有的名称一般都不复存在了,而是出现了一个全新的名称,通常是合并双方名称的合二为一。当然,并购过程中有时也伴随着合并,对于吸收合并而言,其结果与并购的结果有相似之处。

(二)并购的类型

企业并购的形式多种多样,按照不同的分类标准可划分为不同的类型。

1.按并购双方产品或产业的联系划分。依照并购双方产品与产业的关系,可以将并购划分为横向并购(同一行业领域内生产或销售相同或相似产品企业间的并购,如一家汽车制造厂并购另一家汽车制造厂)、纵向并购(处于生产同一产品不同生产阶段的企业间的并购,分向后并购和向前并购,如一家钢铁厂并购一家矿山或一家钢材贸易公司)和混合并购(既非竞争对手、又非现实中或潜在的客户或供应商的企业间的并购,分产品扩张型并购、市场扩张型并购和纯粹型并购,如一家家电企业并购一家石化企业或一家银行)。

2.按并购的出资方式划分。按并购的出资方式划分,并购可分为出资购买资产式并购(并购方筹集足额的现金购买被并购方全部资产)、出资购买股票式并购(并购方以现金通过市场、柜台或协商购买目标公司的股票)、出资承担债务式并购(并购方以承担被并购方全部或部分债务为条件,取得被并购方的资产所有权或经营权)、以股票换取资产式并购(并购公司向目标公司发行自己公司的股票以换取目标公司的资产)和以股票换取股票式并购(并购公司向目标公司的股东发行自己公司的股票以换取目标公司的大部分或全部股票)。

3.按涉及被并购企业的范围划分。按并购涉及被并购企业的范围划分,并购可以分为整体并购(指资产和产权的整体转让)和部分并购(将企业的资产和产权分割为若干部分进行交易,有三种形式:①对企业部分实物资产进行收购,②将产权划分为若干份等额价值进行产权交易,③将经营权分为几个部分进行产权转让)。

4.按并购是否取得目标公司的同意划分。根据并购是否取得目标公司的同意划分,并购分为友好式并购(并购公司事先与目标公司协商,征得其同意并通过谈判达成收购条件的一致意见而完成收购活动)和敌意式并购(指在收购目标公司股权时虽然遭到目标公司的抗拒,仍然强行收购,或者并购公司事先并不与目标公司进行协商，而突然直接向目标公司股东开出价格或收购要约）。

5.按并购交易是否通过交易所划分。按并购交易是否通过交易所划分，并购分为要约收购（并购公司通过证券交易所的证券交易持有一个上市公司已发行股份的30%时，依法向该公司所有股东发出公开收购要约，按符合法律规定的价格，以货币付款方式购买股票，获得目标公司股权）和协议收购（并购公司不通过证券交易所，直接与目标公司取得联系，通过协商、谈判达成共同协议，从而实现对目标公司股权的收购）。

6.按并购公司收购目标公司股份是否受到法律规范强制划分。依照是否受到法律规范强制划分，可以将并购分为强制并购（指证券法规定当并购公司持有目标公司股份达到一定比例时，并购公司即负有对目标公司所有股东发出收购要约、以特定出价购买股东手中持有的目标公司股份的强制性义务）和自由并购（指在证券法规定有强制并购的国家和地区，并购公司在法定的持股比例之下收购目标公司的股份）。

7.按并购公司与目标公司是否同属于一国企业划分。按是否同属于一国企业划分，并购分为国内并购（并购企业与目标企业为同一个国家或地区的企业）和跨国并购（并购企业与目标企业分别属于不同国家或地区）。

（三）并购的动因

在市场经济环境下，企业作为独立的经济主体，其一切经济行为都受到利益动机的驱使，并购行为的根本动机就是为了实现企业的财务目标即股东权益的最大化。当然，并购的具体动因多种多样，主要有：扩大生产经营规模，实现规模经济，追求更高的利润回报；消灭竞争对手，减轻竞争压力，增加产品或服务的市场占有份额；迅速进入新的行业领域，实现企业的多元化和综合化经营；将被并购企业出售或包装上市，谋取更多的利益；着眼于企业的长远发展和成长，谋划和落实企业的未来发展战略等。

（四）当前跨国并购的特点

西方国家的企业并购以美国最为典型，到20世纪90年代初，美国历史上大体出现过四次重点发生在国内的并购高潮：第一次以横向（水平）并购为主，主要发生在1899—1903年；第二次以纵向（垂直）并购为主，主要发生在1922—1929年；第三次以混合并购为主，主要发生在20世纪60年代；第四次以杠杆并购为主，主要发生在20世纪70年代中期至90年代初期。20世纪90年代中后期至21世纪初主要出现在发达国家的并购高潮，是世界历史上第五次企业并购高潮，这一次并购高潮以跨国并购为主，其突出特征是：

第一,从地域来看,这次跨国并购高潮主要出现在美欧之间,特别是美国与几个欧洲大国之间。原因是这些国家大型跨国公司多,产业之间的关联性强,跨国直接投资数量大。

第二,从行业结构来看,这一次并购高潮以跨国横向并购为主,集中在服务业和科技密集型产业。其主要原因:一是企业经营战略重心发生转移,强调核心业务与核心竞争力;二是企业经营环境发生变化,各国鼓励自由化及私有化,从而鼓励外资进入。

第三,从并购方式来看,换股成为主要方式。并购企业增发新股换取被并购企业的股票,原因既有节约交易成本,不必发生大量现金的国际流动等方面的考虑,还有可以合理避税以及实现股价上扬(在并购方实力雄厚的前提下)的考虑。

第四,从并购规模来看,这一次的并购规模超过了以往几次。一般认为,超过10亿美元的并购为大型并购,这一次并购高潮中,涉及金额达到几十亿或上百亿美元的很普遍,有的甚至高达上千亿美元。这次大规模跨国并购风行的原因主要是:研发费用上涨加速了并购活动的发展;国家对经济活动干预的减少,为企业并购创造了有利的外部条件;股市的繁荣为跨国并购提供了充裕的资金。

二、国际直接投资企业两种建立方式的比较

国际直接投资企业的建立可以采取两种基本方式,即在东道国创(新)建一个新的企业和并购东道国已经存在的企业。投资者需要根据不同的情况对这两种企业设立方式进行比较分析,然后决定采用哪种方式建立海外企业。

国际直接投资企业的建立方式与前面所讲的国际直接投资的基本形式不同,前者主要考虑的是如何在国外建立起一个企业,而后者则主要考虑在国外所建立企业的所有权与控制战略。因此,不应当把两者混为一谈,特别是不能把并购东道国企业作为国际直接投资的一种基本形式。当然,这两者之间也有一定的联系,因为建立海外企业时要考虑到底采用哪种企业形式。

下面对国际直接投资企业的两种建立方式进行比较分析。

(一)并购东道国企业方式

目前,并购方式已经成为设立海外企业的一种主要方式。与创立新企业相对立的海外直接投资方式是指对东道国已有的企业进行并购。

1. 并购东道国企业方式的优点。并购海外企业方式的优点是:

第一,可以利用目标企业现有的生产设备、技术人员和熟练工人,可以获得对并购企业发展非常有用的技术、专利和商标等无形资产,同时还可以大大缩短项目的建设周期。

第二,可以利用目标企业原有的销售渠道,较快地进入当地以及他国市场,

不必经过艰难的市场开拓阶段。

第三,通过跨行业的并购活动,可以迅速扩大经营范围和经营地点,增加经营方式,促进产品的多样化和生产规模的扩大。

第四,可以减少市场上的竞争对手。

第五,通过并购后再次出售目标公司的股票或资产,可以使并购公司获得更多利润。

2. 并购东道国企业方式的缺点。并购海外企业方式的缺点是:

第一,由于被并购企业所在国的会计准则与财务制度往往与投资者所在国存在差异,所以有时难以准确评估被并购企业的真实情况,导致并购目标企业的实际投资金额提高。

第二,东道国反托拉斯法的存在以及对外来资本股权和被并购企业行业的限制,是并购行为在法律和政策上的限制因素。

第三,当对一国企业的并购数量和并购金额较大时,常会受到当地舆论的抵制。

第四,被并购企业原有契约或传统关系的存在,会成为对其进行改造的障碍,如被并购企业剩余人员的安置问题。

(二)在东道国建立新企业方式

创建海外企业可以是由外国投资者投入全部资本,在东道国设立一个拥有全部控制权的企业,也可以是由外国投资者与东道国的投资者共同出资,在东道国设立的一个合资企业,但它们是在原来没有的基础上新建的企业。

1. 建立新企业方式的优点。创建海外企业方式的优点是:

第一,创建新的海外企业不易受到东道国法律和政策上的限制,也不易受到当地舆论的抵制。

第二,在多数国家,创建海外企业比收购海外企业的手续要简单。

第三,在东道国创建新的企业,尤其是合资企业,常会享受到东道国的优惠政策。

第四,对新创立海外企业所需要的资金一般能做出准确的估价,不会像收购海外当地企业那样会遇到烦琐的后续工作。

2. 建立新企业方式的缺点。创建海外企业方式的缺点是:

第一,创建海外企业常常需要一段时间的项目经营建设期,所以投产、开业比较慢。

第二,创建海外企业不像收购海外企业那样可以利用原有企业的销售渠道,因此不利于迅速进入东道国以及其他国家市场。

第三,不利于迅速进行跨行业经营,迅速实现产品与服务的多样化。

第四节 国际直接投资环境与环境评估方法

一、国际直接投资环境概述

(一)国际直接投资环境的概念

投资环境,顾名思义,是指投资者进行投资时所面临的各种外部条件和因素,其英文是“Investment Climates”,直译应为“投资气候”。投资是一种冒险,如同自然界的气候一样,“投资气候”也会因各种因素的影响而变幻莫测,令人难以捉摸,从而影响投资者的投资行为。国际直接投资环境是指一国的投资者进行国际直接投资活动时所面对的各种外部条件和因素,它既包括经济方面的,也包括自然、政治、法律、社会、文化和科技方面的。投资环境是各种条件和因素的综合体。

(二)国际直接投资环境的分类

从不同的角度进行划分,可以把国际直接投资环境分为不同的类型:

1.从各种环境因素所具有的物质和非物质性来看,可以把投资环境分为硬环境和软环境两个方面。硬环境和软环境有时又称为物质环境和人际环境,或称为有形环境与无形环境。所谓硬环境是指能够影响国际直接投资的外部物质条件,如能源供应、交通和通信、自然资源以及社会生活服务设施等。所谓软环境是指能够影响国际直接投资的各种非物质因素,如经济发展水平和市场规模、贸易与关税政策、财政与金融政策、外资政策、经济法规、经济管理水平、职工技术熟练程度以及社会文化传统等。

2.从各因素的稳定性来区分,可将国际直接投资的环境因素归为三类,即自然因素、人为自然因素和人为因素(见表2-4)。

表2-4 国际投资环境因素稳定性分类

A:自然因素	B:人为自然因素	C:人为因素
a_1 自然资源 a_2 人力资源 a_3 地理条件 a_4……	b_1 实际增长率 b_2 经济结构 b_3 劳动生产率 b_4……	c_1 开放进程 c_2 投资刺激 c_3 政策连续性 c_4……
相对稳定	中期可变	短期可变

3.从国际直接投资环境所包含的内容和因素的多寡来划分,可以分为狭义

的投资环境和广义的投资环境。狭义的投资环境是指投资的经济环境,即一国经济发展水平、经济体制、产业结构、外汇管制和货币稳定状况等。广义的投资环境除经济环境外,还包括自然、政治、社会文化和法律等对投资可能发生影响的所有外部因素。

(三)国际直接投资环境的主要内容

1.投资环境主要内容的变化。国际直接投资环境的内容随着时间的推移而变化,并且在不断丰富。最初,人们关注的重点是投资硬环境,俗称"七通一平",即通水、通电、通气、通邮、通路、通商、通航及平整场地等有形环境;后来,人们发现软环境(包括办事效率、教育文化、风俗习惯、政策法规、投资优惠等)也非常重要,尽管它无形,但对投资决策的做出和投资项目的运营有很大影响;现在,人们不仅关注硬的和软的环境,还开始重视产业配套环境(如产业配套能力,零部件与原材料供应的便利程度,产业链投资,企业集群布局等),并把它看成是构成直接投资环境的一项新的内容。

2.投资环境的具体内容。投资环境的具体内容包括以下几点:

(1)政治环境。这主要包括政治制度、政权稳定性、政策的连续性、政策措施、行政体制和行政效率、行政对经济干预的程度、政府对外来投资的态度、政府与他国的关系等。

(2)法制环境。这主要指法律秩序、法律规范、法律制度和司法实践,特别是涉外法制的完备性、稳定性和连续性以及人民的法制观念和法律意识等。

(3)经济环境。这主要包括经济的稳定性,经济发展阶段,经济发展战略,经济增长率,劳动生产率,财政、货币、金融、信贷体制及其政策,对外经济贸易体制与政策,地区开发政策,外汇管理制度,国际收支情况,商品和生产要素市场的状况与开放程度,人口状况和人均收入水平等。

(4)社会环境。这主要指社会安定性,社会风气,社会秩序,社会对企业的态度,教育、科研机关与企业的关系,社会服务等等。

(5)文化环境。这主要包括民族意识、开放意识、价值观念、语言、教育、宗教等。

(6)自然环境。自然地理环境优良与否,也关系到能否吸引投资。地理环境包括面积、地形、气候、雨量、地质、自然风光、与海洋接近程度、自然资源状况等等。

(7)基础设施状况。基础设施是吸引外资的重要物质条件,包括城市和工业基础设施两个方面,具体如交通运输、港口码头、厂房设备、供水供电设备、能源和原辅材料供应、通讯信息设备、城市生活设施、文教设施及其他社会服务设施等。

(8)产业配套环境。这是近年来跨国投资者比较关注的一个问题。其内容包括工业和服务业的配套能力,采购原材料与零部件半成品的方便程度,产业链投资与产业集聚,企业集群布局等。也有的学者将产业配套环境称为企业生态环境。

上面的第一到第五点属于投资软环境,第六和第七点属于投资硬环境,第八点属于产业配套环境。

二、国际直接投资环境的评估方法

投资环境的好坏直接影响国际直接投资决策以及国际直接投资的风险和收益,因此,在做出投资决策之前,要对国外投资环境进行综合评估。对国际直接投资环境进行评估,大都是将众多的投资环境因素分解为若干具体指标,然后综合评价。目前国际上常用的比较典型的评估方法主要有以下几种:投资障碍分析法、国别冷热比较法、投资环境等级评分法、动态分析法、加权等级评分法、抽样评估法和体制评估法等,下面分别做简要介绍。

(一)投资障碍分析法

投资障碍分析法是依据潜在的阻碍国际投资运行因素的多寡与程度来评价投资环境优劣的一种方法。这是一种简单易行的,以定性分析为主的国际投资环境评估方法。其要点是,列出外国投资环境中阻碍投资的主要因素,并在所有潜在的东道国中进行对照比较,以投资环境中因素的多与少来断定其坏与好。阻碍国际投资顺利进行的因素主要包括以下10类:

1.政治障碍。例如,东道国政治制度与母国的不同,政治动荡(包括政治选举变动、国内骚乱、内战、民族纠纷等)。

2.经济障碍。例如,经济停滞或增长缓慢,国际收支赤字增大、外汇短缺,劳动力成本高,通货膨胀和货币贬值,基础设施不良,原材料等基础产业薄弱。

3.资金融通障碍。例如资本数量有限,没有完善的资本市场,融通的限制较多。

4.技术人员和熟练工人短缺。

5.实施国有化政策与没收政策。

6.对外国投资者实施歧视性政策。例如禁止外资进入某些产业,对当地的股权比例要求过高,要求有当地人参与企业管理,要求雇用当地人员,限制外国雇员的数量。

7.东道国政府对企业干预过多。实行物价管制,规定使用本地原材料的比例,国有企业参与竞争。

8.普遍实行进口限制。限制工业品和生产资料的进口。

9.实行外汇管理和限制投资本金、利润等的汇回。

10.法律、行政体制不完善。例如,包括外国投资法规在内的国内法规不健全,缺乏完善的仲裁制度,行政效率低,贪污受贿行为严重等。

投资障碍分析法的优点在于能够迅速、便捷地对投资环境作出判断,并减少评估过程中的工作量和费用,但它仅根据个别关键因素就作出判断,有时会使公司对投资环境的评估失之准确,从而丢失一些好的投资机会。

(二)国别冷热比较法

国别冷热比较法又称冷热国对比分析法或冷热法,它是以“冷”“热”因素表示投资环境优劣的一种评估方法,热因素多的国家为热国,即投资环境优良的国家,反之,冷因素多的国家为冷国,即投资环境差的国家。这一方法是美国学者伊西·利特瓦克和彼得·拜延于20世纪60年代末提出的,他们根据美国250家企业对海外投资的调查资料,将各种环境因素综合起来分析,归纳出影响海外投资环境“冷”“热”的7大基本因素,59个子因素,并评估了100个国家的投资环境。所谓“热国”或“热环境”,是指该国政治稳定,市场机会大,经济增长较快且稳定,文化相近,法律限制少,自然条件有利,地理文化差距不大。反之,即为“冷国”或“冷环境”,不“冷”不“热”者则居“中”。现以其中十国为例分析比较其投资环境的“冷”“热”程度(见表2-5)。在表2-5所列的七大因素中,前四种的程度大就称为“热”环境,后三种的程度大则称为“冷”环境,当然,中为不大也不小,即不“冷”不“热”的环境。由此看来,一国投资环境的七个因素中,前四种越小,后三种越大,其投资环境就越坏,即“越冷”的投资目标国。表2-5所列的十个国家从前到后的顺序就反映了这十个国家当时的投资环境由“热”到“冷”的顺序。

在这项研究中,学者们还计算了美国250家企业在上述东道国的投资进入模式分布频率。结果表明,随着目标市场由“热”类国家转向“冷”类国家,企业将越来越多地采用出口进入模式,越来越少地采用投资进入模式。在一般“热”类国家,出口进入模式占所有进入模式的47.2%,在当地设厂生产的投资进入模式占28.5%,技术许可合同和混合模式占余下的24.3%。与此形成鲜明对照的是,在一般“冷”类国家,出口进入模式占所有进入模式的82.6%,投资进入模式仅占2.9%,技术许可合同和混合模式占余下的14.5%。一般中间类国家的进入模式介乎上述两类国家之间。

(三)投资环境等级评分法

投资环境等级评分法又称多因素等级评分法,它是美国经济学家罗伯特·斯托色夫于1969年提出的。等级评分法的特点是,首先将直接影响投资环境的重要因素分为八项,然后再根据八项关键项目所起的作用和影响程度,确定不同的等级分数,再按每一个因素中的有利或不利的程度给予不同的评分,最后把各因素的等级得分进行加总，作为对其投资环境的总体评价，总分越高表示其投资环境越好，越低则表明其投资环境越差（见表 2-6）。

表 2-5　　　　美国学者观点中的十国投资环境的冷热比较

国别		政治稳定性	市场机会	经济发展与成就	文化一元化	法令障碍	实质障碍	地理文化差距
加拿大	热	大	大	大		小		小
					中		中	
	冷							
英　国	热	大			大	小	小	小
			中	中				
	冷							
德　国	热	大	大	大	大		小	
						中		中
	冷							
日　本	热	大	大	大	大			
							中	
	冷					大		大
希　腊	热					小		
			中	中	中			
	冷	小					大	大
西班牙	热							
			中	中	中	中		
	冷	小					大	大
巴　西	热							
			中		中			
	冷	小		小		大	大	大
南　非	热							
			中	中		中		
	冷	小			小		大	大
印　度	热							
		中	中		中			
	冷			小		大	大	大
埃　及	热							
					中			
	冷	小	小	小		大	大	大

表 2-6　　投资环境等级评分标准表

投资环境因素	等级评分标准	投资环境因素	等级评分标准
一、资本抽回	0~12 分	五、政治稳定性	0~12 分
无限制	12	长期稳定	12
只有时间上的限制	8	稳定，但取决于关键人物	10
对资本有限制	6	政府稳定，但内部有分歧	8
对资本和红利都有限制	4	各种压力常左右政府的政策	4
限制十分严格	2	有政变的可能	2
禁止资本抽回	0	不稳定，政变极有可能	0
二、外商股权	0~12 分	六、关税保护程度	2~8 分
准许并欢迎全部外资股权	12	给予充分保护	8
准许全部外资股权但不欢迎	10	给予相当保护但以新工业为主	6
准许外资占大部分股权	8	给予少数保护但以新工业为主	4
外资最多不得超过股权半数	6	很少或不予保护	2
只准外资占小部分股权	4		
外资不得超过股权三成	2		
不准外资控制任何股权	0		
三、对外商的歧视和管制程度	0~12 分	七、当地资金的可供性	0~10 分
外商与本国企业一视同仁	12	完善的资本市场，有公开的证券交易所	10
对外商略有限制但无管制	10	有少量当地资本，有投机性证券交易所	8
对外商有少许管制	8	当地资本少，外来资本不多	6
对外商有限制并有管制	6	短期资本极其有限	4
对外商有限制并严加管制	4	资本管制很严	2
对外商严格限制并严加管制	2	高度的资本外流	0
禁止外商投资	0		
四、货币稳定性	4~20 分	八、近五年的通货膨胀率	2~14 分
完全自由兑换	20	低于 1%	14
黑市与官价差距小于 10%	18	1%~3%	12
黑市与官价差距在 10%~40%	14	3%~7%	10
黑市与官价差距在 40%~100%	8	7%~10%	8
黑市与官价差距在 1 倍以上	4	10%~15%	6
		15%~30%	4
		高于 30%	2
		总分	8~100 分

从表 2-6 这种投资环境等级评分法的表格中可以看出，斯托色夫所选取的因素都对投资环境有直接影响，是投资决策者最为关心的因素，同时，又都具有

较为具体的内容，评价时所需的资料易于取得又易于比较。在对具体环境的评价上，采用了简单累加计分的方法，使定性分析有了一定的数量化内容，同时又不需要高深的数理知识，比较直观，简便易行，一般的投资者都可以采用。在各项因素的分值确定方面，采取了区别对待的原则，在一定程度上体现出了不同因素对投资环境作用的差异，反映了投资者对投资环境的一般看法。采用这种投资环境评估方法，有利于使投资环境的评估规范化。但是，这种评估方法也存在三个缺陷：一是对投资环境的等级评分带有一定的主观性；二是标准化的等级评分法不能如实反映环境因素对不同投资项目所产生的影响的差别；三是所考虑的因素不够全面，特别是忽视了某些投资硬环境方面的因素，如东道国交通和通信设施状况等。

（四）动态分析法

投资环境不仅因国别而异，在同一国家内也会因不同时期而发生变化。因此，在评估投资环境时，不仅要考虑投资环境的过去和现在，而且还要预测环境因素今后可能出现的变化及其结果。这对企业进行对外直接投资来说十分重要，因为这种投资短则 5 年或 10 年，长则 15 年或 20 年以上，有的甚至无期限。这就需要从动态的、发展变化的角度去分析和评估投资目标国的投资环境。美国道氏化学公司从这一角度出发，制定并采用了动态分析法，用以评估投资环境（见表 2–7）。

表 2–7　投资环境动态分析法

1.企业现有业务条件	2.引起变化的主要原因	3.有利因素和假设的汇总	4.预测方案
评估以下因素： （1）经济实际增长率 （2）能否获得当地资产 （3）价格控制 （4）基础设施 （5）利润汇出规定 （6）再投资的自由 （7）劳动力技术水平 （8）劳动力稳定性 （9）投资优惠 （10）对外国人的态度 ⋮ （40）	评估以下因素： （1）国际收支结构及趋势 （2）被外界冲击时易受损害的程度 （3）经济增长相当于预期目标的差距 （4）舆论界和领袖观点的变化 （5）领导层的确定性 （6）与邻国的关系 （7）恐怖主义的骚扰 （8）经济和社会进步的平衡 （9）人口构成和人口变动趋势 （10）对外国人和外国投资的态度 ⋮ （40）	对前两项进行评价后，从中挑选出 8～10 个在某国某项目能获得成功的关键因素（这些关键因素将成为不断查核的指数或继续作为投资环境评价的基础）	提出四套国家或项目预测方案： （1）未来七年中关键因素造成的“最可能”方案 （2）若情况比预期的好，会好多少 （3）若情况比预期的糟，会如何糟 （4）会使公司“遭难”的方案

道氏公司认为其在国外投资所面临的风险为两类:第一类是“正常企业风险”,或称“竞争风险”。例如,自己的竞争对手也许会生产出一种性能更好或价格更低的产品。这类风险存在于任何基本稳定的企业环境中,它们是商品经济运行的必然结果。第二类是“环境风险”,即某些可以使企业环境本身发生变化的政治、经济及社会因素。这类因素往往会改变企业经营所必须遵循的规则和采取的方式,对投资者来说,这些变化的影响往往是不确定的,它可能是有利的,也可能是不利的。这样,道氏化学公司把影响投资环境的诸因素按其形成的时间及作用范围的不同分为两部分:一是企业现有的业务条件,二是有可能引起这些条件变化的主要原因。这两部分又分别包括 40 项因素。在对这两部分因素做出评价后,提出投资项目预测方案的比较,可以选择出具有良好投资环境的投资场所,在此投资经营将会获得较高的投资利润。表 2-7 中第一栏是企业现有业务条件,主要对投资环境因素的实际情况进行评价;第二栏是引起变化的主要原因,主要考察社会、政治、经济事件今后可能引起的投资环境变化;第三栏是有利因素和假设的汇总,即在对前两项评价的基础上,找出 8~10 个使投资项目获得成功的关键因素,以便对其连续地进行观察和评价;第四栏是预测方案,即根据对未来七年中的环境变化的评估结果,提出四套预测方案,供企业经营决策时参考。道氏化学公司的动态分析以未来七年为时间长度,这是因为该公司预计投资项目投产后的第七年是赢利高峰年。

动态分析法有优点也有缺点,它的优点是充分考虑未来环境因素的变化及其结果,从而有助于公司减少或避免投资风险,保证投资项目获得预期的收益;它的缺点是过于复杂,工作量大,而且常常带有较大的主观性。

(五)加权等级评分法

加权等级评分法是前面所介绍的投资环境等级评分法的演进,该方法由美国学者威廉·戴姆赞于 1972 年提出。企业在运用这种方法时,大体上有三个步骤:①对各环境因素的重要性进行排列,并给出相应的重要性权数;②根据各环境因素对投资产生不利影响或有利影响的程度进行等级评分,每个因素的评分范围都是从 0(完全不利的影响)到 100(完全有利的影响);③将各种环境因素的等级评分得分乘上相应的重要性权数,然后进行加总。表 2-8 就是采用加权等级评分法对甲、乙两国投资环境进行评估和比较的情况。按照总分的高低,可供选择的投资目标国被分为五类:投资环境最佳的国家、投资环境较好的国家、投资环境一般的国家、投资环境较差的国家、投资环境恶劣的国家。

表 2-8　　投资环境加权等级评分法

按其重要性排列的环境因素	甲国			乙国		
	(1) 重要性权数	(2) 等级评分 0~100	(3) 加权等级评分(1)×(2)	(1) 重要性权数	(2) 等级评分 0~100	(3) 加权等级评分(1)×(2)
1.财产被没收的可能性	10	90	900	10	55	550
2.动乱或战争造成损失的可能性	9	80	720	9	50	450
3.收益返回	8	70	560	8	50	400
4.政府的歧视性限制	8	70	560	8	60	480
5.在当地以合理成本获得资本的可能性	7	50	350	7	90	630
6.政治稳定性	7	80	560	7	50	350
7.资本的返回	7	80	560	7	60	420
8.货币稳定性	6	70	420	6	30	180
9.价格稳定性	5	40	200	5	30	150
10.税收水平	4	80	320	4	90	360
11.劳资关系	3	70	210	3	80	240
12.政府给予外来投资的优惠待遇	2	0	0	2	90	180
加权等级总分	5 360			4 390		

表中甲国的加权等级总分为 5 360 分，大于乙国的 4 390，这意味着甲国的投资环境优于乙国的投资环境。如果公司面临在甲、乙两国之间选择投资场所的机会，甲国是比较理想的选择。

（六）抽样评估法

抽样评估法是指对东道国的外商投资企业进行抽样调查，了解它们对东道国投资环境的一般看法。其基本步骤是：①选定或随机抽取不同类型外商投资企业，列出投资环境评估要素；②由外商投资企业的高级管理人员进行口头或笔头评估，评估通常采取回答调查问卷的形式。

国际投资者可以通过这种方法了解和把握东道国的投资环境，同时，东道国政府也可采取这种方式来了解本国投资环境对外国投资的吸引力如何,以便调整吸收外资的政策、法律和法规,改善本国的投资环境。组织抽样评估的单位通常是欲从事国际投资活动的企业或国际咨询公司,也可以是东道国政府的有关部门或其委托的单位。

这种抽样评估法的最大优点是能使调查人得到第一手信息资料,它的结论对潜在的投资者来说具有直接的参考价值。其缺点是评估项目的因素往往不可能列举得很多,因而可能不够全面。

(七)体制评估法

体制评估法是香港中文大学闵建蜀教授于1987年提出的。这种方法不局限于各种投资优惠措施的比较,而是着重分析政治体制、经济体制和法律制度对外国投资的政治风险、商业风险和财务风险所可能产生的直接影响,并指出企业的投资利润率不仅仅取决于市场、成本和原材料供应等因素,而且取决于政治、经济和法律体制的运行效率。

在体制评估法中,闵建蜀确立了五项评价标准,即稳定性、灵活性、经济性、公平性和安全性。这些标准反映了一个国家政治与行政体制、经济体制和司法制度的运行效率,它对外国投资的政治风险、商业风险和财务风险将产生直接影响,从而关系到外资企业能否实现其投资的利润目标。

第五节　世界贸易组织与多边投资协定

一、世界贸易组织《与贸易有关的投资措施协议》

《与贸易有关的投资措施协议》(Agreement on Trade－Related Investment Measures,缩写为TRIMs)是乌拉圭回合多边贸易谈判的三个新议题之一。《与贸易有关的投资措施协议》列举了影响国际贸易自由进行的投资方面的措施,要求成员国在一定时期内将其取消。随着世界贸易组织(WTO)的成立和运作,这一协议已在其成员国间生效,成为一项国际经济贸易方面的通行规则和惯例。因此,中国的有关政策与法规也应与之相适应,做出相应的修改与调整。除TRIMs之外,世贸组织所管辖的其他一些协议对国际投资和中国利用外资也有影响。

(一)乌拉圭回合谈判关注TRIMs

1.关贸总协定在协调国际直接投资方面所做出的努力。国际协调的目的是为了减少矛盾和纠纷,是为了制定和执行一些各国都能遵守的国际规范和规则,以推动国际直接投资和跨国公司的发展。由于以往的协调不很成功、有效,再加上在关贸总协定的执行过程中出现了日益增多的与贸易有关的投资措施方面的争议,所在乌拉圭回合谈判中 ,将“与贸易有关的投资措施”列入议题之内。

乌拉圭回合谈判开始之前,在关贸总协定(GATT)的框架之内,贸易与投资的关系没有受到多少关注。1948 年制定的国际贸易组织宪章中的经济发展一章,包含了一些有关外资待遇的条款。但是,这部宪章没有被批准生效,只有宪章中的一些有关商业政策的条款被关贸总协定吸收和继承。1955 年,关贸总协定缔约方通过了一项国际投资与经济发展的决议,该决议要求各国通过缔结双边协议为外国投资提供安全和保护。

在乌拉圭回合谈判之前,有关投资方面的最主要的进展可能就是专门小组在解决美国与加拿大的争端过程中的裁决。在“加拿大外资审查管理法”中,关贸总协定争端解决小组看到了由美国提出的抱怨,即加拿大当局要求外国投资者做出某种承诺,以此作为投资项目获得批准的条件。这些承诺涉及对一些国内产品的采购(当地成分要求)和对一定数量与比例产品的出口(出口业绩要求)。专门小组认为,当地成分要求违背了关贸总协定第三条第四款关于国民待遇义务的规定,但是出口业绩要求并不违背了关贸总协定的规定。专门小组在“加拿大外资审查管理法”案例中的决定具有十分重要的意义,因为它确认了就与贸易扭曲措施有关的要求而言,关贸总协定规定的义务是适合于由某国政府在外资项目中所实施的出口业绩要求的。同时,专门小组所作出的出口业绩要求并不违背关贸总协定的结论,进一步强调了现有的关贸总协定中,对贸易有关的业绩要求的规定的适用范围是有限的。

乌拉圭回合谈判开始后,通过各方协商起草的一份妥协方案,与贸易有关的投资措施成为新一轮谈判的议题。在谈判中,各缔约方提出了许多应被关贸总协定禁止的各国在引进外资中正在采用的与贸易有关的投资措施,最后由美国提交了一份清单,列出了主要的与贸易有关的投资措施,并被乌拉圭回合贸易谈判委员会采纳。清单中列出的与贸易有关的投资措施主要有 14 种,即当地含量(成分)要求、贸易平衡要求、进口限制、出口实绩要求、外汇平衡要求、外汇管制、国内销售要求、生产(制造)要求、生产(制造)限制、产品授权要求、技术转让要求、许可要求、汇款限制、当地股权要求。

与贸易有关的投资措施谈判最突出的特点就是参加各方之间严重的意见分歧,分歧点集中在未来新规定的范围和性质上。除了在“加拿大外资审查管理法”案件中涉及的违反关贸总协定第三条的当地成分要求以外,一些发达国家还提出了对广泛措施进行禁止的条款,许多发展中国家对此表示反对。经过谈判,最终形成了一个妥协方案,这一方案实际上是对关贸总协定第三条关于给予进口货物国民待遇和第十一条关于对进出口货物进行数量限制这两个条款同与贸易有关的投资措施的适用性的解释和说明进行限定。结果,在乌拉圭回合谈判中曾被提出和讨论过的许多措施并没有包括在与贸易有关的投资措施协议中,包括在其中的仅是对贸易产生限制和扭曲影响的那些投资措施。对贸易影响的重视,清楚地表明谈判各方当时并不打算涉及国际投资规则问题。

2.与贸易有关的投资措施的产生及其规定性。与贸易有关的投资措施的产生涉及三个相互关联的因素:一是国际直接投资的迅速发展,二是东道国政府对国际直接投资采取相应措施,三是此类措施对贸易产生了限制和扭曲效应。与贸易有关的投资措施同时涉及国际投资和国际贸易两类经济活动,制定此类措施的主要目的在于使外国投资者尤其是跨国公司在经济活动中遵循东道国国家发展目标和产业与经济政策。国际直接投资是与贸易有关的投资措施产生和发展的经济基础,东道国政府为了贯彻其发展目标和产业与经济政策而对外国公司的行为加以规范,是与贸易有关的投资措施产生的直接原因。

与贸易有关的投资措施的规定性表现在:国际直接投资的东道国政府是此类措施的行为主体,而非投资母国政府或跨国公司;此类措施针对的是国际直接投资,而非货物进口;此类措施可分为限制性措施(如前面讲到的14种投资措施)和鼓励性措施(主要表现就是税收的优惠,包括国内税的减让和关税的减让,另外,还有直接或间接给予外国投资者的补贴以及以无偿或低于原投资额的办法将本国的投资部分或全部转让给外国投资者)两种类型,这两类措施都可以使外商投资企业的经营管理成本和产品价格发生变化;与贸易有关的投资措施包括许多种,各种措施对贸易的影响程度不同,有的直接有的间接,有的影响大一些有的影响小一些;此类措施既包括强制性实施的,也包括诱导性实施的(采用后可带来各种形式的利益和好处)。

(二)TRIMs的主要内容

1.TRIMs的含义。在分析TRIMs的含义之前,有必要先分析一下什么是投资措施。简单来讲,针对投资行为所实施的措施就是投资措施。这类措施通常是资本输入国针对外国直接投资所实施的。另外,有些时候,投资措施还包括资本输出国为保护本国海外投资者的利益而采取的一些海外投资保险措施。但世界贸易组织TRIMs协议所探讨的范围目前仅限于前者。还有一点需要注意,世界贸易组织TRIMs协议仅仅考虑资本输入国政府所实施的投资措施,而不包括投资企业本身实施的措施。

那么,什么是“与贸易有关的投资措施”?与贸易有关的投资措施是指由东道国政府通过政策法令直接或间接实施的与货物贸易有关的对贸易产生限制和扭曲作用的投资措施。在理解TRIMs时需要注意以下几点:

(1) TRIMs 仅与货物贸易有关,不包括服务贸易。

(2) 不要把 TRIMs 理解为东道国政府对外商投资所采取的一切投资措施,它仅是其中的一小部分。

(3) TRIMs 指的是那些对贸易产生限制和扭曲作用的投资措施,不包括对贸易产生积极推动作用的投资措施。

(4) TRIMs 是要求世贸组织成员国限期取消的投资措施。

2.TRIMs 正文部分的主要内容。TRIMs 包括两部分:一部分是正文,共有 9 个条款;另一部分是附件,列出了不符合《GATT 1994》第 3 条第 4 款和第 11 条第 1 款义务的与贸易有关的投资措施,共列明了 5 点。

TRIMs 正文部分的主要内容有:

(1) TRIMs 的适用范围和鉴别与贸易有关的投资措施的原则。该内容规定 TRIMs 仅适用于与货物贸易有关的投资措施。关于鉴别原则,规定在不影响《GATT 1994》之下任何其他权利和义务的情况下,所有世界贸易组织成员方都不能使用与《GATT 1994》第 3 条国民待遇原则和第 11 条取消数量限制原则不一致的与贸易有关的投资措施。

(2) 例外条款和发展中国家成员方。首先,《GATT 1994》中的所有例外都可以视具体情况适用于该协议;其次,发展中国家成员方可以享受特殊优惠。考虑到发展中国家在贸易和投资方面的实际情况和特殊要求,它们可以暂时自由地背离国民待遇和取消数量限制原则,但这种自由地背离应符合《GATT 1994》第 18 条的规定,即主要是为了平衡外汇收支和扶植国内幼稚产业发展等目的。

(3) 通知和过渡安排。世界贸易组织成员方应在《建立世界贸易组织协议》生效后 90 天内向该组织的货物贸易理事会通告他们正在实施的与该协议不相符的所有与贸易有关的投资措施,不仅包括其基本特征,还包括其一般的和具体的实施情况。上述措施要限期取消,这个期限(即过渡期)是:发达国家 2 年,发展中国家 5 年,最不发达国家 7 年。货物贸易理事会应发展中国家成员国的要求,可以延长其过渡期,但要求方必须证明在执行协议时的特殊困难。在《建立世界贸易组织协议》生效前 180 天内开始实施且与 TRIMs 不符的投资措施不享受过渡期,应立即加以取消。在过渡期内,为了不对已建立的外商投资企业造成不利影响,成员国可以在两种情况下,将那些已用于这些已建企业的具体的投资措施用于新建的外商投资企业。这两种情况是指:第一,新建企业生产的产品与已建企业生产的产品相同,第二,有必要避免在新建企业与已建企业间造成扭曲的竞争条件。在以上两种情况下采用的投资措施,应当向货物贸易理事会通报,并且要与对已建企业实施的投资措施一起取消。

(4) 透明度要求。除必须遵守《GATT 1994》第 10 条"贸易条例的公布和实施”以及分别于1979年和1994年通过的《关于通知、磋商、争端解决与监督》和《关于通知程序的部长决定》以外，每个成员国都应向世界贸易组织秘书处通告可以找到与贸易有关投资措施的出版物，包括中央和地方各级政府所使用的相关出版物，但成员国可以不公开有碍法律实施或对公共利益及特定企业的合法商业利益造成损害的信息。

(5)建立TRIMs委员会。该委员会向所有成员国开放。委员会应选举主席和副主席，每年至少召开一次会议。应任何缔约方的请求，可随时开会。该委员会的职责是：执行货物贸易理事会分配的任务，并向成员国提供与TRIMs运行和执行有关的任何问题的咨询服务；同时，还负责监督TRIMs的运行和执行情况，并每年向货物贸易理事会报告这方面的情况。

(6)磋商与争端解决。《GATT 1994》第22条和第23条争议解决的程序与规则，适用于TRIMs项下协商与争议的解决。

(7)货物贸易理事会检查。在《建立世界贸易组织协议》生效5年内，货物贸易理事会将对TRIMs的实施情况进行检查，并视具体情况提出修改建议，同时，考虑该协议是否需要补充有关投资政策和竞争政策方面的规定。

3.TRIMs附件部分的主要内容。TRIMs附件部分包括以下主要内容：

(1)不符合《GATT 1994》第3条国民待遇原则的投资措施，包括那些国内法律或行政条例规定的强制性实施的投资措施，或者为了获得一项利益必须与之相符合的投资措施。这具体指以下两项：①当地成分(含量)要求，即要求外商投资企业生产的最终产品中必须有一定比例的零部件在东道国当地购买或者当地生产，且这种要求不论以任何方式表达出来；②贸易(外汇)平衡要求，即规定外商投资企业为进口而支出的外汇不得超过该企业出口额的一定比例。

(2)不符合《GATT 1994》第11条取消进口数量限制原则的投资措施，包括国内法律或行政条例规定的强制性执行的投资措施，或者为了获得一项利益必须与之相符合的投资措施。这具体包括：①贸易(外汇)平衡要求，即对外商投资企业的进口做出一般的限定，或规定不得超过该企业出口量或出口值的一定比例；②进口外汇限制，即规定外商投资企业用于生产所需的进口额应限制在该企业所占有的外汇的一定比例内；③国内销售要求，即规定外商投资企业要有一定数量的产品在东道国销售，而不论采取何种形式表达这种要求。

以上是TRIMs附件所列出的应限期取消的投资措施。仔细分析可以发现，在附件第(1)点和第(2)点中，有一项要求基本相同，即贸易(外汇)平衡要求。因此，可以说TRIMs附件中所列举的属于禁用之列的投资措施主要是四项：当地成分要求、贸易平衡要求、进口用汇限制和国内销售要求。

(三)TRIMs对国际直接投资的影响

TRIMs是到目前为止在国际范围内第一个正式实施的有关国际投资方面

的多边协议,TRIMs 扩大了多边贸易体系的管辖范围,将与贸易有关的投资措施纳入多边贸易体系之中。TRIMs 尽管还不尽完善,但它仍是一个积极的协议,必将对国际投资和国际贸易的自由化发展起到推动作用。

总体而言,由于 TRIMs 构成了对与贸易有关的投资措施的有力约束和限制,东道国对国际投资的管制将放松,政策法规的透明度将增强,投资环境将改善,因而为国际直接投资的发展提供了更大的空间。TRIMs 要求成员国在明确规定的过渡期内取消的相关措施,有助于增强协议效率的确定性。由于已经认识到贸易、投资和竞争政策的相关性在不断加强,因此,在未来的多边贸易体系中将涉及更多的投资与竞争政策问题。

从产业结构的角度来看,由于电信、化工、汽车、制药等行业的国际直接投资受与贸易有关的投资措施影响最大,所以是本协议最大的受益行业,这些行业利用外资将获得比其他行业更快的发展。从地区结构的角度来看,由于发展中国家使用的与贸易有关的投资措施更多一些,所以发展中国家的投资环境将会得到更大的改善,区位优势会较以前有进一步的加强,国际直接投资的增长速度也会比以前加快。

当然,事物都有两面性,TRIMs 的实施对发达国家和发展中国家也会产生一些消极影响,相对而言,对发展中国家的消极影响会更大一些。首先,许多发展中国家常常利用与贸易有关的投资措施引导外资流向,保护相关产业,随着协议的实施和这些措施的逐步取消,与此有关的一些产业政策将不复存在。其次,由于当地成分要求、贸易平衡要求和进口用汇限制的禁用,使发展中国家的市场开放度扩大,某些市场有可能被国外大企业所垄断,同时出口数额会减少,进口规模会扩大。再次,当地成分要求的禁用,将会缩小发展中国家根据普惠制中的原产地规则所获得的受惠产品的数量与范围。最后,如果该协议在实施过程中不能做到权利、义务对等和利益平衡,就有可能成为主要限制发展中国家的单方面协议。

(四)从 TRIMs 到《多边投资协定》

1.TRIMs 存在的缺陷和不足。尽管 TRIMs 的制定和实施有力地推动了国际投资领域国际协调的发展和国际规范的制定进程,但 TRIMs 本身存在着缺陷和不足,主要表现在:①本协定仅适用于货物贸易,对服务贸易不适用,因而使服务贸易领域大量存在的与贸易有关的投资措施受不到约束和限制;②本协定所列举的仅是与货物贸易有关的投资措施中的一小部分,因此涵盖的范围有限;③本协定所涉及的投资措施都是对贸易产生了副作用的措施,即限制性的投资措施,而对鼓励性的投资措施未涉及,但鼓励性投资措施的实行也会影响到贸易的有效流动;④本协定不包括广大发展中国家所广泛关注的限制性商业惯例问题,而限制性商业惯例恰恰是多数与贸易有关的投资措施所针对的对象,不彻底解决限制性商业惯例问题,与贸易有关的投资措施也难以根除。

2.现有的各种国际投资安排存在的缺陷。除 TRIMs 等属于世贸组织管辖的多边协定之外,现有的各种国际投资安排还包括属于一国国内立法、双边及区域多边层次上的投资政策与协定。从国别来看,各国国际直接投资政策自由化与限制差别很大;从双边层次来看,截至 2017 年年底,双边投资保护协定(Bilateral Investment Treaties,缩写为 BITs)的数量已经达到 2 946 个,但大量双边投资协定的内容和标准存在相当大的差异;再从区域多边的角度看,各个区域经济一体化组织的投资自由化进程并不一致,它们在待遇标准、争端解决和投资保护措施等方面的规定也不相同。综上所述,由于现存的国际投资的各种安排不尽完善,现有的国际投资协定仍然以双边和区域层次的投资协定为主,但双边、区域的投资协定存在很大的局限性,无法满足国际投资在全球发展的需要,导致相当多的国际投资者仍面临投资壁垒、歧视性待遇、政策法规的不确定性以及由此而引发的各种矛盾和纠纷,有鉴于此,建立多边投资框架应及早被提上议事日程。

3.从 TRIMs 走向《多边投资协定》的必要性。第二次世界大战以后,国际投资迅猛发展,尤其是 20 世纪 80 年代以来,国际投资的发展速度更是超过了国际贸易,成为全球经济发展的主要推动力之一。随着国际投资和跨国公司的大发展,国际投资的自由化、便利化和规范化的要求越来越强烈。但是,相对于国际贸易领域而言,国际投资领域的国际协调要落后得多,至今还没有制定出类似于货物贸易领域的 GATT 和服务贸易领域的 GATS 那样的一整套国际规范。然而,制定这样一套国际规范以开创一个稳定、可预见和透明的国际直接投资环境的迫切性和必要性正在增加,多边投资协定的积极作用是不言而喻的。所以,要加强国际投资方面的国际协调努力,推动具有全球性国际投资规范性质的《多边投资协定》(Multilateral Agreement on Investment,以下简称为 MAI)的制定进程。

4.MAI 的规定性。未来的 MAI 应注意以下几点规定性:①投资措施所涵盖的领域应既包括货物贸易也包括服务贸易;②应将所有的投资措施都纳入协定管辖的范围之中,不仅包括限制性的投资措施,也包括鼓励性的投资措施;③在协定中应充分考虑发展中国家的愿望和要求,对滥用限制性商业惯例的行为做出禁止性的规定;④应对目前大量存在的单边、双边、区域多边及全球多边方面的投资措施、协定进行分析和整理,制定出内容、标准和进度统一的具有广泛代表性的权威的投资协定;⑤一国国内的竞争政策对其投资政策影响很大,因此,在协定中还要考虑制定出相应的条款以规范各国国内的竞争政策。

5.经济合作与发展组织(OECD,以下简称经合组织)在制定MAI方面曾经做出的努力。经济合作与发展组织国家在国际直接投资中占有重要的地位,近些年来,在协调国际投资关系和制定国际投资规范方面做了大量工作,进行了积极的努力。考虑到乌拉圭回合多边协定所涉及的投资领域和规则是有限的,未能完全解决发达国家所关心的问题,所以,在该回合谈判尚未结束之前的1991年,经合组织就已着手为制定一项全面、系统和完整的多边投资规则做准备。

1991年以来,经合组织下属的"国际投资与多国公司委员会"和"资本流动与无形交易委员会"一直在进行多边投资协定问题的研究。1994年,在经合组织部长级会议上,讨论了建立全面的投资协定框架的积极作用和可行性。1995年5月,经合组织部长级会议决定启动《多边投资协定》的谈判,并为协定准备了框架草案。该谈判原定于1997年5月前达成协定。但经过两年的谈判,各方的观点仍难以统一,于是决定将达成协定的时间推迟到1998年4月。在1998年4月的会议上,由于各种原因,协定仍未最终达成。近年来,经合组织仍在继续推进这项工作,但未规定谈判结束的截止日期,只是提出要在保证协定高标准和高水平的前提下尽快达成一致,完成谈判。

虽然经合组织启动的多边投资谈判久拖未决,令人遗憾。但是,启动谈判本身和谈判已经取得的初步成果具有非常重要的意义,它为今后世贸组织开展这方面的谈判打下了良好的基础,并提供了有益的启示。

经合组织成员国在MAI谈判中的主要宗旨是:为国际投资提供一个包括投资自由化和高标准的投资保护以及有效的争端解决程序在内的全面、系统和开放的多边框架。通过MAI谈判,最终要为投资者提供一个良好的投资环境,从而促进资本要素更自由地跨国流动。将来,MAI作为一项独立的国际协定是开放的,不仅OECD国家可以参加,其他国家如果愿意也可以参加。目前,各方在谈判中存在的分歧主要集中在劳工和环境标准,例外和保留,法律的域外适用,法律冲突和再投资障碍以及知识产权和争端解决等问题上。

OECD组织制定的MAI与世界上现存的各类投资协定(议)相比具有以下几个特点:一是标准高,要求东道国向投资者提供安全、永久的保护和公平合理的待遇,禁止法律上和事实上的歧视做法,除非被列为一般例外、临时背离和国家保留;二是范围广,国际直接投资与国际间接投资、有形资产和无形资产、法人与自然人、与贸易有关的投资措施和与贸易无关的投资措施等都包括在其中;三是约束力强,将WTO的争端解决机制引入;四是侧重考虑投资者利益,以此为核心来制定该协定,相反,对于如何制止投资者的不正当行为,如何保护东道国及东道国合作者的利益却较少考虑;五是未考虑发展中国家的利益和要求,OECD由发达国家组成,所以主要考虑发达国家利益,对发展中国家的要求未予反映；六是具有开放性，非 OECD 国家也可申请加入。

6.世界贸易组织在制定 MAI 中的作用。从现实的角度来看，未来 MAI 起草和谈判的组织者应当是世界贸易组织（WTO）。因为，WTO 具有几个有利条件：第一，投资与贸易已日益紧密地联系在一起，这就要求更为综合地制定国际规范，而 WTO 可以做到这一点；第二，WTO 监督实施的协定中，除 TRIMs 涉及国际投资问题外，《服务贸易总协定（GATS）》《与贸易有关的知识产权协定（TRIPs）》《补贴与反补贴措施协定（ASCMs）》等也涉及一些投资方面的问题；第三，WTO 成立后召开的三届部长级会议均包含了直接投资方面的议题；第四，WTO 秘书处已作为观察员参加了 OECD 组织的多边投资协定谈判的全过程，另外，OECD 也在有针对性地为世贸组织设计未来的多边投资体制，并有意将其推介给世贸组织作为范本；第五，世贸组织具有全球代表性和监督协定实施的权威性。

在未来的 MAI 达成后，世界贸易组织管辖的范围将有实质性的扩大，世界贸易组织本身的性质与特征将发生巨大的变化，从而对多边贸易体系的走向产生深刻影响，不仅多边贸易体系的原有范围会被突破，而且多边贸易体系的制度设计方式和谈判进程也将进行调整。因而，世界贸易组织的名称也应考虑做出适当的改变，如改称世界经济组织或世界贸易与投资组织。

二、多边投资框架（协定）谈判的背景、必要性和前景

（一）第二次世界大战结束以来与投资有关的国际协议、协定或公约概述

自第二次世界大战结束以来，包括联合国、世界银行、关贸总协定（GATT）/世界贸易组织（WTO）以及经合组织（OECD）等在内的各种多边国际组织为建立多边投资协议做出了不懈的努力。虽然这些努力的目的大都不是为了制定全面的多边投资框架（Multilateral Framework on Investment，缩写为 MFI），但客观上为未来的多边投资框架谈判进行了充分的准备，提供了难得的经验和教训（见表 2-9）。

分析表 2-9 可知，无论正式生效与否，这些协议、协定或公约都具有一些共同的特征：

首先，除了 OECD 的《多边投资协定（MAI）》以外，其他大多数只涉及投资的某些方面，均称不上全面的国际投资协定。

其次，各种协议、协定或公约制定的初衷并不一致，甚至相差巨大。如 WTO 所制定的与投资有关的主要的三个协定（TRIMs 协定、TRIPs 协定和 GATS）均是以便利国际贸易为出发点的，严格来讲，并非是真正意义上的投资协议。再如，联

合国起草的《跨国公司行为守则(草案)》则是出于维护发展中国家国家主权和保障民族经济的目的而制定的,其目标也不是为了全面地规范国际投资行为。

最后,就其实际效果而言,除了 WTO 的相关协定以外,其他多数协议、协定或公约要么没有约束力,要么没有通过。

表 2-9　　二战以来与多边投资协定有关的主要协议、协定和公约一览表

时间	名称	制定者	是否有约束力	是否通过	备注
1949	关于外国投资的公正待遇的国际守则	国际商会	无约束力	通过	
1965	关于解决各国与其他国家国民之间投资争端的公约(华盛顿公约)	世界银行	有约束力	通过	中国已参加
1972	国际投资准则	国际商会	无约束力	通过	
1976	国际投资和多国企业宣言	OECD	无约束力	通过	
1976	联合国国际贸易法委员会仲裁规则	联合国	示范	通过	
1977	关于多国企业和社会政策原则的三方宣言	国际劳工组织	无约束力	通过	
1977	对于勒索和贿赂行为守则	国际商会	无约束力	未通过	
1979	联合国关于发达国家和发展中国家避免双重征税的协定	联合国	无约束力	通过	
1979	国际不正当支付协议(草案)	联合国	示范	通过	
1980	关于管制限制性商业惯例的公平原则与规则的多边协议	联合国	无约束力	未通过	
1983	跨国公司行为守则(草案)	联合国	无约束力	未通过	
1985	国际技术转让行为守则(草案)	联合国	无约束力	未通过	
1985	多边投资担保机构公约(MIGA)	世界银行	有约束力	通过	中国已参加
1992	关于外国直接投资的待遇标准	世界银行/IMF	无约束力	通过	
1994	与贸易有关的投资措施协定(TRIMs 协定)	GATT/WTO	有约束力	通过	中国已参加
1994	服务贸易总协定(GATS)	GATT/WTO	有约束力	通过	中国已参加
1994	与贸易有关的知识产权协定(TRIPs 协定)	GATT/WTO	有约束力	通过	中国已参加
1996	多边投资协议(MAI)	OECD	有约束力	未通过	
2001	多边投资框架(MFI)	WTO	无约束力	未通过	

根据其实际效果,我们可以将表 2-9 中所列的协议、协定或公约划分为三类:第一类,通过且具有约束力,而且中国也已参加了的多边投资规则。这一类协议目前主要有华盛顿公约、WTO 的相关协定,这一类协议、协定或公约是目

前仅有的多边投资规则方面成功的尝试，完全可以在未来的多边投资框架谈判中加以利用或借鉴。第二类，本身有约束力但未获通过的多边投资规则，主要指的是 OECD 的多边投资协定(MAI)。MAI 虽然没有通过，但是它在某些方面体现了国际投资协定未来的发展方向，对未来的多边投资框架谈判的影响深远。第三类，其他的通过但没有约束力，或者没有约束力也没有通过的多边投资规则。这一类以联合国的努力居多，虽然没有约束力，但是这些协议也体现了广大发展中国家对国际投资和跨国公司的密切关注，也清楚地表明，在投资自由化要求以外，还存在着一个发展问题。

(二)WTO 关于多边投资框架谈判的来龙去脉

GATT/WTO 首次涉足投资问题是在乌拉圭回合。1986 年乌拉圭回合启动之时，以美国为首的发达国家就提出将全面的投资协定列入回合议题之中，但在发展中国家的反对之下，最终决定将范围限制在“与贸易有关的投资措施(TRIMs)”之内展开谈判。目前，WTO 协定中与投资相关的主要包括《与贸易有关的投资措施协定(TRIMs)》《服务贸易总协定(GATS)》《与贸易有关的知识产权协定(TRIPs)》《补贴和反补贴措施协定(SCM)》等(见表 2-10)。

表 2-10　　WTO 与投资相关的主要协定

协定名称	规范的对象	主要内容
与贸易有关的投资措施协定(TRIMs)	与货物贸易有关的投资措施	将最惠国待遇、国民待遇、透明度、一般取消数量限制等原则引入投资领域。明确禁止当地成分要求、贸易平衡要求、进口用汇要求和国内销售要求等
服务贸易总协定(GATS)	服务贸易领域的国际投资行为(即作为服务提供四种方式之一的商业存在方式)	将最惠国待遇和透明度原则作为一般义务，市场准入和国民待遇作为具体义务，由各成员方以“肯定式列表”的模式就各自的开放义务做出承诺
与贸易有关的知识产权协定(TRIPs)	与货物贸易有关的知识产权保护(涉及外商直接投资企业知识产权的保护)	要求在知识产权保护方面实施最惠国待遇和国民待遇，且提供了最低保护标准和争端解决程序
补贴与反补贴措施协定(SCM)	补贴等投资激励措施	就给予某个特定企业或产业，或一组企业或产业的补贴及反补贴措施进行了规范

1995 年 WTO 正式建立以后，为了推动投资议题的谈判，WTO 新加坡第二次部长级会议决定建立“贸易与投资工作组(缩写为 WGTI)”对贸易与投资的

关系进行研讨,为未来谈判做准备。2001年召开的WTO多哈第四次部长级会议正式发起了“多哈发展议程”,贸易与投资关系也列为议程的议题之一。

1.TRIMs、GATS、TRIPs、SCM等协定对国际投资的规定。《与贸易有关的投资措施协定(TRIMs)》主要解决的是与货物贸易有关的投资措施问题;《服务贸易总协定(GATS)》主要解决的是服务贸易领域的投资问题,即市场准入(商业存在)和国民待遇问题;《与贸易有关的知识产权协定(TRIPs)》解决的是与投资有关的知识产权保护问题。

上述WTO协定虽然都不是专门为投资而制定的协定,但毕竟将投资议题引入WTO;而且,将最惠国待遇、国民待遇、市场准入、透明度原则等概念引入投资领域;除此之外,《服务贸易总协定》在制定过程中,积累了不少经验,这为日后制定多边投资规则提供了不可多得的范例。

但上述与投资有关的WTO协定也存在明显的不足:它们都不是严格意义上的多边投资协定,不是直接针对投资问题而制定的,而且也不全面;农业和制造业领域投资行为并未过多涉及;《与贸易有关的投资措施协定(TRIMs)》虽取得了成果,但作用有限。

2.多哈会议关于多边投资框架谈判的决定。由于目前时机还不成熟,所以多边投资协定的谈判是以多边投资框架谈判的形式出现的。多哈会议关于贸易与投资关系谈判的决定主要体现在该次部长级会议所通过的《部长宣言》,其中有关贸易与投资关系部分为第20~22段。概括起来,主要有以下几点内容:

(1)谈判的目标。建立一个使长期跨境投资(Long-Term Investment),特别是使外国直接投资(FDI)获得一个透明、稳定和可预见的条件的多边框架。其特征是:主要针对外国直接投资,透明、稳定、可以预见。

(2)谈判的议程安排。多哈会议决定,在第五届部长级会议就谈判模式(Modality of Negotiation)达成明确一致的基础上,开始进行谈判。在正式谈判之前,需要对一系列问题做出澄清。需要澄清的问题有:范围和定义,透明度,非歧视,基于GATS类型的、肯定列表式的预先制定的承诺的模式,发展条款,例外和国际收支保护,成员间争端的磋商和解决。

(3)谈判的原则。平衡反映投资母国和东道国的利益,适当考虑东道国政府的发展政策、目标及其对公共利益的管理权;应适当考虑发展中国家和最不发达国家特殊的发展、贸易和财政需要,并应使各成员能够承担与其各自需要和情况相符的义务和承诺;应注意其他相关WTO规定;应酌情考虑有关投资的现有双边和区域安排。

(4)其他相关问题。给发展中国家和最不发达国家的技术援助和能力建设。多哈会议决定,加强该领域技术援助和能力建设,包括政策分析和制定,从而使发展中国家和最不发达国家可以更好地评估更紧密的多边合作对其发展政策、目标及人员和机构发展的影响。

与政府间组织的合作。与相关政府间组织通过适当的区域和双边渠道,向发展中国家和最不发达国家提供援助。相关政府间组织包括:联合国贸发会议(UNCTAD)、经济合作与发展组织(OECD)、国际货币基金组织(IMF)、世界银行(World Bank)和联合国工业发展组织(UNIDO)等。

(三)建立多边投资框架的必要性分析

建立多边投资框架,开创一个稳定透明的国际投资环境的必要性可以从以下几点来分析。

1.现有的双边、区域国际投资规则的不足。对这一点的分析,我们可以梳理一下该类规则的大致情况。

(1)双边、区域国际投资规则的现状。20 世纪 90 年代以来,全球双边投资协定(BITs)得到迅猛发展,截至 2017 年底,世界各国总共签署了 2 946 个双边投资保护协定,而 1995 年底时其数量累计才 924 个,发展速度由此可见一斑。区域投资协定的发展也很迅速,它们主要包含在自由贸易区协议或区域一体化安排之中,截至 2017 年,含投资条款的条约已达到 376 项(主要的见表 2-11)。其中典型的例子是北美自由贸易区协定(NAFTA)。

表 2-11　包含有投资内容的若干区域协定

时间	名称	制定者	是否有约束力	是否生效
1957 年	阿拉伯经济联盟协议	阿拉伯经济联盟	有	通过
1961 年	资本流动自由化法则	经济与合作组织(OECD)	有	通过
1961 年	经常项目无形资产交易自由化守则	经济与合作组织(OECD)	有	通过
1969 年	安第斯地区一体化协议	安第斯共同市场	有	通过
1971 年	成立阿拉伯国际投资保证公司协议	阿拉伯国际投资保证公司	有	通过
1972 年	中非关税经济共同体跨国公司法则	中非关税经济共同体	有	通过
1973 年	加勒比共同体条约	加勒比共同体	有	通过
1987 年	东盟关于投资促进和保护协定	东盟	有	通过
1989 年	第四次洛美协议	欧盟—非加太会议(EU-ACP)	有	通过
1991 年	建立非洲经济共同体条约	非洲经济共同体	有	通过
1992 年	北美自由贸易协定(NAFTA)	美国、加拿大、墨西哥	有	通过
1994 年	APEC 非约束性投资原则	APEC	无	通过
1994 年	能源宪章条约	欧洲能源宪章组织	有	通过

续表

时间	名称	制定者	是否有约束力	是否生效
1995 年	东盟服务协议框架	东盟	有	通过
1995 年	执行茂物宣言的大阪行动议程(OAA)	APEC	无约束力	通过
1996 年	单边和集体行动计划(马尼拉行动计划)	APEC	无约束力	通过
1998 年	东盟投资领域框架协议	东盟	有约束力	通过
2003 年	内地与香港、澳门关于建立更紧密经贸关系的安排	中国中央政府与香港、澳门特别行政区	有约束力	通过
2008 年	投资便利化行动计划	APEC	无约束力	通过
2009 年	中国—东盟投资协议	中国与东盟	有约束力	通过
2010 年	海峡两岸经济合作框架协议	中国大陆与台湾地区	有约束力	通过
2012 年	中日韩政府关于促进、便利和保护投资的协定	中日韩	有约束力	通过
2016 年	G20 全球投资指导原则	G20	无约束力	通过

(2)现有双边、区域国际投资规则的不足。虽然双边、区域投资协定已成为保护和规范国际投资活动的主要国际规则,但现有的双边、区域投资协定存在诸多不足, 还无法代替多边投资框架。其不足之处主要在于:

第一,适用范围窄,只适用于双边或某一区域。OECD 国家试图制定的多边投资协定(MAI)虽然是区域性的投资协定,但向全球开放,并以此作为多边投资规则的蓝本,但最终未能达成协议。

第二,相互重叠和冲突,内容不统一。这主要体现在以下几个方面:①不同国家之间所签署的双边投资协定的内容不一致,相互重叠冲突;②即使是同一国家,它与其他国家所签署的双边投资协定也不完全一致;③签署时间不同,内容也有较大的差别。

第三,约束力普遍不高。双边投资协定中所规定的投资争端解决方式往往约束力不强,而且争端解决的效果极易受签署该协定的国家之间的双边关系的影响。

第四,签署双边投资协定的成本较高。

(3)多边投资框架与现有的双边、区域国际投资规则的关系。《多哈宣言》对这个问题的表述是:"应酌情考虑有关投资的现有双边和区域安排。"目前,在这个问题上仍存在一些争议。对这个问题,需要注意以下以点:第一,双边和区域投资协定所形成的所谓"国际习惯法(International Customary Law)"虽然并不等同于多边投资框架,但它为未来多边投资框架的建立进行了有益的探索,其价值不容忽视。第二,有关多边投资框架的谈判对双边和区域国际投资规则的影响将取决于谈判的模式、谈判的内容和对此问题的具体处理原则。第三，以北美自由贸易区（NAFTA）协定为代表的某些区域协定在很多方面为未来多边投资框架的发展提供了参考。第四，对于现有的双边和区域投资规则应灵活处理，"较优待遇原则"可供参考。所谓"较优待遇原则"，是指将未来的多边投资框架所给予的待遇标准和现有的双边和区域投资协定中的待遇标准相比，取较高者。

2.现有的各种多边国际投资规则的局限性。除双边、区域国际投资规则外，现有的各种多边国际投资规则也存在不足。

（1）现有的各种多边国际投资规则的局限性。这主要表现在：第一，还没有一个全面的多边投资协定。目前，在世界范围内生效的有约束力的有关投资的多边投资规则主要包括《与贸易有关的投资措施（TRIMs）协议》以及《华盛顿公约》和《多边投资担保协定（MIGA）》，但是，上述协议和公约的适用范围较窄，仅就投资的某一些方面达成了一些共识，远不是全面的投资协定。如《华盛顿公约》仅是就投资争端解决问题达成了一个程序性规定，依此公约建立的国际投资争端解决中心（ICSID）在解决争端时也须得到当事国的同意，而且并不实际进行仲裁。第二，其他的一些国际投资规则没有付诸实施。虽经讨论但未付诸实施的多边国际投资规则主要有《跨国公司行为守则（草案）》《关于管制限制性商业惯例的公平原则与规则的多边协议》《多边投资协议（MAI）》等。其中，《多边投资协议（MAI）》是第一个全面的多边投资协定，但最终未能生效。第三，除TRIMs协定以外，其他的多边投资规则的约束力普遍不强。

（2）MFI与现有的WTO相关协议及其他多边国际投资规则的关系。多边投资框架除了与现有的双边、区域投资规则有直接的关系以外，还与WTO与投资有关的协议以及现有的其他多边投资规则有直接关系。这三方面的关系必须加以全面的考虑和协调，如果处理不当，对多边投资框架的建立将产生不利的影响。

在WTO范围内，与投资有关的协定包括《与贸易有关的投资措施协定（TRIMs）》《与贸易有关的知识产权协定（TRIPs）》《补贴和反补贴措施协定（SCM）》《政府采购协定》《服务贸易总协定（GATS）》。我们建议在处理MFI与现有的WTO与投资有关的协定之间的关系时，首先考虑GATS与TRIPs相结合的模式，即不否定现有的协定，而对现有协定没有涉及和规范的内容，由新的协定加以解决。在签署新的协定的时候，采取将各成员方观点比较一致的先确定下来，其余的留待以后再谈的做法。可供选择的模式还有GATT（或MAI）模式以及诸边协议的模式。

现有的多边投资规则还包括《华盛顿公约》和《汉城公约》，MFI与它们之间的关系可以采取TRIPs模式来处理，即承认上述公约的内容和规定，对其未涉及的领域进行新的谈判。

3.从与国际投资有关各方需要的角度看制定MFI的必要性。这种必要性主要表现在：

第一,从投资者的角度看,投资者的目标是实现全球投资的利润最大化。由此出发,投资者要求通过多边投资框架实现:资本自由流动,给予公正平等待遇,降低非商业风险,即实现投资自由化和便利化。

第二,从东道国的角度看,东道国引进外资的目标是实现自身的发展目标。基于此目标,东道国要求通过多边投资框架实现:发挥外资的积极作用,减少外资的消极作用,发展东道国的经济,即最大限度地利用外资发展本国经济,同时对外资进行规范管理。

第三,从投资母国的角度看,FDI 并非是"零和博弈",FDI 也会给投资母国带来利益,如带动出口,获取国外资源(技术资源、自然资源、人才资源、市场资源等)等。因此,母国要求通过多边投资框架实现:为本国企业开展海外投资创造良好的国际环境,即促进海外投资的开展,确保海外投资的安全。总之,投资者、投资东道国和投资母国三方都有建立多边投资框架的要求。

综上所述,迅猛发展的国际直接投资要求建立多边投资框架以实现投资的自由化、便利化和规范化,而目前现有的无论是双边还是区域的投资协定均无法满足这一要求,多边层次的国际投资规则要么缺乏约束力,要么没有付诸实施。因此,建立多边投资框架是完全必要的。

4.MFI 大体涉及的内容。从初步讨论的情况来看,MFI 大体涉及以下一些内容:范围和定义,透明度,非歧视,承诺模式,发展条款,例外与国际收支,争端磋商与解决,与 WTO 其他协议和现有国际投资协议间的关系,FDI 和技术转移等。

(四)多边投资框架谈判的前景

严格来讲,多边投资框架谈判并未正式开始,WTO 也只是处于对投资议题进行讨论的阶段。当然,我们希望多边投资框架谈判能够早日启动,并有一个良好的前景。

第六节　国际直接投资协调

一、国际直接投资协调的含义与作用

国际直接投资协调指的是通过制定和签署国际投资协定与条约等形式,对国际直接投资活动当事各方的财产、权利、利益等给予保护并协调彼此间的关系。就现状而言,国际直接投资协调有双边层次、区域层次和多边层次等几个层次。随着国际直接投资业务的扩大和跨国公司的发展,进行有效的国际投资协调的必要性越来越明显。

开展国际投资协调具有以下几方面的作用:

第一,国际投资协调可以保障投资者与投资企业、东道国与投资母国的权利和利益,促进国际投资业务的健康发展。

第二,可以缓解东道国与跨国公司的利益冲突。虽然当今世界多数国家都欢迎跨国公司进入,但跨国公司进入后还是经常与东道国产生矛盾和利益冲突,因此需要协调解决矛盾。

第三,有利于克服东道国彼此之间的优惠政策竞争。为了吸引宝贵的外商投资,加快经济发展,东道国政府尤其是发展中国家政府都不同程度地对外商投资给予了一些优惠待遇,近年来这方面的竞争空前激烈。优惠政策的恶性竞争长期发展下去对东道国不利,需要借助国际协调加以规范和约束。

第四,可缩小不同国家间的国内政策差异,形成统一的国际投资规则。受经济发展水平、经济发展模式和法律制度的影响,不同国家的外商投资具体政策存在差异。只有通过不断的国际协调和谈判,才能缩小差异,最终形成一部被国际上广泛认可的国际投资规则。这部规则的性质与作用应类似于货物贸易领域的《关税与贸易总协定(GATT)》和服务贸易领域的《服务贸易总协定(GATS)》。

二、双边投资协定

双边投资协定是资本输出国与资本输入国之间签订的,旨在鼓励、保护和促进两国间私人直接投资活动的双边协定与条约的总称。在国际投资法律体系中,双边投资协定占据着重要的地位。在保护与促进私人直接投资活动方面,它是迄今为止最有效的国际法制。根据《2018 年世界投资报告》公布的数据,截至 2017 年底,世界各国总共签署了 2 946 个双边投资协定。

目前双边投资协定主要有四种类型:

1. 投资保证协定。投资保证协定由美国创立其模式,后被某些建立有海外投资保险制度的国家所仿效,所以也称为美国式的双边投资协定。它的特点是重在对国际投资活动中的政策风险提供保证,其主要内容包括承包范围、代位求偿权和争端解决等。

2. 促进与保护投资协定。由于是原联邦德国首创,也称联邦德国式投资协定。其特点是内容详尽具体,以促进和保护两国间私人国际直接投资为中心内容,既含有促进和保护投资的实体性规定,也有关于代位求偿权、争端解决等程序性规定。

3. 友好通商航海条约。友好通商航海条约是在相互友好的政治前提下,针对通商航海等事宜全面规定两国间经济、贸易关系的一种贸易条约。这种条约本来不属于双边投资协定,但是 20 世纪 60 年代以后,在美国等国家的推动下,在这类条约中增加了保护国际投资的原则性规定。

4. 双边税收协定。双边税收协定与国际直接投资有直接关系,主要作用是协调不同国家间在处理跨国纳税人征税事务和其他有关方面的税收关系。

双边投资协定是国际投资法的重要组成部分,在保护外国投资方面发挥着重要的作用:双边投资协定因缔约国只有两方,较之谋求多国间利益平衡的多边投资条约,更易于在平等互利的基础上顾及双方国家的利益而达成一致,所以双边投资协定为许多国家广泛采用;双边投资协定为东道国创设了良好的投资环境;双边投资协定还可以起到加强或保证国内法的效力;双边投资协定(如促进与保护投资协定)既含有关于缔约方权利和义务的实体性规定,又有关于代位权、解决投资争议的程序性规定,为缔约国双方的私人海外投资者预先规定了建立投资关系所应遵守的法律规范和框架,从而可以保证投资关系稳定,避免与减少法律障碍;双边投资协定不仅规定了缔约国之间因条约的解释、履行而产生争议的解决途径与程序,而且还规定了外国投资者与东道国政府间因投资而产生争议的解决途径与程序,为投资争议的妥善解决提供了有力的保证。

双边投资协定(如促进与保护投资协定)的主要内容有:受保护的投资、收益和投资者;关于外国投资的待遇,包括公正与合理待遇、最惠国待遇和国民待遇;关于政治风险的保证,包括征用和国有化(国有化的条件,征用和国有化的方式,征用与国有化的补偿)、汇兑与转移;代位求偿权;争端与仲裁等。

目前新一代 BIT 范本主要是指美国政府 2012 年公布的《美国与××国家鼓励与相互保护投资条约(2012)》(2012 US Model BIT)。2012 年新范本在大的条款方面改动不大,变化主要发生在条款的具体规定和解释上,更强调透明度和公共参与,强化了关于劳工与环境的保护,并针对国有企业的特殊待遇和自主创新政策带来的扭曲等制订了更加严格的规定。

三、区域投资协定

区域投资协定是指特定区域内国家间或区域性的经济组织签署的旨在促进和保护相互投资的协定与条约的总称。区域投资协定的签订,既可以强化对相互间投资的保护与促进,也可以有力地推动区域内国际投资的自由化。

区域投资协定主要分为两种类型:一种是专门针对国际直接投资的协议或协定,如经济合作与发展组织(OECD)于 1976 年制定的《国际投资与跨国企业宣言》,安第斯条约组织于 1970 年制定的《安第斯共同市场外国投资规则》以及东南亚国家联盟于 1990 年制定的《东南亚国家联盟促进和保护投资协定》;另一种是内容涉及国际直接投资的协议或协定,有的是区域性自由贸易协定(FTA)涉及的,有的则是区域性的经济协定涉及的,如《北美自由贸易协定》、《加强东盟经济合作的框架协议》、亚太经济合作组织(APEC)的《茂物宣言》和《执行茂物宣言的大阪行动议程》、欧盟的《建立欧洲共同体条约》和《欧洲联盟条约》等。《北美自由贸易协定》虽然属于自由贸易方面的协定,但其内容涉及不少投资问题,如投资与服务条款、投资保护条款、争端解决机制条款、知识产权保护条款、原产地规则条款等。

区域投资协定的主要内容包括：投资准入问题，投资政策自由化，投资鼓励措施，外商投资企业的待遇标准，投资保护，投资争端解决以及技术转让，竞争和环境保护，与跨国投资相关的问题。相对于双边投资协定而言，区域投资协定具有不同的特点，主要是：①区域投资协定追求的目标比双边投资协定高；②区域投资协定涉及更为广泛的与投资相关的内容，如自由化和保护方面的内容不断增多，越来越多的区域协定中规定了“进入与开业条款”；③近些年来，区域投资协定开始重视投资者与东道国的争端解决问题。

区域投资协定本身是区域经济一体化不断深化的产物，是区域经济一体化的必要组成部分，也是区域经济组织成员国间进行投资合作的推进器。据联合国贸易与发展会议（UNCTAD）投资、技术与企业司的统计，目前具有法律约束力的区域性投资协定共有 35 个之多。

2015 年 10 月，泛太平洋战略经济伙伴关系协定（TPP）取得实质性突破，美国、日本和其他 10 个泛太平洋国家就 TPP 达成一致，其中包含很多与投资相关的新议题，如国有企业和竞争中性、劳工与环境、投资者—东道国争端解决机制等。

四、多边投资协定

多边投资协定指的是国际经济组织为了协调和规范不断扩大的国际投资业务而制定和起草的有关国际投资方面的条约与协定。应当说，第二次世界大战结束以来的几十年间，不少国际经济组织都曾花费精力用于制定涉及投资方面的多边投资协定，总数近 20 个，但令人遗憾的是真正付诸实施并具有约束力的并不多。目前付诸实施的主要是以下三个：《多边投资担保机构公约》《关于解决各国与其他国家国民之间投资争端的公约》《与贸易有关的投资措施协议》。另外，OECD 和 WTO 组织起草、谈判的《多边投资协定（框架）》影响也很大，但到目前为止都未能成功。由于本章第五节已经对《与贸易有关的投资措施协议》和《多边投资协定（框架）》展开了叙述，下面侧重介绍《多边投资担保机构公约》和《关于解决各国与其他国家国民之间投资争端的公约》制定的背景、主要内容及所发挥的协调作用。

（一）《多边投资担保机构公约》

为降低在发展中国家投资的政治风险（非商业性风险），促进国际资本流向发展中国家，加快发展中国家的经济发展，世界银行草拟了《多边投资担保机构协议》（也称《汉城公约》），于 1985 年 10 月在世界银行年会上得到通过，1988 年 4 月 12 日起正式生效。同时，还成立了多边投资担保机构（简称 MIGA）作为世界银行下属的分支机构，它是具有完全法人资格的独立的国际组织。中国于

1988 年 4 月加入该公约,成为公约的创始国。

依照《多边投资担保机构公约》第 2 条的规定,多边投资担保机构的目标和宗旨是鼓励会员国(特别是发展中国家)之间的生产性投资,以补充国际复兴开发银行、国际金融公司以及其他国际开发金融机构的活动。为了达到这些目标,多边投资担保机构应履行下列职能:对会员国内来自另一会员国的投资的非商业性风险提供担保,包括共同保险和再保险;开展恰当的补充性活动,以促进投资向发展中国家会员国流动及在发展中国家会员国之间流动;为推进其目标,行使其他必要的或适宜的附带权利。

多边投资担保机构承保的险别主要是:①货币汇兑险,即东道国政府采取的任何限制外国投资者将货币兑换成可自由使用的货币或可接受的另一种货币,并汇出东道国境外的措施,包括东道国政府未能在合理的时间内对投资者提出的此类汇兑申请做出行动而可能造成的风险;②征收及类似措施险,是指东道国政府的立法行为或行政上的作为或不作为剥夺了投资者对其投资或投资收益的所有权或控制权,但政府为管理其境内的经济活动而通常采取的普遍适用的非歧视性措施不在此列;③违约险,是指东道国政府拒绝履行合同或违反与投资者签订的合同,导致投资者可能造成损失的风险;④战争和内乱险,即由于东道国领土内任何军事行动或民事动乱而给投资者造成损失的风险。

多边投资担保机构的作用表现在:首先,它鼓励会员国之间的生产性投资,尤其注重资本在发展中国家的流动,并充分考虑到发展中国家的利益,促进了发展中国家的经济增长。其次,它不仅承保货币汇兑险、征收及类似措施险、战争和内乱险,还另设了违约险,对其他投资担保机构的业务起到了补充作用。再次,它通过向发展中国家提供用于吸引外商直接投资的工具、方法和技能,帮助各国推销其投资机会。最后,它有利于东道国和投资者之间投资争端的非政治性解决。

(二)《关于解决各国与其他国家国民之间投资争端的公约》

20 世纪 50 年代以后,一些发展中国家开展了规模较大的国有化运动,使得国际投资争端大量产生。同时,发达国家与发展中国家不能就投资争端的解决方式及原则达成一致,对国际资本的流动产生了很大影响。为了解决此类问题,世界银行于 1965 年 3 月主持签订了《关于解决各国与其他国家国民之间投资争端的公约》(也称《华盛顿公约》),于 1966 年 10 月生效。根据公约,设立了解决投资争端国际中心,用以专门处理各国与其他国家国民之间的投资争议。中心的法律地位与多边投资担保机构相同,也具有完全的法人资格,并同样有资格订立合同,取得及处置动产和不动产,进行法律诉讼。中心设有一个行政理事会和一个秘书处,秘书处由秘书长负责领导。中国于 1990 年 2 月签署了该公约,于 1993 年 2 月正式加入该公约。

公约第25条第1款规定:解决投资争端国际中心的管辖,适用于缔约国与另一缔约国国民之间直接因投资而产生并经双方书面同意提交给中心任何法律争端。当双方表示同意后,任何一方不得单方面撤销其同意。由此可见,中心管辖的条件是:争端必须发生在缔约国国民或机构与另一缔约国国民或机构之间;争端性质必须是直接因投资引起的法律争端;争议双方书面同意将争端提交中心。中心管辖还具有排他性,主要表现在两个方面:一是排除其他救济方法。公约规定,双方同意根据公约交付仲裁,应视为同意排除任何其他救济方法。二是排除外交保护。即缔约国对于其国民和另一缔约国根据公约已同意交付或已交付仲裁的争端,不得给予外交保护或提出国际诉讼,除非另一缔约国未能遵守和履行对此项争端所作出的裁决。在这里,外交保护不包括纯粹为了促进争端的解决而进行的非正式的外交上的交往。

解决一国与其他国家国民之间的投资争端主要有调解和仲裁两种形式。如果想进行调解,则需向秘书长提出书面申请(内容包括有关争端的事项、当事人双方的身份以及双方同意依照调解程序规则进行调解等)。调解的程序是:①在申请被登记后,成立由双方认可的调解员组成调解委员会;②调解委员会澄清双方发生争端的问题,并努力使双方就共同可接受的条件达成协议;③如果双方达成协议,委员会则起草一份报告,指出发生争端的问题,并载明双方已达成协议,如果在程序进行的任何阶段,委员会认为双方已不可能达成协议,则结束此项程序,并起草报告,指出调解并未使双方达成协议。如果一方未能出席或参加上述程序,委员会应结束此项程序并起草报告,指出该方未能出席或参加。

另外一种解决争端的形式是仲裁。与调解相同,希望采取仲裁程序的缔约国或缔约国的国民,应向秘书长提出书面请求(内容包括有关争端事项、双方的身份以及他们同意依照交付仲裁的程序规则提交仲裁等)。仲裁的程序是:①组成仲裁庭,成员来自解决投资争端国际中心的仲裁人小组;②做出裁决,仲裁庭应以其全体成员的多数票对问题做出决定,裁决应处理提交仲裁庭的每一个问题,并说明所根据的理由,未经双方当事人的同意不得公布裁决;③裁决的解释、修改和撤销;④裁决的承认和执行,裁决对双方具有约束力。双方不得进行任何上诉或采取除公约规定外的任何其他补救办法,除依照公约有关规定予以停止执行的情况外,每一方应遵守和履行裁决的规定。

案例研究

案例一:美国宝洁公司在中国的投资

宝洁公司(Procter & Gamble)始创于1837年,是世界最大的日用消费品公司之一,总部设在美国辛辛那提市,在全球70多个国家和地区开展业务,所经营的65个领先品牌畅销180多个国家和地区,其中包括美容美发、居家护理、家庭健康用品等。在2019年美国《财富》杂志公布年度“全球最受赞赏的公司”榜单中,宝洁位居第31名,同时在2018年世界500强排名第135名。

宝洁公司在中国的投资进程可以分为四个阶段:

第一个阶段是进入中国市场阶段,即1987—1989年。1987年宝洁公司到广州肥皂厂调研,然后选择李嘉诚为合作伙伴。宝洁公司与香港和记黄埔有限公司分别以69.25%和30.75%的股权比例在香港注册P&G-Hutchison Ltd.(宝洁和记黄埔有限公司,简称“宝洁和黄”)。1988年8月,宝洁和黄与广州肥皂厂及广州经济技术开发区建设进出口贸易公司在中国广州组建成立了第一家合资企业——广州宝洁有限公司。这是宝洁公司在中国成立的第一家合资企业,开始真正进入中国市场。

第二个阶段是“增资集权”阶段,即1990—1998年。1990年,宝洁和记黄埔有限公司宣布对广州宝洁增资900万美元,而广州肥皂厂没有经济实力增资,导致其所持有的股份缩减至20%。1994年,宝洁和记黄埔公司又进行了两次合资,其目的既是为了扩大规模,也是为了减少竞争对手。先是与广州浪奇股份有限公司合资组建广州浪奇宝洁有限公司,后又与北京日化二厂合资成立北京熊猫宝洁洗涤用品有限公司。宝洁以65%的股份控股合资公司,同时宝洁公司支付给“熊猫”品牌50年的使用费1.4亿元人民币。在两次合资以后,“熊猫”和“浪奇”两个品牌在市场的份额逐步萎缩,品牌价值逐步降低,而“宝洁”品牌的地位逐步上升。

第三个阶段是宝洁公司独资化阶段,即1999—2004年。1999年,广州浪奇股份有限公司与广州浪奇宝洁有限公司签订协议,以人民币4 749万元购回浪奇宝洁全部股权,利用该厂房继续生产洗衣粉;后来在2001年初,宝洁和黄将广州浪奇宝洁有限公司60%的股权转让给香港高力公司,宣告宝洁和黄与广州浪奇彻底分手。同时,在2000年,北京日化二厂提前终止“熊猫”的使用合同,收回使用长达6年的“熊猫”品牌,“熊猫”拿到了4 000万元的品牌使用费,重新生产洗衣粉。2004年,宝洁公司以18亿美元收购和记黄埔中国所持中国内地合资公司宝洁和记黄埔有限公司余下20%的股份。至此,宝洁与其在中方的最后一个合资伙伴分道扬镳,成为一家彻底的独资公司。而宝洁也在宣布独资后立即增资6亿元扩大生产规模。

第四个阶段是宝洁公司稳步发展阶段,即从2005年起至今。目前,宝洁在中国的总部设立于广州,先后在北京、上海、天津、成都、东莞和南平等地设立了十几家分公司和工厂,员工总数超过8 000人,在华投资总额超过了17亿美元。

目前宝洁公司在中国销售的品牌有玉兰油、海飞丝、沙宣、伊卡璐、飘柔、潘婷、舒肤佳、激爽、佳洁士、护舒宝、帮宝适、碧浪洗衣粉、汰渍洗衣粉。中国宝洁是宝洁全球业务增长速度最快的区域市场之一。目前，宝洁大中华区的销售量已位居宝洁全球区域市场中的第二位，销售额也已位居第四位。宝洁公司同时注重人才本土化，中国宝洁员工中，中国籍的员工占到了98%以上。

案例思考与讨论

1. 请简要分析宝洁公司在中国投资的主要动机。
2. 请分析宝洁公司从合资到独资的原因。
3. 你认为哪种国际直接投资理论能够较好地解释宝洁公司对中国的投资？请用你选定的理论做出解释。

案例二：日本本田公司在美国的投资

日本本田(Honda)公司的前身是其创始人本田宗一郎于1946年在日本浜松市设立的本田技术研究所。1948年本田技研工业株式会社正式建立。1952年本田公司的总部迁往东京，1957年其股票在东京证券交易所上市。目前，本田公司在全世界29个国家拥有130多个生产厂。其海外生产基地主要有美国、加拿大、英国、法国、意大利、西班牙、印度、巴基斯坦、菲律宾、泰国、越南、巴西和墨西哥等。

20世纪80年代，日本在美国掀起了直接投资热潮。带领这一潮流的是日本的汽车公司，特别是本田汽车公司、马自达汽车公司、日产汽车公司以及丰田汽车公司。从1982到2007年间，这些公司在北美总共投资了100多亿美元，用来建立汽车装配厂。

本田公司涉足北美市场始于1959年。本田于当年在美国建立了摩托车销售公司。20年后，本田公司开始在美国当地生产摩托车。1982年本田公司开始在海外生产汽车，1986年在加拿大建立了汽车生产厂，从而一步一步地实践着其“在最能满足需求的地方生产”的企业理念。到2008年，本田已在北美地区投资设立了13家汽车装配、发动机和零部件工厂，总投资超过60亿美元，其中主要的生产工厂设在美国俄亥俄州(见表2-12)。目前，本田公司在北美的汽车生产能力每年已达130多万辆。2011年年底，本田在美国印第安纳州Greensburg市工厂增添第二轮生产班次。该厂生产思域车型，年产能为10万辆。2012年，本田还将在俄亥俄州Marysville工厂开设两条生产线，并且自2009年大萧条以来首次恢复两轮班次生产。

美国汽车研究中心针对本田公司2007年的状况进行了一项研究，探讨了美国本田汽车有限公司及其所有的美国附属公司和零售业务相关公司对美国经济做出的贡献，重点陈述了近年来其对美国经济发展的积极作用：本田公司在美国的生产和经营提供了超过367 000个就业机会和170亿美元的年薪；本田美国的直接投资（汽车与摩托车生产、汽车与摩托车零部件和材料供应、电力设备生产等）带来了将近152 000个私营部门的就业岗位，估计相关工资收入达到了90亿美元；本田汽车的销售网和其他相关产品销售创造了215 000个私营部门工作机会，这些工作的薪资估计总和为80亿美元。

表2-12　　本田公司在北美的主要生产厂及投资情况

制造工厂	建立时间	员工人数	投资额(亿美元)
美国俄亥俄州 Marysville 摩托车厂	1979年9月	750	1.55
美国俄亥俄州 Marysville 汽车厂	1982年11月	5 850	23
美国北卡罗来纳州 Swepsonville 电力设备厂	1984年8月	350	1
美国北卡罗来纳州 Swepsonville 割草机、发动机生产厂	1984年8月	580	1.88
美国俄亥俄州 Anna 发动机制造厂	1985年7月	2 600	11
美国俄亥俄州 East Liberty 汽车厂	1989年12月	2 550	7.93
美国俄亥俄州 Russells Point 传动设备厂	1996年7月	930	1.11
美国南卡罗来纳州 Timmonsville 越野车厂	1998年7月	825	1
美国亚拉巴马州 Lincoln 汽车和发动机厂	2001年11月	2 300	5.8
美国弗吉尼亚州航空发动机事业公司	2006年4月	70	0.295
美国佐治亚州本田汽车精密部件厂	2006年5月	440	1.5
加拿大安大略省的 Alliston 发动机生产厂	2006年6月	340	1.54
美国南卡罗来纳州本田飞机公司 GREENSBORO 总部	2007年2月	300	0.6
美国俄亥俄州 Troy 本田公司中西部综合中心	2007年9月	210	0.89
美国北卡罗来纳州 Burlington 小型涡轮风扇发动机厂	2007年10月	/	0.27
美国俄亥俄州 Anna 发动机厂动力总成零部件扩产	2008年7月	40	0.75
美国俄亥俄州 Russells Point 传动设备厂扩产	2008年7月	/	1
美国印第安纳州迪凯特郡汽车组装厂	2008年11月	2 000	5.5
墨西哥 Celaya 和 Guanajuato 新建汽车工厂	2011年8月	/	8
美国亚拉巴马州扩产	2011年年底	/	3

资料来源：http://www.honda.com，访问时间2011年8月。

案例思考与讨论

1. 你认为本田公司投资北美的主要动机是什么?

2. 你是如何理解劳动力成本的?本田公司投资北美时会考虑劳动力成本因素吗?

3. 本田公司的发展和成长战略是一元化的还是多元化的?

案例三:美国通用电气公司并购美国霍尼韦尔公司失败案

通用电气公司(General Electric Co.)是美国最大的公司之一,通过一系列的兼并之后,业务已经涵盖航天、家电、媒体、金融、医疗等领域。该公司市值曾高达6 000多亿美元,是世界上年度盈利最多的企业。它在全球180多个国家和地区开展业务,全球员工30多万人。2002年通用电气公司的销售收入达到1 317亿美元。霍尼韦尔公司(Honeywell Inc.)也是一家历史悠久的老牌公司,在多元化技术和制造业方面居领导地位。其业务涉及航空产品及服务,住宅及楼宇控制和工业控制技术,自动化产品,特种化学、纤维、塑料以及电子和先进材料等领域。

2000年10月,通用电气公司提出按每1股霍尼韦尔公司股票换1.055股通用电气公司股票的办法收购霍尼韦尔公司,以当时的股票价格计算,合同金额高达450亿美元。霍尼韦尔公司董事会很快就同意了通用电气公司的条件,并正式批准合并案。美国政府审查此案后,认为该项并购案无论是从长远来看还是从整体来看都对美国利大于弊,因此仅仅要求通用电气公司剥离2亿美元的资产就开了绿灯放行。

因为这两家公司都在欧盟国家设有企业,所以通用电气公司于2001年2月5日向欧盟委员会提出并购申报。3月1日,欧盟委员会决定进行深入调查。2001年6月14日,通用电气公司提出补救措施,但欧盟委员会认为不足以消除并购对市场的不良影响。6月28日,通用电气公司再次提出补救措施,但终究未能说服欧盟委员会。经过详细审查,2001年7月3日欧盟委员会20名委员一致做出决定,认为该项并购将导致通用电气公司垄断欧洲飞机发动机市场,而且通用电气公司两次提出的补救措施均未能使欧盟委员会打消这些顾虑,因此最终否决了美国通用电气公司收购霍尼韦尔公司的提案。该案也成为自1990年欧盟委员会开始处理并购案以来第15个被禁止的并购案。

虽然美国政府同意了此项并购,但欧盟对此提出了不同的意见。根据欧盟的有关并购法规,凡是合并各方总的年销售额在50亿欧元(42.4亿美元)以上,且在欧洲的销售额超过2.5亿欧元(1.7亿美元)的企业并购案,都必须得到该委员会的批准。而在审查通用电气公司收购霍尼韦尔公司的提案时,该委员会认为,这起合并案显然会进一步加强通用电气公司在大型喷气式飞机发动机方面的优势地位,从而有可能构成不公平竞争,特别是通用电气公司有可能将两家公司的产品捆绑销售,从而给竞争对手造成沉重打击。委员会还担心,合并后的通用电气公司将成为航空业务领域难以控制的巨无霸,会通过其强大的飞机融资和租赁部门——资本航空服务公司(GECAS)来操纵飞机市场行情。资本航空服务公司是全球第二大飞机买主,它将购买的飞机转租给航空公司使用。

案例思考与讨论

这是历史上第一次出现两家美国公司的合并案得到美国反垄断当局批准却因遭到欧盟委员会反对而破产的案例,此案例突出反映了欧盟并购法规的域外效力。在此案中,并购双方均是美国公司,但是欧盟并购法规并未就并购企业的国籍进行限定,其标准是效果原则。如1995年韩国三星公司并购美国AST公司时,因为三星公司未能及时将并购向欧盟委员会申报,从而遭到罚款处罚。不过,这也不是欧盟并购法规的专利,实际上,美国的并购法规和欧盟一样也有类似规定。此案例也说明了目前世界各国的反垄断行动步调很不一致,亟须制定一套国际通用的反垄断(并购)规则。对于一个准备开展海外并购(甚至是一国内部的并购)的企业来说,它需要考虑是否要向诸如欧盟、美国等地的反垄断当局进行申报,并争取获得其批准。只要有一方未获通过,并购就有可能破产。因此,随着越来越多的国家制定类似的具有域外效力的法律规定,企业的跨国并购活动将会受到更多的制约和监管。请问你如何看待域外效力的实施问题?因域外效力引起的各国国内法律效力孰高孰低的争议如何解决?

案例四:美国某公司对东南亚和南亚四国投资环境进行评估

美国某公司为了打开东南亚市场,准备投资350万美元在东南亚建一药厂,经用加权等级评分法对印度、印尼、孟加拉国和马来西亚四个国家投资环境进行初步评估,得出的结果是:印度的国家风险、政治经济的稳定性、税收水平、收益的返回率和政府对外资的优惠程度等加权等级评分分别是820,740,90,210和650;印尼分别是720,680,190,580和320;孟加拉国分别是760,690,180,610和100;马来西亚分别是960,860,430,210和180。

案例思考与讨论

1. 要想对上述国家各种环境因素分别进行加权等级评分,其计算方法是什么?在上述四国中,投资环境最佳和最差的国家分别是谁?

2. 除加权等级评分法以外,还有哪些投资环境评估的方法?它们的基本原理是什么?

案例五：经济合作与发展组织制定的多边投资协定包含的主要内容

下面介绍的是经济合作与发展组织(OECD)于1998年4月24日确定的《多边投资协定(MAI)》框架结构的内容[联合国贸发会议出版的《1999年世界投资报告》(英文版第129至130页)登载]。其主要内容包括:①总则:前言;②范围和适用:定义(投资者与投资),适用的地理范围,海外属地的适用;③投资者和投资的待遇:国民待遇和最惠国待遇,透明度,投资者和关键人员的临时进入、逗留与工作,经理及管理人员和董事会成员的国籍要求、就业要求、业绩要求、私有化,垄断及国有企业和特许,代表管理机构的实体,投资鼓励措施,确认安排,核准程序,自雇企业的成员,知识产权,公共债务,公司行为,R&D技术,不可降低的标准,劳工与环境附加条款;④投资保护:一般待遇,征收和补偿,内乱时的保护、转移,信息交换和数据处理,代位求偿权,保护已有投资;⑤争端解决:国家对国家的程序,投资者对国家的程序;⑥例外和保障:一般例外,寻求货币与汇率政策的交易,临时保障;⑦金融服务:谨慎措施,确认安排,核准程序,透明度,信息交换和数据处理,自雇企业与协会的成员,支付及清算体系和贷款人,最后求助,争端解决,金融服务的定义;⑧税收;⑨特定国别例外:特定国别例外的申诉;⑩与其他的国际协定的关系:根据国际货币基金组织条款应承担的义务,与OECD"多国企业准则"的关系;⑪实施与运作:筹备小组、成员方小组;⑫最终规定:签署,接受与生效,加入,不适用,检查,修订,OECD多国企业准则的修改,退出,保存,附件的法律地位,正式文件,利益的放弃。

案例思考与讨论

1. OECD制定MAI的努力为什么没有成功?它留给人们一些什么样的经验教训?

2. 将上述MAI框架结构的内容与WTO主持谈判讨论的MFI可能涉及的大体内容进行对比,从中发现这两个文本在主要内容方面的异同。

思考与练习

1.国际直接投资的基本形式有哪些?

2.国际直接投资的主要动机是什么?主要理论有哪些?

3.跨国并购的概念、类型与动因。

4.国际直接投资环境的主要内容是什么?投资环境的主要评估方法有哪些?

5.《与贸易有关的投资措施协议(TRIMs)》的含义和主要内容。

6.多边投资框架(协定)谈判的背景和必要性。

7.国际直接投资协调的含义、作用与途径。

第三章

跨国公司

Transnational Corporation

不论是在国际经济合作还是在国际贸易活动中,跨国公司都是主要的组织者和承担者,都是最主要的企业形式。本章从不同角度论述跨国公司,先后研究和分析了跨国公司的产生与发展,发展的新特点与新动向,概念与类型,所起到的作用,法律与管理组织形式,服务业跨国公司的组织形式与特点以及跨国公司在国际技术转让中的作用等。通过学习本章,应理解相关概念,对跨国公司有一个全面整体的把握。

学习要点

Transnational Corporations have served as the main organizers and participants as well as the primary type of enterprises in both the international economic cooperation activities and international trade. From different perspectives, this chapter in sequence analyzes the origin and development, the new characteristics and trends, the definition and types, the influences, the legal and managerial organizational structure of Transnational Corporations, and also its organizational structures and characteristics in service industry as well as its role in international technology transfer. By studying this chapter, students are expected to have a general understanding of Transnational Corporations.

第一节　跨国公司概述

一、跨国公司的产生与发展

跨国公司(Transnational Corporations,通常缩写为TNCs)是国际直接投资的主体,世界上绝大部分的国际直接投资都是由跨国公司进行的。仅世界100家最大的跨国公司在国际直接投资的总存量中就占到了1/3的份额。跨国公司的产生与发展主要经历了以下三个阶段。

(一)第一次世界大战以前的萌芽阶段

跨国公司的发展已有100多年的历史。在统一的世界市场被逐渐开拓出来以后,为了争夺市场,获得原材料,一些西方国家的公司开始进行对外直接投资,于是产生了现代跨国公司的雏形。其中比较著名的是美国胜家(Singer)缝纫机公司,该公司于1867年在英国建立分厂,以后陆续扩展到欧洲一些国家,占领欧洲市场。其后,德国的弗里德里克·拜耳公司、美国的爱迪生电灯公司等也纷纷走向海外市场,将其新产品和新技术在国外投资生产和应用。1876年,日本成立了第一家综合商社——三井物产公司,其当时的对外直接投资主要集中于铁路和采矿业,且多投资于落后国家和地区。总的说来,第一次世界大战以前世界范围内从事跨国经营的企业数量较少,对外直接投资额也不大,跨国公司尚处于萌芽阶段。

(二)两次世界大战之间的逐渐发展阶段

在两次世界大战之间,对外直接投资有了相当的增长,比第一次世界大战前增加了2倍,制造业吸引了更多的国际直接投资,制造业的跨国公司发展迅速,越来越多的西方国家大公司开始在海外建立子公司。据统计,在这个阶段共有1 441家西方国家的公司进行了对外直接投资。在这一时期,美国跨国公司的发展较快,美国在国外直接投资的比重逐渐超过英国而居世界首位。然而,由于战争、经济危机和国家管制,跨国公司虽然有了一定的发展,但整体发展速度仍然较慢。

(三)第二次世界大战以后至今的迅猛发展阶段

第二次世界大战以后,科学技术取得了突飞猛进的发展,经济全球化趋势加强,这使得对外直接投资在深度和广度上都得到迅速发展,跨国公司的数量和规模大大增加,对外直接投资的作用和影响已经超过对外间接投资。根据联合国原跨国公司中心的资料,发达国家跨国公司母公司在 1968 年有 727 家,子公司 27 300 家,到 1980 年,母公司增加到 10 727 家,子公司增加到 98 000 家。

自 20 世纪 90 年代以来,随着世界经济加速走向市场化、自由化和网络化,跨国公司在全球的影响越来越大,作为国际直接投资主要载体的跨国公司是连接发达国家资金、技术和管理经验与发展中国家资源、廉价劳动力和广阔市场之间的一条不可替代的紧密纽带,在世界经济的发展中起着举足轻重的作用。

根据联合国贸发会议公布的统计数据,截至 2011 年底,全球跨国公司超过 8 万家,其中发达国家的跨国公司,占世界跨国公司的近 80%。尽管从 2008 年开始,全球跨国公司规模有所下降,但 2009 年跨国公司海外分支机构仍雇用了约 8 000 万人,约占全球雇员的 4%。2010 年,跨国公司海外子公司的销售额约 33 万亿美元,创造的增加值占跨国公司总增加值的比重大约为 40%,全球超过 1/10 的 GDP 和超过 1/3 的世界总出口均来自跨国公司的海外子公司。2010 年,国有跨国公司成为活跃的投资者,全球至少有 650 家,总共拥有 8 500 多个海外子公司;来自发展中经济体和转型期经济体的国有跨国公司约占 56%。2017 年全球跨国公司分支机构实现销售额 30. 8 万亿美元,海外资产总额达到 103. 4 万亿美元,海外雇员总数达到 7 320. 9 万人。

跨国公司规模巨大,仅美国通用汽车公司的年销售额就相当于欧洲一个中等发达国家的国民生产总值。第二次世界大战后,跨国公司的迅猛发展大大推动了资本国际化和生产国际化的进程,促进了各种生产要素的国际流动与重新合理组合配置。跨国公司是推动经济全球化的主要力量之一。

二、跨国公司的概念与类型

(一)跨国公司的概念

国际上对跨国公司有许多叫法,如全球公司、国际公司、多国公司、宇宙公司等,各种机构和学者根据不同的标准对跨国公司下了各种各样的定义。现将给跨国公司下定义的三种主要标准简单介绍如下。

1.结构标准(Structural Criteria)。在这种标准体系下,跨国公司应该至少满足下述几个条件中的一个:①在两个以上的国家经营业务;②公司的所有权为两个以上国籍的人所拥有;③公司的高级经理人员来自两个以上的国家;④公司的组织形式以全球性地区和全球性产品为基础。

2.业绩标准(Performance Characteristics Criteria)。这种标准是指凡是跨国公司,其在国外的生产值、销售额、利润额、资产额或雇员人数所占的比例必须达到某一个百分比以上。百分比具体应为多少目前并无统一的认识,实践中采用 25%作为衡量标准的情况较多。

3.行为标准(Behavioral Characteristics Criteria)。该标准指跨国公司应该具有全球战略目标和动机,以全球范围内的整体利益最大化为原则,用一视同仁的态度对待世界各地的商业机会和分支机构。

综合各种观点,可以认为,跨国公司是指这样一种企业,它在两个或两个以上的国家从事经营活动,它有一个统一的中央决策体系和全球战略目标,其遍布全球的各个实体分享资源和信息并分担相应的责任。

(二)跨国公司的类型

从不同的角度,跨国公司可以划分为不同的类型:

1.按法律形式划分,可以分为母分公司型跨国公司和母子公司型跨国公司。母分公司型的组织模式,适用于银行与保险等金融企业的跨国经营;母子公司型的组织模式比较适合工业企业。

2.按经营项目的重点划分,可以分为资源开发型跨国公司、加工制造型跨国公司和服务型跨国公司。资源开发型的跨国公司主要以采矿业、石油开发业和种植业为主;加工制造型跨国公司主要从事最终产品和中间产品的制造,如金属制品、钢材、机械、运输设备和电信设备等;服务型跨国公司是指从事非物质产品生产,在贸易、金融、运输、通信、旅游、房地产、保险、广告、管理咨询、会计法律服务、信息等行业和领域内从事经营活动,提供各种服务的跨国公司。

3.按决策机构的策略取向划分,可以分为民族中心型跨国公司、民族多元型跨国公司和全球战略型跨国公司。民族中心型跨国公司的所有决策主要考虑母公司的权益;民族多元型跨国公司的决策以众多子公司的权益为主;全球战略型跨国公司的决策以公司的全球利益为主。全球战略型跨国公司的决策方向较为合理,目前为大多数跨国公司所采用。

4.按公司内部的经营结构划分,可以分为横向型跨国公司、垂直型跨国公司和混合型跨国公司。横向型跨国公司多数是产品单一的专业性跨国公司,在该类型公司内部没有多少专业分工,母子公司基本上都制造同类型的产品或经营同类型的业务;垂直型跨国公司是指公司内部母公司和子公司之间以及子公司相互之间分别制造同一产品的不同零部件,或从事不同工序的生产,通过公司内部产品转移,将整个生产过程相互衔接起来;混合型跨国公司一般是经营产品多样化的跨国公司,根据各产品的生产特点,母公司与子公司、子公司与子公司之间有的是垂直型分工,有的是横向型分工。

5.按生产经营的空间分布范围划分,可以分为区域型跨国公司和全球型跨国公司。区域型跨国公司的活动范围主要局限在特定区域;而全球型跨国公司是以整个世界市场作为其生产经营活动的空间。

三、跨国公司的特征

世界上的跨国公司多种多样,有从事制造业的跨国公司、从事服务业的跨国公司;有规模巨大的跨国公司,有数以万计的中小型跨国公司;有发达国家的跨国公司,也有发展中国家的跨国公司。但无论什么类型的跨国公司,和国内公司相比,由于赖以存在的条件和环境等方面的差异,它们一般都具有以下几个特征。

(一)国际化经营战略

跨国公司不同于国内公司,首先就是其战略的全球性。虽然跨国公司开始时都是在母国立足,把它作为向国外扩张的基础,但跨国公司的最终目标市场决不限于母国市场。跨国公司的战略是以整个世界为目标市场。跨国公司出于获取资源、占领市场、保持垄断优势等种种原因,在世界各地投资设立分支机构,进行国际化经营。国内外投资与经营环境的差异,会给企业的生产经营活动带来不同的影响和风险,企业要运用自己所拥有的各种资源,主动地应对环境的各种变化,以实现企业跨国经营的目标。实际上,国际化经营就是企业与国际环境相互作用的过程。国际化经营是跨国公司的一个最主要的特征,因为如果没有国际化经营,尤其是如果没有作为国际化经营第二层次的国际直接投资,跨国公司也就名不副实了。

(二)在全球战略指导下的集中管理

跨国公司虽然分支机构众多,遍布全球,但诸如价格制定、生产计划、投资计划、研究与开发计划和利润分配等重大决策均由母(总)公司确定,各分支机构执行。而指导总公司做出决策的是跨国公司的全球战略,即将所有的分公司、子公司视为一个整体,以全球的观点而不是地区观点来考虑问题。因此,跨国公司在全球范围内整体长远利益的最大化是其制定政策的出发点和归宿。一切业务经营主要根据整个公司在全球范围的最大利益、市场情况和总体发展做出决策,所考虑的不是一时一地的得失,而是整个公司在全球的最大利益。跨国公司将自己视为一个全球公司,而不再是某个国家的公司。这种高度集中的一体化管理,保证了生产经营网点的合理分布以及资源的合理配置,避免了重复生产和销售中的内部自相竞争,减少了资源浪费。

(三)明显的内部化优势

由于跨国公司在多个国家设有分支机构,在宏观管理上又采用集中领导,各个分支机构之间、母公司与分支机构之间关系密切,相互协作,互相配合。这突出地体现在制定内部划拨价格、优先转让先进技术和信息资源共享上，这些做法使得跨国公司具有国内公司所不具备的独特的竞争优势。这也部分地解释了为什么一国企业达到一定规模后就要向外扩张，向跨国公司方向发展。交易成本和市场失灵，促使跨国公司将交易内部化，用内部市场取代外部市场。实际上，也只有通过这种内部交易，跨国公司才能作为一个国际化生产体系而正常运转。跨国公司内部交易在国际贸易中占有相当大的比重。

（四）以直接投资为基础的经营手段

以对外直接投资为基础开展生产经营活动，是跨国公司与传统国内公司相区别的最根本的特征。一般来说，跨国公司向国外市场渗透可以有三种方式，即商品输出、无形资产转让（如技术贸易、合同制造等）和对外直接投资。随着竞争的加剧，向外输出商品为主的做法已满足不了世界市场的需要，跨国公司已越来越多地利用对外直接投资代替传统的商品输出。与出口相比，海外直接生产更符合跨国公司全球战略的需要，也更容易实现最大限度地扩大赢利的目的。当然，跨国公司以对外直接投资为其经营发展的基础，并不意味着对外直接投资是跨国公司唯一的经营活动方式，进出口贸易、技术转让、间接投资等也都是跨国公司经营活动的内容。

四、跨国公司的作用

跨国公司作为当今世界经济的一个重要力量，对国别经济和全球经济的发展发挥了巨大的作用，这些作用以积极的方面为主。当然，在一些国家的一些方面，有时跨国公司也产生了一些消极作用。下面主要分析跨国公司的积极作用。

（一）跨国公司是世界经济增长的引擎

以对外直接投资为基本经营手段的跨国公司已发展成为世界经济增长的引擎，它的这种作用表现在：①跨国公司通过对研究与开发的巨大投入，推动了现代科技的迅猛发展；②跨国公司的内部化市场促进了全球市场的扩展，跨国公司在传统的外部市场之外，又创造出了跨越国界或全球联网的新市场——内部化市场；③跨国公司的发展加速了世界经济的集中化倾向；④跨国公司在产值、投资、就业、出口、技术转让等方面均在世界占有重要的地位。

（二）跨国公司优化了资源配置

跨国公司通过进行一体化国际生产和公司间贸易，可以形成配置和交换各国不同生产要素的最佳途径，并可利用世界市场作为组织社会化大生产、优化资源配置的重要手段。以价值增值链为纽带的跨国生产体系的建立和公司间内部贸易的进行已成为跨国公司提高资源使用效率的有效方法。对于整个世界经济而言,跨国公司的发展推动了各种生产要素的国际流动与重新组合配置,扩大了国际直接投资、国际贸易和国际技术转让的规模,促进了经济全球化的进程和国与国之间经济合作活动的开展,使各个国家的经济越来越紧密地结合在一起,为国际经济的不断发展和繁荣做出了贡献。

(三)跨国公司对资金的跨国流动起了促进作用

跨国公司对资金跨国流动的促进作用表现为三个方面:

第一,跨国公司的对外直接投资促进了资金跨国流动。在国外建立的全资或控股子公司与母公司有大量的、经常的资金往来,比如,子公司向母公司上缴利润,母公司向子公司追加投资等。

第二,跨国公司的对外间接投资也会促进资金的跨国流动。跨国公司拥有大量的股票及债券等金融资产。随着计算机和通信技术的快速发展,与以前相比,这些金融资产的流动速度明显加快。

第三,跨国公司业务的发展还推动了银行的国际化经营,跨国公司需要其母国的银行在其子公司所在的国家中开展业务,并为其子公司提供各种金融服务,这就会使该银行的国外业务量迅速增加。

(四)跨国公司推动了国际贸易规模的扩大和贸易结构的转变

跨国公司对国际贸易的促进作用主要有两个方面:一方面反映在外资企业对东道国出口的直接贡献;另一方面反映在由国际直接投资进入所引起的当地企业的产品出口努力(包括当地企业在外资企业的竞争压力下所采取的产品出口努力,跨国公司的当地采购和零部件分包安排等)。跨国公司不仅通过外部市场促进贸易的自由化,更通过内部市场促进贸易自由化。内部贸易使得跨国公司超越一般国内企业,构成了对当代世界贸易的突出贡献。据联合国统计,目前约 1/3 的世界贸易为跨国公司内部贸易。内部贸易的发展不仅改变了国际贸易的原有范畴,而且使得当今的国际贸易进一步转向中间投入品和知识产品。也就是说,跨国公司不仅促进了国际贸易量的扩大,而且促进了国际贸易结构的改变。

(五)跨国公司对母国和东道国的发展发挥了积极作用

对于跨国公司母国来说,通过跨国公司的对外直接投资,扩大了资本输出、技术输出、产品输出和劳务输出,增加了国民财富,同时也在一定程度上增强了对接受投资国的影响。对于接受跨国公司投资的东道国来说,引进跨国公司的同时,也引进了发展经济所必需的资本、先进的技术和管理理念,增加了就业机会,扩大了出口,提升和优化了产业结构,繁荣了经济。

(六)跨国公司的发展加快了经济全球化的进程

跨国公司开展的国际化的投资、生产、销售、研究与开发等跨国经营活动,有利于国际贸易的自由化、资金流动的加速化、资源配置的最优化,促进了经济的全球化。第二次世界大战以来,跨国公司的壮大和世界经济的发展相伴而行,二者相互促进。随着经济全球化趋势的不断增强,跨国公司必将在其中扮演一个更加重要的角色。

当然,如果管理不当,跨国公司的发展也会给母国和东道国带来一些消极作用。例如,对母国来讲,有可能导致产业空心化和资本过度外流;对东道国来讲,有可能导致冲击国内产业和形成行业垄断。

五、当前跨国公司发展的新特点和新动向

在经济全球化以及技术变革不断加快的大背景下,全球跨国公司的发展呈现出了一些新的特点与趋势。

(一)跨国公司的发展战略重新出现了回归高度专业化的趋势

传统的跨国公司理论认为,多元化经营是跨国公司一个重要的扩张战略,是多种产品、多种技术和多种市场的大型跨国公司的基本特征。20 世纪 80 年代是欧美跨国公司多元化经营的鼎盛时期。但近些年来,许多跨国公司纷纷从多元化经营回归专业化经营,集中发展自己的核心产业。此即所谓归核化(Refocusing),其要点是:①跨国公司把自己的业务集中在最具竞争优势的行业上;②把经营重点放在核心行业价值链中自己优势最大的环节上;③强调核心竞争力(Core Competence)的培育、维护和发展;④对非核心业务实施战略性外包(Outsourcing)。实施归核化战略的主要措施有出售和撤销,收购及剥离、分拆,战略性外包。美国的通用电气公司和芬兰的诺基亚公司是实行归核化战略获得成功的典型例子。

(二)投资方式多样化,跨国并购成为跨国公司对外投资的主要手段

经济全球化打破了原有的国家之间、不同市场之间的界限,使得跨国公司的经营进入全球性经营战略时代,由此导致的新趋势是,跨国公司必须以全球市场为目标,争取行业领先地位,在本行业的关键因素上追求全球规模,追求全球范围内的最低成本生产和最高价格销售,追求提高全球市场占有率并获取全

球利润,以同业跨国战略兼并和强强联合作为追求全球规模经济的主要手段。由于跨国并购方式具有迅速打进国外市场,扩大产品种类,充分利用现有营销渠道,获得目标公司的市场份额等优点,跨国公司在对外直接投资中倾向于更多地采用并购的方式。伴随着大规模跨国并购活动的进行,跨国公司也更加重视股市融资,重视提高本企业的市场资本价值。

(三)跨国公司的本地化战略成为重要的趋势

"本地化"战略的实质是跨国公司将从产品制造、产品品牌、人力资源到营销方式、资本运作、研究与开发(R&D)、公司风格和经营管理等各个环节全方位融入东道国经济的过程。这种"入乡随俗"式的经营方式有助于跨国公司树立良好的公司形象,减少东道国国内对外来资本的抵触情绪,灵活应对市场变化,更好地满足消费者需求,同时还能够降低综合生产成本,从而增强赢利性。进入 20 世纪 90 年代以来,随着经济全球化步伐的加快和国际竞争的白热化,为了维持并扩大其在东道国的市场份额,这种强调企业生产经营活动与东道国社会经济环境融合的战略也为越来越多的跨国公司所推崇。

以英特尔公司在中国市场的运营为例。该公司于 1985 年进入中国,一直致力于中国 IT 产业的发展,在中国直接投资约 45 亿美元,目前已经在中国内地设立了 16 个分公司和办事处,拥有本地员工 6 000 多人。英特尔全球研发中重要的四个研发机构——英特尔中国研究中心、英特尔亚太区研发有限公司、英特尔中国软件中心和英特尔亚太区应用设计中心都在中国设立。英特尔还在上海和成都设立芯片封装与测试工厂,在大连设立芯片制造厂,与大连政府合作建立半导体学院。英特尔在中国区的销售额已经占到英特尔全球的 40%左右。可以说,英特尔在人才、研发、制造乃至销售等各个产业链环节都在中国实现了本土化。而且,英特尔在中国设立了"英特尔投资中国技术基金",为中国的新兴技术和企业投资。正是由于本土化战略的有效实施,才有了英特尔在中国市场的巨大成功。

(四)跨国公司的跨国化程度不断提高

跨国化程度由跨国公司在国外的资产值与其总资产值之比,国外销售额与总销售额之比以及国外雇员数与总雇员数之比这三个比例的算术平均值来衡量。进入 20 世纪 90 年代以后,跨国公司进一步向全球性公司发展。所谓"全球性",是指跨国公司不再拘泥于其母国身份,而是从全球着眼,将生产区位和市场化分为若干区域并设立地区总部,下设多个子公司,在全世界范围内进行资源的优化配置。根据联合国贸发会议的统计数据,2017 年全球最大的 100 家非金融类跨国公司的平均"跨国化指数"(Transnationality Index)已经达 66.1%;

100 家最大的发展中国家非金融类跨国公司虽然起步较晚，建立时间短，跨国程度低于世界平均水平，2016 年它们的平均“跨国化指数”仍达到 52.8%。

(五)战略联盟成为跨国公司的重要发展模式

所谓战略联盟，是指两个或两个以上的跨国企业在共同投入和优势资源互补的基础上，在某些方面(如研发、生产、开拓市场等方面)形成协力运作的战略合作伙伴关系。目前跨国公司战略联盟主要有三种形态：一是合作式联盟，这是两个以上的跨国公司出于对整个国际市场的预期目标和公司自身总体经营目标的要求采取的一种长期性合作与联盟的跨国投资方式；二是互补式联盟，通常是将各自的优势结合起来，既充分发挥各自优势，又与联盟伙伴密切配合，以便共同对付其他竞争对手；三是项目式联盟，这种联盟通常是跨国公司为获取高附加值及高科技领域发展而采取单个项目或多个项目合作的形式，以便分摊巨额的项目研究开发费用，并从中分享战略利益。

20 世纪 80 年代中期以后，随着新技术革命步伐的加快和国际市场竞争的加剧，世界各国尤其是西方发达国家的跨国公司越来越多地采用缔结战略联盟的方式来保持和扩大自身的生存空间。这种现象在高科技领域尤为突出。在跨国公司战略联盟中，研究与开发型占了 80%。自 20 世纪 80 年代以来，大约 60%的跨国公司已经建立了战略联盟。如：摩托罗拉公司、索尼公司、三菱公司和加拿大贝尔公司签订联合协议，共同开发新一代芯片；美国波音公司和欧盟空中客车公司共同投资 40 亿美元，联合开发研制新型科技项目等。

目前，跨国公司战略联盟涉及的领域十分广泛，主要集中于国际竞争异常激烈的半导体、信息技术、电子、生物工程、汽车制造、仪器、食品饮料、航运和银行等资本技术密集型行业，并且其战略合作覆盖领域已从科研开发扩展到生产、销售、服务的全过程。跨国公司战略联盟所形成的新的寡头垄断，正在改变着世界产业的格局，并在世界范围内重新配置各国资源。

(六)跨国公司直接投资加速向第三产业和高附加值的技术密集型行业倾斜

由于全球对现代化服务的需求增长很快，服务业能在生产、就业、贸易和消费等方面产生良性效应，在整个国民经济中发挥着积极作用，同时由于第三产业的投资普及面广、影响范围大，比制造业更易于获得更高的投资收益，许多发展中国家纷纷调整利用外资的政策，扩大市场准入，鼓励跨国公司进入商业、金融、保险、房地产等行业，加上 20 世纪 90 年代以来信息技术突飞猛进，互联网络迅速延伸和扩展，这都在一定程度上促使跨国公司增加在发展中国家服务业投资的比重，促进了对外直接投资向第三产业和技术密集型行业倾斜。近年来,制造业跨国公司的服务化已成趋势。

(七)互联网等现代技术的出现,促使跨国公司开始采用新型的管理体制和组织结构

技术、经济和文化等方面的巨大变化以及跨国公司在全球的迅猛发展,使得传统的金字塔形的管理体制无力应付许多新问题,例如,多层次等级结构和各自为政的管理体系,导致无法有效利用重要而密集的信息资源,层级过多、半径过长所引起的机械、僵化和效率低下等问题,还可能使企业被市场无情地淘汰。20 世纪 90 年代以来,基于互联网和现代信息技术的新型管理体制与组织结构在许多大公司中开始得到应用,新型管理体制以扁平化、分权化和管理总部小型化为特征,可称之为“网络化”。“网络化”具体包括两个方面:

首先,跨国公司管理结构向扁平化和多元化发展。跨国公司的母公司或总部逐渐由传统的决策中心转化为支持性机构,专门负责整个企业系统的目标设定、战略规划及企业产权变动等重大决策,而子公司的具体生产经营决策,对市场变化的应对措施等都放权给子公司自身独立负责,子公司的独立性和自主性因此得到较大发展。跨国公司母公司或总部和子公司之间的关系由“命令—执行”式转化为“协商—交易”式。

其次,跨国公司组织结构的内部市场化。许多跨国公司开始注重建立企业内部市场化机制,以强化下级组织的企业家意识。随着子公司与母公司之间的“命令—执行”关系开始被讨价还价关系和激励刺激关系所取代,子公司之间也出现了竞争关系,这就使得跨国公司系统内部的关系有了市场关系的色彩。

“网络化”的管理体制与组织结构允许人力资源、信息等在跨国公司母公司及其设在全球的子公司网络内跨国界、跨行业自由流动,它强调信息的开发与共享,使同量的信息为更多的子公司所共有,大大减少了子公司独立开发信息的成本。跨国公司对互联网的发展采取了积极的欢迎态度,并且纷纷“触电上网”,制定并实施本企业的网络发展战略。

(八)跨国公司成为当代国际技术转让的主体

跨国公司进行的技术转让,客观上推动了先进技术在全球范围内的扩散,不仅有利于世界总体科技水平的提高,也在一定程度上推动了各国的经济发展。跨国公司在技术创新活动和技术成果方面的垄断地位,决定了它在国际技术转让中占据着十分重要的地位,跨国公司是当代国际技术开发和技术转让的主体与主要组织形式。跨国公司在国际技术转让中的作用,主要表现在其通过对外直接投资而进行的技术转让之中。对于技术水平较低的发展中国家而言,通过引进外资,实行“以市场换技术”的策略,利用跨国公司的“技术外溢

(Spillover)”效应,能够提高本国的技术水平,缩短与发达国家的技术差距。在当前的国际技术贸易中,发达国家的大型跨国公司占据了大部分份额,西方发达国家500家最大的跨国公司集中控制了世界90%左右的生产技术和75%左右的技术贸易。美、日、欧之间的技术贸易额占全球的80%,跨国公司在国际技术转让中获得了相当可观的技术收入。

(九)跨国公司的研究与开发(R&D)更趋国际化

跨国公司一改以往以母国为技术研究和开发中心的传统格局,根据不同东道国在人才、科技实力以及科研基础设施方面的比较优势,在全球范围内有组织地安排科研机构,以从事新技术、新产品的研究与开发工作,从而促使跨国公司的研究与开发活动朝着国际化、全球化的方向发展。R&D的国际化从另一个角度看也就是R&D在东道国的当地化。目前的研发对外直接投资主要集中在欧、美、日等发达国家的跨国公司。日本丰田汽车制造公司在日本、英国、美国、德国等地建立了跨国联网的R&D体系。每一次新产品研制时,由美国负责车型设计,德国负责内部设计,英国负责传动系统设计,而丰田公司总部除了进行诸如动力装置的设计外,还负责协调各R&D部门的关系。爱立信公司的40个研究中心分布在20个国家,其拥有的1.7万名工程师通过网络联为一体。技术创新网络的建立,大大提高了跨国公司创新资源的利用效率。

第二节　跨国公司的组织形式

跨国公司的组织形式有两层含义:一是法律结构,即法律组织形式,主要涉及母公司与国外各分支机构的法律和所有权关系,分支机构在国外的法律地位,财务税收的管理等方面;二是组织结构,即行政或管理组织形式,主要职能是如何提高企业的经营管理效率,优化企业资源的配置,以求取得最佳的经济效益。下面分别简要介绍跨国公司的法律组织形式和管理组织形式。

一、法律组织形式

跨国公司的法律组织形式有母公司、分公司、子公司以及联络办事处。

(一)母公司(Parent Company)

母公司又称总公司,通常是指掌握其他公司的股份,从而实际上控制其他公司业务活动并使它们成为自己的附属公司的公司。从上面的定义来看,母公司实际上是一种控股公司。但严格来讲,母公司并不等同于只掌握股权而不从事业务经营的纯控股公司,许多实力雄厚的母公司本身也经营业务,是独立的法人,有自己的管理体系,因而应属于混合控股公司(控股兼营业公司)。母公司通过制定大的方针、政策、战略等对其世界各地的分支机构进行管理。

(二)分公司(Branch)

分公司是母公司的一个分支机构或附属机构,在法律上和经济上没有独立性,不是法人。分公司没有自己独立的公司名称和公司章程,只能使用母公司的名称和章程;它的全部资产都属于母公司,没有自己独立的财产权,所以母公司对分公司的债务承担无限责任;分公司的业务活动由母公司主宰,它只是以母公司的名义并根据它的委托开展业务。分公司一般包括生产型与销售型两种类型。

1. 设立分公司的优点。设立分公司的有利之处在于:

(1)设立手续比较简单。只需缴纳少量登记费就可取得所在国的营业执照。

(2)可享受税收优惠。由于分公司不是独立核算的法人,与母公司同属一个法律实体,所以分公司在国外的纳税一般少于子公司。另外,许多国家税法规定,如果国外分公司发生亏损,其亏损额可在母公司税前利润中扣除,而且外国分公司汇出的利润一般不作为红利而缴纳利润汇出税。

(3)便于管理。母公司通过控制分公司的管理人员而全面直接地领导和控制分公司的经营活动。

(4)在某些方面受东道国管制较少。东道国对分公司在该国以外的财产没有法律上的管辖权,因此,分公司在东道国之外转移财产比较方便。

2. 设立分公司的不利之处。设立分公司的不利之处在于:

(1)对于母公司的不利影响。分公司在登记注册时须披露母公司的全部业务活动和财务收支状况,给母公司的业务保密带来损害。而且,母公司要对分公司债务承担无限责任。分公司在终止或撤离时只能出售其资产,而不能出售其股份,也不能与其他公司合并,这对母公司来说也是不利的。

(2)对分公司的不利影响。分公司在业务上总受到母公司的支配,难以发挥创造性。分公司在东道国被当做“外国公司”看待,没有东道国股东,因此在当地开展业务有一定困难。

(3)对母国的不利影响。设立国外分公司常会引起母国税收的减少,所以母国对分公司的法律保护也较少。

(三)子公司(Subsidiary)

子公司是指按当地法律登记注册成立,由母公司控制但在法律上是一个独立的法律实体的企业机构。子公司自身就是一个完整的公司,其独立性及法人资格主要表现在以下几个方面:①子公司有自己独立的公司名称、章程和行政管理机构;②子公司有能独立支配的财产,有自己的财务报表,独立核算,自负盈亏;③子公司可以以自己的名义开展业务,进行各种民事法律活动,包括起诉和应诉。

1. 设立子公司的优点。设立子公司的有利之处在于:

(1)有利于开展业务。由于子公司在东道国是以"本国"公司身份开展业务,受到的限制比较少,比分公司更能开拓当地市场。

(2)融资比较便利。子公司可以独立地在东道国银行贷款,可以在当地的证券市场上融资,其偿债责任只限于子公司的资产。

(3)有利于进行创造性的经营管理。由于有较大的自主权,子公司在经营管理上可以发挥其创造性。

(4)有利于收回投资。子公司在东道国终止营业时,可选择采用出售其股份、与其他公司合并或变卖其资产的方式灵活回收投资。

(5)有利于进行国际避税。如果在国际避税地设立避税地子公司,则有利于母公司开展避税活动。

2. 设立子公司的不利之处。设立子公司的不利之处在于:

(1)手续比较复杂。因为子公司在东道国是一个独立法人,所以设立手续比较复杂,费用较高。

(2)行政管理费用较高。在国外设立子公司,必须建立起东道国公司法所规定的行政管理机构,还必须对东道国大量的法律法规进行研究,这增加了子公司的行政管理费用。

(3)经营管理方面存在一定困难。于公司需要公开自己的财务状况,这必然会增加子公司的竞争压力。对于与当地合资的子公司,其在东道国的经营活动常会受到当地股东的制约,因为发达国家的公司法比较注重保护少数股东的利益,而发展中国家的法律有时会硬性规定当地股权的最低比例以及当地董事的最低人数。

(四)联络办事处(Liaison Office)

联络办事处是母公司在海外建立企业的初级形式,是为进一步打开海外市场而设立的一个非法律实体性的机构,它不构成企业。联络办事处一般只从事一些收集信息、联络客户、推销产品之类的工作,开展这些活动并不意味着联络办事处在东道国正式"开展业务"。联络办事处不能在东道国从事投资生产、接受贷款、谈判签约及履约之类的业务。同分公司相同的是,联络办事处不是独立的法人,登记注册手续简单;同分公司不同的是,它不能直接在东道国开展业务,它不必向所在国政府缴纳所得税。

分公司、子公司和联络办事处作为母公司在国外直接投资的组织形式各有其特点,也各有利弊。投资者应当把它们的长处和短处同自己在东道国所要开展的业务活动的性质,所要达到的目标,本企业经营管理的能力与特色以及东道国的投资环境和税收政策等方面结合起来考虑,选择对推动本企业海外业务发展较为有利的对外直接投资形式。

二、管理组织形式

跨国公司规模大、经营地区广、分支机构众多、产品多种多样、业务内容丰富,这就要求跨国公司建立一套高效率的管理组织形式,以提高行政效率,充分利用公司资源,实现全球范围内的利益最大化。

跨国公司通常采用的管理组织形式有国际业务部、全球性产品结构、全球性地区结构、全球性职能结构和矩阵式组织结构,下面分别加以简要介绍。

(一)国际业务部(International Division)

随着产品出口、技术转让、国际投资等国际业务的扩大,跨国公司开始设立专门的国际业务部。国际业务部拥有全面的专有权,负责公司在母国以外的一切业务。有些跨国公司设立的国际总部或世界贸易公司也属于国际业务部性质。国际业务部作为隶属于母公司的独资子公司,其总裁一般由母公司的副总裁兼任。

设立国际业务部的优点是:集中加强对国际业务的管理;树立体现全球战略意图的国际市场意识,并提高职员的国际业务水平。它的缺点主要是:人为地将国内业务和国际业务割裂开来,造成两个部门在内销外销、技术支持等方面的对立,不利于公司有限资源的优化配置;在国际业务部发展到一定阶段时,其他部门难以与之匹配,影响了经营效率。

(二)全球性产品结构(Global Product Structure)

跨国公司在全球范围内设立各种产品部,全权负责其产品的全球性计划、管理和控制。

全球性产品结构的优点是:在强调产品制造和市场销售的全球性规划的前提下,加强了产品的技术、生产和信息等方面的统一管理,最大限度地减少了国内和国外业务的差别。它的缺点在于:容易向"分权化"倾斜,各产品部自成体系,不利于公司对全局性问题的集中统一管理;削弱了地区性功能,并容易造成机构设置重叠,资源浪费。

(三)全球性地区结构(Global Regional Structure)

跨国公司以地区为单位,设立地区分部从事经营,每个地区都对公司总裁负责。这种结构又可分为地区—职能式、地区—产品式两类。

全球性地区结构的优点是:由于强化了各地区分部作为地区赢利中心和独立实体的地位,有利于制定出地区针对性强的产品营销策略,适应不同市场的要求,发挥各地区分支机构的积极性、创造性。它的缺点在于:①容易形成"区位主义"观念,重视地区业绩而忽视公司的全球战略目标和总体利益;②忽视产品多样化,难以开展跨地区新产品的研究与开发。

(四)全球性职能结构(Global Functional Structure)

跨国公司的一切业务活动都围绕着公司生产、销售、研究与开发、财务等主要职能展开,设立职能部门,各个部门都负责该项职能的全球性业务,分管职能部门的副总裁向总裁负责。例如财务部门对财务收支、税收安排、报表编制负有全球性的责任。

全球性职能结构的优点是:①通过专业化的分工明确了职责,提高了效率;②易于实行严格的规章制度;③有利于统一成本核算和利润考核。它的主要缺点是难以开展多种经营和实现产品的多样化,并给地区间协作造成很大困难。

(五)全球性混合结构(Global Mixed Structure)

全球性混合结构是根据扬长避短原则,在兼顾不同职能部门、不同地理区域以及不同产品类别之间相互依存关系的基础上,将以上两种或三种组织结构结合起来设置分部而形成的组织结构。当跨国公司经营规模不断扩大,建立了众多产品线,经营多种业务,或公司由两家组织结构不同的公司合并后形成时,通常采用混合式组织结构。

全球性混合结构的优点是:有利于企业根据特殊需要和业务重点,选择或采用不同的组织结构,而且灵活性强。缺点是:组织机构不规范,容易造成管理上的脱节和冲突,且所设各部门之间业务差异大,不利于合作与协调。

(六)矩阵式组织结构(Matrix Structure)

近年来,随着跨国公司的规模越来越大,一些跨国公司在明确责权关系的前提下,对公司业务实行交叉管理和控制,即将职能主线和产品/地区主线结合起来,纵横交错,构成矩阵形组织,故称矩阵式结构。这意味着地区管理和产品管理同时并存,一个基层经理可能同时接受产品副总裁和地区副总裁的领导。

矩阵式组织结构的优点是:①各部门、各层次密切合作,将各种因素综合起来,增强了公司的整体实力;②增强了各子公司的应变能力,可以应付复杂多变的国际业务环境,同时又保持了母公司职能部门对各子公司的有效控制。它的缺点是:冲破了传统的统一管理的原则,管理层之间容易发生冲突,而且,组织结构较复杂,各层次的关系利益不易协调。

以上提到的五种管理组织结构各有其特点和利弊。跨国公司在决定自身管理组织结构时,应充分考虑到自身的情况,如规模、经营产品、地区等等,选择适合自己公司的组织结构。国际业务部往往是一家公司从单纯出口走向国际经营的中间步骤,有利于收集信息、探索经验、培养人才,为进一步全球性经营打下基础。对于产品品种已经实现多样化、系列化,产品类别之间生产技术差异明显、自成体系的企业,采用全球性产品结构比较合适。相反,如果产品品种并不很多,产品的规格、质量、包装、生产技术比较统一,同时销售市场分布广泛(如饮料、石油、医药等行业),跨国公司则应选择全球性地区结构。全球性职能结构主要适用于产品系列比较简单、市场经营环境比较稳定的跨国公司。当跨国公司的规模已十分庞大,产品种类繁多,业务内容丰富,经营地区广泛时,矩阵式组织结构成为一种理想的选择。

第三节　服务业跨国公司

跨国公司是当前服务业对外直接投资的主体和主要载体。一方面,制造业和服务业企业为了扩展国际市场、实现生产的一体化,或者分享服务业迅速发展的利益,在服务领域进行了大量的对外直接投资,使得一大批服务业跨国公司应运而生。另一方面,服务业跨国公司逐渐摆脱了为制造业企业全球扩张提供支持的单一目标,积极进行对外直接投资,日益呈现出经营国际化、业务多样化等特征,成为近年来世界经济中的活跃力量。

一、服务业跨国公司的组织形式

一般来说,大多数服务业跨国公司,特别是大型跨国公司,与制造业跨国公司一样,会采取股权和非股权安排的组织形式,具体来讲主要包括以下几种。

(一)非股权投资

非股权投资也称非股权安排。非股权合作形式是指在一般不涉及股权或企业产权的条件下,通过契约转让一项或几项无形资产而进入目标国市场。非股权合作形式具体可分为特许经营、管理合同、许可证协议、战略合伙等方式,其中,在服务业运用最为成功的是特许经营。

在特许经营方式下,特许方将自己所拥有的商标、商号、产品、专利和专有技术、经营模式等以特许经营合同的形式授予受许人使用,受许人按合同规定,在特许人统一的业务模式下从事经营活动,并向特许人支付相应费用。

特许经营的一般前提是,潜在的特许人拥有较知名的商品、商标、技术、计划与管理能力,潜在的受许人缺乏上述无形资产优势,但有资金。其具体运作模式可用麦当劳为例来加以说明。麦当劳已经在全球拥有3.3万多家分支店,年营业额200多亿美元,雇员超过170万人,大约每隔15小时,它就要开一家新的分店。对于每一家分店,麦当劳都自行派员选择地址,组织安排店铺的建筑、设备安装和内外装潢。麦当劳特许合同的期限为20年,受许人一旦与公司签订合同,必须先付首期特许费4.5万美元,此后每月交一笔特许权使用费和房产租金,前者约为月销售额的4%,后者为8.5%。

特许经营可以使特许人以较少的投入开展国际经营,又可以使受许人在较短的时间内引入对方成熟的品牌、专利、经营管理经验等,且不必冒太大风险。特许经营的优势使其得到了包括麦当劳、肯德基、屈臣氏等国际著名品牌的广泛认可,也使其渗透到了包括餐饮、零售业、人力中介、商业服务、建筑装修服务、汽车租赁、娱乐业等在内的几乎所有的服务业行业。

(二)股权投资

股权投资也称股权安排,股权投资形式大体可分为新设和并购两种方式,是指服务业对外直接投资者通过全部或部分参股,在目标国展开经营,其经营实体一般包括海外分支机构、海外附属企业和办事处等。相对于非股权安排,股权合作形式的劣势在于直接投资成本较大,但其优势是,通过跨国公司体系内的信息与资源共享,实现了无形资产交易的内部化,这可以将信息不对称所导致的市场失灵降到最低,解决了非股权安排中对于品牌、管理等难定价的问题,也避免了由于机密泄露等带来的损失,有利于投资者实现资产所有权收益。另一方面,非股权安排一般都有一定期限,投资者在将自己的经验和技术进行全球传授的同时,也为自己树立了众多潜在的竞争对手,而股权投资形式所产生的分支机构隶属于跨国公司,在其全球战略下统一行动,不会对投资者造成巨大的威胁。

在制造业中,对新设和并购两种方式的选择往往取决于相应成本的比较,而服务业中,许多行业如法律、会计、咨询等所需要的起始资本只不过是固定的办公场所和一定的现代办公设备,对资本金投入的要求不大,所以对具体投资方式的选择往往取决于政策之类影响市场准入的因素。

现实中,服务企业跨国直接投资采取的具体形式取决于各种因素的权衡比较。

首先是各种形式的相对成本和收益的比较。股权投资成本主要包括进行股权投资所需的资本和失去该资本的风险,管理、协调和监控国外股权投资的风险以及放弃从前向专业生产和高效率供应商购买而得到的收益;非股权安排的风险主要是交易性质的,包括与交易本身相关的成本(如寻找合适契约伙伴的搜寻成本和谈判成本)，与契约有关的成本(如价格、对所提供服务的详细说明、对所提供服务用途的控制、交货的次数和时间)，监督成本特别是质量管理和检验持续方面的成本，与契约条款能否被遵守和这些条款受到破坏的有关成本以及由于实行市场交易内部化而放弃的收益。成本与收益的对比会影响组织形式的选择，因为跨国公司在海外扩张过程中会尽可能降低成本，最大化利润空间。

其次是政府干预的程度和类型，包括直接行政干预以及财政、税收、关税和非关税等政策措施的施行。服务企业所采取的组织形式受政府政策导向的影响，在一些对服务业外资严格管制的国家中，跨国公司多采取办事处之类的非股权安排形式，而在服务业管制相对宽松的国家，股权投资是一种有益的投资方式。

从当前的情况来看，非股权安排是当前服务业跨国公司使用最为广泛的一种组织形式。为数不多的大型服务业跨国公司控制了全球大部分对外直接投资活动，它们的组织形式灵活多样，既有股权投资形式，也有许可证协议、管理合同等非股权安排形式。众多服务业中、小型跨国公司是当今国际经济领域颇为活跃的另一支力量，它们更多是寻求与大企业的合作，以保证资金来源，分担金融风险，或者分享信息与技术共有的利益，非股权安排是其主要的对外直接投资形式。而参与数据服务业活动的制造业跨国公司大多推行技术服务协议、管理合同和专利等非股权安排的投资形式。

二、服务业跨国公司发展的特点

服务业跨国公司自 20 世纪 80 年代以来迅速成长起来，成为国际贸易、国际投资中的中坚力量，它们在供给资金、转移技术、创造就业及推动贸易等方面都发挥了重要的作用。在其全球化经营过程中，服务业跨国公司日益呈现出以下特点。

(一)服务业跨国公司的主导战略由追随型转为主动型

从跨国公司发展的历史来看，服务业一般跟随在制造业之后进行跨国活动。20 世纪 70 年代以前，制造业跨国公司主要利用东道国的资源及廉价劳动力，曾带动了铁路、公用设施和基础设施建设等劳动密集型服务业企业的海外延伸，然而，从投资规模和对东道国经济的影响上来看，服务业只是作为制造业的补充，落后于制造业。70 年代起，一方面，制造业跨国公司不断成熟，对外投资结构升级，形式多样，为在发达国家经济地位日趋上升的服务业的对外发展奠定了基础；另一方面，产品及技术的国际贸易发展蓬勃，对为工商贸易提供服务的全球发展要求与日俱增。20 世纪 80 年代以后，服务业已不再单纯尾随在制造业企业之后走向海外,企业跨国化形成的国际竞争环境,极大地促进了服务业寻求在全球范围内设立分支网络,渗入世界主要市场,谋取利润等跨国战略意识的加强。特别是20世纪90年代以来,各国放松了对历来限制甚严的电信、金融等服务部门的管制,这成为服务业跨国公司迅速向海外扩张的契机,它们逐渐摆脱了纯粹提供中间性生产投入的传统角色,也开始参与制造业活动,如跨国银行接受跨国公司委托,承办并直接参与跨国公司所需要的银团服务、企业组建和变动等有关活动。但服务业跨国公司更多的是向同行业其他部类的服务领域扩展,这种多样化扩展主要强调相互衔接的一条龙服务,如,跨国银行及其分支不仅为工业跨国公司提供资金,而且经办公司体系内的资金调拨、周转和结算,或者为制造业跨国公司的外汇、资金、市场行情、企业变动和生产经营提供咨询意见;零售业公司兼营保险和信用卡业务;数据处理公司同时经营软件和电信业服务;会计师事务所除审计外,又将管理咨询、市场调研和公关等部门的服务集于一身。

(二)服务业跨国公司的实力大大提升

美国《财富》杂志每年一度的"全球500强"评比是对跨国公司实力的一个综合考察,由近年来的数据可以看出,500强中的服务业公司在绝对数量和相对比重上都有了较大的提高,其所占的比重已超过所有其他行业跨国公司所占份额的总和。从绝对数量上看,最近10年来,500强企业中总有50%以上属于服务业企业。

服务业跨国公司实力的提升还体现在其居高不下的营业收益率上。从最近这些年来500强企业中营业收益率最高的行业排序可以看出,在收益率最高的10个行业中,服务业所占的比例已经超过一半,像计算机服务和软件、多种经营财务公司、证券、网络通信、饮食服务和电信行业等都是保持了多年高收益率的行业。由此可见,服务业跨国公司在全球迅速发展,其发展速度和增长规模都使其在世界经济中占据越来越重要的地位,产生了越来越大的作用和影响。

(三)服务业跨国公司并购活动频繁

随着各国对外商投资的限制放松,跨国并购可以充分发挥其投资迅捷和有效避税的优势,逐渐成为对外直接投资的主要方式。跨国并购在服务业对外直接投资中也发挥了主要作用,近年来,服务业一直是跨国并购非常活跃的部门。从具体行业来讲,近年来全球并购市场的热点是金融服务业、电信业和传媒业。

(四)服务业跨国公司通过对外直接投资带动技术扩散

跨国公司因为拥有雄厚的资金实力在世界各地安排生产,已成为现代技术的发源地、散播者和推动器。与制造业相比,服务业跨国公司用于硬技术研究和开发的投资并不多,以软技术优势见长,而且由于服务业产品的生产和消费难以分割,从母公司生产中分离出技能要求相对低的那部分服务的可能性很小,因而服务业跨国公司向海外分支转移技术更安全,更接近母公司的水平。日趋发达的跨国界信息流动降低了服务业海外活动的成本,跨国的计算机网络和通信系统使服务业跨国公司的海外分支成为母公司全球战略的重要组成部分,母公司能够更有效地组织其全球范围的活动,通过海外分支机构向发展中国家输出当地并不具备的现代服务,而在发达国家则提供价格更低廉、质量更优异的服务。会计、保险、租赁、跨国银行、数据处理和信息传递等现代服务领域的跨国公司对东道国乃至世界经济的发展都产生了重大影响。

第四节 跨国公司与国际技术转让

一、跨国公司参与国际技术转让的原因

(一)国际技术转让是跨国公司实施全球化战略的重要手段

跨国公司全球化战略的主要特征是以世界市场为目标,着眼整体利益和长远利益,通过全球范围的资源配置,实现跨国公司全球利益的最大化。跨国公司全球化战略最核心的内容,就是跨国公司的技术创新、技术垄断和技术竞争策略,这既是为了不断推出新的产品,维持或扩大其市场份额的需要,更是为了争夺或保持跨国公司在该领域垄断优势的需要,是为了生存和发展的需要。20 世纪 90 年代后半期,新的技术革命在微电子技术、信息工程、生物工程技术、新材料技术、新能源和太空制造技术等方面,均取得了不同程度的突破,并迅速应用于生产,导致世界性投资和生产的快速发展。同历史上几次技术革命相比较,这次新技术革命不是仅出现一个个单项新技术,而是涌现出多学科、跨领域、整系列的新技术群。这些新的技术,同生产领域具有密切联系,而且开发周期和应用周期较以前大大缩短,新的技术群迅速形成产业群。一些发达国家的经济正是依赖这些新技术群的迅速产业化而获得了发展。

在这样的背景之下,跨国公司要在全球获得成功,被全球的客户接受,必须积极从世界各地吸收各种技术信息和科研成果,不断地进行技术开发和技术创新,以保持自身的技术优势和领先地位。从理论上说,跨国公司所面临的国际市场常常是不完全的市场,跨国公司要想在一个陌生的国度获得发展,无法像东道国的企业那样依靠当地的各种优势,只能依靠自身的垄断优势。跨国公司的技术优势常常是战胜各种竞争对手的主要因素,几乎在所有的领域,哪家跨

国公司最先采用新技术,或者采用最多的新技术,哪家跨国公司就能成为赢家。

(二)技术的生命周期不断缩短,技术更新加快

由于高科技产品生命周期日益缩短,新产品研究开发成本昂贵,风险较大,如不抓紧利用已开发的技术,这些技术很快就会被新的技术所取代而丧失其价值。技术转让是跨国公司重要的利润来源之一,为了延长技术的使用寿命,在具体进行技术转让时,跨国公司往往根据技术生命周期的不同阶段,通过贸易或投资等方式将技术转让到发展中国家,从而提高技术利用的经济效益,实现利润的最大化。

(三)扩大商贸机会,抢先占领东道国市场

发展中国家对引进外国先进技术、弥补本国技术空白往往持鼓励态度,并制定了多种政策鼓励跨国公司的技术出口和技术投资行为。相应的,为了增加在吸引跨国公司技术出口和技术投资方面的竞争力,许多发展中国家制定了"以市场换技术"的政策,这有利于跨国公司迅速进入东道国市场,并进一步促进了跨国公司的技术转让。20 世纪 90 年代以来,随着全球高新技术产业的发展,投资于发展中国家高新技术产业的跨国公司投资越来越受到东道国政府和企业的欢迎,拥有先进技术的跨国公司往往能够借助技术之利,迅速在东道国某一行业占据较大的市场份额。

(四)利用所在国资源增强竞争力,实现对技术的控制

许多发展中国家也拥有比较完整的科研机构和研发体系,在某些基础科学领域也具有一定的竞争优势。跨国公司通过将次新技术,即处于技术生命周期成熟阶段的技术转让到发展中国家,将当地的科技人员资源、自然资源和次新技术相结合,开发出适合当地需求的产品,从而延长技术赚取利润的时间周期,增强自己的竞争力,同时还可以按照其全球战略的安排,控制技术转移的时间,实现对技术的控制。

(五)实现产品当地化

按照国际营销理论,一个企业在国内经营和在国外经营最大的不同是其经营的环境。在影响经营环境的所有因素中,最为重要的是文化环境(包括语言、教育、宗教、社会组织、美学观念、价值观念等),东道国的文化环境与跨国公司的母国存在巨大的差异。文化环境构成了跨国公司进入东道国的一条必须跨越的鸿沟,也是跨国公司国际投资的最大障碍。从表面上看,跨国公司的国际技术转移与国际营销的文化环境关系不是很大,其实,任何一项技术成果或创

新产品,都被打上了深深的文化烙印。有时跨国公司的产品在技术上是先进的,但是却不一定适合东道国的消费习惯。本地企业的产品却具有文化上的认同感,容易被当地消费者接受,实际上,这也是当地企业具有的最大优势。在这种情况下,跨国公司在东道国建立各种研发机构,并且还与东道国的有关企业建立各种联系,以便达到缩小跨国经营中文化上的差异、实现产品当地化的目的。

二、跨国公司的技术转让策略和技术保护形式

(一)技术转让策略

跨国公司的技术转让策略主要体现在母公司向子公司或分支机构转让技术的策略上,主要有:

1. 转让时机策略。跨国公司对处在生命周期不同阶段的技术采取不同的转让策略。当技术处于创新阶段时不予转让;在技术发展阶段,对处于优势、有利地位的技术,跨国公司也不予以转让;对成熟阶段的技术,大多数跨国公司会予以转让;当技术处于衰退阶段时,跨国公司会千方百计地寻找买主。跨国公司所采取的这种策略旨在延长技术的生命周期。

2. 国家类型策略。跨国公司一般首先向发达国家转让技术,若干年之后再将同一技术向新兴工业国家转让,最后才向其他发展中国家转让。

3. 转让方式策略。跨国公司在向发达国家转让技术时,常常采取联合研究与开发或技术互换等方式,而对发展中国家则以技术投资较多,而且往往转让的是成熟或衰退的技术。

4. 股权差别策略。跨国公司向全资子公司可以转让处于任何生命周期的技术,可以转让高新技术,而向合资企业和非附属企业只转让一般性技术。

5. 以技术换市场策略。跨国公司以技术投资同东道国企业合资经营时,东道国允许跨国公司占有的市场份额越多,跨国公司就越愿意转让比较先进的技术。

(二)技术保护形式

长期维持技术优势是跨国公司开展跨国经营的基础。跨国公司对于新技术的保护形式主要有专利、企业内部保护和申请商标等三种方法。

1.专利。专利是法律授予的并且可以依法行使的一种权力,其实质是专利申请人将其发明向公众充分公开以换取对发明拥有一定期限的垄断权,保护范围限于所申请的国家和地区,专利期限一般为 15~20 年。自从 19 世纪工业革命以来,专利保护受到了日益广泛的高度评价,大多数发明人和企业都采取这种方式来保护其发明成果。目前这种形式仍是跨国公司维护其技术优势的主

要方法。在现阶段世界性的技术管理方式下,跨国公司实行具有以下特点的专利政策:①通过组建世界性的专利网,跨国公司从全局高度对其所拥有的专利进行国际性控制;②首先以基本专利(Basic Patent)的形式将"核心"技术的扩散控制在跨国公司母公司之手,然后通过拥有增补专利、改进专利和登记专利,将有关使用方法、应用技术和改良了的"外围"技术等组成的专利网在国际范围布置起来;③跨国公司母公司对本公司一切海外单位研制出来的各项相互关联密切的专利加以集中控制;④把维持公司的国际技术垄断所导致的利益与维持公司的竞争优势结合在一起,越是技术密集型的产业,这种结合越紧密。

2.企业内部保护。企业内部保护是指对新技术发明通过在企业内部保密的办法进行垄断。它是一种民间保护形式,不像专利那样具有法律效力,这种保护形式具有任意性、广泛性和长久性的特征。

3.申请商标。商标是一种特殊标志,用以区别某一组织的商品和服务与其他组织相同或类似的商品和服务。商标通常是法律授予的永久性所有权,可以长期维护商标使用者的产品信誉和影响力。

三、跨国公司对外投资是技术转让的重要方式

跨国公司的发展直接推动了国际技术交流,表现在,跨国公司的对外直接投资(FDI)构成了当今国际技术转让的主渠道。FDI 对东道国带来的效益之一是技术转让,这是许多发展中国家对 FDI 态度转变的原因之一 。通过 FDI,跨国公司将资金、设备连同专利和专有技术等一起投向国外子公司,所转让的技术既包括生产技术,也包括组织、管理和市场营销技能等。跨国公司通过对外投资参与国际技术转让,主要有以下几种具体形式。

(一)对独资或控股子公司的内部技术转让

技术转让与跨国公司的对外直接投资安排相结合,是跨国公司技术转让中最主要的一种方式。跨国公司技术转让的先进程度往往视股权和投资而定。一般而言,跨国公司在国外投资越多,在股份企业中所占的股权比例越大,提供的技术先进程度就越高,技术限制性约束就越少。反之,如果跨国公司在国外投资越少,在股份企业中所占的股权比例越少,提供的技术先进程度就越低,技术限制性约束就越多。特别是关键技术,必须在严格限定的条件下使用,并必须严格防止技术扩散。

跨国公司在东道国设立独资企业,其主要动机就是为了加强垄断和控制技术,增强保密性,防止技术泄密。独资企业一般按跨国公司的技术体系和经营管理方法建立,其技术创新与改造仅与母公司发生联系,较少与东道国同行业发生横向联系。由于跨国公司全资拥有或对子公司控股,这种转让实际上是跨

国公司体系内的转让,称为技术转让的内部化,它有别于以贸易方式进行的外部化转让。内部化技术转让可以采取买卖交易的形式,也可以采取技术折价入股的形式。通过向全部或多数持股的子公司或分支机构转让技术,跨国公司能够较好地控制技术的独家使用,并获取技术所能带来的综合效益,避免向不相关企业转让技术时所产生的较高的交易成本和风险。尽管控股子公司属于合资企业,但由于处于控股地位,在开发出最新技术后,跨国公司也愿意将最新技术转让给其子公司,以增强子公司在东道国的竞争力。但由于这种方式对技术实行垄断控制,严格限制技术的传播和外溢,它对发展中国家技术进步的直接作用不如合资企业。

(二)对非控股合资企业的技术入股和技术转让

跨国公司通过将技术和设备资本化,即以工业产权、专有技术等形式,通过在东道国的合资企业中投资入股来转让技术,这种技术出资方式称为技术资本化(技术折价入股)。当然,在具体合资经营时,跨国公司既可以把工业产权或专有技术等作价投资分取利润,也可以把技术与投资分开,合资各方另行签订技术转让协议,跨国公司获取技术使用费或提成费。跨国公司还对合资企业转让管理经验、组织方法和营销技能等方面的技术。

兴办合资企业,东道国人员能够接触到企业产品的具体生产过程,生产技术的外溢和传播作用比外资独资企业更为明显。但跨国公司一般只有在技术较成熟或专有程度较低,因而丧失技术控制权代价不高,以及能通过严格的协议限制其他企业接近技术的情况下,才会表现出举办合资企业的较大意愿。同时,对东道国来说,跨国公司以技术资本化方式投资兴办合资企业,其最大的问题就是技术的老化问题。由于当今世界技术革新日新月异,技术和产品的老化周期日益缩短,时间越长,技术的价值越低。如果跨国公司对合资企业拥有控股权,则技术老化问题容易解决,但若不具有控股权,跨国公司对已落后技术的革新愿望相对要低一些。

(三)在东道国进行的R&D投资

跨国公司的R&D投资,是指跨国公司进行的,着眼于从基础性研究一直到科研进入应用领域,实现产品开发和商业化的整个过程中任何一个环节的投资行为。由于一定规模的R&D投资是跨国公司生存的基本要求,是跨国公司发展和赢利的根本保证,同时R&D投资所产生的技术创新能力也是跨国公司竞争力的源泉,因此,大型跨国公司都十分重视R&D投资。

20世纪80年代以前,跨国公司技术开发主要在其母国进行,子公司一般只是将来自母公司的研究与开发成果加以应用,最多也就是加以改造或革新。但近年来跨国公司的研发活动呈现出日益国际化的趋势,一些跨国公司已经着手建立一体化的全球研发系统,发达国家、新兴工业化国家和一些发展中大国成为跨国公司 R&D 投资的热点。跨国公司对外进行 R&D 投资的主要目的是为了获取先进技术,借用东道国廉价的技术人员等研发资源,建立全球研发网络,占领当地市场,实现其在全球范围内的系统化投资战略。与一般生产性直接投资所不同的是,跨国公司进行的以技术创新为主要目标的 R&D 投资更多考虑的是东道国的科研环境和高新技术产品的市场销售前景问题。

跨国公司的海外研究开发机构主要有以下两种形式:一是海外子公司设立研究开发机构。例如:菲利浦公司在各个不同国家的子公司都拥有规模不一的属于子公司自己管理和支配的研究开发机构;IBM 公司利用海外子公司与当地的研究机构建立的研究中心达 300 多个。第二种形式是母公司在其他国家专设研究开发实验中心、技术研究所、技术开发公司等机构。例如:荷兰壳牌公司的 12 个实验中心分布在比利时、法国、德国、荷兰、英国、日本、新加坡、美国、加拿大等国家。

(四)对海外企业的人力资源投资

人力资源投资也可以理解为人力资本投资,具体是指跨国公司对海外企业雇员的技术和管理培训。由于广义的技术概念还包括管理技能和组织技巧,因此跨国公司在海外的人力资源投资也是一种技术转让的方式。工业经济时代,资本要素长期处于相对稀缺的优势地位,经济增长的关键在于资本的积累和扩张,知识经济时代增值的动力核心已转移到知识的创新。人是知识的载体,人力资本是一种隐性知识资本,具有取之不尽、用之不竭的创新潜能,知识经济时代跨国公司的竞争说到底是人才的竞争,因此,跨国公司对人力资源的管理程度日益加深,多数公司都实施全球性的人力资源开发战略,以期在全球建立知识、人才优势。

人力资本投资既是积累创造性资产的一种主要形式,又是创造其他类型资产的一种手段,人力资源的开发是企业提高国际竞争力的重要因素。大多数跨国公司都为其雇员制订培训计划并提供培训设施。欧洲最有声望的两所商学院——"国际管理学院"(IMI)和"企业管理方法学院"(IMEDE)最初都是作为公司(分别是雀巢公司和埃尔肯公司)培训中心建立起来的。

为海外企业雇员提供技术与管理培训,是跨国公司对东道国人力资源开发所做的重要贡献之一,由培训所带来的人员素质的提高和管理技能的增加,促进了东道国整体技术水平的提高。由于跨国公司拥有国际性的设施与专业知识网络,因此其在培训方面拥有独特的优势。有经验和经过训练的人才的流动是技术外溢效应的重要源泉,大量在外资企业受过培训的东道国技术工人和管理层人员流向本国企业,导致了先进技术的传播和外溢。

（五）非股权安排（投资）等其他形式

非股权安排是指在东道国企业中没有股权投资，而是通过与东道国企业签订有关管理、技术或销售等合同取得对东道国企业的控制权。非股权安排也是跨国公司开展FDI的一种重要形式，其中包含着向东道国企业的技术转让。当前，中国广泛存在的合作经营企业就具有这种类型投资的特性。向东道国的高科技企业进行风险投资以及在东道国的高科技产业直接设立企业，也是跨国公司依靠投资进行技术转让的途径。此外，将东道国企业（当地客户和供应商）纳入跨国公司的产品价值链，也可以实现技术转移。

四、通过对外直接投资转让技术的特点

（一）通过对外直接投资转让技术是成本最低、效率最高的一种技术转让方式

通过对外直接投资进行内部转让，跨国公司能够保证技术的独家使用。由于内部转让双方的根本利益一致，又遵守相同或类似的管理准则和操作规程，并可进行充分有效的信息沟通和人员交流，因而通过投资进行的技术转让成本低且速度快，而且还可以避免外部市场的影响，节约各种市场交易成本。

（二）转让的技术多为核心技术，能够提高东道国子公司的竞争力

对于次新或处于生命周期成熟阶段的技术，跨国公司多通过许可证贸易转让给发展中国家，以获取使用费收入。而对于核心技术，由于研发投入大、风险较高，跨国公司只愿意转让给海外的全资子公司或控股公司。拥有最新技术的跨国公司海外子公司能够借助技术优势，提高自己在东道国的竞争力。

（三）转让的技术实用，适合当地消费者需要

跨国公司通过投资转让技术，会考虑到东道国原有的技术水平和技术消化与吸收能力。只有那些适应东道国消费者需求水平和需求层次的技术转让，才会对东道国具有吸引力。

（四）将技术在内部无偿（或以优惠价格）转让，以支持子公司发展

跨国公司通过投资形式将技术转让给子公司，是出于全球战略角度的通盘考虑，是为了获取全球利润的最大化。通过将基础性研发成果转让给子公司，有利于子公司研发机构迅速实现技术的商业化，将技术转化为产品，从而支持子公司的发展。

(五)以技术换市场

与单纯的技术转让只获取技术使用费不同,结合投资行为的技术转让往往采取资本化的形式投资入股,能够绕开东道国的技术进口限制,有时还能获得东道国"以市场换技术"外资政策的支持,扩大在东道国的市场份额,实现"以技术换市场"。

案例研究

案例一:美国通用汽车公司的管理组织结构

美国通用汽车公司作为一家大型跨国公司,是世界上最大的汽车制造商和全球汽车业的霸主。该公司创建于1908年,旗下多个品牌全系列车型畅销全球120多个国家和地区,2018年位居《财富》杂志评选的世界500强第21位,其营业收入高达1 573亿美元,拥有超过18万名员工,分布在六大洲,使用超过90种语言,横跨23个时区。其全球组织结构被分为四个经营区域,包括通用汽车北美区(GMNA),通用汽车欧洲区(GME),通用汽车亚太区(GMAP)和通用汽车拉丁美洲、非洲、中东区(GMLAAM)。通用汽车旗下的轿车和卡车品牌包括:凯迪拉克、雪佛兰、别克、GMC、霍顿、悍马、奥兹莫比、欧宝、庞蒂亚克、Saab、土星和沃豪等。设在中国的合资企业上海通用汽车有限公司和金杯通用汽车有限公司已分别于1999年及2001年正式投产。目前,通用汽车已在中国上海成立地区总部——通用汽车(中国)有限公司。

案例思考与研讨

1. 通用汽车公司属于哪种类型的跨国公司?
2. 通用汽车公司采用的是哪种管理组织形式?这种形式有何优缺点?

案例二:德国汉高公司的并购扩张模式

德国汉高(Henkel)公司是世界著名的应用化学行业的跨国公司,它成立于1876年9月26日,总部位于德国杜塞尔多夫,是由一位名叫弗里茨·汉高(1840—1930年)的德国商人在亚琛创立的。2017年汉高在全世界的销售额达200亿欧元。经过140多年的发展,汉高集团已成为一家业务遍及亚太地区、北美洲、拉丁美洲和欧洲的跨国公司,其产品系列包括家用清洁剂、护肤品、表面处理产品、工业用清洁剂、黏合剂、油脂化学品。

汉高公司的发展始终与并购和跨国经营活动分不开。从1913年在其境外设立子公司以来,汉高公司不断成长壮大,其中很多子公司都是通过收购当地企业设立的。1917 年,汉高收购了一家生产碳酸钠的 Matthes & Weber 工厂,从而开始生产碳酸钠。此后,又分别于 1932 年和 1935 年收购了两家刚刚开始生产合成洗涤剂的厂家,从而成为世界上最早生产合成洗涤剂的厂家之一。汉高的跨国并购先从欧洲的邻国开始,然后扩散到美国、日本、墨西哥、巴西、中国等。1980 年和 1987 年,汉高公司收购、兼并了美国化学品公司(Amchem Products)和美国帕卡化学公司(Parker Chemica Co.)。上述两家公司与汉高公司中的一个部门共同组成了汉高公司的金属化学部,汉高集团从而一跃成为世界上最大的从事金属表面处理产品研究、开发、生产和服务的企业。汉高公司的并购扩张虽然声势浩大,但并购行为却是谨慎、有节制和有选择的。

汉高公司的发展壮大,不仅得益于其大规模的收购和海外扩张,还得益于其生产和经营产品的适度多元化。汉高公司从最早生产清洁剂和洗涤剂开始,后来又开始化学系列产品、金属化学系列产品、建筑化学系列产品以及化妆品系列产品等的生产和经营。但汉高公司的多元化经营始终没有离开化学工业这个大的行业,侧重发展的是相关多元化。20 世纪 90 年代,汉高公司开始进入中国,汉高在中国拥有 5 000 名员工、25 个工厂和办事处,主要通过新建方式设立企业。

案例思考与研讨

1. 汉高公司的发展和扩张有什么特点?
2. 汉高公司是如何实施产品多元化战略的?
3. 汉高公司在中国投资创办企业主要采用新建方式,请分析为什么汉高没有使用其最拿手的并购方式?

思考与练习

1.跨国公司的概念、类型与主要特征。

2.跨国公司发展呈现出的哪些新的趋势?

3.分公司和子公司各有什么法律特征?设立分公司和子公司的利弊分别是什么?

4.跨国公司的管理组织形式主要有哪几种?试分析它们各自的优缺点。

5.试分析服务业跨国公司的组织形式。

6.试分析跨国公司通过对外投资参与国际技术转让的主要形式。

第四章

中国利用外商直接投资

China's Utilization of Foreign Direct Investment

中国自从实行改革开放政策以来，利用外商直接投资从无到有、从小到大，逐步发展起来，取得了举世瞩目的成就。利用外商直接投资是中国"引进来"战略的一个重要组成部分。从 1993 年开始，中国已经连续 16 年利用外资居发展中国家首位，外商投资已成为中国经济增长的一个重要推动力。本章首先介绍中国利用外资的发展历程和外商投资的作用，接下来叙述中国利用外商直接投资的主要方式以及一些相关的政策法律规定，最后是几个与外商投资有关的案例研究。通过本章的学习，将使学生对中国利用外商直接投资的来龙去脉和现实作用有比较深入的了解，掌握利用外资方面的主要知识。

学习要点

China's utilization of FDI has developed significantly from a nil base and got glorious achievements since China began to adopt her open-door policy. China's utilization of FDI is well known as a crucial part of her "get in" strategy. Since 1993, for 12 years continuously, China has ranked NO.1 in utilizing FDI among developing countries. FDI has become an important impetus to Chinese economy. This chapter firstly introduces the history and achievements of China's utilization of FDI. Then, it illustrates the main patterns of China's utilization of FDI and some related laws and regulations. At last, some relevant case studies. By studying this chapter, students are expected to have a profound understanding about the history and influence of China's utilization of FDI as well as some relevant knowledge.

第一节 中国利用外商直接投资的发展历程和作用

一、中国利用外商直接投资的发展历程

从历史的角度来看,中国利用外商直接投资大体经历了两个发展阶段:一个是建国初期,时间较短;另一个是自1978年实行改革开放政策以后,已持续了30年。

(一)建国初期中国利用外商直接投资概况

新中国建立初期,中国利用外商直接投资有了一定的发展,但是,受当时历史条件的制约,规模和数量十分有限。1950年和1951年,为了吸收外国的资金、技术和管理经验,中国与苏联、波兰共同投资创办了5家合营企业,这是新中国成立后建立的第一批中外合资经营企业。中国与苏联合资创办了4家企业,它们是:中苏(新疆)石油股份公司、中苏(新疆)有色及稀有金属股份公司、中苏民用航空股份公司和中苏(大连)造船公司。合资企业的股份,双方各占50%,双方均享利润,共担风险。企业由双方共同管理,设管理委员会。中方以场地、厂房及其他建筑物或建筑材料等投资入股,苏方以各种机械设备、工业器材、探测器材、飞机、航空器材等投资入股。合资协议规定了合营期限,石油、有色金属公司为30年,造船公司为25年,民航公司为10年。但到了1954年10月,两国政府商定将上述4个合资企业的苏方股份转让给中方,并作为对中方的贷款,于是这4家企业在1954年底提前结束合营。中国与波兰在1951年合资创办了中波轮船公司,经营航运及有关的委托代理业务,投资总额为8 000万旧卢布,双方各占50%股份。在分配利润后,双方分别向本国政府缴纳企业所得税。公司拥有自己的船队,1951年为10艘,共10万载重吨;1991年已发展到21艘,共40万载重吨。这家公司原定的合营期限为12年,由于经营状况良好,从成立至今一直存在并开展经营活动。

从20世纪50年代中后期到1978年这20多年的时间里,由于受到"左"的思想的影响,中国利用外商直接投资处于停滞状态。

1978年党的十一届三中全会以后,中国实行了改革开放的方针政策,提出了要在自力更生的基础上,积极发展同世界各国平等互利的经济合作;要利用两种资源、打开两个市场和学会两套本领。这就为中国对外经济贸易事业的发展指明了方向。从此,中国利用外商直接投资进入了一个全新的历史发展时期。

(二)改革开放阶段中国利用外商直接投资情况

1979—2019年,中国利用外商直接投资已经走过了40年的历程。据商务

部数据,截至2017年底,全国累计批准设立外商投资企业90万家,实际使用外资金额总计约2万亿美元。2017年全年,全国新批设立外商投资企业35 662家,同比增长27.8%;实际使用外资金额1 363.2亿美元,同比增长2.0%(未含银行、证券、保险领域数据)。

改革开放40年来,中国吸收利用外商直接投资大体经历了五个发展阶段:

第一阶段为起步阶段(1979—1986年)。这一阶段,中国吸收的外商投资主要来自我国港澳地区,以劳动密集型的加工项目和宾馆、服务设施等第三产业项目居多。这些企业大部分集中在广东、福建两省以及其他沿海省市,内地吸收外资则刚刚开始起步。

第二阶段为稳步发展阶段(1987—1991年)。这一阶段,中国吸收外商投资的结构有较大改善,生产性项目及产品出口企业大幅度增加,旅游服务项目的比重降低较多,外商投资的区域和行业有所扩大,我国台湾地区的厂商开始对大陆投资并逐年增加。

第三阶段为高速发展阶段(1992—1993年)。这一阶段,利用外商投资在广度和深度上都有了新的大发展,利用外资的特点除了大幅度增长外,还有平均项目规模扩大、房地产业利用外资发展迅速、新的投资领域增加以及中西部地区利用外资步伐加快等。

第四阶段为调整发展阶段(1994—2000年)。这一阶段,外商投资的各方面结构都发生了较大变化,利用外商投资的重点由注重数量转向注重质量和结构优化。其表现是:越来越多的西方国家的大型跨国公司进入中国;外商投资企业的资金来源结构和技术结构进一步改善;资金与技术密集的大型项目和基础设施项目增加,外商投资的平均项目规模不断扩大;外商投资的领域进一步拓宽,许多第三产业行业开始了利用外商投资的试点,外商投资的产业与行业结构日趋合理;与此同时,中西部地区利用外商投资的落后状况有了很大的改善,利用外资的增速快于东部沿海地区。在这一阶段,中国开始对外商投资逐步实行国民待遇原则,对原有的利用外资的税收和外汇等方面的政策做了一些调整。

第五阶段自2001年开始,为成熟稳定期。2001年是重要的一年,在这一年,人类进入了新的世纪和新的千年,中国也在这一年经过15年的艰苦谈判之后最终加入世界贸易组织(WTO),正式成为WTO成员。入世后,WTO的基本原则在中国利用外资的政策法规中体现出来,中国实施了WTO涉及投资方面的协议,根据入世承诺和《与贸易有关的投资措施协议(TRIMs)》的要求,先后修改了《中外合资经营合资法》《中外合作经营合资法》《外资企业法》等法规,既完善了法规体系,又提高了透明度,大大改善了外商投资的法律环境。对法规的修改和完善还加快了投资自由化和对外商投资逐步实行国民待遇的进程。

入世也是为了更好地发展市场经济,随着市场经济的深入发展,中国的市场竞争秩序不断规范,竞争条件趋向公平,对外商的吸引力越来越大。法律和市场环境的改进,以及30年来的发展,使我国的利用外商投资业务在进入新世纪以后趋于成熟,进入相对稳定的增长时期。

近年来,伴随着服务业入世承诺的逐步兑现,服务业对外资的开放幅度明显扩大,服务业已经成为利用外资的新热点和新增长点。外资并购法律体系的建立激发了外商在华开展并购活动的积极性,并购无疑将日趋成为同新建一样重要的外商投资方式。第五阶段中的一个显著特征是跨国公司进一步扩大在华投资,提高中国在其全球战略中的地位,将中国纳入其全球生产和销售网络,推动中国成为全球制造业中心。近几年,跨国公司在华投资出现了以下一些新的特点:加速进入中国,全面推进中国市场战略,调整投资地域;提升中国的重要性,大幅度增加投资;进行大规模、系列化、长期化投资;投资方式多样化;投资管理体制一体化;强化与中国企业的合作;加快在华技术转让步伐,开始自觉转让技术;对投资环境提出了新的要求等。跨国公司不仅在中国建立了生产企业、研发中心、控制中心(投资控股公司、地区总部),还将逐步设立更多的采购中心、销售中心和设计中心。从跨国公司在华投资的发展历程看,跨国公司进入中国市场已经经历了三个发展阶段,即营销本地化阶段、制造本地化阶段和投资管理本地化阶段。目前,跨国公司进入中国市场正进入第四个发展阶段,即研发本地化阶段。在研发本地化阶段之后,跨国公司在华经营还将发展到第五个阶段,即经营管理中心本地化阶段。跨国公司在华经营将实现最后一项本地化,即经营管理中心的本地化。最终,跨国公司将在中国建立起构成其全球网络的营销、制造、研发和经营管理等节点,实现本地化与全球化的全面结合。

这些年来,中国利用外资的政策法规在不断完善,如公布实施了新的《关于外国投资者并购境内企业的规定》和新的《公司法》,修改了《外商投资产业指导目录》,实施了合并后的新的《企业所得税法》,通过了《外商投资法》等。从2007年开始,部分在华外商投资企业的生产经营遇到了一些困难,主要原因来自两个方面,一方面是因为国际金融和经济危机的发生导致国际经济增长放缓,另一方面是出口退税政策的调整和人民币升值等因素的影响。应当说,这些困难是暂时的,这主要是和世界经济总体增长不佳以及美国、欧盟国家鼓励产业回归有关。从长期来讲,不断扩大的中国市场对外商投资的吸引力是持久的。中国目前正在迈向新的发展阶段,就是从"招商引资"发展到"招商选资",中国已经开始重视引资的质量,而不是单单追求引资的数量。

二、中国利用外商直接投资的作用

第一,弥补了国内建设资金的不足。长期以来,建设资金短缺一直是制约中国经济发展的一个主要因素。因此,除了充分利用好国内的资金以外,还要积极地利用外资,以弥补现代化建设资金的不足。截至 2017 年底,中国已实际使用外商直接投资超过 2 万亿美元,外资已成为中国经济建设的重要资金来源之一。

第二,促进了中国经济的增长。外商投资企业的工业产值占全国工业总产值的比重 1980 年时为 0.5%,到 1990 年时上升到 2.28%,到 2000 年时上升到 22.51%,2006 年达到最高值 31.50%;由于经济危机和外资部分撤出,到 2011 年时比重降为 26.11%。外商投资企业已经成为中国经济的重要组成部分,是促进中国经济持续高速增长的重要动力之一。

第三,引进了先进的技术设备和管理经验,推动了产业结构升级。先进的技术和管理经验对经济增长方式的转变起着重要的作用。近年来,世界范围内的技术流动,越来越依靠跨国投资作为载体,跨国公司占据着先进技术跨国转让的主要份额。吸引跨国公司投资,是发展中国家加快经济发展和技术进步的必然选择。通过创办外商投资企业,既可以达到利用外资的目的,又可以在创办和经营管理中学习和引进先进的技术设备和管理经验。外商投资企业尤其是大型跨国公司在华从事研究与开发(R&D)活动,有利于提高中国的研发能力与培养研发人才。据统计,2010 年按登记注册类型,大中型外资工业企业内设研发机构 4 475 家,占我国大中型企业内设研发机构总数的 26.8%,其中港澳台资企业设立 1 991 家,其他外商投资企业设立 2 484 家。跨国公司和其他境外投资者设立的独立研发机构的数量也快速增加,截至 2010 年底,在华外资研发机构数达到 1 400 多家,其中跨国公司在华设立研发机构总数达 700 多家。另外,通过利用外资,我们还学到了作为人类共同精神财富的国外先进的企业管理经验,并造就了一批新型的企业管理人才,这对提高中国企业的经营管理水平有直接的推动作用。第二次世界大战以后,国际投资的重点从战前的资源性产业转向制造业,20 世纪 70 年代以后又将重点转向服务业。改革开放以来,外商特别是跨国公司在中国投资最密集的行业有电子、汽车、家电、通信、化学、办公用品、仪器仪表、制药等。这些行业正是中国产业结构调整与升级中重点发展的行业。外资较密集地进入这些行业,无疑会有力地推动中国产业结构的升级和优化。

第四,扩大了社会就业,增加了国家的财政收入。外商投资企业的建立和投产开业,为中国提供了大量新的就业机会。截至 2010 年底,在现存注册运营的 40 多万家外商投资企业中直接就业的人员约 3 000 万人,大体占全国城镇劳动就业人口的 9%,平均每一家外商投资企业吸收 80 人就业。外商直接投资的大量引进,还扩大了国家财政收入的来源。2017 年,全国税收收入为 155 739. 3 亿元,增幅为 10. 8%,其中外商投资企业税收总额为 29 185. 1 亿元,增幅

13.7%,占全国税收收入的18.7%。1992—2017年外商投资企业税收总额占全国税收收入比重平均达18.1%。

第五,推动了对外贸易的发展。改革开放以来,中国的对外贸易取得了迅速发展,在世界货物贸易中的地位不断上升,2013年中国货物贸易进出口总额已居世界第1位。在对外贸易发展的过程中,外商投资企业做出了积极的贡献,尤其是近年来,外商投资企业已成为中国对外贸易的一支生力军,其进出口总额占全国进出口总额的比重日益上升。据海关数据,2017年,外商投资企业进出口总值达18 391.4亿美元,占当年全国进出口总值的44.8%。外商投资在促进中国对外贸易发展的同时,也提升了中国的贸易结构和国际竞争力,使中国更广泛地参加了国际分工,进入跨国公司的全球分工与生产环节之中,享受进入全球分工体系的益处,从而促进了开放型经济的全面发展。外商投资企业对中国对外贸易发展的贡献除了量的方面以外,还表现在质的方面,即表现在优化中国的出口商品结构,增加了高科技产品、机电产品的出口数量,提高了传统出口产品的科技含量等方面。据商务部统计,外商投资企业是中国高技术产品出口最大的主体,约占全国80%的高技术产品出口份额。2013年以来,高技术产业利用外资年均增长11.7%,全国高技术企业中有25%是外商投资企业,近50%的产值来自外商投资企业。

第六,促进了社会主义市场经济体制的建立和完善。利用外资对我国经济体制的转轨有明显的促进作用。外商投资企业的发展促进了中国经济结构的多元化和传统所有制结构的改变,推动了企业产权的流动和重组,对形成以国有经济为主导、多种所有制经济成分共同发展的格局起到了积极作用。外商投资企业以市场为导向,完全按照市场机制来经营,采用国际上通行的企业组织形式和先进的内部管理机制,这为中国传统企业制度的改革和现代企业制度的建立提供了借鉴。外商投资带进了市场机制和竞争机制以及与此相应的观念,有利于打破垄断,推动国内各种要素市场的发育和形成,推动中国宏观经济管理体制的改革和政府职能的转变,对于建立和完善市场经济法律体系起到了积极的促进作用。

第七,提高了中国存量与新增资产的质量。通过与外商合资合作,可以把中国一部分企业原有的低质量的存量资产变成高质量的存量资产。中国的一些亏损企业通过合资合作,经营管理、技术开发和市场营销能力明显改善,企业经营状况好转。这是因为在外资进入的同时,人员、技术、管理、观念以及市场营销网络等都会随之进入企业,实现各种生产要素的一揽子转移。如果没有其他生产要素的引入,国内企业即使投入大量资金,也可能难以改善其赢利状况和长期发展能力。外商投资设立新企业,还可以形成高质量的新的增量资产。

第八,缩小了中国与发达国家经济发展的差距。发展中国家要想缩小与发达国家经济发展的差距，首先要缩小技术差距和知识差距。缩小这些差距的主要途径有三个：一是引进外国直接投资，二是扩大国际贸易，三是获得技术转让和技术许可证。改革开放30年来，中国与发达国家的差距有了明显的缩小，应当说作为经济增长发动机的外商直接投资在其中起到了重要的作用。

第二节　中国利用外商直接投资的方式

目前，中国利用外资的方式主要有外商直接投资、对外借款、外商其他投资三种。

外商直接投资的方式包括：中外合资经营企业、中外合作经营企业、外资企业（外商独资经营企业）、中外合作开发、外商投资股份制企业、投资性公司和其他方式，其中，前三种方式较为普遍。

对外借款的方式包括：外国政府贷款、国际金融组织贷款、出口信贷、外国银行商业贷款和对外发行债券。

外商其他投资的方式包括：对外发行股票、国际租赁、补偿贸易和加工装配。

本节介绍和分析目前外商直接投资的一些具体方式。

一、中外合资经营企业

（一）合资企业的概念与作用

中外合资经营企业亦称股权式合营企业，它是指外国公司、企业和其他经济组织或个人依据《中华人民共和国中外合资经营企业法》（以下简称《中外合资经营企业法》），同中国的公司、企业或其他经济组织在中国境内共同投资举办的企业。

举办中外合资经营企业有利于引进先进的设备、技术和科学管理知识，有利于培训人才，能够带进一些通过一般的技术引进方式难以获得的先进技术，甚至还能够取得动态技术。与外资企业相比，中外合资经营企业有利于中国大量老企业的技术改造，可以借助对方的销售网络，扩大产品出口。中国法律法规对外商投资举办合资企业在投资领域的限制较少，国家鼓励和允许投资的项目还可以不限制经营期限。

（二）合资企业的特点

合资企业的基本特点是合资各方共同投资，共同经营，按各自的出资比例共担风险、共负盈亏。合资各方可以用现金出资，也可以用建筑物、厂房、机器设备、场地使用权、工业产权、专有技术出资。各方出资均折算成一定的比例,外国合营者的投资比例一般不得少于注册资本的25%。中外合资经营企业的组织形式为有限责任公司,具有中国法人地位,董事会为最高权力机构。随着中国股份制试点的开展,已有少数中外合资企业采用股份有限公司形式。

(三)合资企业的法律特征

合资企业具有以下法律特征:

1.合资经营企业是中国合营者与外国合营者共同设立的企业,是一种由合营双方共同投资、共同经营、共担风险、共负盈亏的企业形式。共同投资是指中外合营各方均应以一定的方式向企业投资,投资方式可以是货币、实物、工业产权和专有技术、场地使用权等。共同经营是指中外合资各方均有参加企业经营管理的权利。共担风险、共负盈亏是指合资企业如赢利,由合资各方按出资比例分享;如发生亏损,合资各方应尽力协助企业扭转亏损局面,并承担亏损风险。

2.合资企业的组织形式为有限责任公司。"有限责任"实质上有两层含义:一是企业以其全部资产为限对外承担债务责任;二是企业合营各方以其出资额为限对企业承担责任。

3.合资企业必须经中国政府批准,领取批准证书。在工商行政管理部门注册登记,领取营业执照,取得中国法人地位,并作为纳税义务人按照中国税法的规定按期纳税。

4.合资企业享有自主经营的权利。《中外合资经营企业法实施条例》第7条规定:在中国法律、法规和合营企业协议、合同、章程规定的范围内,合营企业有权自主地进行经营管理,有关部门应给予支持和帮助。外国投资者分得的利润和其他合法权益,可以汇出境外,也可以在境内再投资。

5.合资各方不论以何种方式出资,均要以同一种货币计算各自的股权。即合资各方的出资,无论是现金、机器设备、技术还是场地使用权,都必须用统一的一种货币方式来表示,如美元或人民币等。

6.合资企业的经营期限有的行业要求约定,有的行业不要求约定。合资企业中属于国家鼓励和允许投资的项目,可以约定也可以不约定经营期限;属于国家限制发展的项目,一般要求在合营合同中约定经营期限。约定经营期限的合资企业,合资各方同意延长经营期限的,应在距经营期满6个月前向审批机关提出申请,取得批准。未申请延长经营期限和未取得批准的,经营期满时,企业终止。

根据《中国外商投资报告2018》,截至2017年,在华的中外合资企业33.2

万家,实际使用外资 4 982.7 亿美元。

二、中外合作经营企业

(一)合作经营企业的概念与作用

中外合作经营企业亦称契约式合营企业,它是指外国公司、企业和其他经济组织或个人依据《中华人民共和国中外合作经营企业法》(以下简称《中外合作经营企业法》),同中国的公司、企业或其他经济组织在中国境内根据中外方提供的合作条件共同举办的企业。

中外合作者的投资或者提供的合作条件可以是现金、实物、土地使用权、工业产权、非专利技术和其他财产权利。中外合作企业一般由外国合作者提供全部或大部分资金、技术、关键设备等,中方提供土地使用权、厂房、可利用的设备设施,有的也提供一定量的资金。如果中外合作者在合同中约定合作期满时企业的全部资产归中方合作者所有,则外方合作者可以在合作期限内先行回收投资。这一做法,一方面可以解决国内企业缺乏投资来源问题,另一方面对许多急于回收投资的外国投资者也具有很大的吸引力。

(二)合作经营企业的特点

合作经营企业的特点是合作方式较为灵活,它与中外合资经营企业最大的不同,是中外各方的投资一般不折算成出资比例,利润也不按出资比例分配。各方的权利和义务,包括投资或提供合作的条件、利润或产品的分配、风险和亏损的分担、经营管理的方式和合同终止时财产的归属等项,都在合作各方签订的合同中确定。

(三)合作经营企业的法律特征

1.组织方式和合作条件。合作企业可以组成具有法人资格的实体,即有限责任公司;也可以组成非法人的经济实体,即合作各方共同出资或提供合作条件,按照合作企业合同的约定经营管理企业,合作各方对企业的债务承担无限连带责任,企业不具有法人资格。非法人合作企业合作各方提供的合作条件或投资可由合作各方分别所有,也可以共同所有,由合作企业统一管理和使用,任何一方不得擅自处理。

具有法人资格的合作企业设立董事会及经营管理机构,董事会是最高权力机构,决定企业的一切重大问题。不具有法人资格的合作企业设立联合管理委员会,由合作各方派代表组成,代表合作各方共同管理企业。另外,合作企业成立后,经董事会或联合管理委员会一致同意,报原审批机关批准,还可以委托合作一方或第三方经营管理企业。

2.收益分配和风险承担。作为契约式合作企业,合作各方以各种方式投资,不一定要求作价,也不一定要按各自的出资比例分配收益和承担风险。合作各方可以协商确定各方的出资方式、责任、权利和收益分配等,并将其具体写在合同中。在企业成立后的经营过程中,合作企业有盈余或发生亏损,各方应得的权利和应负的责任均按合同的约定执行。合作企业可采用分配利润、分配产品或合作各方共同商定的其他方式,按合作各方共同商定的分配比例分配收益。

3.投资回收与合作(营)期限。《中外合作经营企业法》规定:中外合作者在合作企业合同中约定合作期满时,合作企业的全部固定资产归中方合作者所有的,可以在合作企业合同中约定外方合作者在合作期限内先行回收投资的办法。

外国合作者在合作期限内可按下列方式提前回收投资:

(1)中外合作者在合作企业合同中约定分配比例时,扩大外国合作者的初期分配比例。

(2)经财政税务机关审查批准,外国合作者可以在合作企业缴纳所得税前回收投资。

(3)经财政税务机关审查批准的其他回收投资方式。

国家对合作企业合营期限方面的规定基本上同合资企业差不多。合作企业的合作期限由中外合作者协商确定,并在合作合同中订明,报审批机关批准。如果合作各方要求延长合作期限,应在距合作期满180天前向原审批机关提出申请,说明合作合同执行情况、延长期限的原因和目的。

(四)中外合资与中外合作经营企业的区别

1.投资方式不同。合资经营企业是股权式合营企业,各方的投资物都要折价计算投资比例;而合作经营企业是契约式合营企业,各方的投资物一般不折价计算投资比例。

2.法律依据和法人地位不同。合资企业的法律依据是《中外合资经营企业法》及其实施条例,合资企业是中国独立的企业法人;合作企业的法律依据是《中外合作经营企业法》及其实施细则,合作企业可以成为中国独立的企业法人,也可以不成为独立法人。

3.组织方式和管理方式不同。合资企业的组织方式是成立董事会,作为企业的最高权力机构,董事会任命总经理等高级管理人员,中外双方共同管理;合作企业的组织方式不尽相同,法人式的一般成立董事会,非法人式的一般是成立联合管理委员会,在管理方面,一般是以一方为主,另一方协助,或者是委托第三方管理。

4.收益分配方式不同。合资企业按注册资本的比例分配利润并承担风险与亏损;合作企业按合同规定的比例分配利润或产品并分担风险和亏损。

5.合营期满资产处理方式不同。合资企业期满后按注册资本比例分配资产净值;合作企业期满后资产净值按合同的规定处理,如果外方在合作期限内已先行回收投资,则资产净值一般无偿归中方所有。

根据《中国外商投资报告 2018》,截至 2017 年,在华的中外合作企业 6.1 万家,实际使用外资 1 116. 4 亿美元。

三、外(独)资企业

(一)外资企业的概念

外资企业即外商独资经营企业,是指外国的公司、企业、其他经济组织或个人依据《中华人民共和国外资企业法》(以下简称《外资企业法》),在中国境内设立的全部资本由外国投资者投资的企业。外国投资者的出资可以是自由兑换的外币,也可以是机器设备、工业产权或专有技术等。设立外资企业应采用国际先进技术和设备,应有利于中国国民经济的发展。

(二)外资企业的特点

外资企业具有三个基本特点:

1.外资企业是依据中国法律在中国境内设立的。因此,外资企业与外国企业是两个不同的概念,外国企业是指依照外国法律在国外设立并在该国从事经营活动的企业,它是外国的企业,具有外国的国籍。

2.外资企业的全部资本归外国投资者所有,因而与中外合资企业和中外合作企业不同,外资企业相当于外国跨国公司在东道国设立的拥有全部股权的子公司。

3.外资企业是一个独立的实体,它由外国投资者独自投资,独立经营,并成为独立核算、独立承担法律责任的经济组织。因而,外资企业不同于外国企业的分支机构,后者是外国企业(如母公司或总公司)在东道国经许可后设立的一个附属机构,不是一个独立的法律实体,只能以母公司或总公司的名义从事活动,并由母公司或总公司承担法律责任。

(三)外资企业的法律特征

外资企业的全部资本由外国投资者出资,没有中国投资者的资金参与。外资企业的组织形式为有限责任公司,外资企业的财产全部归外国投资者所有,经营管理权为外国投资者所掌握,外国投资者享有企业全部利润并独自承担经营风险和亏损。这是外资企业与中外合资经营企业、中外合作经营企业的主要区别。

外国投资者在中国境内的投资、获得的利润和其他合法权益,受中国法律保护。

外资企业的经营期限根据不同行业和企业的具体情况,由外国投资者在设立外资企业的申请书中拟定,经审批机关批准。外资企业需要延长经营期限的,应在距经营期满 180 天前向审批机关提出延长期限的申请,审批机关在接到申请之日起 30 天内决定批准或不批准。经批准的,向工商行政管理机关办理变更登记手续。

另外,《外资企业法》及其实施细则对外国投资者的资格、外资企业的设立、出资方式、财务、外汇、税务、劳动管理、企业终止与清算等都做了明确规定。

根据《中国外商投资报告 2018》,截至 2017 年,在华的外资企业 50.6 万家,实际使用外资 12 444 亿美元。

四、中外合作开发

中外合作开发是指中国公司与外国公司通过订立风险合同,对海上和陆上石油以及矿产资源进行合作勘探开发。合作开发是目前国际上在自然资源领域广泛采用的一种经济合作方式,其最大的特点是高风险、高投入、高收益。合作开发一般分为三个阶段,即勘探、开发和生产阶段。中国在石油资源开采领域的对外合作中一般采用这种方式。截至 2010 年底,中国总共批准中外合作开发项目 191 个,实际使用外资金额 75.07 亿美元。目前已有一些合作开发的油田投入商业性开发。

中国于 2001 年 9 月 23 日公布并施行了经过修改的《中华人民共和国对外合作开采陆上石油资源条例》(以下简称《陆上石油资源条例》)和《中华人民共和国对外合作开采海洋石油资源条例》(以下简称《海洋石油资源条例》)。经过修改并颁布实行的《陆上石油资源条例》规定中华人民共和国境内的石油资源属于国家所有,中国政府依法保护参加合作开采陆上石油资源的外国企业的合作开采活动及其投资、利润和其他合法权益。国务院指定的部门负责在国务院批准的合作区域内划分合作区块,确定合作方式,组织制定有关规划和政策,审批对外合作油(气)田总体开发方案。中国石油天然气集团公司和中国石油化工集团公司负责对外合作开采陆上石油资源的经营业务,负责与外国企业谈判、签订、执行合作开采陆上石油资源的合同,在国务院批准的对外合作开采陆上石油资源的区域内享有与外国企业合作进行石油勘探、开发和生产的专营权。《陆上石油资源条例》一共有 6 章 31 条。

经过修改并颁布实行的《海洋石油资源条例》规定中华人民共和国的内海、领海、大陆架及其他属于中国海洋资源管辖领域的石油资源都属于国家所有。中国政府依法保护参与海洋石油资源合作开采的外国企业的合法权益与合作开采活动。中国对外合作开采海洋石油资源的业务,由中国海洋石油总公司全面负责。中国海洋石油总公司是具有法人资格的国家公司,享有在对外合作海区内进行石油勘探、开发、生产和销售的专营权。《海洋石油资源条例》分为 4 章 27 条。

2011 年国务院对《海洋石油资源条例》的第十条进行了修改,规定参加合作开采海洋石油资源的中国企业与外国企业,都应当依法纳税。修改的实质是为了营造公平的投资环境,同时也是为了减少浪费资源,控制环境污染。

五、外商投资股份有限公司

外商投资股份有限公司又称外商投资股份制企业,是指外国公司、企业和其他经济组织或个人同中国的公司、企业或其他经济组织按照平等互利的原则,通过认购一定比例的股份,在中国境内共同举办的公司。外商投资股份有限公司全部资本由等额股份构成,股东以其所认购的股份对公司承担责任,公司以全部财产对公司债务承担责任,中外股东共同持有公司股份,外国股东购买并持有的股份需占公司注册资本 25%以上。外国投资者还可依照有关法规对中国的 A 股上市公司进行中长期战略性并购投资,取得该公司的 A 股股份。外商投资股份有限公司是外商投资企业的一种形式,适用国家法律法规对于外商投资企业的有关规定。

外商投资股份有限公司是近年来出现的一种新的利用外商直接投资的方式,它是在中国证券市场不断扩大和企业股份制改造日趋深入的背景下产生的。外商投资股份有限公司与中外合资企业、中外合作企业和外资企业的相同点是它们都是有限责任性质的企业,并且都是我国利用外商直接投资的有效方式;它们之间的不同点表现在许多方面,如设立方式不同、最低注册资本额要求不同、股权转让不同和公开性要求不同等。

国家规范和管理外商投资股份有限公司的政策法规主要有:原对外贸易经济合作部于 1995 年发布施行的《关于设立外商投资股份有限公司若干问题的暂行规定》;商务部、中国证券监督管理委员会、国家税务总局、国家工商行政管理总局和国家外汇管理局于 2005 年底发布并于 2006 年初施行的《外国投资者对上市公司战略投资管理办法》等。

根据《中国外商投资报告 2018》,截至 2017 年,在华的外商投资股份制企业 802 家,实际使用外资 339.7 亿美元。

六、投资性公司

投资性公司是指外国投资者在中国境内以独资或与中方投资者合资的形式设立的从事直接投资的公司,其形式一般为有限责任公司。

投资性公司投资设立企业,按外商投资企业的审批权限及审批程序另行报批。投资性公司设立分支机构应报商务部批准,且需符合一定的条件。符合条件的投资性公司可申请被认定为跨国公司地区总部,并依法办理变更手续。投资性公司在中国境内的投资活动不受公司注册地点的限制。经中国政府批准设立的投资性公司被赋予较其他外商投资企业更为广泛的经营范围,以鼓励跨国公司在中国开展系列性的投资活动。

为了更好地规范和促进投资性公司的发展,完善投资性公司的功能,进一步鼓励外国投资者来华投资,商务部于2004年11月17日公布了经过修订的《关于外商投资举办投资性公司的规定》,并于2006年5月26日公布了《关于外商投资举办投资性公司的补充规定》。

七、BOT投资方式

20世纪80年代以后,BOT这种新的利用外资方式开始在中国出现。尽管BOT方式在一些方面有其特殊性,但它也属于利用外商投资的范围,也受中国有关外商投资企业政策法律的管辖。外商可以以合资、合作或独资的方式建立BOT项目公司。下面从几个角度对BOT投资方式进行分析介绍。

(一)BOT投资方式的含义

BOT投资方式有时也称为公共工程特许权。BOT是英文Build-Operate-Transfer的缩写,意即建设—经营—转让。典型的BOT方式是指:东道国政府同国外项目公司(或投资者)签订合同,由该项目公司承担一个基础设施或公共工程项目的筹资、建造、营运、维修及转让。在双方商定的一个固定期限内(一般为15~20年),项目公司对其筹资建设的项目行使运营权,以便收回对该项目的投资,偿还该项目的债务并赚取利润。协议期满后,项目公司将该项目无偿转让给东道国政府。

在BOT方式中,项目公司由一个或多个投资者组成,通常包括承包公司和设备供应商等。项目公司以股本投资的方式建立,有时也可以通过发行股票以及吸收少量政府资金入股的方式筹资。BOT项目所需的资金大部分通过项目公司从商业金融渠道获得。BOT项目的运作过程从政府的角度来说一般要经过以下几个阶段:确定项目,招标准备及要约,评价,谈判;从私营企业的角度来说一般都要经过下列几个阶段:投资前评估,执行,建设,经营,产权移交。

BOT方式是自20世纪80年代以来日渐活跃的投资方式,不论是在欧美发达国家还是在广大发展中国家,都常常采用这种方式建设大型基础项目。例如,英法两国采用这种方式合作建成横穿英吉利海峡连接两国的欧洲隧道。东盟国家也运用BOT方式引进了大量的外资参与本国基础设施的建设。BOT投资方式是由土耳其已故总理厄扎尔 20 世纪 80 年代在土耳其国家私营计划框架工程中首创的,以后被世界各国所认同并被广泛采用。

(二)BOT 投资方式的特点

BOT 是一种新的利用外资的方式,它与传统的利用外资方式不同,具有以下特点:①BOT 方式的主体一方为东道国政府部门, 另一方为私营机构的项目公司,而传统利用外资的方式,其主体一般是企业与企业之间或者政府与政府之间。②BOT 项目的实施是一项复杂的系统工程,需要金融、贸易、保险、技术引进、工程承包、土地、交通能源、通信和广告等各种行业的相互协调与合作,尤其是东道国政府的强有力支持,这是关系到一个 BOT 项目能否成功的关键;而传统利用外资的方式,则没有这么复杂。③BOT方式下对项目建设方式的选择,一般采用国际招标, 而传统利用外资的方式则一般不通过招标。④BOT 方式的资金来源,主要是国际金融机构提供的无追索权贷款。采用 BOT 方式,可以允许政府参股;而传统的利用外资方式,其注册资本以外的贷款,也不是无追索权的贷款,同时亦不允许政府投资。⑤BOT 方式的经营管理,通常是在东道国政府的许可范围内,由项目公司按自身的管理模式进行操作;而传统的利用外资方式则按东道国有关法律及双方的约定来进行操作。⑥BOT 方式合作期满后,项目公司将该项目无偿移交给东道国政府;而传统的利用外资方式合作期满后,外方一般按合同规定将标的转让给东道国企业。

(三)BOT 投资方式的使用范围

BOT 投资方式的适用范围比较广,但主要适用于一国的基础设施和公共部门的建设项目,如电厂、高速公路、污水处理、铁路、桥梁、隧道、港口、机场、钢铁企业、教育以及医疗卫生基础设施等。这些项目一般工程量大,建设时间长,耗资巨大,关系国计民生,并属于急需项目;而且,这些项目的市场需求一般都较好,能够获得较稳定的收入。

(四)BOT 投资方式的演变

BOT 投资方式在其发展过程中出现了一系列演变方式,主要有以下几种:BOO(Build-Own-Operate):意为建设—拥有—经营;BOOT(Build-Own-Operate-Transfer):意为建设—拥有—经营—转让;BOOST(Build-Own-Operate-Subsidize-Transfer):意为建设—拥有—经营—补贴—转让;BTO(Build - Transfer - Operate):意为建设—转让—经营;BLT(Build-Lease-Transfer):意即建设—租赁—转让;BT(Build - Transfer):意即建设—转让;BMT(Build - Manage - Transfer):意即建设—管理—转让。BOT 的各种变形方式各有其特点,但它们

又都与BOT方式有某些相似的地方。

（五）BOT投资方式的作用

BOT方式的作用表现在：①有利于减少政府的财政负担。政府通过让私营企业筹资、建设、经营的方式来参与基础设施项目，可将原来必须用于这方面的资金转用于其他项目的投资与建设。②避免了政府的债务风险。BOT项目的建设资金由私人企业负责筹措，政府不承担项目的贷款债务。③有利于提高项目的运作效率。由于有私营企业参加，贷款机构对项目的要求就会比对政府更加严格，另外，私营企业为了减少风险，获得较多收益，客观上也会更加注重管理，控制造价。④可以更好地满足社会需求。采取BOT方式，可以使一些本来急需建设但目前政府财政又无力投资建设的基础设施项目，提前建成并发挥作用，从而更好地满足社会需求，促进经济发展。

八、创业投资企业

外商投资创业投资企业（以下简称创投企业）是指外国投资者或外国投资者与根据中国法律注册成立的公司、企业或其他经济组织在中国境内设立的以创业投资为经营活动的外商投资企业。创业投资企业是指主要向未上市高新技术企业进行股权投资，并为之提供创业管理服务，以期获取资本增值收益的投资方式。创投企业可以采取非法人制组织形式，也可以采取公司制组织形式。采取非法人制组织形式的创投企业的投资者对创投企业的债务承担连带责任。非法人制创投企业的投资者也可以在创投企业合同中约定在非法人制创投企业资产不足以清偿该债务时由以创业投资为主营业务的必备投资者承担连带责任，其他投资者以其认缴的出资额为限承担责任。采用公司制组织形式的创投企业的投资者以其各自认缴的出资额为限对创投企业承担责任。

设立创投企业应具备下列主要条件：①投资者人数在2人以上50以下，且应至少拥有一个以创业投资为主营业务的且符合其他条件的必备投资者。②非法人制创投企业投资者认缴出资总额的最低限额为1 000万美元，公司制创投企业投资者认缴资本总额的最低限额为500万美元。除必备投资者外，其他每个投资者的最低认缴出资额不得低于100万美元。外国投资者以可自由兑换的货币出资，中国投资者以人民币出资。③有明确的组织形式。④有明确合法的投资方向。⑤除了将本企业经营活动授予一家创业投资管理公司进行管理的情形外，创投企业应有3名以上具备创业投资从业经验的专业人员。

创投企业可以经营以下主要业务：以全部自有资金进行股权投资，具体投资方式包括新设企业，向已设立企业投资，接受已设立企业投资者股权转让以及国家法律法规允许的其他方式；提供创业投资咨询；为所投资企业提供管理咨询等。创投企业资金应主要用于向所投资企业进行股权投资。

为鼓励外国投资者来华从事创业投资,建立和完善中国的创业投资机制,商务部和科技部等五个部门于2003年1月30日公布了《外商投资创业投资企业管理规定》,并于当年3月1日开始施行。

九、其他外商直接投资方式

其他外商直接投资方式包括外国公司、金融机构在华设立从事经营活动的分支机构(如分公司、分行)等。外国公司或金融机构经批准可在中国境内设立分支机构,从事生产经营活动。外国公司或金融机构属于外国法人,其在中国境内设立的分支机构不具有中国企业法人资格。外国公司或金融机构对其分支机构在中国境内进行经营活动承担民事责任。外国公司或金融机构的分支机构应当在其名称中标明该外国公司的国籍及责任方式,并应在本机构中置备该外国公司或金融机构的章程。外国公司或金融机构在中国境内设立分支机构,必须在中国境内指定负责该分支机构的代表人或者代理人,并向该分支机构拨付与其所从事的经营活动相适应的营运资金。分公司或分行的经营范围不得超出母公司或母行的经营范围。

第三节　中国利用外商直接投资的一些政策法律规定

外商投资的政策法律规定是调整外商投资企业在设立、变更、终止和经营管理过程中产生的经济关系的法律规范的总和。改革开放近30年来,为了创造良好的投资环境,鼓励外商来华投资,中国政府逐步建立了一套较为完整的外商投资法律体系,包括有关外商投资的专门法律法规(如《中外合资经营企业法》以及实现外资三法合一的《中华人民共和国外商投资法》等)、一般性的法律法规(如《公司法》等)和国际条约(如《双边投资保护协定》等);与此同时,还制定了包括工商政策、产业政策、地区政策、税收政策、金融政策、外汇政策、土地政策、就业政策、海关政策和投资促进政策等一系列具体的相关政策。以上这些方面涉及的利用外资政策法规数以百计,下面仅对其中几个具体方面的政策法规做一些介绍。

一、关于外商投资产业政策方面的规定

外商投资产业政策是国家总体产业政策在外商投资领域的体现。2002年公布施行的《指导外商投资方向规定》、2017年修订后实施的《中西部地区外商投资优势产业目录》和2017年修订后公布实施的《外商投资产业指导目录》三个文件具体体现了中国政府对外商投资的产业政策。其中,《外商投资产业指

导目录》《中西部地区外商投资优势产业目录》是指导审批外商投资项目和外商投资企业适用有关政策的依据。外商投资产业政策的基本原则是对外商投资进行分类指导,根据项目和地区的不同实行不同的产业政策。凡符合《外商投资产业指导目录》规定的鼓励类外商投资项目给予鼓励和优惠;对于列入《中西部地区外商投资优势产业目录》的外商投资项目可享受鼓励类外商投资项目优惠;另外,根据《鼓励外商投资高新技术产品目录》的规定,对外商投资十一大类高新技术领域给予优惠。

《指导外商投资方向规定》将外商投资项目分为鼓励、允许、限制和禁止四类。鼓励类、限制类和禁止类的外商投资项目列入《外商投资产业指导目录》;不属于鼓励类、限制类和禁止类的外商投资项目,为允许类外商投资项目,允许类外商投资项目不列入《外商投资产业指导目录》。

《指导外商投资方向规定》在第五、第六、第七条中分别列举了鼓励类、限制类和禁止类外商投资项目。属于下列情形之一的,列为鼓励类外商投资项目:①属于农业新技术、农业综合开发和能源、交通、重要原材料工业的;②属于高新技术、先进适用技术,能够改进产品性能、提高企业技术经济效益或者生产国内生产能力不足的新设备、新材料的;③适应市场需求,能够提高产品档次、开拓新兴市场或者增加产品国际竞争力的;④属于新技术、新设备,能够节约能源和原材料、综合利用资源和再生资源以及防治环境污染的;⑤能够发挥中西部地区的人力和资源优势,并符合国家产业政策的;⑥法律、行政法规规定的其他情形。属于下列情形之一的,列为限制类外商投资项目:①技术水平落后的;②不利于节约资源和改善生态环境的;③从事国家规定实行保护性开采的特定矿种勘探、开采的;④属于国家逐步开放的产业的;⑤法律、行政法规规定的其他情形。属于下列情形之一的,列为禁止类外商投资项目:①危害国家安全或损害社会公共利益的;②对环境造成污染损害,破坏自然资源或者损害人体健康的;③占用大量耕地,不利于保护、开发土地资源的;④危害军事设施安全和使用效能的;⑤运用我国特有工艺或者技术生产产品的;⑥法律、行政法规规定的其他情形。上述三种项目之外的其他项目为允许类外商投资项目。

《指导外商投资方向规定》第八、第九、第十和第十一条还规定了其他内容:《外商投资产业指导目录》可以对外商投资项目规定“限于合资、合作”“中方控股”“中方相对控股”。限于合资、合作,是指仅允许中外合资经营、中外合作经营;中方控股,是指中方投资者在外商投资项目中的投资比例之和为51%及以上;中方相对控股,是指中方投资者在外商投资项目中的投资比例之和大于任何一方外国投资者的投资比例。鼓励类外商投资项目,除依照有关法律、行政法规的规定享受优惠待遇外,从事投资额大、回收期长的能源、交通、城市基础设施(煤炭、石油、天然气、电力、铁路、公路、港口、机场、城市道路、污水处理、垃圾处理等)建设、经营的,经批准,可以扩大与其相关的经营范围。产品全部直接出口的允许类外商投资项目,视为鼓励类外商投资项目;产品出口销售额占其产品销售总额 70%以上的限制类外商投资项目,经省、自治区、直辖市及计划单列市人民政府或者国务院主管部门批准,可以视为允许类外商投资项目。对于确能发挥中西部地区优势的允许类和限制类外商投资项目,可以适当放宽条件;其中,列入《中西部地区外商投资优势产业目录》的,可以享受鼓励类外商投资项目优惠政策。

为了加快实施国家制定的西部大开发战略,鼓励中西部地区利用外资,引进先进技术和设备,发展中西部地区具有比较优势的产业和技术先进的企业,促进产业结构的优化升级,带动中西部地区经济整体素质的提高,中国政府有关部门于 2000 年发布施行了《中西部地区外商投资优势产业目录》,并于 2004 年、2008 年、2013 年和 2017 年四次修订后重新发布施行。本次颁布的《中西部地区外商投资优势产业目录(2017 年修订)》是贯彻落实党中央、国务院构建开放型经济新体制战略部署,引导外资更多投向中西部地区的重要举措。根据《国务院关于扩大对外开放积极利用外资若干措施的通知》(国发〔2017〕5 号)精神,2017 年版目录将支持中西部地区承接外资产业转移,提升开放型经济发展水平。此次目录修订具体遵循以下原则:一是适应外资产业转移新趋势。支持中西部地区承接产业转移,发展外向型产业集群。二是充分发挥地方比较优势。立足中西部地区基础产业、资源、劳动力等优势,支持地方特色、优势产业的发展和培育。三是优化利用外资结构。改造提升传统产业、促进服务业、严格控制产能过剩行业,提高利用外资质量。四是与招商引资实际相结合。注重目录修订的实效性,重点支持对当地经济发展带动能力强的产业。

《中西部地区外商投资优势产业目录(2017 年修订)》总条目共 639 条,比原目录增加 139 条,其中:新增 173 条,删除 34 条,修改 84 条。该文件主要有以下六个特点:一是推动传统产业转型升级。在具有农(牧)业优势的省份新增了绿色食品加工、标准化设施蔬菜基地建设等条目,促进农业生产方式转变。二是支持高新适用技术产业发展。在部分省份新增了 6 代及 6 代以下 TFT-LCD 玻璃基板、集成电路制造、智能手机、平板电脑、生物医药等条目,支持电子、医药等产业集聚发展。三是鼓励加快发展服务业。根据地方实际,增加了部分生产性服务业和生活性服务业条目。四是促进劳动密集型产业发展。在具有劳动力优势的省份新增了外向型纺织、服装、家具等条目,推进形成新的外向型产业集群。五是强化基础设施和产业配套。在部分省份新增了城市公共停车设施、汽车充电设施、公路货运场站设施建设等条目,促进交通物流网络发展。六是适应新形势调整原有条目。对部分条目进行了调整完善,更好地反映地方招商引资实际情况。

《外商投资产业指导目录》自1995年首次颁布以来,根据经济发展和对外开放需要,每隔一段时间适时进行修改,本次是第七次修订。《外商投资产业指导目录(2017年修订)》主要遵循以下原则:一是推进重点领域开放。坚持开放发展,积极主动扩大开放,进一步放宽服务业、制造业、采矿业外资准入。在进一步总结自贸试验区先行先试经验的基础上,在全国范围内复制推广自贸试验区对外开放措施。二是突出负面清单特点。适应准入前国民待遇加负面清单管理模式改革要求,调整优化《目录》结构,提出在全国范围内实施的外商投资准入负面清单,不再列示内外资一致的限制性措施。负面清单之外的领域,原则上不得对外资准入实行限制性措施。三是保持鼓励政策稳定。继续鼓励外商投资符合我国产业结构调整优化方向的领域,支持外资广泛参与"中国制造2025"战略和创新驱动发展战略,促进引资引技引智相结合,更好发挥外商投资企业对促进实体经济发展的重要作用。

《外商投资产业指导目录(2017年修订)》的主要特点和变化包括:一是积极主动扩大开放。服务业重点取消公路旅客运输、外轮理货、资信调查与评级服务、会计审计、大型农产品批发市场、综合水利枢纽等领域外资准入限制,制造业重点取消轨道交通设备、汽车电子、新能源汽车电池、摩托车、食用油脂、玉米深加工、燃料乙醇等领域外资准入限制,采矿业重点取消非常规油气、贵金属、锂矿等领域外资准入限制。二是提出外商投资准入负面清单。调整优化目录结构,整合原目录中部分鼓励类有股比要求的条目以及限制类、禁止类,提出在全国范围内实施的外商投资准入负面清单,作为对外商投资实行准入前国民待遇加负面清单管理模式的基本依据。负面清单之外的领域,原则上不得实行对外资准入的限制性措施。三是删除内外资一致的限制性措施。按照外商投资准入负面清单模式特点,不再列示内外资一致的限制性措施。如大型主题公园的建设、经营,内外资均须履行项目核准程序;高尔夫球场、别墅,内外资均禁止新建;博彩业、色情业,内外资均禁止投资。从目录中删除后,均按照内外资一致原则进行管理。四是保持鼓励类政策总体稳定。继续鼓励外资投向先进制造、高新技术、节能环保、现代服务业等领域,促进引资引技引智相结合,推动产业结构调整优化升级。

二、关于外商投资地区政策方面的规定

有关外商投资的地区政策指的是国家对于设立在特定地区的外商投资企业给予一定的优惠和鼓励待遇。实行改革开放政策以来,中国采取的是从沿海到内陆循序渐进的开放战略。加入WTO以后,对这种开放战略进行了一定程度的调整。伴随着西部大开发战略、东北老工业基地振兴战略和中部崛起战略的先后实施,对进入这些地区的特定外商投资项目也规定给予一些鼓励。这些

经济特殊区域是我国吸收外商直接投资的重要载体。中国目前对外商投资实行特殊政策的区域主要有:①经济特区,包括深圳、珠海、厦门、汕头、海南喀什及霍尔果斯。②沿海开放城市 14 个,包括上海、天津、大连、秦皇岛、烟台(含威海)、青岛、连云港、南通、宁波、温州、福州、广州、湛江和北海。③219 个国家级经济技术开发区,遍布于各省、市、自治区。④168 个国家高新技术产业开发区,遍布于各省、市、自治区。⑤其他,包括:15 个国家级保税区和 14 个国家级保税港区,主要分布在沿海港口附近;63 个国家级出口加工区,分布在各省、市、自治区;16 个国家级边境经济合作区,主要分布在沿边省区;30 个国家级旅游度假区,主要分布在比较著名的旅游风景区;天津滨海新区和福建海峡西岸经济区等。

根据国家实施的西部大开发战略,鼓励包括外资在内的投资到中西部内陆地区发展。有关的外商投资政策措施包括:①《中西部地区外商投资优势产业目录》内的项目,享受鼓励类外商投资项目政策。②对外商投资西部地区基础设施和优势产业项目,适当放宽外商投资的股比限制。③鼓励外商投资于西部地区的农业、水利、生态、交通、能源、市政、环保、矿产、旅游等基础设施建设和资源开发,以及建立技术研究开发中心。④扩大西部地区服务贸易领域的对外开放,对一些服务业领域的开放,允许在西部地区先行试点,并允许适当扩大试点范围。⑤拓宽外资渠道,允许外商在西部地区进行 BOT,TOT 方式试点;允许外商投资项目开展包括人民币在内的项目融资;支持符合条件的西部地区外商投资企业在境内外股票市场上市;支持西部地区属于国家鼓励和允许类产业的企业通过转让经营权、出让股权、兼并重组等方式吸引外商投资;积极探索以中外合资产业基金、风险投资基金方式引入外资。⑥鼓励已设立的外商投资企业到西部地区进行再投资,其再投资项目外资比例超过 25%的,享受外商投资企业待遇。

东北地区是中国的老工业基地,为了促进东北地区的对外开放和吸收外资,国家采取了一系列政策措施。与东北老工业基地振兴有关的外资政策主要涉及以下几个方面:鼓励外资参与国有企业改组改造;推进重点行业和企业的技术进步;进一步扩大开放领域,提升服务业发展水平;促进区域经济合作健康发展;营造良好的发展环境,为加快对外开放提供保障。

三、关于外商投资项目核准和备案管理的规定

2014 年 5 月,国家发展和改革委员会发布了《外商投资项目核准和备案管理办法》。根据该办法,外商投资项目管理分为核准和备案两种方式。本办法适用于中外合资、中外合作、外商独资、外商投资合伙、外商并购境内企业、外商投资企业增资及再投资项目等各类外商投资项目。

根据《政府核准的投资项目目录》(以下简称《核准目录》),实行核准制的外商投资项目的范围为:①《外商投资产业指导目录》中有中方控股(含相对控股)要求的总投资(含增资)3 亿美元及以上鼓励类项目,总投资(含增资)5 000 万美元及以上限制类(不含房地产)项目,由国家发展和改革委员会核准。②《外商投资产业指导目录》限制类中的房地产项目和总投资(含增资)5 000 万美元以下的其他限制类项目,由省级政府核准。《外商投资产业指导目录》中有中方控股(含相对控股)要求的总投资(含增资)3 亿美元以下鼓励类项目,由地方政府核准。③前两项规定之外的属于《核准目录》第一至十一项所列的外商投资项目,按照《核准目录》第一至十一项的规定核准。④由地方政府核准的项目,省级政府可以根据本地实际情况具体划分地方各级政府的核准权限。由省级政府核准的项目,核准权限不得下放。上述范围以外的外商投资项目由地方政府投资主管部门备案,但如若外商投资涉及国家安全的,应当按照国家有关规定进行安全审查。外商投资企业增资项目总投资以新增投资额计算,并购项目总投资以交易额计算。

拟申请核准的外商投资项目应按国家有关要求编制项目申请报告,项目申请报告应包括项目及投资方情况、资源利用和生态环境影响分析以及经济和社会影响分析。项目核准机关自受理项目核准申请之日起 20 个工作日内,完成对项目申请报告的核准。如 20 个工作日内不能做出核准决定的,由本部门负责人批准延长 10 个工作日,并将延长期限的理由告知项目申报单位。对予以核准的项目,项目核准机关出具书面核准文件,并抄送同级行业管理、城乡规划、国土资源、环境保护、节能审查等相关部门;对不予核准的项目,应当书面说明理由,并告知项目申报单位享有依法申请行政复议或者提起行政诉讼的权利。对外商投资项目的核准条件是:①符合国家有关法律法规和《外商投资产业指导目录》《中西部地区外商投资优势产业目录》的规定;②符合发展规划、产业政策及准入标准;③合理开发并有效利用了资源;④不影响国家安全和生态安全;⑤对公众利益不产生重大不利影响;⑥符合国家资本项目管理、外债管理的有关规定。

拟申请备案的外商投资项目需由项目申报单位提交项目和投资方基本情况等信息,并附中外投资各方的企业注册证明材料、投资意向书及增资、并购项目的公司董事会决议等其他相关材料。外商投资项目备案需符合国家有关法律法规、发展规划、产业政策及准入标准,符合《外商投资产业指导目录》《中西部地区外商投资优势产业目录》。对不予备案的外商投资项目,地方投资主管部门应在 7 个工作日内出具书面意见并说明理由。

经核准或备案的项目如出现下列情形之一的,需向原批准机关申请变更:①项目地点发生变化;②投资方或股权发生变化;③项目主要建设内容发生变化;④有关法律法规和产业政策规定需要变更的其他情况。经核准的项目若变更后属于备案管理范围的,应按备案程序办理;予以备案的项目若变更后属于核准管理范围的,应按核准程序办理。

《外商投资项目核准和备案管理办法》的实施体现了政府在简化外商投资项目管理内容和程序方面做出重大调整和改进。首先,从项目管理框架看,规定所有需要备案的外商投资项目均由地方政府投资主管部门负责,部分原由国家发改委核准的外商投资项目也改由地方政府负责,绝大多数外商投资项目将实现属地化管理。其次,对外商投资项目核准、备案的条件也进行了大量简化,不再对项目的市场前景、经济效益和产品技术方案等应由企业自主决策的内容进行审查,注重让市场发挥配置资源的决定性作用,赋予企业投资自主权,努力提高外商投资便利化水平。再次,考虑到这是外商投资项目首次实行备案管理方式,为规范管理和防范风险,对备案管理做了原则性一般规定,包括备案所需材料、备案条件等,都属于基本要求。地方政府投资主管部门可根据当地外商投资项目管理的实际需要,对备案管理做出更加全面、具体的规定。

为落实备案制、完善法治化,中国商务部于 2016 年发布了《外商投资企业设立及变更备案管理暂行办法》,全面贯彻落实简政放权、放管结合、协同监管的要求,就适用范围、备案程序、监督检查、法律责任等内容做出规范,极大地提高了外商投资便利化程度。2018 年,商务修订了该办法,在全国推开外资企业设立商务备案与工商登记“一套表格、一口办理”,优化外商投资企业设立备案程序,进一步提升外商投资便利化水平。

四、关于外国投资者并购境内企业的规定

为了促进和规范外国投资者在中国境内的并购活动,中华人民共和国商务部、国务院国有资产监督管理委员会、国家税务总局、国家工商行政管理总局、中国证券监督管理委员会、国家外汇管理局六部委于 2006 年 8 月公布了《外国投资者并购境内企业暂行规定》(以下简称《规定》),并于 2009 年进行了修订。

外国投资者并购境内企业,是指外国投资者协议购买境内非外商投资企业(以下称“境内公司”)的股东的股权或认购境内公司增资,使该境内公司变更设立为外商投资企业(以下称“股权并购”),或者外国投资者设立外商投资企业,并通过该企业协议购买境内企业资产且运营该资产,或外国投资者协议购买境内企业资产,并以该资产投资设立外商投资企业运营该资产(以下称“资产并购”)。依照《外商投资产业指导目录》不允许外国投资者独资经营的产业,并购不得导致外国投资者持有企业的全部股权;需由中方控

股或相对控股的产业,该产业的企业被并购后,仍应由中方在企业中占控股或相对控股地位;禁止外国投资者经营的产业,外国投资者不得并购从事该产业的企业。

外国投资者并购境内企业设立外商投资企业,应依照《规定》经审批机关批准,并向登记管理机关办理变更登记或设立登记。外国投资者在并购后所设外商投资企业注册资本中的出资比例一般不低于25%。外国投资者的出资比例低于25%的,除法律、行政法规另有规定外,应依照现行设立外商投资企业的审批、登记程序进行审批、登记。审批机关在颁发外商投资企业批准证书时加注"外资比例低于25%"的字样,登记管理机关在颁发外商投资企业营业执照时加注"外资比例低于25%"的字样。

外国投资者并购境内企业设立外商投资企业,外国投资者应自外商投资企业营业执照颁发之日起3个月内向转让股权的股东,或出售资产的境内企业支付全部对价。对特殊情况需要延长者,经审批机关批准后,应自外商投资企业营业执照颁发之日起6个月内支付全部对价的60%以上,1年内付清全部对价,并按实际缴付的出资比例分配收益。外国投资者并购境内企业设立外商投资企业,外国投资者出资比例低于25%的,投资者以现金出资的,应自外商投资企业营业执照颁发之日起3个月内缴清;投资者以实物、工业产权等出资的,应自外商投资企业营业执照颁发之日起6个月内缴清。

外国投资者股权并购的,对并购后所设外商投资企业应按照以下比例确定投资总额的上限:注册资本在210万美元以下的,投资总额不得超过注册资本的10/7;注册资本在210万美元以上至500万美元的,投资总额不得超过注册资本的2倍;注册资本在500万美元以上至1 200万美元的,投资总额不得超过注册资本的2.5倍;注册资本在1 200万美元以上的,投资总额不得超过注册资本的3倍。外国投资者资产并购的,应根据购买资产的交易价格和实际生产经营规模确定拟设立的外商投资企业的投资总额。拟设立的外商投资企业的注册资本与投资总额的比例应符合有关规定。

五、关于外国投资者并购境内企业安全审查制度的规定

为引导外国投资者并购境内企业有序发展,维护国家安全,2011年我国相继颁布了《国务院办公厅关于建立外国投资者并购境内企业安全审查制度的通知》《商务部实施外国投资者并购境内企业安全审查制度的规定》,建立了一套外国投资者并购境内企业的安全审查机制。根据上述规定,我国建立了外国投资者并购境内企业安全审查部际联席会议制度,具体承担并购安全审查工作,在国务院领导下,由发展改革委、商务部牵头,根据外资并购所涉及的行业和领域,会同相关部门开展并购安全审查。

并购安全审查的范围为：外国投资者并购境内军工及军工配套企业，重点、敏感军事设施周边企业，以及关系国防安全的其他单位；外国投资者并购境内关系国家安全的重要农产品、重要能源和资源、重要基础设施、重要运输服务、关键技术、重大装备制造等企业，且实际控制权可能被外国投资者取得。并购安全审查内容包括：①并购交易对国防安全，包括对国防需要的国内产品生产能力、国内服务提供能力和有关设备设施的影响；②并购交易对国家经济稳定运行的影响；③并购交易对社会基本生活秩序的影响；④并购交易对涉及国家安全关键技术研发能力的影响。

并购安全审查程序如下：①外国投资者并购境内企业，由投资者向商务部提出申请。对属于安全审查范围内的并购交易，商务部应在5个工作日内提请联席会议进行审查。②外国投资者并购境内企业，国务院有关部门、全国性行业协会、同业企业及上下游企业认为需要进行并购安全审查的，可以通过商务部提出进行并购安全审查的建议。联席会议认为确有必要进行并购安全审查的，可以决定进行审查。③联席会议对商务部提请安全审查的并购交易，首先进行一般性审查，对未能通过一般性审查的，进行特别审查。并购交易当事人应配合联席会议的安全审查工作，提供安全审查需要的材料、信息，接受有关询问。一般性审查采取书面征求意见的方式进行。联席会议收到商务部提请安全审查的并购交易申请后，在5个工作日内，书面征求有关部门的意见。有关部门在收到书面征求意见函后，应在20个工作日内提出书面意见。如有关部门均认为并购交易不影响国家安全，则不再进行特别审查，由联席会议在收到全部书面意见后5个工作日内提出审查意见，并书面通知商务部。如有部门认为并购交易可能对国家安全造成影响，联席会议应在收到书面意见后5个工作日内启动特别审查程序。启动特别审查程序后，联席会议组织对并购交易进行安全评估，并结合评估意见对并购交易进行审查，意见基本一致的，由联席会议提出审查意见；存在重大分歧的，由联席会议报请国务院决定。联席会议自启动特别审查程序之日起60个工作日内完成特别审查，或报请国务院决定。审查意见由联席会议书面通知商务部。④在并购安全审查过程中，申请人可向商务部申请修改交易方案或撤销并购交易。⑤并购安全审查意见由商务部书面通知申请人。⑥外国投资者并购境内企业行为对国家安全已经造成或可能造成重大影响的，联席会议应要求商务部会同有关部门终止当事人的交易，或采取转让相关股权、资产或其他有效措施，消除该并购行为对国家安全的影响。

六、上海自贸区的外商投资管理体制改革

2013年9月29日中国(上海)自由贸易试验区正式成立。作为我国全面深化改

革和扩大开放的试验田,上海自贸区在外商投资领域也进行了管理模式的创新。

扩大服务业开放。选择金融服务、航运服务、商贸服务、专业服务、文化服务以及社会服务领域扩大开放,暂停或取消投资者资质要求、股比限制、经营范围限制等准入限制措施(银行业机构、信息通信服务除外),营造有利于各类投资者平等准入的市场环境。在金融服务领域的扩大开放措施见表4-1。

表4-1　上海自贸区在金融服务领域的扩大开放

1.银行服务(国民经济行业分类:J金融业——6620货币银行服务)	
开放措施	(1)允许符合条件的外资金融机构设立外资银行、符合条件的民营资本与外资金融机构共同设立中外合资银行。在条件具备时,适时在试验区内试点设立有限牌照银行 (2)在完善相关管理办法、加强有效监管的前提下,允许试验区内符合条件的中资银行开办离岸业务
2.专业健康医疗保险(国民经济行业分类:J金融业——6812健康和意外保险)	
开放措施	试点设立外资专业健康医疗保险机构
3.融资租赁(国民经济行业分类:J金融业——6631金融租赁服务)	
开放措施	(1)融资租赁公司在试验区内设立的单机、单船子公司不设最低注册资本限制 (2)允许融资租赁公司兼营与主营业务有关的商业保理业务

注:其他领域的扩大开放,详见《关于印发中国(上海)自由贸易试验区总体方案的通知》中的附件:"中国(上海)自由贸易试验区服务业扩大开放措施"。

建立负面清单管理模式。借鉴国际通行规则,对外商投资试行准入前国民待遇,制订试验区外商投资与国民待遇等不符的负面清单,改革外商投资管理模式。对负面清单之外的领域,按照内外资一致的原则,将外商投资项目由核准制改为备案制(国务院规定对国内投资项目保留核准的除外),由上海市负责办理;将外商投资企业合同章程审批改为由上海市负责备案管理,备案后按国家有关规定办理相关手续;工商登记与商事登记制度改革相衔接,逐步优化登记流程。在总结试点经验的基础上,逐步形成与国际接轨的外商投资管理制度。根据《关于印发自由贸易试验区外商投资准入特别管理措施(负面清单)的通知》,负面清单列明了不符合国民待遇等原则的外商投资准入特别管理措施,依据《国民经济行业分类》(GB/T 4754—2011)划分为15个门类、50个条目、122项特别管理措施。负面清单之外的领域,在自贸试验区内按照内外资一致原则实施管理。上海自贸区负面清单中关于金融业的特别管理措施见表4-2。

表 4-2　　上海自贸区负面清单中关于金融业的特别管理措施

领域	特别管理措施
银行业股东机构类型要求	境外投资者投资银行业金融机构，应为金融机构或特定类型机构，具体要求： (1)外商独资银行股东、中外合资银行外方股东应为金融机构，且外方唯一或者控股/主要股东应为商业银行 (2)投资中资商业银行、信托公司的应为金融机构 (3)投资农村商业银行、农村合作银行、农村信用(合作)联社、村镇银行的应为境外银行 (4)投资金融租赁公司的应为金融机构或融资租赁公司 (5)消费金融公司的主要出资人应为金融机构 (6)投资货币经纪公司的应为货币经纪公司 (7)投资金融资产管理公司的应为金融机构，且不得参与发起设立金融资产管理公司 (8)法律法规未明确的应为金融机构
银行业资质要求	境外投资者投资银行业金融机构须符合一定数额的总资产要求，具体包括： (1)外资法人银行外方唯一或者控股/主要股东、外国银行分行的母行 (2)中资商业银行、农村商业银行、农村合作银行、农村信用(合作)联社、村镇银行、信托公司、金融租赁公司、贷款公司、金融资产管理公司的境外投资者 (3)法律法规未明确不适用的其他银行业金融机构的境外投资者 境外投资者投资货币经纪公司须满足相关业务年限、全球机构网络和资讯通信网络等特定条件
银行业股比要求	境外投资者入股中资商业银行、农村商业银行、农村合作银行、农村信用(合作)联社、金融资产管理公司等银行业金融机构受单一股东和合计持股比例限制
外资银行	除符合股东机构类型要求和资质要求外，外资银行还受限于以下条件： (1)外国银行分行不可从事《中华人民共和国商业银行法》允许经营的“代理发行、代理兑付、承销政府债券”“代理收付款项”“从事银行卡业务”，除可以吸收中国境内公民每笔不少于100万元人民币的定期存款外，外国银行分行不得经营对中国境内公民的人民币业务 (2)外国银行分行应当由总行无偿拨付营运资金，营运资金的一部分应以特定形式存在并符合相应管理要求 (3)外国银行分行须满足人民币营运资金充足性(8%)要求 (4)外资银行获准经营人民币业务须满足最低开业时间要求
期货公司	期货公司属于限制类，须由中方控股
证券公司	证券公司属于限制类，外资比例不超过49% 单个境外投资者持有(包括直接持有和间接控制)上市内资证券公司股份的比例不超过20%；全部境外投资者持有(包括直接持有和间接控制)上市内资证券公司股份的比例不超过25%
证券投资基金管理公司	证券投资基金管理公司属于限制类，外资比例不超过49%

续表

领域	特别管理措施
证券和期货交易	不得成为证券交易所的普通会员和期货交易所的会员 不得申请开立 A 股证券账户以及期货账户
保险机构设立	保险公司属于限制类(寿险公司外资比例不超过 50%),境内保险公司合计持有保险资产管理公司的股份不低于 75% 申请设立外资保险公司的外国保险公司,以及投资入股保险公司的境外金融机构(通过证券交易所购买上市保险公司股票的除外),须符合中国保险监管部门规定的经营年限、总资产等条件
保险业务	非经中国保险监管部门批准,外资保险公司不得与其关联企业从事再保险的分出或者分入业务

完善国家安全审查制度,在试验区内试点开展涉及外资的国家安全审查,构建安全高效的开放型经济体系,对影响或可能影响国家安全、国家安全保障能力,涉及敏感投资主体、敏感并购对象、敏感行业、敏感技术、敏感地域的外商投资进行安全审查。安全审查范围为:外国投资者在自贸试验区内投资军工、军工配套和其他关系国防安全的领域,以及重点、敏感军事设施周边地域;外国投资者在自贸试验区内投资关系国家安全的重要农产品、重要能源和资源、重要基础设施、重要运输服务、重要文化、重要信息技术产品和服务、关键技术、重大装备制造等领域,并取得所投资企业的实际控制权。

2015 年 4 月,国务院下发《关于印发进一步深化中国(上海)自由贸易试验区改革开放方案的通知》,在外商投资领域主要涉及两点内容:一是进一步扩大服务业和制造业等领域开放。探索实施自贸试验区外商投资负面清单制度,减少和取消对外商投资准入限制,提高开放度和透明度。自贸试验区已试点的对外开放措施适用于陆家嘴金融片区、金桥开发片区和张江高科技片区。根据国家对外开放战略要求,在服务业和先进制造业等领域进一步扩大开放。在严格遵照全国人民代表大会常务委员会授权的前提下,自贸试验区部分对外开放措施和事中事后监管措施辐射到整个浦东新区,涉及调整行政法规、国务院文件和经国务院批准的部门规章的部分规定的,按规定程序办理。二是推进外商投资管理制度改革。对外商投资准入特别管理措施(负面清单)之外领域,按照内外资一致原则,外商投资项目实行备案制(国务院规定对国内投资项目保留核准的除外);根据全国人民代表大会常务委员会授权,将外商投资企业设立、变更及合同章程审批改为备案管理,备案后按国家有关规定办理相关手续。部分政策法规见表 4-3 所示。

表 4-3　　关于上海自贸区外商投资管理体制改革的部分政策法规

文件名称	发布单位	发布文号	发布日期
关于印发中国(上海)自由贸易试验区总体方案的通知	国务院	国发〔2013〕38 号	2013-09
关于金融支持中国(上海)自由贸易试验区建设的意见	中国人民银行	银发〔2013〕244 号	2013-12
关于在中国(上海)自由贸易试验区内暂时调整有关行政法规和国务院文件规定的行政审批或者准入特别管理措施的决定	国务院	国发〔2013〕51 号	2014-01
关于印发进一步深化中国(上海)自由贸易试验区改革开放方案的通知	国务院	国发〔2015〕21 号	2015-04
关于印发自由贸易试验区外商投资准入特别管理措施(负面清单)的通知	国务院办公厅	国办发〔2015〕23 号	2015-04
关于印发自由贸易试验区外商投资国家安全审查试行办法的通知	国务院办公厅	国办发〔2015〕24 号	2015-04
自由贸易试验区外商投资备案管理办法(试行)	商务部	商务部公告 2015 年第 12 号	2015-04
关于支持自由贸易试验区创新发展的意见	商务部	商资发〔2015〕313 号	2015-08
关于印发自由贸易试验区外商投资准入特别管理措施(负面清单)(2017 年版)的通知	国务院办公厅	国办发〔2017〕51 号	2017-06
上海自贸区金融服务业对外开放负面清单指引(2017 年版)	上海自由贸易试验区管委会	沪金融办〔2017〕137 号	2017-06
国务院关于在自由贸易试验区暂时调整有关行政法规、国务院文件和经国务院批准的部门规章规定的决定	国务院	国发〔2017〕57 号	2018-01
自由贸易试验区外商投资准入特别管理措施(负面清单)(2018 年版)	发改委、商务部	国家发改委、商务部令 2018 年第 19 号	2018-06
国务院关于支持自由贸易试验区深化改革创新若干措施的通知	国务院	国发〔2018〕38 号	2018-11

七、外商投资准入特别管理措施(负面清单)

2018年6月,国家发展改革委、商务部发布了《外商投资准入特别管理措施(负面清单)(2018年版)》。2018年版的负面清单,总的原则是以更大力度推进对外开放,不仅是清单长度的缩短,更重要的是重点领域的开放,主要有以下几个特点:一是全方位推进开放。一、二、三产业全面放宽市场准入,涉及金融、交通运输、商贸流通、专业服务、制造、基础设施、能源、资源、农业等各领域,共22项开放措施。二是大幅精简负面清单。2018年版负面清单保留48条特别管理措施,比2017年版63条减少了15条。清单条目少了,相应地将进一步缩小外商投资审批范围。三是对部分领域开放作出整体安排。2018年版负面清单,列出了汽车、金融领域对外开放路线图时间表,逐步加大开放力度,给予相关行业一定过渡期,增强开放的可预期性。

参照国际标准,2018年版负面清单以统一、透明的方式列明了股权要求、高管要求等特别管理措施。作为对外商投资实行准入前国民待遇加负面清单管理制度的基本依据,负面清单之外的领域,按照内外资一致原则实施管理,不得专门针对外商投资准入进行限制。总体而言,2018年版负面清单大幅度放宽市场准入,主要开放措施包括:一是大幅扩大服务业开放。我国服务业快速发展,新业态新模式竞相涌现,但发展水平、市场机制、服务供给有待提升。本次修订外商投资准入负面清单,服务业开放是重点。金融领域,取消银行业外资股比限制,将证券公司、基金管理公司、期货公司、寿险公司的外资股比放宽至51%,2021年取消金融领域所有外资股比限制。基础设施领域,取消铁路干线路网、电网外资限制。交通运输领域,取消铁路旅客运输公司、国际海上运输、国际船舶代理外资限制。商贸流通领域,取消加油站、粮食收购批发外资限制。文化领域,取消禁止投资互联网上网服务营业场所的规定。二是基本放开制造业。制造业是我国开放最早的领域,也是市场竞争最充分的领域,为进一步开放奠定了良好基础。2018年版负面清单,基本放开了制造业。汽车行业取消专用车、新能源汽车外资股比限制,2020年取消商用车外资股比限制,2022年取消乘用车外资股比限制以及合资企业不超过两家的限制。船舶行业取消外资限制,包括设计、制造、修理各环节。飞机行业取消外资限制,包括干线飞机、支线飞机、通用飞机、直升机、无人机、浮空器等各类型。三是放宽农业和能源资源领域准入。农业领域,取消小麦、玉米之外农作物种子生产外资限制。能源领域,取消特殊稀缺煤类开采外资限制。资源领域,取消石墨开采、稀土冶炼分离、钨冶炼外资限制。

八、中华人民共和国外商投资法

2019年3月,《中华人民共和国外商投资法》经第十三届全国人大二次会议通过，国家主席习近平签署第 26 号主席令公布该法。《外商投资法》是我国历史上第一个全面系统的外资立法，具有里程碑式意义，是贯彻落实党中央扩大对外开放、促进外商投资决策部署的重要举措。该法定于 2020 年 1 月 1 日起生效实施，将取代 1979 年颁布实施的《中外合资经营企业法》以及 1986 年和 1988 年出台的《外资企业法》和《中外合作经营企业法》（简称"外资三法"），是一部外资领域新的基础性法律，为新形势下进一步扩大对外开放、积极有效利用外资提供更加有力的制度保障。

《外商投资法》分为 6 章，包括总则、投资促进、投资保护、投资管理、法律责任和附则，共 42 条。《外商投资法》全面确立了对外商投资的准入前国民待遇加负面清单的管理制度，取消了逐案审批制管理模式，确定了外资在中国进行公平竞争的环境，进一步加强了对外资企业权益的保护，体现了我国外商投资管理体制的根本性变革。《外商投资法》是我国扩大对外开放政策思路的延续，将进一步提升中国市场对外资的吸引力，增强投资者信心。

案例研究

案例一：通用电气公司在中国的直接投资

通用电气公司（GE）是一家全球领先的科技、服务和金融公司，是全球最大的多元化企业，致力于解决世界上最棘手的问题。GE 的产品和服务范围广阔，从能源、石油天然气，到水处理、航空、运输、照明，再到金融、医疗，其客户遍及全球 180 多个国家和地区，拥有 30 多万员工。

早在 1906 年，GE 就开始发展同中国的贸易，是当时在中国最活跃、最具影响力的外国公司之一。1908 年，GE 在沈阳建立了第一家灯泡厂。1934 年，GE 买下了慎昌洋行，开始在中国提供进口电气设备的安装和维修服务。1979 年，GE 与中华人民共和国重建贸易关系。1991 年，第一家合资企业 GE 航卫医疗系统有限公司在北京成立。目前，GE 所有业务部门都已经在中国开展业务，拥有 2 万多名员工，并建立了 60 多个包括独资、合资企业以及研发中心等经营实体。2017 年，GE 在中国的订单额达到 81 亿美元。

在航空领域，GE 公司为中国航空公司提供了 4 700 多台飞机发动机。2009 年，GE 公司与法国斯奈克玛（赛峰集团）平股合资的 CFM 国际公司研发的 LEAP-1C 发动机，被中国商用飞机有限公司选为中国开发的 C919 大飞机的动力，GE 公司的 CF34-10A 还是中国 ARJ21 支线飞机的发动机。2010 年，GE 和中航工业集团成立的合资企业昂际航电被选为 C919 大飞机项目提供新一代航空电子系统。GE 航空集团还提供公务和通用航空发动机，为中国首款公务机——中航通用飞机有限公司生产的领世 AG300 型飞机提供 H85 涡桨发动机。

在能源领域,GE 积极为中国燃机事业的发展贡献绵薄之力,与哈电集团和南汽集团建立的重型燃机长期合作已走过十多年的历程。2006 年,GE 公司与国家发改委签署了合作协议,共同推进"绿色创想"节能环保技术在中国的开发和应用。2011 年,GE 和神华集团成立合资企业,致力于在中国发展煤气化技术。GE 还与中国华电集团公司成立合资企业,携手生产航改型燃气轮机,开发分布式热电联供产业。GE 风能业务已经为中国提供超过 1 300 台风力发电机,在沈阳拥有一家风机制造工厂。GE 水处理及工艺过程业务已覆盖整个过滤图谱的膜产品和化学助剂,为钢铁、电力、炼油、化工、食品饮料、电子和市政提供新鲜水、工艺水、循环水和废水处理等方面的解决方案。

在医疗领域,GE 医疗集团在中国业务范围广泛,包括研发、设计、采购、生产、销售、营销和服务等各个领域,在医学成像、软件和信息技术、患者监护和诊断、药物研发、生物制药技术、卓越运营解决方案等多个领域,助力专业医务人员为患者提供优质的医疗服务。GE 医疗集团在中国拥有重要的全球生产基地:在北京建有 CT 扫描系统和 X 光成像系统工厂,在上海有生命科学基地,在无锡建有超声和患者监护仪设备工厂,在桐庐建有滤纸生产基地,在天津建有磁共振成像系统生产基地。

在金融领域,GE 公司为中国客户提供飞机租赁、医疗金融、设备融资、商业分销融资等业务,GE 金融集团与国家电网成立了以设备租赁为主要业务的"英大汇通融资租赁有限公司"。

在研发方面,位于上海的 GE 中国研发中心是 GE 公司全球七大研发中心之一,是跨业务集团、跨研究领域的研发机构,为 GE 各业务集团提供基础科学研究、新产品开发、工程开发和采购服务。GE 在中国还拥有集研发、客户体验、服务、培训及运营为一体的成都、西安、哈尔滨和武汉四大创新中心。GE 在中国共有研发人员近 2 500 人,主要研究领域包括:清洁能源、水处理、材料科学、电力电子和实时控制、先进制造技术(3D 打印、智能工厂)、影像技术、化学和电气化学技术、传感与检测技术、LED 照明、航空系统整合、铁路运输等,并于 2014 年成立软件与分析中心,致力于推动工业互联网在中国的发展。

案例思考与讨论

1. GE 在中国直接投资的产业主要有哪些?是否符合中国现行的《外商投资产业指导目录》的相关规定?

2. GE 是如何加强和中国的合作的?每个行业是否采用相同的进入模式?在中国设立的企业的性质是否有区别?分别分析不同进入模式和企业性质的

利弊。

案例二：北京经济技术开发区的"星网工业园模式"

2001年12月20日，占地50公顷的星网工业园一期建成，日本三洋能源、中国台湾富士康等与诺基亚公司有配套合作关系的国际和国内主要的手机零配件厂商和服务提供商到星网工业园投资建厂，超过20家企业共同组建的世界级流动通信生产基地正式诞生。同一天，诺基亚集团董事长兼首席执行官约玛·奥利拉与当时的北京市市长刘淇签署合作备忘录，同样规模的"星网"二期建设开始启动。以诺基亚为龙头的星网工业园一期和二期是最具代表性的园中之园，项目总投资超过100亿元人民币，预计建成后年产值将达到500亿元人民币，并将创造1万个以上的就业机会，是北京目前最大的外商投资项目。

星网工业园是一种全新的利用外资模式，它是一种产业集群投资，是外商投资企业的一种扎堆现象，是不同于产品价值链的一种产业链或企业链的完整组合。在星网工业园内，从手机连接器和天线，到电池模组、按键模组、喷膜、印刷电路板，最后到手机组装，一应俱全，手机从组装到出货仅需一天。以诺基亚移动通信产品为龙头，将全球不同地域的原材料、零部件等供应商集中在一个生产空间，每个配件送到装配线的时间误差只有几分钟，所有企业没有任何库存。早晨进口料件上线生产，晚上产品进入国际零售市场，十几家厂商间的产品深加工结转4小时完成一次。投资的厂商落户全球最有市场潜力的区域，园区企业实现产品的零库存，海关监管与生产同步，时间、空间和资金的消耗减少到最低限度。保证原材料与产品零库存和运输零距离，从而有效地降低成本是星网工业园成功的奥秘所在。

案例思考与讨论

1. 星网工业园成功的奥秘是什么？为什么说星网工业园的建立代表着一种全新的利用外资模式？

2. 什么是产业集群投资？它是近年来跨国公司对外直接投资的一种新的趋势吗？

案例三：国家发展改革委对高通公司垄断行为责令整改并罚款60亿元

2015年2月，国家发展改革委对高通公司滥用市场支配地位实施排除、限制竞争的垄断行为依法做出处理，责令高通公司停止相关违法行为，处2013年度我国市场销售额8%的罚款，计60.88亿元。

2013年11月，国家发展改革委根据举报启动了对高通公司的反垄断审查。经调查取证和分析论证，高通公司在CDMA、WCDMA、LTE无线通信标准必要专利许可市场和基带芯片市场具有市场支配地位，实施了以下滥用市场支配地位的行为：一是收取不公平的高价专利许可费；二是没有正当理由搭售非无线通信标准必要专利许可；三是在基带芯片销售中附加不合理条件。高通公司的上述行为，排除、限制了市场竞争，阻碍和抑制了技术创新和发展，损害了消费者利益，违反了我国《反垄断法》关于禁止具有市场支配地位的经营者以不公平的高价销售商品、没有正当理由搭售商品和在交易时附加不合理交易条件的规定。

在反垄断调查过程中，高通公司能够配合调查，主动提出了一揽子整改措施。这些整改措施针对高通对某些无线标准必要专利的许可，包括：①对为在我国境内使用而销售的手机，按整机批发净售价的65%收取专利许可费；②向我国被许可人进行专利许可时，将提供专利清单，不得对过期专利收取许可费；③不要求我国被许可人将专利进行免费反向许可；④在进行无线标准必要专利许可时，不得没有正当理由搭售非无线通信标准必要专利许可；⑤销售基带芯片时不要求我国被许可人签订包含不合理条件的许可协议，不将不挑战专利许可协议作为向我国被许可人供应基带芯片的条件。高通提交的一揽子整改措施满足了调查和整改的要求。高通公司同时表示，将继续加大在我国的投资，谋求更好的发展。国家发展改革委对高通公司在我国持续投资表示欢迎，并支持高通公司对使用其受到专利保护的技术收取合理的专利费。

由于高通公司滥用市场支配地位实施垄断行为的性质严重，程度深，持续时间长，国家发展改革委在责令高通公司停止违法行为的同时，依法对高通公司处以2013年度在我国市场销售额8%的罚款。此次反垄断执法，制止了高通公司的垄断行为，维护了市场公平竞争秩序，保护了消费者利益。

案例思考与讨论

1.什么是反垄断审查？反垄断审查跟国家安全审查的目的和调查对象有何不同？

2.近年来有人觉得中国的外商投资环境变差了，你如何看待这个问题？

思考与练习

1.中国利用外商投资的发展历程与主要作用。

2.中国利用外商直接投资的主要方式。

3.中外合资经营企业和中外合作经营企业的区别点和相同点。

4.关于外商投资产业与地区政策方面的规定。

5.关于外国投资者并购境内企业的规定。

第五章 中国对外直接投资

China's Overseas Investment

对外直接投资是中国对外开放战略的一个重要组成部分，是"走出去"战略的主要内容，它与利用外商直接投资一起构成了中国资本要素国际流动方面有进有出的格局。本章先后论述了"走出去"战略，中国对外直接投资的发展特点与可能性，对外直接投资的管理，企业国际竞争力与对外直接投资的关系以及海外企业经营当地化等问题。本章的五节内容相互连贯，重点是第一、二、三节。

学习要点

Chinese overseas investment plays a significant role in the whole open-door strategy, and also is the main part of China's "go out" strategy. Chinese overseas investment and her utilization of FDI have together led to the situation of two-way capital flow in China. This chapter in sequence illustrates China's "go out" strategy, the characteristics and possibilities of Chinese overseas investment and its administration, the relationship between corporation's international competitiveness and overseas investment, and also the localization in overseas business operation. Section 1, section 2 and section 3 are the key parts in this chapter.

第一节　实施"走出去"战略与企业对外直接投资

一、"走出去"战略的含义和层次

中国的对外开放战略包括两个相互联系的方面："引进来"与"走出去"。在大力引进外资的同时，随着中国经济实力的增强和企业国际竞争力的提高，中国企业开始实行"走出去"战略，开始到世界各国进行海外投资，从事办厂开店等业务。对外直接投资的发展将为中国跨国公司的成长打下坚实的基础。

"走出去"战略有广义与狭义之分：广义的"走出去"战略指的是使中国的产品、服务、资本、技术、劳动力、管理以及中国企业本身走向国际市场，到国外去开展竞争与合作，到国外去发展；狭义的"走出去"战略是指中国企业所从事的各种对外直接投资活动，包括对外投资办厂、境外加工装配、境外资源开发、设立境外研发中心、建立国际营销网络、开展国际农业合资合作、开展跨国并购等，实质上是将各种生产要素输出到国外，将生产能力向国外延伸和布局。在现实中，有从广义角度讲的，也有从狭义角度讲的。目前，商务部使用的"走出去"概念是在狭义的基础上再加上对外工程承包与劳务合作。

本章主要从狭义角度探讨和使用"走出去"战略。"走出去"战略过去也称国际化经营战略、海外经营战略或跨国经营战略。"走出去"战略是与"引进来"战略（引进国外的资金、技术、管理、商品和服务等）相互对应着讲的，这两个方面共同构成了中国对外开放的完整格局，它们是相辅相成的两个方面。经济全球化加速发展的新形势和国与国之间经济上相互依存的加深，要求我们对这两方面都予以关注。

一个企业走出去可以大体分为三个层次：第一个层次是商品输出，是指货物、服务、技术、管理等商品和要素的输出，主要涉及货物贸易、服务贸易、技术贸易以及承包劳务等。第二个层次是资本输出，是指进行各种形式的对外直接投资。如果一家企业的"走出去"战略发展到了第二层次，特别是海外投资达到了一定的规模（在两个或两个以上的国家拥有企业）后，那么这家企业也就变成了跨国公司。第三个层次是品牌输出，当一家企业拥有了著名品牌以后，它不仅可以授权国外的企业使用该品牌，还可以利用品牌的影响力与国外开展合资合作，并且可以借助品牌的知名度扩大产品的销售，可以说品牌是大跨国公司参与国际竞争的有力武器。本章中所使用的"走出去"战略主要是指企业走出去的第二和第三个层次。

二、实施"走出去"战略的必要性和作用

(一)实施"走出去"战略是适应经济全球化发展的必然要求

在当今世界经济中,各国企业开展跨国经营已形成趋势和潮流,中国企业也不例外。能否在利用国外资源和市场发展中国经济方面取得新的突破,是关系到中国今后发展全局和前景的重大战略问题。经济全球化的发展把整个世界变成了一个"地球村",中国只有顺应这一潮流,突破国界的局限,把视野和目标从国内扩展到全球,建立一个在全球化环境中同样能够取得成功的经济体系,才能确保中国现代化目标的实现和长期持续地发展。经济全球化还使世界经济格局发生新的变化,几乎所有国家都感受到了由此而带来的巨大压力和深刻影响,各国政府不得不重新考虑自己在新的世界经济分工格局中的地位,认真分析如何在一个更加开放、更加相互依存、更加市场化的世界中生存与发展。实施"走出去"战略,是使中国的对外开放发展到一个新水平的重要举措。它的实行有利于中国适应经济全球化的新形势,更好地参与经济全球化的进程,在新的国际分工格局中占据有利地位,有利于发挥中国的比较优势,促进国内企业积极参与国际竞争与合作。

(二)实施"走出去"战略是合理配置资源和更好地利用国外资源的要求

世界上任何一个国家都不可能拥有经济发展所需要的全部资源,都会遇到资源约束的问题。经济发展所需要的资源既包括自然资源,也包括资本、技术、经济管理、经济信息、劳动力等生产要素。为了满足本国经济发展的需要,就需要从国外输入各种自然资源和各种生产要素,与此同时,也可以向国外输出本国相对充裕的各种资源和生产要素。利用本国和他国的不同资源和要素优势,实现资源和要素的国际合理流动与重新组合配置,获得绝对和相对利益,这也是实施"走出去"战略的一个重要动因。资源特别是关系到国计民生的战略资源仅依靠传统的贸易渠道获得是不稳定的,因此,需要我们审时度势,抓住机遇,通过对外投资,获得国内经济发展长期需要的短缺资源。

(三)实施"走出去"战略有利于经济结构调整和产业结构优化

要想在更广阔的空间里促进经济结构调整和产业结构优化配置,拓展新的经济发展空间和新的经济增长点,增强中国经济发展的动力和后劲,就需要实施"走出去"战略。20 世纪 90 年代以来,中国经济已经从卖方市场转向买方市场,国内家电、纺织、重化工和轻工等行业的生产能力过剩,产品积压,技术设备

闲置,造成浪费,亟须寻找新的市场。通过对外投资,带动国产设备、原材料以及半成品出口,可以有效拓展国际市场。在国内市场供过于求的情况下,一方面,企业要考虑转产,要考虑提升技术水平;另一方面,企业应积极走向国外,实施走出去战略,尤其是到海外投资设厂,向国外输出生产加工能力,把成熟的技术转移到其他有需求的市场上去。中国企业要想在国际市场占据更大的份额,必须在建立销售网络和售后服务网点的基础上,拓展新的生存和发展空间,变商品输出为资本输出,在国外投资设厂并按照当地需求生产和服务,从而向国际市场的纵深渗透。

(四)实施"走出去"战略是突破国外以反倾销等形式出现的贸易保护主义的需要

入世后,中国企业的产品进入国际市场将更加容易,但美国和欧盟均保留了在中国入世后15年内仍将中国视为非市场经济国家的条件,所以,可以肯定地说,入世后中国出口商品仍将面对反倾销调查。对付反倾销调查的方法除了有关企业联合起来应诉或借助世界贸易组织的争端解决机制求得解决以外,还有一个更为有效的方法就是变国内生产、国外销售为国外生产、国外销售,也就是进行海外投资,设立海外企业,企业直接走出去。中国企业应当学会通过海外投资的方式走出去,从而彻底避免反倾销调查。因为,联合应诉是一种被动的、即使赢了官司也会削弱企业竞争力的方法。实行"走出去"战略除了有利于突破反倾销方面的贸易保护主义之外,还有利于克服以原产地规则和反补贴等形式出现的贸易保护主义。

(五)实施"走出去"战略有利于提高中国的国际地位

提高中国的国际地位是"走出去"战略的多元目标之一。从事国际化经营的中国企业多了,中国的商品和技术走出去的多了,有利于在国际上树立中国的大国形象,提高中国的国际竞争力,提高中国的地位,维护和保障国家的安全与利益,促进祖国的统一,推动建立公正合理的国际经济新秩序。

(六)"走出去"战略的实行是发展中国自己的跨国公司的需要

要增强中国经济的国际竞争力,就需要建立中国自己的跨国公司。现在,中国已经有自己的跨国公司了,数量也不断增加,2018年进入世界500强的有120家(含台湾地区),但总体实力还比较弱,国际竞争力还不强。中国要大力发展自己的跨国公司,要形成若干家有国际影响的大跨国公司,就必须要加快发展海外投资。"走出去"战略的实行,将有力地催生和培育中国的跨国公司,加速中国跨国公司的成长壮大。

（七）入世后国内经营环境的变化和市场竞争的加剧迫使企业必须走出去

中国已经正式成为 WTO 成员，中国对外开放的步伐比入世前明显加快，国界对国际竞争的屏障作用越来越小，国内企业面临着发展空间受到挤压的危险。首先，入世后，由于贸易壁垒的大量减少和国民待遇的实施，外国商品和服务将更容易进入国内市场，随着国外商品和服务进入数量的增加，国内商品市场和服务市场将出现更加激烈的竞争，国内企业将面临更加困难的经营局面。其次，由于入世后国内服务市场将扩大对外资的市场准入，外国服务业企业尤其是服务业跨国公司将大举进入中国的金融、保险、电信、旅游、商业、外贸和专业服务等行业，因而国内市场这方面的竞争也将空前激烈，企业也将遇到挑战。再次，入世后，中国将根据世贸组织的原则对已经批准设立，目前仍在注册运营的 20 多万家外商投资企业逐步实行国民待遇，主要是取消给予外商投资企业的低国民待遇。取消给予外商投资企业的低国民待遇（如行业准入和业务经营限制等）将使内资企业以往所获得的一定程度的产业保护消失，从而增加生产经营风险和困难。

面对入世后日趋激烈的市场竞争，国内企业要积极地迎接挑战：一方面，要发挥本土作战优势，改进管理，勇于创新，切实提高竞争力；另一方面，就是要实施“走出去”战略，走向广阔的国际市场，寻找新的企业生存和发展空间。中国企业只有实施了“走出去”战略，才能更好地享受入世后所享有的权利，才能更好地抓住入世所带来的发展机遇。

第二节　中国企业对外直接投资的发展、特点与可能性

一、中国企业对外直接投资的发展

新中国成立后的 60 多年来，中国企业对外直接投资大体上经历了以下几个发展阶段。

第一阶段（1949—1978 年），为初步发展阶段。从新中国成立到实行改革开放政策以前的 30 年间，中国企业在海外开展了一些直接投资活动。这期间，为了开拓国际市场，发展与世界各国的贸易往来，各专业外贸总公司先后分别在巴黎、伦敦、汉堡、东京、纽约、新加坡和我国香港等国际大都市设立了海外分支机构，建立了一批贸易企业。与此同时，中国的一些与贸易相关的企业也在海外投资开办了一些远洋运输和金融等方面的企业。这是继新中国政府接管在香港的一批中资企业后，新中国国内企业自己到海外投资开办的首批企业。

这批海外企业的投资规模普遍较小，多分布在世界上的一些著名港口和大城市，主要从事贸易活动，基本属于贸易性的海外投资。这批海外企业的设立为新中国对外贸易事业的发展做出了积极的贡献。

第二阶段(1979—1985年)，为进一步发展阶段。自1979年中国实行改革开放政策以后，国内企业到海外投资办企业得到了较为迅速的发展。1979年11月，北京市友谊商业服务总公司与日本东京丸一商事株式会社在东京合资开办了“京和股份有限公司”，这是中国实行改革开放政策后在海外开办的第一家合资经营企业。该企业的主要经营范围是为北京市食品工业企业的更新改造引进技术和设备，在日本开办北京风味餐馆并提供厨师服务等。1980年3月，中国船舶工业总公司、中国租船公司与香港环球航运集团等共同投资5 000万美元，合资成立了“国际联合船舶投资有限公司”，总部设在百慕大，在香港设立“国际联合船舶代理公司”，从事代理中国船舶及船用设备的进出口和经营国际航运业务，中方占投资额的45%，这是当时中方投资额最大的海外合资企业。这一阶段，中国在海外投资开办的企业还有：在香港开办的从事金融业务的企业——中芝兴业财务有限公司，在日本开办的从事经济技术咨询服务的企业——京达股份有限公司，在阿拉伯也门开办的从事工程承包的企业——也中建筑工程有限公司，在荷兰开办的分别从事轮船代理业务和船舶物料供应的企业——跨洋公司与远通海运服务公司，在澳大利亚开办的从事航运代理业务的企业——五星航运代理股份有限公司等。

第三阶段(1986—1992年)，为加快发展阶段。在这一阶段，中国对外直接投资有了较快的发展，主要表现在：①参与海外投资的国内企业类型增加，不仅外经外贸企业，而且工业企业、商贸物资企业、科技企业及金融保险企业等也参与到了海外投资之中；②海外投资的领域进一步拓宽，在服务业、工农业生产加工、资源开发等几大产业内的若干行业中都有海外企业设立；③海外企业的数量增加，截至1992年底，海外非贸易性企业达1 360家，海外贸易性企业达2 600家左右，海外贸易性企业和非贸易性企业的中方投资总额达40多亿美元；④海外企业分布的国家和地区更加广泛，到1992年底，中国企业已经在世界120多个国家和地区设立了海外企业。

第四阶段(1993—1998年)，为调整发展阶段。由于整个国民经济发展中存在着经济发展过热、投资结构不合理、物价上涨过快等现象，从1993年中开始，国家决定实行经济结构调整，紧缩银根，让过热的经济软着陆。与此相应，海外投资业务也进入清理和整顿时期，国家主管部门对新的海外投资实行严格控制的审批政策，并对各部门和各地方已开办的海外企业进行重新登记，海外投资的发展速度开始放缓。在这6年间，中国对外直接投资为12.78亿美元，批准设立海外企业1 500家左右。通过对以往海外投资经验教训的总结和对中国企业国际竞争力现实状况的分析,在这一阶段的后期,中国政府提出了发展海外投资的新的战略方针:鼓励发展能够发挥我国比较优势的对外投资,更好地利用两个市场、两种资源;组建跨行业、跨部门、跨地区的跨国经营企业集团;在积极扩大出口的同时,要有领导有步骤地组织和支持一批有实力有优势的国有企业走出去,到国外,主要是到非洲、中亚、中东、东欧、南美等地投资办厂。新的海外投资战略方针的提出,预示着海外投资将出现新一轮快速发展时期。

第五阶段(1999 年开始至今),为新的较快发展阶段。从 1999 年开始,为了推动出口贸易的发展,加快产业结构的调整,向海外转移国内成熟的技术和产业,中国政府提出鼓励有实力的国内企业到海外投资,通过开展境外加工装配、就地生产就地销售或向周边国家销售,带动国产设备、技术、材料和半成品的出口,扩大对外贸易。上述新的政策措施被系统地概括成为“走出去”战略。为了加快实施“走出去”战略,商务部先后向 200 多家企业颁发了“境外加工贸易企业批准证书”。由境外加工贸易而引发的海外投资成为中国海外投资一个新的增长点,这种类型海外投资的加快发展还导致海外投资主体、方式和行业结构出现新的变化。目前,海外投资行为更趋合理,盲目投资减少,以市场为导向、以效益为中心正逐步成为中国企业海外投资遵循的基本原则。随着海外投资规模的扩大和海外投资企业数量的增加,中国的跨国公司也应运而生,按照跨国公司的定义来推算,目前中国已经有了一批自己的跨国公司。

根据商务部和国家外汇管理局统计,2017 年中国对外直接投资额 1 582.9 亿美元,首次出现负增长,其中非金融类直接投资 1 395.0 亿美元,占 88.1%,金融类 187.9 亿美元,占 11.9%。联合国贸发会议资料显示,2017 年中国对外直接投资流量位居世界第三位,存量位居第二位。截至 2017 年底,中国 2.55 万家境内投资者在国(境)外共设立对外直接投资企业 3.92 万家,分布在全球 189 个国家(地区),对外直接投资累计净额(存量)18 090.4 亿美元。

二、中国企业对外直接投资的特点

中国企业对外直接投资具有以下特点:

第一,从发展规模和投资主体看,海外投资发展速度比较快,平均投资规模逐步扩大,投资主体不断优化。自从实行改革开放政策以来,中国对外直接投资就在原来较低的基础上获得了迅速的发展,并已形成一定规模,海外投资企业数量和对外直接投资金额的年均增长率都较高。近年来,国内一些规模较大的行业排头兵企业、技术较先进的企业以及具有名牌商品的优秀企业加入海外投资的行列中来。2017 年,中国对外直接投资主体继续保持多元化的特点,占据前三位的是:国有企业,占整个境内投资主体投资存量的比重为49.1%;有限责任公司,所占比重为16.4%;股份有限公司,所占比重为8.7%。在投资主体不断优化的同时,海外投资企业的中方平均投资规模也在不断扩大,据商务部统计,平均投资规模早已超过1 000万美元。

第二,从地区分布看,海外投资企业分布的国家和地区广泛,越来越呈现出多元化趋势。2017年末,中国境内投资者共在全球189个国家(地区)设立对外直接投资企业3.92万家,遍布全球超过80%的国家(地区),其中:亚洲的境外企业覆盖率高达97.9%,欧洲和非洲分别为87.8%和86.7%,北美洲为75%,拉丁美洲为67.3%,大洋洲为50%。从企业数量来看,中国在亚洲设立的境外企业数量超过2.2万家,占56.3%;北美洲超过5 900家,占15.1%;欧洲近4 200家,占10.7%;非洲超过3 400家,占8.7%;拉丁美洲2 200多家,占5.7%;大洋洲1 300多家,占3.5%。从投资存量来看,中国在亚洲的投资存量为11 393.2亿美元,占63%;拉丁美洲3 868.9亿美元,占21.4%;欧洲1 108.6亿美元,占6.1%;北美洲869.1亿美元,占4.8%;非洲433亿美元,占2.4%;大洋洲417.6亿美元,占2.3%。总体来看,中国海外企业的分布格局与中国对外贸易的市场结构有着一定的联系。

第三,从行业分布看,第一、第二和第三产业都有分布。2017年末,中国对外直接投资存量的79.8%分布在第三产业(即服务业),金额为14 439.3亿美元;19.5%分布在第二产业,金额为3 533.2亿美元;0.7%分布在第一产业,金额为117.9亿美元。如果按行业类别进一步细分,存量规模上千亿美元的行业有六个:租赁和商务服务业(6 157.7亿美元,占34.1%)、批发和零售业(2 264.3亿美元,占12.5%)、信息传输/软件和信息技术服务业(2 189亿美元,占12.1%)、金融业(2 027.9亿美元,占11.2%)、采矿业(1 576.7亿美元,占8.7%)和制造业(1 403亿美元,占7.8%)。

第四,从出资方式、企业所有权结构和设立方式看,出资方式多种多样,海外企业以合资合作居多,设立方式新建与并购并举。中国企业对外直接投资的出资方式(或称投资方式)越来越多样化,有的以现汇出资(含企业自有资金和国内贷款),有的以从国外获得的贷款出资,有的以国内机械设备等实物出资,还有的以国内的技术专利或专有技术(含劳务)出资。中国海外投资企业的设立多采用新建方式(含股本投资、利润再投资和其他投资),采用国际上较流行的收购与兼并(含股权置换)方式设立的原来较少,近十年有所增加,2017年中国对外直接投资并购金额达1 196.2亿美元,占当年对外直接投资流量的21.1%。

第五,从与国内母公司的关系看,海外投资企业对国内母(总)公司的依赖仍然比较重,自我开拓和横向联系能力有待加强(境外企业绝大多数为子公司或分支机构,联营公司的比例很小)。就目前的状况而言,中国部分海外投资企业各方面业务多由国内直接控制,是国内母公司的补充,没有在海外当地形成属于本企业自己的营销网络和信息渠道。还有一些海外企业只是与母公司进行双向联系,海外企业之间以及海外企业与当地企业之间的横向联系较少。一些海外企业还没有树立在海外独立作战的意识,没有自己独立的品牌,没有把整个世界市场作为经营与赚钱的舞台,以实现在全球范围内进行资源优化配置和产品生产与销售的合理布局。

三、中国企业开展对外直接投资的可能性和条件

现阶段,中国企业到海外投资创办企业的可能性和条件主要有:

首先,中国已经拥有一批具有一定实力且在国际上享有信誉的企业。在美国《财富》杂志公布的2018年世界500强企业中,中国有120家企业入围,仅次于美国(126家)。其中:中国内地公司103家,香港地区公司8家,台湾地区公司9家。有3家进入了前10名,国家电网公司、中国石油化工集团公司和中国石油天然气集团公司分别名列第2、第3和第4位。根据联合国贸发会议《2018年世界投资报告》,按海外资产多少评选公布了"2016年发展中国家非金融类跨国公司100强",中国内地有24家公司入选,这24家中国跨国公司控制着约5 219亿美元的海外资产,海外雇员84.9万人。美国《工程新闻纪录》(ENR)评选的2018年国际承包商250强中,中国内地共有69家企业入选,上榜企业数量创历史新高。在英国《银行家》杂志评选的"2018年全球银行1000强"中,中国有135家入选,其中中国工商银行、中国建设银行、中国银行和中国农业银行都进入了前10名。上述事实说明,中国已有一批在国际上具有一定实力和影响力的企业。这些企业管理科学,经营机制先进,信誉较好,有一定的跨国经营和海外投资办厂经验,比较优势明显。它们可用自有资金进行海外投资,也可以利用在国际金融市场上筹集的资金进行海外投资。另外,中国的大多数大型企业或企业集团都已制定了国际化经营战略,这也将有力地促进和推动中国海外投资事业的发展。

其次,中国已经具有一定的资金实力。2018年,中国外贸出口达181 835亿元,当年年底国家外汇储备余额达30 727亿美元,当年中国的人均GDP约为64 644元。这些数字说明,中国每年拿出一部分资金进行海外投资和创办海外投资企业是有条件的。应当说,中国国际资本流动格局中流入大于流出的状况还会存在若干年,但这种格局正在逐步发生变化,流出与流入之间的差额正在逐步缩小。中国正在由贸易大国向投资大国转变,正在由对外直接投资的潜在大国向现实大国转变。中国已经发展到应适当加快海外投资的新阶段,资金方面的有来有往是当今国际经济发展的潮流,两者之间是可以相互促进的。

再次,中国在技术和设备方面具有比较优势。进行海外投资在技术和设备方面具有比较优势是完全可以的,不一定要具有绝对优势,只要相对于东道国来讲具有比较优势就可以进行投资。中国在一些技术领域是拥有国际先进水平的,而且还具有大量的适用技术、特色技术和传统技术,技术商品的价格相对便宜,这些技术在广大发展中国家是受欢迎的。同样,在单项设备和成套设备方面中国也具有相对优势。特别是近年来中国国内许多产品变成长线产品,许多企业的生产能力闲置,因此,也迫切需要借助海外投资向海外转移具有一定竞争力的设备和技术。

最后,中国在管理和人才方面也具有一定的优势。尽管中国企业的总体管理水平同发达国家相比还有差距,但是,在一些地区和行业以及一些企业中管理水平还是比较先进的。例如,近年来中国青岛海尔集团公司以其卓有成效的管理而在国际上扬名,其管理经验和案例已经进入国外著名商学院的课堂和教科书。在改革开放的过程中,中国一些企业已经培养和锻炼了一批熟悉国际惯例和市场环境,有能力在海外从事生产、经营和管理的人才。

总之,无论是从客观条件还是从主观条件来看,中国企业进行海外投资和跨国经营都是具有可能性的。我们应当以更加积极的姿态,推动这项大有希望的事业的发展,促进更多的中国企业走出去,使它们在国际经济舞台上扮演更加重要的角色。

第三节　中国对外直接投资的管理

一、中国对外直接投资的宏观管理

对海外投资的宏观管理主要是指国家政府各级主管部门依据中国法律和现行的相关政策,通过行政、经济和法律等手段,对中国公司、企业和其他经济组织在境外投资设立的合资与合作企业的中方和独资企业进行的管理。上述政府各级主管部门包括:商务部、国家发展和改革委员会、国有资产监督管理委员会、财政部、国家外汇管理局、劳动与社会保障部、海关总署等国务院直属职能部门以及各省、市、自治区、计划单列市的外经贸管理部门等。宏观管理是多方面多层次的,主要有对海外投资的促进、扶持、核准、保护、奖励、限制、监督、检查、惩罚和撤销等。现阶段,对海外投资的宏观管理分为综合性归口管理、专业性管理、地方政府的管理和中国驻外使领馆的管理四个方面。

商务部(原外经贸部)、国家发展和改革委员会是国务院授权的海外投资业务的归口管理部门,其主要管理职能有:制定海外投资的有关管理办法;根据有关制度对海外投资进行统计并发布公报;对海外投资企业进行年检;制定海外投资的国别产业导向目录;制定鼓励和扶持海外投资的措施等。商务部的归口管理是宏观管理的一个重要方面。这些年来,商务部先后制定了一系列有关对外投资管理的规定和办法,如境外投资开办企业核准事项的规定、对外直接投资统计制度等。目前,有关境外投资的管理体系、法规体系、促进体系、服务体系和保障体系等正在陆续建立和逐渐完善。

2014 年,国家发展和改革委员会发布了《境外投资项目核准和备案管理办法》。该办法与 2004 年发布的《境外投资项目核准暂行管理办法》主要有三个方面的变化:一是大幅提高境外投资项目核准权限、缩小核准范围,对一般境外投资项目一律实行备案制。境外投资项目不再区分资源类和非资源类,除涉及敏感国家或地区、敏感行业的项目外,国家发改委核准权限由资源开发类中方投资 3 亿美元、非资源开发类中方投资 1 亿美元及以上统一提到中方投资 10 亿美元及以上,中方投资 10 亿美元以下项目一律实行备案。原规定的核准范围包括境内各类法人通过在境外控股的企业或机构在境外实施的投资项目,而该办法实施以后,已在境外设立的中资企业在境外实施的再投资项目,如不需要境内投资主体提供融资或担保,不再需要办理核准或备案。二是简化程序、明确时限,提升境外投资项目核准和备案规范化、便利化水平。对于需要国家发改委核准或由国家发改委报国务院核准的项目,地方企业直接向所在地的省级发展改革部门提交项目申请报告,由省级发展改革部门提出审核意见后上报国家发改委核准,属于国家发改委备案的项目也采取同样程序,不再要求地方企业按照县、市、省层层申报。同时对境外投资项目核准、备案的全流程办理时限均进行了明确,项目核准办理时限为 20 个工作日(不包括委托评估时间),项目备案办理时限为 7 个工作日,并对核准、备案条件也进行了简化。三是突出依法行政、明确责任、加强监管、维护秩序。根据国务院关于强化行政问责、严格责任追究的要求,新增加了第五章关于"法律责任"的相关内容,明确规定国家发改委工作人员如有滥用职权、玩忽职守等违反规定程序和条件办理项目核准、备案等行为的,依据《行政机关公务员处分条例》等有关规定追究有关责任人的责任。同时,根据权力和责任同步下放、调控和监管同步到位的原则,明确了国家发改委加强境外投资项目指导和监督职责,维护境外投资良好工作秩序。明确规定对于未按规定办理核准或者备案的项目,有关部门不得办理相关手续,金融机构不得发放贷款,从而加强跨部门的工作衔接和联合执法,推进形成境外投资项目管理的合力。除了颁布和实施《境外投资项目核准和备案管理办法》之外,国家发改委在备案管理方面将进一步推进便利化。首先是对于境外投资项目备案管理一律实行表格化申报和办理,不再要求申报单位提供项目申请报告,只需按规定填报备案表格及必要的附件,大大节省企业准备申报材料的时间和成本。同时,国家发改委正在开发全国境外投资网上备案系统,利用互联网进行备案,申报单位可以足不出户通过互联网提交备案申请,并可实时跟踪项目办理进程,这将大幅提升企业境外投资便利化水平。

2014 年,商务部发布了新修订的《境外投资管理办法》,进一步确立企业对外投资主体地位、提高境外投资便利化水平。《境外投资管理办法》主要特点有:一是确立"备案为主、核准为辅"的管理模式,对我企业在敏感国家和地区、敏感行业的投资实行核准管理,其余均实行备案;二是缩小核准范围、缩短核准时限,取消了对特定金额以上境外投资实行核准的规定,并将核准时限缩短了 5 个工作日;三是明确备案要求和程序,企业只要如实、完整地填报《备案表》,即可在 3 个工作日内获得备案;四是由省级商务主管部门负责地方企业的备案工作,便利企业就地办理业务,省级商务主管部门负责地方企业境外投资开办企业的备案管理,自行印制并颁发《企业境外投资证书》;五是政府提供公共服务,加强对企业的指导和规范,在明确政府将继续为企业提供服务的同时,加大了对企业境外投资行为进行指导和规范的力度。

2018 年 1 月,商务部等七部委共同发布了《对外投资备案(核准)报告暂行办法》(商合发〔2018〕24 号),成为引导和规范对外投资发展的一项重要基础性制度,其主要特点包括:一是建立了"管理分级分类、信息统一归口、违规联合惩戒"的对外投资管理模式;二是明确对外投资备案(核准)按照"鼓励发展+负面清单"进行管理;三是明确对外投资备案(核准)实行最终目的地管理原则;四是明确"凡备案(核准)必报告"的原则;五是明确对外投资事中事后监管的主要方式;六是明确强化信息化手段开展对外投资管理工作。

对境外投资的专业性管理包括外汇管理、国有资产管理和劳动工资管理。国家外汇管理局、中国人民银行、国有资产监督管理委员会、劳动与社会保障部等是中国境外投资业务的协助管理部门,主要负责与境外投资有关的外汇汇出汇入、资金投放、劳动工资和境外国有资产管理等方面政策的制定、执行和监督。2011 年国务院国有资产监督管理委员会颁布了《中央企业境外国有产权管理暂行办法》和《中央企业境外国有资产监督管理暂行办法》,2012 年颁布了《中央企业境外投资监督管理暂行办法》,2017 年又颁布了《中央企业境外投资监督管理办法》,2014 年商务部等 5 部委联合发布了《关于进一步加强境外中资企业安全生产监督管理工作的通知》,2015 年国家外汇管理局发布了《关于进一步简化和改进直接投资外汇管理政策的通知》,2017 年国家发改委等 28 个部门联合发布了《关于加强对外经济合作领域信用体系建设的指导意见》,2018 年中国人民银行发布了《关于进一步完善人民币跨境业务政策促进贸易投资便利化的通知》,这些专项法规使境外投资管理有法可依,发挥了积极的作用。

各省、市、自治区、计划单列市政府和国务院有关部委依照国家的有关法规,对本地区和本部门的企业开展的海外投资业务的管理也属于政策性的宏观调控和管理。地方政府和有关部委的职能主要是根据本地区、本行业的综合优势与特点,在国家统一规划的范围内,确定本地区、本行业的重点投资方向和领域,制定有关境外投资的各种具体管理办法和措施。

中国驻外使(领)馆经济商务参赞处(室)也负责对设在所在国(地区)的中国海外投资企业进行指导和管理。这方面管理的具体内容包括:维护中国独资企业和合营企业中方的正当权益;监督检查中国在当地投资的独资企业与合营企业中方贯彻执行国家的方针政策、遵守所在国(地区)法律法规的情况;协调中国境外企业与当地政府的关系,使其生产经营活动有利于推动两国间经济联系的健康发展。

总体而言,国家对海外投资宏观管理的目标主要有五个:一是对海外投资的规模与总量进行调控;二是调整和优化海外投资的地区、国别、行业(领域)、主体、方式结构;三是提高海外投资的经济与社会效益;四是确保海外国有资产的保值和增值;五是为海外投资活动和海外投资企业提供各方面的服务。

二、中国对外直接投资的行业导向

近年来,全球经济低迷、产业结构加速调整,而国内市场疲软、处于"三期叠加"阶段。面对国内外的发展困境,中国政府不断加强对海外投资的行业指引。2015 年,我国相继发布了《推动共建丝绸之路经济带和 21 世纪海上丝绸之路的愿景与行动》和《关于推进国际产能和装备制造合作的指导意见》,加速推进优势产能的海外投资,将与我装备和产能契合度高、合作愿望强烈、合作条件和基础好的发展中国家作为重点国别,并积极开拓发达国家市场,以点带面,逐步扩展。海外投资的重点行业包括钢铁、有色、建材、铁路、电力、化工、轻纺、汽车、通信、工程机械、航空航天、船舶和海洋工程等。

立足国内优势,推动钢铁、有色行业对外产能合作。结合国内钢铁行业结构调整,以成套设备出口、投资、收购、承包工程等方式,在资源条件好、配套能力强、市场潜力大的重点国家建设炼铁、炼钢、钢材等钢铁生产基地,带动钢铁装备对外输出。结合境外矿产资源开发,延伸下游产业链,开展铜、铝、铅、锌等有色金属冶炼和深加工,带动成套设备出口。

结合当地市场需求,开展建材行业优势产能国际合作。根据国内产业结构调整的需要,发挥国内行业骨干企业、工程建设企业的作用,在有市场需求、生产能力不足的发展中国家,以投资方式为主,结合设计、工程建设、设备供应等多种方式,建设水泥、平板玻璃、建筑卫生陶瓷、新型建材、新型房屋等生产线,提高所在国工业生产能力，增加当地市场供应。

加快铁路“走出去”步伐，拓展轨道交通装备国际市场。以推动和实施周边铁路互联互通、非洲铁路重点区域网络建设及高速铁路项目为重点，发挥我国在铁路设计、施工、装备供应、运营维护及融资等方面的综合优势，积极开展一揽子合作。积极开发和实施城市轨道交通项目，扩大城市轨道交通车辆国际合作。在有条件的重点国家建立装配、维修基地和研发中心。加快轨道交通装备企业整合，提升骨干企业国际经营能力和综合实力。

大力开发和实施境外电力项目，提升国际市场竞争力。加大电力“走出去”力度，积极开拓有关国家火电和水电市场，鼓励以多种方式参与重大电力项目合作，扩大国产火电、水电装备和技术出口规模。积极与有关国家开展核电领域交流与磋商，推进重点项目合作，带动核电成套装备和技术出口。积极参与有关国家风电、太阳能光伏项目的投资和建设，带动风电、光伏发电国际产能和装备制造合作。积极开展境外电网项目投资、建设和运营，带动输变电设备出口。

加强境外资源开发，推动化工重点领域境外投资。充分发挥国内技术和产能优势，在市场需求大、资源条件好的发展中国家，加强资源开发和产业投资，建设石化、化肥、农药、轮胎、煤化工等生产线。以满足当地市场需求为重点，开展化工下游精深加工，延伸产业链，建设绿色生产基地，带动国内成套设备出口。

发挥竞争优势，提高轻工纺织行业国际合作水平。发挥轻纺行业较强的国际竞争优势，在有条件的国家，依托当地农产品、畜牧业资源建立加工厂，在劳动力资源丰富、生产成本低、靠近目标市场的国家投资建设棉纺、化纤、家电、食品加工等轻纺行业项目，带动相关行业装备出口。在境外条件较好的工业园区，形成上下游配套、集群式发展的轻纺产品加工基地。把握好合作节奏和尺度，推动国际合作与国内产业转型升级良性互动。

通过境外设厂等方式，加快自主品牌汽车走向国际市场。积极开拓发展中国家汽车市场，推动国产大型客车、载重汽车、小型客车、轻型客车出口。在市场潜力大、产业配套强的国家设立汽车生产厂和组装厂，建立当地分销网络和维修维护中心，带动自主品牌汽车整车及零部件出口，提升品牌影响力。鼓励汽车企业在欧美发达国家设立汽车技术和工程研发中心，同国外技术实力强的企业开展合作，提高自主品牌汽车的研发和制造技术水平。

推动创新升级，提高信息通信行业国际竞争力。发挥大型通信和网络设备制造企业的国际竞争优势，巩固传统优势市场，开拓发达国家市场，以用户为核心，以市场为导向，加强与当地运营商、集团用户的合作，强化设计研发、技术支持、运营维护、信息安全的体系建设，提高在全球通信和网络设备市场的竞争力。鼓励电信运营企业、互联网企业采取兼并收购、投资建设、设施运营等方式"走出去",在海外建设运营信息网络、数据中心等基础设施,与通信和网络制造企业合作。鼓励企业在海外设立研发机构,利用全球智力资源,加强新一代信息技术的研发。

整合优势资源,推动工程机械等制造企业完善全球业务网络。加大工程机械、农业机械、石油装备、机床工具等制造企业的市场开拓力度,积极开展融资租赁等业务,结合境外重大建设项目的实施,扩大出口。鼓励企业在有条件的国家投资建厂,完善运营维护服务网络建设,提高综合竞争能力。支持企业同具有品牌、技术和市场优势的国外企业合作,鼓励在发达国家设立研发中心,提高机械制造企业产品的品牌影响力和技术水平。

加强对外合作,推动航空航天装备对外输出。大力开拓发展中国家航空市场,在亚洲、非洲条件较好的国家探索设立合资航空运营企业,建设后勤保障基地,逐步形成区域航空运输网,打造若干个辐射周边国家的区域航空中心,加快与有关国家开展航空合作,带动国产飞机出口。积极开拓发达国家航空市场,推动通用飞机出口。支持优势航空企业投资国际先进制造和研发企业,建立海外研发中心,提高国产飞机的质量和水平。加强与发展中国家航天合作,积极推进对外发射服务。加强与发达国家在卫星设计、零部件制造、有效载荷研制等方面的合作,支持有条件的企业投资国外特色优势企业。

提升产品和服务水平,开拓船舶和海洋工程装备高端市场。发挥船舶产能优势,在巩固中低端船舶市场的同时,大力开拓高端船舶和海洋工程装备市场,支持有实力的企业投资建厂、建立海外研发中心及销售服务基地,提高船舶高端产品的研发和制造能力,提升深海半潜式钻井平台、浮式生产储卸装置、海洋工程船舶、液化天然气船等产品国际竞争力。

2017 年,国务院办公厅转发《关于进一步引导和规范境外投资方向的指导意见》,部署加强对境外投资的宏观指导,引导和规范境外投资方向,推动境外投资持续合理有序健康发展。鼓励开展的境外投资包括:一是重点推进有利于"一带一路"建设和周边基础设施互联互通的基础设施境外投资;二是稳步开展带动优势产能、优质装备和技术标准输出的境外投资;三是加强与境外高新技术和先进制造业企业的投资合作;四是在审慎评估经济效益的基础上稳妥参与境外能源资源勘探和开发;五是着力扩大农业对外合作;六是有序推进服务领域境外投资。限制开展的境外投资包括:一是赴与我国未建交、发生战乱或者我国缔结的双边、多边条约或协议规定需要限制的敏感国家和地区开展境外投资;二是房地产、酒店、影城、娱乐业、体育俱乐部等境外投资;三是在境外设立无具体实业项目的股权投资基金或投资平台;四是使用不符合投资目的国技术标准要求的落后生产设备开展境外投资;五是不符合投资目的国环保、能耗、安全标准的境外投资。禁止开展的境外投资包括：一是涉及未经国家批准的军事工业核心技术和产品输出的境外投资；二是运用我国禁止出口的技术、工艺、产品的境外投资；三是赌博业、色情业等境外投资；四是我国缔结或参加的国际条约规定禁止的境外投资；五是其他危害或可能危害国家利益和国家安全的境外投资。

2018 年，国家发改委发布《境外投资敏感行业目录(2018 年版)》，目录包括：武器装备的研制生产维修、跨境水资源开发利用、新闻传媒，以及根据《国务院办公厅转发国家发展改革委、商务部、人民银行、外交部关于进一步引导和规范境外投资方向指导意见的通知》需要限制企业境外投资的行业——房地产、酒店、影城、娱乐业、体育俱乐部、在境外设立无具体实业项目的股权投资基金或投资平台。

第四节　企业国际竞争力与对外直接投资

一、企业国际竞争力的概念

(一)企业国际竞争力及与其他几个相关概念的关系

企业国际竞争力是指在世界经济的大环境下，一国企业以较国外的竞争者更有吸引力的价格、质量和售后服务进行生产并销售货物和服务，或者以资金、技术、管理和品牌等方面的比较优势到国外投资办厂并在与当地企业的竞争中不断发展的能力。在经济全球化的时代，一方面，企业为了生存和发展要走向国际市场，开展跨国经营，介入国际竞争，寻求国外的资源、技术和销售空间等；另一方面，随着各国市场越来越开放以及相互贸易与投资的增加，企业虽然未出国门，也难免在国内市场遭遇很多外来竞争者。在今天，不论企业是在国内还是在国外，为了持续发展，都必须具备参与国际竞争的实力。

国际竞争能力已成为现代企业不可或缺的一种力量。企业无论从事对外贸易活动还是从事对外直接投资业务，都必须以具备一定的国际竞争力作为前提和基础。当然，开展跨国经营后，企业将面临相对陌生的环境和激烈的市场竞争，这对企业无疑既是考验也是锻炼，因而也有利于锤炼企业的国际竞争力，从另一方面讲也有提高竞争力的作用。

一家企业如果具有国际比较优势或竞争优势也就意味着其具有一定的国际竞争力，因为优势是竞争能力的表现。当然，要将潜在的比较优势转化成现实的竞争优势，还需要企业或政府采取一些具体的政策措施加以推动。拥有国际绝对优势则表示拥有绝对的国际竞争力，但这很难做到，即使做到了，在竞争激烈和技术更新周期不断缩短的情况下也很难长久保持。国际竞争力可以分为国家整体竞争力和企业竞争力两个方面，企业竞争力是国家竞争力的核心，是一国整体国际竞争力的基础。

在研究企业国际竞争力问题时，经常要遇到产品国际竞争力、产业国际竞争力和国家竞争力等概念，这些都是国际竞争力在不同层次和角度上的体现。产品国际竞争力是企业国际竞争力的一项具体指标，是指在国际市场上一项产品或服务由于其使用价值的特殊性或价格优势而形成的占有市场、持续获取利润的能力。产业国际竞争力指的是一国特定产业以其比其他国家相关产业更高的生产管理能力，向国际市场出口并销售产品或服务，或者是进入他国市场投资创办企业并生存发展下去的能力。国家竞争力也称为国家国际竞争力，是一个国家的经济、科技、企业管理、政府管理、基础设施、国民素质等在国际上的地位和影响力，是一国通过国际交流和国际交换保障并扩大其国民利益的能力。国家竞争力不同于综合国力，综合国力讲的是一国的整体实力，偏重静态分析；国家竞争力分析既包括静态也包括动态，既包括综合国力，也包括实现和提高综合国力的社会经济环境的竞争力以及保持长期持续发展的内在的成长能力。

上面提到的产品、企业和产业国际竞争力都受一定的贸易条件的影响，我们所定义和分析的竞争力是指在自由贸易（投资）或排除贸易壁垒和投资限制的条件下，产品、企业和产业在国际市场上的状况和地位。这几个概念密切相关，但又彼此区别，它们之间的关系可以用图 5-1 来表示。

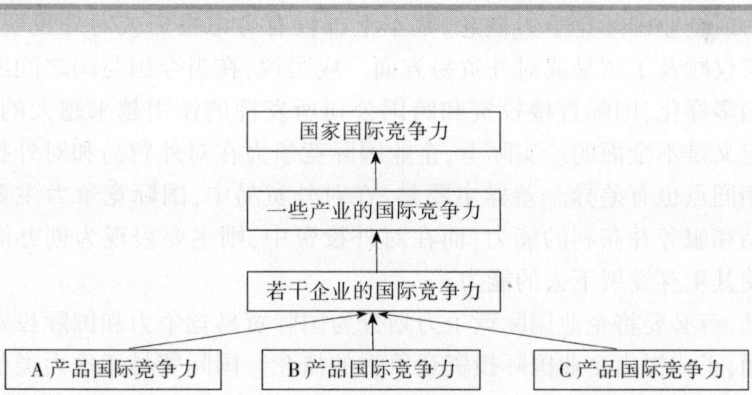

图 5-1 产品、企业、产业和国家国际竞争力的关系

不可否认，在这几个概念中，位于最基础地位的是产品的国际竞争力，只有有形的商品和无形的服务卖出去了,才可谈及其他的国际竞争力,否则便无从谈起。但是,最核心的还是企业的国际竞争力,因为:①企业是参与国际竞争的能动的主体,是社会生产的细胞,是社会财富的主要创造者,企业竞争力的内涵比产品竞争力的内涵要丰富得多;②产品是由企业生产的,产品又在不断地更新换代,其生命周期比企业短;③企业竞争力是核心,这可以从产业竞争力与企业竞争力的相互关系中看出,某个产业具有国际竞争力,说到底是因为这个产业中有若干企业已经有了国际竞争力。当一个国家的若干产业在国际上显示出比较强的竞争力的时候,从经济角度而言,这个国家也就同时具备了较强的国际竞争力。企业是竞争的主角,是推动竞争力提高的"引擎",企业国际竞争力决定了产业国际竞争力,进而也就决定了一国国家竞争力的强弱。

由此可见,从产品竞争力到国家竞争力,是从微观到宏观内在逻辑的体现:产品是企业生产的,若干企业的竞争力构成一个产业的竞争力,若干产业的竞争力构成一个国家的竞争力。国家竞争力居于最宏观和最高层次,集其他几个层次竞争力之大成,无论是提升企业竞争力还是提升产业竞争力,都是为了增强国家的国际竞争力,提高国家竞争力是当今一个国家经济社会发展的首要目标之一。

(二)对企业国际竞争力现有概念的评价

上述关于企业国际竞争力的概念,既包括企业国际竞争力在对外贸易方面的反映,也包括了企业国际竞争力在对外投资方面的表现。目前存在的一些企业竞争力或企业国际竞争力概念,基本上都没有考虑投资或对外投资问题,所下定义仅仅顾及了贸易或对外贸易方面。应当说,在当今国与国之间经济交往方式日趋多样化,国际直接投资和跨国公司所发挥的作用越来越大的情况下,这样的定义是不全面的。实际上,企业国际竞争力在对外贸易和对外投资中的表现有相同点也有差异。差异主要是:在对外贸易中,国际竞争力主要表现为销售产品和服务并获利的能力,而在对外投资中,则主要表现为创办海外投资企业并使其生存发展下去的能力。

因此,有必要将企业国际竞争力划分为国际贸易竞争力和国际投资竞争力两个方面,正式提出企业国际投资竞争力的概念。国际贸易竞争力类似于已有的关于企业国际竞争力的概念。国际投资竞争力是指企业开展对外投资过程中较其他投资者更强的投资决策、项目运作和企业管理的能力。国际贸易竞争力与国际投资竞争力的侧重点不同,前者的侧重点是产品、价格、质量、服务、营销和品牌等方面的竞争力,后者则侧重于项目投融资、技术、管理和品牌竞争力等方面。

二、企业国际竞争力与海外投资的关系

（一）企业国际竞争力是对外直接投资的基础和前提

1.企业拥有某种优势资产是开展对外直接投资的前提条件。无论是以货币资本出资，还是以品牌、技术或管理出资，均要求投资企业要么拥有较强的资金实力，要么拥有可资利用的无形资产。拿不出什么优势资产又不能通过各种渠道获得优势资产的企业，根本不可能从事对外直接投资。

2.企业较强的国际竞争力是开拓国际市场的重要保障。这分为两种情况：一种是投资前期的市场开拓，另一种是投资后的市场开拓。无论是前期的市场开拓，还是后期的市场开拓，均需要企业具备一定的国际竞争力。以制造业为例，只有企业拥有了过硬的产品、优质的服务和先进的技术等才有可能征服当地市场。中国海尔集团开拓国际市场的经验足以说明这一点，海尔集团较强的产品竞争力为其投资前期和投资后的市场开拓做出了巨大的贡献，可以说，没有海尔集团艰苦的市场开拓努力，其海外投资企业很难在当地立足。

3.企业的管理竞争力是海外企业有效运作的重要保证。管理竞争力是企业竞争力的一个重要组成部分。海外企业管理是中国企业对外直接投资的关键环节之一，这一点对于以并购方式建立的海外企业来说更为重要。可以说，并购后企业整合的顺利与否直接影响着整个投资的成败。一般而言，企业管理竞争力越强，特别是跨文化管理能力越强，海外企业的运作就会越好，其发展也越快，购并后企业整合也就越迅速。因此，中国企业只有不断提升管理竞争力，才能保证海外企业的有效运作。

（二）海外企业在经营管理过程中要不断提高竞争力

1.海外投资过程是企业国际竞争力不断移植的过程。海外企业也有一个成长过程，也要经历一个从小到大、由弱到强的过程。因此，即便母公司具有很强的国际竞争力，其海外投资企业也不可能一下子就拥有强大的竞争力。海外企业只有在国外激烈的市场竞争中将母公司的竞争力逐渐移植过来，才能真正具备竞争力。

2.激烈的市场竞争迫使海外企业不断提升竞争力。虽然海外企业在面对激烈的市场竞争时可以得到母公司的支持，但这种支持只是暂时的和有限度的，要想应对所在地市场的激烈竞争，还必须依靠自身竞争力的不断提升。实际上，企业的发展正如“逆水行舟”，不进则退，没有发展就无法生存。对于母公司来说，也只有海外企业的竞争力得到不断提升，它才能源源不断地为母公司带

来可观的利润。

（三）海外投资是企业提高竞争力的重要手段

国际竞争力是企业开展对外直接投资的基础和前提，但反过来看，跨国经营和海外投资又是企业提高竞争力的重要手段之一，原因有二：一方面，企业通过海外投资可以获得企业急需的资源，这些资源既包括先进技术和管理经验等无形资源，也包括自然资源等有形资源，它们对企业整体竞争力的提升起着重要的促进作用；另一方面，企业通过海外投资扩大了市场份额，提高了品牌的知名度，从而进一步提升了国际竞争力。

三、提升企业国际竞争力与创建中国的跨国公司

（一）中国跨国公司的发展与现状

客观而言，经过这些年的发展，中国已初步拥有了一批自己的跨国公司。联合国贸易与发展会议公布的《2009 年世界投资报告》统计了中国内地与港澳台地区跨国公司母公司数量（见表 5-1）。以中国内地为例，从 2001 年到 2007 年，跨国公司母公司数量从 379 家增长到了 3 429 家。

表 5-1　中国内地与港澳台地区跨国公司母公司数量　单位：家

年份	中国内地	中国香港特别行政区	中国澳门特别行政区	中国台湾地区
2001	379[a]	948	—	606
2003	2 000	948	35	606
2005	3 429	1 167	46[b]	606
2007	3 429	1 167	46[b]	606

注：a 为 2000 年数据；b 为 2004 年数据。

资料来源：UNCTAD：World Investment Report 2009, p.223；World Investment Report 2007, p.218；World Investment Report 2006, p.271；及 World Investment Report 2005, p.265。

根据联合国贸发会议《2018 年世界投资报告》，按海外资产多少评选公布了“2016 年发展中国家非金融类跨国公司 100 强”，中国内地有 24 家公司入选，这 24 家中国跨国公司控制着约 5 219 亿美元的海外资产，海外雇员 84.9 万人（见表 5-2）。这一企业群体不仅包括国有大型企业集团，也包括颇具发展活力的私营企业；既有贸易公司，也有生产型企业。因此，不管是从数量还是质量上看，中国的跨国公司已初具雏形，发展潜力巨大。

表 5-2　入选 2016 年发展中国家非金融类跨国公司 100 强中的 24 家中国跨国公司

单位:百万美元或人

排名		公司	产业	资产		销售额		雇员		TNI (%)
海外资产	TNI			海外	总额	海外	总额	海外	总额	
2	57	中国远洋运输(集团)公司	运输仓储	73 362	94 762	19 561	29 743	6 584	106 478	49.8
4	82	中国海洋石油总公司	采矿、采石和石油	64 686	166 715	17 261	65 881	4 864	106 000	23.2
7	54	海航集团	运输仓储	47 520	144 000	44 064	86 400	286 341	413 222	51.1
11	87	中国五矿集团公司	金属和金属制品	35 621	109 334	15 541	65 547	13 348	212 406	20.9
14	91	中国建筑工程总公司	建筑	30 764	200 440	11 977	144 447	39 273	255 878	13.0
18	62	复星国际有限公司	金属和金属制品	27 055	70 096	6 755	11 132	20 457	53 000	46.0
23	51	中国化工集团有限公司	化学品及相关产品	25 181	54 374	25 020	45 196	82 349	137 478	53.9
27	49	联想控股公司	计算机设备	22 035	46 405	31 005	44 394	32 917	69 324	54.9
29	100	中国石油天然气集团公司	采矿、采石和石油	20 886	586 041	7 475	281 726	50 870	1 403 000	3.3
32	30	联想集团	计算机设备	19 432	27 187	31 287	43 100	32 000	52 000	68.5
35	70	中国中化集团	采矿、采石和石油	18 596	57 525	45 997	59 523	6 057	60 576	39.9
40	88	腾讯控股有限公司	计算机与数据处理	16 062	57 009	1 139	22 867	10 925	38 775	20.4
44	90	大连万达集团	建筑	15 270	152 701	4 272	28 483	40 000	155 905	16.9
50	93	中国石油化工集团有限公司	石油炼制及相关产业	13 640	310 950	67 964	296 373	49 837	752 000	11.3
54	77	华为技术有限公司	通信设备	12 777	63 883	42 903	78 498	36 000	180 000	31.6
58	99	中国移动有限公司	通讯	10 951	219 029	5 096	101 925	—	460 647	3.3

续表

排名		公司	产业	资产		销售额		雇员		TNI (%)
海外资产	TNI			海外	总额	海外	总额	海外	总额	
59	22	中国钼业有限公司	采矿、采石和石油	10 861	12 693	515	1 046	9 897	11 566	73.5
61	95	中粮集团	食品和饮料	10 396	72 072	6 127	61 265	4 350	145 013	9.1
66	78	中国电子集团公司	电子元件	9 802	36 575	8 042	30 010	38 767	144 659	26.8
70	97	中国三峡集团公司	电、煤气和水	9 193	95 048	205	11 786	1 753	18 121	7.0
76	92	中国交通建设有限公司	建筑	8 497	115 410	13 088	64 979	8 744	118 765	11.6
91	98	中国铁建股份有限公司	建筑	6 878	108 648	4 148	96 827	27 694	283 511	6.8
93	94	中国广核集团	电、煤气和水	6 641	66 410	370	3 701	3 480	34 800	10.0
99	53	青岛海尔有限公司	家用电器	5 766	10 033	7 141	17 920	42 858	74 570	51.6

注：TNI 表示跨国指数，是“Transnationality Index”的简写，有时也称跨国经营指数。跨国化指数是根据国外资产占总资产、国外销售额占总销售额和国外雇员占总雇员的比率这三个数据的平均数计算得出。

资料来源：根据《2018 年世界投资报告》整理。

（二）发展中国跨国公司的必要性和原则

从国家战略高度看，创建和发展中国的跨国公司是实施“走出去”战略的集中体现。从某种意义上说，“走出去”战略成败的关键就在于能否培育出一批中国自己的在国际上具有竞争力的跨国公司。不仅如此，伴随着经济全球化的发展，是否拥有确具实力的跨国公司，还是衡量一国综合经济实力和竞争力的重要标志。

从企业“走出去”的角度来看，一大批中国跨国公司的涌现是我国企业国际竞争力提升的重要标志。企业没有国际竞争力，就不可能发展成跨国公司，因为跨国公司不是自封的，它是在激烈的国际竞争中锻炼出来的。

在培育中国跨国公司时，我们应注意以下几个原则：①市场取向原则，由于跨国公司的形成主体是企业，不是政府，所以在培养中国跨国公司时要特别注重发挥市场的作用,以市场作用为主、政府扶持引导为辅;②择优扶持原则,政府对发展跨国公司的扶持不应漫无边际或不加选择,而应主要针对管理出色、具有一定规模、经营状况良好、已具有一定国际竞争力的企业;③跨越所有制原则,我们培养跨国公司针对的是所有中国企业中的优势企业,而不应考虑其所有制性质,实际上,私营企业中已经有相当一批企业初具跨国公司雏形,略加扶持将很快发展起来。

四、提升中国企业国际竞争力的措施

(一)加快建立和完善现代企业制度

具有国际竞争力、能够成功地进行跨国经营的企业无一例外都建立了产权清晰、权责明确、管理科学的现代企业制度。而中国企业长期以来竞争力缺乏、海外投资效率低下的重要原因之一就是管理体制落后,对外界环境的反应和适应能力不强。为此,应加快现代企业制度的建立,使企业尽快成长为符合国际市场运行规则要求的新型主体。首先,企业应明确权责划分和内部关系,对于企业集团,应确立以资本为纽带的母子公司组织结构体制,各成员企业为独立法人,同时母公司作为子公司的出资人,通过持股、控股等产权方式建立起母公司和子公司的关系纽带;其次,企业应完善法人治理结构;再次,企业应加强内部制度建设,建立员工选拔机制、人才激励机制和对经营者的约束与监督机制。

(二)尽快形成全面创新的机制

创新是企业竞争力提升的源泉。对于中国企业而言,现阶段尤为重要的是进行经营理念、科学技术、管理方式和市场营销四个方面的创新。

(三)实施品牌战略

品牌国际竞争力的具体量化形式是品牌在国际市场上的知名度和市场占有率,即品牌的国际影响力。在激烈的国际竞争中,跨国公司倚仗的不仅仅是其雄厚的资金和技术实力,更重要的是它们的品牌优势。正是依靠品牌影响力,跨国公司才能将自己的势力扩张到其他国家和地区的市场中去。在产业结构剧烈调整的时代,品牌成为产品价值链的最高端,拥有国际品牌就能占有大部分的国际市场份额。可以毫不夸张地说,企业的真正竞争力是品牌的竞争力,品牌是企业竞争力的集中体现。

中国企业在跨国经营的过程中也要不断提升层次,即逐步从商品输出层次走向商品输出与资本输出并举的层次,然后再进一步上升,发展到商品输出、资本输出和品牌输出三结合的层次。为了使这一进程早日到来,企业必须要重视品牌战略和品牌经营。从长远来看,以技术、产品、服务优势为基础的品牌,将是中国企业最终占领国际市场的最有力保证。具体来讲,企业要树立名牌意识,要借鉴国外企业成功的品牌成长和品牌运作经验,提高国内品牌自己的设计开发能力,使产品在竞争中获得高度的"差异化",使品牌成为企业个性化和企业形象的标志。

(四)组建大型企业或企业集团

规模化经营是企业降低运营成本、加深专业化程度和提高产品质量的有效方法,也是企业提升国际竞争力的必要手段之一。目前,国际竞争力较强的企业基本上都是大型的跨国公司,《财富》杂志世界500强就是比较典型的例子。以规模大而入选的500家公司基本上代表了全球企业国际竞争力的最高水平。因此,中国企业要想在国际竞争中取胜,也必须扩大自身的规模实力,组建大型企业或企业集团,将自身"做大做强"。

(五)培育企业核心竞争力

要提高企业的国际竞争力,就必须先从强化企业的核心竞争力入手,核心竞争力提升了,企业的国际竞争力自然也就提升了。鉴于缺乏核心竞争力是中国企业面临的一个突出问题,未来国内企业国际竞争力提升的关键在于核心竞争力的生成。

核心竞争力主要包括核心技术能力、组织协调能力、对外影响能力和应变能力,其本质内涵是让消费者得到竞争对手不可替代的价值、产品、服务和文化。由此可见,创新是核心竞争力的内在基础,品牌是核心竞争力的外在体现,而规模实力、人才资源、无形资产等则是核心竞争力的一般构成要素。因此,中国企业可以通过不断进行技术创新、营造品牌优势、扩大规模实力、保护无形资产、注重引进和培养人才等手段来培育和提高核心竞争力。

在培育企业核心竞争力的过程中,要特别注意处理好一元化经营与多元化经营的关系。当企业还不具有核心竞争力的时候,最好不要发展多元化经营,因为此时不健全的核心竞争力还不能确保多元化的成功。即使企业拥有了核心竞争力,在发展不相关多元化经营时也要特别小心,不具备一些特殊条件、盲目发展不相关多元化导致企业倾家荡产的例子在中外企业界数不胜数。

第五节　中国海外企业经营本地化

一、海外企业经营本地化的含义

经营本地化(Localization)又称经营属地化或经营当地化,是指海外投资企业以东道国独立的企业法人身份，按照当地的法律规定和国际上通行的惯例进行企业的经营和管理。

海外投资企业在东道国开展生产经营活动，首先要承认自己在形式上是东道国当地的企业，是在东道国已形成的社会经济和法律环境下经营的法人，所以，要把经营本地化作为自己的基点和发展方向。实现了经营本地化，海外投资企业才算真正纳入了所在国的经济运行体系之中。

要在激烈的竞争中站住脚，就要及时利用当地的人、财、物等多方面的资源，要转化角色，在当地安家落户，将自己从中国的海外企业转变成东道国企业，不仅要建立生产中心，还要逐步设立销售中心、研发中心、采购中心、设计中心和管理中心等。

国际化与本地化是现代企业发展过程中相辅相成的两个方面，是结果与过程的关系不可分割，必须加以正确地处理。企业开展对外直接投资是走向国际化的表现，但是，在国际化的过程中要兼顾本地化，从一定的角度来讲，本地化经营是国际化的进一步深入发展。

二、海外投资企业经营本地化的主要内容

经营本地化主要包括以下六方面内容。

（一）经营管理本地化

经营管理本地化即在企业经营管理方面实行一系列当地通行的做法。国外市场经济的发展较国内成熟，当地企业已经形成了一套适应市场经济环境需要的经营方式和经营手段，中国海外投资企业应尽快把这些东西学到手并加以实际应用。例如，采用当地或国际通行的企业制度、企业决策与管理方法、财务管理制度和会计方法、人事管理制度、营销策略、审计制度和方法以及企业资产信托机制管理方法等。只有实现经营管理的本地化，才能真正地贴近当地市场，因地制宜制定适合与当地其他企业竞争的战略。

（二）人员本地化

人才本地化是所有本地化中最重要的，因为经营本地化主要还是要靠本地化人才来实施。人员本地化并不是指海外投资企业要百分之百地聘用当地人员，而是指海外投资企业可以大胆地、较多地聘用当地人员，不仅一般工作人员可从当地雇用，而且中高级管理人员（如总经理）也可从当地雇用，并且还要从当地雇用会计师、律师等专业人员。实行人员当地化政策可以充分利用当地的人力资源，为海外投资企业的发展注入活力。截至2002年底，全球跨国企业海外雇员约有5 300万人。大量资料表明，跨国企业外派人员的失败率比较高，美国外派人员中

提前回国的比率大致在10%~80%之间,而且派遣母国人员赴海外企业工作的成本高,又与当地雇员和群体(政府、供应商、顾客等)存在着沟通上的障碍。

(三)工资分配本地化

工资分配本地化又称国外工资制,它是指对国内外派人员实行与同企业内或同行业内外方人员相同的工资标准和待遇,把个人的工资收入与个人对企业贡献的大小挂钩。工资分配当地化后,国内外派人员原来享受的工资以外的福利待遇应取消(如免费住房、免费通信、免费用车、伙食补贴、交通补贴、往返国内机票补贴以及代交的个人所得税等),外派员工应当像当地员工一样自己负担所有的生活费用。

(四)品牌本地化

品牌本地化是企业及其商品能否被消费者认同的关键,这一点国外公司的有些做法值得中国海外企业借鉴。"Sprite"原是可口可乐公司的一个品牌,如果直译成中文就是"魔鬼""小妖精""调皮捣蛋者"的意思,这显然不能给中国消费者留下良好的印象,而经过本地化翻译后的名称"雪碧",含义为纯洁、清凉,在此基础上再加上由中国体育明星所做的广告,市场反应自然十分热烈。因此,中国的海外企业也要重视品牌,逐步扩大自有品牌在东道国的知名度和影响力,提升品牌价值,实现品牌扩张。

(五)研发本地化

实施研发本地化可以实现产、销、研一体化,使研发直接为产品当地化服务,使产品更加贴近市场,而且还有利于利用当地的科技人才,占领技术高端。根据美国商务部报告,截至1999年,共有375家跨国公司在美国建立了715家研发机构,可见研发当地化已成为跨国公司的一种较普遍做法。

(六)资金本地化

企业在海外生存与发展,必须要解决融资问题。一方面,可以到当地金融机构借贷,另一方面,也可以考虑发行企业债券,或采取一些被允许的灵活的融资方式。当然,如果能够争取在当地上市,不仅可以募集到较多的当地资金,还可以使本公司更容易得到当地消费者的认同和关注。

三、海外企业经营本地化的意义和作用

海外企业实行本地化经营战略的主要意义和作用在于:首先,它可以解决海外企业现存的问题,改进海外企业的经营管理,使海外企业贴近当地市场,树

立当地企业形象，扩大市场份额，提高经济效益，保障海外投资目的的实现；其次，不认真实施本地化战略，海外企业就不能够发展壮大，“走出去”战略也就无法得到切实落实；再次，本地化是实现企业国际化的必由之路，只有真正雇用当地劳工，使用当地资源，了解当地法律和文化，建立了自主的生产、销售或研发中心，在东道国扎根、生长，实现了真正的本地化，才能真正走向国际，成为国际化的跨国企业。

案例研究

案例一：海尔集团的国际化战略

1984年12月，海尔集团的前身青岛电冰箱总厂正式成立，经过30多年的发展，海尔集团已从当年员工不足800名，销售收入仅380万元，亏损却高达147万元的集体小厂，一跃成为一家集科研、生产、贸易和金融于一体的大型国际化企业集团，并于2018年跻身世界500强。2018年，海尔全球营业额2 661亿元、利润总额331亿元。海尔致力于成为全球消费者喜爱的本土品牌，多年来一直践行本土化研发、制造和营销的海外市场战略并取得了很好的成绩。目前，海尔在全球有10大研发中心、25个工业园、122个制造中心，用户遍布全球100多个国家和地区。海尔集团在首席执行官张瑞敏确立的名牌战略指导下，先后实施名牌战略、多元化战略、国际化战略和全球化品牌战略，现在进入第五个阶段：网络化战略阶段。海尔不断推进开放式创新，累计获得著名设计大奖（如IF大奖、红点设计大奖等）142项、国家科技进步奖15项；全球累计专利申请4.3万余项，参与60项国际标准的制订和修订。

海尔集团的国际化经营之路大致可以划分为四个阶段，即1984—1990年的国内创牌蓄势阶段、1990—1996年的以贸易为先导开拓国际市场阶段、1996—1998年的探索性海外投资阶段和1999年至今的全球化发展阶段。与此同时，经过近10年的探索，海尔正式形成了成熟的国际市场战略，也就是“三个1/3”的战略，即：在全球销售额中国内生产国内销售占1/3，国内生产国外销售占1/3，国外生产国外销售占1/3。

1996年，海尔集团经过长期酝酿，决定与印度尼西亚莎保罗有限公司共同建立印度尼西亚海尔·莎保罗有限公司，这标志着海尔首次实现了生产国际化，海尔集团的跨国经营也随之进入了海外直接投资的新阶段。随后，海尔集团在菲律宾、马来西亚和伊朗等地相继建立了海外工厂，这一阶段的海外直接投资大多属于探索性质，但它们为海尔随后进军欧美市场积累了宝贵的经验。1999年3月，海尔集团投资3 000万美元在美国南卡罗来纳州的坎姆顿建立了第一个海外海尔工业园——美国海尔工业园，在美国初步实现了设计、生产、销售“三位一体”的本地化经营模式。以此为标志，海尔的海外直接投资彻底摆脱了为出口服务的目的，真正进入到国际化阶段。随后，海尔集团又在巴基斯坦建立了第二个海外海尔工业园，并继续扩大海尔在中东和亚太地区的海外直接投资规模。2005年1月，在英国，海尔冰箱被Ethical Consumer杂志评为最畅销产品；在德国，科隆市政府和亚琛市政府的一次滚筒洗衣机大批量采购招标中，海尔滚筒洗衣机经过多轮竞争，最终击败了众多等著名国际品牌，赢得了两市市政府的大批量订单。2005年7月，海尔以“感恩百万”为主题，参与日本世博会中国馆活动，通过与日本消费者零距离接触，进一步扩大了海尔品牌在日本的知名度和美誉度。2007年8月，海尔集团在德国法兰克福著名的Westhafen(西港)大厦举行Haier Day主题展览活动，来自德国瑞典等北欧国家的主要客商参加了活动，引起了德国媒体的广泛关注，德国著名电视台WWTV对此做了全面报道。

海尔集团海外直接投资的本地化战略，概括起来可以归纳为“三位一体”和“三融一创”战略。所谓“三位一体”，指的是在国外实现当地设计、当地生产和当地销售；所谓“三融一创”，指的是海尔集团在投资东道国当地融资、当地融智、当地融文化和创本地化名牌。

海尔集团的国际化战略中还有一个全球十大经济区投资战略，指的是将全球市场划分为10个有较大国际影响力的经济共同体，在每一个共同体内选点建设工厂，以便在这些工厂的当地化率达到60%以后，将产品输送到共同体的其他成员国，争取获得关税等方面的优惠待遇，取得更快的发展。这十大经济区是：北美洲2个(北美自由贸易区和墨西哥、委内瑞拉、哥伦比亚三国集团)；南美洲2个(南锥体和安第斯集团)；中美洲1个(中美洲共同市场)；亚洲2个(东盟和海湾合作组织)；欧洲2个(欧盟和东欧)；非洲1个(南部非洲发展共同体)。目前海尔集团已先后在乌克兰、伊朗、巴基斯坦、孟加拉国、意大利、马来西亚、菲律宾、印尼、美国、越南和南斯拉夫等国或地区设立生产厂。

海尔在海外投资建厂一直遵循着“先有市场，再建工厂”以及“盈亏平衡点”的海外投资策略，也就是说，海尔进行对外直接投资的程序是：发展出口→建立营销网络→树立品牌→达到盈亏平衡点→投资建厂。在这一程序中，海尔是否在当地投资建厂取决于市场是否已经接纳海尔的品牌，是否有市场。

海尔在国际化过程中还提出了“先难后易”的思想，其中比较有代表性的是其“先难后易”的出口战略。一般来说，企业进行国际化经营都是采取“先易后难”的战略，一点一点地积累经验，发展壮大。然而，海尔产品出口的战略却是“先难后易”，即首先以发达国家为目标市场，将产品出口到发达国家，争取创出名牌，然后再以高屋建瓴之势打开发展中国家市场，从而实现既创品牌又占领市场的目的。这表明海尔集团并不单纯走渐进式道路，而是根据海尔的名牌战略以及自身优势，适当地进行跨越式发展。

海尔集团的国际化战略大致可以归结为以上论及的三大战略："三个 1/3"战略、本地化战略和全球十大经济区战略。贯彻和实施本地化战略是海尔集团海外直接投资成功的关键因素之一，也是海尔集团从"国际化海尔"发展到"海尔国际"的必由之路。

案例思考与讨论

1. 海尔集团国际化战略所包括的三大战略的具体内容是什么？
2. 海尔集团的本地化策略包含哪些内容？本地化经营有何意义和作用？
3. 海尔集团自身的品牌优势对其开展海外直接投资有何影响？

案例二：你投我可乐，我给你酱油

美国，世界头号强国，杀人的武器做的特棒，可惜酱油不灵，936 万平方公里的面积上只有四个酱油厂，且都不姓美。无奈，两个多亿的美国子民们就只好眼巴巴地靠洋酱油度日，就跟中国人喝可口可乐一样。互通有无，取长补短，所以也就没有什么人来挑战一把，不就一个酱油吗？

日本有个酱油界的老大，名曰"龟甲万"，在美国的威斯康星州和加利福尼亚州分别建了厂，专门生产"万"字牌酱油，几乎占了美国酱油的一半市场。闹腾的美国人买酱油不再叫买酱油，而叫买龟甲万，可见龟甲万在美国酱油市场的地位。该公司平平稳稳卖酱油，踏踏实实做生意，日子也就一日好似一日，没急没慌的。

天有不测风云，美国密苏里州圣路易斯市有个雅素园公司，这雅素园的老板特别明白，他知道日本人学会制作酱油是由于唐朝鉴真和尚东渡日本时带去了中国制作酱油的技术，此后，日本龟甲万才在野田市建起了世界第一家工业化的酱油企业。于是，这位老板便十几次奔赴中国，对中国的酱油作了全方位的调查，最后选择了从河北石家庄珍极酿造集团进口酱油。为什么？因为珍极酱油采用全封闭式 180 天发酵工艺，其产品质量绝对上乘，并且年年评比、检测，常常是名列榜首。

据《市场报》载："1998 年 9 月 18 日美国亚特兰大市成都餐厅灯火辉煌，铺着白色桌布的餐桌上摆着两只小碗，碗内分别倒入了日本最大、最著名，也是世界最大的酱油生产企业龟甲万的'万'字牌酱油和来自中国的珍极酱油。20 位餐厅老板在分别品尝后，写下的评语竟然出奇的一致：色、香，分不出高低，味，全部评委一致认定珍极的口味更悠长。"

1999 年 5 月 26 日，国家计委正式批准石家庄酿造集团与美国合资建设"美国珍极调味食品有限公司"的报告书。这是中国酱油首次在美国建厂,这足以说明,在酱油的制造上美国不如中国,中国可以说不。

其实又何止酱油呢?中国很多很多的产品往往具有很大的优势,但是我们往往视而不见,看不到它的长远利益。其实我们也可以想一想,当初可乐也是一个小产品,它的发明人做梦也不会想到会像今天这样喝遍世界。

酱油虽小,却有着大市场,哪国人不用酱油,哪个人不用酱油。炒菜不放不行,做馅包饺子不用不行,方便面调料里不用不行,就连洋汉堡、比萨饼、肉罐头、鱼罐头,样样离不了。这么大的市场,如果我们能静下心来仔细算,美国、法国、德国……世界各国统统加进来,还不得几十亿人用酱油,这市场能不大吗?正像一位中央领导在扶贫开发大会上所说:"要大胆吸收和利用国外资金、先进技术和一切进步的东西,积极开拓国际市场,否则我们难以面向世界,面向未来,取得更大的发展。"

中国有句古话叫作"投桃报李",指的是你给我一个桃子,我就要还给你一个李子,这就叫礼尚往来。如今美国人给我们投了不少的麦当劳、肯德基,我们也应该给人家一个个的东来顺、全聚德,以及一些具有中国特色的东西。这次珍极酱油能够在美国建厂,无疑是你投我可乐,我给你酱油,来而不往非礼也,一报还一报的事情。

(案例来源:1999 年 6 月 17 日《国际商报》,作者:秦全跃)

案例思考与讨论

1. 这是一个典型的小中见大、小中见理的案例,请将这个案例与本章其他几个案例对比分析,从中总结出此案例的一些特点。

2. 具有中国传统特色的品牌企业如何通过对外投资走向世界,从而形成世界级品牌和世界著名的跨国公司?

思考与练习

1."走出去"战略的含义是什么?它分哪几个层次?中国企业实施"走出去"战略的必要性和意义是什么?

2.中国企业开展海外直接投资的可能性与条件。

3.企业国际竞争力的确切含义是什么?它与企业海外投资是什么关系?

4.发展中国跨国公司的必要性与原则。

5.海外企业经营当地化的含义和主要内容。

第六章

国际间接投资

International Indirect Investment

通过本章的学习，使学生了解国际证券投资的含义与特征、国际证券市场、证券投资的重要意义，熟悉国际债券和股票的种类、发行方法及交易程序，掌握债券和股票的价格及其计算方法，投资基金及其运作方法及证券投资的基本技能。

学习要点

By studying this chapter, students are expected to understand what is portfolio international investment and its definition and characteristics, as well as the significance of international securities market and the significance of portfolio investment; be familiar with the classification, ways of issuance and processing procedures of foreign bond and stock; master what is the price of bond and stock and how to calculate it, as well as the definition of investment fund and its operation, and the basic skills of portfolio investment.

第一节　国际证券投资概述

一、证券投资的含义

证券是代表一定财产所有权和债权的凭证，它是一种金融资本，表示对财产的一项或多项权益，其内容包括占有、行使、处分和转让等。实际上，证券就是权益的象征，合法地拥有证券就意味着合法地拥有权益，这种权益将随着证券的转让而转移，因而，权益正是证券的价值所在。

证券具有狭义和广义之分，狭义的证券是一种有面值的，并能给持有者带来收益的所有权和债权的证书，其具体内容包括股票、债券和基金证券等资本证券。广义的证券内容十分广泛，它除了包括股票、债券和基金证券在内的资本证券以外，还包括货币证券、商品证券、不动产证券等。货币证券指的是支票、本票、汇票等，商品证券是指水单、仓单、提单等，不动产证券指的是房契和地契等。在我们日常生活中所说的证券是狭义的证券，即股票、债券和基金证券。在大陆法系的国家中，证券被认为是有价证券的简称。有价证券是具有一定面额，代表一定的财产权，并借以取得长期利益的一种凭证。有价证券既属于经济的范畴，也属于法律的范畴，其经济范畴主要表现为有价性和收益性，即它可以买卖和转让，并能凭此取得收益，其法律范畴主要体现在证券与权益紧密相连以及证券发行和流通的规则性。

证券投资是指个人、企业以赚取股息、红利、债息为主要目的购买证券的行为。证券投资是一种不涉及资本存量增加的间接投资，证券本身不是商品，但它可以作为商品在市场上进行买卖。证券作为商品的时候则与一般商品不同，一般商品是用于满足人们的某种需要，其价值是由生产该产品所需的必要劳动时间决定的，而投资者购买证券是为了满足其增值欲望，证券的价值则由证券发行企业的经营状况决定。证券投资的作用不仅仅体现在能给投资者带来收益，而且还能加速资本集中，促进社会资金的合理流动，以满足从事社会化和国际化生产的企业对巨额资金的迫切需求。证券投资是资本流动的形式之一，证券投资的国际化，不仅使闲置资本在世界范围内得到广泛的利用，促进了世界性的经济发展，而且为证券投资企业和个人带来了更广阔的投资机会。目前，证券投资已经发展成为国际投资活动的主要形式之一。

二、证券投资的特征

证券投资是以获取收益为目的并以信誉为基础的，投资者能否获取收益或收益多少取决于企业的经营状况，证券的持有者还可以将证券在证券市场进行买卖和转让，这些就决定了证券投资具有投资的收益性、投资行为的风险性、价格的波动性、流通中的变现性和投资者的广泛性等特征。

（一）投资的收益性

投资的收益性是指证券的持有者可以凭此获取债息、股息、红利和溢价收益。证券投资的收益分固定收益和非固定收益两大类，购买债券和优先股的投资者取得的收益是固定的，无论证券发行者的经营效益如何，他们都会分别获取固定的债息和股息，而购买普通股和基金证券的投资者所获取的收益是非固定的，他们能否获取收益或收益的多少取决于证券发行者经营效益或基金运作的情况，赢利多则收益多，赢利少则收益少，亏损或无赢利则无收益。据统计，美国债券的投资者年平均收益率为8%左右，而股票投资者的年平均收益率则平均在10%以上。此外，证券的投资者还可以通过贱买贵卖获取溢价收益。

（二）投资行为的风险性

证券投资者不仅可以获取收益，同时还必须承担风险。其风险主要来自四个方面：第一是经营风险，即证券的发行企业在经营中，因倒闭使投资者连本带利丧失殆尽，或因亏损在短期内没有收益而给投资者造成损失；第二是汇率风险，即由于投资者所用货币贬值，导致债券等投资者到期所得到的本金和利息不足以弥补货币贬值带来的损失；第三是购买力风险，即在投资期内，由于通货膨胀，货币的实际购买力下降，从而使投资者的实际收益下降；第四是市场风险，即投资者往往会因证券市价的跌落而亏损。此外，政治风险往往也是证券投资者不可回避的因素。购买任何证券的投资者都要承担一定的风险，只是承担风险的大小不同而已。投资股票的风险一般要大于投资于投资基金的风险，而投资于投资基金的风险又大于投资债券的风险，投资于政府债券的风险又要比投资于其他债券的风险小得多。实际上，证券投资的收益越多，投资的风险也就越大。

（三）价格的波动性

企业往往根据其发行证券的目的、企业的发展规划和发行方式的不同，来决定证券的发行价格，但由于企业的经济效益、市场、投资者心理和政治等因素的影响，股票、债券等证券在市场上的交易价格往往与票面值或发行价格相背离，这种背离会给投资者带来收益或损失。当然，很多投资者都想利用价格的波动来满足其资本增值的欲望。

（四）流通中的变现性

证券在流通中的变现性指的是证券的可转让性和可兑换性。证券的投资者可以在证券市场上按照法定的程序将证券公开进行买卖和转让,即持有者可以根据自身的需求和市场的具体情况自由地将证券变为现金。变现性的强弱取决于证券期限、收益形式、证券发行者的知名度、证券的信用和市场的发达程度等多种因素。一般说来,证券的信誉越高,期限越长,发行者的知名度越高,市场运行机制越发达,证券在流通中的变现性越强;否则,其流通中的变现性就较差。

(五)投资者的广泛性

投资者的广泛性主要是指参与证券投资的人多而且面广。证券的投资者既可以是政府和企业,也可以是个人,其中,社会大众是主要的证券投资者。证券投资对投资者的投资数量没有具体限制,投资数量由投资者根据其资金数量的多少和风险的大小自行决定,这就为寻求资本增值的社会大众参与证券投资提供了可能。据统计,美国有1/3的人口参与证券投资,中国近些年出现的“股票热”和“投资基金热”也充分说明了这一点。

三、国际证券市场

(一)国际证券市场的概念

国际证券市场是由国际证券发行市场和流通市场所组成。国际证券市场一般有两层含义:第一层含义是指已经国际化了的各国国别证券市场,第二层含义指的是不受某一具体国家管辖的境外证券市场。目前,绝大多数的国际证券市场属于第一层含义的证券市场,只有欧洲债券市场属于第二层含义的国际证券市场。由于股票是目前国际证券市场上交易量最大的有价证券,所以人们通常所称的证券市场一般是指股票市场。

国际证券市场历史悠久,最早可以追溯到17世纪创立的荷兰阿姆斯特丹证券交易所。19世纪70年代以后,以股票为中心的证券交易所如雨后春笋,蓬勃地发展起来,尤其是第二次世界大战以后,股票和债券交易量大幅度增加,使世界上形成了诸如纽约、伦敦、东京、香港等许多著名的国际证券交易所。

(二)国际证券发行市场

国际证券发行市场是向社会公众招募或发售新证券的场所或渠道。由于发行市场卖出的是新印发并第一次出售的证券,所以称为“初级市场”或“第一市场”。

证券发行市场由发行人、购买者和中间人组成。证券市场上的发行人一般是资本的使用者,即政府、银行、企业等;证券的购买者多为投资公司、保险公司、储蓄机构、各种基金会和个人等;中间人主要包括证券公司和证券商等。证券发行市场一般有固定的场所,证券既可在投资公司、信托投资公司和证券公司发行,也可在市场上公开出售。证券发行的具体方式有两种:一种是在证券公司等金融机构的协助下由筹资企业自行发行;另一种是由投资银行等承销商承购,然后由承销商通过各种渠道再分销给社会各阶层的销售者进行销售。当新证券发行完毕后,该新证券的发行市场也就自行消失。

(三)国际证券流通市场

国际证券流通市场是指转让和买卖那些已由投资者认购了的证券的市场。因此它也被称为"次级市场"或"第二市场"。证券的发行市场是制造证券的市场,它是流通市场产生的基础,而流通市场为投资者提供了转让和买卖证券的机会,满足了投资者渴求资本短期收益的欲望,从而起到了引导投资导向和变现的作用。证券流通市场一般有四种形式,即交易所、柜台交易、第三市场和第四市场。

1.证券交易所。证券交易所是属于有组织的规范化的证券流通市场,这里的投资者必须通过经纪人按法定的程序从事证券的交易活动。交易所内买卖的证券也必须是经有关部门核准上市的证券。交易所内的证券交易集便利、迅速、公平、合法于一体(具体内容将在后面作专门介绍)。证券交易所属于二级市场,同时也是二级市场的主体和核心。证券交易所的组织形式一般有两种,一种是公司制,另一种是会员制。

公司制证券交易所是由投资者以股份有限公司形式设立,以赢利为目的的法人机构。这种交易所是由股份公司提供场地、设备和服务人员,在主管机构的管理和监督下,证券商依据证券法规和公司章程进行证券买卖和集中交割。公司制证券交易所相当于一个以赢利为目的的自负盈亏的私人公司,其收益主要来自发行证券的上市费和证券交易的手续费。证券公司本身的证券大都不上市交易,公司本身也不自行或代客买卖证券。目前,世界各国的多数交易所属于公司制证券交易所。

会员制证券交易所是由证券商自愿组成的非法人团体。会员制交易所不以赢利为目的,在交易所内进行交易的投资者必须为该所的会员,其会员资格是经过交易所对其学历、经历、经验、信誉和资产予以认证以后取得的。会员制交易所的会员既可以是投资银行、证券公司、信托公司等法人,也可以是自然人。交易所的费用由会员共同承担。这种交易所也同样提供场地、设备和服务人员,证券的投资者也只能通过经纪人代为买卖证券。发达国家的交易所以前多属于会员制交易所,但目前多数已转为公司制交易所。

2.柜台交易。柜台交易是指在证券交易所以外进行的交易活动,亦称场外交易。这种交易在17世纪已经出现,但当时人们多在柜台上进行,所以又称店头交易。柜台交易的证券多属可以公开发行,但未在证券交易所登记上市的证券。柜台交易的数量没有起点和单位限制,不通过竞价买卖,交易者可以不通过经纪人直接买卖证券,而是协议成交。柜台交易也有固定的场所,一般在证券经营商的营业处进行。由于柜台交易满足了不同类型和不同层次的证券投资者的需求,因而得以迅速发展。

3.第三市场。第三市场是指非交易所会员从事大量上市股票买卖的市场,也就是说,交易的证券已经上市,但却在交易所以外进行交易。第三市场是20世纪60年代才开创的一种市场。在第三市场进行证券交易的投资者可以节省在交易所内应缴纳的佣金等交易费,因而这种市场的交易额占各种证券市场交易额总和的比重在不断提高。目前,有很多投资公司、基金会、保险公司等也频繁地在第三市场上从事证券交易活动。

4.第四市场。第四市场指的是各种机构或个人不通过经纪人,直接进行证券买卖交易的市场。它实际上是通过计算机网络进行大量交易的场外市场。在第四市场上进行交易,不仅使交易者的身份得以保密,而且成交迅速,并节省了佣金等交易费用。在第四市场上进行交易,交易者往往互不知道对方的身份,通过将信息输入电脑来寻找客户。双方通过电脑进行磋商,最后达成交易。

(四)世界主要的证券交易市场

1.纽约证券交易所。纽约证券交易所成立于1792年,位于目前世界公认的金融中心美国纽约曼哈顿的华尔街。纽约证券交易所原是会员制交易所,受20世纪70年代初经济危机的影响,于1971年2月18日改为公司制,但纽约证券交易所仍实行"席位"会员制,共有1 366名"席位"会员。

纽约证券交易所是上市公司总市值第一(2009年数据)、IPO数量及市值第一(2009年数据)、交易量第二(2008年数据)的交易所。2005年4月,NYSE收购全电子证券交易所,成为一个营利性机构。2006年6月,纽约证券交易所宣布与泛欧证券交易所合并组成纽约证交所—泛欧证交所公司。

纽约证券交易所对申请在该所上市的公司有严格的标准,即公司必须拥有1 600万美元的有形资产和总值相当于1 600万美元的股票,拥有2 000个以上的股东,其中公众持股不得少于110万股,最近1年的赢利必须达到250万美元,过去两年的平均利润不少于200万美元。申请上市的公司被批准上市以后,先缴纳2.5万美元的入会费,然后每年缴纳1.5至5美元的会费。对批准在该所上市的公司出现下列情况之一者,将会被停止上市资格:①持股的股东低于1 200个;②公众拥有的股票总值低于500万美元;③公众持股少于60万股。

从近几年的情况看,纽约证券交易所每年都有公司因不符合上述标准而被取消在该所上市的资格。纽约证券交易所还有一个显著的特点,即不是以数字,而是以1~4个字母来表示上市公司的股票,如S、H、D,或FA、HE、KT,或KHN、TIM、QWE,或SYU、GAV、OPY等,其中使用3个字母的居多,而使用一个字母的为数极少。

美国对证券业务有一套较为完善的管理体制,其中直属美国总统领导的证券交易委员会对证券经营机构、证券发行、证券交易等实施全面的管理,该委员会还按经济区域直接派驻机构和人员对证券市场进行监管。此外,美国还颁布了一整套有关证券交易方面的法律,主要包括《证券法》《证券交易法》《政府证券法》《信托契约法》《投资公司法》《投资顾问法》。

2.伦敦证券交易所。伦敦证券交易所成立于1773年,具有240多年的历史,是世界上最古老的证券交易所,也是目前世界三大交易所之一。伦敦证券交易所的交易地点不仅设在伦敦,而且在英国的格拉斯哥、利物浦、伯明翰等城市也设有交易场所。伦敦证券交易所虽然是一个股份有限公司,但也属于会员制交易所。

截至2019年4月底,在伦敦证券交易所上市的股票有2 138种、债券11 910种。上市公司2 112家,其中英国本土的上市公司1 495家,国外公司617家,但外国上市公司的公司市值却占该交易所上市公司市值的40%,达到1.6万亿英镑。

伦敦证券交易所具有三大特色:一是该所内上市的债券的交易量超过了其他证券的交易量,其中,英国本国大部分的公债是在该交易所进行交易,而且大部分债券是外国债券;二是在该交易所的大厅内不设综合行情咨询系统,也不报告当日的最新交易牌价,当日交易的详尽资料刊载在次日的《金融时报》等杂志上;三是从成交到交割所间隔的时间是世界所有交易所中最长的,多数股票交易是在成交后的两个星期内交割,如遇节假日,交割手续顺延。伦敦证券交易所目前主要采用现款交易和两周清算交易两种,交易所内分成8个交易区,即政府统一长期公债市场、美国股票市场、美国债券市场、外国公债市场、英国铁路证券市场、矿业证券市场、银行证券市场和工商证券市场。伦敦证券交易所的证券交易主要是在中间商和经纪人之间进行,该交易所经纪人的种类和职能与纽约证券交易所经纪人的职能大体相同,其佣金也是固定的,但对不同的证券有不同的佣金标准:股票的交易额在200英镑以下的,可酌情而定;交易额在200~476英镑的,佣金为7英镑;交易额在476英镑以上的,佣金为交易值的1.5%。伦敦证券交易所内的中间商与纽约证券交易所内的证券自营商相似,靠低价买进、高价卖出赚取买卖差价。

除主板市场之外,1995年伦敦证券交易所还推出了另项投资市场(AIM),

AIM 市场上市标准较低，主要面向新成立的、尚未达到主板市场所有标准的、具有较大发展潜力的中小企业，对有发展潜力的中小企业在 AIM 市场上市实行保荐人制度。伦敦证券交易所还具有高流动性、市场的多层次性、产品的多样化和高知名度。此外，伦敦交易所还是世界上最大的股票基金管理中心 。机构投资者是伦敦交易所证券的主要交易者，其交易份额占到交易所交易总额的 80%以上，对国际上的大机构投资者具有极大的吸引力。

3.东京证券交易所。东京证券交易所创建于 1879 年，它的历史与历史悠久的伦敦证券交易所和纽约证券交易所相比，晚了近一个世纪。但它的发展速度很快，目前已经超过具有 200 多年历史的伦敦证券交易所，跃居世界第二位，成为世界著名的三大交易所之一。

东京证券交易所内设有股票交易大厅、债券交易大厅、债券期货交易大厅、国债交易大厅和电脑系统买卖室。东京证券交易所股票交易有两种方式：一种是在交易大厅通过交易站进行交易，这里主要交易 250 种日本和外国股票；另一种是通过电子计算机进行交易，即经纪人公司通过中央处理器向经纪人发出指令，经纪人接到指令后通过计算机进行交易，并将交易的结果通过中央处理器立即返回给经纪人公司。该交易所股票交易的结算可采用当日结算、特约日结算和例行结算。当日结算就是在交易成交的当天进行股票或钱款的交割，特约日结算一般是在交易成交后 15 天内的某一日进行交割，例行结算是在交易成交后的第四个交易日进行结算，该交易所内的股票交易多数采用例行结算。至于债券交易，该交易所只允许面值 100～1 000 日元的国债、大面值的可转换债券、世界银行债券、亚洲开发银行债券、欧洲日元债券和外国债券集中进行交易。

东京证券交易所对在该所上市的公司也制定了标准，上市公司的股票先在第二部市场上市交易，然后才可进入第一部市场进行交易。如果其指标低于第一部市场上市的标准，就将降到第二部市场。第二部市场的上市标准为公司的净资产价值必须在 15 亿日元以上，成立的时间不得少于 5 年，在东京范围内的公司不少于 600 万股，东京范围以外的公司不少于 2 000 万股，10 个最大股东所拥有的股份数额上市时不得超过上市股份总数的 80%且上市一年后不超过 70%，公司最近 3 年的赢利额应分别达到 2 亿、3 亿和 4 亿日元等。

日本证券业的管理体制是模仿美国建立起来的，有关证券方面的法律和机构也十分健全和完善。东京证券交易所直接在日本大藏省的监督下进行证券交易，大藏省为此还专门设立了证券局，证券局设总裁一名，副总裁若干名，其中一名副总裁兼任东京证券交易所的监理官。日本颁布的有关证券方面的法规有《证券交易法》《证券投资公司法》《证券投资信托法》《担保公司信托法》等。

四、国际证券投资的发展特征

纵观目前国际证券投资的现状，国际证券投资呈现出以下发展特征。

（一）证券交易国际化

证券交易国际化主要表现在四个方面：一是证券发行、上市、交易的国际化，这主要体现在一国的筹资者不仅可以申请在其他国家发行和上市交易有价证券，而且在其他国家发行的证券既可以本国货币为面值，也可以东道国或第三国货币为面值；二是股价传递的国际化，即任何一国的股市行情都对其他国家有示范效应；三是多数国家都允许外国证券公司设立分支机构；四是各国政府间及其与国际组织间加强了证券投资合作与协调。

（二）证券投资基金化

在证券投资活动中，个人投资者数额小而且资金分散，难以参与收益较高和资本额要求也较高的证券投资活动，于是各种投资基金便应运而生。投资基金一般由专家运营，采用投资组合，而且由不同的机构进行运作、管理和监督，这不仅提高了投资者的收益率，也减少了投资风险。

（三）证券投资的增长速度超过了直接投资

从第二次世界大战结束到 20 世纪 70 年代末，国际直接投资一直占主导地位，其中，发达国家在 1951—1964 年的私人投资总额中，大约有 90%采用直接投资，其私人直接投资额从 1960 年的 585 亿美元增加到 1980 年的 4 702 亿美元，年均增长速度为 11%。进入 20 世纪 80 年代以后，国际证券投资的增长速度超过了国际直接投资。从 1981—1989 年，国际债券市场的发行量从 528 亿美元增至 2 500 亿美元，平均每年增长 18.9%。世界最大的投资国美国从 1980—1993 年的对外证券投资由 624.5 亿美元增加到 5 184.8 亿美元，平均每年增长 17.7%，而美国同期的对外直接投资仅从2 154亿美元增加到 5 486 亿美元，平均每年只增长 7.5%。1994—2001 年国际证券投资年增长率一直保持 15%以上。受美国经济衰退及金融危机的影响，2001—2008 年证券投资的数额虽有所减少，但国际证券投资还会随国际金融市场的发展与完善、发展中国家经济建设速度的加快以及对资金需求的急剧增长，保持相当一段时间的增长势头。

（四）债券在国际金融市场融资中所占的比重日益提高

国际债券融资一直是国际融资的一种方式，而债券融资的地位在不断提高。1975 年，在国际金融市场融资总额 585 亿美元中，债券融资仅为 187 亿美元,占融资总额的32%。而1994年债券融资达到了2 939.4亿美元,占当年国际金融市场融资总额4 741亿美元的62%。1995—2008年债券融资额一直保持在5 000亿美元以上,占国际市场融资额的比重仍维持在50%以上。债券融资占国际金融市场融资比重的提高与各国证券市场的开放、证券市场的统一化和国际化以及交易的多样化有关。

(五)流向发展中国家的证券资本在不断增加

20世纪80年代以来,国际资本流动的总态势是流向发展中国家。进入90年代以后,流向发展中国家的证券资本也在迅速增加。例如,1993年,在全球海外股票投资的1 592亿美元中,有525亿美元流向发展中国家,占了股票总投资额的33%。从1989年至1997年,流向发展中国家的证券投资每年平均递增34%左右,其中主要是流向新加坡、马来西亚、泰国、印尼、中国等亚洲的新兴市场。1997年至2008年流向发展中国家的股票投资额仍占全球股票投资总额的1/3以上,这主要与发达国家的低利率政策以及发展中国家经济发展迅速、市场收益率高、风险较小有关。

第二节　国际债券投资

一、债券的概念及其特征

(一)债券的概念与性质

债券是一种按照法定程序发行并在规定的期限内还本付息的有价证券,债券所表明的是一种债务和债权的关系。债券是由国家、地方政府、金融机构和企事业单位为筹集资金而发行的一种借款凭证。债券实际上是把债务和债权之间的关系转化为一种有价证券,债券是以法律和信用为基础的借款凭证,是发行人对其借款承担还本付息义务所开具的凭证。债券对发行者来说是一种筹资手段,也表明了它对持有者所欠的债务;债券对购买者来说却是一种投资工具,还表明了它对发行者所享有的债权。人们购买债券的行为就是债券投资,如果投资者购买的是国际债券,那就是国际债券投资。国际债券投资具有收益性、安全性和流动性等特点。债券的性质跟借款收据是一样的,但是,债券通常有固定的格式,较为规范,因此持券人可以在债券到期前随时把债券出售给第三者,而借款收据就不能做到这一点。

(二)债券的特征

债券是一种虚拟资本,债券作为有价证券中的一种,既具有有价证券的共同点,也有其自身的特征。

1.收益性。债券投资者的收益可以来自两个方面:一是固定的债息,这部分的收入是稳定的;二是低买高卖的买卖差价。债券的利率通常介于存款和贷款利率之间,比存款、储蓄、信托贷款等间接利息率要高。因为债券融资是直接融资,中间费用较少,债券发行者直接得到长期稳定的资金。因此债券既受投资者的欢迎,又是债务人最愿意采用的融资工具。

2.收益的有限性。由于债券的利息是固定的,所以其持有者的收益与企业的业绩无关,即使在二级市场上博取买卖差价,固定的利息决定了其差价不可能很大,再加上不计复利,这使得投资者的收益相当有限。

3.安全性。与其他证券相比,债券的风险远比股票要小,其安全性略低于银行存款。这主要体现在以下几个方面:一是发债者是各国的中央政府、地方政府等各级政府,一般不存在不能按时还债的风险,如果发债者是企业,各国对发行者的信用、抵押、担保额、减债制度等有严密的资信审查制度,因此发债者一般都有较高的信誉度和偿债能力;二是债券的面额、利息率和支付利息方式都是事先确定好的,并载于票面上,不受市场利率变动的影响,因此,投资者的本金与利息是受法律保护的;三是由于债券是债务的凭证,即使企业出现亏损甚至倒闭,债券的投资者也可优先于股东获得赔偿。

4.流动性。债券是具有高度流动性的有价证券,其变现能力仅次于银行存款。在二级市场较为发达的情况下,债券持有者若临时需要资金,可随时在市场上出售债券。

总之,由于债券具有收益性、安全性、流动性等特点,所以它是稳健投资者的最佳选择。

二、债券的种类

债券种类的划分方法很多,下面将介绍几种最常见的分类方法。

按发行主体分类,债券分为政府债券、公司债券、金融债券。政府债券包括国家债券和地方债券。国家债券是中央政府为维持其财政平衡所发行的债券,而地方债券是地方政府为解决其财政开支所发行的债券。公司债券是由股份公司为筹集资金而发行的债券。金融债券是由金融机构为筹集资金而发行的债券。

按债券是否记名分类,可将其分为记名债券和无记名债券。记名债券是指在债券上标有投资者姓名,转让时需办理过户手续的债券。无记名债券是指在债券上没有投资者的印鉴,转让时也无须办理过户手续的债券。

按是否有抵押或担保分类,债券又分为抵押债券、无抵押债券、收入债券、普通债务债券。抵押债券是债券的发行者以其所有的不动产和动产为抵押而发行的债券。无抵押债券是指债券的发行者不以自己的任何物品作抵押,而是以自己的信誉为担保的债券。收入债券是地方政府以某些项目的收入为担保而发行的债券。普通债务债券是国家政府以其信誉及税收等为担保而发行的债券。

按其形态,债券可分为剪息债券及贴现债券。剪息债券指的是券面上附有息票,定期到指定的地点凭息票取息的债券。贴现债券是指以低于债券面额发行,到期按券面额偿还,其差额为投资者利息的债券。

按债券的偿还期限分类,可分为短期债券、中期债券、长期债券。短期债券一般是指偿还期限在一年以内的债券。中期债券一般是指偿还期限在2~5年的债券。长期债券一般是指偿还期限在5年以上的债券。

按债券募集方式分类,可分为公募债券和私募债券。公募债券是公开向社会募集的债券。私募债券是指向少数特定人募集的债券。

按债券发行的地域分类,可分为国内债券和国际债券。国内债券是由本国政府、银行、企业等机构在国内发行并以本国货币计价的债券。国际债券是指由一国政府、金融机构、企业在国外发行并以某种货币计价的债券。

三、国际债券的种类与类型

国际债券是由一国政府、金融机构、企业或国际组织为筹措资金而在外国证券市场上发行的以某种货币为面值的债券。随着世界各国对外国投资者限制的放松和国际证券市场的迅速发展,国际债券的发行量在20世纪80年代初超过了银团贷款的数量,从而出现了国际借贷证券化的趋势。

(一)国际债券的种类

国际债券大致可分为三大类:第一类是外国债券,第二类是欧洲债券,第三类是全球债券。

1.外国债券。外国债券是借款国在外国证券市场上发行的以市场所在国货币为面值的债券。如某国在美国证券市场上发行的美元债券,在英国证券市场发行的英镑债券等。习惯上人们把外国人在美国发行的美元债券称为“扬基债券”,在英国发行的英镑债券叫“哈巴狗债券”,在日本发行的日元债券叫“武士债券”。外国债券的发行一般均由市场所在国的金融机构承保。中国曾在日本、美国、欧洲等地的证券市场上发行过外国债券。外国债券实际上是一种传统的国际债券。

2.欧洲债券。欧洲债券是指以某一种或某几种货币为面额,由国际辛迪加承销,同时在面额货币以外的若干个国家发行的债券。如美国在法国证券市场发行的英镑债券就叫欧洲债券。按习惯,面值为美元的欧洲债券一般被称为欧洲美元债券,面值为日元的欧洲债券被称为欧洲日元债券,面值为德国马克的欧洲债券被叫作欧洲德国马克债券,其他面值的欧洲债券可以以此类推。在日本东京发行的外币债券,通常称为将军债券。总之,欧洲债券的发行者、面值货币和发行地点分属于不同的国家。

欧洲债券既有期限为1~2年的短期债券,也有5~10年的中长期债券,还有无偿还期的永久性债券。欧洲债券往往采取无担保的不记名形式发行,投资欧洲债券的收益免缴收入所得税。除瑞士法郎市场以外,欧洲债券不受各国法规的约束,可以自由流通。欧洲债券往往通过国际辛迪加发行,并可在一个或几个国家的证券交易所同时挂牌。欧洲债券具有发行成本低、发行自由、投资安全、市场容量大等特点。

欧洲债券的发行者主要是公司和国际组织,近些年来,一些国家的政府也开始涉足这一市场,而欧洲债券的投资者主要是公司和个人。欧洲债券的币种以美元、日元、德国马克和瑞士法郎居多。欧洲债券于1961年2月1日首先在卢森堡发行,卢森堡和伦敦是目前欧洲债券市场的中心。

3.全球债券。全球债券是指在国际金融市场上同时发行,并可在世界各国众多的证券交易所同时上市,24小时均可进行交易的债券。全球债券最初的发行者是世界银行,后来被欧美以及一些发展中国家所效仿。全球债券先后采用过美元、加元、澳元、日元等货币发行。全球债券采取记名形式发行,在美国证券交易所登记。全球债券具有发行成本低、发行规模大、流动性强等特点。全球债券是一种新兴的债券,它的发行规则和程序还有待完善。

(二)国际债券的类型

国际债券有以下五种类型:

1.一般欧洲债券。一般欧洲债券是一种期限和利率均固定不变的债券。它属于传统的欧洲债券,目前这种债券的发行量在不断减少。

2.浮动利率债券。浮动利率债券是一种根据银行间的拆借利率为基准,再加一定的加息率,每3个月或6个月调整一次利率的债券。这种债券始20世纪70年代初期。

3.锁定利率债券。锁定利率债券是一种可由浮动利率转为固定利率的债券,即债券发行时,只确定一个基础利率,待债券发行之后,如果市场利率降到预先确定的水平时,则将债券利率锁在一定的利率水平上,成为固定利率,直到债券到期时止。锁定利率债券20世纪70年代中期才开始发行。

4.授权债券。授权债券是指在债券发行时附有授权证,债券的持有人可按确定的价格在未来某一时间内购买指定的债券或股票。

5.复合欧洲债券。复合欧洲债券是指以一揽子货币为面值发行的债券。到目前为止,发行这种债券已采用过的货币单位有欧洲记账单位、欧洲货币单位、特别提款权、欧洲货币合成单位。复合欧洲债券的利率固定而且水平较高。

四、国际债券的发行

（一）国际债券市场对发行者的要求

国际债券市场一般有严格的管理制度，但也有一些国家债券市场相当自由。管理较严的国家一般对发行者均有如下要求：①必须经过正式申请和登记，并由专门的评审机构对发行者进行审查；②发行者必须公布其财政收支状况和资产负债情况；③在发行期间，每年应向投资人报告资产负债及盈亏情况；④债券发行获得批准后，必须根据市场容量，统一安排发行的先后次序；⑤债券的发行与销售一般只许证券公司或投资银行经营，一般银行只能办理登记及还本、付息、转让等业务；⑥一般须由发行者国家政府或中央银行进行担保，担保必须是无条件的和不可撤销的。

（二）国际债券的发行程序

国际债券的发行分公募发行和私募发行。公募发行是通过中介机构的承包包销，公开向社会募集资金；私募发行则是在中介机构的协助下，向有限的特定投资者募集资金。公募发行的具体发行程序大致可分为以下几个步骤：

第一，发行企业选任一家金融公司作为此债券发行的组织者，即主干事银行或主干事证券公司。双方就此债券的形式、发行市场、发行数量、币种、利率、价格、期限以及发行的报酬和费用等进行磋商。

第二，向当地外汇管理部门提出发行债券申请，经该部门审查并提出意见后，报经该国政府有关管理部门批准。

第三，向国外有关资信评审机构申请评级。申请评级以前，需先向国内的审查管理机构提出书面申请，并提供评级机构名称和用于评级的资料等。发行者应在得到评级结果的三日内向审批管理部门报告评级结果。

第四，向拟发行证券的市场所在国政府提出申请，征得市场所在国政府的许可。

第五，发行者在得到发行许可后，委托主干事银行组织承销团，由其负责债券的发行与包销。

五、国际债券清算机构与清算程序

（一）国际债券清算机构

目前，国际上有两大债券清算机构，即欧洲清算系统和塞德尔国际清算机构。欧洲清算系统成立于 1968 年，总部在布鲁塞尔，它是一个股份制的机构，主要从事债券的清算、保管、出租、借用等业务，并提供清算场所。塞德尔国际清算机构也是一个股份制机构，它成立于 1970 年，总部设在卢森堡，它与欧洲很多国家的银行建立了清算代理关系，其业务范围与欧洲清算系统大致相同。上述两家清算机构均有现代化的各种设施，国际债券交易的清算绝大部分是通过这两个机构进行的，它们已发展成为当今世界两家最大的清算机构。

（二）国际债券清算程序

国际债券的清算大致经过以下几个程序：

1.开立债券清算账户和货币清算账户。申请加入清算系统的银行或证券公司必须开立债券清算账户和货币清算账户。债券清算账户是用于债券面额的转账，而货币清算账户是用于买卖债券时，按市场价格和生息后计算出的总额转账。因为国际债券交易既转移所有权，还要按市场价格计算出的等值货币支付。

2.发送债券清算指示。债券买卖成交以后，买卖双方分别向其清算机构发送清算指示。清算指示主要包括清算机构名称，买入或卖出债券的种类，买入或卖出对象，成交日期，结算日期，债券的面额和币种，成交价格，生息与否，货币总额，结算路线，清算指示的发送者名称和发送日期等。

3.核对清算机构发回的有关交易细节的报告，以便及时纠正。

4.在结算日进行内部账务处理。

5.核对清算机构的对账单，如有不符，可立即向对方和清算机构查询，如无异议，制作对账平衡表。

六、国际债券投资收益

债券投资收益是指投资者在一定的时期所获取的利润。债券投资收益通常是用收益率来表示的，而收益率指的是债券投资的收益占最初投资额的比例。针对每位债券投资者的不同情况，可选用以下几种收益率作为衡量投资者收益的标准。

（一）名义收益率

名义收益率是指根据债券每年的固定利息与债券面额之比，计算出来的投资者每年的收益率，其计算公式为：

$$名义收益率=\frac{债券年利息}{债券面额}\times 100\%$$

例如，一张面额为 100 元、年利率为 15% 的债券，其持有者的名义收益率为：

$$\frac{50}{100}\times100\%=15\%$$

（二）本期收益率

本期收益率是债券每年的固定利息与债券本期市场价格之比。投资者可以通过对市场上各证券本期收益率的计算和比较，来做出投资哪种证券的决定。本期收益率的计算公式为：

$$本期收益率=\frac{债券年利息}{本期市场价格}\times100\%$$

例如，一张面额为 100 元、利率为 15%、期限为 5 年的债券，该债券发行时最初的认购者在购买后的第 3 年初以 90 元卖出，那么，该债券新的购买者的本期收益率为：

$$\frac{15}{90}\times100\%\approx16.67\%$$

（三）持有期收益率

债券的持有期收益率是指投资者从买入债券到卖出债券期间所得的实际收入。其计算公式为：

$$持有期收益率=\frac{卖出价-买入价}{买入价}\times\frac{360}{持有期限}\times100\%$$

例如，某人在证券市场上以 100 元买了一张刚发行的利率为 15%，期限为 5 年的债券，两年之后又以 120 元的价格卖出，其持有期的收益率为：

$$\frac{120-100}{100}\times\frac{360}{720}\times100\%=10\%$$

（四）到期收益率

债券的到期收益率是指投资者从买入债券到债券到期时止的收益率，其计算公式为：

$$到期收益率=\frac{债券到期后的本金和利息总额-买入价}{买入价\times待偿还的期限}\times100\%$$

例如，某人以 120 元购买了一张面值为 100 元，利率为 15%，期限为 5 年的债券，由于该投资者买入这张债券时，该债券已发行了 3 年，那么该投资者待 2 年后债券到期时的收益率为：

$$\frac{100+(15\times5)-120}{120\times2}\times100\%\approx22.92\%$$

第三节　国际股票投资

一、股票投资的概念

股票是有价证券的一种,它是股份公司发行的,用以证明股票持有人对公司拥有所有权,并可以分享公司股息或红利,参与公司经营管理等方面权益的凭证。股票属于要式证券,必须依据法定格式制成。股票的票面应载有公司的名称,公司的成立时间,发行股份总数及每股金额,本次发行的股份总数,股票的发行时间,股息或红利的发放时间与地点,股票的种类及其他差别的规定,公司认为应当说明的其他事项和股票的编号等。此外,股票还必须有 3 名以上董事的签名盖章,并经主管机构或其核定的发行登记机构的认证。

股票投资是企业、个人等购买股票的一种行为。股票投资者一般享有以下 3 项基本权利:①公司赢利时的分红要求权,红利也是股票投资者的收益;②剩余财产的分配权,剩余财产的分配权限于公司解散或倒闭时才会出现;③股东大会的参加和表决权,股东的表决权也意味着股东对公司的间接经营管理权。股东的上述权益说明,股票投资属于间接投资,它具有收益性、风险性、变现性、决策的参与性、价格的波动性等特征。

二、股票的性质

(一)股票是一种证权证券

股票只是一种表明已发生股权转移的证券,股票只起一个权利证书的作用。股票的发行是以股份的存在为前提条件。股票的作用不过是证明股东的权利,而不是创造股东的权利。所以股票不像一般的票据是设权证券,同时也不是债权证券。

(二)股票是要式证券

股票必须按法律的要求记载一定事项,股票须由三名以上董事签名盖章并经由主管机关或其核定的发行登记机构批准后才能发行。其内容一般包括公司的名称和地址,公司设立登记和新股发行的批准文号,公司的股份总额、每股金额、本次发行的份数、发行时间等。

(三)股票是有价证券

股票与其代表的股东权利有不可分离的关系。这就是说,股票代表着对公司资产的权利，这种资产是有一定价值的，否则其权利也就失去了意义。此外，股东权利的转让应与股票占有的转移同时进行，二者缺一不可。这点与有价证券在法理上的性质是一致的。

（四）股票不是物权及债权证券

股东虽然是企业部分财产的所有人，享有种种权利，但对于公司的财产不能直接支配处理，对财产的直接支配处理是物权证券的特征，但股东可以通过其红利权，出席股东大会并行使表决权，转让权和公司解散时的剩余资产的分配权来达到获利的目的。同时股东也不是公司的债权人，但对企业的债务承担有限的债务责任，当投资者购买股票时，他随即变成公司部分财产的所有人，是公司内部的股东，因此说股票也不是债权证券。

（五）股票是一种可转让的证券

股票是一种能带来收益的转让证书，其价格的基础是其资产的价值，作为金融资产的股票和其他有价证券一样既可以在金融市场上买卖，也可用于赠予、抵押和继承。

（六）股票是一种虚拟资本

股票的运动与真实资本的运行是既互相联系又相对独立的，说其独立是因为股票在证券市场上进行各种形式的交易都不会引起公司资本的增减，说其联系是因为公司的业绩直接影响着股票在二级市场上的走势。实际上，公司的质地及运作的好坏是二级市场股价的基础。

三、股票的种类

企业往往根据不同的需要发行不同种类的股票，而股票种类的不同也决定了投资者享有的权利和义务的不同。因此，股票的投资者根据股市行情的变化，选择不同种类的股票对获取投资的最佳收益是十分有益的。股票的种类和分类方法很多，按股东承担的风险和享有的权益来分，可分为普通股和优先股；按股票是否记名来分，可分为记名股票和无记名股票；按股票有无面额来分，可分为面额股票和无面额股票。

（一）普通股和优先股

1.普通股。普通股是股份公司必须发行的一种基本股票，是股份公司资本构成中最重要、最基本的股份。购买了普通股就等于购买了企业的资产，购买得越多，占有公司资产的比重就越大。普通股是股票中最普遍的形式。普通股的股东一般享有以下几项权利：

（1）收益的分享权。在公司有赢利的时候，普通股的股东有权分享公司的赢利，但赢利的分享必须是在满足了优先股股东的股息之后。普通股股东的红利是不固定的，它取决于公司的赢利多寡，赢利多则多分，赢利少则少分，没有赢利则不分。

（2）剩余资产的分配权。在公司破产的时候，普通股股东有分得公司剩余资产的权利，但剩余资产的分配必须在清偿了公司的债务及优先股股东收回最初投资并分得股利之后进行。

（3）决策权。股东有权参加或委托代理人参加一年一度的股东大会，并行使其表决权，从而间接参与公司的经营管理。

（4）新股认购权。股东有优先认购公司所发新股的权利，以维持股东在公司原有的权益比例。股东在认购新股时，可以以低于市价购买一定比例的新股，因此，新股认购权也是有价值的，如股东不想认购新股，可将其新股认购权按一定的价格进行转让。新股认购权一般被称为认股特权，认股特权价格的计算公式为：

$$P=\frac{P_0\times R}{1+R}$$

式中：P 代表认股特权价格，P_0 代表股票市价与面值的差额，R 代表新股与旧股的认购比例。

例如，某公司发行的旧股面值为 20 元，其市价每股 30 元，每拥有 8 股旧股可认购 1 股新股，其每股的认股特权价格为：

$$\frac{(30-20)\times\frac{1}{8}}{1+\frac{1}{8}}=1.11(\text{元})$$

（5）股份的转让权。除公司发起人的股份必须在达到规定的期限以后才能转让以外，其他股东的股份可以随意转让。

2.优先股。优先股是指股东在公司赢利或在公司破产清算时，享有优先于普通股股东分配股利或资产权利的股份。优先股是相对普通股而言的，具体地讲，优先股股东的优先权主要表现在两个方面：①公司赢利分配的优先权，即在公司赢利时，在优先股股东的股息得到满足之后，普通股股东才能分得红利；②索债优先权，即在公司破产时，在优先股的股东按面值得以清偿之后，如有剩余，普通股股东才能得到清偿。

优先股与普通股相比，还具有以下 3 个特点：①表决权受到限制。优先股股东一般没有表决权，只有在涉及直接关系到优先股股东利益的问题时，才能行使表决权。实际上，优先股股东没有参与公司经营管理的权利。②股息固定。优先股股息是事先规定的,一般按面值的一定比例计算,不能随公司赢利的多寡而增减。③具有可赎回性。近些年来,许多公司发行的优先股均订有偿还条款,发行优先股的公司一般在发行一年后可以以高于面值赎回或购回已发行的优先股。鉴于优先股股息固定,而且股东又没有表决权,所以人们常常将优先股称为介于债券和股票之间的混合证券。

优先股本身的种类也很多,常见的主要有以下几种:

(1)积累优先股。它是指在公司某一时期内的赢利不足以分派给股东固定的股息的情况下,股东有权在公司赢利丰厚时,要求公司补足将以前所欠股息积累起来的数额。

(2)非积累优先股。它是指由于公司赢利较少,当年未能向股东发放或未如数发放固定的股息,在日后公司赢利后,股东不具有要求公司补发以前所欠股息的权利。但非积累优先股的股息一般高于积累优先股。

(3)可调换优先股。它是指股东在一定时期内,可以以一定的比例将优先股换成该公司的普通股,否则属于不可调换的优先股。在公司经营状况好而且普通股股价较高时,投资者愿意将优先股调换成普通股。

(4)积累可调换优先股。它是一种兼积累优先股和可调换优先股性质的优先股。

(5)股息率可调整优先股。它是指股息率不固定,而是随着其他证券或利率变化而调整的优先股。这种优先股股息率的变化与公司的赢利状况无关。

(6)参与分红优先股。它是指股东除收取固定的股息以外,还可与普通股一起分享红利的股票。

(二)记名股票和无记名股票

1.记名股票。记名股票是指在股票上载有股东的姓名,并将该股股东的姓名和地址记载在公司股东名册上的一种可以挂失的股票。记名股票必须经卖方背书和盖章才可转让。转让时需要办理过户手续。发放股息或红利,需由公司书面通知股东。

2.无记名股票。无记名股票是指在股票上不载有股东的姓名并不能挂失的股票。无记名股票可以在证券市场上随意转让,不需办理过户手续。公司在发放股利时,也不必向股东发出书面通知,而是凭票取息。这种股票发行手续简便,转让方便,但公司不易掌握。很多国家将无记名股票发行的数额占股票发行总额的比例限制在一定的比例之内。

(三)面额股票和无面额股票

1.面额股票。面额股票是指在股票上标明一定金额的股票。股票面额能使股东了解每一股所代表股权的比例,以确定对公司所有权的大小。面额股票既可以使公司在出售股票时取得公正的价格,也可以防止公司内部人员以低价获得新股,并为股票的交易价格提供了参考依据。股票的面额并不代表公司资产的全部价值,面额股票一般不能低于面额发行。

2.无面额股票。无面额股票是指股票上不标金额,只标有总股数的股票。无面额股票可以促使投资者在购买股票时,注意计算股票的实际价值,而不至于被面额所迷惑,而且其发行价格也不受限制。

四、股票的价值与收益

(一)股票的价值

股票本身没有价值,但股票是股东对企业所有权的凭证,它代表了一定量的资本,所以股票又有价值。

1.股票的面值。股票面值是股票上标明的金额。股票面值的作用在于说明每股股份对企业拥有权的比例。随着企业的发展和市场各种因素的变化,股票的市场价格往往背离股票面值。

2. 股票的账面价值。股票的账面价值也称股票净值。它是根据公司的财务报表计算得出的,表明每股代表公司实际资产价值的价值。账面价值是公司的真正资产,也是公司债权债务相抵后所剩的余额。其计算公式为:

$$账面价值=\frac{公司净资产-优先股票总额}{普通股总股数}$$

3.股票的市值。股票的市值就是股票的市场价格,即股票市场上的买卖价格。股票市场价格是随着股市行情的变化经常波动的,影响股票市值变化的因素很多,其中利率和股息是最主要的因素,股票市值与股息成正比,与利率成反比。其计算公式为:

$$股票市值=\frac{股票面额\times预期股利收益率}{市场利率}$$

4.股票内值。股票内值是经济学家对企业的财务状况、未来收益和其他影响企业收入的因素分析之后,得出的股票所代表的真正价值。实际上,股票内值的高低,取决于股票未来预期的收入。股票未来预期收入高,股票的内值就高;否则,其内值就低。投资者都在寻求购买内值高于市值的股票。计算股票内值一般都把未来的收入折成现值进行计算,其计算公式为:

$$未来收入的现值=\frac{未来预期收入}{(1+贴现率)^{未来年数}}$$

(二)股票投资收益

股票投资收益是指投资者购买股票所获取的利润。股票投资收益主要来源于股息、红利和股票的溢价，收益的大小一般用收益率来表示。

1.股息、红利和溢价。股息是优先股股东定期得到的固定收益。由于优先股股东的股息是固定的，一般按年计算，所以它不与公司经营状况的好坏相联系。

红利是普通股股东获取的投资收益。普通股股东的红利是不固定的，红利的多少取决于公司的赢利情况，赢利多则红利多、赢利少则红利少，无赢利或亏损则无红利。

股票溢价是指股东以高于买进股票的价格卖出股票所赚取的买卖差价。在证券市场上，一般把为赚取买卖差价而买入股票的行为叫投机，而把以获取股息或红利为目的买入股票的行为称为投资。

2.股票投资的收益率。股票投资收益率指的是购买股票所得的收入占购买股票所用金额的比例。一般来说，优先股股东的收益率是相对稳定的，而普通股股东的收益率是不稳定的。股票投资收益率有两种计算方法，即本期股票收益率和持有期股票收益率。

(1) 本期股票收益率。本期股票收益率就是本期(年)股利占本期股票价格的比例，其计算公式为：

$$本期股票收益率=\frac{本期股利}{本期股票价格}\times 100\%$$

例如，某公司 1996 年 1 月 1 日发行股票，股票的购买者以 50 元一股购入，1997 年 1 月 1 日购买者每股分得红利 10 元，本期股票收益率为：

$$\frac{10}{50}\times 100\% = 20\%$$

(2)持有期股票收益率。持有期股票收益率指的是投资者从购买股票开始到卖出股票时止的收益率。其计算公式为：

$$持有期股票收益率=\frac{出售价格-购入价格+现金股利}{购买价格}\times 100\%$$

例如，某人购买了 100 元股票，一年后以 104 元卖出，一年中所得红利为 8 元，其持有期收益率为：

$$\frac{104-100+8}{100}\times 100\% = 12\%$$

五、股票的交易方式

(一) 现货交易

股票的现货交易亦称现金交易，它是指股票的买卖双方达成交易以后，在短期内完成交割的一种买卖方式。现货交易的交割时间一般为成交的当天，但也可以是当地股票交易市场的习惯日，如美国纽约股票交易所现货交易的交割时间为成交后的第五个营业日,东京股票交易所是成交后的第四个营业日。股票的现货交易是属于一手交钱、一手交货的实物交易,即买方付出价款,卖方交付股票。

(二)期货交易

股票的期货交易是指股票的买卖双方成交以后,交割和清算可以按契约所规定的价格在未来某一时间进行,即股票期货交易的双方在签订交易合同之后,买方不用立即付款,卖方也不需即时交出股票,而是在双方约定的未来某一时间进行。这样可以使买方在手中资金不足时购买股票,卖方可以在没有股票的情况下出售股票,买卖双方便可以利用这一机会,按照预期的价格变动买卖远期股票,以从中谋取买卖差价。在实际操作中,股票的买卖双方往往都以相反的合同进行冲抵,只清算买卖价差。买入期货合同,以图在交割前股价上涨,这种行为一般被称为多头;卖出期货合同,以图在交割前股价下跌,这种行为一般被称为空头。此外,投资者进行期货交易的另一个目的是为了套期保值,以避免价格变动的风险。

(三)保证金交易

保证金交易又称信用交易或垫头交易。它是指客户买卖股票时,向经纪人支付一定数量的现款或股票,即保证金,其差额由经纪人或银行贷款进行交易的一种方式。如果经纪人为交易者垫付的是部分款项应称为融资;如果经纪人借给交易者的是股票则叫作融券。保证金交易也是从事证券投资活动的一种手段,从事该种交易的交易者是想利用股票价格在短期内的变动牟取暴利,即投资者在预测某种股价将要上涨时,便以保证金的形式购买股票,以待股价上涨后再卖出。保证金交易属于多头或买空交易,它要求交易者必须有足够的信誉和实力,以凭此开设保证金账户。在交易的过程中,投资者用保证金购买的股票全部用于抵押,客户还要向经纪人支付垫款利息。

(四)期权交易

股票期权交易实际上是一种股票权利的买卖,即某种股票期权的购买者和出售者可以在规定期限内的任何时候,不管股票市价的升降程度如何,分别向其股票的出售者和购买者以期权合同规定好的价格购买和出售一定数量的某种股票。期权一般有两种:一种是看涨期权,即投资者按协议价格购买一定数量的某种股票的权利;另一种是看跌期权,即投资者可以以协议价格卖出一定数量的某种股票的权利。在股价看涨时,投资者愿意购买看涨期权;当股价趋跌时,投资者往往愿意购买看跌期权。在期权的买者认为行使期权对自己不利时,可以放弃期权,但期权的购买费不予退还。期权合同一般随着有效期的结束而失效。期权交易一般对买卖双方均有好处,买方可以利用期权保值或赚取股票的买卖差价,而卖方则可以赚得期权的出售费。

(五)股票价格指数期货交易

股票价格指数期货交易是投资者以股票价格指数为依据进行的期货交易。在股价指数期货交易中,买进和卖出均为股票期货合同。股份指数期货价格是由点数来表示的,股份的升降以点数计算,点数代表一定数量的标准金额。

在股票交易中,投资者的风险很大,尤其是对股票发行者的经营状况和股市的急剧变化难以预测和把握,而股价指数期货交易为投资者减少了上述一些风险。投资者在了解了国民经济的发展状况、金融市场利率和某些主要行业的发展前景后,就可以预测股价指数的走势,股价指数的变动代表了股价总水平的变动。因此,在对股价指数的升降进行准确的预测之后,投资者就可买进或卖出期货合同。

第四节 国际投资基金

一、投资基金的概念

世界各国对投资基金(Investment Fund)的称谓有所不同,美国叫共同基金(Mutual Fund)或互惠基金,英国叫单位信托基金(Unit Trust)。按国务院批准颁布的《证券投资基金管理暂行办法》的解释,投资基金是“指一种利益共享,风险共担的集合证券投资方式,即通过发行基金单位,集中投资者的资金,由基金托管人托管,基金管理人管理和运用资金,从事股票、债券等金融工具投资”。投资基金属于间接投资,而且也是证券投资的一种形式。它实际是证券投资基金的募集人受投资者的委托,以向投资者发行基金凭证的方式,把分散的投资者的资金汇集起来,由具有专业知识和投资经验的专家按组合投资的原理分别投资于各种金融工具,以使投资者在承担较小风险的前提下获取最大的投资收益。

投资基金是一种大众化的信托投资工具,而像股票、债券、期货、黄金等金融工具又是投资基金的主要投资对象。投资基金源于100年前的英国,它是在西方国家证券投资盛行,市场操纵和市场欺诈严重,股灾遍布的背景下而产生的,迎合了投资者的安全心理和对海外金融投资的普遍需求。后来,随美国金融业的迅速崛起,投资基金在美国得到不断发展和完善。

投资基金是建立在金融市场充分发展和日益完善的基础之上的,金融市场充分发展的一个重要表现是融资方式多样化,而投资基金的出现与发展正是金融市场深入发展的重要体现。金融业的充分发展扩大了投资基金的投资领域,投资基金的发展也无疑是对金融市场进一步发展的一种推动。现代投资基金代表了一种新的投资方式,它已从最初的债券和股票投资逐步发展成为各种货币市场投资工具。进入20世纪80年代以后,随着投资基金制度的日益完善、投资基金品种的不断增多以及投资基金运作技术的创新,货币市场基金每年都以成倍的速度增长,从而带动了整个投资基金业的发展。据统计,全球投资经理人掌握了大约30万亿美元的基金资产,其中美国共同基金资产达到了4万亿美元,仅次于商业银行4.6万亿美元的资产,尤其是进入20世纪90年代以来,美国共同基金的增长更为神速,1990—1996年共同基金的增长速度为218%,美国大约有37%的家庭拥有共同基金,共同基金占美国所有家庭资产的36%,英国和日本拥有投资基金的家庭也接近10%。投资基金的迅速发展使得目前竞争日趋激烈的金融市场体系中,出现了银行业、保险业、投资基金业三足鼎立的局面。

二、投资基金的特点

投资基金是一种证券信托投资方式,也是以金融资产为经营对象,并以金融资产的保值或增值为目的的投资工具。作为投资工具,投资基金与其他投资工具相比具有以下几个特点。

(一)专家理财

投资基金是一种投资工具,投资于投资基金就等于聘请了一位具有专业知识和丰富经验的专家为你进行投资决策和运作。他们的投资决策一般是在根据随时了解到的最新的有关经济形势,国内外市场的发展动态,上市公司的经营状况等信息,经过认真分析和对证券市场总体走势进行预测后做出的,因此能为投资者带来较高的回报。而个人投资者往往缺乏专业知识,投资经验不足,信息不灵,只能跟风炒作,多数投资者难有收益。

(二)风险较小

投资基金的运作人为了减少风险,常常进行组合投资。投资组合一般是指债券与股票等有价证券的组合,它们主要包括上市或未上市公司的股票、股权凭证、新股认购权证、政府债券、地方债券、公司债券、金融债券等,在个别国家也允许利用少部分资金用于房地产业的投资。即使投资股票,也不能将全部基金只用于购买一种股票。理想的投资组合一般是选择15~25种证券,购买各种证券的数量也有一个适当的比例,这就大大降低了投资风险,增加了投资的安全系数。

（三）管理和运作法制化

目前，世界各国都颁布了有关投资基金的管理和运作的法规，对投资基金的设立、管理和运作作了严格的限定。按多数国家的规定，投资基金的经营机构由基金公司、基金管理公司和基金托管公司组成；基金必须委托银行作为托管人托管基金资产，委托基金管理公司作为基金管理人管理基金资产并进行投资运作；基金资产独立于基金托管人和基金管理人的资产，基金托管人与基金管理人在行政和财务上相互独立，其高级管理人员不得在对方兼任任何职务。此外，还规定了每个基金投资于股票和债券的比例，一个基金持有一家上市公司股票占基金资产净值的最高比例，同一基金管理人管理的全部基金持有一家公司证券占该公司发行证券总数的最高比例，一个基金投资国家债券的最低比例等。管理和运作的法制化有利于保护投资者的利益。

（四）选择性强，适合各类投资者

在发达的西方国家证券市场上，投资基金的种类众多，并涉及一切投资领域。因此，投资者对投资基金有很大的选择性，投资基金的品种也适合各类投资者。对于不愿冒大风险的稳健型投资者来说，可选择购买债券基金、货币基金、优先股基金或蓝筹股基金等。对敢冒风险追求高利的投资者来说，可选择购买期货基金、杠杆基金或认股权证基金等。与此同时，不管是力图降低风险还是寻求高利的投资者，为实现他们各自的目标，根据国内外经济和市场形势，既可选择国家基金，也可通过本国的基金管理公司购买国际基金和海外基金。此外，由于投资基金是以基金单位为基金的认购单位，认购多少应视投资者的自身实力而定，因而投资基金既适合资金雄厚的大投资者，也适合资金较少的中小投资者。

（五）交易成本低

在当前国际基金市场竞争日趋激烈的情况下，基金公司除了不得不加强管理和服务，还不断降低其所收取的管理费和购买手续费，而且很多国家投资基金的买卖还免交印花税。基金的管理费一般一年交纳基金净资产的1%～1.5%，购买费一般一次性交纳3%～5%，持有基金的第一年交纳6.5%，从第二年开始每年只需交1%～1.5%。而如果购买股票，一年之内只要交易5～6次的费用就会达到或超过基金投资者第一年所交纳的6.5%的费用，如果交易2次就可超过基金投资者第一年之后每年交纳的费用，这样算起来购买投资基金所需的费用要比购买股票的所需的费用低得多。

从投资基金的上述特点来看，投资基金确实是一种风险较小，收益一般会高于储蓄和债券的投资方式。但它也并非十全十美,由于它在实际运作中采用组合投资,这虽然降低了风险,但也限制了投资者的收益。而且,由于一次性交纳购买费,这就使投资基金只适合长线投资,不适合短线炒作,投资者若频繁买卖基金,成本会很高,收益会低于其他投资方式。此外,投资基金也并非没有风险,它采用的组合投资虽然将风险降低到最小,但也要面对风云变幻的市场风险以及情报与预测是否准确和管理是否严谨等经营风险,如香港的太阳基金在半年内从每基金单位 14.8 美元跌至面值以下的 4.35 美元,使基金的投资者蒙受巨大损失。投资基金也与其他投资方式一样,是一种收益与风险并存的投资方式。

三、投资基金的分类

世界各国发行的投资基金种类繁多,形式多样,这也正是投资基金在当今世界得以迅速发展的因素之一。但是国际上众多的投资基金也给对其进行统一分类带来一定的难度,从目前的投资基金分类情况看,已被国际上认可的分类方法有以下几种。

(一)公司型投资基金与契约型投资基金

1.公司型投资基金。公司型基金就是美国所称的共同基金,它是以营利为目的,并依据公司法而非信托契约设立,受基金投资者委托,通过发行股票来筹集资金并从事各种有价证券投资的股份有限公司。公司型基金涉及五个当事人,即投资者、基金公司、管理公司、托管公司和承销商。基金的投资者是基金的股东,是基金资产的实际持有人,其以其所持有的公司股份的份额分享投资收益和承担风险,并通过股东大会及其所拥有的投票权来选举董事会;基金公司是基金本身,也是基金资产的名义持有人,其主要职责是根据章程做出投资决策;基金的管理公司是一个独立于基金公司并由专家组成的执行基金公司决策的机构,即负责进行投资组合和进行投资运作,基金管理公司根据与基金公司签署的管理协议行使权力,履行义务并收取管理费;托管公司也是一个独立的机构,它主要负责保管基金资产,进行资产核算,配发股息及办理过户手续,监督基金管理公司的投资运作,托管公司一般由银行和信托机构承担,它也是根据与基金公司签署的保管协议行使权力,履行义务并收取托管费;承销商是管理公司的代理机构,主要负责基金受益凭证的销售,股息的发放及基金的赎回等。公司型投资基金的设立必须在工商管理部门和证券交易委员会注册,并同时在股票发行和交易所在地登记。公司型投资基金已被世界各国广泛采用。

2.契约型投资基金。契约型投资基金又称信托投资基金,是指通过发行受益凭证筹资,由基金管理公司、托管公司、投资者以签订信托契约的形式组建的一种投资基金。契约型投资基金不仅涉及基金的管理公司和托管公司,也涉及投资者。基金管理公司作为受托者是基金的发起人,负责设定基金的类型,发行受益凭证,依据信托契约进行投资运作,并指定基金的托管机构;托管公司作为基金的受托人主要负责基金的有价证券和现金的管理及其他有关代理业务和会计核算业务,托管公司一般是银行或信托公司;基金的投资者也称受益人,他以购买受益凭证的方式成为信托契约的当事人,并以此享有基金收益的分配权。契约型投资基金是一种历史最为悠久并被广泛采用的一种投资基金,英国、日本、韩国、新加坡、中国香港和中国台湾设立的投资基金多属于这一类。

(二)开放型投资基金和封闭型投资基金

1.开放型投资基金。开放型投资基金是指投资基金发行的资本总额和份数不固定,根据基金自身需要及金融市场的供求状况,随时增发新的基金份额,或发行已被投资者赎回的投资基金。开放型投资基金的资本总额不封顶,基金公司可以根据其经营策略和金融市场的变化发行新的基金份额,因此也被称为追加型投资基金。开放型投资基金的投资者不仅可以随时购买基金份额,还可以根据市场行情的变化在基金首次发行一段时间以后,将所购买的投资基金的全部或部分,在基金管理公司设定的内部交易日,通过内部交易柜台再卖给基金管理公司,赎回现金。若被赎回的基金数额过大,并超过基金正常的现金储备时,基金公司还可以重新发售已赎回的受益凭证。开放型投资基金的买卖价格是基金的净资产价值加上手续费。当然,开放型投资基金的买卖价格也反映了投资基金所投资的股票、债券等有价证券的价值及基金的收益情况。

2.封闭型投资基金。封闭型投资基金指的是基金在设立时规定发行的固定数额,并在规定的时间内不再追加发行,投资者也不能赎回现金的基金。封闭型投资基金由于基金的资本总额固定,在基金资本数额达到计划要求时,便进行封闭,基金公司在规定的时间内不能增发基金,投资者也不能赎回现金。封闭型投资基金虽然不能赎回,但却可以像普通股一样在二级市场上通过经纪人进行买卖。封闭型投资基金的交易价格虽然也以基金的净资产为基础,但却更能反映经济形势和金融市场的状况。

(三)固定型投资基金与管理型投资基金

固定型基金是指基金的经营者只能投资预先确定的证券,在整个信托期间,原则上既不允许变更投资方向,也不允许转卖证券。管理型基金又称自由型或融通型基金,这是英国的一种传统的投资基金,管理型基金是指允许经营者可以根据证券市场的市场状况,对已购进的证券进行自由买卖并不断调整投资组合;半固定型投资基金是一种介于固定型和管理型之间的一种投资基金,这种基金在日本非常流行，它在一定的条件和范围内，可以变更投资方向和内容。

（四）单位型投资基金与追加型投资基金

单位型基金是契约型基金的一种，是以某一特定的货币总额单位为限筹集设立的一种基金，每次新募集的基金组成一个单独的基金管理公司，分别作为单独的信托财产运用和管理，单位型基金往往规定一定的期限，在规定的信托期限届满之前不得追加新的资金。信托期限有3年、5年、7年、10年、15年、20年等数种，信托契约终止后，退回本金和收益，中途既不能退回本金，也不得追加投资。在一般情况下，单位型基金多属于封闭性和半封闭型基金，或属于固定型与半固定型基金。此外，也有少数单位型基金在信托期间可以解约，即相当于单位开放型，有些基金规定经过一段时间后允许解约，这类基金也称单位半封闭型基金。

与单位型相对的是追加型。追加型的投资基金是指在投资基金在设立后，经营者可以视基金单位的售出情况或市场状况，随时以当时的市场价格追加发行新的基金单位的一种基金。追加型投资基金大都没有期限，中途可以解约，即可以要求发行机构赎回，所以追加型投资基金多数是属于开放型的，也有极少数是封闭型的，即中途是不可以解约的。

（五）股权式投资基金与有价证券式投资基金

股权式投资基金就是基金的经营者以股权方式投向某一产业或某类企业公开发行或上市的股份或股票，或以参股或合资的方式进行投资。这种方式的主要目的是以获得投资收益为主，可以参与企业经营，但不以控制企业为目的。有价证券式投资基金是以投资于公开发行和公开上市的股票和债券为主的基金，它主要参与二级市场中的证券买卖。

（六）综合型投资基金与单项型投资基金

综合型投资基金是指基金投资的业务种类多样，既可以进行直接投资，也可以进行贷款、租赁、证券买卖、拆借融资等业务。在一般情况下，这类基金在很多国家受到严格限制或被禁止，因为这类基金从事的业务，不能体现金融分工的要求，在某种程度上等同于综合性金融公司，既有银行业务，又有信托业务，不能体现基金的特色与独特功能。与此相对应的是单项型投资基金，单项型投资基金从事的业务是单一的，要么仅从事股权式投资，要么只从事有价证券式的投资业务。

（七）本币投资基金与外币投资基金

本币投资基金是指投资基金公司向本国的投资者发行并以本国货币为面值的基金。本币投资基金的管理者仅在本国从事股权式或有价证券式投资活动。外币投资基金有三个含义：一是指以向国外投资者发行，以募集国际上可自由兑换的任意一种外币为目而设立的投资基金，这种基金主要用于国内投资，并在对象国或国际上某一交易场所交易流通，分红也以外币进行；二是指向国内投资者募集外币资金的一种投资基金，这种基金投资于国内可以进行外币投资的企业股权、股票和债券，分红或转让也用外币进行；三是指用任一种形式向国内投资者募集外币资金，并用于在海外进行股权收购或买卖外国有价证券的一种投资基金。

（八）货币型投资基金、债券型投资基金和股票型投资基金

货币型投资基金是指基金的投资组合由货币存款构成，它一般可以分成两类，一类是管理货币基金，投资在以各种货币发行的短期金融商品上的基金；另一类是货币市场基金，它是投资在以一种货币发行的金融商品上的基金。货币基金的主要业务是在金融市场上进行一系列的长期和短期的存款和贷款。货币基金的基金单位一般是固定的，经营无限期延续，投资成本也较低。

债券型投资基金可分为很多种，一种是政府公债型基金，这种基金只能投资于政府发行的公债，或由政府担保的基金，这种基金主要存在利率风险，期限越长风险越大；第二种是公用债券基金，也叫市政公债基金，这类基金主要投资于地方政府发行的基金，利息可以免税；第三种是公司债券基金，它是一种特殊的收入基金，该基金的管理者将其基金的60%以上用于公司债券。投资于公司型债券基金虽然风险比前两者种基金大，但获利也较前两种基金高。

股票型投资基金是经营者以股票为主要投资对象的一种投资基金。从理论上说，股票型投资基金投资的对象为股票，债券型投资基金的投资对象为债券。但这样的划分也不是绝对的，在欧美国家，只要投资对象以债券为主，即使投资一些股票，也属于债券型投资基金；而以股票投资为主要对象的基金，投资适当比例的债券，也分属于股票型投资基金。

（九）资本市场投资基金与货币市场投资基金

资本市场投资基金是将所发行基金投向资本市场或流动型较好的证券市场、衍生产品市场等作中长期投资，以发挥资金作为资本的作用。这类基金主要包括股票基金、国债基金、公司债基金、创业基金、认股权证基金、期货基金等。货币市场投资基金是由小额存款集合成为大额存款的投资基金，主要投资

指向为短期金融市场。它最初产生于美国,是由于大额存款和大量债券购买具有优惠条件而引发的。这种基金主要是购买大额可转让存单、各类商业票据、银行票据,进行证券回购、短期融资等。在基金市场上,货币市场基金属于低风险的安全基金。该类基金又可分为两类,一类是投资在以各种货币发行的短期金融商品上的管理货币基金;另一类是投资在以一种货币发行的短期金融商品上的单一货币基金。

(十)成长型基金、收入型基金、成长收入型基金、积极成长型基金、平衡型基金和新兴成长型基金

成长型基金是以追求长期的资本利得为主要目的而设立的投资基金。该基金多投资于企业信誉好,长期保持赢利,有良好的发展前景,股价长期稳定增值的绩优蓝筹股。这种基金的投资一般属于长期投资。

收入型投资基金主要投资于可以带来当期收入的有价证券,该种基金一般有两种,一种是主要投资于股票和债券的固定收入的投资基金,另一种是以投资股票为主要收入的股票收入型基金,股票收入型基金一般成长潜力大,但风险也大。

成长收入型投资基金是一种通过投资于能带来收入的证券及有成长潜力的股票,达到既有收入又会成长的目的的基金,该种类型的基金比成长型基金保守。

积极成长型基金亦称高成长型基金、资本增值型基金或最大成长基金。该类型基金主要以赚取股票在二级市场上的买卖差价为主要的收入来源,目的是追求最大的利润。该类基金主要投资于具有高成长潜能的股票或其他有价证券。

平衡型基金既要追求资金的长期成长,又要赚取当期的收入,它既投资于股票,也投资于证券,该基金除被限定一定的比例投资于债券和绩优股之外,其余一般投资于普通股。

新兴成长型基金与积极成长型基金一样,追求的是成长而不是收入,投资的重点对象是新兴行业中有成长潜力或高成长潜力的小公司或新公司,只将极少数资金投资于信誉好的大公司。

(十一)国内基金、国际基金、海外基金和国家基金

1.国内基金。国内基金是指面向国内投资者发行并用于在国内金融市场上进行投资活动的投资基金。国内基金虽然在大多数国家仍占主导地位,但其筹资范围的局限性、投资机会选择的有限性和收益的有限性表现得非常明显。

2.国际基金。国际基金是指面向国内投资者发行,用于在国际金融市场上

进行投资运作的投资基金。国际基金由于是到境外金融市场上进行投资运作，不仅为本国的投资者带来了更多的投资机会，增加了投资收益并分散了投资风险，还可使本国的投资者及有关投资和金融机构了解、认识和熟悉国际金融市场，它开辟了投资国际金融市场的手段。

3.海外基金。海外基金又称离岸基金，它是指面向基金公司所在国以外的投资者发行，并投资于境外金融市场的投资基金。海外基金的发行范围广，投资的地域宽，投资组合的选择性强。发行海外基金对一国的国内投资机构或金融机构来说，是一种熟悉国际金融市场，了解国际金融市场法规，成为跨国经营企业的一个重要途径。

4.国家基金。国家基金是指面向境外投资者发行，用于在国内金融市场投资运作，并在基金发行完毕后，受益凭证在境外证券市场上市交易的一种投资基金。国家基金是一种基金公司所在国没有还本付息的债务压力，操作简便，成本较低，风险较小的投资基金。国家基金是一个国家利用外资，解决本国发展资金不足的重要手段。

四、投资基金的设立与运作

投资基金的设立与运作指的是从发起设立基金、提交基金设立申请、发表基金招募说明书、发行基金证券到基金上市的全部过程。

（一）基金发起人发起设立基金

基金发起人是投资基金的发起者及最终设立者。基金发起人是一个法律的概念，它一般指具有法人地位的机构。在金融体制非常完善的国家，基金发起人必须符合规定的条件，如对发起人资本的要求、财务状况的要求、组织机构的要求、业绩的要求、营业场所的要求、认购基金股份或认购基金单位的要求等。基金发起人一般为经国家有关部门批准设立的证券公司、信托投资公司和基金管理公司等。基金发起人的主要职责是制订有关设立基金的具体工作方案，确定拟设立基金的类型，起草申请基金设立报告和信托凭证，募集设立基金所需的费用，并对由于自身的过失给投资者造成的任何损失承担连带赔偿责任。如果发起人是两个或两个以上，还应签订发起人协议书，以明确各发起人之间的权利和义务。

（二）向投资基金的主管部门提交设立投资基金的申请

基金的发起人在完成了设立基金所需的各项准备工作之后，便可向国家有关投资基金的主管机构提出设立基金的申请。在向主管机构提出设立基金的申请时，除了提交能说明设立基金必要性和可行性的基金设立申请报告以外，还应同时提交能体现发起人权利和义务的发起人协议及能反映基金性质和管理等情况的招募说明书,并附带有委托管理协议,委托保管协议,基金公司章程,信托契约,每个基金发起人最近3年的财务报告以及会计师、律师、经纪人、投资顾问接受委任的信件等文件。

(三)发表基金招募说明书

基金招募说明书是向所有基金投资者发布的,用以说明基金性质,基金当事人权利和义务以及基金从发起、运作到终止全过程的法律性文件。其主要内容包括基金的设立背景、种类、规模、发行价格、发行原则、发行对象、投资者应支付的费用、交易的方式和条件、投资的策略和范围、派息和纳税的时间与方式、财会和报告制度以及当事人权利与义务等。基金招募说明书的编写应以"公开、公正、公平"为原则,力求简洁和通俗易懂,并保持相对稳定,以确保广大投资者的利益。基金招募说明书一般发布在规定的报刊上。

(四)发行基金证券

基金证券亦称基金券或受益凭证,它既是基金管理公司或信托投资机构签发给投资者的一种确认其投资份额的证书,也是投资者参与分红及出让份额的凭证。基金证券的发行是在设立基金的申请获得国家有关主管部门批准后进行,基金证券的发行方法与股票、债券的发行方法类似,大致有两种发行方式,即定向发行和公开发行。在一般情况下,如果基金的发行数额较大,一般采用公开发行,如果数额较小,一般采用定向发行。基金证券既可由基金管理公司或信托投资机构自行发行,也可通过承销机构代为发行。基金的发行价格可以采用以面值为准的平价、高于面值的溢价或低于面值的折价。基金的个人和机构投资者按照规定的程序并凭规定的证件,通过购买基金证券来实现其投资。投资者的多寡及其购买基金单位数量的大小则是基金发行能否成功的关键。

(五)基金的上市

基金发行成功之后,基金管理公司依法向有关证券交易所或证券交易中心提出上市申请,经审查并符合交易所或证券交易中心规定的上市条件后,便可获准在交易所挂牌交易。从不同性质基金的特点来看,封闭型投资基金可以上市进行交易,而开放型投资基金只是通过内部的交易柜台购回或赎回,但在目前发达国家的证券市场上,开放型投资基金也可上市流通。上市基金的交易规则与股票和债券的交易规则大致相同。基金的上市,不仅满足了基金投资者的变现要求,还加强了基金的透明度和市场监督,同时也扩大了基金的影响。

五、投资基金的管理

（一）投资基金管理的主要依据

投资基金管理的主要依据包括投资基金章程、信托契约、委托管理协议、委托保管协议和招募说明书等。

1.投资基金章程。投资基金章程是基金的发起人在设立基金时所制定的纲领性文件。其主要内容包括：总则(基金的名称、地址、法人代表、类型、宗旨、管理人、托管人及制订该章程的依据)，基金证券的有关规定，基金的发行与转让(发行对象、规模、方式、认购的最低额、期限及存续期)，基金持有人的权利与义务，投资目标，投资政策，投资范围，投资限制，有关当事人的职责，资产评估与经营情况的报告时间和方式，基金运作所需的各项费用及其计算，会计与税收，终止与清算，公司董事会的产生办法和权限以及附则等。投资基金章程是对基金管理的主要法律依据，也是投资者或债权人了解基金的重要文件。

2.信托契约。信托契约是基金管理人与托管人在设立基金时，为明确双方的权利和义务而制定的一种核心文件。它的主要内容包括当事人的名称和地址，基金的名称和期限，基金的规模(发行总额、单位面额、受益凭证单位总数)，基金设立的目标，投资政策，投资限制，派息政策，基金资产净值的计算和报告方法，基金的发行与认购方法，基金所有当事人(包括管理人、托管人、投资顾问、投资者、律师等)的权利与义务，信托费用种类与标准，信托契约的修改与终止等。信托契约与基金章程一样，也是投资基金的根本大法，投资基金的所有文件如招募说明书、设立基金的申请报告、基金募集与发行计划、受益证书等都是以信托契约为依据的。

3.委托管理协议。委托管理协议是公司型投资基金与基金管理公司就委托管理公司对基金资产进行投资管理问题达成的协议。委托管理协议的作用在于从法律上确立基金公司和基金管理公司的权利和义务。选择合格的基金管理人是使基金增值及投资者权益得以保护的重要保障。作为基金的管理人，不仅应具有法律所规定的资产，固定的经营场所和必备的设施，一定数量的专业技术人员，还应具有优良的业绩和良好的信誉。基金管理公司应该是经国家有关主管部门批准的信托投资公司、证券公司或专门从事基金管理工作的基金管理公司。

4.委托保管协议。委托保管协议是基金公司或基金管理公司与基金托管人就保管基金资产问题达成的协议。委托保管协议的作用在于明确委托人(基金公司或基金管理公司)与受托人(基金托管公司)的权利与义务，其中主要是明确受托人的责任和义务。一般说来，委托保管协议都要求受托人承担以下几方面义务：一是按委托人的指示保管基金的资产；二是对投资项目进行清算；三是负责基金证券买卖的交割、清算和过户；四是负责向投资者派息及新增基金份额的认购；五是对管理公司进行监督。委托保管协议应在基金设立之前签署，而且也是提出设立基金申请时所应必须附带的材料。

5.招募说明书。招募说明书在前面已经做了介绍，它是经国家有关部门认可的一个法律性文件。招募说明书实际上是一种自我介绍性文件，在该文件中基金公司向投资者介绍了基金本身以及基金的管理人、托管人、法律顾问、投资顾问、审计师、律师等有关当事人的详细情况。其目的是让投资者了解本基金，以使投资者做出是否投资本基金的决策。实际上，招募说明书是基金对投资者的许诺，投资者也以此监督基金公司的运作。当投资者的权益受到侵犯时，他们便可依此行使权力，维护自身利益。招募说明书已成为基金经营与管理的纲领性文件。

（二）投资基金运作与管理的法律规范

政府为了规范证券市场，建立和维护证券市场正常的运行机制，保护基金投资者的利益，对投资基金的运作与管理进行了不同程度的监督和限制，具体体现在以下三个方面：

1.基金投资对象的限制。投资基金作为一种信托投资工具，应具有一定的投资范围，按多数国家的法律规定，投资基金主要用于投资上市或未上市公司的股票、股权凭证、新股认购权证、政府债券、可转换公司债、金融债券等有价证券以及一些变现性较强的商业票据。有些国家不许投资未上市的公司股票，只有极个别国家允许基金对诸如房地产等一些业务进行直接投资。

2.基金投资数量的限制。投资基金在投资股票时，各国都规定了每个基金投资股票和债券的最低比例，购买同一公司证券的数量占该公司已发行证券的最高比例，以及购买同一公司的股票占该基金资产净值的最高比例等。各国规定的具体比例不一致，多数国家一般把每个基金投资股票和债券的最低比例限定在80%左右，而将购买同一公司证券的数量占该公司已发行证券的最高比例，以及购买同一公司的股票占该基金资产净值的最高比例限定在5%~10%之间。有些国家对不同类别的投资基金采取不同的比例限定，也有些国家对各类投资基金采用相同的比例限定。

3.基金投资方法的限制。为了防止出现欺诈行为或使投资者受到伤害，各国都严格规定，禁止利用基金购买本基金或基金的董事、主要股东、主要承销商所持有的证券，或将基金资产出售或借给上述与基金本身有关的人员；禁止经营多种投资基金的基金管理公司对其所经营的投资基金进行相互间的交易；禁止从事信用交易，即利用拆借资金或贷款买入证券以及卖出借来的证券。

（三）投资基金的投资政策与投资组合

1.投资基金政策。投资基金政策是基金公司为实现投资基金设立的宗旨和目标而制定的原则性的指导方针。在制定投资政策时，应从以下五个方面入手：一是投资组合，不同的投资政策将会影响基金运作时所采用的投资组合，制定的投资政策一定要符合基金的性质，收入型或平衡型基金往往制定保守的投资政策，积极成长型或成长型基金应制定较激进的投资政策，而成长及收入型投资基金则应制定较适中的投资政策；二是购买证券的分散程度，即基金持有股票所属公司的数量和购买各种不同公司证券的比例，较保守的投资基金制定的政策应有利于证券的分散化，追求高利润基金的投资政策，往往对投资证券分散化的限制较宽；三是各种证券质量的搭配，保守型基金为了取得稳定的收益，其投资政策对证券发行者的业绩要求较高，否则不许买进，而追求高利润基金的投资政策给予基金的操作者较大的证券选择自由；四是充分利用基金进行投资的程度，谋求高利润基金的投资政策一般允许把基金的全部用于投资股票和债券等，而求得稳定收益基金的政策则要求用基金资产在短期票据、债券和股票之间进行转移，并保留一定数量的现金；五是收益的发放方式，追求收入型基金和平衡型基金的投资政策一般把基金的收益定期以现金的形式直接发放给投资者，而追求高利润的积极成长型或成长型基金的投资政策一般不将收益以现金的形式直接分配给投资者，而是将收益滚入本金进行再投资，以求更高的收益。

投资基金政策是由基金性质决定的，它实际上是投资基金运作的导向，积极成长型、成长型投资基金适合勇于冒险的投资者，平衡型、收入型投资基金则适合较为保守和十分保守的投资者，而成长及收入型投资基金更适合介于两者之间的投资者。投资基金政策应在其招募说明书中体现出来，以使投资者选择适合自己需要的投资基金。

2.投资基金的投资组合。投资组合就是基金管理公司在利用基金资产进行投资运作时，将基金资产分散投资于国内外各种有价证券和不动产等。投资组合是投资基金运作与管理的一个核心问题，因为投资组合是投资基金的一大特征。投资于投资基金虽然风险较小，但并非没有风险，它也像投资于其他证券一样，存在来自政治、经济、社会等方面的变动所导致损失的风险以及来自金融市场、利率、购买力、基金本身经营不善或欺诈行为造成损失的风险。

投资组合的目标就是降低投资风险，根据金融市场上收益与风险成正比的关系，投资组合分为收入型投资组合、成长型投资组合及两者结合型的投资组合。收入型的投资组合一般将投资风险较大的股票与安全性较高的债券的比例定为1：9或2：8之间，而成长型投资组合的比例则为9：1或8：2之间，两者结合型的一般是5∶5左右。以降低投资风险为目标的投资组合的具体内容就是分散风险,而分散风险的方法应从以下几方面考虑:①证券种类的分散,即投资股票与债券的比例;②国别的分散,即购买国外证券和国内证券的比例;③行业或部门的分散,即选购工业、农业、交通、通信、金融等部门及电子、化工、汽车、服装等行业的比例;④证券发行公司的分散,即投资不同规模、不同实力、不同前景公司证券的比例;⑤证券到期时间的分散,即选购期限长短不同证券的比例;⑥投资时间的分散,即可以先把基金的一部分存入银行或购买一些短期商业票据,然后逐步分期、适时将这部分资金用于选购目标证券。投资组合是依据投资政策而制定的,它是投资基金性质的具体体现。投资组合往往还会随着基金管理人的变化,投资目标的改变,费用的调整,基金资产的增减和配置的变化而变化。

(四)投资基金的费用、利润的分配、税收和报告制度

1.投资基金的费用。投资基金的费用主要是指基金在整个运作过程中所需的各种投入,它主要由基金的开办费(设计费、注册费及与此有关的投入费)、固定资产的购置费、操作费(会计师费、律师费、广告费、召开受益人大会的投入费)、受益凭证的销售费、基金利润的分配费以及行政开支费(管理人员的办公、工资、福利、保险等费用)构成。

投资基金设立与运作所需的费用主要来自投资者和基金本身的收益。投资者交纳的费用有以下几项:①首次认购费,它是投资者首次认购基金时一次性支付的费用,该费用一般为买卖基金总额的3%左右,用于刊登广告、购买设备和支付中间人的佣金;②管理年费,即基金管理人因经营和管理基金而从基金收益中提取的费用,提取的标准各国不一,主要由基金的性质而定,一般为基金资产净值的0.25%~2.5%;③保管年费,即基金的托管人因保管和处分基金资产而从基金收益中提取出的手续费,提取标准一般为基金资产净值的0.2%;④赎回费和投资财务费,即投资者出售或赎回基金时所交的费用,该费用一般为单位基金资产净值的0.5%~1%;⑤业绩费,即基金管理人根据其业绩从基金收益中提取的费用,一般为年利润的3%~4%。

2.收益及其分配。投资基金的收益除了来自债券与股票的利息和股利之外,还有一部分来自利用基金资产投资于有价证券所得到的买卖差价收益即资本利得,以及基金所持有的证券增值所带来的收益即资本增值。基金净收益的分配比例各国不一,一般要求将每年赢利的90%以上分配给投资者,美国规定不少于95%,我国规定不少于90%。收益的分配既可以现金方式直接发放给投资者,也可将收益滚存入本金,进行再投资。

3. 投资基金的税收。世界各国对投资基金的税收不一致,多数国家对投资

基金的经营者免税,因为投资基金的经营者即不是基金资产的所有者,也不是基金的受益者。基金的收益是运用信托资产创造的,投资基金的经营者只不过是一个委托代理机构。纳税人应该是基金的投资者,要交纳所得股息、利息、红利收入的所得税,股票基金和债券基金的交易税及交易单据的印花税等。纳税可采用投资者自缴和基金公司代缴两种方式。有些国家和地区对基金的投资者免征一定的税金,特别是对海外投资基金的投资者免除一切税收。

4.投资基金的报告。按各国的法律规定,基金公司应定期或不定期向投资者公布基金的有关信息,这些信息主要通过基金运作过程中发布的报告与公告来披露。这些报告与公告包括:①基金的年度报告与中期报告,主要介绍基金一年或半年来的运营状况和基金管理人的经营业绩,其中包括基金的资产负债表和损益表等;②基金资产净值公告,每月至少公告一次,介绍基金的资产净值及每基金单位资产净值;③基金投资组合公告,至少每季度公告一次,主要介绍基金资产投资于股票、债券及其持有的现金等的比例。上述报告一般由基金管理人编制并向投资者公布。

第五节　中国证券市场及中国企业参与国际证券市场活动

一、新中国证券市场的产生与发展

证券市场是商品经济发展的产物。随着中国改革开放的深入,证券市场已成为社会主义市场经济的重要组成部分。随着市场经济在中国的建立和完善,中国证券市场的组织结构和法律规范正在日趋成熟和完备。

(一)新中国成立至改革开放的证券市场

新中国成立之初,中国政府虽然实行国有化,把财政收支、资金管理和物资调拨统一在政府手中,并整顿旧中国遗留下来的各种经济组织和机构,但并没有关闭证券市场,而是采取利用证券市场促进国民经济恢复和发展的政策。这主要体现在,中央政府在关闭旧的证券市场的同时,又建立了新的证券市场。1949 年 6 月,新中国成立后的第一个证券交易所,即天津证券交易所在原天津证券交易所的旧址成立。随后北京和上海也相继成立了新的证券交易所。这些证券交易所是按国家新的有关证券方面的法规设立,其运作完全是在政府的严格控制下进行,只从事单一的现货交易,不做期货,并且不以赢利为目的。1952 年以后,随着企业社会主义改造的完成,中国企业只剩下全民所有制和集体所有制两种所有制形式,股份制企业在中国已不复存在。1952 年 7 月,天津证券交易所并入天津投资公司,证券交易所在中国从此消失。此时的中国证券市场应该说已名存实亡。中国政府虽然在20世纪60年代也发行过债券，但发行的渠道是通过国有银行，而不是通过证券市场，而且不许上市流通。

（二）改革开放之后的中国证券市场

从1978年改革开放至今，中国的证券市场大致经历了两个发展阶段。

第一阶段是1978年至1990年。这一阶段中国的证券市场开始重新萌芽，主要表现是：①随着农民收入的大幅增加，中国农村广泛出现了农民合股集资创办的各种类型的乡镇企业，这些企业虽然只是在花名册上登记或开具股金收据，不发行上市股票，但它毕竟是中国股份制经济的萌芽。②在农村股份制经济的带动下，城市的股份制企业也应运而生，1984年北京天桥股份有限公司的成立，这是新中国第一家股份制企业。同年11月，上海飞乐音响股份有限公司率先向社会公开募集股票，成为中国首家公开向市场发行股票的企业。此后，北京、上海、西安、沈阳、广州、重庆等地也出现了通过发行股票进行筹资的活动。③这期间，中国政府恢复了债券发行。1981年，中国政府发行了新中国诞生以来的首批国库券，1985年以后又相继发行了金融和建设等债券。当然，中国证券交易在20世纪90年代以前大都属于场外交易，而且多属地区性交易，还没有形成真正意义上的全国性证券交易中心。

第二阶段是从1990年开始至今，这是中国证券市场的起步阶段。1990年12月，上海证券交易所正式挂牌营业，它是新中国成立后第一家按国际标准运作的交易所。上海证券交易所的成立，不仅标志着在中国大地消失了38年的证券交易所又重新复生，而且还标志着新中国证券交易市场的诞生。此后，深圳证券交易所也在1991年7月宣告成立。中国证券市场从此进入了迅速发展时期。

伴随着中国证券市场的发展，有关证券方面的法律法规日趋完善。中国政府从1990年至今，相继出台了《中华人民共和国证券法》《中华人民共和国公司法》《中华人民共和国国库券条例》《股票发行和交易管理暂行条例》《企业债券管理条例》《国务院关于股份有限公司境外募集股份及上市的特别规定》《关于严禁国有企业和上市公司炒作股票的规定》《可转换公司债券管理办法》《证券投资基金法》《证券期货信息传播管理的若干规定》等规范证券市场的相关法律法规，尤其是全国人民代表大会通过并于1999年7月1日开始实施的《中华人民共和国证券法》，使投资者的权益得到保护。2005年10月27日由全国人大常委会修订的《证券法》已于2006年1月1日开始实施。证券法律法规的健全和完善，标志着中国证券市场走向成熟。

截至2018年末，上海证券交易所上市公司家数达1 450家，总市值27.0万亿元；2018年全年股票累计成交金额40.3万亿元，日均成交1 659亿元，股市筹资总额 6 114 亿元;债券市场挂牌只数 12 089 只,托管量 8.4 万亿元,累计成交 216.9 万亿元;基金市场只数达 233 只,累计成交 7.2 万亿元;衍生品市场全年累计成交 1 798 亿元。沪市投资者开户数量已达 29 610 万户。

截至 2019 年 3 月底,深圳证券交易所共有上市公司 2 153 家,其中主板 473 家、中小板 931 家、创业板 749 家,总市值 22.57 万亿元;挂牌债券(含资产支持证券)5 229 只,挂牌面值 1.96 万亿元;挂牌基金 520 只,资产净值 1 684.56 亿元。

二、中国证券市场的对外开放

中国证券市场的对外开放主要体现在以下三个方面。

(一)发行 B 股

B 股是中国国内企业向境外投资者发行,在境内证券交易所以外币认购并进行交易的股票。B 股股东的权利和义务与 A 股相同,其红利以人民币计算,但折成外汇汇出国外。B 股是外国投资者目前在中国进行证券交易的主要方式。自 1992 年 2 月 1 日上海真空电子器件股份有限公司首次在上海证券交易所发行总额为 1 亿元人民币的 B 股开始,到 2005 年 8 月 30 日止,共有 110 家企业在上海和深圳两家交易所发行 B 股,筹资总额约合 30 多亿港币。B 股的发行为中国的上市公司开辟了新的融资渠道,并促进了中国证券市场的进一步发展。当然,B 股市场自 2005 年 8 月以后已有多年没有扩容,而且随着 QFII(合格境外投资者)制度的实施,外国投资者被允许直接进入中国的 A 股市场,B 股存在的必要性已经开始受到金融界质疑。但不管怎么说,在中国经济发展的最初阶段,B 股市场对中国的证券市场的发展起到了重要的作用。

(二)外国证券公司进入中国

自 1979 年中国政府批准第一家国外银行在北京开设办事处以来,目前已有约 40 个国家或地区的近 600 家境外金融机构在中国设立了办事机构或代表处。其中有 100 多家外国银行在中国设立了分行,并有近 60 家海外证券公司进入中国证券市场,有 20 多家境外证券代理客户入主上海证券交易所 B 股专用席。与此同时,日本大和证券公司与华夏证券公司共同建立了合资投资信托公司,中国建设银行、中国经济技术投资担保公司、美国摩根士丹利公司、新加坡政府投资公司、香港名力集团 5 家机构在 1994 年 10 月组成了中国国际金融有限公司,这也是中国第一家中外合资投资银行。外国证券公司进入中国证券市场,不仅推动了中国证券市场的开放,也有助于中国企业和证券公司走向世界。

（三）实施 QFII 制度

QFII 是“合格境外机构投资者”的英文简称，是指允许合格的境外机构投资者在一定的规定和限制下汇入一定额度的外汇资金，并转换为当地货币，通过严格监管的专门账户投资当地证券市场，其本金和投资收益在外汇管制和相关法规管理下，可转为外汇汇出的一种市场开放模式。QFII 制度是中国证券市场向外国投资者开放的第一步，也是引进境外机构投资者成熟的投资理念，优化中国证券市场投资者结构以及促进中国证券市场国际化的重要一步。QFII 制度一般是发展中国家证券市场发展到一定阶段的产物，其目的在于有节制地让发达国家的投资者进入国内证券市场，以规范和促进本国证券市场的发展。随着证券市场的成熟，这一制度也会随即消失。QFII 最早产生于 20 世纪 90 年代初的我国台湾地区，1991 年 1 月 2 日，台湾地区开始实施 QFII，1992 年，QFII 正式进入台湾地区证券市场。台湾地区目前已取消 QFII，准许外资自由进出。韩国、印度等国也相继采用过 QFII 制度。

随着证券市场的发展，中国 2001 年下半年也开始着手研究 QFII，并成立了 QFII 研究小组。2002 年 11 月 5 日，中国人民银行和中国证监会联合发布了《合格境外机构投资者境内证券投资管理暂行办法》，对进入 QFII 的门槛等问题做了详细规定。此后，国家外汇管理局要求境外合格投资者申请的投资额度不得低于 5 000 万美元等值的人民币，不得高于等值 8 亿美元的人民币。这标志着 QFII 制度在中国境内正式启动。在随后的几个月中，包括瑞银集团、野村证券、高盛等在内的众多境外大型金融机构纷纷向中国证监会递交资格申请并获得了批准。截至 2019 年 4 月 29 日，已有 290 家外资金融机构获得 QFII 资格，获准投资额 1 057.96 亿美元。

三、中国的投资基金业

（一）中国投资基金业的产生与发展

中国的投资基金业产生于 20 世纪 90 年代初，虽然在 80 年代中期以后，一些专家曾提出了发展中国投资基金业的必要性和可能性，并发起设立了一些基金，但由于规模较小不足以形成市场，当时中国的投资基金业仍处于理论探索阶段。1991 年，中国农村发展信托投资公司等在山东淄博发起设立乡镇企业投资基金，该基金于 1992 年得到中国人民银行批准，成为中国第一家经法律认可的投资基金。随后各种类型的投资基金在沈阳、大连、海南、武汉、北京、深圳等地广泛出现。1997 年 11 月 14 日，国务院证券委员会发布了新中国成立以来有关投资基金设立、运作和管理的第一部法规——《证券投资基金管理暂行办法》,从此,中国的投资基金业步入了规范化的轨道。

从 1991 至 1997 年底,在中国证券投资基金业走过的七年历程中,全国各地设立的各类投资基金达 75 只,基金凭证 47 个,募集资金总规模约 76 亿元人民币,基金市值近 100 亿元,在证券交易中心上市的有 38 个,并形成了以沈阳、大连、天津、武汉、上海、四川、浙江为中心的市场板块。1998 年 3 月 23 日,开元和金泰两只投资基金分别获准在上海和深圳交易所上网发行,基金规模各为 20 亿元人民币,均采用契约型封闭式,存续期都为 15 年。开元和金泰两只投资基金是《证券投资基金管理暂行办法》颁布后首次上市发行的基金,这两只基金的上市发行,标志着中国证券投资基金的正式启动,同时也迎来了“中国百姓投资基金热的高潮”。2004 年中国又颁布了新的《证券投资基金法》。从 1998 年至 2008 年 12 月底,中国共设立投资基金公司 61 家,其中中外合资公司 20 余家,共发行了各种证券投资基金 440 只。

(二)中国投资基金业的特点

中国投资基金业的历史很短,总共也不过 7 年的历史,再加上中国整个证券业的历史不长和证券市场尚不发达,这就使中国的投资基金业具有以下几个特点:

1.境外基金先于境内基金。中国境外基金的发展要早于境内基金,1985 年 12 月,中国东方投资公司就在香港和伦敦推出了旨在对中国进行投资的“中国东方”基金,资产净值为 1 700 万美元。随后由法国汇理银行五洲投资有限公司牵头设立的以中国为投资对象的基金于 1990 年底在伦敦上市。到 1992 年底,仅在香港设立的中国基金已近 20 个,资产总值约 50 亿港元。境外基金的发展带动了境内基金业的发展。

2.每个基金的规模较小。截至 2016 年底,中国公开募集证券投资基金总规模91 601.34亿元,产品数量 3 805 只,平均规模 24.07 亿元,而美国有很多基金的规模都在百亿美元以上。规模较小会减弱基金对市场的影响力和抗风险能力。

3.投资基金的市场小。2016 年末,我国共同基金资产净值为 1. 2 万亿美元,占全球共同基金资产净值的比重仅为 3%,美国的这一比重为 47%。与我国世界第二的经济总量相比,共同基金发展还处于较低水平,空间广阔。

4.投资基金多为开放式和契约型。2016 年末,中国公开募集证券基金产品数量达到 3 805 只,开放式基金 3 776 只,封闭式基金仅有 29 只。契约型和公司型投资基金在世界上均被广泛采用,如美国的投资基金基本上是公司型的,而日本、韩国多为契约型。由于开放式的投资基金对投资者更有利,因此发达国家发行的投资基金也多是采用开放式,开放式投资基金是投资基金业的发展趋势。

（三）中国发展投资基金业的必要性

1.企业所有制改革的需要。目前中国的大中型国有企业已经或正在进行股份制改造，企业的公有股份投资于投资基金，使股票在基金股东之间流动，既可避免大量公有股流入私人手中，又可实现公有资产的流动和增值，还可以解决公有股上市的难题，进而起到支持国有企业改革的作用。

2.中小投资者的要求。在中国，存款仍然是城乡居民投资的主要渠道，由于存款利率多次下调，加上股市陷入低迷，积蓄不多的中小投资者渴望有一种收益较高、风险较低的投资工具，投资基金能够迎合这部分中小投资者的这一需要。

3.稳定证券市场的需要。中国证券市场上的投资者一直以中小散户为主，中小散户在风云莫测的股市中只能更加注重短线投资，追涨杀跌，亏多赚少。投资基金使中小投资者的资金由分散变为集中，进行理性投资。由于投资基金的规模大，做出投资决策前，先运用其丰富的专业知识、经验及信息，对股市进行深入的研究和分析，并进行长线投资，这就降低了证券市场的投机成分，减缓了市场的异常波动，起到了稳定证券市场的作用。

4.证券市场发展的需要。发达国家的证券市场不仅法规健全，规模庞大，而且品种多样，结构合理。发展投资基金不仅增加了投资市场上的投资工具，还可使证券市场的结构得以调整，从而达到增加筹资数量，发展证券市场的目的。

四、中国企业参与国际证券市场活动

（一）中国发行国际债券融资

中国经济的迅速发展，引发了交通、能源、通信等基础设施领域对资金的巨大需求，由于国际债券具有期限长和筹资数额大等优点，中国政府和企业从20世纪80年代初开始采用发行国际债券这一发达国家惯用的筹资方式。1982年1月，中国国际信托投资公司在日本东京市场首次发行了100亿日元的私募债券，期限为12年，票面利率为8.7%，从而开创了中国利用国际证券市场筹集资金的先例。1983年8月，福建投资企业公司又在日本东京市场发行了50亿日元利率为8.5%，期限为10年的私募债券。1984年11月，中国银行首次在日本东京市场发行了200亿日元的公募债券。中国银行、中国国际信托投资公司和福建投资企业公司于1985年先后在东京、法兰克福、中国香港、伦敦和新加坡发行了10宗国际债券。据统计，1986—1992年，中国先后在国际债券市场上总共发行过49次债券，筹资16.6亿美元。此后，中国利用国际债券市场融资的数额急剧上升,1993 年中国的金融机构在国际证券市场上发行债券达 21 次,筹资共达 28 亿美元。1994 年 1 月 14 日,财政部代表中国政府正式向美国证券交易委员会注册登记发行 10 亿美元的全球债券,并同时在美国、欧洲和亚洲销售,发行该债券的牵头机构是美国的美林证券公司,这也是中国首次进入美国资本市场。2004 年 10 月,中国又在美国发行了 5 亿美元的主权债券。2004 年 9 月,中国国家开发银行发行了价值 10 亿美元的全球债券,此次发行的全球债券包括美元和欧元两种,债券筹集资金继续投向国家重点项目,本期债券发行的主承销商包括美国、英国、法国和瑞士的多家银行,美国、欧洲和亚洲的众多机构投资者购买了此次债券。同年,中国进出口银行和中国工商银行分别发行了 7.5 亿美元和 4 亿美元的国际债券。

(二)中国企业海外上市融资

1.中国企业海外直接上市。海外上市是中国企业走向世界的一个重要途径。20 世纪 90 年代以后,随着中国证券市场的对外开放,中国企业也开始了到海外发行股票并直接上市的历程。目前,中国企业主要通过在香港发行 H 股和在美国发行 ADR(美国存托凭证)在海外直接上市。

(1)发行 H 股。H 股是在中国内地注册的股份有限公司在香港发行的普通股的简称。H 股分为主板和创业板。发行 H 股的中国公司注册地在中国内地,适用中国法律和会计制度,向香港投资者发行股票,在香港主板或创业板上市。中国对 H 股主板上市的条件主要为:“筹资用途符合国家产业政策、利用外资政策及国家有关固定资产投资立项的规定”;“净资产不少于 4 亿元人民币,过去一年税后利润不少 6 000 万元人民币,并有增长潜力,按合理预期市盈率计算,筹资额不少于 5 000 万美元”(高于香港主板的规定)。中国对 H 股创业板上市没有什么特殊要求,只是强调了股份公司设立应合法,公司及主要发起人符合国家有关法规和政策,在最近 2 年内没有重大违法违规行为,其他条件只要符合香港创业板上市规则即可。1992 年 10 月,中国证券监督管理委员会确定了首批 9 家大型国有企业作为试点单位,在香港发行 H 股并上市。1993 年 6 月19 日,中国证券监督管理委员会、香港证券及期货事务监察委员会、香港联合交易所、上海和深圳证券交易所在北京联合签署了《证券监督合作备忘录》,这为中国企业在香港上市奠定了法律基础。从 1993 年 6 月 29 日青岛啤酒股份有限公司最先在香港上市开始,到 1994 年 6 月 6 日东方电机股份有限公司正式在香港联合交易所挂牌上市,获准上市的 9 家中国内地企业共发行55.06亿 H 股,筹资达 116.81 亿港币。1994 年中国又安排了 22 家内地企业到香港上市。为配合 H 股的发展,香港恒生指数服务有限公司于 1994 年 8 月 8 日正式推出了恒生中国企业指数,以帮助投资者了解中国企业的表现。截至 2019 年 4 月

30 日，中国内地共有 272 家企业在香港发行 H 股，其中主板H 股248 只，创业板 H 股 24 只。

中国企业在香港上市的另一种方式是红筹上市，即公司注册地在中国境外，通常在开曼、百慕大或英属维尔京群岛等地，适用当地的法律和会计制度，但公司的主要业务资产在大陆。红筹上市公司对投资者发行股票并在香港联交所上市，在禁售期结束后，所有股票都可以流通。

H 股和红筹方式上市有所不同：①H 股上市仅是对公众发行的股票上市流通，其他股票不能流通，而红筹上市在禁售期以后便可以流通，是全流通概念。②上市审批程序有所不同，H 股需要中国证监会批准方能向香港申请上市。对于红筹上市，则取消了无异议函的“审批”。③从上市公司能否在大陆发行 A 股看，H 股在香港上市后经过申请还可以在国内增发 A 股。④红筹方式上市可以实施股票期权、员工信托股票等激励机制，在国内员工激励机制法规不完善的情况下，这一点无疑是高科技企业选择红筹上市方式的重要原因。⑤H 股上市后再融资需要经中国证监会批准，受《公司法》约束，而红筹股无须批准并可根据企业的发展和市场的情况依当地交易所规则再融资。截至 2019 年 4 月 30 日，中国内地共有 445 家企业在香港发行股票。

（2）发行 ADR。ADR（American Depositary Receipt）是美国存托凭证的缩写。它是指由美国存托银行发行的一种类似股票证书的可转让票据，它代表美国投资者对非美国公司、政府或美国公司的海外子公司发行证券的所有权凭证。具体地讲，就是外国公司在美国发行的股票由承销商交由本国银行或外国银行在本国的分支机构保管，并以此为担保，通知美国的存托银行发行股票存托凭证，供美国投资者购买，美国投资者购买的存托凭证就是外国公司发行股票的凭证，投资者可将存托凭证上市转让或凭以存托凭证领取股息。股票存托凭证如果是向全球投资者发行，则被称为全球股票存托凭证，即 GDR。

ADR 的发行实际上避开了美国法律对外国公司股票在注册手续、财务报表、会计准则、信息披露等方面的监管，为美国投资者购买并转让非美国公司的股票提供了便利。

从 1993 年 7 月第一个在美国上市的青岛啤酒算起，中国公司在美国上市已有 20 余年的历史。中国公司在美国上市的主要市场是美国证券交易所、纳斯达克（NASDAQ）以及电子柜台交易市场（OTCBB）。

纽约证券交易所是世界最大、容纳世界最优秀的上市公司最多的交易所，纳斯达克（National Association of Securities Dealers Automated Quotation, NASDAQ）是全国证券交易商协会自动报价系统的简称，由于有科技含量极高和成长性极强的中小企业以及大量的非美国公司在这里上市，它是真正意义上的全球性的为高科技企业提供上市融资机会的股票交易场所。它由两个独立的市场组成,一个是为那些在财务、股本和管理等方面均符合标准的高科技企业提供融资的纳斯达克国家市场,另一个是上市条件更为宽松的小资本市场。电子柜台交易市场(Over the Counter Bulletin Board,OTCBB)是由纳斯达克管理的股票交易系统,它是为还未达到纳斯达克和纽约证券交易所上市条件的公司提供融资和股票交易的市场,微软和思科等国际知名企业都曾在此发行股票融资。

1994年4月28日,中国证券监督管理委员会和美国证券交易委员会签订了《中美合作监管备忘录》,从而开始了两国股票投资领域的合作。中国山东华能国际电力公司于1994年8月4日以ADR方式在美国纽约证券交易所挂牌,成为新中国第一家在美国纽约证券交易所以ADR方式上市的公司。此后,中国一些公司将已发行的B股或H股转为ADR形式在美国上市,如上海的氯碱化工、轮胎橡胶和第二纺织等。也有的公司是在全球配售过程中,将在美国发行的部分以ADR的形式配售上市,如上海石化股份有限公司等。上海石化1998年8月在H股在香港上市的同时,将50%的H股转为ADR、GDR。中国企业将B股和H股转为ADR在美国发行,成为中国证券市场与国际接轨的又一途径。

1999年7月14日,即中国证监会发布《关于企业申请境外上市有关问题的通知》的同一天,中华网在美国纳斯达克挂牌,成为中国内地首家在美国纳斯达克进行股票交易的公司。截至2005年8月31日,在纽约证交所交易所上市的中国内地企业共有23家,在纳斯达克进行股票交易的中国内地企业也达到了23家。此外,由于OTCBB市场的入市标准较低,中国企业出现在OTCBB市场的时间早于纳斯达克。1998年12月20日,主要从事英文网上商业信息服务的沈正中贸网信息技术有限公司率先在美国OTCBB交易市场挂牌。此后,北京世纪永联和深圳蓝点也分别于1999年11月和12月分别在此挂牌交易。截至2008年12月31日,共有60多家中国公司在OTCBB挂牌交易。

2.中国企业海外间接上市。中国企业海外间接上市主要有两种方式,即买壳上市和造壳上市。

(1)买壳上市。买壳上市是指一家或几家公司联合以现金或交换股票的形式,收购另一家公司已在海外证券市场上挂牌或上市的公司部分或全部股权来取得上市地位。中国企业通过买壳上市始于1984年初,但为数很少。20世纪90年代以后,通过该方式上市的中资公司有所增加,目前已达到30家,例如,首钢在1992年收购了香港东荣钢铁公司51%的股权后,将公司更名为香港首钢国际公司,并募股集资达18亿港币。通过买壳上市筹资,不仅可以通过注入资产增加公司实力,而且可以避开一些东道国对外国公司上市的严格限制,并节省大量时间。目前,虽然到海外买壳上市的中国企业必须经过中国证券监督管理委员会的批准,但买壳上市仍不失为中国企业国际化的一个最佳途径。

(2)造壳上市。造壳上市筹资有两种具体做法,一是一些企业通过在国际证券市场所在国或地区注册成立一家控股公司,对其内地企业进行控股,然后内地企业间接以控股公司的身份申请上市;二是国内企业与已上市的外国公司合并,通过增发新股或换股上市。这种做法实际上是中外合资企业海外上市的一种基本模式。

(三)中国企业对外证券投资

中国企业对外证券投资还只是刚刚起步,最多不过10年的历史。1986年中国国际信托投资公司通过国际融资租赁方式购买了澳大利亚波特兰铝厂11%的股份,以此开始了中国进入国际市场从事证券投资的历史。20世纪90年代以后,中国企业海外证券投资有所发展。1990年,中信香港集团收购了香港泰富发展有限公司49%的股份,并将该公司改名为中信泰富。香港泰富发展有限公司是一家在香港已上市的公司,中信香港集团收购了该公司后,利用其上市公司的地位进行了一系列的注册和收购活动,使中信泰富从1990年2月市值仅为7亿港币的小公司,发展成为一家1994年市值400余亿港币的大公司。在中国企业从事海外证券投资的同时,中国的各主要金融机构也大力发展海外金融业务,尤其注重海外证券业务的开展。作为中国国际化程度最高的银行,中国银行已在全球56个国家和地区为客户提供金融服务,2017年末在港澳台及其他国家/地区的资产总额8 333亿美元,占资产总额的26.0%。受中国企业的经济实力所限,中国企业海外证券投资的规模远远小于中国企业的海外上市筹资活动,但中国企业从事海外证券投资活动却为中国企业国际化开辟了又一重要途径。

案例研究

中国概念股私有化的退市风潮——小肥羊

将2010年称为华尔街的"中国年"算不得夸张,因为这一年赴美上市中国企业数量达到创纪录的45家,融资额高达38.86亿美元,甚至出现了一周之内5家中国公司挂牌美国市场的盛况。

然而,刚准备在美国享受盛夏阳光的中国公司没想到,第二年便遭遇到最冷的寒冬。2011年,在美新上市的公司只有可怜的11家,第四季度甚至一家都没有。大部分中国概念股股价低迷,被腰斩的个股比比皆是,还有一大批沦为一两美元的“垃圾股”,面临被摘牌的境地。这也是中概股私有化退市最为凶猛的一年。根据罗仕证券有限公司(Roth Capital Partriers)的统计,不包括被强制摘牌的企业,2011年在美已经或正在通过私有化交易退市的中国企业股本总额高达78亿美元,其中已经被管理层、战略收购财团和私募股权基金等买断的中概股总规模达到35亿美元,此外还有43亿美元的此类交易正在进入被收购或托管程序。这个数字也远远超过了2011年中国企业在美首次公开募股(IPO)22亿美元的总融资额。

曾经的梦想之地,如今却满是无奈。刚刚削尖了脑袋想要挤进公众市场,现在又费尽周折地通过私有化退市而成为私有公司,上市、退市、再上市……为何要如此折腾?为何要私有化?

小肥羊餐饮连锁有限公司(下称“小肥羊”,原代码:0968.HK)的发展,似乎总是以4年为周期。2000年开始,小肥羊开始在全国各地生根发芽。2004年,投行出身的卢文兵来到小肥羊,担任“上市副总裁”。之后的4年,经验丰富的卢文兵引领小肥羊一路凯旋,年收入超过50亿元,向全世界扩张。2008年,小肥羊成功登陆香港,被称为“中国火锅第一股”。然而,4年后的2012年2月2日,小肥羊结束了港交所之旅,摘牌退市,卢文兵离任。这戏剧性转折的背后,是小肥羊和美国百胜餐饮集团(下称“百胜”)的一纸收购合约。百胜集团是拥有肯德基、必胜客等著名连锁品牌的美国餐饮巨头。从2011年4月份起,百胜集团就提出以45.57亿港元或溢价三成收购小肥羊,但出于保护民族品牌和防止垄断的考虑,经过了7个月时间,中国商务部才给予批准。卢文兵认为,股价偏低不是退市的原因,退市更多取决于企业战略的考虑。上市公司股权结构复杂,有很多小股东,企业决策过程比较复杂,而私有化之后则不存在这些问题,这样有利于企业做出统一决策。

(案例来源:凤凰网财经,作者:孙冰、李小晓)

案例思考与讨论

1.出现中国概念股私有化浪潮的原因有哪些?

2.中国概念股私有化浪潮对国外投资者对我国的证券投资决策有什么影响?

思考与练习

1.证券投资的特征是什么?

2.证券投资的发展趋势是什么?

3.国际债券有哪几种类型?
4.优先股和普通股的区别是什么?
5.股票有哪几种交易方式?
6.投资基金的特点是什么?
7.什么是国际证券发行市场?
8.国际证券流通市场分哪几种形式?
9.中国企业是如何在海外证券市场上市融资的?

第七章 国际技术贸易

International Technology Trade

通过本章的学习，使学生了解专利和商标权的特点、种类和授予条件，专有技术的含义及与专利的区别，熟悉有关专利和商标权的国际公约，掌握技术转让的方式、知识产权的种类及其保护、中国对外技术贸易的管理等。

学习要点

By studying this chapter, student are expected to understand the characteristics classification and entitlements of patent and trade mark, and the meaning of know-how and its difference from patent; be familiar with international conventions relevant to patent and trade mark; master ways of technology transfer, classification of intellectual property rights and its protection, as well as management of foreign technology trade in China.

第一节　国际技术贸易概述

一、技术的含义及其特点

技术作为人类智慧的成果,应该是一种系统的知识,它是人类最宝贵的财富。目前,国际上对“技术”还未形成统一认识。由于对技术在认识角度上的差异,技术有狭义和广义之分。狭义的技术指的是那些应用于改造自然的技术,而广义的技术则是指解决某些问题的具体方法和手段。技术一词在不同的领域也有不同的解释:在社会科学领域,技术是指用于解决社会发展中所面临的问题的具体措施;在自然科学领域,技术则被认为是解决生产领域问题的某种发明或技能。世界知识产权组织在1977年版的《供发展中国家使用的许可证贸易手册》中,给技术下的定义是:“技术是指制造一种产品的系列知识,所采用的一种工艺,或提供一项服务,不论这种知识是否反映在一项发明、一项外形设计、一项实用型产品或者一种植物的新品种,或者反映在技术情况或技能中,或者反映在专家为设计、安装、开办、维修、管理一个工商企业而提供的服务或协助等方面。”这是迄今为止国际上给技术所下的最为全面和完整的定义。实际上,知识产权组织把世界上所有能带来经济效益的科学知识都定义为技术。

技术具有一些显著的特点:技术属于知识范畴,但它是用于生产或有助于生产活动的知识;技术是生产力,但技术是间接的生产力;技术是商品,但它是一种特殊的商品。

技术可以被划分为若干种,它是根据不同的标准而划分的。技术按其作用来划分,可分为生产技术和经营技术;按技术的形态划分,可分为软件技术和硬件技术;按技术的公开程度划分,可分为公开技术、半公开技术和秘密技术;按技术的所有权状况划分,可分为公有的技术和私有的技术;按技术的法律状态,可分为工业产权技术和非工业产权技术。

技术作为人类经验的总结和智慧的结晶,会随着科学技术的进步而发展,人们也会借助于科学认识和科学方法,加深对技术的内涵和复杂性的认识。技术无论过去还是将来,都是人们认识自然、解决生产等领域所面临的问题的最有力的武器。

二、国际技术转让与国际技术贸易

联合国在《国际技术转让行动守则草案》中,把技术转让定义为:“关于制造产品、应用生产方法或提供服务的系统知识的转让,单纯的货物买卖或只涉及租赁的交易都不包括在技术转让的范围之内。”

国际技术转让是带有涉外因素的转让,是跨越国境的转让。

国际技术转让与国际技术流动不同,国际技术流动是指技术从一个国家向另一个国家的流动,即技术的位移,这种位移可以发生在不同国家或地区之间,也可以发生在同一国家内的不同地区之间。而国际技术转让是指一国技术的所有者将技术的所有权或使用权转让给另一国的其他人,即技术的所有权或使用权的转让。技术的所有权和使用权属于知识产权的范畴。

国际技术转让分有偿或无偿两种,有偿的技术转让是一种商业性的技术买卖,无偿的技术转让则属于非常性质的技术援助。凡是通过双边政府间带有援助性的经济合作或科学技术交流等形式所进行的技术转让,属于无偿的或非商业性的技术援助;而通过贸易途径并以企业为交易主体的技术转让属于有偿或商业性的技术转让。有偿的技术转让实际上是一种贸易活动。因此,有偿的国际技术转让也被称为国际技术贸易。

国际技术贸易,是指不同国家的当事人之间按一般商业条件进行的技术跨越国境的转让或许可行为。

国际技术贸易的标的是技术,而技术是一种无形的商品。但在国际技术贸易的实际运作过程中,只有发达国家之间的技术贸易才会有单纯的软件贸易,而发展中国家在开展技术贸易时,由于技术落后和应用科学技术的能力较差,往往在进行软件贸易的同时,还伴随着硬件贸易,即引进技术与进口设备相结合。同时,许多发展中国家为解决资金的严重短缺问题,又往往将引进技术和设备与利用外资相结合。国际技术贸易在国际贸易中的地位日益重要,其实际操作也日益复杂。

三、国际技术贸易的产生与发展

技术的国际转让由来已久,早在公元 6 世纪,中国的养蚕和丝绸技术就曾通过丝绸之路传到中亚、西亚和欧洲各国。从 10~15 世纪,中国的造纸、火药、印刷术相继传到西方。16 世纪初,德国的机械表制造技术和意大利的眼镜技术也先后传到日本和中国。16 世纪以前,英国的技术水平还远远落后于欧洲大陆,英国工业是在引进欧洲大陆先进的工匠技术的基础上发展起来的。但是,18 世纪以前的技术转让还不属于现代意义上的技术贸易,这主要表现在两个方面:一个是转让的手段落后,国际技术转让主要是工匠技能的传播,而不是许可权的转让;二是传播的时间较长,中国的养蚕和丝织技术用了 1 800 多年才传到欧洲,造纸、火药和印刷术传到欧洲也用了 600 多年,而意大利的眼镜和德国的机械表技术则分别用了 300 年和 100 多年的时间才传到日本和中国。

现代意义的技术贸易是通过技术的商品化,并伴随着资本主义商品经济的发展而逐步发展起来的。进入 18 世纪以后,随着工业革命的开始,资本主义的大机器生产逐步代替了封建社会的小农经济,这为科学技术的应用提供了广阔的天地,并出现了以许可合同形式进行交易的技术贸易。19 世纪以来,随着西方各国技术发展速度的加快和技术发明数量的不断增多,绝大多数国家都建立了以鼓励发明制造为宗旨的保护发明者权利的专利制度,这就促使以许可合同形式出现的国际技术贸易的迅速发展。第二次世界大战以后,科学技术在经济发展中所起的作用日益重要,国际经济的竞争实际上表现为技术的竞争。由此,技术已作为一种特殊的商品成为贸易的主要对象,技术贸易额不断增加。20 世纪 60 年代中期,技术贸易年成交额仅为 27 亿美元,70 年代中期增至 110 亿美元,80 年代中期激增到 500 亿美元左右,90 年代国际技术贸易年成交额超过了 1 000 亿美元。进入 21 世纪以后,国际技术贸易年成交额激增至 5 000 亿美元,其增长速度不仅高于货物贸易,而且也高于一般服务贸易,国际技术贸易已经成为国际贸易的重要组成部分。

四、国际技术贸易的特点

随着国际技术市场竞争日趋激烈,国际技术贸易出现了以下特点。

(一)发达国家在国际技术市场上占有统治地位

长期以来,国际技术转让活动主要集中在发达国家之间,发达国家的技术贸易额占世界技术贸易额的 80%以上,而且主要集中在美、英、法、日、德等少数几个国家,这五个国家的技术贸易额占发达国家技术贸易总额的 90%以上,这是因为它们既是技术的出口大国,也是技术的进口大国。近几年来,发展中国家技术的进出口无论数量还是种类都有较多的增加,但发展中国家在国际技术市场上所占的份额极为有限,一般不超过 10%,而且还集中在少数几个新兴工业化国家。实际上,发展中国家在国际技术市场上主要扮演的是接受者的角色,这主要是因为经济发展水平低,技术水平落后。

(二)软件技术在国际技术贸易中的比重日益提高

20 世纪 80 年代以前,国际技术贸易主要通过引进和出口先进设备等硬件来进行,以软件为对象的交易较少,进口国往往是以购买设备等硬件为目的而兼买软件。80 年代以后,这种状况发生了根本性的变化,以许可贸易形式进行的软件交易占据了主导地位,技术的进口国往往为了购买某项专利或专有技术而附带进口一些设备。尤其是发达国家间的技术贸易,软件技术的转让已占其技术贸易额的 80%以上,其中,美国的软件技术销售额每年递增 30%以上。近几年来,发展中国家开始注重技术引进的效益,减少硬件技术的引进,软件技术正在逐渐成为其技术引进的主要标的。

(三)发达国家的跨国公司控制着国际技术贸易

国际技术贸易不仅集中在少数几个发达国家,而且被这些国家的跨国公司所控制。据统计,西方国家的跨国公司控制着发达国家技术贸易的80%、发展中国家技术贸易的90%。这主要是与它们资金雄厚、技术力量强大,重视技术开发并拥有众多的专利技术有关。跨国公司由于在技术贸易中占据垄断地位,在技术转让谈判中往往以垄断高价向发展中国家出售技术,并附加一些诸如限制性采购等条件。跨国公司转让技术一般是与资本输出和商品输出相结合,通过在东道国建立子公司或合资公司进行。

(四)国际技术市场的竞争日趋激烈

国际技术市场上的竞争主要表现为发达国家之间的竞争。美国的技术出口遍及全球,日本的技术市场主要在亚洲,法国多向非洲国家出口技术,东欧则是德国的技术市场。它们为了保持原有的技术市场或扩大其技术市场份额,都在不断进行技术开发。美国为保持其对尖端技术的垄断,严格控制本国先进技术的外流,并经常运用国家安全机密法和出口管制法来限制某些先进技术的出口。日本为保持自己在微电子技术等方面的领先地位,也加强了对技术出口的限制。与此同时,英、法、德三国也不甘寂寞,为了争取市场份额,经常联合进行开发与研究,如它们20世纪70年代合作研制的空中客车飞机已对美国航空技术的垄断地位提出了挑战。国际技术领域中的竞争正成为新一轮贸易战中的主要焦点。

五、国际技术贸易与其他业务的关系

(一)国际技术贸易与国际商品贸易的关系

国际技术贸易与国际商品(货物)贸易二者的区别表现在:①贸易对象不同;②贸易当事人关系不同,国际技术贸易的当事人关系不只是单纯的买卖关系;③国际技术贸易比货物贸易更加复杂,操作难度也大;④政府干预的程度不同,鉴于技术贸易本身的性质以及各国政府对技术的重视,政府对国际技术贸易的干预相对更多。

两者的联系体现在:①商品的国际流动实际是各种形式技术的流动;②技术贸易可以促进进出口商品结构向高级化发展;③技术贸易加速了国际贸易方式多样化的进程;④技术贸易成为疏通商品贸易渠道的手段。

(二)国际技术贸易与国际直接投资的关系

国际技术贸易与国际直接投资二者具有紧密的联系,表现在:首先,技术转让是投资的一种方式,投资方向通常与技术转让方向具有一致性;其次,国际直接投资往往具有技术扩散效应、技术外溢效应、技术创新效应等。

第二节 国际技术贸易内容

国际技术贸易的标的是无形的技术知识,它一般包括受法律保护的专利技术、商标,以及不受法律保护的专有技术。

一、专利

(一)专利的含义

专利(Patent)最早起源于中世纪的英国,当时英国国王为鼓励发展国内产业,对引进外国技术的个人发给一种专利证,授予其使用该技术的独占权,但专利权仍属于国王,这实际是现代专利制度的雏形。现代专利制度是指专利主管机关依照专利法的规定,根据发明人的申请,经审查并在符合法律规定的条件下,授予发明申请人在规定的时间内对其发明所享有的一种独占实施权。专利就其内容来说应包括三个方面:一是独占的实施权,即在一定期限内,发明人对其发明所享有的独占实施权;二是受法律保护的发明创造,它包括发明专利、实用新型专利和外观设计专利;三是专利文献,它包括说明书、权利要求等。

(二)专利的种类

专利的种类可以概括为下述三个方面:

1.发明专利。发明(Invention)不同于发现,发明是指对产品、方法或其改进所提出的新的技术方案,而发现则是揭示自然界和人类社会已存在的但尚未被人们所认识的事物。发明一般有三个特征:一是发明必须是一种技术方案,即用来解决某一具体问题的方案,如果不能在生产中被利用,就不能获得法律的保护;二是发明是对自然规律的利用,即它是在对自然规律认识的基础上的革新或创造;三是发明是具有最高水平的创造性技术方案,即比已有的技术先进。

发明有三种表现形态:一种表现为产品发明,它是指经过人们智力劳动创造出来的新产品,产品发明可以是一个独立的新产品,也可以是一个产品中的某一部件;第二种表现是方法发明,即制造某种物品或解决某一问题前所未有的方法;第三种表现是改进发明,即发明人对已有产品发明和方法发明所提出的具有实质性改革及创新的技术方案。

2.实用新型专利。实用新型(New Model)是指对产品的形状、构造或二者的结合所提出的实用的新的技术方案。实用新型具有三个特点:一是它必须是一种产品,如仪器、设备、日用品等;二是实用新型是一种具有形状的物品,如气体、液体或粉状的物质;三是它必须实用。实用新型虽然是一种发明,但其技术价值较发明低,即对实用新型的创造性要求较低,但其经济效益不一定低于发明。实用新型亦被称为"小发明"。

3.外观设计专利(Design)。外观设计是指对物的形状、图案、色彩或其结合所作出的富有美感并能应用于工业的新设计。形状是指平面或立体轮廓,即所占的空间形状,无固体形状的气体、液体及粉末状的固体不属于外观设计的范围。图案是指作为装饰而加在产品之上的花色图样、线条等。色彩是指产品表面的颜色。美感是指其形状、图案、色彩等所具有的特点,很多国家对外观设计不要求其具有美感。外观设计往往是外形、图案和色彩三者结合后所产生的富有美感的外表或形态,而不涉及产品的制造和设计技术。

(三)专利的特点

专利是一种无形的财产权,具有与其他财产权不同的特征,即专利具有专有性、地域性、时间性和实施性四个特征。

1.专有性。专有性也称独占性或排他性。专有性是指同一发明在一定的地域范围内,其专利权只能授予一个发明者,做出同一发明的其他人不能获得同一发明内容的专利权。发明与物质生产不同,在物质产品的生产中,每生产一份新产品就产生一份新的财产,而技术发明是一项能被普遍应用的解决某一问题的新的技术方案。重复研制不能产生新的使用价值并增加新的财富,重复以前的发明也不能被称之为发明。发明人被授予发明专利权后,其在一定的期限内享有独立制造、使用和销售权,其他人如欲使用,必须征得专利权人的同意,否则属于侵权行为。

2.地域性。专利权是一种有地域范围限制的权利。除有些情况下依据保护知识产权的国际公约,以及个别国家承认另一国批准的专利权有效以外,技术发明在哪个国家申请专利,就由哪个国家授予专利权,而且只在专利授予国的范围内有效,对其他国家不具有法律约束力,即其他国家不承担任何保护义务,其他人可以在其他国家使用该发明。但是,同一发明可以同时在两个或两个以上的国家申请专利,获得批准后其发明便可在这些国家受到法律保护。

3.时间性。专利权还是一种具有时间性的权利,专利权的有效保护期限结束以后,发明人所享有的专利权便自动丧失,而且一般不能续展,此时发明便成为社会公有的财富,其他人也可以自由使用该发明制造产品。目前,世界各国的专利法对专利的保护期限规定不一,一般为10~20年。中国的专利法对发明专利的保护期限规定为20年,对实用新型专利和外观设计专利的保护期限规定为10年。专利的保护期限是以专利权人履行缴费义务为前提的,如果专利权人没按规定履行其缴费义务，即使在法律规定的专利保护期限届满前，也会丧失其专利权。

4.实施性。对发明者所得到的专利权，除美国等少数几个国家以外，大多数国家都要求专利权人在给予保护的国家内实施其专利，即利用专利技术制造产品或转让其专利。

（四）授予专利权的条件

授予专利权需要有一定的条件，下面就不同专利种类的授予条件予以阐述。

1.授予发明专利和实用新型专利的条件。根据世界各国专利法的规定，授予专利权的发明和实用新型必须具有新颖性、创造性和实用性。

（1）新颖性。新颖性是指在提出专利申请以前，尚未有过的发明或实用新型。判断发明和实用新型是否具有新颖性一般依据三个标准：

一是时间标准。多数国家在时间标准上采用申请日原则，即发明和实用新型在申请日以前没有公开过，也就是说没有其他人向专利的授予机构就相同内容的专利或实用新型提出过专利申请。也有少数国家以发明的时间为准，即专利权授予技术的最先发明者，而不是最先提出申请的人。

二是地域标准。目前，世界各国所采用的地域标准有三种：一种是世界新颖标准，即发明或实用新型必须在全世界任何地方未被公开或未被使用过，英国、法国、德国等均采用世界新颖标准；第二种是国内新颖标准，即发明或实用新型在本国范围内未被公开和使用过，澳大利亚、新西兰和希腊等国采用国内新颖标准；第三种是混合新颖标准，即发明或实用新型从未在国内外出版物上发表过，也从未在国内公开使用过，中国、美国、日本等采用混合新颖标准。

三是公开的形式标准。世界各国专利法都规定，一项发明或实用新型必须是从未以任何形式为公众所知。

（2）创造性。创造性是指申请专利的发明和实用新型与已有的技术相比具有实质性特点和显著的进步。已有的技术在这里是指专利申请日之前已公开的技术；实质性特点是指申请专利的发明和实用新型与已有的技术相比有本质性的突破；显著的进步则是指发明或实用新型克服了已有技术的某些缺陷和不足，并取得了较大的进步，如降低了原材料的消耗和成本，或提高了劳动生产率等。在实际操作中，创造性比新颖性更难评判，但对发明的创造性和新颖性进行的判断是有本质区别的，前者是对发明的技术质量进行判断，即发明比已有技术的先进程度和创造程度，后者则是判断发明是否已包括在已有技术之中，只要没包括在已有技术之中，不管其创造程度或先进程度如何，均被认为具备新颖性。

(3)实用性。实用性是指发明或实用新型能够在产业上制造或使用,并且能产生积极的效果。这里的产业不仅包括工业、农业、矿业、林业、渔业和牧业,还包括运输和金融等服务性行业。在产业上能够制造和使用是指能在生产中制造和使用,并能多次和反复地进行制造和使用;能够产生积极的效果是指能提高劳动生产率,节省劳动力,改进产品的质量,否则,发明创造就没有任何价值。实际上,实用性既是发明创造的技术属性,也是发明创造的社会属性。

2.授予外观设计专利的条件。授予外观设计专利的条件与授予发明和实用新型专利的条件有所不同,外观设计应在申请日以前,没有在国内外出版物公开发表过或没有在国内公开使用过,即出版公开应以世界新颖为准,使用公开则以国内新颖为准。此外,外观设计也必须具备创造性和实用性,而且有些国家还要求外观设计富有美感。

3.不授予专利的发明创造。为促进社会经济的发展、维护良好的社会秩序和公共道德,各国都对一些阻碍社会进步、有损社会公德的发明创造不授予专利。目前,世界大多数国家都不对以下发明授予专利:①科学发现,如不能应用于产业的纯科学原理和理论;②智力活动的规则与方法;③疾病的诊断与治疗方法;④化学物质;⑤食品和药品;⑥动植物品种;⑦用原子核变换方法获得的物质。

(五)专利权的内容

专利权包括两类权利,即人身权和财产权。

人身权是指"发明人或者设计人有在专利文件中写明自己是发明人或者设计人的权利"。

财产权包括:①独占实施权,它包括两方面含义:第一个方面是指专利权人有使用、生产制造、许可销售、销售、进口其专利产品的权利,或使用其专利方法以及使用、许可销售、销售和进口依照该专利方法直接获得的产品的权利;第二个方面是指专利权人有禁止的权利。②许可权,专利权人有权许可他人实施其专利的权利,但必须订立书面实施许可合同。③转让权,专利权人有权根据自己的意愿依法将专利权转让给他人。④标记权,专利权人有权在其专利产品或者该产品的包装上标明专利标记和专利号。⑤放弃权,专利权人感到没必要或不愿意继续维持其专利权时,有权主动放弃专利权。放弃专利权可以采取停止缴纳年费的办法,也可以以书面方式向专利局声明放弃。⑥请求保护权,在专利权受到侵犯时,专利权人有权向专利管理机构提出,要求制止侵权行为,也可以直接向法院提起诉讼,要求排除侵害,赔偿经济损失。

(六)专利侵权

1.专利侵权的含义。根据《中华人民共和国专利法》(以下简称《专利法》)

第五十七条的规定,专利侵权是指"未经专利权人许可,实施其专利,即侵犯其专利权"。专利侵权行为可分为两类:一类是违法侵权行为;一类是法律不视为侵权的行为。

2.专利侵权行为。专利侵权行为主要包括:

(1)未经许可,为生产经营目的实施他人专利的行为。"为生产经营目的的制造、使用、许可销售、销售、进口其专利产品,或者使用其专利方法以及使用、许可销售、销售、进口依照该专利方法直接获得的产品,或者制造、销售、进口其外观设计专利产品"。

(2)假冒他人专利的行为。即未经许可,在其制造或者销售的产品、产品包装上标注他人的专利号;未经许可,在广告或者其他宣传材料中使用他人的专利号;未经许可,在合同中使用他人的专利号;伪造或者变造他人的专利证书、专利文件或者专利申请文件。

(3)以非专利产品冒充专利产品,以非专利方法冒充专利方法的行为。即制造或者销售标有专利标记的非专利产品;专利权被宣告无效后,继续在制造或者销售的产品上标注专利标记;在广告或者其他宣传材料中将非专利技术称为专利技术;在合同中,将非专利技术称为专利技术;伪造或者变造专利证书、专利文件或者专利申请文件。

但根据我国《专利法》第六十三条规定,有下列情形之一的,不视为侵犯专利权:

第一,专利权人制造、进口或者经专利权人许可而制造、进口的专利产品或者依照专利方法直接获得的产品售出后,使用、许可销售或者销售该产品的。

第二,在专利申请日前已经制造相同产品、使用相同方法或者已经做好制造、使用的必要准备,并且仅在原有范围内继续制造、使用的。

第三,临时通过中国领陆、领水、领空的外国运输工具,依照其所属国同中国签订的协议或者共同参加的国际条约,或者依照互惠原则,为运输工具自身需要而在其装置和设备中使用有关专利的。

第四,专为科学研究和实验而使用有关专利。

另外,为生产经营目的使用或者销售不知道是未经专利权人许可而制造并售出的专利产品或者依照专利方法直接获得的产品,能证明其合法来源的,也不承担赔偿责任,不视为侵权行为。

3.侵权的处理。专利权受到侵犯,特别是引起纠纷的,专利权人或者利害关系人可以请求管理专利工作的部门处理。这是我国处理专利纠纷的特点之一,是专利法赋予管理专利工作的部门处理侵权纠纷的权力。这种做法解决侵权纠纷速度快、费用低。

专利权受到侵犯,特别是引起纠纷的,专利权人或者利害关系人可以依照

《中华人民共和国民事诉讼法》直接向法院起诉。

专利权遭到非法侵害时,管理专利工作的部门或法院要对是否构成侵权作出判断,判断的原则是:侵权行为是否存在;违法侵权行为是否造成了损害后果;侵犯专利权行为与造成的损失有无因果关系;违法侵权人有无过错。

对侵权的处理方式包括:首先,责令侵权人立即停止侵权行为。情节严重的,可以请求管理专利工作的部门或法院拆除制造侵权产品的设备、处理已经制造出来的侵权产品等,并采取查封、扣押、冻结、责令提供担保等诉讼保全措施。其次,赔偿损失。侵权行为给专利权人造成损失的,依照权利人因被侵权所受到的损失或侵权人因侵权所获得的利益确定;被侵权人受到的损失或侵权人因侵权所获得的利益难以确定的,参照专利许可使用费的倍数合理确定。再次,责令改正并予以公告,没收违法所得,并处罚款。假冒他人专利,或者以非专利产品冒充专利产品,以非专利方法冒充专利方法的行为,由管理专利工作的部门责令改正并予以公告,没收违法所得,并处违法所得 3 倍以下的罚款,没有违法所得的,处 5 万元以下罚款。最后,依法追究刑事责任。假冒他人专利,侵权人除承担民事责任外,构成犯罪的,依法追究刑事责任。假冒他人专利不仅损害了专利权人利益,而且损害了社会公共利益,应从重从严处理。

二、商标权

(一)商标的概念及其作用

商标(Trade Mark)是指生产者或经营者用以标明自己所生产或经营的商品与其他人生产或经营的同一商品有所区别的标记。商标可以用文字、图形、字母、线条、数字或颜色单独组成,也可以由上述几种形式结合在一起组成。

商标是商品经济的产物,在当代经济生活中,它具有以下作用:

1.区别商品的生产者、经营者、服务者、进货来源及档次。同一类商品往往有若干家生产者、经营者或若干个产地。消费者可以通过商标来辨别商品的产地、经营者或生产者,以便于消费者精心选购其心目中的名牌产品及有良好信誉的生产者或经营者的产品。此外,商标往往还能说明产品的档次,如汽车中的奔驰和宝马代表德国产的高档车。

2.代表商品质量和服务质量。消费者总是把商标和产品质量联系在一起,消费者心目中的著名商标是逐渐树立起来的,并且是企业长期保持高质量和周全的售后服务赢得的。因此,商标一般是产品质量的象征和生产企业的商誉。在目前的国际贸易中,有很大比例的交易是凭商标进行买卖的。

3.有助于商品和服务的广告宣传。一个好的商标设计,往往图形醒目,文字简练,便于消费者识别和记忆。用商标做广告,其效果远比冗长的文字说明要好，可使消费者对商品的质量、性能、用途、式样、耐用程度等有一个完整而又美好的印象，从而加深消费者对该商品的印象，增加消费者对该商品的购买欲望。

（二）商标的种类

随着科学技术的发展、产品品种的丰富以及商标制造技术的日益进步，商标的种类也在增多。商标从不同的角度可划分为不同的类别。

1.按商标的构成要素分，可分为文字商标、图形商标和组合商标。

（1）文字商标。文字商标指的是由文字组成的商标。文字一般包括中文、外文、汉语拼音、字母或数字等。如太阳神口服液、万宝路香烟、可口可乐饮料和三五牌香烟等均属文字商标。

（2）图形商标。它是由几何图形、符号、记号、山川、建筑图案、日用品、动物图案等组成的商标。如北京蜂王精营养补剂的商标就有一只蜜蜂。

（3）组合商标。组合商标是由文字和图形两部分组合而成，如羊城牌围棋的商标上有“羊城”二字和一只山羊，并有一个围棋棋盘。

2.按商标的使用者来分，可分为制造商标、商业商标和服务商标。

（1）制造商标。制造商标是商品的制造者使用的商标，这类商标代表着企业的商誉和产品的质量。商品上的商标多属这类商标，如索尼电器和北京的天坛家具等。

（2）商业商标。商业商标是商品的销售者使用的商标。这类商标往往是享有盛誉的商业企业使用，如中国外贸公司出口茶叶使用的“龙”商标，天津粮油进出口公司出口葡萄酒使用的“长城”商标以及日本三越百货公司使用的“三越”商标。

（3）服务商标。服务商标是旅游、民航、运输、保险、金融、银行、建筑、维修等服务性企业使用的商标，如中国民航使用的“CAAC”和中国人民保险公司使用的 PICC 等。

3.按商标的用途分，可分为营业商标、等级商标和证明商标。

（1）营业商标。营业商标指的是以生产或经营企业的名字作为商标，如“同仁堂”药店、“盛锡福”帽店、“六必居”酱菜园、“狗不理”包子铺等，这类商标有助于提高商标或企业的知名度。

（2）等级商标。等级商标是同一企业根据同一类商品的不同质量、规格等而使用的系列商标。这种商标在国外相当普遍，如瑞士手表中，“劳力士”为最高档次的手表，“浪琴”为二级表，“梅花”为三级表，“英纳格”则为四级表。

（3）证明商标。证明商标又称保证商标，它是指用于证明商品原料、制造方式、质量精密度或其特征的商标，如绿色食品标志、真皮标志、纯羊毛标志、电工标志等均属于证明商标。

（三）商标权及其内容

商标权是指一国的商标主管部门根据商标申请人的申请，经核准后，授予商标申请人的一种商标专用权。商标权是一个集合概念，它包含以下四方面内容：

1.使用权。即只有商标的注册人才是该注册商标的合法使用者。

2.禁止权。商标所有人有权向有关部门提起诉讼，请求停止他人的侵权行为，可要求侵权人赔偿其经济损失，并追究侵权人的刑事责任。

3.转让权。商标所有人可以将商标的所有权有偿或无偿转让给他人，并放弃一切权利。

4.许可使用权。商标所有人可以以有偿或无偿的方式许可他人使用自己注册的商标。

（四）商标权的特征

商标权也是一种受法律保护的无形资产，并属于知识产权的范畴。它一般具有以下特征：

1.独占性。独占性是指商标是其所有人的财产，所有人对其享有排他的使用权，并受到法律保护，其他人不得使用。商标的独占性一般表现在两个方面：一是所有人享有在核定的产品上的独家使用权，未经所有人的同意，其他人不得乱用或滥用；二是商标所有人享有禁止权，即其他人不得将与商标所有人的注册商标相同或近似的商标用于同一类或类似的商品上。商标权只能授予一次，其他人在一种或类似商品上再提出相同或近似商标的使用申请，得不到国家主管机构的授权。

2.时间性。商标权的保护有时间限制，一般为10~15年，中国为10年。但与专利权所不同的是，在商标保护期届满时，可以申请续展，而且对续展的次数不加以限制。只有在商标权所有人按期交纳费用并按期办理续展手续的前提下，方可永远保持商标的所有权。

3.地域性。商标权的所有人，只有在授予该商标权的国家境内受到保护。如果商标权想要在其他国家得到同样的保护，商标的所有人必须依法在其他国家申请注册，才能得到当地法律的保护。

（五）商标权的法律保护

1.侵犯商标权行为的主要表现。侵犯商标权的行为主要表现在以下几方面：

（1）未经注册商标所有人的许可，在同一种商品或者类似商品上使用与其注册商标相同或者近似的商标。

(2)销售侵犯注册商标专用权的商品。

(3)伪造、擅自制造他人商标标志或者销售伪造、擅自制造的注册商标标志。

(4)未经商标注册人同意,更换其注册商标并将该更换商标的商品又投入市场。

(5)给他人的注册商标专用权造成其他损害。例如:在同一种或者类似商品上,将与他人注册商标相同或者近似的标志作为商品名称或者商品装潢使用,误导公众;故意为侵犯他人商标专用权行为提供仓储、运输、邮寄、藏匿等便利条件。

2.中国对商标权的保护。我国商标法对商标权的保护包括以下几方面的内容:

(1)商标侵权行为的认定。根据我国的商标法,商标侵权行为认定是以损害事实是否产生为前提,而不是以侵权者主观上是否有错误为条件。一般认定侵权行为主要根据以下原则判别:侵权事实是否存在;行为是否违法;行为和侵权事实有无因果关系;侵权是否是由于当事人的过失或故意造成。

(2)对侵犯商标权行为的处理。商标侵权纠纷的解决方式有和解、行政处理、司法诉讼等。

商标侵权赔偿数额与罚款数额为侵权人在侵权期间侵权所获得的利益,或者被侵权人在被侵权期间因被侵权所受到的损失,包括被侵权人为制止侵权行为所支付的合理开支。

三、专有技术

(一)专有技术的概念

专有技术来自英语中的 Know-How,其意为“知道怎么干吗?”。该词在 20 世纪 50~60 年代首先出现于英国和美国,目前在世界上已被广泛承认和使用。至于对专有技术的理解,国际上还没形成统一的认识。世界知识产权组织在其 1972 年制定的《发展中国家保护发明示范法》中,对专有技术所下的定义是:“所谓专有技术是指有关使用和运用工业技术的制造方法和知识。”国际商会在拟定的《关于保护专有技术的标准条款的草案》中,把专有技术定义为:“为实施某种为达到工业生产目的所必须具有的秘密性质的技术知识、经验或其积累。”专有技术一般包括知识、经验、数据、图纸、配方、技术资料等,它既涉及工艺、技能、制造和加工标准,也涉及制造、使用和维修的程序等。专有技术实际上是没有申请专利的知识产权,专有技术的所有人依靠自身的保密手段来维持其所有权,因而专有技术又被称为秘密技术。

第二次世界大战以后,尤其是20世纪60~70年代以来,随着技术贸易的迅速发展,专有技术的转让数量占国际技术贸易量的比例日益提高,甚至超过了专利技术的交易量。例如,在中国引进的技术中,90%以上都属于专有技术。专有技术虽然是不受法律保护的秘密技术,但却能用于工业生产和服务等行业,它对社会经济的发展有着重要的实用价值。

(二)专有技术的特征

专有技术不像专利技术和商标一样经过法律的认可而得到保护,它是一种非法定的权利,因此,它往往具有以下特征:

1.保密性。专有技术是不公开的,没经法律授权的秘密技术。凡是以各种方式为公众所知的技术都不能称为专有技术,由于专有技术没经法律程序授权得到保护,因此,专有技术的所有者只能依靠自身的保护措施来维持其技术的专有权。如美国可口可乐公司研究出可口可乐的配方后,没去申请专利,而是将配方分为两部分,总经理和总工程师各持其中的一部分,以此为手段将可口可乐的配方从1886年保持至今。专有技术往往也会因保密措施不当而变为公开技术,从而丧失其商业价值。

专有技术之所以没有取得专利权,主要有两方面原因:一方面是它不具备取得专利权的条件;另一方面是专有技术虽然具备取得专利权的条件,但专有技术的所有者愿意自行保密而没去申请专利。因此,专有技术的范围比专利技术更为广泛。

2.经济性。专有技术也是人类智慧的结晶,但它也必须能应用于生产和服务等行业,当然也会产生经济效益,否则就称不上技术,也不会成为技术贸易的标的。专有技术在经济形态上,既可以是从产品开发到最终制成制成品的总体系列技术,也可以是以一项或几项产品的配方、工艺或产品设计方案为主的单项技术。

3.可传授性。专有技术作为一种技术,必须能以言传身教方式或以图纸、配方、数据等形式传授给他人,而不是依附于个人的天赋条件而存在。

4.历史性。专有技术不是研究人员灵机一动产生的,而是经过多年的经验积累总结出来的,这一过程往往需要很长时间。随着经济和科学技术的发展,专有技术的内容也会随之丰富和发展,但有些专有技术也会随着替代技术的问世而被淘汰。

(三)专有技术与专利的区别

专有技术与专利一样,都是无形资产和人类智慧的结晶,都能应用于工业生产和服务等行业，并且都具有一定的商业价值。但它们之间也有区别：

1.法律地位不同。专利是经过法律程序得以授权，并受法律保护的技术，而专有技术是由于某种原因没申请专利或不能取得专利的技术，它因此不受法律保护而靠所有者自身的保护来维持其所有权。

2.技术内容的范围不同。专有技术内容的范围比专利技术宽。世界各国都对授予专利的技术领域作了限定，不是所有的技术都能申请专利。此外，技术的所有者在提出专利申请时，必须用文字对技术做出详细的介绍，这就等于公开了其技术，并往往容易被他人窃用。为此，专利的申请者一般只将技术中容易被别人仿造的部分申请专利，而把技术的核心部分自我进行保密。总之，专有技术的内容不仅包括各种能授予专利权的生产和服务等行业的技术，而且还包括不能授予专利权的管理、经营等方面的技术。

3.存在的时间不同。专利技术受法律保护的时间是有限的，一般最长为20年，而且不能续展。而专有技术不受时间的限制，即在技术不过时的情况下，只要保密工作做得好，就可以永远作为技术而存在，如可口可乐的配方作为专有技术已保密100多年了。

（四）技术秘密的法律保护

技术秘密既然是人类智力劳动成果，并且是一种专用性、财产性的权利，对技术秘密进行法律保护是非常必要的。根据各国法律的规定，属于对技术秘密的侵犯行为包括：①以盗窃、利诱、胁迫或者其他不正当手段获取权利人的商业秘密；②披露、使用或者允许他人使用以前项手段获取的权利人的商业秘密；③违反约定或者违反权利人有关保守商业秘密的要求，披露、使用或者允许他人使用其所掌握的商业秘密；④第三人明知或者应知前款所列违法行为，获取、使用或者披露他人的商业秘密，视为侵犯商业秘密。

对侵犯技术秘密的法律救济可以援引各种法律，例如，合同法、民事侵权行为法、制止不正当竞争法、商业秘密法、刑法等。另外国际社会也有相关的协议对侵犯技术秘密予以保护，包括国际商会于1961年制定的《有关保护技术秘密草案》、保护工业产权国际协会制定的《保护技术秘密的示范法》、世界贸易组织的《与贸易有关的知识产权协议》等。

第三节　国际技术贸易方式

技术作为商品是无形的。因此，与有形商品贸易的方式相比，技术贸易的方式有很大的不同。技术贸易虽然不经过租船、报验、报关、装运、投保及验收等有形商品贸易的履约程序，但往往要涉及有关国家的法律法规、国际公约及众多的技术人员,并常常伴随着设备及原材料等有形商品贸易。技术贸易从交易开始到交易结束,一般需要很长一段时间,因为技术贸易的内容和方式极为广泛和复杂。

国际技术贸易的方式可分为:知识产权转让、许可贸易;直接投资;技术服务与技术咨询;国际经济技术合作方式,包括国际合作生产、国际工程承包、与设备买卖相结合的技术贸易、补偿贸易、国际合作设计与合作开发。目前,国际技术贸易的主要方式有许可证贸易、技术服务、合作生产与合资经营、国际工程承包、补偿贸易等。

一、许可证贸易

(一)许可证贸易的概念

许可证贸易(Licensing)亦称许可贸易。它是指技术的提供方与接受方之间签订的,允许接受方对提供方所拥有的技术享有使用权及产品的制造权和销售权。许可证贸易的核心内容是转让技术的使用权以及产品的制造权和销售权,而不是技术的所有权。许可证贸易都是有偿的。

许可证贸易是目前国际技术转让最主要的方式。随着科学技术的进步,新技术的不断涌现以及技术在经济发展中的作用日益明显,各国都把引进技术作为当务之急。而技术的提供方为了获取高额利润,或绕过贸易壁垒,或开拓新的技术市场,不断以有偿许可的方式来出让技术的使用权,这就促使许可证贸易得以在全球范围内迅速发展。

(二)许可证贸易的种类

按照不同分类标准,许可证贸易被分为不同种类。

1.按交易的标的分,可分为专利许可、专有技术许可、商标许可和综合许可。

(1)专利许可。专利许可是指将在某些国家获准的专利使用权许可他人在一定的期限内使用。专利许可是许可证贸易的最主要的方式。

(2)专有技术许可。专有技术许可是指专有技术的所有人在受让人承担技术保密义务的前提下,将专有技术有偿转让给他人使用。保密条款是专有技术许可合同的主要条款,双方应在该条款中就保密的范围与期限做出规定。在转让专有技术时,许可方有义务帮助受让人掌握受让的技术。

(3)商标许可。商标许可是指商标所有者授予受让人在一定的期限内使用其商标的权利。由于商标涉及企业的商誉,因此,许可方对受让人使用该商标的商品质量有严格的要求,并对使用该商标的商品质量有核准和监督权。

(4)综合许可。即技术的所有者把专利、专有技术和商标的使用权结合起来转让给他人使用。许可证贸易大多属于综合许可，单纯以专利、专有技术或商标为标的的许可交易则很少。

2.按授权的范围分，可分为普通许可、排他许可、独占许可、分许可和交叉许可。

(1)普通许可。普通许可是指许可方将技术和商标的使用权、专利产品的制造权和销售权，授予被许可人在一定的地域或期限内享用。许可方在该地区仍享有这些权利，同时享有将上述权利转让给该地区第三者的权利。

(2)排他许可。排他许可是指许可方将技术和商标的使用权、专利产品的制造权和销售权，转让给被许可方在一定的地域或期限内享用。许可方虽然在该地域内仍享有上述权利，但不得将上述权利转让给该地区的第三者享用。排他许可也称全权许可。

(3)独占许可。独占许可是指许可方将技术和商标的使用权、专利产品的制造和销售权，转让给被许可方在一定的地域或期限内享用，许可方不仅不能在该地域内将上述权利转让给第三者，而且许可方自己在该地域内也丧失了上述权利。

(4)分许可。分许可亦称可转售许可。它是指许可方将其技术和商标的使用权、专利产品的制造和销售权转让给被许可人在一定的地域或期限内享用以后，被许可方还可以将所得到的上述权利转让给其他人使用。

(5)交叉许可。交叉许可又称互换许可。它是指许可贸易的双方将各自所拥有的技术和商标的使用权、专利产品的制造和销售权相互交换，互相许可对方享用其上述权利。交叉许可交易既可以是普通许可，也可以是排他许可或独占许可。

二、技术服务

技术服务是伴随着技术转让而进行的。目前，国际上出现了很多以提供信息、咨询、技术示范或指导为主的技术服务性行业，他们主要通过咨询服务和人员培训来提供技术服务。

咨询服务的范围很广，如帮助企业进行市场分析和制定行业发展规划，为项目投资进行投资前可行性研究，为项目施工选择施工机械，对企业购置的设备进行技术鉴定，为大型项目提供设计服务等。人员培训是指技术服务的提供者为生产企业所需的各类技术人员进行专业培训，培训的方法既可以让需要培训的人员到技术服务的提供国接受集中而又系统的培训，也可以由技术服务的提供方派专家到技术服务的接受方所在国进行讲学，或进行实际操作示范。技术服务与许可证贸易不同，它不涉及技术使用权与所有权的转让，而是技术的提供方用自己的技术和劳动技能为企业进行有偿服务。

三、合作生产与合资经营

合作生产指的是两个不同国家的企业之间根据协议，在某一项或某几项产品的生产和销售上采取联合行动并进行合作的过程。而合资经营则是两个或两个以上国家的企业所组成的共同出资、共同管理、共担风险的企业。合作生产与合资经营的区别在于，前者强调的是合作伙伴在某一领域合作中的相互关系，后者主要强调企业的所有权及其利益的分享和亏损的分担问题。不管是合作生产还是合资经营，技术在合作生产或合资经营过程中实现了转让。在合资经营过程中，一方一般以技术为资本来换取效益和利益，而另一方无论以什么形式的资产为股本，却成为技术的受让者。合作生产的内容比合资经营更为广泛，既可以是项目合作、开发合作、生产合作，也可以是销售合作。在生产合作的过程中，其中的一方实际上是以获取技术要素为宗旨，以提高其产品质量及增强企业实力为目的。利用合作生产或合资企业经营来引进国外先进技术，已成为世界各国的普遍做法。

四、国际工程承包

国际工程承包也是国际技术转让活动的一种形式。它是指通过国际招标、投标、议标、评标、定标等程序或其他途径，由具有法人地位的承包人与发包人之间，按一定的条件和价格签订承包合同，承包人提供技术、管理、材料，组织工程项目的实施，并按时、按质、按量完成工程项目的建设，经验收合格后交付给发包人的一项系统工程。工程承包方式适用于大型的建设项目，如机场、电站和各类生产线的新建或扩建等。这类项目不仅规模大，而且伴随着技术转让问题。在施工中，承包商使用最新的工艺和技术，并采购一些国家的先进设备，有些项目还涉及操作人员的技术培训、生产运行中的技术指导，以及专利和专有技术的转让。由于目前的国际工程承包盛行交钥匙工程及建设—经营—转让（BOT）等方式，这就使国际工程承包中技术转让的内容十分广泛。现在许多国家都想通过国际工程承包活动来带动本国企业的技术改造。

五、补偿贸易

补偿贸易是指在信贷的基础上，一国企业先从国外厂商那里进口技术和设备，然后以回销产品或劳务所得的价款，分期偿还给外商提供的技术和设备的价款。补偿的具体方法大致可分为五种：一种是直接补偿，即以引进技术和设备所生产出的产品返销给对方，以返销所得的价款补偿；第二种是用其他产品补偿，即技术和设备的进口方不是以进口的技术和设备产出的产品，而是以双方约定的其他产品补偿；第三种是以进口的技术和设备产出的产品所获取的收入补偿;第四种是以提供劳务的形式补偿,即技术和设备的进口方以向出口方提供一定量的劳务来补偿其进口技术和设备的价款;第五种是混合补偿,即技术和设备的进口方一部分以直接产品,一部分以其他产品、现汇或劳务来抵偿进口技术和设备的价款。补偿贸易也是发展中国家引进技术的一种途径,因为在补偿贸易方式下,技术和设备的出口方向进口方提供信贷,这正好解决了急需技术和设备的发展中国家的资金问题。通过补偿贸易,一些老企业得以进行技术改造,填补了进口国的某些技术空白,增强了进口国的出口创汇能力,进而推动进口国技术的进步和经济的发展。

第四节　国际技术贸易价格与税费

一、技术的价格

(一)技术价格的概念及其决定因素

技术是有价值的,技术的价格也是以技术的价值为依据的,但技术的价格与其价值并不相符。技术的价格实际上是技术的接受方向技术的提供方所支付的全部费用,同时也是双方对超额利润和新增利润的分成。

不管是什么技术,其价格总是在不断变化的。技术价格的确定及波动幅度一般取决于以下几个因素:①技术的研究开发成本,研究开发成本高的技术其价格较高,否则较低;②技术的市场需求,市场需求大的技术,其价格则较高,否则较低;③技术的成熟程度,引进后便能使用的成熟技术,其价格便较高,引进后还须进一步开发试验才能使用的技术,价格则应较低;④技术的生命周期,生命周期长的技术价格较高,很快会被淘汰的技术价格较低;⑤支付方式,是一次性支付还是分期付款,都会影响价格的高低,前者的价格一般较低,后者的价格一般较高;⑥谈判的策略与技巧,进口方与出口方关于技术价格的谈判也直接影响技术的价格。

(二)技术价格的构成

技术的价格一般由以下三个部分构成:

1.技术的研究开发成本。这部分成本主要包括技术研究开发所消耗的物化劳动和活劳动,它占技术价格的60%~70%。

2.增值成本。即技术的提供方为转让技术而支付的各种费用,如派出谈判人员,提供资料和样品,培训人员,签订合同,提供技术指导及管理等费用。

3.利润补偿费。即由于技术的转让,使技术的提供方在技术的受让国市场或第三国市场失去该技术产品的市场份额而蒙受利润损失所应得到的补偿。

二、技术转让费的支付

技术贸易的支付方式与商品贸易有所不同,目前国际上通行的技术转让费的支付方式大致有以下三种。

(一)总付

总付是指双方在签订技术转让合同时,确定一个总价格,然后由受让方一次性或分期支付。这种支付方法虽然价格明确,但由于利润与收益无关,使技术的买方难以得到卖方的技术帮助,从而使技术难以发挥最大的效益,同时也使卖方丧失了因利润增加而获取额外利润的机会。

(二)提成支付

提成支付是双方签订技术转让协议时,不确定技术的总价格,而是规定根据所转让的技术投产后产生的实际经济效益,在一定的偿付期限内,按一定的比例提取技术转让费的一种方式。提成支付可按销售额、利润或产量提成。

(三)入门费加提成费

入门费加提成费是总付和提成支付两者相结合的支付方式。它是在双方签订了技术转让协议之后,技术的受让方按协议规定,先向技术的提供方支付一笔款项,即入门费,然后在转让的技术投产以后,按销售额、利润或产量提成支付。入门费加提成费支付是目前国际技术转让中使用最多的一种支付方式。

三、国际技术贸易中的税费

(一)对技术使用费征税的特点和一般原则

技术使用费所得税的征收,涉及双重管辖权,涉及国家间税收利益的分配。国际上征收所得税一般遵循以下原则:

1.对在收入来源地设有营业机构的纳税人,其技术使用费所得一般并入营业利润,计征企业所得税。美国称公司所得税,日本则称为法人所得税。

2.在收入来源地未设营业机构的纳税人,则采取“从源”控制,即在被许可方向许可方支付使用费时,由其代税收部门扣缴,这种税被称为“预提所得税”,代税务部门扣缴的被许可方称为扣缴义务人。

3.以预提方式扣缴使用费所得税,税率一般低于公司所得税。这是因为,预提所得税的纳税义务人是在来源地未设营业机构的外国自然人或法人,很难按正常征税程序和税率计算应纳税所得额，只能采取按使用费金额全额计征。但按使用费全额计征，纳税人的税负过重。因此，税率上有所降低，使纳税人的实际应纳税额与一般企业扣减费用后的应纳税额保持平衡。

（二）双重征税对国际技术贸易的影响及解决途径

双重征税对国际技术贸易存在下述影响：双重征税直接恶化了国际技术贸易的宏观环境；双重征税迫使许可方提高转让技术的报价，加重了被许可方的经济负担；双重征税导致许可方市场竞争力下降；双重征税导致被许可方利用引进技术期望得到的利益减少；双重征税将给许可方和被许可方国家的国际收支带来消极影响。

为了解决双重征税问题，有关国家政府通过国内立法，确定了一种减免税原则，规定使用费来源国先行行使征税权，根据居民所在国依据纳税义务人在所得来源国纳税的实际情况，采取免税、减税或扣除等措施。此外，还可以通过政府间避免双重征税协定，签约国适当限制税收管辖权的实施范围，确认共同采取措施，由所得来源国优先行使管辖权，但承诺降低所得税率，居民所在国政府将纳税人在所得来源国已纳税费予以抵免，使税收利益在有关国家间均衡分配。解决双重征税的具体方法如下：

1.自然抵免（全额抵免）。在技术输出国和技术输入国的所得税率完全相同的情况下，技术输出国允许该进行跨国经营的居民把已经向输入国政府缴纳的所得税全额抵免，不再向技术输出国缴纳所得税。

2.申请抵免。当技术输出国所得税率高于技术输入国所得税率时，可申请抵免。居民首先向本国税务部门提交申请税收抵免书，并须附上该居民在外国（技术输入国）纳税证明，经本国税务部门核准后可办理一次性抵免（一年一次）。

3.最高限额抵免。当技术输出国的所得税率比技术输入国的所得税率低时，向本国政府申请抵免的最高限额只能是其外国所得按本国税率计算的那一部分税款。

4.费用扣除法。所谓费用扣除法，是指跨国纳税人将其国外已缴纳的所得税作为已开支费用，从其总所得收入中扣除，汇回本国，按本国所得税率进行纳税。

（三）拟定技术引进合同税费条款应注意的问题

根据我国税收有关规定，拟定技术引进合同税费条款应遵循以下原则：被许可方政府依据中华人民共和国税法，对许可方征收的与执行合同有关的一切税收，由许可方支付；被许可方政府依据中华人民共和国税法，对被许可方所征收的与执行合同有关的一切税收，由被许可方支付；在中国境外，有关国家政府课征的与执行合同有关的一切税收，由许可方支付。另外，技术引进合同中，不得规定违反我国税法的条款；对外商在我国境内所得给予减、免税优惠待遇，必须依法履行必要手续；对外经营单位必须履行扣缴义务人的职责，并提醒国内用户及时办理税收减免手续。

第五节 知识产权及其保护

一、知识产权的概念

知识产权(Intellectual Property)亦称智力成果权，是指对科学、文化、艺术等领域从事智力活动创造的智力成果依法享有的权利。知识产权是一种私权，是特定智力创造成果依法享有的专有权利。

由于不同的国家、地区及国际组织对知识产权的理解和界定范围不尽相同，从而产生了对知识产权的不同解释。

世界知识产权组织(World Intellectual Property Organization，简称 WIPO)在《建立世界知识产权组织公约》中采取了较为广义的知识产权定义法，根据该公约第 2 条第 7 款的规定，知识产权应包括下列权利：①关于文学、艺术及科学作品有关的权利；②关于表演艺术家的演出、录音和广播的权利；③关于在一切领域中因人的努力而产生的发明；④关于科学发现的权利；⑤关于工业品式样的权利；⑥关于商品商标、服务商标、厂商名称和标记的权利；⑦关于制止不正当竞争的权利；⑧在工业、科学及文学艺术领域的智力创作活动所产生的权利。

另外，作为世界贸易组织重要组成部分的《与贸易有关的知识产权协议》在其第一部分第 1 条中列明了其所管辖的知识产权范围，它们是：①版权及邻接权；②商标权；③地理标志权；④工业品外观设计权；⑤专利权；⑥集成电路的布图设计权；⑦未披露信息的保护权；⑧许可协议中反竞争行为的控制权。其中“未披露信息的保护”主要指对“商业秘密”的保护，也包括对“技术秘密”的保护。对商业秘密的保护问题，各国学术界及司法界争论颇多，焦点集中在商业秘密是否能作为一种财产权加以保护。由于世界贸易组织的《与贸易有关的知识产权协议》主要是从国际贸易的角度进行知识产权法律体系的构建，更关注知识产权的贸易方面，而商业秘密必然对其拥有者的市场竞争力产生重大影响，因而发达国家的跨国公司希望商业秘密被当作一种财产权得到保护，这正是发达国家跨国公司积极寻求在关贸总协定范畴内进行知识产权保护谈判的原因。随着世界贸易组织成员的不断扩大，各主要贸易伙伴都同意将商业秘密作为财产权加以保护，因此，这一争论应告一段落。

二、知识产权的特点

知识产权作为一种财产权，它与人们所拥有的普通意义上的财产权不同，具有以下基本特征。

（一）知识产权具有无形性

知识产权与其他有形财产权（如物品）的最大不同之处在于其无形性的特点。正是由于其无形性，知识产权的权利人通常只有在其主张自己权利的诉讼中，才表现出自己是权利人。为此，英美法国家把知识产权称为“诉讼中的准物权”，一些大陆法国家则把知识产权称为“以权利为标的的物权”。

正是这种无形性，使得知识产权贸易中的标的物只能是知识产权这种无形财产权的使用权，而有形商品贸易中，贸易标的物是有形的商品，在贸易中既存在商品使用权，又存在商品所有权的转移。同样，由于知识产权的无形性，不占据一定的空间，难以实际控制，容易脱离知识产权所有人的控制，并且，知识产权所有权人即使在其权力全部转让后，仍有可利用其创造的智力成果获取利益的可能性。因而，法律上有关知识产权保护，知识产权侵权的认定，知识产权贸易等问题的探讨比有形商品更为复杂。

（二）知识产权的专有性

知识产权作为智力劳动的成果，其无形性决定了它在每一次被利用后，会引起全部或部分消失或损失、损耗，但却不可能全部被消灭。知识产权不同于有形财产，它可以为多数人同时拥有，并能够被多数人同时使用而获利。例如，某一商标的所有权人，可以将其商标同时许可若干人使用而获益。因此，作为无形财产的知识产权，其在使用、占有、收益、处分等方面有别于有形财产的占有、使用、收益与处分。知识产权这种所有权只能通过对智力劳动成果的所有人授予专有权才能有效地加以保护，这就决定了知识产权的专有性特点。

知识产权的专有性表现为其独占性和排他性，这种独占性和排他性表现为，知识产权的所有权人对自己所创造的智力劳动成果享有权利，任何人非经权利人许可，都不得享有或使用其劳动成果，否则属于侵犯权利人的专有权，并且，权利人在法律允许的范围内，可用合适的方式使用自己的智力劳动成果，并获得一定利益。此外，知识产权的专有性还决定了某项知识产权的权利人只能是一个，不可能两个或两个以上的自然人或法人拥有相同的某项知识产权的专有权。当然，这种专有性还决定了知识产权只能授予一次，而不能两次或两次以上地授予权利人。

（三）知识产权时间与地域的有限性

知识产权所有权人拥有的权利不是无限期地存在，也就是说，知识产权仅在一个法定的期限内受到保护，法律对知识产权的有效期作了限制，权利人只能在一定的期限内对其智力劳动成果享有专有权，超过这一期限，权利便终止，其智力劳动成果便进入公有领域，成为人类均可共享的公共知识、成果，任何人都可以任何方式使用。由于各国对知识产权不同对象的保护期限存在差别，同一知识产权对象在不同国家可能获得的保护期限不同。例如，有的国家对发明专利的保护期为 15 年，有的国家则为 20 年；实用新型和外观设计专利，有的国家保护期限为 7 年，有的则为 10 年。

知识产权的时间性是相对的，是指知识产权价值的有效期，否则我们难以理解各国虽然规定了商标的有效期，但又允许商标所有权人到期后可申请续展，并对续展次数没有限制。知识产权的时间性在商标方面可能表现为商标所有权人在一个相对较长的时期内都有专有权。但即使这样，也不能否定知识产权的时间性的特征。因为时间性正是说明了知识产权本身具有的价值，当一种知识产权对象不具有使用价值与价值后，权利人想通过法律保护其专有权，已没有多大意义了。

与知识产权时间性相伴生的是知识产权的地域性，即知识产权是依一个国家的法律确认和保护的，一般只在该国领域内具有法律效力，在其他国家原则上不发生效力。这种地域性的特征从根本上说是知识产权的本性所决定的。因为知识产权是由国家法律直接确认，权利的获得不是自然而然、天然地拥有，必须以法律对这些权利直接而具体的规定为前提，且要通过履行特定的申请、审查、批准等手续才能获得。但是，也有一些国家对某些知识产权的获得并不完全都要求通过申请、审查、批准等手续。

应该指出的是，知识产权的地域性不能理解为知识产权只能够在其授予国才能得到保护。随着经济生活的国际化、全球化，国家之间，区域之间，全球范围内，知识产权国际保护的合作日益扩大。区域性、全球性知识产权协议的签署及实施，使得传统意义上的知识产权的地域性特征得以改变。某项知识产权经过一定的国际合作方式，可以在更多国家与地区范围内得到保护。随着经济全球化的深入发展和世界贸易组织的积极推动，可以预见，全球性的知识产权协议与地区性的知识产权协议会不断拓展知识产权保护的地域空间。

总之，知识产权是有时间性和地域性的，而这种时间性与地域性是相对而非绝对的。

（四）知识产权的可复制性

知识产权作为智力劳动的成果，必然通过一定的有形物，通过一定的载体表现出来。无论是专利、商标、专有技术，还是著作权、商业秘密，都必然要通过产品、作品或其他有形物加以体现，这样才能将知识产权作为财产权的性质表现出来。例如，一位作家构思了一个美好的故事情节，可以通过录音、图书的形式向人们展示，录音带及书籍这种物质形式的载体可以反映作家的思想及创作过程。这种性质决定了知识产权具有可复制的特性，并通过这种可复制性进一步表现知识产权的财产及价值。例如，一项专利技术，是通过生产出来的专利技术产品来表现专利技术本身，通过这种专利技术产品的复制、批量生产来体现该项专利发明的价值。

三、知识产权的类型

按不同分类标准，知识产权有不同的类型。

按客体的性质来划分，可将知识产权分为著作权和工业产权。著作权主要是独立创作的作品依法享有的权利，如文字作品、视听作品、音乐作品、多媒体作品、科学作品等。工业产权是发明创造技术类成果依法享有的权利，如专利、商业秘密、计算机软件、数据库、集成电路布图设计等。

按主体对客体支配程度划分，可将知识产权分为自主知识产权和非自主知识产权。自主知识产权，是指以基本或原创性智力成果为对象，依法获得的具有完整、独立自主支配该成果能力的专用权。非自主知识产权，是指在原创性智力成果基础上做出的具有重大技术进步和显著经济效益的智力成果，以及依法获得的且实施受原创成果主体制约的专用权。

四、知识产权的保护

（一）网络与知识产权

20 世纪 80 年代以来，计算机网络及数字技术的广泛应用，带动了知识经济的发展。传统的农业经济及工业经济的特点是有形资产起决定作用，而知识经济则是无形资产起决定作用。在知识经济中，不仅商品生产看起来隐性化，而且网络环境还使商品流通的一部分也隐性化，这就是直接的电子商务活动。例如：通过网络出售软件、多媒体、数据库等，均已与传统的市场上出售有形磁盘、光盘等销售活动大相径庭。知识经济必然而且已经带来知识产权方面全新的问题，而这些新问题又集中在网络的应用上。知识产权具有专有性和地域性，而网络上应受知识产权保护的信息则多是公开、公知、公用的，很难被权利人控制，此外网络上知识传输的特点是无国界性。

上述冲突引出了知识产权领域最新的实体法问题。在国际上，有人提出以淡化、弱化知识产权的专有性，以缓解专有性与公开、公用的矛盾，更多的观点乃至国际公约则主张通过进一步强化知识产权保护、强化专有性来解决这一矛盾。例如,1996 年 12 月世界知识产权组织主持缔结的两个版权条约增加了一大批受保护的客体,增列了一大批过去不属于版权的保护权利,而美国、欧盟已在进入 21 世纪之前,修订了知识产权法,使之符合更新条约的要求。此外,在商标保护方面,强化专有性的趋势表现为将驰名商标脱离商品以及服务而加以保护。这种强化知识产权专有性的趋势,应当说对发展中国家未必有利,发展中国家应及早研究对策。

上述冲突也引发了知识产权保护中的程序法问题,亦即在涉外知识产权纠纷中,如何选择诉讼地及适用法律的问题。过去,绝大多数知识产权侵权诉讼,均以被告所在地或侵权行为发生地为诉讼地,并适用诉讼地(法院所在地)法律。但网络上的侵权人往往难以确认其在何处,在实践中,侵权复制品只要一上网,全世界任何地点,都可能成为侵权行为发生地。曾有人提议采取技术措施,限制网络传输的无国界性以解决上述冲突,但实践中困难极大。更多的国家及地区实际上正通过加速各国知识产权法律国际一体化进程,即通过弱化知识产权的地域性来解决这一矛盾。要实现国际知识产权法律一体化,就要有共同的标准。多少年来已经确认的专有权,一般不可能再被撤销。于是,保护面广、强度高的发达国家法律在大多数国际谈判场合,实际上被当成了一体化的标准,发展中国家虽然并不情愿,却又阻止不了。

(二)电子商务中的知识产权保护问题

电子商务首先影响了各国的合同法及商法。1995 年,美国最先考虑修改其《统一商法典》,随后提出了《统一电子贸易法》的议案,以适应电子商务的需要。1996 年,联合国国际法委员会发布了《电子商务示范法》,国际商会随之起草了《电子离务指南》,进一步解释了该示范法。此后,不少国家及地区(如欧盟)纷纷开始了相关立法或修法。我国立法机关在合同法中也加进了电子合同的原则性规定。但正像世界知识产权组织的两个新条约只是解决问题的开始一样,电子商务中的合同法以及商法问题的全面解决,仍要待以时日。

电子商务可以分为“直接电子商务”与“间接电子商务”两类。“间接电子商务”即网络上谈判、签合同、订购商品,但商品本身仍需要通过有形方式邮寄或送达。“直接电子商务”会涉及更多的知识产权问题。网络传输中既然已涉及版权产品的无形销售,就必然产生版权保护的新问题。而更值得重视的是,它还必将产生(而且已经产生)在网上的商标及其他商业标志,乃至商业秘密保护等方面诸多与传统保护有所不同或根本不同的问题。商标权多经官方行政批准注册产生,域名专利则多经非官方组织登记产生,商号权(按《巴黎公约》的要求)却仅仅依实际使用产生。

（三）生物技术与知识产权保护

传统生物技术以及其产品（如植物新品种）的保护，仍不断在早已实现这种保护的发达国家争论着。例如1996年，当欧洲生物学家提出应取消农业生产者对植物新品种的“合理使用”亦即增强其专利权时，欧洲“绿色和平组织”则强烈要求根本上取消对植物新品种的专有权。生物基因、新生物合成等发明中的知识问题，对中国这样的发展中国家可能就更重要了。在生物技术比较发达的澳大利亚，1998年本国两个政府研究机构在以“自己的”植物新品种申请“准专利”（即“植物品种专利权”）时，被指控为“生物盗版”（Biopimncy）。该纠纷所产生的这一知识产权新术语，是不应被轻视的。中国（至少在北京）已经有过极类似的纠纷，但并未引起注意，原因是生物工程总体在中国的发展还较滞后。待更多国内企业与机构发现这是一个经济效益可能很好的领域，并加快在其中的投入时，中国企业与机构之间、中外相关企业与机构之间的这类冲突，比起20世纪文化市场上因盗版引起的冲突，不会更少。“生物盗版”与“独立创作”的区分及认定，也会成为使司法界棘手的问题。

第六节 保护知识产权的国际公约

一、保护专利的国际公约

（一）《巴黎公约》

《巴黎公约》是《保护工业产权巴黎公约》的简称，它1883年签订于法国巴黎，1884年生效，先后经7次修订，现行的是1980年在日内瓦修订的文本。中国于1985年3月19日成为该公约第95个成员国。截至2017年5月14日，该公约的成员国已达177个。《巴黎公约》是迄今为止世界上参加国最多、影响最大的一个保护知识产权的国际公约，它为世界各国在工业产权保护方面提供了一个基本准则。其中，保护专利的内容主要体现在以下四大原则中。

1.国民待遇原则。国民待遇原则指的是各成员国在保护工业产权方面必须给予其他成员国的国民平等地享受该国国民能够获得保护的待遇。即使是非成员国，只要他们在公约某一成员国内有住所，或有真实有效的工商营业场所，亦应给予与本国国民相同的待遇。

2.优先权原则。缔约国的国民向一个缔约国第一次提出专利和商标权申请后，又在一定的期限内就同一发明和商标向另一缔约国提出申请时，其第二次申请日应视同第一次申请日。发明和实用新型的优先权期限为12个月，而商标和外观设计的优先权期限仅为 6 个月。优先权原则的意义在于保护世界上最先提出申请的人。

3.专利权独立原则。一个缔约国对一项发明授予了发明专利,其他缔约国没有义务必须对同一发明授予专利。此外,任何一个缔约国不能以同一发明在其他缔约国被驳回或宣告无效,而将此发明驳回或宣告无效。这实际上是要求各国的专利法彼此独立,互不影响。

4.强制许可原则。自专利申请日起满 4 年或从专利批准日起满 3 年,取得专利权的发明创造如无正当理由没有实施或充分实施,缔约国的专利主管当局有权根据要求,颁发实施该项专利的强制许可,取得强制许可者,在给予专利权人合理的报酬之后,便可以实施该项专利。

(二)《专利合作条约》

《专利合作条约》1970 年签订于华盛顿,1978 年生效,此后几乎每年都会进行修订。其成员必须是《巴黎公约》的成员。到 2017 年 3 月,该条约共有 152 个成员国。中国于 1994 年 1 月 1 日正式加入该条约。该条约的主要内容是,在申请人自愿的基础上,一个发明要想在部分或所有缔约国取得保护,通过一次国际申请,便可在部分或所有缔约国获得专利权。这样的国际申请与分别向每一个缔约国提出的保护申请具有同等的效力。

(三)《海牙协定》

《海牙协定》是《工业品外观设计国际注册海牙协定》的简称。《海牙协定》签订于 1925 年,其成员必须是《巴黎公约》的成员。《海牙协定》经过多次修订,现行的是 1999 年的日内瓦文本。截至 2019 年 5 月 4 日,该协定已有成员 70 个。该协定的主要内容是,缔约国的任何国民、居民或在其成员国有实际营业所的人,如果想在不同的缔约国取得工业品的外观设计专利,可以直接或按照缔约国的法律通过该国的工业产权局向世界知识产权组织国际局提出外观设计备案。这里讲的备案与注册的含义相同。中国目前还不是该协定的成员国。

(四)《欧洲专利公约》

《欧洲专利公约》签订于 1973 年,1977 年 10 月 7 日生效,截至 2018 年底其成员共有 38 个。该公约规定:“一切个人,法人,依法成立的相当于法人的一切团体均能申请欧洲专利。”欧洲专利权并不是一种在一切缔约国统一产生效力的专利权,而是在申请人所指定的一个或几个缔约国产生效力的专利权。根据《欧洲专利公约》建立的欧洲专利局总局设在慕尼黑,在海牙和柏林分别设了两个分局。分局负责欧洲专利申请的初审,而总局则负责实质性审查和专利权的授予。该公约实际上是地区性的跨国“专利授予”公约。

二、保护商标权的国际公约

（一）《巴黎公约》

《巴黎公约》不仅涉及专利权的保护，也涉及商标权的保护，它为世界各国包括专利权和商标权在内的整个工业产权制度的建立奠定了基础。《巴黎公约》涉及商标权保护的主要内容有：

1.国民待遇原则（见本节“保护专利的国际公约”中的《巴黎公约》）。

2.优先权原则（见本节“保护专利的国际公约”中的《巴黎公约》）。

3.共同规则。共同规则是指缔约国必须遵守的规则，涉及商标保护方面的内容主要包括：

（1）缔约国办理商标注册，均按国内法律规定，各自独立。

（2）商标的转让，如果按照一个缔约国的法律规定，只有连同该商标所属的厂商或牌号同时转让方可生效，那么，只有将厂商或牌号在该国的部分连同在该国制造和销售的商标的商品专用权一起转让给受让人，才能认为其有效。

（3）对于服务商标也必须给予保护。

（4）禁止在商标上使用缔约国的国旗、国徽、纹章、官方检验印记及政府间国际组织的旗帜、证章、缩写和名称。

（5）仿造、模仿或翻译在缔约国驰名的商标，应拒绝或撤销注册并禁止使用。

（二）《商标国际注册马德里协定》

《商标国际注册马德里协定》简称《马德里协定》，是以《巴黎公约》为基础，在世界知识产权组织的管理下专司国际注册的实质性协定。《马德里协定》签订于1891年7月14日，并经过7次修改，最后一次修订是1979年。《巴黎公约》的成员才有资格参加该协定，中国于1989年10月4日成为《马德里协定》的成员国，截至2018年底，《马德里协定》缔约国为55个。此外，《马德里协定》一些成员国还与一些非成员国于1989年6月27日在西班牙马德里通过了《商标国际注册马德里协定有关议定书》（简称《马德里议定书》），并于1995年12月1日生效，由此组成了马德里联盟。截至2018年底，马德里联盟的成员共有104个。按《马德里协定》的规定，任何一个缔约国的自然人和法人在所属国办理了某一商标的注册后，如果又要求在其他缔约国得到法律保护，则可向设在日内瓦的国际局申请注册。国际局收到申请即予以公告，并通知申请人要求给予保护的缔约国。被要求保护的缔约国收到通知后在一年内做出是否给予保护的决定。如果在一年内未向国际局提出驳回声明，则该商标被视为已在该国核准注册并受法律保护。实际上各缔约国只需办理一次注册手续，付一次费用，以法文填写统一的表格，就可取得在两个或两个以上国家的商标注册。

（三）《尼斯协定》

《尼斯协定》是《商标注册用商品和服务国际分类尼斯协定》的简称。该协定于1957年6月15日在法国的尼斯签订，1961年4月8日生效，后经3次修订，最后一次修订是1979年。截至2019年4月，已有87个成员国，参加该协定的成员国必须是《巴黎公约》的成员。《尼斯协定》的主要内容是对商标注册用商品和服务的国际分类做了专门的规定，它把商品分为34类，服务项目分为8类。此外，该协定还把各类中的具体商品和服务项目细分为1万项。《尼斯协定》规定各成员国应当使用该商品和服务国际分类方法，但没有强调缔约国必须把它作为唯一的商品和服务的分类方法。《尼斯协定》为商标国际注册提供了一个系统的国际分类表，使商标注册和检索更加方便，同时也有利于对商标的管理。中国于1988年11月1日开始采用国际分类，并于1994年8月9日正式成为《尼斯协定》的成员国。

（四）《维也纳协定》

《维也纳协定》是《建立商标图形要素国际分类维也纳协定》的简称。《维也纳协定》虽然签订于1973年6月12日，但由于该协定规定其成员国必须达到5个才能生效，所以该协定于1985年才生效。《维也纳协定》的签字国有19个，截至2018年底，《维也纳协定》成员国有33个。《维也纳协定》的主要内容是，在《尼斯协定》的基础上，把含有图形的商标分为29个大类、144个小类和1 569个细目。对图形进行国际统一分类，有利于相同或近似的图形商标进行检索，避免了商标所有人之间的权利冲突。中国虽然未加入《维也纳协定》，但在1988年采用商品和服务国际分类的同时，已经开始采用商标图形的国际分类。

三、《与贸易有关的知识产权协议》

《与贸易有关的知识产权协议》(Agreement on Trade-Related Aspects of Intellectual Property Rights，缩写为TRIPs)（以下简称《知识产权协议》）是关贸总协定乌拉圭回合签署的一揽子协议的一部分。将知识产权纳入关贸总协定的议题在1990年得以通过，1994年4月15日，与贸易有关的知识产权等一揽子协议在摩洛哥马拉喀什签署。中国政府代表也在协议上签了字。《知识产权协议》主要包括以下几部分内容：

（一）基本原则

《知识产权协议》规定，所有缔约国应遵守《巴黎公约》《专利合作条约》《商标注册马德里协定》，并继续承担对《伯尔尼公约》《罗马公约》《有关保护集成电路知识产权的华盛顿公约》的义务。缔约方对协议的内容一旦发生争执，应按关贸总协定规定的途径解决。

（二）有关工业产权的规定

《知识产权协议》中有关知识产权的规定包括专利、工业品外观设计、商标、地理标志和集成电路布图设计。

1.专利。《知识产权协议》中所涉及的专利仅指发明专利。关于专利权人的权利，该协议规定专利权人有权制止他人未经同意制造、使用、销售或为上述目的进口被授予专利的商品；有权制止未经许可而使用该生产方法，以及销售或进口该方法直接获得的产品。该协议对专利权作了一些限制规定，目的在于不使专利权妨碍第三方合法权益。但限制不能与专利的正常使用相冲突，也不能不合理地损害专利权人的合法权益。

2.工业品外观设计。《知识产权协议》规定，所有成员国必须对工业品的外观予以保护，保护期至少为 10 年，权利人有权禁止他人未经许可而制造、出售体现该设计的产品，有权禁止他人未经许可，以营利为目的对该设计的实质性部分进行复制。该协议允许成员国对工业品的外观设计给予一定限制，但条件是必须保证第三方合法权益不至于受到外观设计专有权不应有的影响；不能妨碍有关设计的正常利用；限制不能过度，以免损害权利人的利益。

3.商标。《知识产权协议》规定，缔约国必须对商品商标、服务商标提供注册保护，对驰名商标要给予特别保护，获准注册是取得商标权的唯一途径。申请注册的商标必须具有“视觉可视别”的标记。商标无正当理由而连续 3 年不使用，可予以撤销。商标应允许无限期的续展，首次注册和每次续展的期限不得少于 7 年。

4.地理标志。地理标志又称产地标志。按《知识产权协议》的规定，当某种商品在质量、功能等特征上与该地有密切联系时，这个地理名称才构成应予保护的“原产地标志”。使用非商业真实来源的地理标志或以其他不正当方式使用原产地标志的行为属于违法行为。善意使用某种地理名称作为商标注册，或善意使用地理名称但未在公众中引起混淆的，可以不被撤销其注册或不禁止使用。

5.集成电路布图设计。《知识产权协议》规定，一切为生产经营目的的进口、销售或者散布含有受保护的布图设计，将该布图设计集成于一片材料之上或者之中的集成电路，以及集成电路构成的物品均为非法。不许对集成电路实行强制许可，对集成电路提供的保护期限自登记之日起或首次付诸商业使用之日起至少 10 年，或从有关设计完成之日起 15 年。

6.知识产权的实施。《知识产权协议》规定了知识产权的实施程序，并把保护的具体措施分为民事与行政措施、临时措施、边境措施和刑事程序五部分。这些措施是知识产权在世界范围内进行保护的有力保障，也是对知识产权保护尚不完备的发展中国家法制建设的一种促进。

（三）有关版权的规定

《知识产权协议》要求各缔约国必须遵守《伯尔尼公约》1971 年文本的实体条款及附件。缔约方必须把计算机程序作为《伯尔尼公约》中所指的“文字作品”给予保护，将数据库作为汇编作品予以保护。保护期不得少于作品经许可出版之年年底起 50 年。关于表演者和唱片、录音制品的制作者，表演者有禁止他人未经许可录制其未曾录制的表演和复制这类录制品的权利，并有禁止他人未经许可而以无线广播的形式传授或向公众传送其现场表演的权利。录音制品的制作者有权许可或制止直接或间接复制其录制品，并有权许可或禁止以商业目的出租其录制品。广播组织者有权许可或禁止他人录制或复制其广播，并有权禁止以无线电或电视传播其广播。

（四）有关商业秘密保护的规定

《知识产权协议》要求缔约国保护商业秘密。该协议中所指的商业秘密是不为公众所知，能为权利人带来经济利益，具有实用性并经权利人采取保密措施的技术信息和经营信息。这说明商业秘密不仅包括具有秘密性质的经营管理方法及与经营管理方法密切相关的经营信息，还包括那些凭技能和经验产生的，在实践中尤其是工业中适用的技术信息。根据该协议的规定，商业秘密的权利人有制止他人未经许可而披露、获得或使用有关信息的权利。该协议对商业秘密的保护期限未做具体规定。对商业秘密的保护等于说未公开的技术也可以得到法律保护，这就填补了专利与版权之间的空白。

第七节　中国对外技术贸易管理

国际技术贸易涉及中国政治、经济、生产、金融、技术、法律和国家发展战略及政策等多个方面，所以，为了保证对外技术贸易的健康发展，维护技术进出口的经营秩序，规范技术进出口的经营行为，中国制定了一系列有关技术进出口的法令法规，对中国对外技术贸易进行管理。

一、中国技术进出口管理制度

1950年中国对外技术贸易开始起步,20世纪60年代初,国家通过对外经济技术援助和国际科技合作向一些发展中国家出口技术,并从发达国家引进先进技术。80年代以后,中国通过技术贸易途径出口的技术越来越多,为规范技术进出口行为,中国先后制定了有关的技术进出口管理制度,并随着形势的不断发展,对其中的某些规定做了新的修订。1985年5月24日,国务院发布了《中华人民共和国技术引进合同管理条例》,1988年1月20日,原外经贸部发布了《中华人民共和国技术引进合同管理条例实施细则》,1996年3月22日发布了《中华人民共和国技术引进和设备进口贸易工作管理暂行办法》。

中国加入世界贸易组织(WTO)以后,为履行作为WTO成员的义务,国务院于2001年10月30日通过了《中华人民共和国技术进出口管理条例》(以下简称《技术进出口管理条例》)。2001年12月30日,原外经贸部与原国家经贸委又发布了《中华人民共和国禁止进口限制进口技术管理办法》和《中华人民共和国技术进出口合同登记管理办法》,原外经贸部与科学技术部发布了《中华人民共和国禁止出口限制出口技术管理办法》,上述法规均从2002年1月1日起施行。与此同时,过去的技术进出口管理条例及实施细则全部废止。

除上述专门法规外,其他涉及对外技术贸易管理工作的主要法规还有《中华人民共和国对外贸易法》(以下简称《对外贸易法》)、《中华人民共和国知识产权海关保护条例》等。

二、中国对外技术贸易的管理部门

根据规定,商务部依照《对外贸易法》和该条例的规定,负责全国的技术进出口管理工作。省、自治区、直辖市人民政府外经贸主管部门根据商务部授权,负责本行政区域内的技术进出口管理工作。国务院有关部门按照国务院规定,履行技术进出口项目的有关管理职责。

依照《对外贸易法》,商务部在进出口管理方面履行以下职责:①拟订和执行对外技术贸易的政策、管理规章和鼓励技术出口政策;②拟订高新技术产品出口目录和国家禁止、限制进出口技术目录;③管理技术和高新技术产品的出口,管理技术引进和国际招标;④拟订和执行国家技术出口管制政策,颁发与技术防扩散出口相关的出口许可证;⑤组织多边和双边工业技术合作;⑥负责外经贸科技发展、技术进步等事务。

省、自治区、直辖市人民政府外经贸主管部门根据商务部的授权,负责本行政区域内的技术进出口管理工作。由于国家实行统一的对外贸易制度,所以省一级的地方政府对技术进出口的管理,仅能根据商务部的授权,并仅能在授权的职责范围内进行管理，而且只能在本行政区域内从事管理工作。省一级的地方政府经商务部授权后，可以独立地负责技术进出口管理工作，以自己的名义行使行政权力并承担行政责任。

其他技术进出口管理部门的职责。除商务部以外，对技术进出口具有部分管理职责的部门还有国家发改委、科技部、外交部等。

三、中国对技术进出口的管理

（一）对技术引进的管理

中国对技术引进的管理主要是通过将其纳入国家经济技术发展的统一规划，并根据国家政策所制定的有关法令法规，对技术引进项目及其合同实行管理。

1.中国现阶段技术引进的基本原则和政策。这些原则和政策可以概括为下述要求。

（1）技术引进必须从中国的国情、国力、特点和条件出发，结合国民经济各产业部门的技术结构、发展特点来选择引进技术的基础和方式，这是技术引进的一项基本原则。

（2）技术引进首先要保证建立在国家经济发展急需的基础上，同时又结合经济体制改革，以利于搞活大中型企业。

（3）注重对引进技术的消化吸收和推广创新，并使之国产化。

（4）进一步完善技术引进的市场战略，坚持多方位引进技术。提倡以多种形式引进技术，特别是要注重以技术许可贸易、技术服务、顾问咨询、合作生产、合作设计以及关键设备的引进等方式开展工作，增加引进项目中技术软件的比重，控制成套设备的进口。

（5）在引进技术的同时引进先进的管理方法。

（6）多渠道筹集外汇资金，引进先进和适用技术。

（7）利用税收杠杆，对有些项目的技术引进实行税收优惠政策。

2.中国技术引进的程序。在技术引进的具体程序上，包括以下几个阶段。

（1）技术进口交易的准备。这一阶段的工作包括引进技术项目的立项和可行性研究，其主要内容包括：①技术引进企业制订进口技术的计划，报有关政府主管部门审查批准；②进口技术的计划获得批准后，技术引进企业编制进口技术项目建议书，报有关政府主管部门审查批准；③项目建议书获得批准后，技术引进企业编制可行性研究报告，报有关政府主管部门审查批准；④可行性研究报告获得批准后，技术引进企业便可以进行正式的技术询价和谈判。

（2）对外谈判并签订合同。这一阶段主要包括以下主要工作：①正式对外询价，对技术和价格等有关因素进行综合分析；②技术谈判，进一步了解技术的内容和技术供方的意图;③商务谈判,在技术谈判的基础上进行有关商业内容的谈判;④商签合同,在按照有关法律的规定向审批机关办理审批手续后,进出口双方按照谈判的结果签订合同。

(3)履行合同。技术引进合同批准后,受方应统筹安排,加强与供方协调,按照合同的规定,按时按质履行合同。在这一过程中,需要完成以下工作:①供方交付技术资料,受方支付入门费;②受方派技术人员赴供方培训;③供方交付机器设备、生产线,货到后受方提货及报验;④供方派技术人员,协助受方安装技术设备,帮助受方掌握技术;⑤投料试生产,供方和受方按照合同规定的技术标准验收,并签署验收报告;⑥受方支付合同价款;⑦争议的解决、索赔等。

以上三个阶段中,为维护我方利益,根据我国实践经验并参考一些国家的立法,我国规定,引进合同中不得含有下列不合理的限制性条款:①要求受方接受同技术引进无关的附带条件,包括购买不需要的技术、技术服务、原材料、设备或产品;②限制受方自由选择从不同来源购买原材料、零部件或设备;③限制受方发展和改进所引进的技术;④限制受方从其他来源获得类似技术或与供方竞争的同类技术;⑤双方交换改进技术的条件不对等;⑥限制受方利用引进的技术生产产品的数量、品种或销售价格;⑦不合理地限制受方的销售渠道或出口市场;⑧禁止受方在合同期满后,继续使用引进的技术;⑨要求受方为不使用的或失效的专利支付报酬或承担义务。

同时,对外商投资企业及外方以技术作为投资的,该技术的进口应按照外商投资企业设立审批的程序进行审查或者办理登记。

另外,在技术引进合同的履约过程中涉及税收和用汇问题,分别统一由国家税务局(涉及关税的由海关总署)和国家外汇管理局负责解决和管理。

3.中国对进口的技术的管理分类。中国对技术引进分三类予以管理:

第一类:鼓励进口的技术,也称自由进出口的技术。依照《技术进出口管理条例》第七条规定:“国家鼓励先进、适用的技术进口。”这一鼓励技术进口的规定,有以下三方面内容:

首先,为了促进工农业科学技术水平的提高,我国鼓励先进、适用的技术进口。

其次,关于先进、适用的技术并没有明确的定义,根据我国多年的技术贸易管理实践,形成了一定的判断标准:有利于发展高新技术,生产先进产品;有利于提高产品质量和性能,降低生产成本,节约能耗;有利于改善经营管理,提高科学管理水平;有利于产业结构优化升级;有利于充分利用本国资源、保护生态环境和人民健康;有利于扩大产品出口、增加外汇收入。技术贸易主管部门规定的先进、适用技术必须符合上述一项以上标准。

最后,鼓励措施如下:①对技术进口经营者免征关税和进口环节增值税;

②对外国技术转让人减征、免征预提所得税。

第二类:限制进口的技术,实行进出口许可证管理制度。《技术进出口管理条例》第十条规定:“属于限制进口的技术,实行许可证管理;未经许可,不得进口。”我国对限制进口的技术,实行许可证管理。

《对外贸易法》规定:属于下列情形之一的技术,国家可以限制进口:①为维护国家安全、社会公共利益或者公共道德,需要限制进口的;②为保护人的健康或者安全,保护动物、植物的生命或者健康,保护环境,需要限制进口的;③为建立或者加快建立国内特定产业,需要限制进口的;④对任何形式的农业、牧业、渔业产品有必要限制进口的;⑤为保障国家国际金融地位和国际收支平衡,需要限制进口的;⑥依照法律、行政法规的规定,其他需要限制或者禁止进口的;⑦根据我国缔结或者参加的国际条约、协定的规定,其他需要限制进口的。

第三类:禁止进口或出口的技术,国家严禁进口或出口。《对外贸易法》规定,下列技术,国家禁止进口:①为保护人的健康或者安全,保护动物、植物的生命或者健康,保护环境,其他需要禁止进口的;②依照法律、行政法规的规定,其他需要禁止进口的;③根据中国缔结或者参加的国际条约、协定的规定,其他需要禁止进口的。

同时,《对外贸易法》还规定,国家对与裂变、聚变物质或者衍生此类物质的物质有关的货物、技术出口,以及与武器、弹药或者其他军用物资有关的出口,可以采取任何必要的措施,维护国家安全。

(二)对技术出口的管理

1.中国技术出口的基本原则和方针。我国关于技术出口的基本原则及方针有:

(1)技术出口要严格遵守国家法律,符合国家安全的需要和外交政策,不得危害国家安全和公共利益。

(2)积极鼓励开拓技术出口。

(3)走“贸工技银”结合的科技兴贸道路。

(4)国家主要运用法律、经济手段对技术出口贸易进行宏观调控,制定禁止、限制、鼓励技术出口项目的不同类别,实行不同的管理措施。

(5)遵守国际规范的惯例,保护知识产权,严禁承担不出口义务的引进技术的再出口。

(6)技术出口要符合我国外贸和科技政策,有利于和我对外贸易和国际经济合作的发展,推动科学技术的进步。

2.中国技术出口的程序。国际技术出口程序大致可分为三个阶段:

(1)技术出口项目的立项批准,主要包括技术出口项目的可行性研究和报主管部门批准。

(2)谈判与签约,其内容主要包括技术询价和报价,技术谈判和商务谈判以及接受与签订合同。

(3)合同的履行。其内容主要包括技术资料的准备与交付,对受方人员的技术培训,派技术人员赴受方进行技术指导和技术项目验收,合同有关的机器设备及其他物料的准备和交付,合同价款的收汇等。

3.中国对技术出口的分类管理。我国对技术出口分三类管理:

第一类,鼓励出口的技术,即自由出口的技术。《技术进出口管理条例》第三十条规定:"国家鼓励成熟的产业化技术出口。"对属于自由出口的技术,实行合同登记管理,合同自依法成立时生效,不以登记为合同生效的条件。

进入21世纪,随着经济、贸易全球化的深入发展和我国加入WTO,我国对外贸易步入新阶段,迫切需要进一步增加成熟的产业化技术出口,并以此带动高技术含量、高附加值的机电产品和成套设备出口的比重的提高,以适应国际竞争的新形势,使我国对外技术贸易获得更好的发展。目前,我国已拥有大量成熟的技术,其中不少已经达到世界先进水平。鼓励成熟的产业化技术出口,不仅可以进一步促进技术开发,还可以通过转让技术带动我国生产线、成套设备的出口,扩大技术出口规模。因此,国家鼓励成熟的产业化技术出口,并采取税收优惠政策和政策性金融手段,对这类技术出口进行鼓励。

第二类,限制出口的技术。《对外贸易法》规定,属于下列情形之一的技术,国家可以限制出口:①为维护国家安全、社会公共利益或者公共道德,需要限制出口的;②为保护人的健康或者安全,保护动物、植物的生命或者健康,保护环境,需要限制出口的; ③为实施与黄金或者白银进出口有关的措施,需要限制出口的; ④国内供应短缺或者为有效保护可能用竭的自然资源,需要限制出口的; ⑤输往国家或者地区的市场容量有限,需要限制出口的; ⑥出口经营秩序出现严重混乱,需要限制出口的; ⑦依照法律、行政法规的规定,其他需要限制出口的; ⑧根据我国缔结或者参加的国际条约、协定的规定,其他需要限制出口的。

国家对与裂变、聚变物质或者衍生此类物质的物质有关的货物、技术出口,以及与武器、弹药或者其他军用物资有关的出口,可以采取任何必要的措施,维护国家安全。

第三类,中国禁止出口的技术。《对外贸易法》规定,属于下列情形之一的技术,国家禁止出口:①为保护人的健康或者安全,保护动物、植物的生命或者健康,保护环境,其他需要禁止出口的; ②依照法律、行政法规的规定,其他需要禁止出口的; ③根据中国缔结或者参加的国际条约、协定的规定,其他需要禁止出口的。

同时,《对外贸易法》还规定,国家对与裂变、聚变物质或者衍生此类物质的物质有关的货物、技术出口,以及与武器、弹药或者其他军用物资有关的出口,可以采取任何必要的措施，维护国家安全。

四、中国对技术贸易管制中限制性商业惯例的做法

（一）中国关于限制性商业惯例的法律规定

中国调整限制性商业惯例工作进入成熟阶段的标志是2002年开始实施的《技术引进合同管理条例》，此条例列举了技术合同中不得含有的下列不合理的限制性条款：①要求受让人接受并非技术进口必不可少的附带条件，包括购买非必需的技术、原材料、产品、设备或者服务；②要求受让人为专利权有效期限届满或者专利权被宣布无效的技术支付使用费或者承担相关义务；③限制受让人改进让与人提供的技术或者限制受让人使用所改进的技术；④限制受让人从其他来源获得与让与人提供的技术类似的技术或者与其竞争的技术；⑤不合理地限制受让人购买原材料、零部件、产品或者设备的渠道或者来源；⑥不合理地限制受让人产品的生产数量、品种或者销售价格；⑦不合理地限制受让人利用进口的技术生产的产品的出口渠道。

上述规定使得国内技术引进部门在抵制国外技术许可方提出的限制性要求中有了法律依据。

（二）对外技术贸易实践中应采取的对策

在中国进行对外技术贸易过程中，对待国外技术许可方提出的限制性要求，一方面要遵守中国相关规定，对某些不合理条款予以拒绝，另一方面，也要根据实际情况，灵活处理。总的来讲，须采取下述对策：

首先，签订技术进出口时，必须遵守我国的法律，凡法律规定合同中不得含有的限制性商业条款，未经特别批准，不得订入合同。

其次，对中国法律未做明确规定的限制性条款，可以根据交易的具体情况、我方之所需和利弊关系，灵活掌握。原则是从我方的技术引进目的和总体利益出发，对我方有利或条件对等。有时，从我方引进必要技术的长远利益考虑，也需要做出一定合理的让步。

案例研究

欧莱雅商标保护案

2011年，江苏省南通市中级人民法院对欧莱雅公司在中国起诉的商标侵权

民事纠纷案做出一审判决，判令被告杭州欧莱雅化妆品有限公司、上海美莲妮化妆品有限公司停止商标侵权，共同赔偿因商标侵权给欧莱雅公司造成的损失40万元；杭州欧莱雅化妆品有限公司停止使用欧莱雅文字的企业名称，并赔偿由不正当竞争给欧莱雅公司造成的损失10万元。

欧莱雅公司，1963年3月1日在法国登记成立。1981—2001年，欧莱雅公司经中国国家商标局核准，先后注册了“欧莱雅”等系列商标，核定使用在商品国际分类第3类化妆品、美容剂、香水等商品上。2000年6月，“欧莱雅”被中国国家商标局列入《全国重点商标保护名录》。2006年上半年，欧莱雅被中国国家商标局认定为驰名商标。

被告杭州欧莱雅公司成立于2004年6月15日，其与上海美莲妮公司共同生产销售化妆品。2005年1月，上海美莲妮化妆品有限公司在其生产销售的化妆品包装上使用了中文标志“莱雅”，被上海市工商行政管理局认为与欧莱雅公司的商标构成近似，侵犯了欧莱雅公司的注册商标专用权，被罚款40万元。2008年3月，欧莱雅公司的工作人员经公证，在南通某超市有限公司购买了34件“莱雅”牌系列化妆品，这些化妆品包装底部标明“法国欧莱雅化妆品有限公司(香港)技术授权、杭州欧莱雅化妆品有限公司(监制)出品、上海美莲妮化妆品有限公司(生产)分装”。

杭州欧莱雅化妆品公司在其域名为www.loiyir.com的网站上大量宣传和推荐“莱雅”系列化妆品，并称“源自法国欧莱雅化妆品公司，针对亚洲女性皮肤特点为服务目标的世界级品牌”；“法国欧莱雅化妆品公司经过多年的酝酿、精心策划，决定在人间天堂名城——杭州设立杭州欧莱雅化妆品有限公司，隆重推出‘美丽方程式’品牌——莱雅”。

2008年8月，欧莱雅公司起诉至法院。南通中院经审理后认为：“欧莱雅”商标具有较强的显著性，且已具有相当高的市场知名度，已为相关公众所熟知。上海美莲妮化妆品有限公司、杭州欧莱雅化妆品有限公司在产品使用的商标在字母数量、部分字母的排列顺序及书写方式以及读音上，与欧莱雅公司的注册商标构成近似，容易使普通消费者将被控产品误认为来自欧莱雅公司或与欧莱雅公司存在关联。法院在考虑涉案商标数量、商标声誉和知名度、影响力、侵权人主观故意、涉案产品种类、侵权时间等侵权情节及后果，以及欧莱雅公司为制止侵权的合理支出等因素后酌定赔偿额后，做出上述判决。

案例思考与讨论

1.欧莱雅公司为何被判胜诉？

2.欧莱雅公司维护商标权的举动有什么值得学习之处？

思考与练习

1.国际技术贸易的特点是什么?
2.授予专利的条件是什么?
3.专有技术与专利的区别是什么?
4.国际技术转让有哪几种方式?
5.《巴黎公约》的主要内容是什么?
6.《与贸易有关的知识产权协议》包括哪些内容?
7.什么是知识产权?
8.知识产权包括哪些类型?

第八章

国际工程承包与劳务合作

International Contracting for Construation and Labor Cocperation

通过本章的学习，使学生了解开展国际工程承包的必要性，国际工程承包与劳务合作合同；熟悉施工索赔，国际工程承包与劳务市场的现状与特点，国际工程承包所涉及的银行保函和保险等业务；掌握国际工程承包中招标与投标的基本方法和程序，国际劳务合作方式。

学习要点

By studying this chapter, students are expected to understand why it is necessary to implement international contracting for construction and know what is international contracting for construction and labor cooperation; be familiar with the definition of construction claim, the status quo and characteristic of international contracting for construction and labor cooperation and related business such as banking guarantee letter and insurance; master the fundamental methods and procedure of invitation and bidding of international contracting for construction, and the way of international labor cooperation.

第一节　国际工程承包概述

一、国际工程承包的含义及其业务范围

国际工程承包(International Contracting for Construction)是指一国的承包商以自己的资金、技术、劳务、设备、原材料和许可权等,承揽外国政府、国际组织或私人企业即业主的工程项目,并按承包商与业主签订的承包合同所规定的价格、支付方式收取各项成本费及应得利润的一种国际经济合作方式。国际工程承包涉及的当事人主要有工程项目的所有人(业主或称发包人)和承包商,业主主要负责提供工程建造所需资金和酬金等,而承包商则负责工程项目的建造、工程所需设备和原材料的采购、提供技术等。

国际工程承包的业务范围极为广泛,几乎遍及国民经济的各个部门,甚至进入了军事和高科技领域,其业务内容随着科学技术的进步也日益复杂,规模更加庞大,分工越来越细。国际工程承包就其具体内容而言,大致包括以下几方面:

第一,工程设计。工程设计包括基本设计和详细设计,基本设计一般在承包合同签订之前进行,其主要内容是对工程项目所要达到的规格、标准、生产能力等的初步设计,而详细设计一般在承包合同的签订之后进行,其中包括机械设计、电器设计、仪表仪器设计、配套工程设计及建筑物设计等,详细设计的内容往往根据工程项目的不同而有所区别。

第二,技术转让。在国际工程承包中往往涉及工程所需的专利技术和专有技术的转让问题。

第三,机械设备的供应与安装。工程项目所需的机械设备既可由业主提供,也可由承包商提供,还可由双方分别提供不同的设备,设备的安装主要涉及技术人员的派遣及安装要求等。

第四,原材料和能源的供应。原材料和能源的供应与机械设备的供应一样,既可由业主供应,也可由承包商提供,还可由双方分别提供不同的部分。

第五,施工。施工主要包括工程建造及施工人员的派遣等。

第六,资金。资金应由业主提供,但业主往往要求承包商提供信贷。

第七,验收。验收主要包括验收方法、验收时间和验收标准等。

第八,人员培训。人员培训是指承包商对业主派出的人员进行有关项目操作技能的培训,以使他们在项目建成并投入运营后,充分掌握该技术。

第九,技术指导。技术指导是指在工程项目建成并投入运营以后,承包商为使业主能维持对项目的运营继续对业主进行技术指导。

第十,经营管理。有些承包合同是属于 BOT 合同,即要求承包商在项目建成投产并经营一段时间以后,再转让给业主,这就使经营管理也成为承包商的一项重要内容。

上述广泛而又复杂的承包内容说明,作为承包商,不仅要使其各类人员和施工设备配套成龙,还必须具有较高的组织管理水平和技术水平。

二、国际工程承包方式

(一)总包

总包是指从投标报价、谈判、签订合同到组织合同实施的全部过程,其中包括整个工程的对内和对外转包与分包,均由承包商对业主(发包人)负全部责任。采用这种承包方式签署的承包合同也叫总包合同。这是目前国际工程承包活动中使用最多的一种承包形式。

(二)单独承包

单独承包是指由一家承包商单独承揽某一工程项目。这种承包形式适用于规模较小、技术要求较低的工程项目。采用单独承包的承包商必须具有较雄厚的资金和技术实力。

(三)分包

分包是指业主把一个工程项目分成若干个子项或几个部分,分别发包给几个承包商,各分包商都对业主负责。在整个工程项目建设中,由业主或业主委托某个工程师,或业主委托某个分包商负责各分包工程的组织与协调。在分包条件下,业主分别与各承包商签订的承包合同叫分包合同或分项合同。

(四)二包

二包是指总包商或分包商将自己所包的工程的一部分转包给其他承包商。二包商不与业主发生关系,只对总包商或分包商负责,但总包商或分包商选择二包商必须征得业主同意。总包商或分包商与二包商签订的合同叫二包合同。一般说来,总包商或分包商愿意把适合自己专长、利润较高、风险较小的子项目留下来,而把利润较低、施工难度较大而且自己又不擅长、风险较大的子项目转包出去。

(五)联合承包

联合承包是指由几个承包商共同承揽某一个工程项目,各承包商分别负责工程项目的某一部分，他们共同对业主负责的一种承包形式。联合承包一般适用于规模较大和技术性较强的工程项目。

（六）合作承包

合作承包是指两个或两个以上的承包商，事先达成合作承包的协议，各自参加某项工程项目的投标，不论哪家公司中标，都按协议共同完成工程项目的建设，对外则由中标的那家承包商与业主进行协调。

三、国际工程承包市场及其特点

（一）国际工程承包市场

随着科学技术的不断进步和各国经济的飞速发展，国际工程承包市场已遍及世界各地，已形成了欧洲、亚太、中东、北美、拉美和非洲六大地区经济市场。

欧洲历来都是世界最大的承包劳务市场之一，全球250家最大的承包商2016年在该地区的营业额为959.6亿美元，占它们在国际市场营业总额的20.5%。随着经济全球化大潮的推动、统一大市场的建成和经济的稳步增长，欧洲市场仍将保持原有的繁荣。除德国以外，俄罗斯、波兰、罗马尼亚、英国、意大利、法国、西班牙等在基础设施方面的投资额都有很大的增长。但西欧市场历来是一个封闭的市场，该市场对很多承包商来说都是可望而不可即的。

亚太市场一般是指南亚、东南亚、东亚、西北亚及大洋洲的澳大利亚和新西兰，该市场20世纪80年代中期之后开始兴旺，由于该地区的国家大都采用了吸引外资的政策，国际金融机构和发达国家投资者对该地区投资不断增加，亚太市场正在成为具有巨大发展潜力的市场。2016年全球最大的250家承包商在这一市场的营业额为1 203.1亿美元，占它们在国际市场营业额的25.7%。

中东市场是20世纪70年代中期随该地区国家石油美元收入的不断增加而发展起来的一个承包市场。中东市场也是一个受油价影响较大的市场，随着世界原油价格的不断攀升，中东工程承包市场会进一步活跃。目前令人担心的是这一地区日益紧张的以色列和巴勒斯坦问题以及恐怖主义威胁。全球250家最大的承包商2016年在该地区的营业额占比达到17.9%。

北美市场由美国和加拿大两个发达国家所组成，全球250家最大的承包商2016年在该地区的营业额占其国际市场营业总额的15.5%。该市场工程项目的技术含量一般较高，历来被来自美、英、法、日等发达国家的大公司所垄断，就目前的经济及技术实力而言，发展中国家的承包公司在未来10~20年内还很难涉足该市场。北美市场不仅是世界最大的工程承包市场，而且是目前世界上最规范的市场。

非洲经历了40余年的政治动荡以后,多数国家的政局开始进入稳定状态,经济也结束了持续衰退,走入了稳定发展时期,各国的年平均增长率保持在3%左右,进入到战后最好的历史时期,这给该地区的工程承包市场带来了转机。该市场主要集中在北部的阿尔及利亚、摩洛哥、埃及和尼日利亚以及南部的南非等国。该地区基础设施落后,对天然气、石油和电力的开采和开发有较大的需求。随着政治体制改革和私有化进程的加快,非洲市场是最有潜力的工程承包市场。全球250家最大承包商2016年在该地区的营业额占比为13.2%。

和非洲市场一样,拉美市场一直处于比较消沉的状态,这里基础设施落后,多数国家常年经济萧条,在基础设施方面的投资数量极为有限。2016年全球最大的250家承包商在这一市场上的营业额占比仅为7.2%,巴西、墨西哥、阿根廷的工程承包额占据了该地区承包总额的一半以上。虽然这一地区的各个国家都在采用能促进本国经济发展的政策,但由于该地区经济基础较差,资金不足,支付信誉不好,政局动荡,令很多承包商望而却步。随着世界经济转暖,拉美各国政府采取了一系列措施吸引外资,对基础设施的投入也在增加,预计该市场会有一个较大的转机。

(二)国际工程承包市场的特点

自20世纪80年代初至今,由于各国承包商数量的不断增加和各国因出现不同程度的经济困难而导致发包数量的减少,以及各国对本国承包市场保护的加强,国际工程承包市场出现了以下几个特点:

1.竞争激烈,利润下降。由于国际承包市场上承包商数量的不断增多以及发包项目的减少,市场上形成了激烈的竞争态势。这就使得承包价格越压越低,一些国家的承包商为了夺标,常常以低于成本的价格投标,中标后靠带动原材料和设备的出口或借机索赔来争取赢利。

2.承包商对国内市场的依靠加强。由于国际工程承包竞争日趋激烈,难以获利,再加上国际金融市场动荡不定,汇率风险较大,许多承包商开始把注意力转向本国的承包市场。2016年世界排名前250名的国际承包商,其国内营业额达到了9 729亿美元,是国际营业额4 681.2亿美元的2.1倍。

3.市场保护措施日益加强。在国际工程承包市场竞争日趋激烈的态势下,很多国家为扶植本国的建筑业,减少外汇支出,维护本国的经济利益,纷纷出台了一些保护主义措施,如限制外国承包商的承包范围,规定外国公司必须与当地公司联营或雇用当地代理人才能取得承包资格,限定外国公司承揽本国的工程项目使用当地劳务的比例,给予本国公司各种优惠,以及通过设置各种障碍来限制外国承包商在本国的承包活动。

4.带资投标、延期付款和实物支付的做法日益普遍。带资投标实际上是一种投标与资金挂钩的做法,即投标人向发包人融资。就目前的国际承包市场而言,投标人向发包人融资已成为投标的先决条件,而且融资的优惠程度也成为除标价以外的另一个能否中标的决定性因素。此外,延期付款和以实物支付的做法也日渐增多,如许多中东国家以石油或天然气来支付拖欠的工程项目的费用。

5.承包项目由劳动密集型向技术密集型转化。随着科学技术的迅猛发展,出现了许多技术含量较高的新型产业,这就使项目建设从单纯的土建工程转向以技术工程为主的成套设施的建设,这类项目对承包商提出了更高的要求。

第二节　招标与投标

一、招标

(一)招标的概念

招标(Invitation to Tender)是指由发包人(业主)就拟建工程项目的内容、要求和预选投标人的资格等提出条件,通过公开或非公开的方式邀请投标人根据上述条件提出报价、施工方案和施工进度等,然后由发包人经比较择优选定承包商的过程。择优一般是指最佳技术、最佳质量、最低价格和最短工期。发包人要想在众多的投标者中选出在上述四个方面均具有优势的承包商是比较困难的,发包人应根据自己的资金能力,项目的具体要求,投标人的专长和所报的价格与条件来确定中标者。

(二)招标的方式

1.竞争性招标。竞争性招标又分为公开招标、国际限制性招标和两段招标。

(1)公开招标。公开招标指的是招标人通过国内外各种有影响的报刊、电视、广播、网络等宣传平台刊登广告,发布招标信息,不限国籍,使全世界所有合格的承包商都有资格参加投标,招标人择优选择中标人的整个过程。公开招标的特点是招标通知必须公开发出,不限投标人的数量,开标也必须有投标人在场时当众进行,但评标和定标却是秘密进行。一般来说,除非招标文件另有规定,公开招标的中标者应该是报价最低的投标者。公开招标属于竞争性招标,采用这种招标方式有利于招标人降低成本,引进最先进的技术、设备及原材料,而且还可使所有的承包商都能得到公平的对待。世界银行认为,只有采用公开招标才能体现效率(Efficiency)、经济(Economy)和公平(Equity)这"三 E 原则"。

(2)国际限制性招标。国际限制性招标是指发包人不通过刊登广告,而是有选择的邀请若干家承包商参加投标的一种竞争性招标方式。限制性招标所限定的承包商主要有以下几种情况:一是为了保护本国的建筑市场,只允许本国的承包商参加投标或保留工程的某一部分给本国的承包商;二是为发包工程提供贷款的国家要求业主只邀请贷款国的承包商投标,必须把第三国甚至东道国的承包商排除在外;三是由于为工程提供贷款的机构是某一金融机构或基金组织,他们有时要求发包人在该金融机构或基金组织的成员国的承包商之间招标;四是有些项目较为特殊,对承包商在技术和经验上有较高的要求,国际上有能力建造该工程的承包商为数不多,所以只能邀请国际上有能力的承包商参加投标。在限制性招标的方式下,由于招标通知不使用广告的形式公之于众,只有被邀请并接受邀请的承包商才是合法的投标人,未接到邀请或通过其他途径得知招标信息的承包商,未经发包人的许可无权参加投标。

(3)两段招标。两段招标也是国际公开招标中的一种,但要把招标过程分为两个阶段,第一阶段公开招标,从合格的承包中选出三到五家承包商作为候选人,然后再让他们重新报价,并确定最终的中标者。两段招标不是两次招标,而是一次招标分为两个阶段,并只与承包商签署一个承包合同。

2.非竞争性招标。非竞争性招标是相对于竞争性招标而言的,它不通过公开的方式确定工程项目的承包商。例如,谈判招标就是非竞争性招标的方式之一。

谈判招标目前一般有两种做法:一种是招标人根据自己的需要和所了解到承包商的资信和技术状况,将符合要求的承包商排列出顺序,然后先与最符合要求的承包商进行谈判,若与之达不成协议,则按顺序继续与下一个进行谈判,直至达成协议为止,这种做法也叫议标。另一种是在开标以后,招标人分别与各投标人同时进行谈判,这就等于给了每个投标人多次报价的机会,最后与最符合要求的承包商签署承包协议,这种招标方式的优点在于由于给了每个投标人多次报价的机会,从而使招标人得益于投标人的价格竞争。谈判招标一般适用于专业技术较强、施工难度较大、多数承包商难以胜任的工程项目,在这种招标方式下,投标者能否中标的决定因素主要不是价格,而是承包商的技术能力、施工质量和工期等条件。

(三)招标的程序

招标是以业主为主体从事的工作,整个招标过程所需要的时间往往随招标方式和项目特点的不同而有所差异,少则一年,多则几年的时间。这些工作从成立招标机构开始到签订承包合同,需要严格按照招标程序和要求进行,并要

做大量繁杂而又细致的工作,其大致要经过以下具体程序:

1.成立招标机构。业主在决定建造某一项目以后,便开始进行国际招标工作,国际招标工作的整个过程一般由一个专门设立的机构全权负责。招标机构可以自己设立,也可以委托国际上常设的招标机构或从事招标的咨询公司代为招标,招标机构的能力和工作效率直接影响着招标的成败。

2.制订招标规则。招标规则主要包括以下内容:一是确定招标方式,即采用公开招标、限制性招标、两段招标还是谈判招标;二是广告刊登的范围和文字表达方式;三是确定开标的时间和地点;四是评标的标准等。

3.编制招标文件。招标文件是招标的法律依据,也是投标者投标和准备标书的依据。招标文件的具体内容应视项目的规模和复杂程度而定,其内容主要包括招标人须知、担保书、合同条件和技术规范等。因为招标人所要建造的工程项目、所要采购物资的具体内容与要求以及评标的具体标准全部体现在招标文件中,所以招标文件一定要力求完整和准确。招标文件所用的语言应该是国际商业通用的英文、法文和西班牙文。

4.发布招标公告。招标公告是招标机构利用广播、电视以及国内外知名度较高的报纸、期刊,向国内外所有合格的承包商发布的招标启事,即邀请所有合格的承包商投标。招标公告的主要内容包括发包人的名称、项目的名称与概况、项目的资金来源、招标的方式、投标的开始时间与截止日期、评标的地点与时间、招标文件的发售时间与办法等。

5.进行资格预审。资格预审是招标机构发布招标公告以后,承包商投标之前,对拟投标人是否有能力承揽其所要建设的工程项目进行的一种资格审查。资格审查的内容包括承包商以往的业绩与信誉、设备与技术状况、人员的技术能力、管理水平和财务状况等。参加资格预审的承包商应向招标机构提供投标意向书、公司章程与条例、公司技术和行政管理机构的人员名单、公司现有的机械设备清单、公司现有的合同清单、公司过去五年来承揽类似合同的清单、公司资产负债表、业主或监理工程师对公司资信的证明和银行对公司资信的证明。资格预审的标准应在招标公告中注明,经资格预审,所有符合标准的承包商都应准予投标。

6.通知承包商参加投标。资格预审之后,招标机构以书信的方式向所有资格预审合格的承包商发出通知,让他们在规定的时间内在指定的地点购买投标书,以参加投标。投标通知同时也在报纸上公布,但不公布获得投标资格的公司名称。

7.收标。投标人按招标机构指定的地点投递标书,招标机构在投标地点设有由专人保管的投标箱,保管人员将收到的投标书放入投标箱,并将盖有日期的收据交给投标人,以证明其投标书是在投标截止日期之前收到的。投标截止日期一到,便立即封闭投标箱,此后收到的投标书均属无效。

8.开标。开标一般有两种形式,即公开开标和秘密开标。公开开标是指招标人在规定的时间和地点按收到投标书的先后顺序,将所有的投标书当众启封,宣读每个投标人的姓名和标价。公开开标一般是在通知所有投标人参加并在公证机构的监督下进行,开标时投标书对自动降低价格的说明以及是否附有投标保证书和保函也一并宣布,但投标书的详细内容不必也不可能全部宣读。所有的标价均应记录在案,由招标负责人签字。按世界银行的规定,在公开招标的情况下,从发布招标文件到开标间隔时间的长短取决于工程的大小和复杂程度,一般工程不少于 45 天,较复杂的大型工程应在 90 天以上,以便投标人有足够的时间去进行现场考察等投标所必需的准备工作。秘密开标和公开开标大体一致,其唯一的区别在于秘密开标是在不通知投标人参加的情况下进行。

9.评标。评标是招标机构的有关部门按一定的程序和要求,对每封投标书中的交易条件和技术条件进行综合评价,并选出中标候选人的过程。中标候选人一般为 2~3 人,并按综合条件排定名次,即最低标(第一中标人)、次低标(第二中标人)、第三低标(第三中标人),若无意外,最低标应是最终的中标者。交易条件主要是看标价,对业主来讲,标价越低越好。技术条件主要包括施工方案、施工所采用的技术、施工的组织与管理、工期以及施工方案的合理性、可靠性和科学性。评标的标准必须与招标文件规定的条件相一致。

10.定标。招标机构经过综合分析,写出评标报告并选择报价低、技术实力强、信誉好和工期短的承包商作为中标者的过程叫定标。业主在定标前要分别与中标候选人就合同的条款和细节进行谈判,以达成共识,确定最后的中标者。招标机构在定标后应以电话、电报、电传等快捷的方式通知中标人,对未中标者也应及时发出评标结果。招标不一定都能选中中标人,没有选中中标人即废标,也就是招标人拒绝全部投标。一般来说,招标人在出现了下列三种情况之一时,有权拒绝全部投标:①投标人太少,一般指不足三家;②最低标价大大超过国际市场平均价格或业主制定的标底;③所有的投标书均未按招标文件的要求编写;④所有得标候选人不愿意降价到指标底线以下。废标后,可进行第二次招标。

11.签订承包合同。中标人接到中标通知以后,应在规定的时间内与业主签订承包合同,并递交履约保证书,至此,招标工作全部结束,中标人便可着手准备工程的开工建设。但若中标人未按期签约或故意拖延,并未事先向招标机构提出可以接受的申请,那么中标人应被视为违约。

二、投标

（一）投标的概念

投标（Bid）是以承包商为主体从事的活动。它是指投标人根据招标文件的要求，在规定的时间并以规定的方式，投报其拟承包工程的实施方案及所需的全部费用，争取中标的过程。投标书中的标价是承包商能否中标的决定性条件。因此，报价要极为慎重，报价既要有竞争力，又要有利可图。

（二）投标的特点

投标具有下述特点，投标人须认真考虑：

1.投标的前提是必须承认全部招标条件，否则就失去了参加投标的机会。

2.标价属于一次性标价，但主动权掌握在招标人手中，即业主在选定最后中标者的过程中，投标人一般没有讨价还价的权利。

3.投标在法律上属于要约，投标人因此要极为慎重，标价一旦报出，不能随意撤销。为此，招标人一般要求投标人交纳投标保证金。

（三）投标的程序

投标本身也是一个过程，主要经过投标前的准备、询价、制定标价、制作标书、投递标书、竞标等程序。

1.投标前的准备。投标前的准备工作十分重要，它直接影响中标率的大小，准备工作应从以下三方面入手：

（1）收集有关信息和资料。需要收集的资料主要包括两个方面：一是项目所在国的情况，如项目所在国政治的稳定性，与邻国的关系，经济的发展水平，基础设施状况，金融与保险业的发达程度，水、电、石油、天然气、原材料的供应状况，自然、社会、文化环境等；二是收集竞争对手的有关资料，其中主要是了解能够参与本行业投标的企业数目，这些企业的经营状况、生产能力、知名度以及他们参加投标的次数和中标率等。如果竞争对手在各方面均优于本企业，而且本企业中标的机会很小，就应放弃该项目的投标，转向本企业中标机会较大的其他项目。

（2）研究国际招标法规。国际招标活动涉及的东道国法规有采购法、合同法、公司法、税法、劳动法、外汇管制法、保险法、海关法、代理法等。

（3）组成投标小组。投标小组的成员应由从本企业各部门中选拔出来的具有各种专业技术的人员组成，他们的能力将是本企业能否中标和获利的关键。

2.询价。询价是投标人在投标前必须做的一项工作，因为承包商在承包活动中,往往需要提供设备和原材料,询价的目的在于准确地核算工程成本,以做出既有竞争力又能获利的报价。此外,有时生活物资和劳务的价格也是询价的一个内容。

3.制定标价。投标价格的确定可以分成以下两步工作:

(1)成本核算。成本主要包括直接成本和间接成本。直接成本主要包括工程成本、产品的生产成本、包装费、运输费、运输保险费、口岸费和工资等;间接成本主要包括投标费、捐税、施工保险费、经营管理费和贷款利息等。此外,一些不可预见的费用也应考虑进去,如设备、原材料和劳务价格的上涨,货币贬值及无法预料或难以避免的经济损失等。

(2)制定标价。制定标价考虑的因素主要有以下三个:

一是成本。原则上讲,承包商在成本的基础上加一定比例的利润便可形成最后的标价。

二是竞争对手的情况。如果竞争对手较多并具有一定的经济和技术实力,标价应定得低一些;如果本公司从事该工程的建造有一定的优势,竞争对手较少或没有竞争对手,那么标价可以定得高些。

三是企业投标的目的。若是想通过工程的建设获取利润,那么标价必须高于成本并有一定比例的利润,在目前承包市场竞争如此激烈的情况下,很多承包商不指望通过工程的建造来取得收益,而是想通过承包工程带动本国设备和原材料的出口,进而从设备和原材料的出口中获取利润,出于这种目的的承包商所制定的标价往往与工程项目的建造成本持平或低于成本。当然,标价定得越低,中标率则越高。

4.制作标书。标书是投标书的简称,亦称投标文件。它的具体内容依据项目的不同而有所区别,编制标书是指填好投标书及附件、投标保证书、工程量清单和单价表、有关的技术文件等,投标人的报价、技术状况和施工工程质量全部体现在投标书中。在编制标书以前,预审合格的承包商根据业主的通知到指定的机构购买招标文件,并一定要仔细阅读招标文件,编制的标书一定要符合招标文件的要求,否则投标无效。

5.投递标书。投标书编制完成以后,投标人应按招标人的要求装订密封,并在规定的时间内送达指定的招标机构。投递标书不宜过早,一般应在投标截止日期前几天为宜。

6.竞标。开标后投标人为中标而与其他投标人的竞争叫竞标。投标人参加竞标的前提条件是成为中标的候选人,在一般情况下,招标机构在开标后先将投标人按报价的高低排出名次,经过初步审查选定 2~3 个候选人,如果参加投标的人数较多并且实力接近,也可选择 5~7 名候选人,招标机构通过对候选人的综合评价,确定最后的中标者。有时候也会出现 2~3 个候选人条件相当,招标机构难定取舍，招标机构便会向候选人重发通知，再次竞标，投标人这时候将会采用各种手段竞标，以决雌雄。

第三节　国际工程承包合同与施工管理

一、合同的种类

国际工程承包合同从不同的角度，可以划分为不同的类型。

（一）按价格的构成和价格的确定方法来划分类型

按这一划分标准，合同可以分为总价合同、单价合同和成本加酬金合同。

1.总价合同。总价合同是指在承包合同中规定承包价格，业主按合同规定分期或一次性支付给承包商的一种合同形式。总价合同中所确定的价格是根据工程的图纸和承包的内容计算出来的，其价格一般是固定不变的。如果采用这种合同形式，投标人必须将一些可能发生的风险考虑进去，如原材料价格的上涨、工资的上涨、自然原因导致的误工、政治变动等风险，否则投标人将蒙受难以估量的损失。在有些情况下，总价合同中规定有价格调整条款，即在原材料或工资上涨幅度超过一定的比例时，合同的价格也作相应的调整，这就等于将一部分风险转移给了业主。

2.单价合同。单价合同是一种按承包商实际完成的工作量和合同的单价来支付价款的一种合同形式。合同中所确定的单价，既可以固定不变，也可随机调整，主要取决于合同的规定。固定总价和单价合同的区别在于前者按总价投标承包，而后者则按单价投标承包。在总价合同中，虽然也要求投标人报单价，但要求并不详细；在单价合同中，所列的单价必须详细，所报的总价只是在评标时用于与其他投标人做比较。

3.成本加酬金合同。成本加酬金合同是以工程实际发生的成本（施工费和材料费等），再加上双方商定的管理费和利润向承包商支付工程款的一种合同形式。在这种合同形式下，由于成本实报实销，所以承包商的风险很小，但这种合同的管理费和利润往往与工程的质量、成本、工期三项指标相联系，因此，承包商比较注重质量、成本和工期，业主便可从中得益。

（二）按承包的内容来划分类型

按承包的内容划分合同类型，可以分为施工合同、设备的供应与安装合同、工程咨询合同、工程服务合同、交钥匙合同、交产品合同、PPP 合同、BOT 合同等。

1.施工合同。施工合同是业主与承包商签订的工程项目的建造实施合同。在国际工程承包活动中,大多属于这类合同。

2.设备的供应与安装合同。这种合同的形式依承包商责任的不同而有所不同:一种是单纯的设备供应合同,即设备的供应者只负责提供设备;二是单纯的设备安装合同,即承包商只负责设备的安装;三是设备的供应商既负责提供设备又负责设备的安装的设备供应与安装合同;四是设备的供应商负责提供设备,并负责指导业主自行安装的合同。

3.工程咨询合同。工程咨询合同实际上是一种专业技术服务合同,业主咨询的主要内容有投资前的可行性研究、图纸的合理性、实施方案的可行性等。

4.工程服务合同。工程服务合同是业主与能够提供某些服务工作的公司签订的合同,其主要目的是为工程项目提供服务,这类合同只有在建造规模较大而且较复杂的工程项目中签署。

5.交钥匙合同。交钥匙(Turnkey)合同国际上也叫建造—设计(Design-Build,DB)模式,它是指承包商从项目的可行性研究、规划设计、勘察选点、工程施工、原材料的购买、设备的供应与安装、技术培训、试生产等一系列工作承担全部责任的一种承包方式,即承包商将已建成竣工的工程项目交给业主后立即投入生产使用。在这种承包方式下,承包商的风险较大,但收益较高,同时也可保证业主得到高质量的工程项目。

6.交产品合同。交产品合同是指承包商不仅负责项目的可行性研究、规划设计、勘察选点、工程施工、原材料的购买、设备的供应与安装、技术培训、试生产等工作,还应负责指导业主生产出一定数量的合格产品,并在原材料及能耗达到设计要求之后才能正式移交给业主的一种承包方式。这种承包方式往往适合技术含量较高的大型项目。

7.PPP 合同。PPP 合同(Public-Private-Partnership)是指公营与私营合作项目合同。该类合同更强调业主对监控和售后服务的要求,业主在招标时提出参数和规范要求,并进行全程监控,所有的付款都与履约好坏及其连续性等挂钩,付款要在项目运营达到业主满意以后进行。由于 PPP 合同强调了业主的监控和管理作用,克服了后面马上会介绍的 EPC 合同业主监管不力的缺陷,因此,PPP 目前在日本、韩国和澳大利亚等发达国家更为普遍。PPP 合同方式起源于 20 世纪 80 年代中期,90 年代才被世界各国广泛运用。

8.BOT 合同。BOT 是英文 Build-Operate-Transfer 的缩写,意即“建设—经营—转让”。BOT 合同实际上是承包商将工程项目建成以后,承包商继续经营该项目一段时间才转让给业主的一种承包方式。业主在采用 BOT 方式发包时,往往要求承包商负责项目的筹资或提供贷款,从而使筹资、建造、运营、维修、转让于一体,承包商在协议期内拥有并经营该项目,从而达到回收投资并取得合法利润的目的。这种承包方式多用于政府与私营部门之间，而且适用的范围较广，尤其适合于那些资金需求量较大的公路、铁路、城市地铁、废水处理、发电厂等基础设施和公共设施项目。

9.BOOT 合同。BOOT(Build-Own-Operate-Transfer)，指的是"建设—拥有—运营—转让"。它与 BOT 的区别主要有两个方面：一是所有权的区别，BOT 方式在项目建成后，承包商只拥有所建成项目的经营权，而 BOOT 方式在项目建成后，在规定的期限内，私人既有经营权，也有所有权；二是时间上的差别，采取 BOT 方式，从项目建成到移交给政府这段时间一般比采取 BOOT 方式短一些。

10.BOO 合同。BOO(Build-Own-Operate)即"建设—拥有—运营"，是指承包商按照政府的授权负责工程的施工、运营，并最终享有该工程项目的最终所有权。在这种模式下，政府一般在融资方面给承包商提供便利和支持，并在该项目的运营中给予免税等优惠待遇。该种合同模式适用于基础设施项目。

一国政府愿意采用 BOT 还是 BOOT 或 BOO 合同形式，体现了该国政府对于基础设施私有化程度的态度。BOT 意味着一种很低的私有化程度，因为项目设施的所有权并不转移给私人；BOOT 代表了一种中等的私有化程度，因为设施的所有权在一定的有限的时间内转给私人；而 BOO 代表的是一种最高程度的私有化，因为在该种模式下，项目设施没有任何时间限制地转移给私人。

11.EPC 合同。EPC(Engineering-Procurement-Construction)合同是一种"设计—采购—施工"总承包合同，它是指工程总承包企业按照合同约定，承担工程项目的设计、采购、施工、试运行服务等工作，并对承包工程的质量、安全、工期、造价全面负责。EPC 合同的有几个特点：

一是固定总价，在 EPC 合同条件下，一般采用总价合同，即业主与承包商先谈好价格，遇上像不良地质条件之类的情况，承包商不能向业主索赔，这就是说，承包商要承担设计、自然力和不可预见的困难等风险。因此 EPC 合同比后面本节第二部分介绍的 FIDIC 条款"红皮书"中单价合同的风险要大，该种情况在"红皮书"中列入索赔范畴之列。

二是 EPC 合同中没有咨询工程师这个角色，因此业主对承包商的监控力度较弱，只能派业主代表对施工进度进行监控，当发现进度比计划慢时，可以要求承包商采取补救措施，其他问题无权干涉。

三是注重竣工试车，只有试车成功才能谈最终验收。

12.BOOST 合同。BOOT(Build-Own-Operate-Subsidy-Transfer)，其意为"建设—拥有—运营—补贴—转让"，是承包商在工程项目建成后，在授权期内管理和拥有该设施，并享有政府一定的补贴，待项目授权期满后再移交给当地政府的一种承包模式。

（三）按承包方式划分类型

按承包方式划分合同类型，可分为总包合同、分包合同和二包合同，这三种合同已在本章第一节承包方式中做了介绍，这里不再重复。

二、国际工程承包合同的内容

国际工程承包合同的内容虽依承建项目内容的不同而有所不同，但其主要条款大体一致，大多数国家也都为本国的承包活动制订了标准合同格式。目前，最广泛使用的合同格式是由国际顾问工程师联合会（Federation Internationale Des Ingenieurs-Conseils，FIDIC）拟订的《土木建筑工程（国际）施工合同条款》，亦称 FIDIC 条款。FIDIC 条款的第一版发行于 1957 年，1963 年、1977 年、1987 年和 1999 年又分别印发了第二、第三、第四和第五版。FIDIC 条款得到世界银行的推荐，成为目前国际上最具权威的从事国际工程承包活动的指导性文件。1999 年的 FIDIC 条款由《施工合同条件》（简称新红皮书）、《EPC/交钥匙工程合同条件》（简称银皮书）、《永久设备和设计—建造合同条件》（简称新黄皮书）和《合同简短格式》（简称绿皮书）四部分组成，包括土木工程施工合同的一般条件、专用条款和合同格式等，主要条款介绍如下：

（一）承包合同的定义

这一部分主要阐明合同的当事人，合同中所包含的文件及其规范，以及对合同中所出现的各种术语的解释。

（二）业主的责任

业主主要负责清理并提供施工场地，协助承包商办理施工所需的机械设备、原材料、生活物资的出入境手续，支付工程建设款等。按 FIDIC 条款的规定，对于业主应支付的各类工程款，在接到承包商要求付款的请求后，应在28 天内向承包商提供已做出资金安排的证据，否则承包商可以暂停工作或减缓工作进度；工程师在收到承包商的期中支付报表和证明文件后的 28 天内，应向业主发出期中支付证书，业主在工程师收到承包商交来的期中支付报表和证明文件后的 56 天内向承包商支付期中工程款；业主收到工程师签发的收到最终支付证书后 56 天内向承包商支付工程款。如果业主未按合同规定的期限和数额支付，或因业主破产、停业，或由不可预见的原因导致其未履行义务，承包商有权解除合同，撤走设备和材料，业主应向承包商偿付由此而发生的损失和费用。

（三）承包商的义务

承包商是指其投标书已被业主接受的人，其主要义务是工程施工，接受工程师的指令和监督，提供各种保函，为工程办理保险。其中，承包商应在接到中标通知书 28 天内按合同的规定向业主提交履约保函。承包商未经许可转包或分包，拖延工期，放弃合同或破产时，业主可以没收保证金并在发出通知 14 日后占领工地，赶走承包商，自行施工或另找承包商继续施工，由此而产生的费用由违约的承包商负担。若承包商的施工不符合设计要求，或使用了不合格的原材料，应将其拆除并重新施工。承包商应在达成索赔协议后 42 天内向业主支付索赔款，承包商还必须在业主提出修补缺陷的要求 42 天内进行修补。

（四）工程师和工程师代表

工程师由业主任命并代表业主执行合同规定的任务，如发出开工、停工或返工等指令。除非合同另有规定，工程师行使的任何权利都应被视为已征得业主的同意。工程师代表应由工程师任命并向工程师负责，其主要职责是代表工程师在现场监督，检查施工质量，处理实施合同中发生的问题，工程师代表也可任命一定数量的人员协助其工作。承包商必须执行工程师的书面或口头指令，对于口头指令，承包商应要求工程师以书面形式在 7 天之内予以确认，如工程师对承包商发出的要求确认申请函自发布之日起 7 天内未予答复，该口头指令应被视为工程师的一项指令，其工程款的结算也以该指令为依据。

（五）转让与分包

承包商无业主的事先同意，不应将合同或其中的任何部分转让出去。在得到业主许可的情况下，可将工程的一部分包给其他承包商，但不能全部分包出去。

（六）开工与竣工

承包商应在收到工程师发给的开工通知后的合理的时间内从速开工，其工期以投标附录中规定的开工期限的最后一天起算，并应在标书附件规定的时间内完成。只有在额外增加工程的数量或性质，业主的延误、妨碍或阻碍，不可预见的意外情况等情况下，承包商才有权延迟全部或部分工程的竣工期限。

（七）检验与检查

工程师有权进出工地，检验车间和检查施工所使用的原材料、零部件、设备以及生产过程和已完工的部分工程。承包商应为此提供便利，不得覆盖或掩饰而不外露。当工程的基础或工程的任何部分已准备就绪或即将准备好可供检查时，承包商应及时通知工程师进行检查，不得无故拖延。

（八）工程移交

当整个工程基本完工并通过合同规定的竣工检验时，承包商可向工程师发出通知，并附有缺陷维修期间完成任何未完工作的书面保证。此通知和保证应被视为承包商要求工程师发给接收证书的申请，工程师应在接到该通知后的21日以内，向承包商发出接收证书并注明承包商尚未完成的所有工作。承包商在完成所有工作并维修好工程师所指出的缺陷，使工程师满意后的21天之内，有权得到工程接收证书。另外，在某些特定的情况下，工程师也可对某一部分已竣工的工程进行接收。

（九）工程变更

工程师认为有必要时，可以对工程或其任何部分的形式、质量或数量做出变更。如果变更后的工程量超过一定的幅度，其价格也应作相应的调整。如果工程的变更是由承包商引起的，变更的费用应由承包商负担。

（十）价格与支付

承包合同中的价格条款不仅应注明总价、单价或成本加酬金价，而且还应将计价货币、支付货币以及支付方式列入其中。在国际承包活动中，一般采用银行保函和信用证来办理支付，其支付的具体方法大都采用预付款、进度款和最终结算相结合的做法，即承包合同签订后和开工前，业主先向承包商支付一定比例的预付款，用于购买工程所需的设备和原材料，预付款的比例应占合同总额的10%~20%，然后，承包商每月底将实际完成的工作量分项列表，报告给工程师，并经其确认后，由业主支付给承包商一定比例的进度款，业主待工程全部完工并经验收合格后，与承包商进行最后的结算，支付尚未支付的所有剩余款项。

（十一）特殊风险

在合同履行过程中，如果出现了签订合同时无法预见的不可抗力的特殊风险，承包商不承担责任。如果世界任何地方爆发了战争，无论是否已经宣战，无论对工程施工在经济和物质上有无影响，承包商应完成施工直至合同终止，但业主在战争爆发后的任何时候有权通知承包商终止合同。如果出现的特殊风险造成工程费用的增加，承包商应立即通知工程师，并经双方协商后，增加相应的承包费。

（十二）争议的解决

如果业主与承包商之间发生争议，其中的一方应书面通知工程师并告知另一方。工程师在收到通知的84天内做出决定并通知业主和承包商，如果业主或承包商对工程师的决定不满意或工程师在 84 天内未能做出决定,不满方应在收到工程师决定的 7 天内或在通知工程师决定而工程师又未做出决定的 84 天之后的 7 天内通知对方和工程师,再交由争端裁决委员会(DAB)解决。争端裁决委员会由业主和承包商合同双方各自提名的一名委员以及双方与上述二位委员协商确定的第三位委员共同组成,委员的报酬由双方平均支付,该委员会必须在 84 天内拿出裁决意见,双方中的任何一方对裁决有异议,都可提交仲裁机构进行仲裁,仲裁机构的仲裁决议必须在通过双方友好协商解决争端的努力结束 56 天后做出。如果双方都未发出要求仲裁的通知,工程师的决定将作为最终有约束力的决定。

三、国际工程承包的施工管理

在国际工程承包活动中,工程的施工一般都在承包公司总部以外的国家进行,这涉及承包商在国外施工的管理问题,工程施工的国外管理一般分为总部管理和现场管理两个层次。

(一)总部管理

总部管理的大致内容是:制定或审定项目的实施方案;为项目筹资及开立银行保函;制定统一的规章和报表,对现场提交的各种报告进行整理和分析,对重大问题进行决策;监督项目资金的使用情况并审核财务会计报表;选派现场各类管理和技术人员;指导并帮助采购项目所需的设备和原材料。

(二)现场管理

现场管理一般分为项目总管理和现场施工管理两个层次:

1.项目总管理。项目总管理是工程的全面管理,它主要包括合同管理,计划管理,资金管理,财务管理,物资管理,组织工程的分包与转包,人事工资管理,工程的移交与结算,处理与业主的关系,处理与东道国政府及海关、税务、银行等部门的关系等工作。

2.现场施工管理。现场施工管理的主要工作有制订具体的施工计划,协调各分包商的施工,做好设备和原材料的维护与保管,招聘和雇用普通劳务,劳务人员工资的核定与发放,监督工程质量,做好工作记录,提交有关工程的报告等。

第四节 国际工程承包的银行保函

一、银行保函的含义

保函是承包合同当事人的一方为避免对方违约而遭受损失,要求对方提供的一种能保障自己权益的担保。银行保函是指银行应申请人的请求向受益人开出的,担保申请人正常履行合同所规定的某项义务的独立的书面保证文件。它实际上是以银行承诺文件面目出现的一种抵押金。银行保函是属于备用性的银行信用,它不是一般的履约担保文件,而是一种违约赔款保证书,即如果保函的申请人没有履行其担保文件中所担保的义务,银行则承担向受益人赔偿经济损失的责任。在国际工程承包活动中,银行保函目前已是最普遍、最常见和最容易被各方接受的信用担保形式。

二、银行保函的内容

银行保函是一种规范化的经济担保文件,为了保障受益人的合法权益,其内容十分具体和完整,因而世界各国银行开具的保函的内容基本一致。其具体内容大致如下:①申请人,即承包商或被担保人,应注明申请人的全称和详细地址;②受益人,即业主或总包商,应注明受益人的全称;③担保人,即开具保函的银行,应写明担保行的全称和详细地址;④担保金额,即担保所使用的货币与最高限额;⑤担保责任,即在承包商如何违约的条件下承担索偿义务;⑥索偿条件,即承包商违约时,业主凭何种证明进行索偿;⑦有效期,即保函的起止时间及保函的生效和失效条件。

三、银行保函的种类

(一)投标保函

投标保函是银行根据投标人的请求开给业主,用于保证投标人在投标有效期内不得撤回其标书,并在中标后与业主签订承包合同的保函。投标保函是随投保书一起递交给招标机构的,其担保金额一般为投保报价总额的0.5%~3%,中小型项目一般为3%~5%,有效期一般为60天、90天、150天、180天不等,长的还有270天。对未中标者,业主应及时将保函退回。中标者在规定的时间内与业主签约并递交履约保函后,业主也应将投标保函退还给投标人。如果业主宣告废标,投标保函则自然失效。

(二)履约保函

履约保函是用于保证承包商严格按照承包合同要求的工期、质量、数量履约的保函。按FIDIC条款的规定,承包商应在接到中标通知后的28天内递交履约保函,其担保金额一般为承包合同总额的10%,其有效期一般不能短于合同规定的工期,如果工期延长,也应通知银行延长履约保函的有效期。如果承包商中途毁约或破产,业主有权要求银行支付保函的全部担保金额。履约保函只有在工程全面竣工并获得现场监理工程师签署验收合格证后才予以退还,按FIDIC 条款的规定,业主应在工程师颁发的"解除缺陷责任证书"之日后的14 天之内将履约保函退回给承包商;如果业主和承包商达成索赔协议 42 天后承包商仍拒付此款项,或业主提出承包商修补缺陷的要求 42 天后仍未修补的,业主可以扣留履约保函。

(三)预付款保函

预付款保函是银行开立的用于保证承包商按合同的规定偿还业主已支付的全部预付金额的担保文件,即如果由于承包商的责任,业主不能在规定的期限内从工程结算款中按比例扣还预付的款项,业主有权向银行索偿担保金额作为补偿。预付款保函的担保金额应与业主预付款的金额相等,一般为合同总金额的 10%~15%,其担保期限一般从承包商收到预付款之日起到扣还完毕止,由于预付款是逐笔扣还,所以预付款保函的担保额会随之减少。

(四)工程维修保函

工程维修保函是银行应承包商的请求开具的一种用于保证承包商对完工后的工程缺陷进行维修的经济担保文件。维修保函的担保金额一般为合同金额的 5%~10%,有效期为 1~2 年。维修期的开始时间应为工程竣工验收合格之日,在履约保函到期并退还之前,承包商必须开具维修保函。维修保函既可以重新开立,也可以以续展履约保函的形式来代替维修保函,维修保函一般在规定的期限内未发现需要维修的缺陷后退还。

(五)临时进口物资税收保函

临时进口物资税收保函是银行应按承包商的请求开给业主的一种担保承包商在工程竣工之后,将临时进口的用于工程施工的机械设备运出工程所在国,或在永久留下这些设备时照章纳税的一种经济担保文件。该保函的担保金额一般与临时进口的机械设备价值相等,担保的有效期一般比施工期限略长。承包商在将机械设备运出工程所在国并取得海关出示的证明之后便可索回保函。

(六)免税工程的进口物资税收保函

免税工程的进口物资税收保函是银行应承包商的要求,开给业主的一种担保承包商将进口的材料全部用于其承包的免税工程的经济担保文件。该保函的担保金额与进口的原材料的价值相等,其有效期与工期基本一致。在承包商向税务部门展示了业主颁发的进口物资已全部用于免税工程的证明之后,便可退回保函。

第五节 国际工程承包的施工索赔与保险

一、施工索赔

（一）施工索赔的含义

施工索赔是指由于业主或其他有关方面的过失与责任，即非承包商自身的原因，使承包商在施工中增加了额外的费用，承包商根据合同条款的有关规定，通过合法的途径和程序要求业主或其他有关方面，偿还其在施工中蒙受的损失。施工索赔的方式主要有两种，即要求延长工期和要求赔偿款项。索赔既是承包商的一种正当的权利要求，也是依据承包合同所应得到的合理补偿。在国际工程承包市场竞争日趋激烈的情况下，很多承包商已无利可图，甚至亏损报价，部分承包商开始借助于索赔来赚取利润。

（二）施工索赔的原因

导致施工索赔的原因一般有以下几种：

1.自然条件。承包商在施工中所遇到的自然条件或环境比合同中所描述得更为艰难或恶劣，如出现了经现场勘察也难以观测到的地质断层，地下水文条件与事先预测的不符，必须移动地下旧管线，地下有旧建筑物等，这将会增加施工难度和施工时间，进而增加施工费用，而上述情况和障碍并非是一个有经验的承包商在签订合同时所能预料到的。

2.工程变更。在施工中，工程师要求承包商更改或增加额外工程量的情况非常普遍，承包合同一般都有业主有权临时增减工作量的规定。其变更主要体现在以下两个方面：一是工程量的变更，即工程师要求增减工程量，也就是说承包商所完成的实际工程量超过或少于业主提供的工程量表，如果削减的工程量未超过合同规定的幅度，一般不予索赔，如果由于某种原因，业主将本属于承包商的工程量转给其他承包商去做，承包商可以索赔工程准备费和管理费；二是工程质量变更，在施工中现场工程师不认可承包合同所要求的原材料的质量、设备的性能等，并对其提出更高的标准，或提出更高的做工质量和试验要求，或现场工程师为此故意拖延下达上述变更命令，承包商为此可以索赔。

3.不可抗力风险。不可抗力风险是指在签订合同时无法预见，而且不可避免和不可预防的自然灾害或意外事件，如自然灾害造成的额外费用，战争、罢工、民族冲突等导致工程出现各类的损失等应由业主承担。

4.工程的暂停和中止。在施工中工程师可以下令暂停全部或部分工程的施工,只要暂停命令不是因为承包商的原因或其他风险造成的,承包商不仅可以延展工期,由此而付出的额外费用,包括额外增加的工资和管理费等,应由业主负担。工程的中止主要是指由于遇到了意外情况,或双方任何一方的原因使工程无法继续进行下去,不得不中止合同,承包商应得到补偿。

5.工期延误。承包商遇到了并非由于自身的原因和责任而影响工程进度的障碍,从而增加了额外的支出,承包商有权得到补偿。工程延误索赔主要是因为工程量的增加,业主未按时提供施工场地,工程师拖延对施工图纸、工序、材料的认可,业主未能按规定较好地协助承包商按时办好工程所需的境外技术和普通劳务人员的入境手续,业主未能按时提供合同规定的原材料和设备,现场工程师拖延发放工程付款证、验收合格证等证书,对于本来合格的施工和材料拆卸检查并重新修复,以及遇到人力不可抗的自然灾害和意外事故而误工等。

6.货币贬值。在金融市场动荡不定的今天,承包商为避免货币贬值给自己造成损失,往往在承包合同中订有货币贬值补偿条款。但多数补偿条款仅限于东道国政府或中央银行正式宣布的贬值,而市场上汇率的自由浮动不在此列。

7.物价上涨。凡订有物价上涨补贴条款的合同,在施工所需的原材料、燃料以及运输费和劳务费等的价格上涨时,可按规定的程序向业主提出差价索赔。索赔的数额应按双方事先定好的计算公式进行计算。

8.工程进度款的延误支付。对于业主故意拖延向承包商支付其应按时支付的工程进度款而造成延误工期或利息损失,应由业主承担。

(三)施工索赔的依据与费用

承包商向业主提出索赔的主要依据是合同以及招标文件、施工图纸等合同的附件,与此同时还应附带能证明确实增加了承包商支出的其他证明材料,如有关双方会谈内容的记录、与工程师往来的各种信件、工程师所下达的各种指令、施工进度表、施工设备和材料的使用记录、工程照片、工程质量的检查报告等施工材料,以及工资的支付、设备和材料的采购、材料和劳务价格的调整、汇率的变动、工程进度款的支付、会计账目等财务资料。

根据上述施工索赔的原因可以说明,承包商可以得到索赔的费用一般应包括以下几种:①由于工程量的增加、工资上涨和工程延误所导致的劳务费;②由于工程量的增加、使用材料质量要求的提高和物价上涨所产生的材料费;③由于工程量的增加、工期的拖延致使增加设备的使用数量和时间所引发的设备费;④由于业主的原因导致分包商向总包商的索赔而产生的分包费;⑤由于增加工程量和工期拖延必须加办保险所产生的保险费;⑥由于增加工程量和拖延工期所产生的管理费;⑦由于工程量的增加和工程的拖延致使保证金的延长所出现的保证金费;⑧由于业主延期支付工程进度款所导致的利息。

(四)索赔的程序

施工索赔大致要经过以下步骤:

1.提出索赔要求。按 FIDIC 的规定,承包商应在索赔事件发生后的 28 天之内分别向监理工程师和业主发出索赔通知,通知的主要内容为要求索赔的原因和具体项目。

2.提交索赔报告。承包商应在索赔通知发出后的 28 天之后,或在监理工程师同意的时间内,向工程师提交正式索赔报告,其主要内容为要求索赔的各项费用及总金额,并附有索赔所需的各种依据。索赔报告应简明扼要并富有逻辑性。

3.索赔谈判。谈判是解决索赔问题的一种较好的途径,谈判前应组成一个精明强干的谈判班子,最好聘请国际上有名望的索赔专家参加,谈判应本着实事求是,有理、有利、有节的原则来说服对方。

4.索赔的调解。在经过双方谈判无法达成一致的情况下,可以由第三方进行调解。调解有两种方式:一种是非正式的,即通过有影响的人物或机构进行幕后调解;另一种是正式的,邀请一名双方都能接受的中间人进行调解。调解是在双方自愿的基础上进行的,若其中的任何一方对其工作不满意或双方无法达成协议,便可结束其调解工作。

5.工程师的决定。承包商在调解无效之后,可以用书面的形式提请工程师对索赔问题做出处理决定,工程师应以公平合理的原则在收到申诉书的 84 天之内做出处理决定,并通知双方。若双方在收到处理决定的 7 天内均未提出仲裁或诉讼的意向,那么工程师的决定则成为对双方都有约束力的决定。

6.仲裁或诉讼。如果双方中的任何一方对工程师的处理不满意或工程师在 84 天之内未做出处理决定,不满方应在收到工程师决定的 7 天内,或在提请工程师决定而工程师却未做出决定的 84 天之后,提请仲裁或诉讼。如果提起诉讼,一般需要的时间较长;如果提请仲裁,仲裁机构应在收到仲裁通知后的56 天之内做出裁决。不管是仲裁还是诉讼,其结果都是终局性的。

(五)索赔应注意的问题

施工索赔是国际工程承包管理中的重要环节,也是国际工程承包中正常的经营活动。通过巧妙的方式,让业主认同索赔,既是承包商的权利,也是承包商能否赢利的关键。在索赔过程中,承包商应注意以下几个问题。

1.索赔权的问题。所谓索赔权是承包商所拥有的,业主认可承包商在施工中出现的某些损失是由于业主方面,即或由于业主变更合同内容,或由于自然条件等不可抗力的原因引发的，并在法律上承包商应该获得相应补偿的一种权利。索赔权的成立与否取决于两个因素：一是施工合同文件，承包商应通晓合同的条款、施工的技术规程、工程量表、工作范围等；二是施工所在国的有关法规，施工索赔的理由还得符合施工所在国的法律规定。此外，承包商还应找出有关类似情况索赔成功的案例，以求得到业主的认可。

2.合理计算赔款金额。承包商提出的索赔金额既要有根据，又要合乎情理，不能漫天要价，否则得不到业主的认可。其计算的依据包括合同的计价方法和可索赔的项目。

3.按时并按程序提出索赔要求。承包商的索赔权是有时间限制的，按FIDIC条款的规定，应在索赔事项发生起28天之内，并以书面形式送工程师并抄送业主。

4.写出有力度的索赔报告。索赔报告的好坏是能否让业主认可的关键。其力度主要在于其逻辑性和索赔费用与损失之间的因果关系。其文字不仅应简单明了，而且措辞应委婉在理。

5.力争友好协商。友好协商是解决索赔问题的最佳途径。因为承包商提出索赔的最终目的是得到应得的补偿，通过友好协商解决索赔问题，既可以达到快速得到补偿的目的，也有利于维持承包商的良好声誉。目前国际上各种索赔案件大多是通过友好协商解决的。

二、国际工程承包保险

（一）国际工程承包活动的风险

国际工程承包是一项风险较大的经济活动，这主要是由于其所需时间长，牵涉内容广而且复杂，技术要求较高，资金投入大，并涉及国别政策、国家间的政治经济关系，任何风险的出现都会给一方或双方造成不同程度的损失，了解国际工程承包风险是防范风险的前提。国际工程承包风险一般有以下几类：

1.政治风险。政治风险主要是指由于项目所在国政府的更迭，派别斗争，民族冲突，与邻国的冲突，以及经济政策的变化造成各种损失的可能性。

2.经济风险。经济风险主要是指由于业主延期支付工程款，汇率的变动，通货膨胀，市场供求关系的变化，服务系统出现问题，施工现场及周围环境发生变化造成损失的可能性。

3.自然风险。自然风险是指由于风暴、地震、洪水、雷雨等自然界的异常变化造成财产损失和人身伤亡的可能性。

4.意外事故风险。意外事故风险是指在施工中由于外来的、突然的、非意料之中的事故造成财产损失和人身伤亡的可能性，如火灾、爆炸、施工设备倾倒或在作业中断裂、设备或材料被盗、施工人员滑落等。

（二）国际工程承包保险的险别

1.工程一切险。工程一切险也称全险,它是指在工程项目的施工期间,由于自然灾害、意外事故、施工人员的操作失误给在建工程、到达现场的材料、施工机械和物品、临时工程、现场的其他财产等造成的损失。工程一切险实际上一种综合性的险别,但工程一切险却不承保所有的风险,如由于战争、罢工、政策的变化、违约等原因导致的损失不在该险别承保的范围内。工程一切险一般按合同的总价投保,其保险期限应从开工之日或第一批施工材料运抵施工现场时起,到工程竣工之日或事先约定的竣工之后的某一时间止。

2.第三方责任险。第三方责任险是指在施工中,由于任何事故给工程无关的第三方造成的财产损失或人身伤亡,保险公司予以赔偿的一种险别。第三方责任险只对保险公司和被保险人以外的第三者的财产损失或人身伤亡,不包括被保险人财产损失或雇员的伤亡,而且只有在被保险人应依法承担赔偿责任时,保险公司才予以办理赔偿。

3.人身意外险。人身意外险是指保险公司负责赔偿被保险人在施工中因意外事故致使人身伤亡损失的一种险别。承包合同一般都规定承包商必须为施工人员投保人身意外险,在投保人身意外险时,还可同时附加由意外事故致伤的医疗保险。人身意外险的保险金额应视施工所在国法律而定,有些国家允许承包商为外国雇员在国外保险公司投保,但本地雇员必须在本国保险公司投保。

4.汽车险。汽车险是指施工运输车辆在工地以外发生事故,保险公司负责赔偿由此而造成的损失的一种险别。施工中运输车辆的风险分为工地内风险和工地外风险两类,汽车险仅负责在工地外发生事故造成的损失,而施工车辆在工地内发生事故导致的损失应属于工程一切险的责任范围。有些国家对施工车辆实行强制性保险,未投保汽车险的施工车辆不许在公路上行驶。

5.货物运输险。货物运输险是指工程所需的机械设备、原材料、零部件等在运输期间遭受自然灾害和意外事故造成损失,保险公司负责赔偿的一种险别。在国际承包活动中,采购施工机械、设备、原材料和零配件的费用一般占整个工程费的 50%~80%,这些物资的运输大多通过海运,在海运风险很大的今天,为运输中的货物投保是非常必要的。货物运输险的险别很多,一般分为两大类:一类是可以单独投保的基本险,即平安险、水渍险和一切险;另一类是不能单独投保只能在投保了一个基本险之后加保的附加险,附加险本身也分成三种,即一般、特别和特殊附加险,而且每种附加险又有很多险别,至于投保哪一险别,应视货物的性质而定。货物运输险的保险金额一般可按 CIF 价格(成本加保险费和运费价)的110%投保。

6.社会福利险。社会福利险是保险公司为工程所雇用的本国和外籍雇员失业、退休、死亡提供救济或补偿的一种险别。有些国家对此采用强制性保险,而且必须在国家指定的保险公司投保,这种做法对外籍雇员极不合理,但外籍承包商在施工结束后外籍雇员离开时可以要求退还一定比例的保险费。

第六节 国际劳务合作

一、国际劳务合作概述

(一)劳务的概念及种类

在国际劳务合作中,首先要明确劳务的概念及其种类。

1.劳务的概念。劳务是劳动服务的简称,系指劳动力的所有者向需求该种劳动服务的单位或个人提供的活劳动。这种活劳动既可以是为工业、农业等行业提供的生产性劳动,也可以是为商业、旅游、金融、保险、运输、通信、建筑、医疗、教育等行业提供的服务性劳动。

2.劳务的种类。劳务划分的方法很多,从不同的角度可以划分为不同的种类:

(1)按劳动力提供服务所在的部门来划分。劳务按劳动力提供服务所在部门的不同,可以划分为要素性劳务和非要素性劳务。要素性劳务主要是指在工业、采矿业、加工业和农业等生产部门就业的劳动力;非要素性劳务是指在商业、金融、保险、运输、咨询、旅游、文教等服务性行业就业的劳动力。

(2)按提供服务的目的来划分。劳务按提供服务的目的来划分,可分为五种:从事工农业生产、资源开发和加工工业等物质生产的生产型劳务;从事公路、铁路、港口、机场、桥梁、水利、厂房建设等直接为工农业生产和资源开发提供服务的服务型劳务;从事商业、金融、保险、咨询、交通运输、计算机服务等间接为生产活动服务的服务型劳务;从事餐饮、旅游、民用航空、海陆空客运、医疗卫生、民用建筑、家庭服务等满足人们物质消费的需要型劳务;从事文化艺术、体育、教育等满足人们精神需要的精神需要型劳务。

(二)劳务合作的含义

国际劳务合作也称劳务或劳动力输出,它是指一国的各类技术和普通劳务,到另一国为另一国的政府机构、企业或个人提供各种生产性或服务性劳动服务,并获取应得报酬的活动。国际劳务合作实际上是劳动力要素的国际重新组合配置。

国际劳务合作与国际服务贸易还有一定的区别。因为劳务合作讲的是作为生产要素之一的劳动力要素的国际流动，在传统意义上，国际劳务合作仅指国际经济技术合作中的工程承包和劳务输出，它只不过是内涵广泛的国际服务贸易中很小的一部分。目前，国际劳务合作概念已大大扩展，涵盖了服务贸易的许多部分。另外，发生在物质生产领域的劳务合作的内容，并不属于国际服务贸易的范畴。因此，国际劳务合作与国际服务贸易是相互独立又相互联系的两个概念。

当代国际劳务合作也不同于过去那种简单的劳动力转移，在原始资本积累时期，劳动力的转移是一种强制性的奴隶贸易，即使是在两次世界大战之间，也是一种带有殖民色彩的移民活动，不同于今天的劳务合作。当代国际劳务合作产生于第二次世界大战之后，并经过多年的发展，形成了以国际工程承包、国际投资、技术服务、咨询服务等主要形式的劳动服务，这些劳动服务形式已成为当代国际经济合作的重要形式。

（三）国际劳务合作的作用

国际劳务合作已成为国际经济合作的一种重要形式，它既对劳务的输出国和输入国有很大的促进作用，也对整个世界经济产生了巨大的影响。

1.对劳务输出国的作用。国际劳务合作对劳务输出国的作用主要表现在五个方面：一是增加了外汇收入，很多国家通过劳务出口和工程承包获取了可观的外汇收入，尤其是一些人口密度较高的发展中国家，他们中有些国家外汇收入的一半以上来自国际劳务合作；二是缓解了国内的就业压力，有些发展中国家人口密度大，而且工业落后，其国内根本无法安置过剩的劳动力，劳务输出便成为解决这一问题的出路之一；三是学到并掌握了国外的一些先进的技术和管理方法，外派的劳务人员在国外提供劳动服务的同时，也掌握并带回了国外先进的技术和管理方法，从而提高了外派劳务人员的素质；四是扩大了商品出口，劳务输出国在外派劳务提供各种服务的同时，也将本国的原材料、设备和技术等出售给了输入国；五是增加了输出国劳动服务者个人的收入，劳务的提供者到国外从事劳动服务不仅获得了收入，而且其收入一般高于国内，进而又提高了其生活质量。当然，劳务输出有时也会造成国内通货膨胀、技术人员外流、国家限制出口的技术泄露、新传染病的流入等负面影响。

2.对劳务输入国的作用。对劳务输入国的作用一般表现在以下三个方面：第一，弥补了国内劳动力不足或某些行业劳动力短缺的问题，有些国家工业较发达或发包项目较多但人力又不足，而有些国家虽不缺劳动力，但其本国人又不愿从事某些脏、累、有污染、收益低的工作，输入外籍劳动力便成为解决上述问题的最好途径。第二,解决技术难题,有些国家技术落后,劳动力素质较差,无法适应本国经济发展的需要,引进技术劳务可以帮助解决很多技术难题,进而还可起到引进国外先进技术,调整产业结构的作用。第三,降低产品成本、提高产品的竞争能力或获取高额利润。雇用外籍劳务一般不受本国最低工资水平的限制,即工资可低于本国劳动力的工资,从而使产品成本下降,达到增强产品竞争能力或获取高额利润的目的。同样,劳务输入也会导致民族纠纷、犯罪率上升、新传染病的传入等不利影响。

3.对整个世界经济的作用。劳务合作对世界经济的影响主要表现在以下三个方面:

(1)促进了科学技术在世界范围内的普及。在劳动力转移的过程中,有相当部分的劳动力具有某种专业技术知识,他们将其所拥有的技术带到世界各地,使这些输入技术劳务的国家也能分享世界最先进的技术所带来的效益。

(2)加深了生产的国际化程度。源源不断的劳动力转移使世界形成了庞大的劳动力市场,使作为生产要素之一的劳动力要素在世界范围内进行配置,从而加深了生产的国际化程度。与此同时,技术劳务的转移有些是通过跨国公司的海外投资带动的,这不仅促进了劳务输入国的产业结构的调整,也加深了生产的国际化。

(3)扩大了贸易的数量。技术劳务在国外提供各种技术服务时,往往要求技术的输入国使用其母国的设备和原材料,或推荐具有国际先进水平的其他国家的产品,从而增加了国际贸易的数量并扩大了贸易的范围。

二、劳务输出

(一)劳务输出的含义

劳务输出实际上就是劳动力的输出,它是指拥有一定技能或符合国际劳动力市场需求的普通劳动者,为获得更多的各种形式的收益,出国从事各种形式的有偿服务。这在人口学上叫人口流动或有劳动能力的人口流动,劳动力的流动一般是以实现其自身价值的增值为动力,并伴随着国际市场需求而产生的。20 世纪 70 年代以来,劳务输出事业得以迅速发展,劳务贸易的发展速度超过了商品贸易,其比重已占到世界贸易总额的约 25%,发达国家的劳务贸易已占到其对外贸易总额的 30%~40%,劳动力要素已成为国际市场上最活跃的要素之一。

(二)劳务输出的客观必然性

劳务输出之所以在 20 世纪 70 年代以后得以迅速发展,有其客观必然性,主要表现在以下几个方面：

1.世界经济发展的不平衡性。20 世纪 70~80 年代直至现今,有些国家技术落后,资源有限,资金短缺,而人口却较多,受其技术水平和产品销售市场所限,其国内的企业数量和工业规模十分有限,这就造成了就业压力。而有些国家技术先进,工业规模十分可观,因而劳动力的相对不足便显示出来,需要引进外籍劳务来弥补国内劳动力的短缺。因此可以说,世界经济发展的不平衡性是劳务输出的根本原因。

2.经济生活的国际化。第二次世界大战以后,科学技术飞速发展,各国之间的经济关系也日益密切,各国为求得发展,开始了经济生活国际化的进程。即使最发达的国家也不可能做到在所有领域都是领先的,引进技术和技术劳务便成为其保持领先地位的一个重要途径。

3.世界产业结构的调整和国际分工的深化。国际分工的深化和产业结构的调整,促使资金、原材料、设备、技术的国际自由流动,此外,发达国家往往在输出大量过时技术的同时,还输出了很多技术劳务和普通劳务,以缓解国内的就业压力。发展中国家在引进技术发展经济的同时,也需要外籍的技术劳动力进行技术指导,以发展国内的落后产业或创建国内的空白产业,这些都推动了劳务输出。

（三）劳务输出的方式

目前,各国输出劳务主要采取以下几种形式:①对外承包工程,国际工程承包一般涉及考察、勘探、设计、施工、安装、调试、人员培训甚至经营等工作,这些工作需要派出一定数量的施工、技术和管理人员;②技术和设备的出口,技术的出口国在向技术的进口国出口技术时,技术的进口国往往要求出口国派出有关技术人员进行技术指导,或对进口国的有关技术人员进行培训,这种方式派出的劳务人员一般是技术劳务;③直接出口劳务,有些国家通过签署合同的方式,直接向需求劳务的国家出口各类劳务人员,如医生、护士、海员、厨师、教师、体育教练员等;④海外投资设厂,一国的投资者在海外创办独资企业、合资企业和合作经营企业的同时,将会随之派出一些技术人员和管理人员,如果东道国允许,甚至还会派出一些普通工人。

三、国际劳务市场

（一）国际劳务市场

国际劳务市场是世界上从事劳务交易的场所。国际劳务市场是整个国际市场的重要组成部分,它对劳动力要素的国际流动起了非常重要的作用。国际劳务市场经过了20世纪50~60年代的孕育与发展,形成了西欧和北美两大劳务市场。随着西方国家经济70年代陷入滞胀和80年代步入缓慢增长,以及中东国家石油收入剧增和亚洲“四小龙”的兴起,国际劳务市场已从只进行普通劳动力流动的西欧和北美两大市场,发展成为亚太、中东、西欧、北美、拉美和非洲并能提供多种劳动服务形式的多元化市场。进入90年代以后,由于世界经济增长缓慢,各国的贸易保护主义日益加强,劳务市场上的竞争更趋激烈。进入21世纪以后,随着多数国家采取调整与发展并重的政策,国际劳务市场呈现出对技术劳务需求增加的态势,而且国际劳务市场多元化的趋势还在进一步加强。据世界劳工组织统计,目前全球每年的流动劳务为3 000万~3 500万人,从市场分布看,欧洲、北美、亚洲仍然是吸引外籍劳务的主要市场,如亚太地区每年需求800万~1 000万外籍劳务,北美需求1 700万外籍劳务,欧洲发达国家需求近800万外籍劳务,中东需求70多万外籍劳务。从行业对劳务需求的分布看,信息产业、生物和环保工程、计算机技术、商业和旅游业等朝阳产业对外籍劳动力需求的增长速度快于建筑、纺织、土木工程等传统产业。此外,医护和农业技术人员的需求也在不断增长。

国际劳务市场与国际商品市场有很大的不同,主要表现在以下两个方面:一是交易的对象不同,商品交易市场交易的对象是有形的实物,而劳务市场上交易的标的是无形的、非物化的活劳动;二是交易场所的设置不同,商品交换场所有很多都是固定的,如各类商品交易所以及定期举办的展销会和贸易洽谈会等,而劳务市场一般都没有固定的场所,经常是哪里有劳务需求,哪里就是劳务市场。

(二)世界主要的劳务市场

1.亚洲劳务市场。亚洲地区经济的持续快速增长,导致了其对劳动力需求的增加。亚洲劳务市场成为具有巨大发展潜力的市场,在国际劳务市场中的地位举足轻重,也是中国劳务输出的最主要的市场。亚洲劳务市场包括中东劳务市场和东亚、东南亚劳务市场。

中东劳务市场的发展主要得益于本地区所蕴藏的丰富的石油和天然气资源。沙特阿拉伯、科威特、阿联酋、卡塔尔等产油国家是中东地区全球劳务最集中的主要市场。20世纪70年代末80年代初,国际石油价格经历了两次大幅度上涨,中东产油国获得了巨额石油美元收入。为了将这些资金用于本国的经济开发和基础设施建设,从而发展本国的国民经济,人口稀少、劳动力不足的产油国家开始从本地区其他非产油国家招募劳务,后来又吸引了东南亚大批劳务进入中东市场,中国也于1979年以工程承包的形式向该地区输出劳务。近年来,随着世界石油价格的攀升,中东劳务市场又开始复苏。

东亚、东南亚地区包括日本、中国香港、新加坡、马来西亚、中国台湾、泰国和韩国等主要的劳务市场。这些国家或地区曾是向中东劳务市场输出劳务的生力军，同时也吸引了大批其他国家的劳务人员进入本国或本地区。其中，日本每年大约需要引进60万个外籍劳动力，新加坡每年也需要8万名外籍劳工。东亚、东南亚劳务市场的兴起，主要取决于这些国家产业结构调整所造成的结构性劳动力短缺，其大规模输入的多是一些初级劳动力。各国政府为了保护本国劳务，又都制定了各自的政策法规，在不同程度上限制外籍劳工的大规模进入。随着这些国家或地区市场对高级劳务人员的需求有所上升，更多高素质的外籍劳务开始进入东亚、东南亚劳务市场。

2.西欧劳务市场。西欧劳务市场的空前发展，可以追溯到20世纪40~50年代，是最具悠久历史的国际劳务市场。英国、法国、德国、意大利等西欧发达国家工农业发展水平位居世界前列，是西欧劳务市场中吸收劳务最多的国家。由于整体生活水平较高，当地的人们不愿从事一些脏累险的工种，劳动力缺乏使德国每年至少要接纳5万名外籍劳工。西欧国家几乎各行各业都面临劳动力短缺的状况，越是在条件差的行业和边远地区，就越是存在对外籍劳务的需求。随着西欧国家工业结构的调整，本国劳动力大都转向技术和知识密集型的新兴行业，外籍劳工的就业范围自然就局限在那些工作强度大，工作环境脏、差的工种以及条件差的边远地区。在这种情况下，外籍劳务不会妨碍本国工人就业，这也是西欧各国将外籍劳务的就业限制在较低级工种的目的所在，即抑制外籍劳务挤占本国劳务市场。另外，一些专业性强且当地工人无法胜任的工作也必须通过招募外籍劳务来完成。

3.北美劳务市场。北美劳务市场由美国和加拿大两个发达国家的劳务市场所组成。北美地区历史上就是吸收外来移民最多的地区，尤其是美国，大部分人都是当年移民的后裔。经济的发展和科技的进步，对劳务市场的发展起着重要的推动作用。20世纪70年代以来，美国产业结构的调整创造了更多的就业机会，随着产业结构从资本密集型向技术和知识密集型的转化，高科技产业部门对高层次劳务人员显示出更高的需求，很多企业对雇员的教育程度要求较高，而大量美国学生对学习失去兴趣，尤其是黑人和拉美人的辍学率提高，导致有些岗位招不到合适的人选。由于服务业的不断发展，服务行业的就业机会也在大量增加。另外，美国经济发达，社会福利水平较高，很多美国人不愿从事那些条件差的体力劳动，他们宁愿靠领取失业救济金为生。这些都造成了美国经济中结构性的劳动力短缺现象。美国对外来劳务的需求保证了整个北美市场的活跃与繁荣，加拿大甚为宽松的移民政策也为北美劳务市场注入了活力。与西欧劳务市场的外籍劳工只从事一些层次较低的工作不同，在北美劳务市场，除了那些从事脏、累、险、差的体力劳动的部门外，一些高科技产业部门如半导体、生物工程、计算机、人工智能及航天部门等，都遍布着来自不同国家的劳务人员。不少来自发展中国家的科学家、研究人员、技术人员和工程师等都活跃在美国经济的各个领域，并发挥着重要作用。

4.非洲劳务市场。非洲地区的经济发展水平及其所拥有的自然环境资源决定了非洲劳务市场在短期内很难出现较大的发展。首先，非洲地区经济基础较差，尽管非洲各国也都采取了一些能促进本国经济发展的政策，但是资金缺乏和支付信誉较差，在一定程度上影响了非洲劳务市场的发展。其次，除了尼日利亚、喀麦隆、加蓬、安哥拉等少数几个产油国家以外，大部分非洲国家都缺乏良好的投资环境，它们要么处于气候炎热的热带地区，要么处于茫茫无际的沙漠地带。构成非洲劳务市场的劳工大军中，很多是为谋生而背井离乡的非洲难民。由于难民素质低下，他们只能从事一些简单的劳动。而具有一定资金来源的少数几个产油国，为了发展本国经济，就要从非洲以外的地区招募劳务。比如在公路、港口、机场等基础设施建设以及城市供水、农村水利灌溉、矿产开采等项目的实施当中，都需要招募外籍劳务来进行勘察、设计、施工、调试及管理等工作。这样，在这几个拥有石油资源的非洲国家中，国际劳务市场才有所发展。

四、国际劳务合同的基本条款

国际劳务合同是确立国际劳务输出与输入，或彼此之间雇用关系的一种法律文件。国际劳务合同与其他的经贸合同有所不同，因为它要受当地政治、法律、宗教、文化等因素的制约。目前各国所签署的国际劳务合同是以欧洲金属工业联络组织拟定的“向国外提供技术人员的条件”为蓝本，主要包括以下内容。

（一）雇主的义务

雇主（一般被称为甲方）应负责外国劳务的入境手续，为他们提供基本的生活设施和工作条件，有责任对他们进行技术培训或指导，并尊重他们的人格。此外，雇主除应向劳务人员支付工资以外，还应支付从募集外籍劳务人员到外籍劳务人员抵达本国所产生的动员费、征募费、旅费、食宿费以及办理出入境手续所需的各种费用。

（二）劳务输出方的义务

劳务的输出方（一般被称为乙方）应按雇主的要求按时派出身体健康、能胜任工作的劳务人员，并保证他们遵守当地的法律，尊重当地的宗教和风俗习惯，且项目结束后离开本国，并应负责及时更换因身体不适或违反上述规定而必须离境的劳务人员。

（三）劳务人员的工资待遇

劳务人员的工资标准按其技术职称和工种而定，可按小时、日或月来计算，而且不得低于当地的最低工资标准。劳务工资既可用外币计价，也可用东道国货币计价，支付货币中可规定外币和东道国货币分别所占的比例，但外币不得少于工资总额的50%。劳务人员工作满1年后，工资标准也应随东道国物价的上涨而进行相应的调整。劳务人员工作满11个月后可以享受1个月的带薪休假，其往返旅费由雇主负担。若劳务人员放弃回国休假并继续为雇主工作，雇主除支付正常工资以外，还应按规定支付加班费。

（四）劳务人员的生活待遇

劳务人员的伙食、住宿和交通应在合同中做出明确规定。在一般情况下，雇主根据劳务人员的级别与职务来安排他们的食宿：按国际惯例，领队和工程师等一般每人一间，其面积不小于10平方米；医生、翻译、会计、厨师以及各类技术和管理人员两人一间，每人平均面积不得小于8平方米；普通工人几人一间不定，但每人不得低于4平方米。而劳务人员的伙食既可由雇主直接提供，也可提供伙食费，由劳务人员自行解决。雇主一般负责提供班车接送劳务人员上下班，但往返时间不得超过一小时，超过的时间算上班。

（五）劳动与社会保障

雇主应提供为保证劳务人员在工作中的安全所需的一切劳保用品，而且还应为劳务人员办理人身和医疗等保险。按国际惯例，雇主应以1∶150的比例为劳务人员配备医生，如果劳务人员需要住院治疗时，其住院费和各种治疗费由雇主负担。如果当地无法治疗，必须送往外地、邻国或回国就医时，也应由雇主支付路费。如果由于雇主原因致使劳务人员伤亡的，雇主应赔偿一切损失；如果是由于劳务输出方的过失，则由劳务输出方赔偿损失。

（六）仲裁条款

劳务合同应定有仲裁条款，其目的在于发生不能通过友好协商解决的争议时，能得到及时解决。仲裁机构是由双方选定的，但一般应选择东道国的仲裁机构作为劳务合同的仲裁机构，仲裁机构在收到争议双方签署的申请之后，根据国际惯例和当地的法律进行裁决，裁决的结果对双方都有法律约束力。

第七节　中国对外承包工程与劳务合作

一、中国对外承包工程

（一）中国对外承包工程的现状

中国对外承包工程事业从 20 世纪 70 年代末正式起步，经历了改革开放以后四十多年的曲折历程，目前得到了迅速发展。中国的对外工程承包业务遍及世界六大洲的 190 多个国家和地区，对外承包合同额在 20 世纪 80 年代初只有几千万美元，而 2017 年已扩大至 2 652.8 亿美元。中国公司从事的业务范围十分广泛，涉及建筑、石油化工、电力、交通、通信、水利、冶金、有色金属等多个领域，承包工程的方式也从最初的单纯劳务承包发展到勘察设计、施工、设备采购、材料进口等工程总承包方式以及项目管理。中国加入世界贸易组织以后，中国企业进入国际工程承包市场的环境和条件大为改善，作为 WTO 正式成员国的中国，对外承包工程事业赢得了更多的机遇，获得了更进一步的发展。

但是，由于多方面的原因，目前我国还不属于国际工程承包强国，对外工程承包业务还有很大的市场开拓潜力。

（二）中国对外承包工程的特点

综合分析我国现阶段对外承包工程发展的情况，主要有以下特点：

1.对外承包工程业务发展速度较快。20 世纪 70 年代末、80 年代初，中国对外承包工程事业处在起步之初，对外承包合同额仅有几千万美元，进入 90 年代，年合同额以 10%左右的速度增长。2017 年，我国对外承包工程业务完成营业额 1 685.9 亿美元，同比增长 5.8%；新签合同额 2 652.8 亿美元，同比增长 8.7%。截至 2017 年底，我国对外承包工程业务累计完成营业额 1.4 万亿美元，共签订合同额 2.1 万亿美元。

2.在国际承包工程市场上占有的份额较小。近年来，我国对外承包工程业务基本上保持了快速稳定的增长势头，无论是每年完成的营业额还是新签合同额，都有较高比例的增长，有的年份增幅高达二十多个百分点（见表 8-1）。但是，面对竞争激烈的国际承包工程市场，中国公司仍需继续努力。以美国市场为例，2017 年 ENR 全球最大 250 家国际承包商的业务显示，欧洲承包商在美市场份额 75.3%，而中国企业仅有 3.7%。可见，中国对外承包工程业务在国际承包市场占有的份额仍然较小。

表 8-1 1990—2017 年中国对外承包工程情况

年份	新签合同额(亿美元)	同比增长(%)	完成营业额(亿美元)	同比增长(%)
1990	21.3	—	16.4	—
1991	25.2	18.8	19.7	19.8
1992	52.5	108.0	24.0	22.0
1993	51.9	-1.2	36.7	52.6
1994	60.3	16.1	48.8	33.1
1995	74.8	24.2	51.1	4.6
1996	77.3	3.3	58.2	14.0
1997	85.2	10.2	60.4	3.7
1998	92.4	8.5	77.7	28.7
1999	102.0	10.3	85.2	9.7
2000	117.2	14.9	83.8	-1.7
2001	130.4	11.3	89.0	6.2
2002	150.6	15.5	111.9	25.8
2003	176.7	17.3	138.4	23.6
2004	238.4	35.0	174.7	26.2
2005	296.1	24.2	217.6	24.6
2006	660.0	122.9	299.9	37.8
2007	776.2	17.6	406.4	35.5
2008	1 045.6	34.7	566.1	39.3
2009	1 262.1	20.7	777.1	37.3
2010	1 343.7	6.5	921.7	18.6
2011	1 423.3	5.9	1 034.2	12.2
2012	1 565.3	10.0	1 166.0	12.7
2013	1 716.3	9.6	1 371.4	17.6
2014	1 917.6	11.7	1 424.1	3.8
2015	2 100.7	9.6	1 540.7	8.2
2016	2 440.1	16.2	1 594.2	3.5
2017	2 652.8	8.7	1 685.9	5.8

资料来源:《中国统计年鉴 2018》。

3.大项目增多,工程技术含量日益提高。在国际工程市场项目大型化、复杂化的发展趋势下,中国企业承揽大型项目的能力得到进一步提升,新签约大型项目数量也在持续增加。2017 年,中国企业新签合同额 10 亿美元以上的项目共 41 个,新签合同额 1 亿美元和 5 000 万美元以上的项目数量也逐年增加,集中在铁路建设、一般建筑、石油化工、电力工程等领域。一批基础设施互联互通和国际产能合作重点项目成为对外承包工程业务标杆,如蒙内铁路、中老铁路、中泰铁路、匈塞铁路、巴基斯坦 PKM 高速公路等。

4.市场多元化战略取得初步成效,但对外承包业务仍主要集中在亚洲市场。近些年来,中国对外工程承包的区域范围逐步扩大,工程项目已遍布六大洲的 190 多个国家和地区。中国在"开拓欧美发达国家市场"、贯彻"市场多元化"战略方面取得了初步成效。2017 年,中国企业在欧洲地区业务表现较为突出,新签合同额 172. 2 亿美元,同比增长 70. 1%;完成营业额 93. 2 亿美元,同比增长 16. 7%;在欧洲市场对外承包工程业务以石油化工、通信工程建设、交通运输建设以及电力工程建设等领域为主。在北美洲地区,2017 年,中国企业新签合同额 36. 1 亿美元,同比下降 16. 9%;完成营业额 23. 7 亿美元,同比增长 2. 5%;中国企业在北美洲以一般建筑业务为主。

尽管如此,中国对外承包业务仍主要集中在亚洲地区。2017 年,中国企业积极开拓亚洲地区市场,在投建营一体化、跨界合作等业务新引擎快速发展的带动下,新签合同额 1 436. 7 亿美元,同比增长 17. 1%,占对外承包工程新签合同总额的 54. 1%;完成营业额 882. 9 亿美元,同比增长 14. 9%,占对外承包工程完成营业总额的 52. 4%。交通运输建设、一般建筑和电力工程建设是中国企业在亚洲市场开展承包工程的主要业务领域,承包工程项目也日益呈现大型化和复杂化趋势。2017 年,中国企业在亚洲市场新签合同额 500 万美元及以上的项目合计 1 316 个,其中 1 亿美元以上的项目 262 个,合计新签合同额为 1 119. 6 亿美元,金额占比为 77. 9%。

5.大型实体企业的对外工程承包能力逐渐增强。2017 年共有 65 家中国企业进入 ENR 全球最大 250 家国际承包商榜单,上榜企业数量依然蝉联各国榜首。上榜中国企业的国际营业额总计达 987. 2 亿美元,较上年增长 5. 4%。有 9 家中国企业进入前 50 强,其中中国交建居第三位,与第二位德国豪赫蒂夫公司的差距由上年的 52. 5 亿美元缩小到 17 亿美元;中国电力建设股份有限公司首次跻身前十名,位于国际营业额排名第十位。中国企业在多个业务领域保持领先地位,中国交建在交通运输建设和制造业均位列第一,中国电建在电力工程建设领域排名第一,中冶科工在工业领域排名第二,中国电建在水利建设领域排名第三。

6.与国际大承包商之间仍然存在较大的差距。中国公司在国际承包工程市场上越来越表现出较强的竞争优势，但这种竞争优势只是相对的。同发展中国家的承包商相比，中国公司具备一定的优势，但同欧美大型国际承包商相比，中国公司的劣势也非常明显：一是市场开发和规划、咨询能力与发达国家企业相比还有较大差距；二是项目管理能力不足，尤其在大型、特大型项目的管理经验、设备物资的国际化采购、前沿技术的创新和应用能力方面仍有所欠缺；三是运营维护环节重视不够，中国企业普遍存在“重施工、轻运营”的现象，需进一步整合国内上下游产业资源，切实降低运营成本，实现施工、运营联动发展。

二、中国对外劳务合作

（一）中国对外劳务合作的含义

对外劳务合作是指具有对外劳务合作经营资格的境内企业法人与国（境）外允许招收或雇用外籍劳务人员的公司、中介机构或私人雇主签订合同，并按合同约定的条件有组织地招聘、选拔、派遣中国公民到国（境）外为外方雇主提供劳务并进行管理的经济活动。对外劳务合作属于国际服务贸易中的自然人流动范畴，涉及一国的服务提供者短期进入另一国消费者的所在地，为另一国消费者提供服务并获取相应报酬，也是一种涉外人力资源合作。中国对外劳务合作也是劳动力要素的国际重新组合配置，属于国际劳务合作的一部分。

（二）中国对外劳务合作的现状

中国对外劳务合作是中国对外服务贸易的优势项目。中国公司开展对外劳务合作业务的范围十分广泛，涉及公路、桥梁、港口、水电站、水坝、房屋建筑、园林建筑、天然气管道、地质勘探、航天等多个领域，派出的劳务人员从以往的建筑工人、医务人员、工程师等发展到海员、司机、律师等，这不仅扩大了中国在国际上的影响力，带动了产品、原材料和技术的出口，还锻炼了一大批技术和管理人员，并为国家和个人增加了外汇收入。

表 8-2 给出了 1990—2017 年中国对外劳务合作的统计情况。在“一带一路”建设引领下，我国对外劳务合作业务稳步发展，2017 年共派出各类劳务人员 52.2 万人，期末在外各类劳务人员 97.9 万人，均较上一年有所增加。截至 2017 年末，我国已累计派出各类劳务人员 902.2 万人次，为推动对外经贸合作、促进民心相通、助力扶贫脱贫发挥了积极作用。

表 8-2　　　　1990—2017 年中国对外劳务合作情况

年 份	派出劳务人数(万人)	同比增长(%)	年末在外人数(万人)	同比增长(%)
1990	—	—	5.79	—
1991	—	—	8.98	55.1
1992	—	—	13.10	45.9
1993	—	—	16.51	26.0
1994	—	—	22.26	34.8
1995	—	—	26.43	18.7
1996	—	—	28.54	8.0
1997	—	—	33.33	16.8
1998	—	—	35.19	5.6
1999	—	—	38.18	8.5
2000	—	—	42.49	11.3
2001	—	—	47.47	11.7
2002	—	—	48.89	3.0
2003	—	—	52.37	7.1
2004	24.68	—	53.41	2.0
2005	27.29	10.6	56.35	5.5
2006	34.96	28.1	67.38	19.6
2007	36.96	5.7	74.11	10.0
2008	42.49	15.0	73.87	-0.3
2009	39.43	-7.2	77.71	5.2
2010	41.14	4.3	84.66	8.9
2011	45.22	9.9	81.24	-4.0
2012	51.17	13.2	85.02	4.6
2013	52.66	2.9	85.28	0.3
2014	56.17	6.7	100.57	17.9
2015	52.99	-5.7	102.69	2.1
2016	49.43	-6.7	96.89	-5.6
2017	52.24	5.7	97.92	1.1

资料来源:《中国统计年鉴 2018》。

现阶段中国对外劳务合作基本处于稳步增长状态，这与国家政策的支持与协调，对在外劳务人员逐步规范的管理，中国公司经济技术实力不断增强，劳务人员素质逐渐提高以及中国积极努力开拓多元化市场等密不可分。随着改革开放的逐步深入，中国对外劳务合作规模不断扩大，已经成为中国对外经济合作的重要组成部分，形成了对外劳务合作与对外承包工程、对外援助、对外投资和对外贸易等各项业务相互联系、相互促进的格局。

（三）中国对外劳务合作的特点

1.基本保持稳步增长。中国的对外劳务合作事业从 20 世纪 70 年代末正式起步，经历了二十几年的发展。近几年对外劳务合作新签合同额、完成营业额增长率大都超过 10%，业务发展情况较好。随着中国对外劳务合作管理的进一步加强，对劳务人员合法权益保障机制进一步完善以及其他各方面条件的逐步成熟，中国对外劳务合作事业必将继续保持良好的发展势头。

2.市场分布呈多元化趋势。近年来，在外的中国劳务遍及亚洲、非洲、欧洲、北美洲、拉丁美洲及大洋洲等各个地区，但从市场结构来看，亚洲仍是中国对外劳务合作的主要市场。亚洲市场近年来一直是占我国对外劳务市场 60% 以上份额的地区，可以说亚洲、非洲地区仍然占据我劳务合作项下、工程项下外派劳务人员规模的主导地位。其中，中国港澳地区、新加坡、日本以接收劳务项下劳务人员为主，阿尔及利亚、马来西亚、沙特阿拉伯、巴基斯坦以接收工程项下劳务人员为主，外派人数和期末在外人数稳居前列。由此可以看出，亚洲地区外派劳务人数仍然占据绝对优势，而由于语言、技术标准等障碍，中国对欧美等地区劳务市场的开拓仍然非常困难。

3.大型专业企业的作用逐步增强。近年来，跻身于美国《工程新闻记录》（ENR）杂志评选的世界最大承包商行列的中国公司几乎每年都有所增加。从这些大型专业企业完成营业额及其在国际上的位置来看，它们在中国工程承包及劳务合作事业中确实发挥了骨干作用，显示了中国企业的实力。

4.对外劳务合作的档次逐步提高。除普通劳务外，工程师、医生、护士等专业技术人员以及飞机维修、软件设计、卫星发射等高科技和经营管理专业人员的份额有所增加。

但是，从 2017 年末中国对外劳务合作的行业结构来看，外派劳务中，建筑业占 43.4%，制造业占 16.1%，交通运输业占 13.8%，计算机服务和软件业、科教文卫体业等高级技术服务领域仅占 1.1%。可见，中国在开拓高新技术劳务市场领域方面还有很长的路要走。

（四）中国开展对外劳务合作业务的意义

首先，开展对外劳务合作可以增加外汇收入。据中国国内专家测算，中国外派劳务目前每年汇回和带回的外汇收入约20亿美元。

其次,对外劳动合作缓解国内就业压力。2017年末在外劳务人数比1982年末在外人数(3.2万人)增加了29.6倍,占全国城镇就业人数的比重由1982年的0.03%提高到0.55%,上升了17.3倍。

再次,对外劳务合作改善了劳务人员的家庭经济状况,甚至带动了部分地区的整体经济发展。

最后,对外劳务合作还使外派劳务人员学到了国外的先进技术和管理经验,提高了自身素质;一些外派劳务人员还通过在国外工作,与国外企业和商人建立了良好的关系,带回了一些贸易和投资项目;对外劳务合作还推动和促进了中国与有关国家的政治、经济、文化交往与联系。

(五)中国对外劳务合作的市场分析

亚洲劳务市场是中国劳务输出最主要的市场,中国劳务人员在亚洲地区的劳务人数及完成营业额超过了世界其他地区的总和,这与亚洲劳务市场本身的规模是分不开的,因为亚洲劳务市场是国际劳务市场中最具活力和潜力的。另外,中国地处亚洲,劳动力资源丰富,也是亚洲地区成为中国劳务输出的主要市场的因素之一。在正式的劳务合作业务开始以前,中国政府就曾经以无偿的经济技术援助的形式,向中东地区输出过劳务,这为以后中国对外劳务合作业务的开展积累了经验,奠定了基础。从1979年开始,中国正式以劳务合作的形式进入中东地区,打开了我国在中东劳务市场发展对外劳务合作业务的大门。除中东市场外,中国凭借地缘和相对廉价的劳动力资源优势,也开始向东亚、东南亚市场输出劳务。鉴于亚洲市场在中国劳务合作业务中的重要地位,中国在积极开拓新市场、推行市场多元化的过程中,也要注意在亚洲传统市场的业务拓展,使得中国对外劳务合作业务在亚洲劳务市场得以维持并不断发展。

非洲劳务市场是中国对外劳务合作的第二大市场。中国与非洲地区合作较早,早在20世纪60年代,中国就已经以经济援助的方式向多个非洲国家派出医疗队和铁路修建人员,当时从事这些经济援助项目积累起来的经验和信誉,是保证后来中国在非洲劳务市场占有优势的重要原因。在非洲劳务市场的中国劳务人员主要集中在石油资源丰富的产油国家。

欧洲和北美劳务市场是国际劳务市场中具有活力和发展潜力的两大市场,目前它们分别是中国发展对外劳务合作业务的第三和第四大市场。由于中国劳务进入这两大市场的时间较晚,而且欧美各国为避免外籍劳工大规模进入挤占本国劳工市场,都在一定程度上制定了限制外籍劳务进入的政策法规,这些都使得中国对外劳务合作业务在欧、美市场的规模有限,市场份额一直较低。然而,随着中国经济实力的增强,中国对外劳务合作公司的质量、信誉、效率不断提高，中国向欧洲和北美劳务市场的劳务输出正在稳步增长，除普通劳务外，高级技术和专业人员劳务输出也将在这些发达国家的劳务市场中站稳脚跟。

案例研究

中国铁建沙特承包工程巨亏

2011年3月，中国铁建股份有限公司(下称中国铁建)承建的麦加轻轨项目全线开通。往年驾车往返于各个朝觐点的很多穆斯林将改乘这条轻轨，麦加在朝觐高峰期的道路拥堵状况将大为改善。

但在这一项目背后，中国铁建付出了近42亿元人民币的亏损代价。2010年10月，中国铁建发布公告称，公司承建的沙特麦加萨法至穆戈达莎轻轨项目因实际工程数量比签约时预计工程量大幅增加等原因，预计将发生大额亏损，按2010年9月30日的汇率折算，总的亏损额预计约为人民币41.53亿元。

中国铁建对亏损做出的解释是，沙特麦加轻轨项目采用议标方式，而非投标方式，即指定由中国铁建公司进行承建，此外，总承包合同和具体条款也比较特殊，即“EP+O&M”的总承包模式(即设计、采购、施工加运营、维护总承包模式)，由中国铁建负责麦加轻轨项目设计、采购、施工、系统(包括车辆)安装调试以及从2010年11月13日起的3年运营和维护。EPC项目和一般的工程合同不一样，后者一般图纸详细，承包商只要按照图纸和技术规范来分析工程和报价就可以；而EPC项目通常只有“业主要求”或“概念设计”，因此，对EPC项目进行成本预算的程序必须很专业。而中国铁建在项目签约时只有概念设计，由于业主提出新的功能需求导致工程量增加，致使该项目在实施过程中，合同预计总成本逐步增加。到2010年6月30日，预计总成本增加到125.44亿元。到2010年下半年，项目全面进入大规模施工阶段，各分部分项工程全面展开，实际工程数量比签约时预计工程数量大幅度增加，导致项目工作量和成本投入大幅增加，计划工期出现阶段性延误。

尽管中国铁建对此次巨亏做出了上述解释，但归根结底，原因还在于中国铁建在沙特轻轨项目上，缺乏海外运作的专业素质和审慎态度。从中也可看出我国大型国企在进行国际工程承包时的一些固有的毛病——投资前风险意识不足，项目运作中更多依赖政府力量而非市场规则，缺少责任追究制度等。

案例思考与讨论

1. 国际工程承包的管理中需要注意的问题有哪些?
2. 中国对外承包工程的特点是什么?

思考与练习

1. 当代国际工程承包市场的特点是什么?
2. 国际招标方式有哪些种类?
3. 招标需要经过哪些程序?
4. FIDIC 条款的内容是什么?
5. 导致施工索赔的原因有哪些?
6. 什么叫国际劳务合作?
7. 劳务的种类有哪些?
8. 国际劳务合同的主要条款有哪些?
9. 中国对外工程承包和劳务合作的特点是什么?

第九章 国际租赁

International Leasing

通过本章的学习，使学生了解现代租赁业在国际经济合作活动中的作用，国际租赁的方式与特征；熟悉有关租赁方面的国际法规，了解现代租赁与传统租赁的区别；掌握国际租赁合同的主要条款与运作程序，租金的计算方式。

学习要点

By studying this chapter, students are expected to understand the role that modern lease industry has played in international economic cooperative activities, as well as the patterns and characteristics of international leasing; be familiar with international regulations and laws related to leasing and the difference between modern and traditional leasing; master the principal clauses and operational procedures of international leasing contract and the method of how to calculate the rent.

第一节　国际租赁概述

一、国际租赁的概念

租赁是一种古老而又全新的交易方式。迄今为止,国际上尚未对租赁(Leasing)一词形成统一的概念,甚至同一个国家的学者、政府部门、法律部门和经营者等对租赁的概念也没形成统一的认识。但就世界各国租赁业的运作方式而言,租赁是指出租人在不转让所有权的条件下,把设备、物资、商品、财产等出租给承租人,承租人在一定的期限内使用,并按租赁契约的规定,分期付给出租人租金的一种融资与融物相结合的经济活动。国际租赁也称跨国租赁,它是指分居不同国家和地区的出租人与承租人之间的租赁活动。

与传统的国际租赁业务不同,现代国际租赁业务是以金额数目巨大的机器设备、飞机、船舶等为租赁对象,以融资为目的。现代国际租赁实质上是企业进行长期资本融资的一种手段,其主体既可以是个人和企业,也可以是政府和国际组织,由于租赁公司提供以“融物”代替“融资”的服务,企业在获得租赁物使用权的同时,实际上减少了长期资本的支出,并能将其有限的资金用于其他短期业务支出。租赁融资已经与银行借款、公司债券和分期付款等长期信贷方式一起,成为金融大家庭中的一员。

二、国际租赁的产生与发展

租赁的历史可以追溯到原始社会末期,在漫长的发展过程中,租赁业经历了古代租赁、近代租赁和现代租赁三个发展阶段。

古代租赁出现于原始社会末期,具体表现为一些富人出租其工具、牲畜、货物乃至人,以获取租金。公元前3000年前,腓尼基人开始租赁船只。巴比伦王国曾在公元前1750年通过了一项立法,规定个人资产也可进行租赁交易。古代租赁实际上是一种实物租赁,它是以获取租赁物的使用价值为目的,以支付一定的报酬为前提的。

近代租赁开始于18世纪中叶,它是随着欧洲工业革命的开始而发展起来的。其租赁物主要为铁路车辆、船舶、制鞋机、缝纫机、电话等设备,但租赁的目的仍然只限于使用设备本身,而且只租不售。

现代租赁业起源于第二次世界大战以后的美国,其标志是美国的J·H.杰恩费尔德在1952年创立了世界第一家专营租赁业务的企业——美国国际租赁公司,该公司开始了真正意义上的融资与融物于一体的租赁业务。融资与融物相结合是现代国际租赁业的特征,此后,融资与融物于一体的融资方式被其他发达国家所效仿。进入 20 世纪 70 年代以后，银行开始参与租赁业务。80 年代以后，发达国家的租赁业进入成熟期，其租赁物主要包括飞机、汽车、计算机、无线电通信设施、工业机械与设备、医疗设备、废物处理设施、家具和办公用品等。此后，发展中国家也开始将租赁业作为一种融资手段，如 1994 年，巴西一家航空公司从美国、日本及欧洲以融资租赁的方式租进了 60 架飞机。2008 年，世界上已有 100 多个国家或地区开展了租赁业务。根据《世界租赁年报 2019》，2017 年全球前 50 名国家和地区的融资租赁新增业务额达 12 827.3 亿美元，美国、中国、英国分别居前三位。国际租赁业已成为当今国际资本市场仅次于商业贷款的第二大融资方式。

三、现代租赁的特征

现代租赁既不同于销售、分期付款和租用，也不同于古代租赁和近代租赁。现代租赁是以融资为主要目的，具有以下几个特征：

第一，现代租赁是以融资和融物相结合，并以融资为主要目的的经济活动。近代租赁的承租人只是为了获取租赁物的使用权，到期偿还，对租赁物的所有权不感兴趣。而在现代租赁业务中，出租人按承租人的需要购得设备后，再将其出租给承租人使用，目的在于收取超过贷款本息的租金，这实际上是出租人的一种投资行为。而承租人则通过取得设备的使用权解决其资金不足的问题，并用租来的设备生产出具有高额利润的产品来偿还租金。租赁的设备在使用一段时间后，可以将设备退回、续租或留购。在现代租赁合同中，租期往往与租赁物的寿命一样长，这就等于将所有权引起的一切责、权、利转让给了承租人，实际上已变成了一种变相的分期付款交易，即融资与融物相结合。这表明，承租人的目的不仅是为了在某一段时间内使用该物品，而且还想以此作为融资手段占有该物品。

第二，承租人对租赁物的所有权和使用权是分离的。现代租赁虽然在租期结束时，出租人和承租人可能成为买卖关系，或在租期未到之前就已含有买卖关系。但在租期内，由于设备是由出租人购进的，设备的所有权仍属于出租方，承租人只是在按时支付租金并履行租赁合同各项条款的前提下，对所租设备仅享有使用权，没有所有权。

第三，一笔租赁业务往往存在两个或两个以上的合同，并涉及三方或更多的当事人。在现代租赁活动过程中，有些租赁方式往往要在一笔租赁交易中签订两个或两个以上合同，例如，融资租赁至少涉及三方当事人，即出租人、承租人和租赁物的供货商，出租人与承租人之间签订一个租赁合同；出租人与供货商之间签订一个购货合同；如果出租人需要融资，不仅要涉及银行或金融机构，还需要由出租人与银行或金融机构签订一个贷款合同。

第四,承租人有选择设备和设备供货商的权利。在现代租赁业务中,承租人租赁的设备往往是根据承租人提供的型号、规格、技术指标和性能购置的,甚至连提供设备的供货商及购买设备的商务条件都是由承租人指定和商定的。

四、现代国际租赁业迅速发展的原因

现代国际租赁业自20世纪50年代出现起,一直以惊人的速度发展,1988年达到了顶峰,其增长率曾经高达21.5%。此后,虽然受世界经济衰退的影响而出现增长放慢的态势,但仍保持着约10%的年增长率。欧、美、日等发达国家(地区)企业利用租赁方式筹资进行的设备改造已占新设备投资额的20%以上,有些国家甚至达到了30%以上。1999年和2000年,全世界的租赁额分别达到了4 735亿美元和4 989.5亿美元,尤其是2000年,世界租赁额创下了历史纪录。2001年以后,世界租赁业受政治动荡以及安然、世通和其他跨国公司倒闭的影响,租赁额有所回落,但仍保持在4 500亿美元以上的高水平。

第二次世界大战后国际租赁业之所以能以如此速度发展,主要有以下几个方面的原因。

(一)西方发达国家经济长期保持高速增长

第二次世界大战结束后,由于科技革命的推动,世界经济增长迅速,新技术和新产品不断涌现,设备更新的周期也随之缩短,各国固定资产投资需求旺盛,原有的使用手段已满足不了企业对巨额资金的需求,这就刺激了以融资为特征的现代租赁业的兴起。发达国家(地区)的年租赁额大约占世界租赁总额的70%以上,这充分反映了现代租赁业与经济发展水平之间的关系。

(二)企业对外来资金依赖程度的加深

20世纪70年代末至80年代初,工业发达国家经济相继进入滞涨状态,一方面资金市场供过于求,另一方面用于实业的资金不足,这就使企业对外来资金依赖程度加深,再加上国际商品市场竞争激烈以及贸易保护主义在西方各国又一次盛行,促进了带有融资性质并可有效地绕过贸易壁垒的现代租赁业的发展。

(三)发达国家政府对租赁业的支持

发达国家政府对租赁业的支持主要表现在两个方面:一是政策上的支持,这主要体现在税收方面,租赁业一般可享受政府给予的某些额外的减税和免税待遇,政府还为租赁公司提供专项贷款和信用保险等;二是各发达国家都颁布了有关租赁的各种法规,使租赁市场走向法制化轨道。

五、国际租赁的作用

国际租赁是一种融资与融物相结合的中长期信贷方式。它对承租人、出租人、制造商和金融机构等租赁市场上的参与者以及租赁物的进出口商来说,与简单的商品买卖相比均有相对较大的益处,具体体现在以下几方面:

第一,降低了企业的生产成本。很多发达国家都对租赁设备采取了一定的鼓励措施,如税收减免和加速折旧。承租人在采用租赁方式时,可将租金计入成本,扣除不必要的税,如果采用贷款,只能将所付利息计入成本,本金的归还是不能免税的。此外,出租人由于能从其应税收入中抵免设备的投资支出,大大降低了购买成本,这使承租人以比购买方式成本更低的获取设备的租赁方式成为可能。由于出租人将其投资和加速折旧的部分好处转让给了承租人,加上承租人本身享有的税收等方面的优惠,采用租赁方式比采用借款购买方式获得设备的成本要低得多。

第二,增加了利用外资的数量。国际上所采用的利用外资的方式很多,但在很多方面都有限制:政府贷款虽然条件优惠,但均有限制性采购规定,金额也不会很大,并往往与项目相联系;出口信贷不仅限定购买的商品,而且只贷给购买设备合同金额的85%;商业贷款虽然也能得到购买设备所需的100%的贷款,但往往以各种形式的抵押作为贷款条件。而采用租赁方式,不仅可使承租人享有购买设备所需资金的100%的融资,而且由于国际货币基金组织一般不把租赁货物视为承租人所在国的对外债务,不会影响该国从其他途径筹集资金,这实际上增加了利用外资的数量。

第三,加快了设备的引进速度。在企业缺乏购买设备的资金的情况下,申请各种形式的贷款往往手续繁杂,如需要提供担保或进行资信调查,有些贷款还需借款国政府出面商谈或提供担保以及审批等。这往往需要很长时间,有的甚至长达1至2年。如果采用租赁方式,设备和供应商可由承租人指定,设备的引进一般由租赁公司包办,这就大大节省了设备的引进时间。

第四,避免了通货膨胀造成的损失。在当今世界,通货膨胀已成为普遍现象。租赁设备由于租金是固定的,即使以后物价上涨,承租人仍以签订租赁合同时的货币价值支付租金,这就避免了由于通货膨胀而给承租人造成的损失。

第五,实现了设备的有效利用。对出租人来说,将自己闲置不用的设备或本国已经淘汰的设备出租给其他需要该设备的企业或那些经济不发达的国家,会使一些已无任何价值的设备继续创造经济价值。

第六,减少了投资风险。在租赁期间,由于承租人对租赁的设备不具有所有权,当承租人不能按时支付租金时,出租人有权收回租赁物。而在贷款的情况下,当债务人不能偿还债务时,债权人只能通过法律程序起诉,在债务人以其资产和金钱不足以偿还债务时,债权人只得自认倒霉,这说明,对于出租人而言,租赁融资的风险小于贷款风险。此外,由于承租人可在租期结束后将租赁的设备退还给出租人,这也使承租人避免了借巨资购买的设备在使用了几年后弃之无用或设备过时而需要更新所产生的损失。

第七,促进了销售。在租赁方式下,承租人是分期支付租金,再加上享有税收和折旧的优惠,承租人以租赁方式购买设备比贷款购买更便宜,这就客观上增加了社会购买力,实际上增加了销售量。即使当经济不景气或政府采用紧缩政策,致使购买力下降时,仍然可以通过租赁方式维持商品的销售,如美国电报电话公司 1992 年的成交额中,有 13%是靠租赁方式达成的。

第二节　国际租赁方式

一、融资租赁

(一)融资租赁的定义

融资租赁是指企业需要添置设备时,不以现汇或向金融机构借款方式购买,而是由租赁公司融资,把租赁来的设备或购入的设备租给承租人使用,承租人按合同规定,定期向租赁公司支付租金,租赁期满后退租、续租或留购的一种融资方式(见图 9-1)。

(二)融资租赁的特征

融资租赁主要有以下几个特征:

1. 承租的设备及设备的供货商由承租人选定或指定。由于租赁的设备是出租人按承租人的要求或指定购买的,出租人难免对该设备缺乏了解,所以出租人对设备的性能、物理性质、缺陷、供货商交货迟延、设备的维修保养等概不负责。

2. 至少涉及三方当事人,即出租人、承租人和供货商。因为设备或供货商是承租人选定的,这就使得承租人先与供货商联系,再由出租人与供货商接触,最后出租人将所购设备租给承租人使用。

3. 要签两个或更多的合同。出租人与承租人签订一个租赁合同,出租人与供货商签订一个买卖合同。这实际上是一种三边交易,两个合同相互制约。如果出租人由于资金不足需要向银行或金融机构融资,出租人还要与提供贷款的机构签订一个贷款合同。

4. 全额清偿。即出租人在基本租期内只能租给一个特定的用户,并可在一个租赁期限内全部收回投资和合理的利润。

5. 租期较长。融资租赁的期限一般根据设备当时的折旧速度来定,一般为3~10年。实际上融资租赁的租期基本上与设备的使用寿命相同。

6. 不可解约。由于租赁的设备是承租人自己选定的,合同期满前,双方均不能解约,只有当设备自然毁坏并证明已丧失使用效力的情况下才能终止合同,但必须以出租人不受经济损失为前提。

7. 租赁设备的所有权与使用权相分离。在租赁期内,设备的所有权在法律上属于出租人,而经济上的使用权则属于承租人。

8. 租赁期满时,承租人有退租、续租和留购的选择权。在通常情况下,出租人由于在租期内已收回了投资并得到了合理的利润,再加上设备的寿命已到,出租人一般会以收取名义货价的形式将设备的所有权转移给承租人。

融资租赁实际上是租赁公司给予用户的一种中长期信贷,因为出租人支付了全部设备的价款,等于对企业提供了100%的信贷,因此它具有较浓厚的金融色彩。融资租赁往往被看作是一项与设备有关的贷款业务,所以融资租赁又被称为金融租赁或完全支付租赁。融资租赁适用于价值较高和技术较先进的大型设备,如大型电子计算机、施工机械、生产设备、通信设备、医疗器械、办公设备等。目前,发达国家企业的大型设备有近50%是通过融资租赁方式取得或购买的,它已成为国际上应用最为广泛的融资方式。

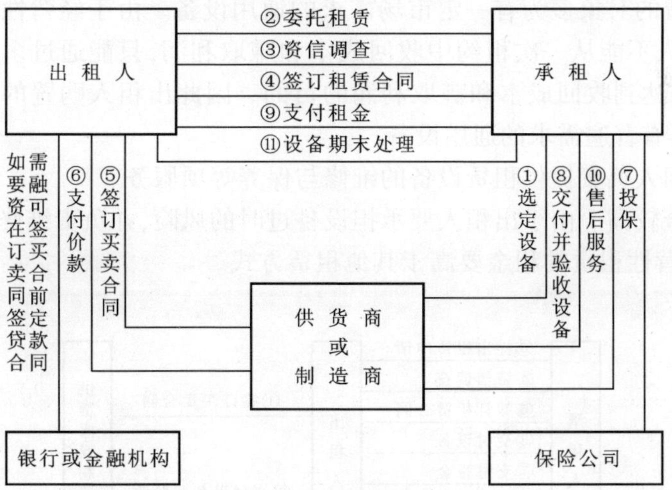

图9-1 融资租赁交易程序

二、经营租赁

（一）经营租赁的定义

经营租赁（Operating leasing）是指出租人根据租赁市场的需求购置设备，以短期融资的方式提供给承租人使用，出租人负责提供设备的维修与保养等服务，并承担设备过时风险的一种可撤销、不完全支付的租赁方式。它也被称为服务性租赁或操作性租赁（见图9-2）。

（二）经营租赁的特征

经营性租赁一般具有以下特征：

1. 中途可以解约。在租赁期限内，承租人如果发现租赁的设备已经过时，在承租人预先通知出租人的前提下，可以将所租赁的过时设备退回给出租人，以便租赁更先进的设备。这种方式实际上是由出租人承担设备过时的风险。

2. 租期较短。经营性租赁的租期一般远远低于设备的使用寿命，一般在3年以下。

3. 不完全支付。承租人在一次租约期间所支付的租金并不足以补偿承租人购买设备所支付的价款并获得预期利润，才能通过多次出租设备，出租人要逐步收回投资与利润。

4. 租赁的对象多为有一定市场需求的通用设备。由于经营性租赁的租期较短，出租人不能从一次租约中收回成本和赚取利润，只能通过多次出租给不同的客户来达到收回成本和赚取利润的目的。因此出租人购置的用来出租的设备多为具有普遍需求的通用设备。

5. 出租人负责提供租赁设备的维修与保养等项服务。

6. 租金较高。由于出租人要承担设备过时的风险，并负责维修与保养等服务，因此经营性租赁的租金要高于其他租赁方式。

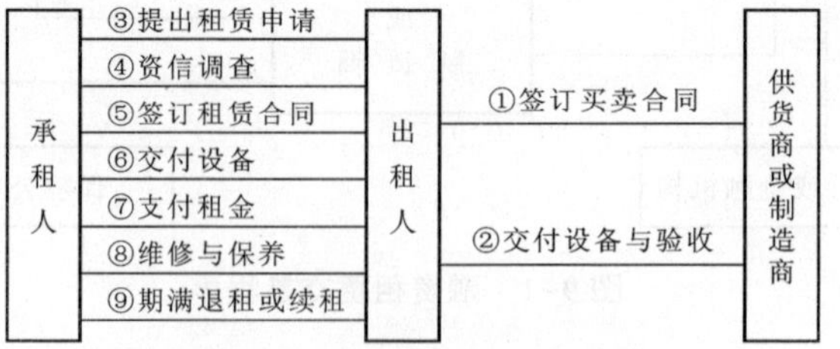

图9-2　经营租赁交易程序

经营性租赁所租赁的机器设备一般是专业性较强,需要精心保养和管理,发展较快,而且承租人进行保养和维修有一定困难的设备,如计算机、科学仪器、工业建筑设备等,或者是市场上有普遍需求的小型设备和工具,如汽车、照相机、摄像机、录像带等。

三、杠杆租赁

(一)杠杆租赁的定义

杠杆租赁(Leveraged Leasing)在英美法系的国家被称为衡平租赁。它是指出租人提供购买拟租赁设备价款的20%~40%,其余由出租人以设备作抵押,向银行等金融机构贷款,出租人拥有设备的所有权并享有政府给予的税收优惠,然后出租人再将设备出租给承租人使用的一种租赁方式。购置设备成本中的借款部分称为杠杆,即财务杠杆(Financial Leverage),所以称杠杆租赁。

(二)杠杆租赁的特点

杠杆租赁具有以下特点:

1. 涉及的当事人至少为三方。即一方为出租人,另一方是承租人,还有一方是贷款人。贷款人常常被称为债权持有人或债权参与人。杠杆租赁有时还涉及物主托管人和契约托管人。

2. 贷款人对出租人无追索权。出租人是以设备、租赁合同和收取租金的受让权作为贷款担保的,在承租人无力偿付或拒付租金时,贷款人只能通过终止租赁并拍卖设备来收回贷款并得到补偿,无权向出租人追索。

3. 出租人在购置拟租赁的设备时,必须支付20%的价款,作为其最低风险投资额。

4. 租期结束时,租赁设备的残值必须相当于设备有效寿命的20%,或至少还能使用1年。

5. 租赁期满,承租人必须以设备残值的市价留购该设备,不得以象征性价格留购。

杠杆租赁实际上是一种负债经营方式。出租人以定期收取的租金来偿付贷款。贷款人对出租人无追索权,但出租人必须以设备、租赁合同和收取租金的受让权作为担保。通过财务杠杆,可以充分享有政府提供的税收优惠和加速折旧的好处,使出租人和承租人共同受益(见图9-3)。

杠杆租赁20世纪70年代末起源于美国,后来英国和澳大利亚也广泛采用。杠杆租赁适用于价值百万元以上及有效寿命在10年以上的大型设备或成套设备。杠杆租赁实际上是把投资和信贷结合起来的一种融资方式。

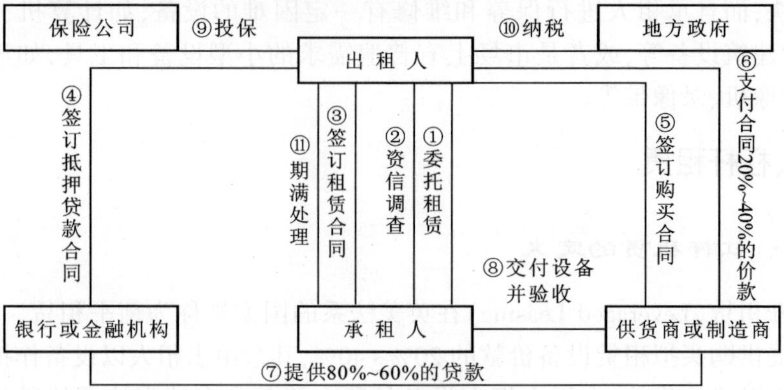

图 9-3 杠杆租赁交易程序

四、售后回租租赁

售后回租租赁简称回租。它是指承租人将其所拥有的设备出售给出租人，然后承租人再从出租人手里将出售给出租人的设备重新租回来的一种租赁方式(见图 9-4)。采用回租方式，实际上可以使承租人在继续对原来所拥有的设备保持使用权的前提下，收回设备的投资，以解决资金不足的困难，加速企业的资金周转。回租与融资性租赁类似，其区别在于融资租赁是出租人出资直接从供货商或制造商那里购买承租人选定的设备，而在回租方式下，承租人先出资从供货商或制造商那里购买其所需的设备，然后再转卖给出租人，并继续租用该设备。回租的租赁物多为已使用过的旧设备，回租新设备的情况极为少见，也就是说，承租人一般不会为出售给出租人而购买设备，而是为使用而购买设备，并在设备使用了一段时间以后，为解决企业资金的暂时困难，才采用回租这一方式。由于承租人回租的设备已使用过一段时间，即使承租人购买的是新设备，但回租时也属于旧设备。因此，如果回租的设备在出售或回租前已提足了折旧，企业在回租后仍享有租金免税待遇和折旧的好处。如果出售设备的价款高于其账面值，承租人还可获得资产差价的收益。

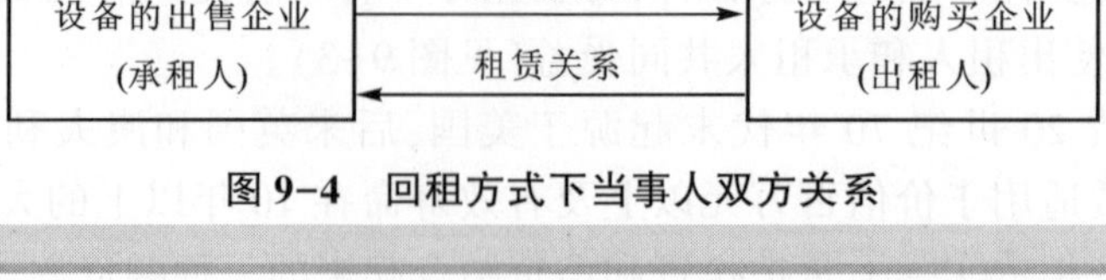

图 9-4 回租方式下当事人双方关系

五、维修租赁

维修租赁是介于融资租赁和经营租赁之间的一种租赁形式。它主要是指运输工具的租赁,出租人在把运输工具出租给承租人使用后,还提供诸如运输工具的登记、上税、保险、维修、清洗和事故处理等一系列的服务。由于维修租赁的出租人除了出租设备以外,还要提供其他服务,所以租金要高于融资租赁,但一般低于经营租赁。维修租赁适用于飞机、火车等技术较复杂的运输工具,维修租赁的出租人一般是制造厂家。维修租赁的出租人除负责维修和保养外,有时还负责燃料的供应和管理以及操作人员的培训等。

六、综合租赁

综合租赁是一种租赁与贸易相结合的租赁方式。租赁与贸易相结合,不仅可以减少承租人的外汇支出,还可以扩大承租人与出租人之间的贸易往来,带动双方国家的商品出口,促进商品贸易与租赁业的共同发展。目前,综合性租赁方式繁多,但大致有以下几种。

(一)租赁与补偿贸易相结合

补偿贸易是指设备的进口方不以现款来偿付设备的价款,而是以该设备生产出的产品或双方约定的其他产品或劳务作为对出口方的补偿。租赁与补偿贸易相结合是指出租人在向承租人出租设备时,承租人并不以现款支付租金,而是用所租设备产出的产品偿付租金。

(二)租赁与加工装配业务相结合

租赁与加工装配业务相结合是指承租人不用现款来支付租赁设备的租金,而是以租来的设备承揽出租人的来料加工、来件装配和来样加工业务,承租人以加工应得的工缴费作为租金的支付方式。

(三)租赁与包销相结合

包销是指出口人通过协议,把某一种商品或某几种商品在某一地区和期限内的经营权单独给予某个包销人或包销公司的一种贸易做法。租赁与包销相结合是指由出租人把设备出租给承租人使用,承租人将所租设备生产的产品交给出租人包销,出租人将应得的租金从包销产品的价款中扣除。

(四)租赁与出口信贷相结合

出口信贷是指一国政府为促进本国商品的出口,在给予利息补贴的前提下,鼓励本国银行对本国的出口商或外国的进口商提供利率较低的优惠贷款,以解决本国出口商的资金周转困难或国外进口商支付进口的产品所需资金的一种融资方式。租赁与出口信贷相结合是指出租人把用出口信贷购买的设备出租给承租人,从而降低承租人租金的一种方式,这种做法可以增强出租人在租赁市场上的竞争能力。

第三节　国际租赁合同

一、国际租赁合同的基本条款

国际租赁合同属于经济合同的范畴。鉴于国际租赁业务的特点,一项国际租赁交易往往需要订立多种合同,如进出口销售合同、租赁合同、贷款合同、维修合同等,但租赁合同是其中的基本合同。在国际租赁业务中,由于租赁方式及租赁物的不同,租赁合同的内容也有所差别,但一般应包括以下条款。

(一)合同的当事人

租赁合同的当事人主要是指出租人和承租人。出租人是租赁物品的所有者,而承租人则是租赁物的使用者。当事人是合同应首先予以明确的。

(二)租赁物品

合同中应明确列明租赁物品的名称、规格、牌号、数量和交货期,并说明出租人根据承租人的要求购买租赁物后,租给承租人的使用条件。

(三)租赁期限

租期一般从交付租赁物之日算起,如需要安装设备,则应从设备安装完毕,承租人正式开始使用算起。租期的长短主要取决于设备的使用寿命,发达国家一般以设备寿命75%的时间作为设备租赁的最低期限。价值较低的通用设备一般在3年左右;厂房、机械设备、计算机等一般在5年左右;飞机、船舶、铁路机车等一般为10年。

(四)租金

支付租金是承租人的一项主要义务,租金条款必须明确总金额、支付方式、支付时间、每次支付的数额、付款地点、支付货币等。此外,合同还应规定承租人在租赁开始时应缴纳的保证金数额。

（五）租赁物的购买与交货

合同要注明出租人所购买的拟租赁的设备是由承租人选定的，并出具必要的证明。租赁合同还应明确租赁物的交货时间和地点，交货人不能按时交货的责任，验货时间和方法等。

（六）纳税

国际租赁业务涉及海关关税、工商统一税等多种税款，双方应在合同中列明各自应纳的税种。

（七）租赁物品的保管、使用和保养

租赁合同中，应规定承租人对设备的保管义务，设备的使用方法和注意事项以及设备的保养责任。

（八）保险

为租赁物投保也是租赁业务中的一项重要内容，双方应在合同中规定由谁投保，如果是由承租人投保，承租人应以出租人的名义投保，并应在由于保险范围内的风险致使租赁物受损时，向出租人提交有关文件，以使出租人能够顺利获取保证金。

（九）租赁保证金

承租人一般在签订合同时交一笔租赁保证金。保证金的具体数额应在合同中注明。保证金一般不计利息，租期结束后退还承租人或转为租金支付给出租人。

（十）担保人

担保人必须保证承租人严格履约，并应在合同上签字。

（十一）期后租赁物的处理

在租赁合同中，应规定租赁期满后租赁物的处理方法。如果退还，应规定租赁物品除正常消耗外应保证的状态；如果续租，应规定承租人提出续租的最后时间；如留购，应规定留购的价格。

（十二）违约与索赔

双方不仅在合同中应规定双方的权利和义务，还应规定履约过程中对各种违约情况的索赔金额和方法。

（十三）争议的解决

租赁合同应规定出租人、承租人以及担保人对履约过程中所出现的争议的解决方法和解决地点。

二、租金的构成

租金是出租人因出租设备向承租人收取的补偿和收益。租金一般由租赁物的现值、出租人为购买租赁物筹资所支付的利息、手续费、预期的名义货价、利润、运费、保险费等组成。

租赁物的现值，是指出租人根据承租人的要求出资购买租赁物所发生的费用，包括购买设备的货价、运输费和保险费。

利息，即出租人因融资购买设备而向贷款银行或其他金融机构所付的贷款利息。利息的高低直接影响着租金的数额。

手续费，即出租人为承租人办理租赁业务所支付的营业费，如办公费、工资、差旅费、税金等。

预期的名义货价，即租赁物的期后残值。租赁物残值的计算与折旧期有关，期后残值大则租金低，残值小则租金高。

利润，利润是出租人出租物品应获取的收益。出租人的利润也来自租金。

运费，即将租赁物从购买地运到承租人处所付的运输费。

保险费，即为租赁物投保所付的费用。

三、租金的计算

由于租金是由租赁物的现值、利息、手续费、预期的名义货价、利润、保险费、运费等组成，其计算公式为：

$$租金=\frac{(租赁物原价+运费+保险费-估计残值)+利息+利润+手续费+税金}{租期}$$

但是，在租赁业务中，由于租金的支付时间和方法不同，致使租金的计算方法也有所不同。目前，国际上一般采用以下几种计算方法。

（一）附加率法

附加率法是指按租赁物的价款，再加上一个特定的比率来计算租金。其计算公式为：

$$R=PV\frac{(1+ni)}{n}+PV\cdot r$$

式中：

R 为每期租金；

PV 为租赁资产的概算成本；

n 为还款次数(按月、季、半年或年来计算)；

i 为与还款次数相应的折现率；

r 为附加率。

例如，某企业欲从某租赁公司租赁一套设备，设备的概算成本为 80 万元，期限为 8 年，每年末支付租金，折现率为 6%，附加率为 4%，每期租金应为：

$$R = 800\ 000 \times \frac{(1+8\times6\%)}{8} + 800\ 000\times4\%$$

$$= 18\ 000(\text{元})$$

(二)年金法

年金法是以现值为基础，将一项租赁资产在未来各项租赁期间内的租金总额，按一定比率折现，使其现值总和恰好等于租赁资产概算成本的租金计算方法。每期租金固定不变时，为等额年金法。等额年金法又有先付后付之分，其计算公式分别为：

$$R = PV\frac{i(1+i)^{n-1}}{(1+i)^n-1} \qquad (\text{先付})$$

$$R = PV\frac{i(1+i)^{n}}{(1+i)^n-1} \qquad (\text{后付})$$

式中：

R 为年金或每期租金；

PV 为租赁资产的概算成本；

i 为折现率；

n 为租赁期数。

仍以上面的例子来说明，若先付，则：

$$R = 800\ 000\times\frac{6\%(1+6\%)^{8-1}}{(1+6\%)^8-1}$$

$$= 121\ 536.56(\text{元})$$

若后付，则：

$$R = 800\ 000\times\frac{6\%(1+6\%)^{8}}{(1+6\%)^8-1}$$

$$= 128\ 828.75(\text{元})$$

(三)递减式计算法

递减式计算法是指承租人所交的租金中，每期偿还的本金相等，但其中所含的利息和手续费不同，即开始所付的租金高，而后几年递减。以此方法计算租金的公式为：

$$R=\text{各期占款本金数}\times\text{年利率}\times\text{占款年数}+\text{各期应还本金数}$$

例如，某企业与某租赁公司达成一笔设备租赁业务，设备的概算成本为300万元，租期为5年，每年年末支付一次租金，利息和手续费合年利率为9%。如果采用先期多付、后期少付的办法，每年应付的租金，5年应付的总租金，每年的利息和手续费和5年的利息和手续费总额分别为：

第1年应付租金为：3 000 000×9%×1+600 000＝870 000（元）

第2年应付租金为：2 400 000×9%×1+600 000＝816 000（元）

第3年应付租金为：1 800 000×9%×1+600 000＝762 000（元）

第4年应付租金为：1 200 000×9%×1+600 000＝708 000（元）

第5年应付租金为：600 000×9%×1+600 000＝654 000（元）

5年共交租金为：870 000+816 000+762 000+708 000+654 000＝3 810 000（元）

第1年至第5年的利息和手续费分别为270 000元、216 000元、162 000元、108 000元和54 000元。

5年的利息和手续费总额为270 000＋216 000＋162 000＋108 000＋54 000＝810 000（元）。

上述例题还可用表9-1表示。

表9-1　递减式计算法例题　　单位：万元

期序＼项目	占款年数	本金金额	应付本金	利息和手续费	租金
1	1	300	60	27	87
2	1	240	60	21.6	81.6
3	1	180	60	16.2	76.2
4	1	120	60	10.8	70.8
5	1	60	60	5.4	65.4
应付总额	—	—	—	81	381

（四）本息法

本息法是利用本息数来计算租金，本息数是指租赁期内承租人应支付租金总额与租赁资产概算成本的比率。其计算公式为：

$$R=PV\frac{C}{n}$$

式中：

R 为年金或每期租金；

PV 为租赁资产概算成本；

n 为租期；

C 为本息数。

例如，某企业欲从某租赁公司租赁一套设备，该套设备的概算成本为 260 万元，租期为 4 年，每年年末支付租金，本息数为 1.40，每期租金应为：

$$R = 2\ 600\ 000 \times \frac{1.40}{4}$$

$$= 910\ 000(\text{元})$$

（五）租赁率法

租赁率法的计算公式为：

$$R = PV\frac{(1+i)}{n}$$

式中：

R 为年金或每期租金；

PV 为租赁资产概算成本；

n 为租期；

i 为租赁率。

仍以概算成本 260 万元、租期 4 年的设备为例，若租赁率为 20%，用租赁率法计算出的每期租金应为：

$$R = 2\ 600\ 000 \times \frac{(1+20\%)}{4}$$

$$= 780\ 000(\text{元})$$

第四节　国际租赁机构及实施程序

一、国际租赁机构

目前，国际上经营租赁业务的机构大致可分为四类，即租赁公司、金融机构、制造商和经销商、联合机构，它们构成了国际租赁市场的主体。

（一）租赁公司

租赁公司可分为专业租赁公司和融资性租赁公司两种。专业租赁公司是专门从事租赁业务的企业,这种公司往往专营某一类或某几类设备的租赁业务,租赁的设备或公司根据市场需求购置,或是根据承租人的指定代购,并为出租的设备提供保养、维修、更换零件和技术咨询等服务,同时也从事租赁业务介绍和担保等业务;融资性租赁公司虽然以租赁的形式出现,但其主要作用是在保持对设备所有权的前提下,为承租人垫付资本,向承租企业融通资金。

(二)金融机构

西方很多国家的银行或其他金融机构,或利用其雄厚的资金在其内部设立经营租赁业务的部门,或几家金融机构联合组成从事租赁业务的机构。如日本东京租赁公司是第一劝业银行的子公司,总和租赁公司是住友银行的子公司,阿尔杰克公司是法国东方汇理银行参与创立的从事租赁业务的公司。

(三)制造商和经销商

20 世纪 70 年代以后,很多发达国家机械设备的制造商和经销商在本企业内部设立从事租赁业务的部门或直属的租赁公司,以经营本企业所生产或销售设备的租赁业务,其目的是扩大其产品销路。如,美国商用机器公司、美国电报电话公司等就大量出租其所制造的产品。

(四)国际性联合机构

20 世纪 60 年代中期以来,世界租赁市场上相继出现了一些由不同国家的企业联合组成的国际租赁组织,如由英国、美国、法国、意大利、荷兰等国银行组成的总部设在卢森堡的租赁协会,还有 1973 年由美国、英国、意大利、日本、加拿大等国银行组成的东方租赁控股公司等。

上述四类经营租赁业务的机构各有优势,金融机构在融资条件上能提供很多优惠,而专业租赁公司、制造商、销售商则能在维修服务方面提供便利。

二、国际租赁的基本程序

国际租赁的程序往往随租赁方式的不同而不同,而且每个从事租赁业务的租赁公司也往往都有自己的一套做法,但基本程序还是相同的,大致包括以下几个步骤。

(一)申请租赁

承租人先向租赁公司提出租赁申请,索取并填写租赁委托书。

(二)选定拟租赁的设备

有些租赁方式的租赁设备是由承租人选定的,承租人先同自己所需要的设备的生产企业或供货商,就拟租赁设备的品种、规格、性能、品质、交货期、价格等事宜进行商谈,谈妥后再由出租人代为购买。除经营性租赁外,出租人一般不承担技术谈判的责任。在选择拟租赁的设备时,既可以由承租人自行选定拟租赁的设备,也可以由租赁公司按承租人的要求,向承租人推荐拟出租的设备。

(三)租赁预约

承租人就拟租赁设备的有关事项与制造商或供应商谈妥后,就所洽谈的有关设备的品名、品质、规格、价格、供货时间、维修保养等情况通知出租人,并与出租人商谈设备的租赁方式和期限,同时还应要求出租人开具租赁费估价单。承租人对估价单进行研究并与出租人磋商后办理预约租赁。

(四)审查

租赁公司接受预约租赁后,承租人应向出租人提交企业的经营许可证及各种财务报表等文件。出租人根据承租人提供的文件和自己掌握的材料对承租人进行资信审查,必要时还可委托有关信用调查机构对承租人进行资信调查,出租人根据审查结果来决定是否接受租赁。

(五)签订租赁合同

经过资信调查,如果承租人的条件符合出租人的要求,出租人将就租赁中的一些细节问题与承租人进行磋商,双方达成一致后便可签订正式的租赁合同。

(六)订购设备

租赁合同签订后,租赁公司根据承租人在租赁合同中所规定的设备的型号、规格等要求向制造商或供货商订购拟租赁的设备,或按承租人与供货商已达成的条件与承租人指定的供货商签订购货合同。与此同时,承租人还应与供货商就设备的安装与维修、人员培训、零配件的供应等事宜签订技术服务合同。

(七)租赁设备的交接

制造商或供货商根据供货合同的规定,向承租人直接供货。承租人应做好租赁设备的报送和提货等工作,以保证租赁设备能顺利进口和交接。

(八)租赁设备的验收

承租人收到租赁物后,经过安装和一段时间的试运转后,如果符合合同要求,即为验收合格,租赁期从验收的合格日开始起算。

（九）支付设备价款

设备的价款由出租人支付，如果出租人资金不足，则可向银行等金融机构申请贷款。出租人根据购货合同规定的支付条件向制造商或供货商支付租赁设备的价款。

（十）支付租金

承租人在收到租赁的设备并验收合格后，按租赁合同的规定，按期向出租人支付租金，租金一般按月、季、半年或一年，分期在期初或期末支付。

（十一）投保

在租赁期内，由于租赁设备的所有权属于出租人，所以一般应由出租人或承租人以出租人的名义与保险公司签订租赁设备的保险合同并支付保险费。如果在租赁期限内发生保险范围内的索赔事故，承租人应提供必要的文件，配合出租人顺利得到保险公司的赔款。

（十二）维修与保养

在租赁期内，租赁设备的维修与保养的责任因租赁方式的不同而不同，有由出租人负责的，也有由承租人负责的。双方对此应在合同中做出明确规定。

（十三）缴纳税金

出租人和承租人根据租赁合同的规定，分别缴纳各自应负责支付的税款。

（十四）租赁设备的期后处理

租赁合同期满后，对租赁设备的处理一般有四种方法：一是承租人将设备退还给出租人；二是承租人与出租人签订续租合同，以续租设备；三是承租人买下租赁的设备，其价格既可按市场价格，也可以以象征性价格购买，这要根据租赁方式和租赁设备的期后残值而定；四是出租人将租赁的设备无偿赠送给承租人。

第五节　中国的融资租赁业

一、中国融资租赁业的产生与发展

融资租赁是中国利用外资的形式之一，它具有融资和贸易的双重职能，并已被中国企业广泛采用。中国的融资租赁业起源于 20 世纪 70 年代末 80 年代初，只有 20 多年的历史，比发达国家整整晚了大约 30 年的时间。中国融资租赁业的发展，大致分以下几个发展阶段。

（一）起步阶段（1979—1983 年）

1979 年 7 月，中国颁布了历史上第一部《中外合资经营企业法》。同一年 10 月，中国国际信托投资公司在北京成立，作为中国利用外资窗口之一的中国国际信托投资公司随即便开展起了国际租赁业务，并于 1980 年从日本租进了第一批汽车，同年，还为河北涿县塑料厂引进了编织机生产线，1981 年又与美国汉诺威尔制造租赁公司和美国劳埃德银行合作，以杠杆租赁的方式帮助中国民航从美国租进了有史以来第一架波音 747 飞机。其后，由中国国际信托投资公司、北京机电设备公司和日本东方租赁公司合资组建了中国第一家专门从事租赁业务的租赁公司——中国东方租赁有限公司。1981 年 7 月，第一家专营租赁业务的中资企业中国租赁有限公司也在北京诞生。上述两家公司的成立，标志着中国现代租赁业的开端。此后，众多从事租赁业务的机构在中国境内纷纷涌现。在这一时期，中国政府和企业虽已深刻地认识到融资租赁的融资功能，但当时从事租赁业务的机构注册资本很低，租赁资产的比例也偏低，业务量很小，4 年累计业务量仅为 5 300 多万美元。

（二）发展阶段（1984—1989 年）

1984 年至 1989 年是中国租赁业的高速发展时期，主要表现为租赁业务范围的扩大，由原来的汽车和飞机等运输工具扩展到工业技术改造等多个领域。中国租赁业的发展速度与中国国民经济的发展速度基本同步。

（三）成熟期（1990 年至今）

进入 20 世纪 90 年代以后，中国的租赁业开始走向成熟，具体表现为中国经营租赁业务的企业开始强调效益，即加强对投资项目的可行性研究和评估，制定了重点投资领域等。但当时的业务量仍徘徊在 80 年代末的水平，1994 年为 5.5 亿美元，近些年的业务量有所增加，2003 年达到了 22 亿美元。

中国租赁业是改革开放的产物，中外合资租赁公司已成为中国利用外资的重要渠道之一，它有力地支持了中国的经济发展。中国各租赁公司已基本形成了业务网络，相互间建立了横向合作关系，并与国外的大租赁公司、金融机构和制造商建立了经常性的业务往来。中国的租赁业正在成为世界租赁行业中崛起的一支新生力量。

根据《2018 年中国融资租赁业发展报告》，截至 2018 年底，全国融资租赁企业总数为 11 777 家，较上年底增加了 2101 家，增长 21.7%，其中外资租赁公司 11 311 家、内资租赁公司 397 家、金融租赁公司 69 家。截至 2018 年底，全国融资租赁合同余额约为 66 500 亿元人民币，比 2017 年底增加约 5 700 亿元，增长 9.38%，其中金融租赁约 25 000 亿元，增加 2 200 亿元，增长 9.65%；内资租赁约 20 800 亿元，增加 2 000 亿元，增长 10.64%；外商租赁约合 20 700 亿元，增加 1 500亿元，增长 7.81%。

二、中国从事租赁业务的机构

中国从事租赁业务的公司大致可分为四类：第一类是中外合资组建的经营租赁业务的公司，如上述中国东方租赁有限公司；第二类是完全由中资组成的租赁公司，如上述中国租赁有限公司；第三类是专业租赁公司，即专门经营某种设备或面向某些部门的租赁公司，如由中国有色金属工业总公司、中国银行信托咨询公司、中国工商银行、美国第一联邦银行、法国巴黎国民银行共同出资组建的中国国际有色金属租赁有限公司，该公司专门经营全国有色金属企事业单位的融资租赁业务；第四类是由银行或金融机构设立的专营租赁业务的部门，如中国银行信托投资公司和中国国际信托投资公司的租赁部都是经营租赁业务的部门。

三、中国租赁业的特点

国际租赁业是经济发展到一定阶段的产物，但由于世界各国的租赁业所处的政治和经济环境不同，租赁业发展的状况也不尽相同，中国租赁业受国情的影响，也有自己的特色，具体表现在以下五方面：

第一，中外合资租赁企业是中国租赁业的骨干。中国的租赁业是从开展国际租赁业务开始的，即先有国际业务，后有国内业务，实际上国内租赁业务是靠国际租赁业务带动起来的。如中国第一家专门从事租赁业务的企业就是中外合资设立的中国东方租赁有限公司。目前，在中国境内专营租赁业务的租赁公司中，中外合资设立的租赁公司占一半以上，中国租赁业的发展进程与发达国家租赁业的发展进程正好相反。中国的租赁业之所以出现先有国际业务后有国内业务的发展进程，不仅是由于中外合资租赁公司熟悉国际业务和国际惯例，而且正反映了在改革开放的形势下，中国利用外资、引进国外先进技术设备的特殊要求。正是这种外向型经济的特殊要求，给了这些外资租赁公司充分发挥作用的机会。

第二，中国的租赁企业多以从事进口融资租赁业务为主。中国的租赁企业之所以以从事进口融资租赁业务为主，主要是由于目前国内落后的技术状况和企业资金短缺造成的。中国的汽车、飞机等大型运输工具及其他一些大型机械设备比西方发达国家落后,而且这些大型运输工具和设备价格昂贵,企业又缺乏资金,这就使帮助中国企业融资租赁外国的运输工具和先进的技术设备成为中国租赁公司的主要任务。此外,由于中国的运输工具和机械设备较为落后,经营出口租赁业务较为困难。

第三,中国利用租赁融资的行业较广,但多为技术改造项目。中国利用租赁进行融资的行业有运输、邮电、电力、机电、轻纺等,其行业分布十分广泛,但80%以上的融资租赁项目是技术改造项目,其中相当一部分是出口创汇项目。

第四,承租人可提前向出租人偿还租金。在租金的偿还上,承租人被许可按规定的金额提前偿还租金,而这在西方发达国家是被法律所禁止的,在西方国家这样做会被处以罚款。

第五,中国租赁业发展非常迅速。近年来,中国融资租赁业发展非常快,业务总量呈几何级数式增长。2010 年达到 7 000 亿元,相比于 2006 年的 80 亿元增长了近 86 倍。2008 年,位居世界租赁业前 3 名的美国、德国、日本的租赁额分别为 1 100 亿美元、715.7亿美元和 670.1 亿美元,中国租赁业的业务总量达到 218.8 亿美元,上升为世界第 8 位。但从租赁业重要指标——租赁市场渗透率(即通过租赁实现的设备投资占设备总投资的比例)来看,我国租赁业 2008 年的市场渗透率仅为 2.2%,而美国、德国、日本分别达到16.4%,16.2%和 7.2%。因此,尽管中国租赁业总量上升很快,但与发达国家相比,还存在较大差距。

四、中国的租赁方式

(一)自营进口租赁

自营进口租赁的具体做法是,租赁公司自筹资金,按照国内用户的要求,以买方的身份与国外制造商或供货商签订购货合同,设备进口以后,再将其租给国内承租人使用,在租赁期间,由承租人分期向国内出租人支付租金。

自营进口租赁的实施程序是:①国内承租人向国内出租人提出租赁申请;②选择外国供货商;③出租人与国外制造商或供货商进行技术和商务谈判,并签订买卖合同;④承租人和出租人签订租赁合同;⑤出租人为进口设备,向银行申请开立信用证;⑥国外制造商或供货商直接向承租人发货;⑦承租人办理报关手续;⑧承租人验收货物;⑨出租人向国外制造商或供货商付款;⑩承租人向出租人支付租金;⑪租赁物的期末处理。

(二)进口转租赁

进口转租赁的做法是国内租赁公司根据承租人提交的拟租设备的订单,先以承租人身份从国外租赁公司租进设备，再以出租人的身份将租进的设备转租给国内承租人。其具体操作程序是：①国内承租人向国内出租人申请租赁；②国内出租人向国外出租人申请租赁；③国外出租人选择制造商或供货商；④国内承租人与国外制造商或供货商进行技术交流；⑤国内出租人与国外制造商或供货商进行商务谈判；⑥国内出租人与国外出租人洽谈租赁条件，并签订租赁合同；⑦国外出租人与国外制造商或供货商签订买卖合同；⑧国内承租人与国内出租人签订转租合同；⑨国外制造商或供货商向国内出租人发送租赁设备；⑩国外出租人凭装运单据向制造商或供货商支付货款；⑪国外出租人向国内出租人转交装运单据；⑫国内出租人将收到的设备转交给国内承租人；⑬国内承租人验收租赁的设备；⑭国内承租人向国内出租人支付租金；⑮国内出租人向国外出租人支付租金；⑯租赁设备的期后处理。

（三）回租后的进口转租赁

回租后的进口转租赁是指国内出租人用现汇从国外制造商或供货商处购入设备，并将购入的设备以与购买时相同的价格出售给国外的出租人，然后再从国外出租人处租回，并转租给国内承租人的一种租赁方式。这种租赁方式的运作程序是：①国内承租人向国内出租人提出租赁申请；②国内出租人选择国外制造商或供货商；③国内出租人与国外制造商或供货商进行商务谈判，并签订购货合同；④国内承租人与国外制造商或供货商进行技术谈判，并签订维修服务协议；⑤国内出租人与国外出租人签订设备的转售及回租合同；⑥国内出租人与国内承租人签订转租合同；⑦国外制造商或供货商向国内出租人发货；⑧国外出租人凭提单向制造商或供货商付款；⑨国外出租人向国内出租人转交提单；⑩国内出租人将收到的设备交给国内承租人；⑪国内承租人验收设备；⑫国内承租人向国内出租人支付租金；⑬国内出租人向国外出租人支付租金；⑭设备的期后处理。

（四）介绍租赁

介绍租赁是指由国内租赁公司介绍，国内承租人直接与国外的制造商或供货商签订供货合同，并直接与国外出租人签订租赁合同，国外出租人在收到国内租赁公司或银行等金融机构出具的支付租金的保函之后，将设备交付给国内承租人使用的一种租赁方式。国内承租人按合同的规定，分期支付租金。合同期满后，按合同的规定办理设备所有权的转让手续。介绍租赁与自营进口租赁的区别，一是国内的租赁公司由出租人变成了介绍人或担保人，二是国内的租赁公司由设备的买方变为代替国内承租人向国外出租人办理支付租金结算的委托单位。

五、国际租赁业在中国经济发展中的作用

中国的租赁业虽然起步较晚，但发展迅速，而且租赁业在中国经济发展中的作用十分明显，具体表现在以下几个方面。

（一）国际租赁是中国利用外资的一种最有效的手段

中国租赁业是从经营国际业务开始的，因此，中国租赁业的一个显著特点是，中外合资租赁公司不仅在中国租赁市场上占有较大的比重，而且起着十分重要的作用。截至2003年年底，由商务部批准成立的40多家中外合资租赁公司，为中国4 000多家企业融通外资达80亿美元，约占中国借债总额的45%，而且相当于中国1978—1997年利用外国政府贷款总额305亿元的1/4。中国民航各航空公司通过融资租赁方式利用外资的数额高达300多亿美元。中国利用租赁进行融资已成为仅次于外商在中国的直接投资和中国对外借款的一种利用外资的形式。

（二）促进了中国企业的技术改造和外向型经济的发展

20世纪80年代初期，中国几乎所有的企业都面临着技术设备陈旧、工艺落后、急需进行技术改造和更新等问题，解决这些问题最急需的是资金，尤其是外汇，依靠国家出资进行技术改造和更新是难以满足所有企业需求的。在资金不足或没有资金的情况下，中国企业采用融资租赁方式进口企业所需的国外先进技术和设备，既可解决资金不足的问题，又可加速企业的技术改造和设备更新，同时还可在短期内实现产品的更新换代。30多年来，国际租赁业务已遍及全国的许多省市，涉及轻纺、能源、通信、运输、机械、电子、精密仪器、化工等行业的数千家企业的上万个技术改造项目。此外，融资租赁还可达到扩大企业产品出口规模的目的，例如，轻纺产品历来是中国的创汇产品，环球租赁公司承办的石家庄第六棉纺织厂项目及华和租赁公司承办的青岛国棉六厂项目都达到了产品更新换代的目的，这不仅使中国的轻纺产品保持了原有的世界市场，而且还增加了世界市场份额。

（三）促进了产业结构的调整和资本要素的优化配置

改革开放之前，中国的产业结构不尽合理，有些行业甚至是空白，国家暂时无法投入巨资来解决这些问题，而融资租赁对改变这一状况起到了十分重要的作用。40多年来，中国租赁业所走过的道路已充分证明了这一点。以中国民航业为例，航空运输业是一个投资大、资产可塑性强、风险系数高、经营较灵活的特殊行业，20世纪70年代末80年代初，中国民航不仅飞机少，而且机型落后，

国家没有力量出巨资一下子购买许多几千万美元一架的大型飞机，这就严重制约着中国民航运输业的发展。中国民航自1980年采用美国投资减税租赁方式向美国波音公司租用第一架波音747飞机以来，各大航空公司分别运用香港杠杆租赁、德法双沾租赁、日本杠杆租赁、欧洲进出口信贷租赁、日本杠杆租赁与美国进出口银行担保相结合的租赁、日本进出口银行担保租赁等融资租赁方式，引进了各种型号的飞机。到2004年底，中国以租赁方式引进的飞机达400余架，大大充实了我国的民航运输业，使中国民航运输业从落后一跃而成为全国最发达的行业之一。中国民航运输业利用租赁得以发展的成功事例告诉我们，在缺少资金的情况下，利用融资租赁方式引进国外的先进技术和设备，可以使那些亟待发展的行业做到边生产、边创利、边还款，从而达到振兴和发展落后行业的目的。近些年来，中外合资组建的一些租赁公司为邮电、石油、电力等部门融资达4亿美元，在引进国外的先进技术和设备的同时，使中国一些亟待投入巨资进行开发的产业得到了飞速发展。

（四）有利于调整中国的外债结构

利用租赁进行融资不会出现外资在某一行业比重过大或外商对某一行业垄断的现象，租赁融资还可以与外商直接投资、补偿贸易、政府贷款、买方信贷和卖方信贷等其他利用外资的形式相结合，使他们相互补充、相互调节，从而起到减少国家外债负担的作用。

案例研究

莱芜起重运业公司融资租赁

莱芜A起重运业公司（以下简称A公司）是一家集大型物件运输、吊装服务、现代化物流于一体的交通运输企业。公司2005年注册资本只有4 000万元，但随着近几年我国电力、冶金、石油、化工等重工业发展，对大型运输和吊装服务需求增加，企业规模迅速扩大，2008年年末资产总额达2亿元，并跻身中国起重、吊装施工企业“双十强”。

为进一步扩张企业规模，2009年，该公司拟从德国利勃海尔公司购置履带式LR1750起重机一台，价值6 000万元，但由于企业有效抵押资产不能满足银行信贷条件，辖内金融机构在审批该贷款项目时均未通过，企业发展遭遇融资瓶颈。

为解决问题，在德国利勃海尔公司推荐下，A公司尝试向德益齐租赁（中国）有限公司申请融资租赁业务。后者对A公司进行考察时，认为A公司虽然缺乏有效抵押物,但公司在国内有较高的市场占有率和较强的竞争优势,且资产、赢利、经营及信用状况良好,融资租赁业务风险不大。基于此,于2009年6月5日与A公司签订了《融资租赁合同》,同时向德国利勃海尔公司购置价值6 000万元的履带式LR1750起重机一台,租赁给A公司使用,租赁期4年。租赁期内,起重机设备所有权归德益齐租赁有限公司,但使用权和用益权归A公司。A公司依据《融资租赁合同》按月向德益齐租赁有限公司支付租金(共支付租金6 450万元)。租赁到期后,德益齐租赁有限公司将起重设备所有权转移给A公司,租赁业务终结。

在德益齐租赁有限公司融资租赁业务扶持下,A公司经营规模得以顺利扩张。2010年1季度,A公司因规模扩张,流动资金需求明显增加,加上每月150多万元的租赁费固定支出,企业流动资金出现周转困难。为筹集流动性资金,在申请银行贷款无果的情况下,A公司向华融金融租赁股份有限公司申请回租式融资租赁,即申请华融金融租赁股份有限公司按设备评估价2 400万元,购买A公司2006年11月购置(购置价3 955万元)的德国利勃海尔500吨汽车起重机设备一台,华融金融租赁股份有限公司再将设备按约定期限(4年)租赁给A公司使用,后者按月向前者支付租赁费用(共计2 955万元),2014年9月租赁期满后,华融金融租赁股份有限公司将设备所有权归还A公司。在不影响设备正常营运的同时,A公司通过暂时将物化资本转为货币资本,为企业带来了2 400万元的流动资金,企业流动资金周转困难得以解决。

案例思考与讨论

1.本案例中,A公司运用到了租赁中的哪几种方式?
2.租赁对于企业的正常运营和发展的作用是什么?

思考与练习

1.现代租赁的特征是什么?
2.国际租赁在经济发展中的作用是什么?
3.国际租赁有哪几种方式?
4.租金有哪几种计算方法?
5.国际租赁对中国经济发展的作用是什么?
6.中国开展国际租赁有哪几种方式?

第十章 国际发展援助

International Development Assistance

通过对本章的学习，使学生了解国际发展援助的含义，国际发展援助的方式，国际援助机构以及中国接受国际援助和对外提供发展援助的情况，掌握当代国际发展援助的特点、作用，国际组织和外国政府发放发展援助的条件，申请和发放援助的具体程序以及各援助大国的主要援助国家和地区。

学习要点

By studying this chapter, students are expected to understand the meaning and ways of international development assistance and its bodies and institutions, as well as the status quo of China's making use of international development assistance and providing it to other countries; master the characteristic of international development assistance and its role, the requirements of providing assistance by international organizations and foreign countries, the procedure of how to apply and provide assistance, as well as the principal target nations for the main donor countries.

第一节　国际发展援助概述

一、国际发展援助的概念

国际发展援助（International Development Assistance）是国际经济合作的主要方式之一。它是指发达国家或高收入的发展中国家及其所属机构、国际有关组织、社会团体以提供资金、物资、设备、技术或资料等方式，帮助发展中国家发展经济并提高社会福利的具体活动。国际发展援助分有偿和无偿两种，其形式有赠予、中长期无息或低息贷款以及促进受援国经济和技术发展的具体措施。它的目标是促进发展中国家的经济发展和社会福利的提高，缩小发达国家与发展中国家之间的贫富差距。国际发展援助属于资本运动的范畴，它是以资本运动为主导，并伴随着资源、技术和生产力等生产要素的国际流动，它所采用的各种方式和方法均为资本运动的派生形式。

二、国际发展援助的目标

人类跨入21世纪以后，世界发生了深刻的变化。贫困的含义不仅指低收入和低消费，教育、卫生、营养和人口问题也都是消除贫困的主要内容。发达国家经济的飞速发展及其高福利，与经济停滞不前的发展中国家及其人民生活的日益恶化形成了鲜明的对比。促进发展中国家的经济发展，解决发展中国家人民的温饱问题，正在成为发达国家政府的工作之一。

（一）减少贫困

贫困仍然是目前困扰全球以及阻碍世界经济发展的一大问题，按照世界银行发展报告的统计，在全世界63亿人口中，有28亿人口每天靠不足2个美元维持生计，12亿人口每天的生活费不足1美元，其中，44%在南亚地区。由于战争、种族冲突和饥荒，全球至少有54个国家和地区人民的生活水平在倒退。目前欧洲一头奶牛每天的生活费是一个非洲人每天生活费的3倍；20个最富裕国家的人均收入是20个最贫穷国家人均收入的37倍。据联合国统计，2018年最不发达的国家共有47个，其中34个在非洲。

（二）控制人口

目前全世界的人口已超过60亿，每分钟降生275人，每分钟死亡98人，每年人口净增9 175万。据世界银行估计，在未来25年中，世界人口将增加20亿左右，新增人口的97%在发展中国家。照此发展下去，到2050年世界人口将达到100亿。人口在发展中国家的快速增长,正在给发展中国家乃至整个世界带来巨大的压力,控制人口正在成为发展援助的主要任务之一。

(三)普及教育

当今世界学龄儿童中,9%的男孩和14%的女孩无法入学;非洲10亿人口中,60%为文盲;在南亚地区,妇女受教育的年限仅是男性的1/2,中学女性的入学率仅是男性3/4;在拉丁美洲,土著居民受教育的年限不足非土著居民的3/4。

(四)消除疾病

由于疾病,世界上每100个婴儿中,就有6个活不到1岁生日,8个活不到5岁,最贫困地区1/4的婴儿会在12岁前夭折。名列全球生活指数倒数第一的塞拉利昂,国民的平均寿命只有35岁。疾病肆虐是发展中国家普遍存在的现象,在津巴布韦和乌干达等非洲国家,每4个人中就有1人感染了艾滋病。

(五)促进发展中国家的经济发展

世界银行通过贷款和技术援助,帮助发展中国家制定经济和社会政策,建立金融体制,加强基础设施建设,实现国企民营化,提高生产效率,降低通货膨胀,促进发展中国家经济的均衡发展。

此外,国际机构也通过贷款方式支持发展中国家进行水资源管理、河水治理、污水处理、清洁能源等工作,支持发展中国家经济的可持续发展。

三、国际发展援助的方式

国际发展援助方式,按其援款的流通渠道,可分为双边援助和多边援助;按其援助的方式,可分为财政援助和技术援助;按其援款的使用方向,可分为项目援助和方案援助。

(一)双边援助

双边援助(Bilateral Aid)是指两个国家或地区之间通过签订发展援助协议或经济技术合作协定,由一国(援助国)以直接提供无偿或有偿款项、技术、设备、物资等方式,帮助另一国(受援国)发展经济或渡过暂时的困难而进行的援助活动。双边援助与多边援助并行,是国际发展援助的主要渠道。近些年来,虽然世界各国通过多边渠道提供的援助数额有所增加,但通过双边渠道提供的援助活动仍占据着对外援助的主导地位。

在双边援助中,根据援助提供的形式划分,可把援助分为财政援助和技术援助,其中财政援助占有较大的比重,技术援助所占的比重近年来有所上升。根据援助的有偿和无偿性来分,可分为双边赠予和双边直接贷款。双边赠予指的是援助国向受援国提供不要求受援国承担还款义务的赠款,赠款可以采取技术援助、粮食援助、债务减免和紧急援助等形式。双边直接贷款是指援助国政府向受援国提供的优惠性贷款,它一般多用于开发建设、粮食援助、债务调整等方面。

(二)多边援助

多边援助(Multilateral Aid)是指多边机构利用成员国的捐款、认缴的股本、优惠贷款及在国际资金市场的借款或业务收益等,按照他们制定的援助计划向发展中国家或地区提供的援助。在多边援助中,联合国发展系统主要以赠款的方式向发展中国家提供无偿的技术援助,而国际金融机构及其他多边机构多以优惠贷款的方式提供财政援助。在特殊情况下,多边机构还提供紧急援助和救灾援助等。

多边援助是第二次世界大战以后才出现的一种援助方式,西方发达国家一直是多边机构援助资金的主要提供者。截至 2019 年 4 月 18 日,国际复兴开发银行已收到认缴股本 2 320 亿美元,其中最大的四个股东认缴国是美国(16.57%)、日本(8.32%)、中国(4.59%)和德国(4.16%)。西方发达国家向多边机构提供的援助资金在多边机构援助资金总额中占有较大比重。由于多边机构援助资金由多边机构统一管理和分配,不受资金提供国的任何限制和约束,所以多边援助的附加条件较少。

(三)财政援助

财政援助(Financial Assistance)是指援助国或多边机构为满足受援国经济和社会发展的需要以及为其解决财政困难,而向受援国提供的资金或物资援助。财政援助分赠款和贷款两种。贷款又分为无息贷款和有息贷款,有息贷款的利率一般低于国际金融市场利率,贷款的期限也较长,一般在 10 年以上,而且还有较长的宽限期。

财政援助在资金来源方式上可分为官方发展援助(Official Development Assistance)、其他官方资金(Other Official Flow)和民间资金(Private Flow)三种。官方发展援助是发达国家或高收入的发展中国家的官方机构为促进发展中国家经济和社会发展,向发展中国家或多边机构提供的赠款或赠予成分不低于 25%的优惠贷款。赠予成分是根据贷款利率、偿还期、宽限期、收益率等计算出来的一种衡量贷款优惠程度的综合性指标。衡量援助是否属于官方发展援助一般有三个标准:一是官方发展援助是由援助国政府机构实施的;二是官方发展援助是以促进发展中国家的经济发展为宗旨,不得含有任何形式的军事援助及各种间接援助形式的援助;三是官方发展援助的条件必须是宽松的,即每笔贷款的条件必须是减让性的,其中的赠予成分必须在25%以上。其他官方资金指的是由援助国政府指定的专门银行或基金会向受援国银行、进口商或本国的出口商提供的,以促进援助国的商品和劳务出口为目的的资金援助,它主要通过出口信贷来实施。其他官方资金也属于政府性质的资金,也以促进发展中国家的经济发展和改善其福利为宗旨,贷款的赠予成分也必须在25%以上,它与官方资金的区别在于它不是以政府名义实施的援助。民间资金是非政府组织提供的援助,也称民间发展援助,它是指由非营利的团体、教会组织、学术机构等提供的援助,它主要以出口信贷和直接投资的形式来实施。

(四)技术援助

技术援助(Technical Assistance)是技术先进的国家和多边机构向技术落后的国家在智力、技能、咨询、资料、工艺和培训等方面提供资助的各项活动。技术援助分有偿和无偿两种。有偿的技术援助是指技术的提供方以优惠贷款的形式向技术的引进方提供各种技术服务,而无偿的技术援助则是指技术的提供方免费向受援国提供各种技术服务。

技术援助采用的主要形式有:援助国派遣专家或技术人员到受援国进行技术服务;培训受援国的技术人员,接受留学生和研究生,并为他们提供奖学金;承担考察、勘探、可行性研究、设计等投资前服务活动;提供技术资料和文献;提供物资和设备;帮助受援国建立科研机构、学校、医院、职业培训中心和技术推广站;兴建厂矿企业、水利工程、港口、码头等各种示范性项目。20世纪60年代以来,随着科学技术的迅速发展,技术援助的规模和形式都有了较大的发展。在60~70年代,发达国家每年向发展中国家提供的技术援助资金数量只占其对外援助总额的10%左右,到80~90年代,这一比例已提高到30%左右,有些发达国家甚至达到了60%。技术援助已成为加强发达国家与发展中国家间经济合作的重要手段。

(五)项目援助

项目援助(Project Assistance)是援助国政府或多边机构将援助资金直接用于受援国某一具体建设目标的援助。由于每一个具体的援助目标都是一个具体的建设项目,故称项目援助。项目援助的资金主要用于资助受援国开发动力资源和矿藏,建设工业、农业、水利、道路、港口、电信工程以及文化、教育、卫生设施等。

项目援助可以通过双边渠道或多边渠道进行,其资金主要来源于各发达国家或高收入发展中国家的官方援助及世界银行等多边机构在国际资金市场上的借款。由于项目援助均以某一具体的工程项目为目标,并往往与技术援助相结合,所以援款不易被挪用,从而有助于提高受援国的技术水平。目前,由于许多发达国家将扩大本国商品的出口和保证短缺物资的进口来源作为提供项目援助的先决条件,因此,项目援助对援助国也甚为有利。

(六)方案援助

方案援助(Programme Assistance)又称非项目援助,它是指援助国政府或多边机构根据一定的计划,而不是按照某个具体的工程项目向受援国提供的援助。方案援助一般用于进口拨款、预算补贴、国际收支津贴、偿还债务、区域发展和规划等方面。

一个援助方案含有数个或更多的项目,并且往往要经历数年或数十年的建设周期。一个援助方案虽然含有若干个项目,但援助方案本身一般不与具体项目相联系。在多数情况下,方案援助的资金往往附带有严格的使用规定,特别是近些年来,援助国或多边机构往往要求对方案援助的执行情况进行严格的监督与检查。方案援助也是发达国家目前经常采用的一种援助方式。进入20世纪80年代以后,经济合作与发展组织发展援助委员会的17个成员国以方案援助形式提供的援助额已占到双边援助协议额的1/3以上。在美国国际开发计划署目前提供的援助额中,方案援助一般占50%以上。

四、国际发展援助的特点

近些年来,国际发展援助已成为当今世界一种十分引人注目的国际经济合作活动。随着当今世界各国政治和经济实力对比的不断变化,国际发展援助出现了以下几个新的特点。

(一)政治色彩日益浓厚

在20世纪80年代之前的国际发展援助中,援助国只注重受援国的政治倾向,即援助国只给予本政治集团内的国家或在政治上与援助国立场一致的国家经济援助。进入80年代以后,随着一些社会主义国家改革大潮的涌起和东欧国家的巨变,西方发达国家开始将"民主、多党制、私有制、劳工标准"等作为向发展中国家提供发展援助的先决条件,他们往往以经济援助为条件,要求受援国必须按西方国家的意图进行政治和经济改革,如一些西方发达国家将受援国国内的政治、经济和社会状况以及受援国的人权纪录和民主进程作为援助的重要指标和根据,美国就曾公开声称其援助目标是"促进民主和推行美国外交政策"。援助国的政治条件使一些发展中国家得到发展援助的数额日益减少,如被西方国家认为经济改革不力的科特迪瓦、几内亚、肯尼亚、尼日尔和多哥等国受援数量大幅度下降，而被认为改革有成效的坦桑尼亚、乌干达、赞比亚的受援数量则略有上升。实际上，发达国家正在把援助作为影响发展中国家政策的一种工具。

（二）附加条件日益增多

近些年来，越来越多的援助国将援助与采购援助国商品和使用援助国的劳务联系在一起，而且限制性采购占援款的比例不断提高。目前，发展援助委员会成员国提供的双边援助，有一半以上要求受援国购买援助国的商品和使用援助国的劳务。这种带有限制性采购的援助往往迫使受援国进口一些质量差、价格高的商品和劳务以及一些不适用的、过时的技术，这不仅减弱了发展援助的作用，同时还加大了受援国的债务负担。这便是许多发展中国家经济发展速度减慢、债务增加速度加快的重要原因之一。

（三）援助规模起伏波动大

以发展援助委员会（经济合作与发展组织）30 个成员国的政府开发援助规模来看，对外援助存在不稳定性。结合图 10-1 我们不难发现，过去 30 年间既出现过大幅下滑的状况，如 1996、1997 连续两年的负增长（分别下降了 5.3%和 12.7%），也出现过连续快速上涨的态势，如 2002—2005 年的强劲增长（分别增长了 11.2%、18.7%、15.2%和 35.2%）。2018 年的援助规模基本与 2017 年持平，达到 1 493.2 亿美元。

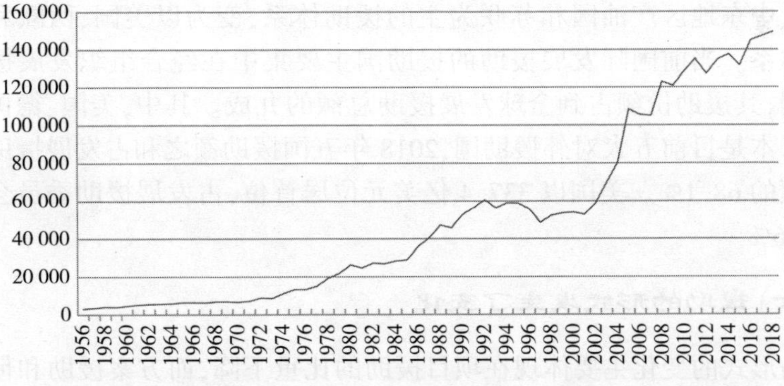

图 10-1　1956—2018 年发展援助委员会成员国的政府开发援助净额统计（单位：百万美元）

资料来源：经济合作与发展组织。

（四）大部分援助国没有达到联合国规定的援助标准

联合国 1970 年通过的《联合国第二个十年国际发展战略》规定，发达国家对发展中国家提供的官方发展援助净交付额应占其国民生产总值的0.7%。而事实是,提供发展援助额较多的经济合作与发展组织成员国的平均援助水平,不仅没有达到这个标准,反而离这一标准越来越远。经济合作与发展组织提供的官方发展援助净交付额平均占国民生产总值的比例从1980年的0.35%下降到1992年的0.33%,进入21世纪以来也只维持在0.3%的水平。只有年官方发展援助额在30亿美元以下的瑞典、荷兰、挪威、丹麦等援助小国达到了援助额占国民生产总值0.7%的标准,援助大国中只有法国近10年来一直保持在0.60%~0.63%,接近联合国要求的标准,而世界上两个最大的援助国美国和日本的这一比例1993年分别只有0.15%和0.26%,美国和日本在2000—2004年均维持在0.3%以下的水平。2000年西方国家的官方发展援助净交付额仅占其国民生产总值的0.22%,创下了近30多年来的最低水平。石油输出国组织成员国每年提供的援助额占各国国民生产总值的平均比重也从1976年的2. 32%下降到1993年0.46%,随着本地区战争频发和恐怖主义盛行,这一比例已降至不足0.3%。据世界银行统计,以官方发展援助为主的优惠性资金,1970—1980年约增加了50%,1980—1990年约增加了50%,1990—2000年却下降了25%。

据经合组织公布的数据,2000年以来其发展援助委员会成员的援助额占国民收入的比重虽有所上升,但基本保持在0. 3%左右。

(五)援助格局发生了变化

受中东地区动荡、苏联解体等因素的影响,发展援助已从原先的以美国、日本、西欧、中东地区产油国和苏联为主的援助体系,变为以美国、西欧和日本为主的新体系。当前国际发展援助的援助国主要集中在经合组织发展援助委员会成员国,其援助份额占到全球发展援助总额的九成。其中,美国、德国、英国、法国和日本是目前五大对外援助国,2018年五国援助额之和占发展援助委员会援助总额的68. 1%。美国以337. 4亿美元位居首位,占发展援助委员会援助总额的22. 6%。

(六)援助的形式发生了变化

援助形式的变化主要体现在项目援助的比重下降,而方案援助和债务减免的比重上升。1990年生产性项目援助占国际发展援助总额的比重从1976年的21.8%下降到12.2%,债务减免的比重却达到了23.3%。其中,美国1990年的债务减免数额占美国当年官方发展援助总额的57.1%,从1998年至2004年,美国每年的债务减免数额占美国当年官方发展援助总额的比重均保持在50%以上。

（七）双边发展援助的地理分布有所变化

近年来，美国发展援助的重点由以前的拉美和中东地区转变为以非洲、南亚和中东地区为主，2016 年美国对非洲援助额达到 98.6 亿美元，对亚洲援助额达到 69.5 亿美元，其中对阿富汗的援助额达到 13.8 亿美元。法国对外援助重点集中在非洲法语国家，英国将南亚和非洲的英联邦国家作为援助的主要对象，日本则将大部分援助给了东南亚各国。

（八）援助的赠予成分不断提高

1989 年以后，发展援助委员会成员国向发展中国家提供的发展援助中，赠予成分平均超过了 90%，超过了发展援助委员会规定的 86%的标准。从 1995 至 2004 年，发达国家向 48 个最不发达国家或地区提供发展援助的赠予成分平均高达 98%以上，其中对 15 个国家援助的赠予成分达到了 100%。

（九）受援国加强了对援助项目的管理和评估

20 世纪 80 年代以前，双边援助的管理与评估工作远远不如多边援助。进入 80 年代以后，援助国加强了同受援国就有关援建项目某些具体问题的联系与合作，并注重项目评估，有时甚至参与项目管理，以此来提高援助的效益，如从 1997 年开始，联合国发展系统开始推行在驻地一级实行制定“联合国发展援助框架”的做法，使受援国的发展计划与联合国的援助计划相一致，以提高援助资金的使用效益。

（十）发达国家往往是收益最多者

发达国家每年拿出数千亿美元的援款或物资，但这种援助最大的受益者却是发达国家自己。美国国际开发署的网页直言不讳地说，“美国对外援助计划的受益者始终是美国，美国国际开发署近 80%的合同和赠款直接落进了美国公司的腰包，从而为美国产品创造了市场，为美国人创造了成千上万个就业机会”。据报道，美国国际开发署的对外援助在首都华盛顿地区造就了一项庞大的“援助生意”，这个地区聚集了数十家争夺美国国际开发署合同的“开发公司”，其中大多数公司员工是美国国际开发署的退休人员。美国所做的一项研究表明，美国花在对付非洲艾滋病危机上的每一个美元中，有 53 个美分留在了华盛顿地区。按照联合国的统计，在联合国所需援助物资的采购合同中，10 万美元以上合同的供应商一般都是发达国家的跨国公司，这也反映了联合国在采购中，一般带有浓厚的捐助国市场保护色彩。

（十一）安全援助正受到各援助国的普遍重视

进入21世纪，尤其是“9·11”事件以后，以美国为首的西方发达国家从政治上的军事援助扩大到共同打击跨国犯罪和反对恐怖主义，甚至一度将打击恐怖主义作为援助的首要目标。

（十二）发展援助政策在不断地调整和变化

各国的对外发展援助政策直接影响到多边机构的援助政策和援助资金的流向。20世纪80年代以来，各发达国家的发展援助政策不断调整，以欧盟为例，从80年代第四个《洛美协定》到2000年的《科特努协定》，欧盟的援助政策从以贸易特惠为特色的援助转为强调自由贸易，从注重援助的经济方面转为注重发展援助的政治和社会内涵，从不干预和保持中立特色的援助政策转为注重对受援国的经济政治政策的监督和干预。

（十三）减债正在成为援助的主要方式

债务历来是发展中国家最沉重的负担，尤其是非洲，在全世界48个最贫穷的国家中，非洲占了34个，非洲人口占世界总人口的11%，但经济却只占世界经济总量的约1%。据联合国统计，非洲每年财政收入的25%用以偿还3 000多亿美元的债务，目前非洲的债务以每年23%的速度递增，远远高于非洲经济目前3%~5%的平均增长率。2000年底国际金融机构联合签署了一份公报，宣布减免了18个非洲国家总额为340亿美元的债务；2005年6月，发达国家减免非洲18国所欠世界银行、国际货币基金组织、非洲开发银行等国际金融机构400亿美元的债务，减免债务正在成为发展援助的重要方式。

第二节　联合国发展系统的援助

一、联合国发展系统

联合国发展系统（United Nations Development System）是联合国向发展中国家提供发展援助的机构体系，也称联合国援助系统（United Nations Assistance System）。该系统是一个非常庞大而又复杂的体系，它拥有30多个组织和机构，这些组织和机构在世界各国或地区设有众多的办事机构或代表处。联合国发展系统的机构可以分为三大类：第一类是政策指导性机构，如联合国大会、经社理事会等；第二类是筹资机构，主要包括开发计划署、人口基金会、儿童基金会和粮食计划署等，其中前三个筹资机构也被称为联合国的三大筹资机构；第三类是联合国的专门机构或称执行机构,它们主要是由各国政府通过协议成立的各种国际专业性组织,这些专业性组织是一种具有自己的预算和各种机构的独立的国际组织,但由于他们通过联合国经济及社会理事会的协调同联合国发展系统进行合作,并以执行机构的身份参加联合国的发展援助活动,故称联合国发展系统的专门机构。目前,联合国有近 20 个专门机构,他们是:国际劳工组织、联合国粮农组织、联合国教科文组织、联合国艾滋病规划署、世界卫生组织、联合国妇女发展基金、国际货币基金组织、国际复兴开发银行、国际开发协会、国际金融公司、国际民用航空组织、万国邮政联盟、国际电信联盟、世界气象组织、国际海事组织、世界知识产权组织、国际农发基金、联合国工发组织等。各专门机构根据自己的专业范围,承担执行联合国发展系统相应部门的发展援助项目,其中前两类机构直属联合国发展系统。联合国发展系统的主要任务是向发展中国家提供无偿技术援助。

二、联合国发展系统的三大筹资机构

联合国发展系统内的三大筹资机构是指开发计划署、人口基金会和儿童基金会。联合国发展系统的援款大部分是通过这三个机构发放的。

(一)联合国开发计划署

联合国开发计划署(United Nations Development Programme,简称 UNDP)是联合国发展系统从事多边经济技术合作的主要协调机构和最大的筹资机构。它是根据 1965 年 1 月联大通过的第 2029 号决议,由技术援助扩大方案和经济发展特别基金合并而成,总部设在美国纽约。其宗旨和任务是:向发展中国家提供经济和社会方面的发展援助;派遣专家进行考察,担任技术指导或顾问,对受援国有关人员进行培训;帮助发展中国家建立应用现代科学技术方法的机构;协助发展中国家制定国民经济发展计划及提高它们战胜自然灾害的能力。开发计划署的领导机构由执行局和秘书处组成,执行局由 36 个各大洲的成员国代表组成,任期 3 年。执行局每年举行 3 次常会和 1 次年会。秘书处主要按照执行局的政策,在署长的领导下处理具体事务。署长的任期为 4 年。开发计划署的援助资金主要来源于会员国的自愿捐款,发达国家是主要的捐款国,其资金拥有量占联合国发展系统资金总量的一半以上。其援款主要是根据由会员国的捐款总额、受援国的人口总数和受援国人均国民生产总值所确定的指规数(Indicative Planning Figure)进行分配。1972 年以后,联合国开发计划署开始实行发展周期制度,即以每 5 年为一个周期,进行一次援款分配。到目前为止,开发计划署已进行了 6 个周期,前 2 个周期将援款的 2/3 分配给了人均国民生产总值不足 300 美元的国家,从第 3 个周期开始将援款的 80%在人均国民生产总值低于500美元的国家之间进行分配,其中,人均国民生产总值低于250美元的国家还得到了特别照顾。联合国开发计划署提供援助的方式主要是无偿的技术援助,其无偿技术援助活动的范围主要包括发展战略、政策和计划的研究与开发,自然资源、农业、林业、渔业、工业、运输、通讯、贸易和金融等方面的考察与开发,人口、住房、卫生、就业、文化和科技等方面的培训与现代技术的应用等。联合国开发计划署已向世界140多个发展中国家或地区提供过发展援助,并在134个国家或地区设立了驻地代表处。目前约有4万多人服务于开发计划署的各类机构及其资助的各类方案和项目。

(二)联合国人口基金会

联合国人口基金会(United Nations Fund for Population Activities,简称UNFPA)也是联合国发展系统主要的筹资机构,它成立于1967年,原名为人口活动信托基金,1969年改为人口基金会,总部在美国纽约。联合国人口基金会的主要机构也是由36国组成的执行局。其宗旨和任务是:提高世界各国人口活动的能力和知识水平;促进国际社会了解人口问题对经济、社会和环境方面的影响,促使各国根据各自的情况寻求解决这些问题的有效途径;对有关人口计划诸如计划生育、人口统计资料的收集和整理,人口动态研究,人口培训及机构的设立,对人口政策及规划的制定、评估、实施等方面的问题给予协调和援助。联合国人口基金会的资金主要来自各国政府和各民间机构的捐赠,该基金的援款主要用于人口较为稠密的亚洲和太平洋地区国家,他们得到的援款大约占该基金会援款总额的35%以上。根据联合国对各国人均国民收入和人口的统计,人口基金会将受援国分为A、B、C三类,划入A类的国家有62个,资金分配比例为67%~69%,B类的国家有39个,资金分配比例为19%~21%,C类的国家有12个,资金分配比例为7%~9%。目前中国属于C类国家。联合国人口基金会以无偿技术援助的形式提供的项目援助主要有:学校内外的人口教育,计划生育的宣传教育及规划管理和节育手术,进行人口普查,统计手册的编制,人口方面基本数据的收集,关于人口学数据、人口变动、人口发展和社会经济因素对人口影响等方面的分析,制定人口政策和方案并对这些政策和方案进行评价,实施人口政策和方案,为妇女、儿童、青年、老年、赤贫者、残疾者提供特别的援助方案,为人口会议、培训机构、情报交换所和文件中心的建立提供援助。

(三)联合国儿童基金会

联合国儿童基金会(United Nations Children's Fund,简称UNICEF)是联合国国际儿童应急基金会(UN International Children's Emergency Fund)的简称,1946年12月为向当时遭受第二次世界大战破坏地区的儿童提供紧急救济而设立,期限仅为3年。1953年10月,联合国大会正式通过决议将其永久化,总部设在纽约。儿童基金会的领导机构是由来自36个成员国代表组成的执行局,并在全世界设有37个国家(地区)委员会。UNICEF在全球的125个国家设有办事处,并设有8个地区办事处,在意大利还设有一个研究中心,已发展成为联合国发展系统的主要筹资机构之一。联合国儿童基金会的宗旨和任务是:根据1959年11月联合国《儿童权利宣言》的要求,帮助各国政府实现保护儿童利益和改善儿童境遇的计划,使全世界儿童不受任何歧视地得到应享有的权益。联合国儿童基金会的援助资金主要来自各成员国政府、国际组织和私人的自愿捐赠,有时也通过出售贺年卡等方式进行筹资活动。该基金会将资金的2/3用于对儿童的营养、卫生和教育提供援助;1/3用于对受援国或地区从事有关儿童工作的人员进行职业培训。联合国儿童基金会在与发展中国家的合作中,主要采用三种形式:一是在规划和设计儿童服务项目方面提供技术援助;二是为上述服务项目提供用品和设备;三是为培训援助项目中从事儿童工作的有关人员提供资金。联合国儿童基金会始终奉行"普遍性、中立性和无偿性"的原则,即在发放援款时,不论儿童的种族、信仰、性别或其父母政见如何,一律公平对待。接受联合国儿童基金会援助的国家大致可分三类:一类是需要特别援助的国家,这类国家主要包括人均国民生产总值在410美元以下的最不发达国家,儿童不足50万而又确实需要特别照顾的小国和暂时需要额外援助的国家等;第二类是人均收入在410美元以上的发展中国家;第三类是已经达到较高经济发展水平,但由于缺乏专门人才,仍然需要特殊援助的国家。目前已有近120个发展中国家和约14亿儿童接受了儿童基金会的援助。联合国儿童基金会一直致力于儿童和妇女方面的保护工作,并经常以项目的名义进行,如在阿富汗、伊拉克和非洲的一些地区,儿童基金会曾在阿富汗实行"妇女收音机计划",为阿富汗的妇女购进了约2 000部收音机,让她们收听有关健康和营养的广播;为880万名年龄介于6个月至12岁的阿富汗儿童提供永久性麻疹免疫保护;儿童基金会还为约5 000名来自阿富汗的教师提供教学技巧培训,并为50万名学生提供足够的学校设施和学习用品。该基金会已援助的项目涉及儿童基础服务设施,母幼卫生永久服务设施,儿童常见疾病防治,家庭计划,饮用水及环境卫生,教育培训,灾难救济等。资金在全球范围内各领域的分配比例是,妇女儿童保健占33%,供水和环境卫生占9%,儿童营养占6%,社区发展、妇女参与发展和特殊儿童保护占14%,教育、早期儿童保护和发展占16%,计划宣传和跨部门活动占22%。1965年儿童基金会曾获得诺贝尔和平奖。

三、联合国发展系统援助的实施程序

联合国发展系统所采用的主要援助方式是提供无偿的技术援助。联合国发展系统提供无偿技术援助的整个程序主要包括国别方案和国家间方案的制订、项目文件的编制、项目的实施、项目的评价及项目的后续活动等。这一程序又称项目的援助周期。到目前为止,某些程序在联合国发展系统内的各个组织和机构中尚未完全得到统一,现行的有关程序均是以 1970 年联合国大会通过的第 2688 号决议为主要依据,并在此基础上根据项目实施的需要加以引申和发展而成的。

(一)制定国别方案和国家间方案

国别方案(Country Programme)是受援国政府在联合国发展系统的有关组织或机构的协助下编制的有关受援国政府与联合国发展系统有关出资机构在一定时期和一定范围内开展经济技术合作的具体方案。国别方案的具体内容主要有:①受援国的国民经济发展规划;②需要联合国提供援助的具体部门和具体项目;③援助所要实现的经济和社会发展目标;④需要联合国对项目所做的投入。每一个接受联合国发展系统机构援助的国家都必须编制国别方案,但国别方案必须经联合国有关出资机构理事会的批准,经批准的国别方案成为受援国与联合国发展系统有关机构进行经济技术合作的依据。在联合国发展系统的多边援助中,国别方案所占有的援助资金的比重最大。国家间方案(Inter-Country Programme)亦称区域方案(Regional Programme)或全球方案(Global Programme),它是联合国在分区域、区域、区域间或全球的基础上对各国家集团提供技术援助的具体方案。国家间方案的内容与国别方案的内容基本相同,但必须同各参加国优先发展的次序相吻合,并根据各国的实际需要来制定。国家间方案也须由联合国有关出资机构理事会批准方能生效。根据规定,国家间方案至少应由两个以上的国家提出申请,联合国才考虑予以资助。国别方案和国家间方案均是一种含有许多项目的一揽子方案,其中的每一个具体方案都须逐个履行审批手续。根据联合国的现行规定,40 万美元以上的项目须由出资机构的负责人批准,40 万美元以下的项目只需由出资机构负责人授权其派驻受援国的代表批准即可。

(二)编制项目文件

项目文件(Project Document)是受援国和联合国发展系统的有关机构为实施援助项目而编制的文件。项目文件的主要内容应该包括封面及项目文件的法律依据,项目及与此有关的具体情况,项目的监督、评审和报告,项目的预算四部分。项目文件封面主要包括项目的名称、编号、期限、主要作用和次要作用、部门和分部门、实施机构、政府执行机构、预计开始时间、政府的投入、项目的简要说明等。项目文件内容的第一部分是项目文件的法律依据,即编制项目文件所依据的有关法律条文或条款。该法律条文或条款通常包括受援国与联合国发展系统的有关机构之间签署的各种协议。第二部分主要是说明项目及与此有关的具体情况,这一部分是项目文件的核心内容。它主要包括:项目的发展目标、项目的近期目标、其他目标、项目的活动、项目的产出、项目的风险、事前义务、后续援助等内容。项目文件是受援国政府、联合国发展系统的出资机构和执行机构执行或监督项目的依据。

(三)项目的实施

项目的实施指的是执行项目文件各项目内容的全部过程。这一过程主要包括以下几项工作:

1. 任命项目主任。项目主任是直接负责实施援助项目的组织者和责任者,项目主任一般由受援国政府主管业务的部门任命,并经政府协调部门和联合国发展系统有关机构的协商和认可。在通常情况下,国别方案下的项目主任由受援国当地人担任,国家间方案下的项目主任由国际人员担任。

2. 征聘专家和顾问。项目专家和顾问的征聘一般由受援国政府决定,但受援国政府必须在项目实施开始前4个月提出征聘请求,并与联合国发展系统的有关机构协商和编写拟聘专家和顾问的报告。

3. 选派出国培训人员。为实施援助项目而需要出国培训的有关技术人员,主要以进修和考察两种形式进行选派,出国进修和考察的具体人选均由受援国家政府推荐、经联合国发展系统的有关执行机构对其业务和外语水平审查批准后方可成行。

4. 购置实施项目所需要的设备。根据联合国的规定,联合国发展系统出资机构提供的援助资金只能用于购买在受援国采购不到的设备或需用国际可兑换货币付款的设备,价格在2万美元以上的设备应通过国际竞争性招标采购,价格在2万美元以下或某些特殊的设备可以直接采购,购置实施项目所需要设备的种类和规格需经联合国发展系统出资机构的审核批准。

(四)项目的评价

项目的评价是指对正在进行或已经完成的项目的实施、结果、实际的或可能的功效等,做出客观和实事求是的评价。项目评价的目的在于尽可能客观地对项目的实施和功效做出论证。项目的评价工作主要包括对项目准备的审查,对项目申请的评估,对各项业务活动的监督和对项目各项成果的评价。其中,对各项业务活动的监督和对项目各项成果的评价最为重要。对各项业务活动的监督又称进行中的评价,它主要是通过两种方式进行:一种是三方评审,即由受援国政府、联合国发展系统的出资机构和执行机构三方,每隔半年或一年举行一次评审会议,评审项目的执行情况、财务情况、项目的近期目标和活动计划,三方评审会议一般在项目的施工现场举行,目的是找出项目实施中的问题,研究解决方法,调整和制定下一阶段的工作计划;另一种是年度评审,它是在三方评审的基础上,由受援国政府同联合国发展系统的出资机构对项目总的执行情况所进行的一年一度的评审。

(五)项目的后续活动

项目的后续活动(Follow-up Action of Project)亦称项目的后续援助(Follow-up Assistance of Project)。它是指联合国发展系统的技术援助项目按照原定实施计划完成各项近期目标之后,由联合国发展系统的有关机构、受援国政府、其他国家政府或其他多边机构继续对项目采取的援助活动。项目的后续活动一般可分为三种类型:①在联合国发展系统的有关机构提供的技术援助项目实现了近期目标之后,为了达到远期发展目标,由联合国发展系统的有关机构对该项目继续提供的技术援助,这种形式的后续活动被联合国称为第二期或第三期援助;②在联合国发展系统对某一项目提供的技术援助结束之后,由其他国家政府或其他多边机构对该项目或与该项目有直接关系的项目,以投资、信贷或合资等形式提供的援助,这种形式的后续援助大多属于资本援助;③在联合国发展系统对某一项目提供的技术援助结束之后,由受援国政府根据项目的实际需要,继续对该项目或与该项目有直接关系的项目进行投资,以扩充项目的规模,增加项目的效用。项目的后续活动实际上是巩固援助项目成果的一种手段。

第三节 世界银行贷款

一、世界银行概述

世界银行是世界银行集团的简称,它包括5个机构,即1945年设立的国际复兴开发银行,1956年设立的国际金融公司,1960年设立的国际开发协会,1965年设立的解决投资争端国际中心和1988年设立的多边投资担保机构。国际复兴开发银行的主要任务是以低于国际金融市场的利率向发展中国家提供中长期贷款;国际开发协会专门从事向低收入发展中国家提供长期的无息贷款;国际金融公司则负责向发展中国家的私营部门提供贷款或直接参股投资;多边投资担保机构主要通过向外国投资者提供非商业性风险担保,帮助发展中国家吸引外国投资,也为政府吸引私人投资提供咨询服务,传播有关发展中国家投资机会的信息;解决投资争端国际中心则是通过调停和仲裁外国投资者与东道国之间的争端,帮助促进国际投资,以鼓励更多的国际投资流向发展中国家。其中,国际复兴开发银行、国际开发协会和国际金融公司属于援助性的国际金融机构。世界银行的资金主要来自成员国认缴的股本、国际金融市场筹资、贷款的业务收益等。按世界银行成立时的协议规定,成员国应缴纳认购股本的20%,其中2%必须用黄金和美元支付,其余18%用本国货币支付,1988年第三次增资后,成员国应缴纳认购股本的比例降为3%,其中0.3%用黄金和美元支付,其余2.7%用本国货币支付。

二、世界银行的国际发展援助活动

世界银行的宗旨是通过向成员国中的发展中国家提供资金和技术援助,来帮助发展中国家提高生产力,以促进发展中国家的经济发展和社会进步,通过可持续发展和投资于人来减少贫困,提高生活水平。因此,世界银行把影响最大的领域作为其援助重点,如生育健康、妇女保健、营养、儿童早期开发计划、基础教育等。世界银行每年向100多个国家的发展项目提供的新增贷款的承诺额在200亿美元左右,已发展成为当今世界上最大的开发性和援助性国际金融机构,其具体活动表现在以下几个方面:

第一,为发展融资提供担保和直接向发展中国家提供贷款。向发展中国家提供贷款是一直是世界银行的主要任务,为发展中国家的融资提供担保也是世界银行任务之一,世界银行实际上是发展中国家经济发展资金的主要来源之一。

第二,支持发展中国家在农业、基础设施、教育卫生等方面的发展。农业、基础设施、教育卫生历来是世界银行对发展中国家资金支持的重点领域,因为世界银行认为,这一领域的发展有利于世界银行目标的实现。

第三,帮助发展中国家制订发展计划,实施宏观经济改革。世界银行的贷款均为项目贷款,这些项目必须符合发展中国家的宏观经济发展规划,尤其是对正在进行经济改革或转型的发展中国家的有关促进改革的项目,世界银行会给予更多的资金支持。

第四,充当发展中国家经济发展的顾问机构。世界银行一般会利用其拥有的技术、信息、经验为发展中国家提供咨询和培训,帮助发展中国家制定可持续发展的经济政策。这主要通过三种途径:一是与发展中国家成员国广泛对话,以保证在宏观经济政策、机制和一些关键部门的政策改革方面发挥较大作用;二是促使发展中国家在项目建设中使用最新的科技成果和最有效的操作方式;三是向发展中国家介绍有关的研究成果并推广其积累的经验。

三、世界银行贷款政策的演变

世界银行贷款政策的形成与演变,与世界经济及发展经济学的演变有着密切的关系,世界银行不断把发展经济学的新观点和新思想付诸实践,因此,世界银行从成立至今,其贷款政策大致经历了三个发展阶段。

(一)投资主导型政策(20世纪50年代至60年代中期)

在这一阶段,世界银行认为资本积累是不发达国家经济发展的关键因素,不断地向发展中国家注入资本,可提高发展中国家的储蓄率,能促使发展中国家经济的快速增长。因此,世界银行的贷款对象主要是那些需要大量投资而发展中国家又无力承担的项目,为此还特为发展中国家设立了国际开发协会,以向发展中国家转移资金。

(二)"增长再分配型"政策(20世纪60年代中至80年代初期)

这一时期,虽然发展中国家经济有所发展,但发展中国家居民的贫富差距拉大,世界银行开始着重对收入和消费进行有利于穷人的再分配,并力图把生产性资本转移给穷人,贷款重点因而转移到农业、农村发展和社会服务领域,发展经济学把这种政策称为"增长再分配型"政策。

(三)市场经济政策(20世纪80年代初至今)

受发展经济学从强调政府干预和公共部门带动经济起飞转变为强调市场导向和私人部门作用的影响,世界银行贷款开始对支持经济政策调整、建立市场机制的项目提供贷款。如提高支持公共部门调整、金融部门改革、市场发育、贸易体制改革等政策性贷款的比例,帮助发展中国建立市场经济体制,并为发展中国家进行政策研究,制定改革行动计划,进行机构和法制建设提供技术援助,此外,还在其支持的投资项目中增加政策性要求,如对我国贷款的电站项目要求同时进行电价改革和控制污染,支持的工业项目要求企业进行股份制改革等。

因此,世界银行目前贷款业务活动的目标主要在于减少贫困、保护环境、开发人力资源、帮助成员国减轻债务、加强私营部门发展等。

四、世界银行贷款的特点

世界银行是具有开发援助性的国际金融机构,其主要目的是向成员国中的发展中国家提供资金和技术援助。因此,世界银行向发展中国家提供的开发援助性贷款具有以下特点:

首先,贷款期限较长。国际复兴开发银行的贷款期限一般为20年,其中含5年的宽限期;国际开发协会的贷款期限长达30年,其中含10年的宽限期。

其次,贷款实行浮动利率。贷款利率每半年调整一次,利息按已支付未偿还的贷款余额计收,对贷款协议签订 60 天后还未支取的已承诺的贷款余额收取年率的 0.75% 的承诺费。国际开发协会贷款虽免收利息,但须征收年率为 0.75%的手续费,手续费按已拨付未偿还的贷款余额计收。

第三,贷款的还本付息实行"货币总库制"。从 1980 年开始,世行对国际复兴开发银行的贷款还本付息实行"货币总库制"。"货币总库"由各国已支付未偿还贷款余额组成,并用几十种货币折算成美元进行混合计算。其中日元、德国马克、法国法郎、英镑、瑞士法郎等占 70%以上,美元只占 10%,如果其指数受美元大幅度贬值影响而急剧上升,借款国还本付息的数额也随之大幅度上升。也就是说,汇兑风险要在所有借款国之间分摊。

最后,申请世行贷款需用的时间较长。从贷款项目的选定、准备、评估到贷款协议的正式签订一般需要 1 年半或更长的时间。这也说明使用世界银行贷款的手续十分烦琐。

五、世界银行的贷款条件

世界银行贷款虽然具有援助开发的性质,但并不是慈善机构,它的资金很大一部分来自国际金融市场,这就使得其贷款必须有足够的偿还保证。世界银行为了达到其贷款宗旨,特别强调贷款的使用效率。因此,世界银行要求贷款的使用者必须具备下列条件:①贷款只贷放给会员国政府或由会员国政府、会员国中央银行担保的公私机构;②贷款一般用于世界银行批准的特定项目,这些经批准的特定项目,都是世界银行确认在技术上和经济上是可行的,并在借款国的经济发展中应优先考虑的,但世界银行一般只提供该贷款项目所需资金总额的 30%~50%,其余部分由借款国自己筹措;③贷款项目建设单位的确定,必须按照世界银行的采购指南,实行公开竞争性招标、公正评标并报经世界银行审查;④贷款项目的执行必须接受世界银行的监督和检查;⑤只贷给那些确实不能以合理的条件从其他途径得到资金的会员国;⑥只贷给有偿还能力的会员国,因为世界银行不是一个救济机构,它的贷款资金主要来自会员国认缴的股份和市场融资,为了银行业务的正常运转,它必然要求借款国有足够的偿还能力,贷款到期后必须足额偿还,不得延期。

六、世界银行贷款的种类

世界银行贷款形式很多,但大致可以分为以下六类。

(一)具体投资贷款

具体投资贷款又称项目贷款。这类贷款的发放必须与具体的建设项目相联系,如世界银行向农业和农村发展、教育、能源、工业、交通、城市发展及给水和排水等项目发放的贷款均属于这一类。发放这种贷款的目的是提高发展中国家的生产能力,增加现有投资的产出。这类贷款在世界银行成立之初曾占有绝对大的比例,随着世界经济空前的发展及世界银行政策的调整,这类贷款在世界银行贷款业务中的比重已有所下降,但目前仍占40%左右。在世界银行向我国提供的贷款中,具体投资贷款占80%以上。

(二)部门贷款

部门贷款大致可分为三种,即部门投资贷款、中间金融机构贷款和结构调整贷款。

1.部门投资贷款。部门投资贷款的重点在于改善部门政策和投资计划,帮助发展中国家有关机构制定和执行部门投资计划。这类贷款对贷款国的组织机构要求较高,借款国要按与世行商定的标准对每个具体项目进行评估和监督。到目前为止,中等发展中国家使用这种贷款较为普遍,并且这类贷款多用于运输部门的项目。

2.中间金融机构贷款。中间金融机构贷款主要是指世行通过受援国的中间金融机构再转贷给具体的项目。承揽这项贷款业务的中间金融机构一般是开发金融公司和农业信贷机构。这类贷款项目的选择、评估和监督由借款机构负责,但项目选择和评估的标准及贷款利率由承办机构和世行商定。目前我国承办这类贷款的银行是中国投资银行和中国农业银行等。

3.部门调整贷款。当借款国执行能力有限,总的经济管理和政策改革水平或国民经济的规模不允许进行结构调整时,世行将考虑提供部门调整贷款。这种贷款的目的在于帮助借款国某一具体部门进行全国的政策调整和体制改革。中国曾向世行借过一笔3亿美元的该种贷款,用于在农村开发方面的改革。

(三)结构调整贷款

使用结构调整贷款的条件较为严格,借款国必须按规定的程序和条件使用这类贷款,其中任何一笔贷款未按条件执行,下一笔贷款便停止支付。该类贷款旨在帮助借款国在宏观经济、部门经济和机构体制方面进行全面的调整和改革,以克服其经济困难,特别是国际收支不平衡。结构调整贷款比部门调整贷款涉及的范围要广。近些年来,随着苏联的解体和东欧国家体制的变化,为帮助这些国家实现经济转轨,这类贷款占世界银行贷款的比重有所增加。

(四)技术援助贷款

世界银行在向发展中国家提供技术援助贷款时,不仅要求贷款的一部分用于项目的硬件建设,还要求将其中的一部分资金用于人员培训和组织机构的改革等软件建设。该种贷款的目的不仅是为某一具体项目的建设,同时也是为发展中国家制定国民经济规划、改革国有企业和改善机构的经营管理提供帮助。

(五)紧急复兴贷款

紧急复兴贷款是世界银行向由于自然或社会原因造成损失的发展中国家提供的贷款。世界银行曾因大兴安岭火灾为我国提供过这类贷款。

(六)小额扶贫信贷

小额扶贫信贷是世界银行 20 世纪 90 年代中后期推出的为发展中国家的穷人提供的无抵押担保的小额信贷。它的特点是资金入户,资金的使用者自我管理,这样不仅解决了穷人贷款难的问题,也提高了穷人个人的能力,可以说,小额扶贫贷款的效用已超越了贷款本身。如 1995 年 10 月起,世界银行在陕西安康的小额贷款效果显著,5 年后 98%的农户解决了温饱。

七、世界银行贷款的发放程序

世界银行贷款的发放需要经过项目的选定、项目的准备、项目的评估、项目的谈判、项目的执行和项目的总结评价六个程序。这六个程序也被称为项目周期。

(一)项目的选定

项目的选定是指由借款国选定一些符合本国经济和社会发展需要并符合世界银行贷款政策的项目,提供给世界银行进行筛选。借款国选定项目以后,编制“项目的选定简报”,然后将“项目的选定简报”送交世界银行进行筛选。经世界银行筛选后的项目,将被列入世界银行的贷款计划,成为拟议中的项目。

(二)项目的准备

项目准备工作的主要内容是借款国对经世界银行筛选过的项目进行可行性研究。项目的可行性研究一般由借款国独立完成,但世界银行对借款国所进行的项目可行性研究等项目准备工作提供资金和技术援助。项目准备工作时间的长短取决于项目的性质和借款国有关人员的工作经验和能力,一般需要 1 至2 年。

(三)项目的评估

项目评估就是由世界银行对筛选过的项目进行详细审查、分析、论证和决策的整个过程。它实际上是对项目可行性研究报告的各种论据进行再分析、再评价、再论证,并做出最后决策。如果世界银行认为申请贷款的项目符合世界银行的贷款条件,就提出两份报告书,其中先提出一份项目可行性研究的“绿皮报告书”,随后再提出一份同意为该项目提供贷款的通知书,即“灰皮报告书”。

(四)项目的谈判

世界银行在经过项目评估并提出上述两份报告之后,便邀请借款国派代表团到其总部就签署贷款协议问题进行谈判。项目谈判的内容主要包括项目的贷款金额、期限、偿还方式以及为保证项目的顺利执行所应采取的具体措施。项目的谈判大约需要 10 至 14 天,在双方共同签署了贷款协议之后,再由借款国的财政部代表借款国政府与世行签署担保协议。在贷款协议和担保协议报经世界银行执行董事会批准,并报送联合国登记注册后,项目便可进入执行阶段。

(五)项目的执行

项目的执行一般由借款国负责,但世界银行要对项目的执行情况进行监督,项目执行必须是在贷款项目完成了法定的批准手续之后进行。项目执行主要包括两方面内容:一方面是配备技术和管理等方面的专家,并制定项目的实施技术和时间表;另一方面是组织项目建设的招标工作,按世界银行的规定,投标者除瑞士之外,必须是国际复兴开发银行和国际开发协会的会员国,如果投标者是来自借款国的企业,还可以给予 10%至 15%的优惠。

(六)项目的总结评价

项目的总结评价是世界银行对其提供贷款项目所要达到的目标、效益和存在的问题所进行的全面总结。对项目的总结评价一般在世界银行对项目贷款全部发放完毕后一年左右进行。在对项目进行总结评价之前,一般先由项目的银行主管人员准备一份项目的完成报告,然后再由世界银行的业务评议局根据项目的完成报告对项目的成果进行全面的总结评价。

第四节　政府贷款

政府贷款是各类贷款中优惠程度最高的一种,具体体现为无息或低息,贷款期和宽限期较长。以发展援助委员会成员国提供的政府贷款条件为例,贷款的平均期限为 30 年左右,宽限期平均为 10 年,利息率均在 3%以下,其赠予成分平均高达 80%以上。这确实是发展中国家寻求发展资金的一种较好途径。

一、政府贷款的概念及其种类

政府贷款也称外国政府贷款或双边政府贷款。它是指一国政府利用其财政资金,向另一国政府提供的具有开发援助性质的期限较长、利率较低的优惠性贷款。政府贷款的偿还期一般在20~30年,最长的可达50年,其中含有5~10年的宽限期,贷款的年利率一般为2%~3%。有的国家在发放政府贷款时免收利息。政府贷款的资金主要来自各国的财政拨款,并通过列入国家财政预算支出的资金进行收付,所以,政府贷款一般要由各国的中央政府经过完备的立法手续加以批准后才能提供。政府贷款按贷款的条件可分为四类:一类是软贷款或称政府财政性贷款,这种贷款有无息和低息两种,而且还款期和宽限期均较长,它一般贷放给那些非营利的开发性项目;第二类是混合性贷款,它是将政府财政性贷款和一般商业性贷款混合在一起的一种贷款,其优惠程度低于财政性贷款而远远高于一般商业性贷款;第三类是将一定比例的赠款与出口信贷结合而成的一种贷款;第四类是政府财政性贷款与出口信贷结合而成的一种贷款。由于政府贷款是一种无息或低息、偿还期限较长并有一定的宽限期的优惠性贷款,因此政府贷款含有一定的赠予成分。按国际惯例,政府贷款属于官方发展援助,其赠予成分必须在25%以上。

二、政府贷款的特点

政府贷款的特点鲜明,可以归纳为以下几点:

第一,资金来自政府预算。贷款国用国家的预算资金直接与借款国发生信贷关系,属于国家资本输出的一种形式。

第二,政府贷款属于主权外债。政府贷款是借款国政府借用外国政府的一种外债,是属于债权国和债务国政府之间发生的一种债权和债务关系。因此它被视为一种主权外债。

第三,政治性极强。政府贷款必须是建立在两国政治经济关系良好基础上的一种合作关系。美国在推翻萨达姆政权后,美国国防部立即宣布筹款17亿美元用于援助伊拉克。

第四,政府贷款的数额受援助国财政支出和国际收支的影响。在一个国家经济状况较好或国际收支状况良好时,该国用于政府贷款的数额可能会较多,但当国际收支出现逆差或经济状况不好时,用于政府贷款的数额便随之减少。

三、各国提供政府贷款的一般条件

政府贷款的提供者是发达国家或有能力提供贷款的国家的政府,这些国家的政府往往根据本国的政治和经济需要,制定不同的贷款条件,大致可归纳为以下几种：

首先，接受政府贷款的项目单位不管国营或私营，必须以政府的名义接受，即需要经过双方国家的政府照会，并通过法定的批准程序，辅之以一系列外交函件。

其次，借款国必须按贷款国的要求购买项目建设所需的物资和设备，即限制性采购。从目前来看，大多数贷款国都要求借款国将贷款的全部或一部分用于购买贷款国生产的物资和设备。即使贷款国没采用限制性采购条款，也要求借款国必须以国际公开招标的方式，或在包括经济合作组织成员在内的，或在发展援助委员会所规定的发展中国家或地区的“合格货源国”采购设备和物资。

再次，有些国家在发放政府贷款时，将贷款的一定比例与出口信贷相结合。其目的在于带动贷款国的商品出口，以扩大贷款国商品输出的规模。

最后，少数国家在发放政府贷款时，要求借款国在政治倾向、人权等方面做出承诺。因此，政府贷款的发放必须以两国良好的政治关系为前提。

四、政府贷款的发放程序

政府贷款一般由援助国政府主管财政的部门或通过该部门由政府设立的专门机构负责提供。政府贷款无论对援助国还是受援国来说都是一种涉外业务，但它与国内业务又是密不可分的，其中的很多工作往往同时或交叉进行。提供政府贷款的援助国较多，各国发放贷款的程序也不相同，但大都需要经过以下几个程序。

（一）受援国选定贷款项目

由受援国选定贷款项目，并与援助国进行非正式的会谈。在受援国向援助国提出项目贷款的请求以前，先由受援国申请项目贷款的单位向受援国的有关主管部门提交贷款申请，然后由受援国主管部门选定需要贷款的备选项目。在准备申请贷款的备选项目确定之后，由受援国政府的有关主管部门以政府的名义与贷款国政府有关主管部门进行非正式的会谈，并将申请贷款的备选项目提供给贷款国进行研究。双方经过仔细研究和磋商，开始对双方共同感兴趣的项目进行调查、评估和筛选。

（二）编制贷款项目可行性研究报告

贷款项目的可行性研究报告一般由借款国的项目单位负责。如果项目单位确有困难，可以聘请外国的咨询机构帮助编制。项目可行性研究报告实际上是贷款国确定是否给该项目提供贷款的依据。在项目可行性研究报告得到正式批准以后，便可签订各种商务合同。

（三）援助国对双方共同感兴趣的项目进行调查和评估

对备选的贷款项目进行调查和评估是援助国选定贷款项目的基础。援助国为确保受援国所借款项到期能够还本付息，并使援助性贷款用于受援国急需建设或能够促进受援国经济和社会发展的项目，就必须对借款国的经济状况和未来的发展前景进行调查，并在调查的基础上进行评估，以了解项目在技术上和经济上的可行性。调查一般可采用两种方式：一种是援助国对受援国提交的贷款项目可行性研究报告和项目建设的具体实施计划进行调查和研究；另一种是援助国派调查组到借款国进行实地调查，调查内容主要包括受援国的工农业生产、资源、工业基础设施（包括能源、交通运输、电信等）、管理水平、进出口状况、国际收支、偿债能力、经济政策、有关法规、近期规划和长远发展目标等。援助国在调查的基础上开始对备选项目进行评估，评估的内容主要包括从确定项目到提出项目贷款的全部过程，以及项目形成的背景和特点；项目是否符合受援国国民经济发展计划的目标；项目的工程总体规划在技术上的可行性；项目的实施计划（包括资金来源、执行机构、施工方式、计划与进度、原材料的采购方法等）是否切实可行；项目的预算（包括土地、设备、原材料、动力与燃料、人工以及其他费用）；项目的贷款计划和支付时间表；项目在财务上的可行性；项目的经济和社会效益；项目对环境的影响等。

（四）外交途径的正式承诺

援助国与受援国举行正式会谈，并由援助国通过外交途径对项目贷款进行正式承诺。在调查和评估的基础上，援助国与受援国开始举行正式会谈，以确定双方共同感兴趣的合作领域或项目、贷款金额和贷款的各项具体条件等。在经过双方正式会谈并确定了贷款项目和各项具体条件之后，援助国则通过外交途径向受援国正式做出提供项目贷款的承诺，即援助国向受援国承诺提供贷款的项目、贷款金额和贷款期限等。

（五）签署贷款协议

在援助国和受援国政府间的正式会谈中所谈的贷款条件往往是总体的或原则性的，而不是具体的。有关项目贷款的各项具体的财政条件和实施细则有时在政府间的会谈中确定，有时由两国政府委托各自的中央银行或其他有关银行来商谈确定。在援助国正式做出贷款承诺并确定了具体条件以后，两国政府应正式签署贷款协议。

（六）项目的实施、总结评价和还本付息

贷款协议签署后，借款单位根据协议做好接货、商检、调试、投产工作，并按

协议规定提取贷款。项目建成并进行试运转后,双方对贷款项目进行总结评价,受援国还应按时还本付息及支付各项应付费用。

第五节 主要发达国家的对外发展援助

一、美国的对外发展援助

美国是当今世界经济势力最强的国家,也是历史上提供发展援助最早和数量最多的国家。从 1980 年至 1999 年,美国的对外发展援助相当于同期发展援助委员会其他成员国提供的官方发展援助总额的约 1/5。早在第二次世界大战初期,美国就曾利用其在第二次世界大战中取得的政治、经济和军事上的优势,谋求通过双边援助来发展同其他国家的政治经济关系。1945 年 12 月,美国就与英国签署了财政协定,美国以英国支持“布雷顿森林协定”和建立国际货币基金为条件,给英国 37.5 亿美元的低息贷款。1947—1952 年,美国又通过马歇尔计划向西欧提供了 131.5 亿美元的援助。1949 年以后,美国通过“第四点计划”将援助的范围扩大到亚洲和非洲的发展中国家。

第二次世界大战以后,美国一直是世界头号援助大国,尤其是 20 世纪 70 年代之前,美国每年提供的发展援助数量比发展援助委员会其他成员国提供的援助数量的总和还要多。1989 年美国提供的官方发展援助额首次居日本之后,降为第二位,1990 年加上对发展中国家的债务减免后才恢复到第一位。从 1991 年到 1999 年,美国多数年份的官方发展援助额处于第二位。美国对外发展援助数量的增加与其经济实力的增长极不相称,尤其是 20 世纪 60 年代以来,发展援助甚至是负增长趋势。1990 年至 2008 年,美国提供的官方发展援助净交付额占其国民生产总值的比重一直在 0.22%~0.25%,这不仅低于联合国规定的 0.7%的标准,而且是发展援助委员会成员国提供官方发展援助净支付额占国民生产总值的比例最低的国家。

美国的对外发展援助政策是与它的政治经济利益紧密联系在一起的,它的援助政策取决于它的政治、经济的需要,并经常根据其政治、经济的需要加以调整。美国的对外援助分为安全援助和发展援助,安全援助是指为外交政策服务的军事援助。20 世纪 80 年代中期以前,军事援助占有相当的比重,从 1946 年至 1985 年,美国共向 170 多个国家和多边机构提供过 4 070 亿美元的援助,其中发展援助 2 940 亿美元,军事援助1 130亿美元,分别占援助总额的 72%和 28%。80 年代中期以后,美国对发展援助政策进行了调整,开始强调利用援助来促进发展中国家有关货币、私人投资和农产品价格等方面经济政策的改革;增加对私人部门的援助,以推动受援国市场经济的发展;加强技术援助,以培训受援国当地居民接受和应用技术的能力；帮助受援国建立学校、技术推广站、研究中心、培训中心和卫生保健系统。

国际开发署是美国负责实施发展援助的政府机构，它是依据美国1961年颁布的《对外援助法》由肯尼迪总统下令设立的。经过多次变革，1998年成为一个直接由国务卿领导的法定对外援助执行机构。美国的发展援助方案也是由国际开发署制定的，提供的发展援助一般采取赠款和贷款两种形式，但一半以上的援助采取限制性采购或半限制性采购的方式，而且贷款的偿还必须以美元支付，并常常附有改善人权和民主状况，实行市场经济等条件。此外，美国还设立了主要用于援助与美国有特殊政治和安全利害关系的经济支撑基金，目前有40多个国家享受该基金的援助。美国发放贷款的优惠程度取决于受援国的经济状况，对取得国际开发协会贷款资格的发展中国家，贷款期限为40年，宽限期为10年，偿还期为30年，宽限期内的贷款利率为2%，偿还期内的贷款利率为3%；对人均收入较高但又低于1 300美元的发展中国家，贷款期限为25年，宽限期为10年，宽限期前5年的贷款利率为2%，后5年为3%，偿还期内的贷款利率为5%；对人均收入高于1 300美元的发展中国家，贷款期限为20年，宽限期为10年，宽限期前5年的贷款利率是3%，后5年是5%，偿还期内的贷款利率是6%。

近年来，非洲成为美国对外援助的主要地区，2016年美国对非洲发展援助额达到98.6亿美元，占当年美国对外援助总额的34.6%。除非洲外，美国对外发展援助的主要地区还包括南亚和中东地区，2016年美国向南亚和中东地区提供的发展援助额占其援助总额的21.0%。阿富汗是2016年接受美国援助最多的国家，占美国向南亚地区援助总额的46.6%。

二、日本的对外发展援助

日本是第二次世界大战的战败国，从经济起飞到跨入发达国家的行列也只有20多年，其国民生产总值1966年超过法国，1967年超过英国，1968年超过原联邦德国，目前已是世界第二经济大国。日本从20世纪60年代开始对外提供援助，对外援助额也随其经济的发展不断增加。1989年日本以84.94亿美元首次超过美国，成为世界第一援助大国。此后，除个别年份外，日本对外发展援助数量基本上位居世界之首。从1991年至2004年，日本对外官方发展援助净交付额虽然都在100亿美元以上，但其占国民生产总值的比例一直徘徊在0.29%~0.32%，远没有达到联合国所规定的0.7%的标准，也低于发展援助委员会成员国的平均水平。

日本从事对外援助的主要机构是1961年设立的海外经济协力基金，该基金直属经济企划厅领导，具体负责实施日本的对外发展援助。日本对外发展援助的方向和规模由经济企划厅、外务省、大藏省、通产省等共同协商。国际协力事业团和日本输出输入银行也是负责日本对外发展援助的执行机构,前者主要负责技术援助,后者主要负责发放优惠性贷款。日本政府于1992年6月30日通过了《政府开发援助大纲》,确立了对外援助的原则、目标、重点地区、重点领域和实施方法。

日本对外提供发展援助的主要形式有赠款、贷款和技术援助。赠款只向最不发达的发展中国家提供,一般用于帮助它们提高农业生产能力的粮食援助和它们难以得到资金的开发性项目。日本政府也对发展中国家的教育、渔业和救灾等提供赠款。其贷款分两类:一类是由日本政府向发展中国家政府提供的直接贷款;另一类是由日本企业提供资金,用于这些企业在发展中国家的合作项目。其中,直接贷款又分为用于购买项目所需设备、材料和劳务的项目贷款,开发项目购置设备的设备贷款,通过受援国开发金融机构向受援国某项目提供资金的两步贷款,为项目设计、标书编写、咨询服务提供的工程服务贷款,支持项目当地费用的当地费用贷款,为项目建设的超支部分或维修已建成项目提供补充资金的补充资金贷款。日本提供的技术援助主要包括接受培训受援国的技术人员,派遣专家和技术人员到受援国进行技术指导及科研合作,向受援国提供设备和仪器等。

日本政府贷款的期限一般为15~30年。宽限期为5~10年,贷款的利率一般在2.5%以下,贷款的赠予成分平均在70%左右。日本发放政府贷款的限制性采购部分目前为25%左右,而且在发放政府贷款时,要求受援国必须通过国际竞争性招标方式向所有合格货源国的合格供货厂商或承包商购买商品和劳务,对于有些非限制性采购贷款,日本政府要求受援国在经济合作与发展组织成员国范围内购买商品和劳务。日本是为中国提供官方发展援助较多的国家,原则上是无附加条件的,但操作中却是限定性的,如日本政府贷款的多数项目规定"限定两国间采购"等捆绑条件。

日本的援助政策也是逐渐变化的,第二次世界大战以后,日本进行了一系列政治经济改革,并走上了和平发展之路。在美国的扶植下,日本的经济得以迅速发展。为了恢复与东南亚国家之间的关系,日本于1954年10月作为援助国加入了英联邦国家主导的"南亚及东南亚经济合作与发展的科伦坡计划",该计划以赠送和借款方式向上述地区的国家提供资金或物资,派遣专家,接收培训研修生。日本采用了派遣专家、接收培训研修生援助方式。1955年日本政府在预算中拨款3 840万日元,正式开始了派遣专家、接收培训研修生业务,从此推开了日本对外援助的序幕。日本还曾要求美国设立"亚洲版的马歇尔计划",要求美国每年投资40亿美元,设立科伦坡框架内的"东南亚开发基金",该提议虽然没有得到美国的支持,但却利用美国的资金、日本的技术和东南亚的资源,以援助为幌子来发展自已。1958年初日本出资50亿日元设立了“东南亚开发合作基金”,后来又追加了100亿日元。1958年8月还出资30亿日元设立了“经济合作基金”。

亚洲是日本主要的援助对象,日本每年大约将2/3以上的援款用于援助亚洲国家,尤其是东南亚地区国家,如印度尼西亚、中国、泰国、印度和菲律宾等。日本从1966年开始向非洲国家提供援助,几乎遍布所有非洲国家,近些年来,日本又增加了对撒哈拉以南非洲的援助。日本的发展援助主要集中在电力、天然气和运输部门,向这三个部门发放的援款大约占其对外援助总额的50%以上,其次是农业和采矿业。日本很少对发展中国家的教育、卫生和计划生育等部门提供援助。与美国不同,日本援助的对象是与其有贸易和投资密切联系的国家。从1979年开始,日本每年都要对中国提供大量的援助,其主要方式有:资金合作、技术合作和人才交流。资金合作包括有偿资金合作、无偿资金合作和利民无偿资金援助。有偿资金合作主要是长期低息贷款,一般为50年,还款期40年,宽限期10年;无偿资金援助主要是提供赠款,用于农业、医疗保健、环保、人才培养和教育等领域;利民无偿资金援助主要是小额赠款,主要是以向非政府组织及地方公共项目提供的资金援助。技术合作主要是派遣专家将日本的技术传授给中国,接收进修生,提供设备等,涉及的领域主要有基础设施、农业和环境保护。人才交流主要是培养相互理解的人才,实施人与人交流计划。

三、法国的对外发展援助

法国是发展援助委员会中第四大援助国,2018年法国官方发展援助净交付额为125.0亿美元,占发展援助委员会援助总额的8.4%。法国历来非常重视发展援助,它的官方发展援助额一直在稳步增长。

法国主管对外发展援助的机构有合作部、文化科学和技术关系管理总局、中央经济合作金库、财政部、领地国务部。它们分别负责不同国家和地区的发展援助工作。法国的海外省和领地的发展援助由领地国务部直接负责,各专业部和中央经济合作金库有时也提供援助;对撒哈拉以南讲法语的非洲国家的财政和技术援助由合作部负责,贷款由中央经济合作金库负责;对其他发展中国家的无偿援助和援助性贷款由财政部负责,技术援助由文化科学和技术关系管理总局负责。此外,法国的各专业部分别负责执行各自领域内的技术援助。1975年以后,中央经济合作金库开始向讲法语以外的国家和地区提供援助。

法国提供援助的主要形式有赠款、贷款和技术援助。赠款在法国提供的双边援助中一直占有很高的比例,目前每年在80%左右。法国政府贷款的期限一般为30年,宽限期为10年,利率原来在2.5%以下,1987年以后改为2%以下,从第二个10年开始每半年还款一次。政府贷款有时还以混合贷款的形式提供。法国的技术援助主要采取培训技术人员、接受留学生和派遣技术专家等形式。法国对外发展援助的重点地区是海外省及其领地,每年将援助总额的一半以上给了这些国家和地区,其次是讲法语的非洲国家和地区以及洛美协定的成员国。近年来,法国增加了对法语以外国家和地区的发展援助。法国对外提供的发展援助主要集中在教育和卫生部门,其次是农业和农村发展部门。

四、德国的对外发展援助

德国是世界第三经济强国,也是发展援助委员会五大援助国之一。20 世纪 70 年代,德国跨入发展援助委员会三大援助国的行列。80 年代以后,由于法国对外援助额的不断增加,德国退居第四位。近年来,德国官方发展援助增长迅速,已跃居发展援助委员会第二大援助国,2018 年净交付额达到 258.9 亿美元,占发展援助委员会当年援助总额的 17.3%。

德国的发展援助政策是:原则上只向与德国有正式外交关系的发展中国家提供援助,援助数额的多少取决于受援国与德国的关系;一般不搞军事援助,也不向与军事援助有关的项目提供援助;受援国必须是发展中国家或有某种特殊需要的国家。近些年来,德国政府提出了援助政策应遵循的五大目标,即和平、人权、民主、市场经济和环境保护。

德国的双边发展援助的方式主要有贷款、无偿援助和技术援助,并只提供给那些经双方商定的项目。德国政府贷款的条件视受援国经济状况而定,对最贫穷的发展中国家的贷款期限为 50 年,宽限期为 10 年,利率仅为 0.75%;对收入较高的发展中国家的贷款期限为 20 年,宽限期为 5 年,利率在 4%左右;对中等收入的发展中国家的贷款期限为 30 年,宽限期为 10 年,利率在 2%左右。德国对最不发达国家的有关基础设施项目往往采取无偿援助的方式。德国提供技术援助的形式主要包括培训、科研和咨询。

德国从事双边发展援助的主要机构有德意志开发银行和复兴信贷银行,德意志开发银行主要通过投资和贷款的方式向最贫穷的发展中国家提供财政援助和技术援助,而复兴信贷银行则向所有的发展中国家提供项目贷款和技术援助。德国对外发展援助的重点国家或地区是非洲最贫穷的国家或地区,尤其是撒哈拉以南的非洲国家或地区,德国每年向这些国家或地区提供的援助额大约占德国对外援助总额的 50%以上,其次是亚洲,约占 25%,拉美和欧洲各占 10%左右。能源、交通、工业和农业是德国对外发展援助的主要部门。

五、英国的对外发展援助

英国是世界上最早从事发展援助的国家之一,截至 2004 年底,英国共向 130 多个国家或地区提供过发展援助。英国 1960 年的官方发展援助净交付额在发展援助委员会中仅次于美国，居世界第二位。进入20世纪60年代中期以后，援助大国的地位不断下降，1987年以后位于美国、日本、法国、德国和意大利之后，退居第六位。英国的官方发展援助净交付额占国民生产总值的比重也不断下滑，从1965年的0.47%下滑到1990年的0.27%，在经济合作与发展组织的成员国中位居第17位。近年来，英国官方发展援助规模有所回升，2018年净交付额达到194.6亿美元，占发展援助委员会援助总额的13.0%，仅次于美国和德国，是发展援助委员会第三大援助国。

英国开展双边援助的主要方式有赠款、贷款、援助与贸易基金。英国政府每年提供的双边赠款占援助总额的比例很高，基本上维持在95%以上。贷款的赠予成分也很高，20世纪70年代在70%左右；90年代平均在98%以上，既高于发展援助委员会成员国92.8%的平均水平，也高于发展援助委员会要求其成员国达到的94.7%的水平。英国的政府贷款往往是由25%的政府贷款和75%的出口信贷所组成，贷款的期限一般在20~25年，宽限期为5~10年，利率为5%。援助与贸易基金虽然是用于发展援助，但它是为促进英国商品的出口而设立的，在使用该基金提供援助时，英国对项目合同总价的30.1%至35.1%提供赠款，其余69.9%至64.9%提供出口信贷或由受援国以自有外汇支付，这一方式主要用于对亚洲远东地区的援助。

英国主管对外发展援助工作的机构是1964年设立的海外开发局。在此之前，联邦关系部和外交部分别负责英联邦国家和英联邦以外国家的援助。1961年，英国成立了海外合作局，接管了政府各部门分管的所有的技术援助工作，但该局从属于外交部领导。英国发展援助的执行机构是英联邦开发公司，它只对英联邦国家提供有偿援助，不提供无偿援助。英国对外发展援助的重点地区是非洲，尤其是撒哈拉以南的非洲国家，每年将50%以上的援款用于这一地区；其次是南亚地区的国家，南亚的印度是累积得到英国援助最多的英联邦国家。英国提供发展援助的主要部门是教育、健康、人口、公共管理等，每年资助这些部门的款项占英国双边发展援助总额的25%；其次是能源、运输、农业和采矿等部门。英国对中国的援助起步较晚，早在16世纪，英国就想与中国建立联系，1596年本杰明·伍德携带着英国女王伊丽莎白一世致中国皇帝的信前往中国，只是因为他没有到达中国而夭折。1637年东印度公司的船队抵达中国，中英两国的贸易开始，但直到1997年以后，英国才开始制定针对中国的发展援助计划，其方式不是贷款，而是资助，重点领域是卫生和教育，这也是英国在全球范围内消除贫困战略的一部分。

第六节　中国与国际发展援助

现代的世界是一个开放的世界，对于已经打开国门并日益开放的中国来说，从事和接受国际发展援助已成为中国参与国际经济合作活动的重要内容。对外向发展中国家提供援助和向国际多边机构提供援助资金，并接受国际多边和双边援助，对加强中国与世界各国的联系与合作、提高中国的国际地位、推动改革开放、加快中国的经济发展有着非常重要的意义。

一、中国对外援助方式

（一）资金方式

根据《中国的对外援助（2014）》白皮书，2010—2012 年，中国对外援助金额为 893.4 亿元人民币，从资金角度来看主要包括无偿援助、无息贷款和优惠贷款三种方式。

无偿援助重点用于帮助受援国建设中小型社会福利项目以及实施人力资源开发合作、技术合作、物资援助和紧急人道主义援助等。三年中，中国对外提供无偿援助 323.2 亿元人民币，占对外援助总额的 36.2%。

无息贷款主要用于帮助受援国建设社会公共设施和民生项目。三年中，中国对外提供无息贷款 72.6 亿元人民币，占对外援助总额的 8.1%。

优惠贷款主要用于帮助受援国建设有经济社会效益的生产型项目，大中型基础设施项目，提供较大型成套设备、机电产品等。三年中，中国对外提供优惠贷款 497.6 亿元人民币，占对外援助总额的 55.7%。

（二）项目类型

中国对外援助的方式从项目类型角度来划分，包括：农业发展项目、教育培训项目、医疗项目、公益设施建设项目、基础设施改善项目和能力建设项目等。

1. 农业发展项目。中国通过援建农业技术示范中心、派遣农业专家提供咨询和开展技术合作、培训农业技术和管理人员等方式，积极帮助其他发展中国家提高农业生产能力，有效应对粮食危机。2010—2012 年，中国对外援建 49 个农业项目，派遣 1 000 多名农业技术专家，并提供大量农业机械、良种、化肥等农用物资。

2. 教育培训项目。为帮助其他发展中国家提升教育水平，支持其教育均衡、公平发展，中国通过援建维修校舍、提供教学设备、培养师资力量、增加来华留学政府奖学金名额、支持职业技术教育发展等，不断加大教育援助力度。2010—2012 年，中国援助了 80 余个教育设施项目，举办了 30 多期培训班或研修班，共资助 76 845 名留学生来华学习。

3. 医疗项目。医疗卫生是中国对外援助的重点领域之一，中国通过援建医院、提供药品和医疗设备、派遣医疗队、培训医疗人员、与发展中国家共同开展疾病防治交流合作等形式，支持受援国进一步改善医疗卫生条件，提高疾病防控水平，加强公共卫生能力建设。2010—2012 年，中国援建约 80 个医疗设施项目，向受援国提供约 120 批医疗设备和药品物资，对外派遣 55 支援外医疗队，累计 3 600 名医护人员，在受援国近 120 个医疗点开展工作，培训当地医护人员数万人。

4. 公益设施项目。为支持其他发展中国家改善民众生活条件、开展社会公共活动，中国积极援建城市和农村公共福利设施、民用保障性住宅以及社会活动场馆，提供相关设备及物资，并开展运营管理技术合作。2010—2012 年，中国在发展中国家实施打井供水项目 29 个，共打水井 600 余眼；为其他发展中国家援建民用住宅、经济保障性住房等民生项目 80 个，总建筑面积近 60 万平方米；在其他发展中国家援建文化场所、体育场馆、办公会议设施等公共设施项目 86 个。

5. 基础设施改善项目。中国根据不同国家经济发展条件，合理安排无偿援助、无息贷款资金，发挥优惠贷款融资优势，帮助受援国建设有迫切需求的基础设施项目。2010—2012 年，中国对外援建了 156 个经济基础设施项目。中国发挥在技术、设备材料和人力资源等方面优势，在确保工程质量的同时，有效降低了项目投资成本。

6. 能力建设项目。中国坚持“授人以渔”的援助理念，通过人力资源开发合作、技术合作、志愿者服务等方式，与其他发展中国家分享发展经验和实用技术，帮助发展中国家培养人才，增强自主发展的造血功能。2010—2012 年，中国共举办 1 579 期官员研修班；举办技术人员培训班 357 期，为其他发展中国家培训技术人员近万名；举办了 15 期在职学历教育项目，来自 75 个发展中国家的 359 名政府官员分别获得公共管理、教育、国际关系以及国际传媒硕士学位；向 50 多个国家派遣 2 000 多名各类专家，在农业、手工艺、广播电视、清洁能源、文化体育等领域广泛开展技术合作，转让适用技术，提高受援国技术管理水平。

二、区域合作机制下的对外援助

中国注重在区域合作层面加强与受援国的集体磋商，利用中非合作论坛、中国—东盟领导人会议等区域合作机制和平台，多次宣布一揽子援助举措，积极回应各地区的发展需要。

（一）推动中非新型战略伙伴关系发展

非洲是发展中国家最集中的地区。自 2000 年中非合作论坛成立以来，中国积极在论坛框架下同非洲国家开展发展合作，逐步增加对非洲援助力度，有效促进中非关系全面发展。

优先促进农业发展。中国一贯重视与非洲开展农业合作。2010—2012 年，中国在非洲建成了 14 个农业技术示范中心，另有 8 个技术示范中心进入规划实施阶段；派遣了大量农业专家开展技术合作；为非洲国家培训农业技术人员超过 5 000 名。

支持基础设施建设和一体化发展。基础设施一直是中国对非援助的重点领域。坦赞铁路是中国早期支持非洲跨国基础设施建设的标志性项目，建成后，中国不间断地开展技术合作，为铁路运营管理提供帮助。2010—2012 年，中国在非洲援建了 86 个经济基础设施项目。2012 年，中国宣布同非洲国家建立跨国跨区域基础设施建设合作伙伴关系，为项目规划和可行性研究提供支持，鼓励有实力的中国企业和金融机构参与建设。

推动医疗卫生合作。中国长期致力于帮助非洲国家改善医疗卫生条件。目前，43 支中国医疗队分布在 42 个非洲国家。中国援建了近 30 所医院和 30 个疟疾防治中心，提供 8 亿元人民币的医疗设备物资和抗疟药品，为非洲国家培训医护人员超过 3 000 名。

开展能力建设。2010—2012 年，中国在非洲国家援建了 150 所中小学校，培训各类人才约 4.7 万名。2012 年，中国宣布实施“非洲人才计划”，在此后三年内为非洲培训 3 万名各类人才，提供政府奖学金名额 18 000 个。

（二）促进与东盟务实合作全面发展

自 2003 年中国与东盟宣布建立战略伙伴关系以来，中国积极在各领域与东盟国家开展合作，重点向东盟低收入国家提供经济技术援助，支持东盟缩小内部发展差距。

支持多层次区域合作。中国多渠道提供资金，支持东盟在区域合作中发挥主导作用。2010—2012 年，中国连续在中国—东盟领导人会议上宣布援助举措，重点支持基础设施建设。中国援建了一大批工农业生产和基础设施项目，助推东盟国家经济发展。

促进农业综合发展。2010—2012 年，中国不断加大“中国—东盟粮食综合生产能力提升行动计划”实施力度，与东盟各国共同建设农作物优良品种试验站 20 个，示范推广面积达 100 万公顷；在东盟国家新建 3 个农业技术示范中心，派出 300 名农业专家和技术人员赴东盟进行指导；在周边国家建设跨境动植物疫病防控监测站，建立动植物疫病联防联控体系。

加强能力建设。2010—2012 年，中国为东盟国家培训官员和技术人员 5 000余名，涉及商务会展、文化艺术、汉语、金融财税、传统医药和传染病防治、新能源、农业等领域。

以共同发展为目标，中国除了利用中非合作论坛、中国—东盟领导人会议等区域合作机制之外，还借助中国—葡语国家经贸合作论坛（澳门）、中国—加勒比经贸合作论坛、中国—太平洋岛国经济发展合作论坛、中国—阿拉伯国家合作论坛和上海合作组织等平台，与相关地区的发展中国家开展合作。

三、参与国际交流合作

随着参与国际发展事务能力的增强，中国在力所能及的前提下，积极支持多边发展机构的援助工作，以更加开放的姿态开展经验交流，探讨务实合作。

（一）支持多边机构发展援助

近年来，联合国等多边机构在发展援助领域的作用突出，尤其在推动发展筹资、实现千年发展目标以及应对全球性发展问题等方面发挥巨大作用。中国通过自愿捐款、股权融资等方式，支持并参与多边机构发展援助行动。

1. 参与多边发展机构的援助工作。2010—2012 年，中国向联合国开发计划署、工业发展组织、人口基金会、儿童基金会、粮食计划署、粮食及农业组织、教育科学及文化组织、世界银行、国际货币基金组织、世界卫生组织以及全球抗击艾滋病、结核病和疟疾基金等国际机构累计捐款约 17.6 亿元人民币，支持其他发展中国家在减贫、粮食安全、贸易发展、危机预防与重建、人口发展、妇幼保健、疾病防控、教育、环境保护等领域的发展。2010—2012 年，中国通过联合国粮食及农业组织项目，先后派出 235 名专家赴蒙古、尼日利亚、乌干达等 9 个国家，为当地提高农业生产水平提供技术援助。2011—2012 年，中国与世界卫生组织密切配合，先后派出 15 名专家赴纳米比亚、尼日利亚、埃塞俄比亚和巴基斯坦，帮助当地控制脊髓灰质炎传播。2012 年，中国在联合国教育科学及文化组织设立援非教育信托基金，帮助非洲 8 个国家开展师资培训。

2. 支持地区性金融机构的发展筹资。中国加强与亚洲开发银行、非洲开发银行、泛美开发银行、西非开发银行、加勒比开发银行等地区性金融机构的合作，促进更多资本流入发展中国家的基础设施、环保、教育和卫生等领域。截至 2012 年，中国向上述地区性金融机构累计捐资约 13 亿美元。继 2005 年中国出资 2 000 万美元在亚洲开发银行设立减贫和区域合作基金之后，2012 年中国再次出资 2 000 万美元续设该基金用于支持发展中成员的减贫与发展。截至 2012 年年底，中国累计向亚洲开发银行的亚洲发展基金捐资 1.1 亿美元。此外，中国利用在非洲开发银行、西非开发银行和加勒比开发银行设立的技术合作基金，支持上述机构的能力建设。

（二）参与发展合作国际交流

中国积极参与发展合作领域的国际交流，与其他国家和国际组织加强对话,分享发展合作经验。

1. 积极参与全球发展议题研究与讨论。2010—2012 年,中国在联合国的千年发展目标高级别会议、可持续发展大会、发展合作论坛、最不发达国家会议、南南合作高级别会议,以及二十国集团峰会、世界贸易组织“促贸援助”全球审议大会、援助有效性高级别论坛等一系列国际会议上,积极阐释中方的原则立场和政策主张。

2. 与其他国家和组织开展发展合作对话交流。中国以开放的姿态与其他国家和多边发展组织在发展援助领域加强对话沟通,增强互信,相互学习借鉴。中国与英国、澳大利亚、瑞士等国以及经济合作与发展组织举行发展援助研讨或业务交流活动。

(三)开展援外国际合作

为有效借鉴国际经验、提升援助效果、丰富援助方式,中国加强在发展援助领域的国际合作,并在尊重受援国意愿的前提下,与其他多双边援助方试点开展优势互补的三方合作。

1. 联合开展培训活动。中国继续与联合国开发计划署,儿童基金会,粮食及农业组织,工业发展组织,人道主义事务协调办公室,商品共同基金,最不发达国家、内陆发展中国家和小岛屿发展中国家高级代表办公室,以及世界银行和国际货币基金组织等机构开展针对发展中国家的培训合作。2010—2012 年,中国与上述机构联合举办各类培训班近 50 期,涉及农业、贸易发展、防灾救灾、金融、工业发展以及社会公共管理等领域。

2. 分享发展合作经验。中国与世界银行合作举办以能力建设、基础设施建设为主题的国际发展合作研讨会,邀请发展中国家政府官员参会,共享发展合作经验。2011 年 10 月,中国与联合国教育科学及文化组织合作举办“中非大学校长论坛”,中非双方围绕中非大学未来合作前景进行研讨。中国与国际农业发展基金连续五年开展南南合作研讨活动,共同分享农业发展和农村扶贫经验。中国与亚洲开发银行连续举办五届研讨班,就亚太地区城市建设与中小企业发展议题开展交流。

3. 试点开展三方合作。中国、联合国开发计划署与柬埔寨三方在成功开展“木薯种植技术培训班”项目基础上,启动“扩大木薯出口”合作项目。2012 年 3 月,由中国出资设立的联合国教科文组织中非多边教育合作信托基金正式启动,加大对非洲基础教育的投入。应库克群岛政府要求,2012 年 8 月,中国、新西兰和库克群岛就合作建设库克供水项目达成共识,项目建成后将为当地民众提供安全卫生的饮用水。

案例研究

瑞典国际开发合作署援助云南环境可持续发展能力建设项目

一、项目背景

为了加强云南省环保系统和有关政府部门执行环境影响评价相关法律法规的能力，提高大学和研究机构开展环境影响评价的水平，正确引导非政府组织积极参与环境影响评价的过程，云南省环保厅2003年通过省商务厅向国家商务部提交了申请瑞典政府无偿技术援助的项目建议书。在国家商务部和环保部的大力支持下，瑞典大使馆于2004年开始对项目进行评估，随后多次派出专家帮助完善项目建议书。

二、项目概况

2006年年初，项目建议书顺利通过瑞典国际开发合作署（以下简称"SIDA"）审批，6月SIDA与云南省环保厅签署了"云南环境可持续发展能力建设项目"实施协议，SIDA援助资金总额为798万瑞典克朗。项目分两个阶段实施：第一阶段3个月（2006年8~10月），为项目准备期；第二阶段38个月（2007年2月~2010年3月），为项目实施期。

在项目准备期间，国际咨询专家组三次到云南开展工作，先后走访了省级相关政府部门、环评科研机构以及非政府组织，了解云南省在项目环评和战略环评领域的需求状况，召开项目启动研讨会。2007年1月23日，专家组正式将项目启动报告和项目实施方案提交云南省环保厅和SIDA审查。2月19日，SIDA批准项目进入实施阶段。

为了实现项目目标，项目引入国际先进的成人学习理念，并采用培训战略环评地方培训员的方法开展活动。项目对云南省非政府组织战略环评需求进行了评估，并根据需求组织了4期共76人次参加的非政府组织战略环评公众参与能力建设培训研讨会，对非政府组织积极参与环境问题的对话进行引导。国内外专家对包括美国大自然协会（TNC）、生物多样性与传统知识研究会（CBIK）、香港乐施会（OXFAM）、世界混农林业中心（ICRAF）、云南思力农药技术替代中心（PEAC）等10多个非政府组织及高校代表开展专题培训，编写完成了《战略环评公众参与指南》（中文版）及《战略环评公众参与指南》（英文版）。在云南省环境科学学会支持下，项目还建立了非政府组织公众参与数据库和网页，为环保部门与云南省环境类非政府组织之间的交流搭建了交流平台。云南省内的部分非政府组织代表应邀参加了项目正式验收鉴定会议。

三、项目的影响

瑞典国际开发合作署对云南的援助项目为云南省培养了第一支战略环评

地方培训员队伍，为云南省开展战略环评培训做好了人才储备；完成了《战略环评核心培训材料》和《战略环境影响评价培训指南》的编写，为云南省开展战略环评培训准备了基础教材；提高了云南省环保部门战略环评的管理能力、技术咨询单位开展战略环评的能力、非政府组织参与重大规划及其环评影响评价过程的能力；提高了非政府组织公众参与的能力和意识，对引导和推动非政府组织正确、积极、有效地参与战略环评过程起到了重要的作用；此外，还促进了云南省与国际和国内战略环评相关组织的联系和交流，宣传了云南省在推动战略环评过程中的成功经验，并通过引入国际国内战略环评先进理念和经验，提高了云南省开展战略环评的水平。

案例思考与讨论

1. 瑞典国际开发合作署对云南的援助项目有什么意义？

2. 云南应该怎样更好地利用国际援助项目，以促进其经济、社会的持续发展？

思考与练习

1.国际发展援助的具体方式有哪些？
2.当代国际发展援助的特点有哪些？
3.何谓联合国发展系统？
4.世界银行发放贷款需要经过哪些具体程序？
5.各国提供政府贷款的条件有哪些？
6.中国对外援助的方式有哪些？

第十一章 区域经济一体化

Regional Economic Integration

通过本章的学习，使学生了解区域经济一体化的含义，经济一体化的原因，有关区域经济一体化的各种理论；熟悉区域经济一体化的趋势，各区域经济一体化组织的特点；掌握经济一体化的形式，各经济一体化组织，经济一体化与全球化的关系。

学习要点

By studying this chapter, students are expected to understand the definition, causes and related theories on regional economic integration; be familiar with the trend of regional economic integration and the characteristic of organizations of regional economic integration; master the patterns of regional economic integration, organizations and the relations between economic integration and globalization.

第一节　区域经济一体化概述

一、区域经济一体化的含义

（一）经济一体化

一体化（Integration）一词最初是指企业的组合，即企业内部的各个部分结为一个整体。20世纪50年代，当国家之间的经济联合开始出现时，荷兰经济学家简·丁伯根（Jan Tinbergen ）在《论经济政策的理论》一书中，首次明确赋予经济一体化（Economic Integration）以完整的词意。

到目前为止，在经济学的一般理论中，经济一体化尚没有公认和明确的定义。众多的学者从不同角度对这一概念进行了解释。

荷兰经济学家简·丁伯根认为，经济一体化的本意在于以区域为基础，提高区域内的要素流动，达到资源的有效配置和利用，该定义强调的是有关各国贸易的自由化。

匈牙利经济学家贝拉·巴拉萨的定义是，资本与劳动力在国家间流动的人为障碍完全消除。

美国经济学家查尔斯·金德尔伯格的定义是，生产要素国际流动障碍的消除，并导致要素价格的均等化。

美国学者罗伯特·J.卡博认为，一体化主要是经济发展水平相近的国家在国民经济之间紧密的相互联系以及开展分工的客观进程。

从上述这些不尽相同的定义中可以发现，（国际）经济一体化是国与国之间产品和要素流动障碍的消除，或者从更广泛更深刻的意义上来说，经济一体化是再生产过程各阶段中国际经济障碍不断消除的状态和过程。

因此，就广度而言，经济一体化既是指两个或几个国家之间的经济一体化（区域经济一体化），也是指世界所有国家之间的经济一体化（世界经济一体化）。就程度而言，经济一体化既指两个以上的国家之间存在一定的经济联系如贸易关系，也指两个以上的国家之间完全的经济联合。

（二）区域经济一体化

显然，从一定意义上讲，区域经济一体化只是经济一体化的一种形式。学者们在解释经济一体化概念的同时，也对区域经济一体化的内涵发表了不同看法。例如，上面提及的匈牙利经济学家贝拉·巴拉萨认为，区域经济一体化是利益相近的国家之间的联合，包含着取消属于不同民族国家之间的歧视性措施,这将必然导致货物销售的自由市场以及资本、劳动统一市场的建立;美国经济学家查尔斯·金德尔伯格则认为,区域经济一体化必然导致的结果是,两个或两个以上的国民经济体系联合成一个地区贸易协定。因此,准确把握区域经济一体化的内涵,需要注意以下三点:

1.区域经济一体化不同于一般的经济一体化。从内涵上讲,经济一体化既可能是若干国家或地区范围内的,也可能是世界范围内的,而区域经济一体化只是局部范围内若干国家或地区之间的经济一体化。从外延上讲,区域经济一体化只是经济一体化的形式之一,除此之外,经济一体化还包括世界经济一体化,即整个世界范围的经济一体化。

2.正确把握区域经济一体化同区域自由贸易协定之间的关系。一般而言,区域自由贸易协定是区域经济一体化的基础和起点,而且目前一般的区域经济一体化也只是停留在区域自由贸易协定的水平上。但是,区域经济一体化是比区域自由贸易协定层次更高的一个概念,它不仅包括区域内的自由贸易,还包括诸如生产要素的自由流动和宏观经济政策的协调等更广泛的内容。

3.既要静态地把握区域经济一体化,又要动态地理解区域经济一体化。区域经济一体化既表示成员方之间某种程度的经济一体化,各国民经济之间不存在各种形式的歧视的一种状态,也可视为成员方经济之间消除不同国家经济单位之间的歧视,不断趋于一体化的一个过程。

二、区域经济一体化、世界经济一体化与经济全球化之间的关系

(一)区域经济一体化与世界经济一体化的关系

区域经济一体化与世界经济一体化的关系主要体现在以下几点:

1.二者的根本动因都是经济主体在市场力量驱动下追求利益的最大化。区域经济一体化组织实现的是特定区域内的利益最大化,而世界经济一体化追求的则是全球范围内的利益最大化。

2.二者实现各自目标的基本要求都是消除各经济主体之间的贸易投资障碍。经济一体化是再生产过程各阶段中国际经济障碍不断消除的状态和过程。区域经济一体化组织实行“对内自由,对外保护”的歧视性政策,其实质是为了区内所有成员国国民福利增加,保障区内国家总体利益,采取使各国经济在原有基础上融合得更加紧密的措施。至今没有数据表明任何一个区域经济一体化组织在组成后提高了对外经济壁垒,只是区内国家经济的融合要比区外国家经济融合的程度更高,区内贸易比区外贸易增长得更快。

另一方面,世界经济一体化趋势是经济发展内在规律在世界范围的体现。这一规律就是不断在空间上扩大经济活动交换的范围,冲破各种交换障碍,并

以一种共同机制即市场经济机制来确定这种经济联系。

3.区域经济一体化是世界经济一体化的阶段性成果和持续发展的推动力量。发达国家与发展中国家之间在经济体制、经济发展水平方面的不平衡,是当代世界经济的根本特征。在这样的国际经济环境中,要求在全球范围内消除各国不同程度的经济障碍是困难且不现实的,而在特定区域内的各国之间(如地理上毗邻、需求相似、经济发展水平接近等的国家之间)更容易达成经济一体化。因此两种经济一体化形式不但并存,而且在区域层面和全球层面表现出不同步性,即在现实世界中,区域经济一体化相对领先于世界经济一体化,不同地区的区域经济一体化运动也呈现出不同的发展态势。区域经济一体化是世界经济一体化在目前国际环境下的阶段性成果和局部性实现,二者并非背道而驰。

20世纪90年代以来,区域经济组织呈现出开放性、交叉性的发展特征,成为跨地区、跨制度的国与国之间协同发展的载体,如亚太经济合作组织就是一个典型。世界经济一体化成为当代经济一体化的研究重点,这是在50年代以欧共体为原型的区域经济一体化基础上的升华。多样性的区域经济一体化在走向相互融合的道路中,被已扩大了的成员国整体接受的经济规则和运行模式将成为世界经济一体化内在运行机制的雏形和制度准备。区域经济一体化不会被世界经济一体化的发展所削弱,而将成为世界经济一体化持续、加速发展的重要推动力。

(二)经济一体化与经济全球化的关系

全球化(Globalization)是1985年由美国学者提奥多尔·拉维特(Theodre Levitt)在《市场全球化》一文中首次提出,随即在国际经济学、国际政治学和国际文化学中得到了普遍使用。下面将通过分析经济一体化和经济全球化二者之间的区别来阐述其逻辑关系。

1.经济全球化不等于经济一体化,这表现在:

(1)经济全球化与经济一体化的性质不同。经济全球化表达的是世界经济范围的扩大,反映了各个相对独立的国家经济之间的联系越来越密切的总趋向。随着生产力和生产关系发展的必然,国家间限制要素流通的各种障碍逐渐消除,除了极个别国家和地区,世界各国和地区几乎都被纳入世界经济的运行体系。可以看出,经济全球化是人类社会发展客观规律的表现,并以世界市场的形成和成熟为前提条件。这一客观发展的历史进程,在经济空间上表现为各国市场关系的平面网络结构,单个国家或地区可看作是网络链条上的链接点,各自实行资源的全球优化配置和国际合作协调。

经济一体化表示的是各国经济在内在机制上的关系,它与经济全球化的本质区别在于,经济一体化是在空间上建立垂直层次的机制型立体结构,即在分立的国界和区域内通过协议约束形成共同的内在机制,制定共同的政策和制度规范,实现组织体系内的超越国家的协调和管理。因此,经济一体化是国家主观意志的产物。相对于各国经济关系高度融合中种种人为有形无形障碍的逐渐消除,一体化内部的管理制度是其最终确立并得以存续的制度保障和前提条件。

(2)经济全球化与经济一体化的表现形式不同。在一个没有约束机制的经济全球化框架中,国家作为独立的主体,其行为的出发点首先是维护和争取自身利益。那些国力较强的发达国家依据其在全球化网络中的影响力和控制力制定经济规则,享受更多或主要的利益。因此各国间的关系在表现为合作关系的同时,更多地表现为一种竞争关系,尤其是综合国力的竞争。

而一体化有利于成员国实现共同利益的最大化,因为内部集体行动的结果是基于以共同利益为前提的共同意志,避免了单独行动追求私利的恶性竞争。在体系内部的合作与竞争中,更多的体现的是协调与合作。

2.经济全球化与经济一体化的逻辑关系。经济一体化与经济全球化都是当今世界政治和经济发展中的两大潮流,它们代表了不同层次上的发展动向。经济一体化是在世界各国经济联系越来越密切的背景下进行的,全球化是一体化的客观基础,一体化是全球化基础上更高层次的国际融合机制。经济全球化的不断发展和扩大有助于经济一体化的深入发展。经济一体化所带来的共同利益的最大化是促进全球化发展的内在动力。

综上所述,经济全球化是全人类一种普遍的客观现象,而经济一体化的形成条件远远超过了经济全球化。巨大的制度障碍和严重的利益冲突,使全球范围内的一体化(即世界经济一体化)难以正式形成。目前真正意义上的经济一体化更容易并主要在区域层面上形成,如欧盟等区域组织。从根本意义上讲,区域经济一体化的发展有助于进一步推进经济全球化,也成了世界经济一体化的先驱和基石。因此,经济全球化、世界经济一体化和区域经济一体化之间的关系,应看成是密切关联、相互促进和相辅相成的关系。

第二节 区域经济一体化的产生与影响

一、区域经济一体化的发展历程

区域性经济集团的不断涌现,成为第二次世界大战以后当代世界经济发展的重要特征。到目前为止,区域经济一体化的发展经历了三个阶段,即出现了三次高潮。

(一)初创时期

第一次高潮发生在20世纪50~60年代,是经济一体化的初创时期。这一时期,许多国家积极吸取战前贸易壁垒导致世界经济大危机的教训,纷纷建立区域性贸易集团,以实现区域内的贸易自由化。1951年西欧国家法国、联邦德国、意大利、比利时、荷兰等6国建立煤钢共同市场。1955年,法国强烈主张建立由少数西欧国家组成的欧洲经济共同体;英国则主张由大多数欧洲国家共同组成集团式的欧洲工业产品的自由贸易区。这既体现出英、法两国的不同主张,更反映出两国均希望建立以自己为中心的贸易集团。1957年,上述6国签订了《罗马条约》,1958年1月1日正式组成欧洲经济共同体和欧洲原子能共同体。而欧洲大陆外围的国家英国、丹麦、挪威、葡萄牙、瑞典、瑞士和奥地利等7国于1960年签订《斯德哥尔摩条约》,1960年5月建立欧洲自由贸易联盟。此后,20世纪60年代,发展中国家也建立了一些区域性经济组织,其中比较著名的有亚洲的东南亚国家联盟(1967年),拉美的中美洲共同市场(1961年)、安第斯条约集团(1969年)和非洲的中部非洲关税及经济同盟(1964年)、南部非洲关税同盟(1969年)等。

(二)蓬勃发展时期

第二次高潮发生在20世纪70年代至80年代初期,是经济一体化蓬勃发展时期。两次石油危机之后,世界各国贸易保护主义抬头,以关贸总协定维系的多边贸易体制失灵,世界各国把自由贸易的希望再度寄托在区域性经济集团身上。于是,在新的科学技术革命和生产力高度发展的背景下,第二次区域经济一体化高潮掀起。这一时期,发达国家的区域经济一体化稳步发展,丹麦、爱尔兰、英国和希腊先后加入欧共体,使欧共体的成员国达到10个。1986年葡萄牙和西班牙加入,又使欧共体的成员国达到了12个。1983年,澳大利亚和新西兰两国也成立了自由贸易区。

这一时期,那些战后获得独立、正积极努力探索发展之路的发展中国家,在区域经济一体化方面的发展尤为显著,出现了许多新的规模较大的区域经济一体化组织。主要有:亚洲的海湾合作委员会(1981年),拉丁美洲的拉美自由贸易区(1973年)、加勒比共同体(1973年)和拉美一体化协会(1981年),非洲的西非经济共同体(1973年)、西非国家经济共同体(1975年)、南部非洲发展协调会议(1980年)以及东部和南部非洲优惠贸易区(1981年)等。

(三)内涵深化时期

第三次高潮发生在20世纪80年代末至今,是经济一体化的内涵深化时期。20 世纪 80 年代末,关贸总协定乌拉圭回合谈判迟迟达不成协议,世界各国普遍感到失望,转而更加重视区域性的贸易自由化。尤其是美国开始改变长期奉行的单一多边主义原则,开始重视实行地区主义和双边主义,积极参与区域经济一体化。乌拉圭回合谈判结束之后,由于其结果的实施需要时间,其本身又存在缺陷,世界许多国家仍然对多边贸易体制缺乏信心,区域经济一体化的势头仍然强劲,参与经济一体化的国家日益增多,经济一体化的层次越来越高,经济一体化逐渐走向开放型,并突破某一区域的界限,实现了跨区域、跨地区的区域经贸合作。特别是 20 世纪 90 年代以来,环太平洋和亚洲地区,几乎整个欧洲大陆以及北美洲都成了区域经济一体化的焦点。这一时期,欧共体由共同市场发展为经济联盟(1993 年),美国和加拿大建立了美加自由贸易区(1989 年);发展中国家建立的区域性经济集团也很多,主要有:亚洲的阿拉伯合作委员会(1989 年),拉丁美洲的南方共同市场(1991 年)和中美洲的自由贸易区(1993 年),非洲的阿拉伯马格里布联盟(1989 年)等。这一时期,还出现了亚太经济合作组织(1989 年)和北美自由贸易区(1992 年)这样的南北国家之间的区域经济一体化组织。

经过战后 70 多年的发展,一体化的浪潮几乎波及整个世界。根据世界贸易组织的统计,截至 2019 年 5 月 16 日,关贸总协定和世界贸易组织得到通知的区域经济一体化协议有 686 个,其中 472 个协议目前仍有效。世界上几乎所有的国家都参加了某项区域经济合作组织,并且绝大多数区域经济合作组织都是近 20 年来建立的,较之世贸组织目前的 162 个成员,这一数字十分引人注目。

二、区域经济一体化形成与发展的原因

经济一体化早就随着新航路的开辟而起步,但其迅速发展却是在第二次世界大战以后。战后出现的国际经济合作形式有两种:一种是世界性的,如联合国经济社会理事会、国际货币基金组织、世界银行、世界贸易组织等;另一种是区域性的,如欧盟、东南亚国家联盟等。第二次世界大战以后区域经济组织的建立和经济一体化的迅速发展,有其深刻的历史、政治、经济原因。

(一)对战争的思考和经济集团的建立,是经济一体化在全球形成与发展的历史原因

1.战后新的国际经济秩序和贸易自由化方向亟待确立。早在第二次世界大战前,一些资本主义强国凭借其实力,把持着一定的政治、经济势力范围,并以自己的货币为核心,形成了各个相互排斥的经济集团。1929—1933 年发生了席卷资本主义世界的经济危机,主要资本主义国家为了各自的利益,纷纷实行外汇管制和高关税、数量限制等超保护贸易主义政策,严重阻碍了国际贸易的发

展。加上缺乏强有力的国际协调机构,集团间因经济发展日益失衡引起的矛盾日趋激化,以至最终不得不诉诸武力。正是从这个角度上,经济界一些学者将经济民族主义归结为战争爆发的主要原因之一。因此,二战结束前,世界各国、联合国及其他国际组织都极力倡导自由贸易,重建多边支付体系,重建国际经济的良好秩序,主张国际合作。为此,建立了世界性的国际经济贸易组织,如国际货币基金组织、世界银行和关税贸易总协定等。

2.区域经济合作是战后经济重建、恢复与发展的重要保障。有关国家为恢复国内经济,重建国际经济秩序,吸取教训,纷纷朝着贸易自由化的方向发展。但二战期间经济遭受毁灭性打击的国家都感到单纯依靠自己的力量很困难,于是,通过相互间的经济合作,建立区域性的经济合作组织,共同重建受战争蹂躏的经济,就成了各国的首选。在这种背景下,以法国为首的欧洲经济共同体,以英国为中心的欧洲自由贸易联盟相继建立。

(二)科学技术革命和生产力的高速发展及各国生产力的非均衡发展,是区域经济一体化的经济基础

二战后,以原子能工业、电子工业、生物工程和新材料等为标志的第三次科技革命兴起,大大加速了社会生产力的发展,进一步促进了世界范围内生产的社会化。同时,科技进步和新技术的扩散改变了国际分工的格局,极大地影响了世界经济结构的变化。世界经济不是国别经济的简单总和,而是世界各国在国际分工基础上形成的相互依赖的庞大复杂系统。例如,当生产力的发展产生了逾越国界的要求时,一国的市场便无法承受原有分工与规定规模的经济;科技的迅速发展使新技术和新产品的R&D费用超过了一个企业甚至一个国家的承受能力。商品经济全球化的趋势和国际经济的相互依赖,客观上要求打破国界,进行经济协调和联合,这就为区域经济一体化的形成与发展提供了重要的物质基础。在各国经济非同步化发展的情况下,经济生活的国际化只能促成某些地区的一部分发达国家结成地区经济一体化,进行共同的经济调节。与此同时,经济发展水平差异不大的国家也结成区域经济组织,从而使自己在国际经济斗争中居于有利的地位。欧洲的"尤里卡"计划、国际空间站、人类基因图的绘制,都是国际合作的典型体现。

需要补充的是,生产力的发展只是一体化形成的充分条件。它的形成还需要下述必要条件:

第一,当生产力发展到产生逾越国界的要求遇到来自其他地区对商品、资本流动设置的各种关税和非关税壁垒,而这种障碍又难以在世界范围内通过双边谈判予以解决时,有可能促使人们率先在本地区形成区域经济组织,以便在局部范围内妥善解决贸易与投资壁垒等问题。

第二,当生产力发展逾越国界的要求遭到来自其他地区商品与资本竞争的严峻挑战时,需要依靠地区组织来保护其成员国产业,确保对本地区市场的占有。

第三,组成一体化的成员国必须同处于一个经济区域而非纯粹地理意义的区域中。经济区域是指区内诸成员国经济具有竞争性(可以实行产业内分工)或互补性(可以实行产业间分工),有长期交往传统。否则,即使在同一地理区域里形成一体化组织,也难以获得真正发展,这是一体化形成的基础条件(欧共体和北美自由贸易区便是典范)。

(三)维护民族经济利益及政治利益,是区域经济一体化形成与发展的内在动因

在不平衡发展规律作用下,战后世界经济、政治一直经历着重大的震荡、调整和改组。无论是发达国家的经济一体化,还是发展中国家的经济一体化,其根本原因都是为了维护自身的经济、贸易利益,为本国经济的发展和综合国力的提高创造更加良好的外部环境。并且,发达国家的力量对经济一体化组织的发展起了主要作用。

1.发达国家之间力量的此消彼长,促使它们通过经济一体化进行相互保护。第二次世界大战后,出现了美苏两强争夺全球的格局,世界经济的“两个平行市场”促进了区域经济一体化的发展。美国在推行马歇尔计划的过程中,始终把争取欧洲的统一作为对欧政策的核心。通过协定,西欧国家之间的关税壁垒逐渐削减,取消了一些贸易限额,并成立了西欧支付同盟,以促进西欧贸易和支付的自由化。西欧各国为了摆脱美国控制和苏联及其东欧盟国的威胁,维护国家主权,提高国际地位,也是使西欧走上经济一体化道路的重要动因。苏联则在其势力范围内成立了经互会,在原料、食品、机器、设备等方面进行相互协作。由于两大阵营在全球的对峙,这种一体化进程主要表现为一部分有共同利害关系的国家形成区域性的经济合作关系。

“冷战”结束后,真正意义上的全球经济一体化进程才得以向更深更广的方向发展。世界市场的竞争日益加剧,贸易摩擦、投资摩擦时有发生,单独一国与强大的竞争对手对抗显然已力不从心。发达国家由于内部经济发展的不平衡,三足鼎立的格局已初见端倪:美国经济地位相对衰落,日本和西欧经济地位不断上升,它们在劳动生产率和经济增长速度等方面此消彼长,具有重新划分全球市场势力范围的内在要求。为此,它们一方面通过相互渗透,将自己的经济触角伸向对方的内部市场,另一方面通过区域合作,发挥传统联系和地缘优势,寻找和建立稳定的市场和势力范围,避免在贸易摩擦的解决过程中处于不利地位。

2.经济一体化是新兴民族国家维护自身经济权益与促进发展的重要途径。战后,原有的殖民体系迅速瓦解,新兴民族国家纷纷独立,它们致力于发展经济,但许多国家与地区在发展经济的过程中,普遍碰到物质和技术能力薄弱,管理水平低下,资金不足,国内市场狭窄等问题,缺乏单独建设大型工业项目和其他项目的能力。这迫使他们在保持和发展与原宗主国或发达国家经济关系的同时,努力加强彼此间的经济合作,走经济一体化的道路。如中美洲共同市场、加勒比共同体、中部非洲国家经济共同体、西非经济共同体等发展中国家间形成的经济一体化组织,都深刻地反映出共同努力发展经济的强烈愿望。

当今世界,发展中国家内部也发生了变化。一部分新兴工业化国家的发展较快,它们迫切需要开发和利用发达国家的市场,进一步扩展自身的经济力量,同时也需要占领其他发展中国家的市场,转移部分生产能力;另一部分处境更为困难的发展中国家,则根据自身的需要,通过寻求区域优惠安排,解决发展民族经济所面临的各种难题。正是在这种背景下,南北双方都在调整其对外经济政策,在经济国际化的同时,推动区域集团化发展,并力图以此来增强驾驭国际市场、适应国际市场变化的能力。截至 2019 年 5 月 16 日,亚非拉国家签署的生效的区域贸易协定有 250 多个。

总之,由于诸种原因,战后区域经济一体化在世界不同地区迅猛发展,并因而产生了两种趋势:一是区域经济一体化组织和集团的产生和迅速发展;二是跨国公司、多国公司的出现和急剧增加。这表明,区域经济一体化是世界政治经济发展和演变的必然产物,多种形式的区域经济一体化的产生和发展,不仅对区域内各国经济发展有巨大的推动作用,而且对世界政治经济产生了深远影响。

三、区域经济一体化对世界经济的影响

当今时代,世界范围内大大小小的区域一体化组织不仅改变了世界经济格局,产生了巨大的经济效应,而且使世界经济出现了新的特点。世界经济形势估计和世界经济规模的计量逐渐开始以区域为单位,相对于世界经济与国别经济,区域经济越来越占有重要的地位和作用。作为世界经济发展的一个主要趋势,区域经济一体化对世界经济的影响越来越大。

(一)区域经济一体化使世界经济格局发生了重大变动

世界经济经过长期区域化集团化发展,目前已形成西欧、北美、东亚三大板块格局。这三大板块具有经济发达,生产高度社会化,对世界经济和国际经济关系影响极大,辐射能力强且合作与竞争激烈的明显特点。目前三大板块正在

向世界“三大经济圈”演变,显示出区域经济一体化的强烈影响。以欧盟为核心同欧洲自由贸易联盟联合组建的“西欧经济区”,在逐步吸纳东欧国家后,至今已包括31个国家,最终会成为“全欧洲经济区”。尽管步履维艰,但其总体轮廓已依稀可见。北美板块经过美加墨三方的自由贸易协定谈判,正在建立一个美国占主导地位的泛美经济联盟。《美洲提议》试图建立西半球美洲自由贸易区,它将形成拥有8亿人口的大市场,这在某种程度上能抵消欧洲统一大市场建立后对美国的不利影响。以日本为主导的“东亚经济圈”,虽然与欧盟和北美自由贸易区相比总体经济实力较弱,并且是一种较为松散的区域经济一体化形式,但区域内经济增长很快,一个包容太平洋西岸的经济圈正在酝酿和形成之中。总之,三大板块的延伸、辐射与吸引,呈现出鲜明的区域经济一体化的态势,已经或正在直接或间接地影响到整个世界经济的发展。可见,区域经济一体化创造出不同的国际经济合作模式,带动了全球经济的发展,它有利于形成多极世界,推动经济全球化的进程。

(二)区域经济一体化改善了世界贸易的地区分布,并产生了不同的世界贸易效应

区域经济一体化过程中产生的众多区域性贸易集团组织对世界贸易产生了重要影响。

1. 区域经济一体化改善了世界贸易在战后初期主要集中在少数几个国家和地区分布格局,主要经济贸易集团在世界贸易中所占的比重不断提高。例如,欧共体12个成员国在世界贸易中的比重由1975年的18.5%提高到1990年的24.2%。世界最大的三个区域经济集团——欧盟、北美自由贸易区和亚太经合组织,已拥有世界大约80%的GDP和80%以上的国际贸易。

2. 地区经济一体化对集团内成员国经济各方面都将产生积极影响。这主要表现在以下两个方面:

(1)区域经济一体化有力地促进了集团内部的贸易增长。不同层次的众多经济一体化集团通过削减或免除关税,取消贸易的数量限制,削减非关税壁垒,形成了区域性的统一市场,加上集团内国际分工向纵深方向发展,使经济的相互依赖加深,成员国间制成品的贸易环境要比第三国市场好得多。同时,在贸易自由扩大化的影响下,每一成员国对外贸易的扩大,都影响到市场结构、贸易对象和商品结构的变化,也相应引起其生产规模的扩大,带来了规模经济效益,促进了区域内部经济发展,并产生了贸易创造效应。因此,集团内部贸易在成员国对外贸易总额中所占比重也明显提高。如欧盟自建立之后,区内贸易发展迅速,占成员国贸易总额的比重由1960年的34.5%上升到1998年的出55.2%。事实表明,凡参加到区域集团中的国家和地区,在经济上都取得了很大的发展。

如芬兰在加入欧盟前经济连续四年负增长，1995年加入后经济恢复了增长。北美自由贸易区的运行也使三国受益：墨西哥贸易出口最高年增长率达20%，加拿大为10%，美国是5%。

(2)区域集团深化了成员国之间的国际分工和技术合作，加速了产业结构的优化组合。经济一体化的建立，有助于成员国之间的协调和合作，促进区域内的科技一体化。如在欧共体共同机构的推动和组织下，成员国在许多单纯依靠本国力量难以胜任的重大科研项目，如原子能利用，航空、航天技术，大型电子计算机等高精尖技术领域进行合作。同时，经济一体化创造的自由贸易区和共同市场，给区域内企业提供了重新组织并提高竞争能力的机会和客观条件。通过兼并或企业间的合作，促进了企业效率的提高，同时实现了产业结构的优化和高级化。

3. 区域经济一体化可能对整个世界的国际贸易和发展中国家的贸易水平带来消极影响，表现在以下两个方面。

第一，从微观环境上看，区域经济一体化形成的经济集团组织，主要产生两种贸易效应，即贸易转移效应和贸易创造效应。当集团成员国间的贸易扩大量低于其同非集团成员国间的贸易扩大量，则贸易创造效应小于贸易转移效应，世界贸易趋于缩减并产生不利影响。一体化经贸集团“对内保护，对外歧视”的特征，影响了成员国与非成员国间的贸易的扩大。以欧共体为例，成员国内部贸易的比重从1960年的36.4%提高到1992年的61.1%，而对非成员国的出口占其比重则从63.6%降到38.9%。

第二，工业发达国家之间的关税尤其是非关税壁垒，严重影响了发展中国家本来就缺乏竞争能力的商品或服务的出口。同时，为了突破贸易壁垒这一市场进入障碍，很多国际资本通过直接投资的方式进入投资环境优越的发达国家集团内部，从而导致发展中国家急需的资本不能引进，国内资金短缺的矛盾加剧。虽然发展中国家之间的区域经济集团在一定程度上可以抵消这些不利影响，但是鉴于发展中国家整体的经济发展水平和技术能力，发展中国家建立强大的民族工业的进程和产业结构的优化调整必定会受阻。20世纪80年代拉丁美洲债务危机，1995年墨西哥金融危机和1998年东南亚金融危机使人们深刻地意识到，经济一体化给发展中国家带来的负面影响不容忽视。

总而言之，区域经济一体化和集团化的发展对世界经济和贸易产生了重要而深远的影响，其中也包括一些消极的影响。从国别角度看，总体上说，经济区域集团化将对发达国家的经济产生更多的有利影响，它将引起发达国家国际市场垄断势力的重新组合，并为其经济增长寻找和建立较为稳定的市场势力范围。但是，从世界经济发展角度看，区域经济一体化的积极影响是占主导地位的。区域经济一体化的积极意义就在于,它取消了区域集团内的市场障碍,深化了区域内的国际分工,增强了成员国生产的国际化和国际合作的程度,促进了区域经济的发展,因而使各区域集团在国际经济竞争中处于较主动的地位,并对世界经济一体化起到一定的推动作用。

第三节 区域经济一体化的形式、特点及其发展趋势

一、经济一体化的形式

区域经济一体化组织在第二次世界大战后开始迅速涌现,并在20世纪90年代进入深化发展时期。虽然世界范围内出现的许多一体化组织成员组成情况不同,表现形式各异,但它们都可以从不同角度被划分成相应的类别。有关经济一体化形式的分类,一般有以下几种划分方法。

(一)按照组织性质与经济贸易壁垒取消的程度划分

结合战后区域经济一体化的实际发展进程,依据贸易自由化和经济联系紧密程度的差异,众多学者把区域经济一体化分成了以下几种发展阶段。他们认为,国际经济一体化的进程可用它当时所处的一体化阶段来测度。这些阶段之间相互作用,较前阶段的发展形成促进较后阶段发展的动力,同时后续阶段的一定发展又会促进较前阶段的进一步发展。一体化组织发展的顺序依次为商品市场的经济一体化(关税同盟),生产要素的一体化(共同市场),接着是紧密的政策一体化(经济联盟),最后是各项经济政策的完全一致(完全的经济一体化)。具体说明如下:

1.优惠贸易安排(Preferential Trade Arrangements, PTA)。这是指在实行优惠贸易安排的成员国间,通过协议或其他方式.对全部商品或一部分商品规定其特别的关税或非关税方面的优惠。如1932年,英国与其前殖民地的大英帝国特惠关税制规定成员国间相互减免关税,但对非成员国仍维持较高的关税,形成了一种优惠贸易集团。另外,第二次世界大战后建立的"东南亚国家联盟"等也属于此类。从该阶段贸易自由化的程度来看,它是市场经济一体化最低级、最松散的一种表现形式。因此,许多学者都往往把这种形式忽略不计。

2.自由贸易区(Free Trade Arrangements, FTA)。它通常是指由签订自由贸易协定的国家所组成的经济贸易集团,在成员方之间消除关税和非关税的贸易限制(如数量限制),实行商品的完全自由流动,但每个成员方对非成员方的贸

易壁垒不发生变化,仍维持各自的贸易政策。例如1960年成立的欧洲自由贸易联盟(European Free Trade Association,EFTA)、拉丁美洲自由贸易协会(Latin American Free Trade Association,LAFTA)等就属于此种层次的区域经济合作。

许多经济学家认为,由于自由贸易区对外不实行统一的共同关税,自由贸易区建立后会发生贸易偏转效应(Trade Deflection Effect)。即那些原产自非成员国的产品将由贸易区内关税较低的成员国进口,然后再间接转入关税较高的成员国销售。这样,不同成员国对外关税差别很大的状况为非成员的出口避税提供了可能,将会导致关税收入减少与收入分配不公平的现象。因此,为消除区外商品冒充区内商品避税的影响,自由贸易区必须严格海关监管,要求成员国间的产品实行产地证明书制度(System of certification of origin),以减少转运的发生。自由贸易区内的原产地规则是非常严格的。例如:一般规定只有商品在自由贸易区内增值50%以上才能享受免税待遇,有的商品甚至只有在自由贸易区内增值60%以上时才能享受免税待遇。但法律并不能完全消除贸易偏转效应。

需要补充说明的是,有的学者认为,在优惠贸易安排与自由贸易区阶段之间,还存在一种过渡形式的一体化——单一商品的经济一体化。它是指把某一特定工业部门置于一个超国家的高级管理机构控制之下,其权力包括为所有成员国规定生产配额,为多余工人的重新培训提供必要的资金,并且制定一些规则来防止不公平的竞争。例如,欧洲煤钢共同体、美加汽车产品协定、非洲木材组织等。

3.关税同盟(Customs Union, CU)。它是指由两个或两个以上的国家所组成的区域经济一体化组织在成员国间彼此消除商品的关税和非关税限制,实现区域内商品的完全自由流动,并建立对非成员国统一的关税政策。如二战后由比利时、卢森堡、荷兰成立的卢荷比经济联盟(Benelux Union),1958年成立的欧洲经济共同体都属此类一体化。简单来说,关税同盟即是自由贸易区加共同的对外关税。与自由贸易区相比,关税同盟的优越之处在于,由于对外实行统一关税,关税同盟可以完全消除非成员方的避税和搭便车现象,从而不会产生贸易偏转现象。

4.共同市场(Common Market, CM)。它是指以关税同盟为基础,不仅在成员国间消除贸易障碍,实行贸易自由化,建立对非成员国的统一关税,而且还允许商品以外的技术、劳动力、资金等生产要素在成员国间流动,并制定共同的经济政策。共同市场就是关税同盟加生产要素自由流动,1970年的欧洲经济共同市场在接近于这一阶段。

5.经济联盟(Economic Union, EU)。实行经济同盟的国家不仅要实现商品、生产要素的自由流动,建立共同对外的关税,而且还要在共同市场的基础上,制定、执行和协调统一对外的某些共同的货币金融政策、财政政策与社会政策;通过实行统一的经济贸易政策,逐步消除政策方面的差异,使一体化的范围从商品生产、交换扩大到分配等领域；协调各成员国的经济发展，并使之形成一个庞大的经济实体。经济联盟是现实中存在的最高级的区域经济一体化形式，欧洲联盟（European Union）则是唯一达到这一标准的区域性经济集团。

6.完全的经济一体化（Complete Economic Integration）。这是最高层次的经济一体化形式。在此阶段，成员方之间实行完全统一的贸易、金融和财政政策，并且这些政策由拥有超国家权力的经济组织制定和实施，区域内各国真正成为一个国家。因此，有的学者也把这一阶段称为政治同盟。例如，欧洲经济共同体1988年提出在1992年实现"大市场"的目标，就是向这种一体化方向发展。目前欧盟正在向完全的经济一体化的目标迈进。另外，还有一些区域性集团组织形式，如东南亚联盟就是一个经济、政治、社会和文化合作的组织。

综上所述，按照贸易障碍消除程度的不同，可以把区域经济一体化的主要形式由低到高，分为优惠贸易安排、自由贸易区、关税同盟、共同市场、经济同盟、完全的经济一体化（见表11-1）六种形式。当区域经济一体化形式决不仅限于这几种，随着国家间经济合作的加强与协作内容的增加，还会出现新的区域经济一体化形式。

表11-1　区域经济一体化主要形式的比较

区域经济一体化形式	优惠关税	商品的自由流动	共同对外关税	生产要素的自由流动	经济政策协调	超国家经济组织
优惠贸易安排	√					
自由贸易区	√	√				
关税同盟	√	√	√			
共同市场	√	√	√	√		
经济同盟	√	√	√	√	√	
完全的经济一体化	√	√	√	√	√	√

（二）按参加经济一体化的范围划分

按参加经济一体化的范围来划分，可以分为以下两种形式：

1.部门经济一体化（Sectoral Economic Integration）。它是指区域内各成员国间的一个或几个部门（或商品）纳入一体化的范畴之内，实现局部经济部门中的协调一致。如欧洲煤钢共同体、欧洲原子能共同体、美加汽车贸易协议等。

2.全盘经济一体化（Overall Economic Integration）。它是指区域内成员国间的所有经济部门均纳入一体化的范畴之内。例如，欧洲联盟内的区域经济合作涉及几乎所有经济部门。

可以看出,部门经济一体化与全盘经济一体化是就参与区域经济一体化的范畴、范围而言的。这种一体化类别与经济一体化的层次,如自由贸易区、关税同盟、共同市场、经济同盟等是有区别的。全盘经济一体化可以采取共同市场,也可以采取经济同盟的形式,它并不一定等同于完全经济一体化。但是完全经济一体化客观上必然要求全盘经济一体化。

(三)按组成经济一体化组织的国家的经济发展水平划分

按国家的经济发展水平来划分,经济一体化的形式有:

1.水平经济一体化(Horizontal Economic Integration)。它是指由经济发展水平大致相同或接近的国家共同组成的经济一体化。例如拉美自由贸易协会、欧洲自由贸易联盟、欧洲联盟等。

随着20世纪70年代以来亚太地区特别是东亚经济的迅速发展,以及80年代末期和90年代初期东欧的剧变和苏联的解体,一些地域邻近、经济发展水平相当的国家为在激烈的国际政治经济竞争中立住脚,纷纷走上区域经济一体化的道路。

2.垂直经济一体化(Vertical Economic Integration)。它是指经济发展水平、发展阶段差异较大的国家与地区间所组成的经济一体化。典型的区域经济一体化组织如北美自由贸易区(North American Free Trade Area,NAFTA)中的美国、加拿大、墨西哥,其经济发展水平、实力、阶段均存在一定的差异。

应注意的是,水平经济一体化组织之间横向比较,是可以存在着经济发展水平的较大差异的。例如,南锥体共同市场四国的阿根廷、巴西、巴拉圭、乌拉圭,其经济发展水平及实力与同时期水平经济一体化的欧洲联盟各国相比,有明显的差距。

二、区域经济一体化的特点

(一)早期区域经济一体化的特点

尽管区域经济一体化形式各异,仍可以从上述理论中概括出区域经济一体化的基本特点,并在区域经济一体化组织发展的初级阶段得到验证:

1.地理位置毗邻或基本相邻是区域经济一体化组织成员国的一个主要特点。因为国土毗邻的区位因素可降低交易成本,因而在区域经济一体化产生与发展进程中发挥着重要作用。

2.成员国的经济发展水平、市场运行机制与经济管理体制基本接近。

3.社会经济制度基本相同,也就是说区域经济组织集团成员国的社会制度和对外经贸政策以及长远的战略利益基本一致。

4.区域经济一体化组织各成员国的文化环境包括宗教信仰、文化习惯、生活价值观念等相互认同,如果在文化环境方面相差甚远,也很难形成区域经济一体化集团。

5.从国土面积和人口规模来看,区域经济一体化组织成员国都是一些中小国家。只有建立区域经济一体化组织,才能扩大其生产规模和生产社会化程度,解决其国内市场狭小的问题。

(二)当今区域经济一体化的特点

当代的区域经济一体化实践已经开始对上述特点有所突破,区域经济一体化的主要特点已集中体现在地理位置邻近和实行开放经济。尤其是20世纪90年代以来,区域经济合作开始向更广泛、更紧密和更高层次的方向发展,并出现了一些新的特点:

1.当代区域经济一体化发展迅速,影响面广,并有不断扩大的趋势。从参加的国家和地区来看,世界上绝大多数国家都至少是一个区域经济一体化组织的成员。根据WTO的统计,其成员都受到一定的区域经济一体化协议的约束,几乎所有WTO成员都参加了一个以上的区域经济一体化协议,有些WTO成员甚至成为10个以上区域经济一体化协议的成员。据不完全统计,至2011年底,约有15%的区域经济一体化协议是欧盟与其他国家之间缔结的,大约1/3的区域经济一体化协议是发展中国家之间缔结的。

另一方面,原有的区域经济一体化组织的成员国持续增加,范围不断扩大,并向更高的层次和形式发展。同时,新的区域经济一体化组织不断涌现。根据WTO统计,1948—1994年在关贸总协定登记的区域性经济集团只有124个,而截至2019年5月16日已多达686个,其中472个仍然有效。尤其需要引起注意的是,类似亚太经济合作组织、美洲自由贸易区和大西洋自由贸易区这样的"超级"区域经济一体化组织已经产生或者正在酝酿,显示了区域经济一体化发展的强劲势头。

2.当代区域经济一体化的组织形式以自由贸易区和关税同盟为主,其中尤以自由贸易区为最,但也存在优惠贸易安排、共同市场和经济联盟等其他一些形式。

3.突破了区域性经济集团只能由经济发展水平相近的国家组成的传统观念,区域性经济合作中的意识形态色彩愈来愈淡化。例如,欧盟各成员国经济发展水平和经济实力方面的差距正在拉大;北美自由贸易区首先是一些政治经济大国建立的区域经济集团,甚至社会制度和经济管理体制迥异的国家也有可能朝着区域经济一体化方向发展。

4.各类区域经济一体化的效果各有不同。尽管有如此之多的区域经济一体化组织不断涌现,但其实际成效却差别很大。根据普遍的研究成果,发达国家之间的区域经济一体化都取得了成功,其中尤以欧盟最为典型。经过几十年的努力,欧洲共同体终于实现了货币联盟,21 世纪初,在主要欧洲国家中,欧元最终替代作为这些国家主权象征的本国货币。欧洲经济一体化的成功也使不愿接受世界经济霸权的国家和经济体受到鼓舞。

(三)区域经济一体化的发展趋势

20 世纪 90 年代以来,在经济全球化的大背景下,区域经济合作组织发展势头迅猛,这主要是因为:

第一,WTO 主持下的多边贸易谈判障碍重重,进展缓慢。各成员间的经济发展水平差距很大。成员多,差距大,各自的要求不同,谈判必然旷日持久,步履维艰。

第二,国际贸易中的保护主义频频抬头,贸易战从未间断。

现实状况使各国认识到,要在短期内使所有国家和地区在经贸安排上达成一致是不可能的。但是,几个国家或者十几个国家和地区,在相互发展水平差距不太大的情况下,通过谈判达成合作协议却是相对容易和可行的。因此,在 WTO 规则框架所允许的范围内,越来越多的国家和地区寻求通过建立区域经济贸易安排来规避形形色色的贸易壁垒,促进区内经贸发展,增强本国的国际竞争力。目前,区域经贸安排对区内国家实行优惠的差别待遇,其贸易转移效果甚至排他性的特征日益明显。为在国际贸易中抵消区域经济贸易安排对本国的歧视性影响,那些尚未加入区域合作的国家迫于竞争的需要,也希望参与到区域经济贸易安排中来。

第四节　区域经济一体化理论

最早创建经济一体化理论的是荷兰经济学家丁伯根(J. Tinbergen)和美国经济学家范纳(J. Viner)两位学者。丁伯根认为,经济一体化是国与国之间的经济合作,而范纳(1950)在《关税同盟问题》中将关税同盟作为经济一体化的普遍形式,从理论上考察了关税同盟组建后产生的经济利益及对贸易流动和全球福利的影响,系统地提出了关税同盟理论,从而使战后关税同盟理论从定性分析发展到了定量分析,并成为经济一体化的第一个完整理论。关税同盟理论提出后,随着现实的发展不断得到修正和完善。有的学者如小岛清(Kiyoshi Kojima)、西托夫斯基(T.Scitovsky)、德纽(J.F.Deniau)等将标准的区域经济一体化理论在深度上进行了新的挖掘,着重从动态角度进行考察;有的学者如布朗(Brown)、库珀(C. A. Cooper)、马赛尔(B. F. Massell)则将经济一体化理论在广度上进行了拓展,使其适应发展中国家的实际需要。一体化理论的发展过程,不仅仅体现了以关税同盟为代表的一体化组织经济效应分析从静态分析发展到动态分析的过程，而且反映出国际经济学中典型的实证分析方法向世界经济学中典型的规范分析方法发展的过程。

按照众多学者的分析，任何形式的区域经济一体化对成员方和集团外国家都将产生一定的影响，这便是区域经济一体化的效应。但理论界目前尚没有很完善的一体化效应分析方法。下面我们将针对一些主要学派的理论，从不同角度考察区域经济一体化可能产生的效应。

一、范纳的开创性成果——关税同盟理论及贸易创造和贸易转移效应

（一）范纳模型的分析框架

按照范纳的观点，完全形态的关税同盟应具备以下三个条件：①完全取消各参加国间的关税；②对来自非成员国或地区的进口设置统一的关税；③通过协商方式在成员国之间分配关税收入。

因而，关税同盟成立以后，自身始终存在两种矛盾的功能：伙伴国之间实行自由贸易，对伙伴国以外的第三国实行差别待遇和贸易保护。范纳在对关税同盟的阐述当中，考察了关税同盟产生的经济利益，开创性地区分运用了“贸易创造”和“贸易转移”这两个新的概念，用以衡量关税同盟在促进自由贸易的同时又违背自由贸易原则时产生的实际效果。

在范纳局部均衡的分析框架中，其基本假设为：①世界分为三个部分，本国、伙伴国和非成员国或称外部世界，在以下的分析中，分别用 H、P、F 来表示；②世界上生产和消费的全部可以分为两组商品，即对“本国”来说的“可进口商品”和“可出口商品”；③商品是同质的；④一些在研究国际贸易纯理论时常用的假设，如商品市场和要素市场是完全竞争的市场；要素能在国内自由流动，而不能在国家间自由流动；贸易限制只能采用关税的形式，要素充分利用等。

（二）关税同盟的静态效果

1.贸易创造效应（Trade Creation Effect）。贸易创造效应是指组建关税同盟所带来的成员方之间贸易规模的扩大以及由此造成的经济福利的增加。关税同盟建立以后，成员方之间取消了各种关税和非关税壁垒，实现了贸易的自由化，这时原来由本国生产的某些商品将被其他成员方低成本的进口商品所取代，新的贸易得以创造，从而导致贸易规模扩大。贸易创造效应主要由生产效应和消费效应组成。

从生产角度讲，实现贸易自由化以后，国内成本高的产品被伙伴国成本低

的产品替代，各成员方的生产专业化水平提高，它们可以把本国资源从原来使用效率低的部门转向使用效率高的部门，从而大大提高生产效率，扩大生产所带来的利益；

从消费角度讲，低成本的伙伴国商品的进口将导致本国市场价格的降低和消费者支出的减少，使消费者剩余增加，节省下的资本可用于其他产品的消费，扩大了社会需求。

从这两方面的利得可看出，创造贸易的结果是关税同盟各成员方社会福利水平的提高。下面用图 11-1 来说明关税同盟的贸易创造效应及其组成。

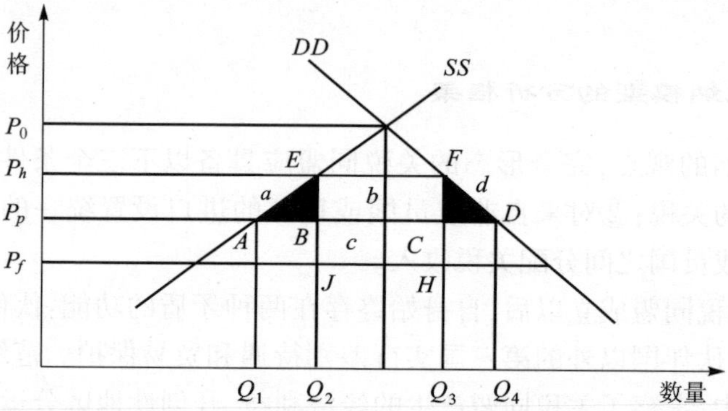

图 11-1 贸易创造效应与贸易转移效应

如图 11-1 所示，以某国商品 X 为例。横轴表示商品 X 的数量，纵轴表示该商品的价格，SS 表示商品 X 的供给曲线，DD 表示 X 的需求曲线。P_0 为本国自己生产达到供需平衡的价格，P_f 表示同盟外第三方国家 F 生产商品 X 的价格，P_p 表示同盟内伙伴国 P 的生产价格，P_h 表示本国 H 征收关税时的国内市场价格。在关税同盟建立之前，本国 H 选择从生产成本较低的同盟外国家 F 进口。国内对商品 X 的供给量是 Q_2，需求量是 Q_3，所以 H 国对商品 X 的进口量为 Q_2Q_3，显然，在本国对所有国家的进口商品征收关税的情况下，从成本较低的 F 国进口有利，此时政府关税收入为 $b+c$。在关税同盟建立之后，本国同伙伴国 P 之间的关税取消，P 国的 X 商品可以在 H 国自由流动，但对 F 国的关税保持不变。因此，全部从 P 国进口商品就比 F 国便宜。这时本国的国内市场价格也降至与 P 国的市场价格一致的水平，即由 P_h 降至 P_p，本国对商品 X 的需求量增加为 Q_4，供给量减少为 Q_1，所以本国的进口量从 Q_2Q_3 增加到 Q_1Q_4。在增加的贸易量（$Q_1Q_2+Q_3Q_4$）中，因为产品价格下降，H 国内生产厂商的供给量下降，Q_1Q_2 是进口对国内生产的替代，成本由 AEQ_1Q_2 降至 ABQ_1Q_2，增加了阴影面积为 a 的福利。同时，X 商品的价格降低后，沿着需求曲线的消费量增加额 Q_3Q_4 为关税同盟导致的进口贸易的扩大，这时消费者的总效用为 DFQ_3Q_4，而消费成本仅为 DCQ_3Q_4，经济福利增加了阴影面积 d。这便是关税同盟的贸易创造效应，其中 a 为生产效应，d 为消费效应。

2.贸易转移效应（Trade Division Effect）。贸易转移效应又称贸易转向效应，是指组建关税同盟所带来的贸易由非成员方向成员方的转移以及由此造成的福利损失。由于关税同盟对外实行统一关税政策，对第三国的歧视导致从外部进口减少，转为从伙伴国进口，成员国的贸易发生了转向。由于伙伴国并不是生产效率最高的国家，从原来的第三国进口成本较低的产品改为从伙伴国进口成本较高的产品，就会造成一定的损失。

同样以图 11-1 为例，在关税同盟建立之前，本国对 X 商品的需求供给缺口 Q_2Q_3，由盟外国家 F 而不是伙伴国 P 提供，H 国的福利成本为 HJQ_2Q_3。H 和 P 建立关税同盟之后，两国之间互免关税，而仍然维持同盟外国 F 的关税壁垒。因为 X 商品在盟外国家 F 和伙伴国 P 的价格差距 BJ 小于每单位关税量 EJ，所以从伙伴国进口商品 X 会比从盟外国便宜，该国的贸易对象发生了转向，以高成本的国家替代了低成本的国家。同盟形成后进口量中的 Q_2Q_3 部分由成本较高的成员国 P 提供，福利成本为 CBQ_2Q_3，经济福利减少了 c。这部分经济福利在关税同盟前表现为政府的关税收入，关税同盟建立后便消失了。这就是关税同盟的贸易转移效应。

3.贸易扩大效应（Trade Expand Effect）。成立关税同盟后，本国 X 商品的价格在贸易创造（P_f）和贸易转移（P_p）的情况下都比本国自己专业化生产该产品的价格（P_0）要低。因此，当本国 X 商品的进口需求弹性大于 1 时，本国对该种商品的需求会增加，这就是贸易扩大效果。与从生产方面考察上述两种效果的角度不同，对贸易扩大是从需求方面进行分析的。关税同盟无论是在贸易创造还是贸易转移的情况下，都存在使需求扩大的效应，从而都能产生扩大贸易的效果。

（三）范纳模型的基本结论

基于对贸易创造和贸易转移的分析，可以看出关税同盟对一国福利的影响是不确定的，它取决于贸易创造与贸易转移两种效果的比较。关税同盟的静态效应就是由贸易创造带来的收益减去贸易转移造成的损失最终取得的实际利益。如果贸易创造效应大于贸易转移效应，则建立关税同盟是有利的，反之就是不利的。一般来说，本国进口需求的弹性越大，国内生产成本与伙伴国的差异越大，而伙伴国与非成员方的成本差异越小，贸易创造效应越有可能大于贸易转移效应，建立关税同盟就越有利。这主要是因为，本国的进口需求弹性越大，本国与伙伴国之间的生产成本差距越大，贸易创造效应带来的福利增加就越大；而伙伴国与非成员方的成本差异越小，贸易转移效应导致的福利损失就越小。

（四）关税同盟的其他经济效应

除了上述效应之外，区域经济一体化的效应还包括以下几个方面：

1.降低行政支出。关税同盟建立以后，成员方之间关税和非关税壁垒被废除，与征税有关的相关行政支出，如设立海关和其他行政机构等方面的费用将减少。

2.减少走私。区域经济一体化组织建立以后，商品在成员方之间的自由流动，在同盟内消除了走私产生的来源。

3.改善贸易条件。关税同盟建立后，一般会减少同盟对外部的出口供给和进口需求，导致其出口价格上升而进口价格降低，从而改善同盟的整体贸易条件。

4.提高经济地位。同盟建立后，集团整体经济实力大大增强，统一对外进行关税减让谈判，有利于同盟成员国地位的提高。如欧盟与美国在关贸总协定谈判中围绕农产品贸易而形成的对抗充分反映了欧盟地位的提高和美国地位的相对削弱。

二、以现代贸易理论为基础的经济一体化理论

从20世纪60年代开始，伴随着欧洲一体化实践的发展，一体化理论有了新的成果。许多学者结合经济一体化的实践和克鲁格曼的现代贸易理论，在强调区域经济一体化能产生一定的静态效应外，还补充了众多的动态效应。虽然这些对关税同盟的更深入的研究仍以范纳理论为出发点，但却基于与以往根本不同的动态分析角度。范纳的理论带有许多假设条件，是一种抽象的模型分析，而后人的扩展、补充构成的经济一体化理论则放宽了诸多假设条件，是以客观现实分析为主的归纳和总结。因此，可视其为经济一体化问题的几个单独的理论。区域经济一体化的动态效应主要是竞争效应和规模经济效应，做出重要理论贡献的学者有小岛清（Kiyoshi Kojima）、科登（W. M. Corden）、西托夫斯基（T.Scitovsky）、德纽（J.F.Deniau）、克劳斯（M.B.Krauss）和巴拉萨（B.Balassa）等。

（一）大市场理论及区域经济一体化的竞争效应

1.区域经济一体化的竞争效应。这是指建立区域性经济集团之后，原来的贸易和投资壁垒被废除，原有的一国范围内的垄断随之被打破，国内的企业不得不面临成员方企业的强大竞争。在这个问题上，苏联经济学家西托夫斯基和德纽的“大市场理论”最为著名，也是迄今为止的大量文献中唯一较有说服力的理论。

2.大市场理论的核心。这两位学者将经济一体化的形式扩展到共同市场作为分析基础。与关税同盟相比,共同市场的目标是消除保护主义的障碍,实现生产要素(劳动力、资本)的自由流动。所以,大市场理论的核心是:共同市场可以把那些被保护主义分割的每一个国家的小市场统一成一个大市场,通过大市场内的激烈竞争,实现专业化、大批量生产等方面的利益。

3.共同市场产生的良性循环。在建立共同市场之前,生产厂商和企业家都热衷于狭窄的市场和受保护的缺乏激烈竞争的市场。很多耐用消费品因价格居高不下而在大众消费市场普及率较低,不能进行批量生产,因而导致了市场陷入高利润率、高价格、低资本周转率、小规模生产的恶性循环之中。实际上,西欧国家在组建欧共体组织之前所处的矛盾状况就验证了这一点。

大市场的建立扩大了市场规模,经济扩张促使成员方之间的竞争加剧,企业不得不转向大规模生产以实现规模经济效益,同时产生了以企业家之间交易的相互依赖为基础的外部经济效益。所以,机器设备的充分利用,大批量专业化生产,最新技术的采用和竞争的恢复等因素,都使生产成本和销售价格下降,再加上取消关税所引起的价格下降,必然导致购买力的增强和消费水平的提高。消费的增加又导致投资的进一步增加,这样,经济就会开始滚雪球式的扩张,消费的扩大引起投资的增加,投资的增加又导致价格的下降、工资的提高和购买力的全面提高,市场随之进一步扩大,出现了经济运行过程的良性循环。

(二)协议性分工原理及区域经济一体化的竞争效应

1.区域经济一体化的规模经济效应。区域性经济集团建立以后,可以把原来分散的小市场结成统一的大市场,使企业摆脱市场规模的限制,获得规模经济效益。尽管通过向世界其他国家出口也可以达到规模经济的要求,但是世界市场竞争激烈,存在许多不确定性,而区域性经济集团的建立则可以使企业获得能据以实现规模经济的稳定市场。

2.协议性分工原理的理论背景。有关区域经济一体化规模经济效应的最著名理论,是日本经济学家小岛清于20世纪70年代在其代表作《对外贸易论》中提出的协议性分工理论。小岛清认为,大市场理论提出的实现规模经济的目标和竞争激化的手段,往往会导致以各国为单位的企业集中和垄断,这不利于内部贸易的扩大。另一方面,因为传统的国际经济学涉及成本递增下通过比较优势形成的国际分工和平衡,没有考虑成本相同和规模报酬递减的情况,而成本递减现象却是世界经济的客观现实,也是经济一体化的目标之一。因此,为了和谐地扩大成员方之间的分工和贸易,获得一体化的规模经济效益,单纯依靠传统的国际分工理论是不够的。针对上述两方面问题,小岛清认为必须引进共同市场的内部分工原理，探讨在长期成本递减规律下两国通过协议方式实行的专业化分工。

3.协议性分工理论的基本内容。在长期成本递减规律的作用下，有关的商品成本将有所下降，再加上国家间的商品贸易没有了关税这一附加成本，两国均获得了收益的增加。小岛清理论的核心是自由贸易有时会损害两国利益，而在规模报酬递减部门，国家间可以通过协议扩大分工和贸易，相互提供市场，共同分享规模经济效益，使成员国之间的贸易产生净福利增加，这也是协议性分工的目标。该理论的图解如图 11-2 所示。

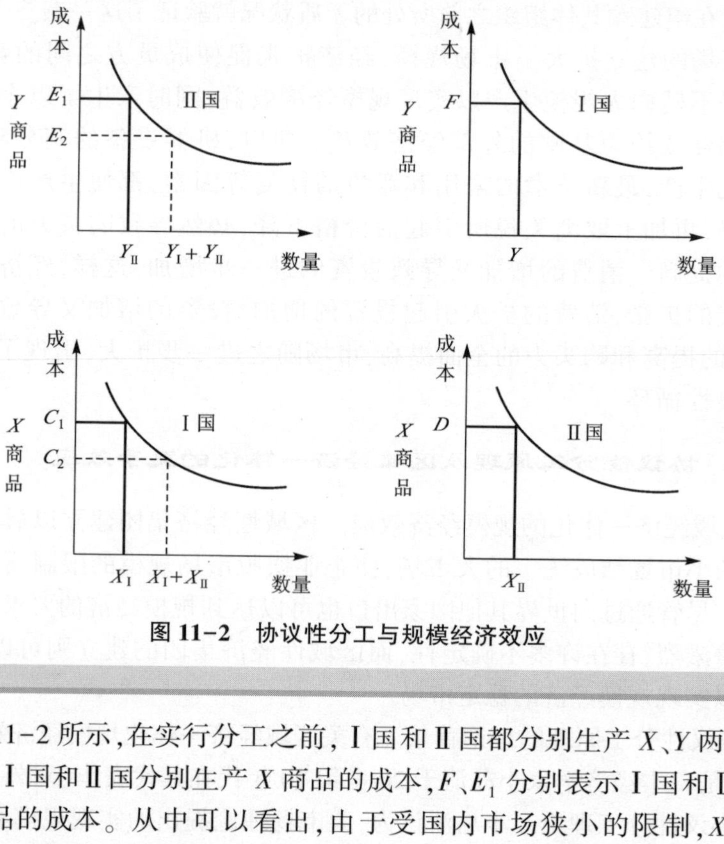

图 11-2　协议性分工与规模经济效应

如图 11-2 所示，在实行分工之前，Ⅰ国和Ⅱ国都分别生产 X、Y 两种商品，C_1、D 表示Ⅰ国和Ⅱ国分别生产 X 商品的成本，F、E_1 分别表示Ⅰ国和Ⅱ国分别生产 Y 商品的成本。从中可以看出，由于受国内市场狭小的限制，X 商品和 Y 商品的产量都很小，导致生产成本很高。现在假定 X 商品全部由Ⅰ国生产，Ⅱ国把 $X_{Ⅱ}$ 国量的国内市场提供给Ⅰ国；同时，Y 商品全部由Ⅱ国生产，Ⅰ国把 $X_{Ⅰ}$ 量的国内市场提供给Ⅱ国。经过上述分工之后，随着市场规模的扩大和产量的增加，X 商品的生产成本（C_2）和 Y 商品的生产成本（E_2）均明显下降。

4.实行协议性分工的条件。小岛清进一步说明，能以协议性分工方式分享规模经济效益的同家必须是容易达成协议条件的地区，归纳如下：

(1)实行协议性分工的国家必须具有大致相同的要素禀赋和经济发展水平,都能生产作为协议性分工对象的商品。在这种条件下,互相竞争的各国之间扩大分工和贸易,既是关税同盟理论的贸易创造效果,也是协议性国际分工理论的目标。在要素禀赋或经济发展水平差异较大的国家,如在工业国和初级产品生产国之间,某个国家可能由于比较成本差异较大或实现完全的专业化,比较优势原理仍可有效地发挥作用。这些国家之间可形成垂直型分工,没有必要实行协议性分工。

(2)作为协议性分工对象的商品必须是能够获得规模经济效益的商品,否则也没有必要实行协议性分工。

(3)对于参与协议性分工的国家来说,生产任何一种协议性对象商品,其成本和利益差别都不大,即任何一方的让与并不至于产生太大的利益损失,没有优劣之分的产业容易达成协议。

综合考虑以上三个条件,协议性分工主要发生在发达国家之间。

(三)区域经济一体化的其他动态效应

根据有关学者的分析,区域经济一体化的动态效应还包括以下几个方面:

1.刺激投资。由于市场扩大和需求增加,各成员方企业必然会扩大投资。同时,强大的竞争压力也迫使企业在降低成本和提高效率方面增加投资。但是,为了占领伙伴国的市场,新增加的投资往往会流向成员方交界的地区甚至伙伴国国内,给其他地区的经济发展带来不利影响。

2.吸引外资。区域经济一体化组织建立之后,集团内部拆除了贸易壁垒,但仍然维持成员方对外的贸易壁垒。为了绕过贸易壁垒,进入集团内部的大市场,分享自由贸易的好处,非成员方企业纷纷在集团内部投资,设立“关税工厂”。

3.提高要素流动性。区域经济一体化组织建立后,市场的统一以及贸易和投资的自由化,将提高生产要素在成员方之间的流动性,甚至实现在成员方之间完全的自由流动。要素流动性的提高将促进生产要素的合理配置,减少生产要素的闲置。但是,要素流动带来的“回波效应”将会损害要素流出地区尤其是边远和落后地区的经济发展。

4.促进技术进步。区域性经济集团建立之后,为了充分分享市场规模扩大的好处,同时也为了应付激烈的竞争,企业不得不增加研究和开发方面的投资,加强新技术的开发和利用,从而大大促进技术进步。

三、发展中国家经济一体化理论简介

(一)标准区域经济一体化理论的局限性

标准的区域经济一体化理论是以欧洲传统工业国之间的市场一体化为研

究对象的，与欧洲工业国在经济发展阶段或经济贸易结构方面有根本差异的发展中国家的经济一体化，不能用这一理论来充分说明。例如，在一些工业化程度低，初级产品出口依赖度高的发展中国家相互间结成经济一体化，实现区域内自由贸易并对区域外国家采取贸易差别化措施后，高成本的区域内产品的消费者价格会比低成本的发达国家产品低廉，将导致贸易转移效果。但是从资源配置的效率分析，发展中国家的经济一体化反而增大了负面效应的可能性。

鉴于标准区域经济一体化理论的上述局限性，为满足发展中国家区域经济一体化的发展需要，一些学者在一般经济学理论的影响和发达国家区域经济一体化成功经验的启发下，把标准区域经济一体化理论加以扩展，提出了适用于发展中国家之间的南南型区域经济一体化的特殊理论。在这方面，布朗(Brown)、库珀(C. A. Cooper)、马赛尔(B. F. Massell)、约翰逊(H. G. Johnson)、德尔(S. Dell)等学者贡献较大。

(二)标准区域经济一体化理论扩展的内容

布朗等人对区域经济一体化理论的扩展主要包括以下两个方面：

1.强调南南型区域经济一体化的动态效应。发达国家之间的经济一体化是根据现存经济结构下的比较成本原理，实现其资源最优配置为目的，其动机是使区域内贸易自由化。而发展中国家之间的经济一体化则是从根本上改善生产及贸易结构，促进工业化目标的实现。在发展中国家，贸易创造效果和贸易转移的静态效果不如通过规模经济、促进竞争、扩大市场等投资诱因增大带来的动态效果。具体来说，它可以为成员方的工业化和经济发展带来如下动态效应：

(1)不发达国家希望实行工业化政策，但因国内市场狭小，无法实现大量生产和大规模经济，所以扩张新产业会受到限制。发展中国家地域性特惠贸易圈的形成，能建立一个统一扩大的市场，缓解上述市场限制，有助于成员国企业实现规模经济。

(2)区域内贸易的增长，促进相互间工业品生产的竞争，使发展中国家通过不断学习积累经验，逐渐具备向世界市场输出工业品的能力，从而改善贸易结构。不发达国家从具有比较优势的消费产业过渡到工业化生产，能有效地实现消费品进口，又因扩大市场、促进生产，扩大出口等扩散过程，扩大一国或地域整体的投资机会，促进经济增长。

(3)经济一体化不仅带来国家间的替代，也会带来商品间的替代。国家间替代是指由于经济一体化的区域内贸易自由化和对区域外的差别措施，使商品的供给国互相转换的现象。商品间替代是区域内试图以消费商品的自给自足，抑制从区域外发达国家进口消费品，促进投资的现象。发展中国家间形成一体化组织后，以区域为单位的进口替代政策拓宽了消费商品在区域内的分布程度；从区域整体的角度看，可提高自给自足的可能性；由投资收入替代消费收入，节约的外汇可转移到开发所必需的投入品上，从而达到促进发展中国家工业化的动态效果，也使本国产业结构的调整和区域外进口替代相应变得容易。

2.强调区域经济一体化的"对外保护"作用。区域经济一体化的根本特征是"对内自由，对外保护"。一般来说，标准区域经济一体化理论强调"对内自由"，而把"对外保护"效应作为一种副产品，但库珀、马塞尔、德尔等人则强调后者，即主张把区域经济一体化作为促进工业生产的保护手段。

库珀、马赛尔和约翰逊等学者在修正范纳的关税同盟理论过程中，从一国工业发展的角度出发，对关税同盟的保护贸易特性做了解释，形成了工业偏好理论。该理论认为，一般情况下，大部分发展中国家都有发展现代工业的偏好，偏好程度接近的几个国家结成的关税同盟将形成一个统一扩大的市场，有助于成员国企业实现规模经济。同时，政府通过直接补贴、成员国间关税减免及对外关税保护等措施，引导资金向本国工业生产转移，使工业生产获得更好的发展条件，实现一国设想的产业结构安排，从而导致由工业生产利益所代表的公共福利的增加。

有关一体化组织的保护作用的论述，最著名的是德尔的"通过集团保护的进口替代理论"。20 世纪 30 年代以后，拉丁美洲实施了进口替代型工业化战略。德尔认为，对于发展中国家来讲，建立对区域内实行贸易自由化和对区域外实行贸易差别的经济一体化，可以使进口替代的领域从一国规模扩大到地域规模，提高政策实施的效率，这种情况下的市场一体化，具有在保护下达到地区的大市场(Protected Access to a Region - Wide Market)甚至集团保护(Group Protection)的意义，从而能提高现有产业的效率，扩大保护范围，增强保护效果，对直接产品产业和间接产品产业的发展做出贡献，最终促进相应地区的工业化和经济发展。

四、对经济一体化理论的评价

关税同盟理论从静态角度论证了缔结关税同盟带来的经济效应，大市场理论从动态角度分析了经济一体化带来的经济效应，协议性国际分工理论则从规模经济降低生产成本的角度阐述了区域经济一体化经济效应产生的根源。范纳开创的经济一体化理论和后人提出的诸多经济一体化理论，丰富了世界经济理论和学说。这些理论，就理论本身而言都不存在错误，但它们都是在当时的世界经济背景下形成的，反映了特定历史时期的经济一体化发展水平。在经济一体化进程有了重大推进的今天，已有的理论对很多现象已经无法解释，这就使得这些理论在总体上暴露出某些局限性：

首先,上述理论对国与国之间的经济组织形式还主要是停留在关税同盟、共同市场这两个一体化层次上,因而对一体化的认识也局限于贸易障碍的消除过程,这显然已脱离于当代众多形式的经济一体化组织已基本实现的资本、劳动力自由流动的现实基础。因此,上述理论对经济一体化的理解还停留在浅层次的经济一体化阶段。

其次,对发达国家经济一体化现象的探讨仍然占据主要位置,对当今迅速崛起的发展中国家的区域经济一体化现象重视不足。在上述经济一体化的理论中,如对大市场理论和协议分工理论的阐述中,隐含着对容易达成一体化协议的国家所具备条件的规定。从现实情况看,符合这些条件的一般都是发达国家。因而,这两个理论实际上解释了发达国家经济一体化运动的形成,而对发展中国家经济一体化的开展却无法充分加以解释。与此相比,工业偏好理论符合发展中国家经济发展的要求,20 世纪 60 和 70 年代以拉丁美洲为主的发展中国家的经济一体化运动是以进口替代发展战略为根本指导思想的,其经济一体化思想基本上与工业偏好理论的主张相符合。但是,相对于成果丰富的标准区域经济一体化理论来说,发展中国家经济一体化的研究相对匮乏。

再次,这些理论从单项因素、微观角度探讨和分析的较多,对多项因素和宏观角度的分析不够,尤其对经济一体化形成的政治、经济利益的综合分析较差。例如,不考虑由于政府政策的选择而出现的限制,包括以多边国际协定表现的外部限制和国内特定时期为达到特定经济目标而采取的经济政策所表现的内部限制。

第五节　世界主要区域经济一体化组织的发展现状

20 世纪 80 年代中期以来,区域经济一体化进入了飞跃发展的新时期,参与经济一体化的国家日益增多,经济一体化的层次越来越高。经济一体化逐渐走向开放型,并开始突破某一区域的界限,实现跨区域、跨地区的区域经贸合作。在发达国家之间、发展中国家之间、发达国家与发展中国家之间都存在着不同程度和不同层次的经贸合作关系。

相比较而言,欧盟、北美自由贸易区和亚太经济合作组织是当今众多经贸合作和区域经济一体化组织中较为成功的运作形式。目前已形成西欧、北美、东亚三大板块格局,并正在向世界"三大经济圈"演变,显示出区域经济一体化的强烈影响。鉴于发展中国家经济一体化不成功的现实,本节主要探讨上述三个典型的经济合作和区域经济一体化组织的形成、特点及存在的问题等,通过对它们的分析,介绍当今区域经济一体化组织的现状。

一、欧洲联盟——区域经济一体化的先锋和典型

欧洲经济联盟(European Union,EU)是迄今为止进程最快、范围最广、层次最高、管理机构最完善和成效最大的区域经济一体化组织。在区域经济一体化运动较发达的欧洲、美洲与亚洲三大地区中,欧洲经济一体化最具实质内容。

(一)欧洲经济一体化的阶段性发展

1.内部大市场基本建成。欧盟的前身是欧洲经济共同体①。1957 年,比利时、荷兰、卢森堡、德国、法国和意大利签署《罗马条约》,其目的是建立一个经济共同体即欧洲经济共同体(European Economic Community, 简称 EEC)。但由于种种原因,该组织共花费了长达 30 多年的时间,才算完成了罗马条约规定的任务,完成了下面阶段的相继过渡:

(1)自 1962 年起,实行共同农业政策。

(2)自 1968 年 7 月 1 日起,取消内部关税,建立关税同盟;在这一时期还实行了共同的财政政策,建立了欧洲货币体系。

(3)1992 年底,正式结成"内部统一大市场",实现了货物、服务、人员和资金的自由流动。

可以看出,20 世纪 80 年代末至 90 年代初,欧共体仅停留在经济领域的联合,已经不能适应急剧变化的形势,急需在政治和安全方面有一定的合作。否则,统一市场即使开始实行,也难以顺利运转。

2.《马斯特里赫特条约》的签署。1991 年 12 月,欧共体 12 国草签《马斯特里赫特条约》(以下简称《马约》)。《马约》规定了经济与货币联盟的具体目标和实施步骤,将欧共体原有的"政治合作"升格为共同外交和安全政策,并建立起在内政和司法方面的合作机制,从而使欧共体的活动范围突破了以经济活动为限,而经济活动又以关税同盟、共同市场为中心的格局,将欧共体的经济一体化推进到经济联盟的阶段。在"马约"的批准过程中,尽管遇到了各种阻力,甚至在有的国家掀起了轩然大波,但它最终于 1993 年 11 月 1 日正式开始生效。

3.建设"西欧经济区"。欧共体在加紧推进自身经济一体化的同时,还于 1991 年 10 月与"欧洲自由贸易联盟"达成了建设"欧洲经济区"的协定。按照该协定,欧洲 19 个发达国家将建成一个能保证商品、劳务、资本和人员自由流动的贸易集团,即将大约 60%的欧共体法规(除农业、税收、外贸政策之外)进一步推广到欧洲自由贸易联盟的 7 个成员国。1994 年 1 月 1 日,由除瑞士、列支

① 欧共体的 6 个创始成员国于 1952 年组建煤钢共同体,1958 年又建立了欧洲经济共同体和欧洲原子能共同体。1965 年上述三个组织合并统称"欧共体"。

敦士登外的欧洲17国组成的“欧洲经济区”正式启动。

4.欧洲经济与货币联盟的完成。1999年1月1日,欧洲统一货币——欧元正式启动。作为一种战略选择,欧元的启动极大地促进了欧洲统一大市场的最终建立和欧洲经济区的有效运转,是欧洲一体化进程的核心和象征。1998年7月1日,欧洲中央银行正式成立。2002年1月1日,包括比利时、德国、西班牙、法国、爱尔兰、意大利、卢森堡、荷兰、奥地利、葡萄牙和芬兰等在内的11个欧元创始国货币终止流通,完全由欧元取代,标志着欧洲经济与货币联盟的基本完成。

(二)欧洲经济一体化成员范围的不断扩大

在以《罗马条约》为开端的欧洲一体化不断向广度和深度发展的同时,参加一体化的成员国也不断增加。到目前为止,主要经历了六次扩大过程:1973年1月1日,英国、丹麦和爱尔兰加入欧共体;1981年1月1日,希腊成为欧共体的第10个成员国;1986年1月1日,葡萄牙和西班牙加入欧共体,使欧共体成员国数量增至12个;1995年1月1日,芬兰、瑞典和奥地利三国正式加入,欧盟成员国增加到15国;2004年5月1日,捷克、爱沙尼亚、塞浦路斯、拉脱维亚、立陶宛、匈牙利、马其顿、波兰、斯洛文尼亚和斯洛伐克10国正式成为欧盟成员国。欧盟此次东扩也是历史上规模最大的一次。2007年1月1日,保加利亚和罗马尼亚正式加入欧盟。东扩计划从20世纪90年代上半期欧共体与中东欧国家签订的“欧洲协定”开始,历经10余年,最终成功实现。

(三)欧洲经济一体化的作用

1.欧盟的一体化对区内成员国的影响。由于区内各国家经济发展的不平衡这一现实,从短期来看,那些新加入的成员国如中东欧国家,会在个别行业及决策机制上给区内成员国带来一定的压力和冲击,但从长期来看,欧洲一体化推进过程的渐进性在一定程度上弥补了这些不利影响。欧盟在大市场范围内的资源优化配置,最终会有利地促进成员国的经济增长。1994年,在确定吸收东欧国家加入欧盟大家庭的筹备工作计划中,欧盟执委会发表了有关欧盟成员扩大对该组织影响的研究报告,报告结果表明,在短期内,由于区内发达国家的制造业与农业相对丧失竞争力,对生产与劳动力就业会带来压力,会使这些部门对东欧产品的进口积极寻求限制措施。欧盟中发达程度相对较低的希腊、葡萄牙、爱尔兰等国家由于担心东欧的加入会影响欧盟对其援助资金的再分配,也会阻碍东欧的加入,但是从长期看,虽然1987至1995年期间会对欧盟整体及较发达的制造业与农业产生减少国民生产总值0.2个百分点的极小影响,而从1987至2010年,则会带来国民生产总值增加0.8%的积极影响。

从理论上看,欧洲经济一体化有力地促进了成员国贸易和经济的发展,表现在:

(1)从静态效应来看,欧盟的贸易创造效应较为明显。欧盟自建立之后,区内贸易发展迅速,占成员国贸易总额的比重由1960年的34.5%上升到1998年的出55.2%。尽管其中存在一定的贸易转移效应,但根据大多数学者的研究,其创造效应要明显超过贸易转移效应。

(2)一般的研究结果表明,欧盟的动态效应也是积极的。据相关研究的估计,1992年统一大市场建成后,由于更充分的利用规模经济而获得的利益占欧共体国内生产总值的2.1%,由于竞争加剧而获得的利益占国内生产总值的1.6%。

2.欧盟区域经济推动了新的区域经济一体化的纵深发展,具体体现在:

(1)区内经济的不平衡促进了欧盟经济一体化的深化。欧盟一体化程度的不断加强,反映出经济不平衡发展对区域经济一体化的加速作用:一方面,欧盟与联盟外经济相比,发展相对滞后,这就促使欧盟谋求进一步的保护体系,东扩行为就是加强与北美、东亚抗衡之势的重要一步;另一方面,欧盟内部各国经济发展的不平衡,也促使欧盟采取区域性政策,通过建立更高层次、更大范围的一体化"外壳"来容纳内部的不平衡发展。

如果没有欧盟,很难设想希腊、葡萄牙的几乎全部工业不被日本或美国及欧盟其他强国挤垮。欧盟建立统一大市场,从某种意义上讲也是为了照顾内部经济发展的不平衡,为经济落后的国家提供一个更为广阔也更受保护的市场,从而有可能带动这些国家经济的增长,使得这些国家在国际上的竞争能力具有"欧洲标准"。同时,有了统一大市场的存在,近年来区内经济发展低迷的发达国家可以通过与发展水平较低的国家合作,拉动经济回升。

(2)欧洲经济一体化对世界范围内其他国家的影响。欧盟国家近20年在经济合作方面的成就举世瞩目,一方面,欧盟模式的成功,对发展中国家区域经济一体化实践具有很重要的示范效应,成为它们积极投入区域经济一体化的重要"动力源泉"。如非洲经济一体化的实施步骤,基本上是以欧盟的发展过程为蓝本,再结合非洲的具体情况进行的。另一方面,面对欧盟不断升级的现实,欧盟对美、日等发达国家的影响更多地表现为压力,然后才是压力产生的动力。北美自由贸易区不会仅停留在贸易领域,美洲经济区的启动就是最好的例证。

因此,没有欧盟的存在,或没有欧盟实现统一大市场的努力,20世纪80年代末90年代初,尽管存在世界经济发展内在规律的作用,也不至于迅速出现新的区域经济一体化浪潮,即使出现,也不可能有现在这样的广度和深度。

(四)欧盟一体化模式的发展趋势

欧盟单一货币和东扩进程是欧洲一体化进程进入一个新时期的标志。除了以自身发展程度的提高和一体化内涵不断升级这一方式推进一体化进程外,参与一体化的国家不断增加也是另外一种推动力量。这两种形式,构成了欧洲一体化纵向和横向发展的两股力量。欧洲一体化就是在这两股力量的交织中不断向前发展,达到了当代区域经济一体化运动中的最高水平。

欧洲经济一体化 40 年自我发展、自我推进的历程表明,每一轮成员国的扩大和经济一体化程度的提高都不是一帆风顺的。一体化程度攀得越高,区内国家经济发展水平存在的差异越大,付出的努力必然越多。例如,欧盟的东扩行为就历经了 10 余年的计划。因此,21 世纪欧盟需要继续深入进行自我调整,以更完善的运行机制和发展模式继续推进经济一体化的进程,这一新的发展模式必然体现为"差异欧洲"的思想。1997 年 6 月通过的新的欧盟条约确定了五项原则,即同一性原则、差异性原则、自愿性原则、灵活性原则和辅助性原则。欧盟今后将趋于多元化、弹性化、松动化,以多层次、多领域、多速度的方式坚持欧洲经济和政治一体化进程。

(五)英国脱欧带来短期阵痛

2016 年"脱欧公投"之后,英国开始了漫长且痛苦的脱欧进程。英国"脱欧"既源于对当前欧盟制度框架的不满,更与英欧双方所内生的经济、政治、移民和文化等多重隔阂紧密相关。此次"黑天鹅"事件使欧洲一体化进程遭遇挫折,不但会对欧洲经济一体化进程产生负面影响,而且会在政治上改变欧洲一体化的发展方向,从而进一步削弱欧洲认同,侵蚀欧洲一体化的社会基础。世界经济层面,全球一体化将会因为受到"模仿效应"的冲击而步入混乱,陷入保护主义和逆全球化的泥潭。

二、北美自由贸易区——经济一体化进程中的制度创新

按照传统的经济一体化理论,经济发展水平悬殊的国家间是不适合组建经济一体化组织的。北美自由贸易区(North-American Free Trade Area,NAFTA)自 1994 年以来良好的运行状况,在区域经济一体化运动中具有开创性意义,引起了世界的广泛关注。

(一)北美自由贸易区的建立过程

第二次世界大战后相当长一段时间,美洲的经济一体化发展极不平衡。南美发展较快,相比之下,北美特别是美国、加拿大这两个发达国家热情不足。20 世纪 80 年代中期以后,恰恰是从美国、加拿大两国开始,美洲的经济一体化进入了加速发展的新阶段。

20 世纪 80 年代,美国和加拿大经过谈判,于 1987 年 10 月达成"美加自由

贸易协定”,该协定在1989年1月1日正式生效。根据协定,两国于1998年最终建成美加自由贸易区,实现双边免税自由贸易。该协定还对双边服务贸易自由化、双边投资以及贸易争端的解决做出许多具体规定。墨西哥总统萨里纳斯在1988年上任之后,便积极寻求与美国的自由贸易协定的谈判,后来加拿大也主动加入谈判过程。三国于1991年6月12日在多伦多召开第一次部长级会议,历经14个月谈判,1992年8月12日宣布三国在北美自由贸易协定基础上建立北美自由贸易区,协议从1994年1月1日正式生效。

(二)北美自由贸易区取得的成果

北美自由贸易区1994年成立时,人口3.67亿,国民生产总值7万多亿美元。这一经济实力足以与欧洲联盟相抗衡(其人口3.8亿,国内生产总值7万多亿美元)。北美自由贸易协定使三国在以下几方面取得了重大成果:

1.北美自由贸易区在之后的几年内消除各自的关税壁垒,15年内实现商品的自由流动。由于三国中墨西哥的经济实力最弱,美国和加拿大允许普遍优惠制对墨西哥继续有效,帮助墨西哥尽快缩短与两国的经济差距。

2.在共同消除非关税壁垒方面,三国对取消农牧业方面的非关税壁垒几乎取得了普遍一致的看法。此外,该协议还涉及大量的服务贸易、投资及商业流动方面障碍的消除。

3.就环保、劳工标准及开放贸易的时间表等问题进行了协商,并就环保问题达成了协议。尽管在劳工标准方面未达成协议,但与会代表都发表了积极寻求三方都能接受的方案的意思表示。

总之,北美自由贸易区是由两个发达国家与一个发展中国家构成的,其中,美国是最大的发达国家,墨西哥是典型的发展中国家,两者经济发展水平悬殊,按传统的经济一体化理论,它们不适合组建经济一体化组织。“美加自由贸易协定”的签订和实施是20世纪80年代后半期发生于世界经济领域的一项重大事件,也是美加两国经济关系史上的一座新的里程碑。而北美自由贸易区尤其是美国与墨西哥之间的经济一体化运动格外引人注目,它自1994年以来良好的运行,在区域经济一体化运动中具有开创性意义。

(三)美加墨自由贸易协定是成员国之间可获利性与经济矛盾的统一体

美加墨三国经济发展分属三个不同的层次,因此它们签订的协议实施时具有互补性,各方都将从中受益,墨西哥获益更大一些。2009至2010年,美国和加拿大、墨西哥双边贸易增长率达24.5%,高于同期美国与世界其他国家贸易问题21.9%的增长率。墨西哥之所以受益更大,是因为它作为区域内唯一的发展中国家,得到的利益主要来自跨国公司的投资。因为北美自由贸易区在以汽车和纺织品产业为主的对外贸易中制定了严格的原产地原则,而且规则所要求的产品的最低当地成分按不同的阶段逐年上升。这一措施,确定了享受免税资源必须达到的最低的北美附加值标准,该限制性的原产地规则实际上成了一种歧视性的非关税壁垒。同时,墨西哥低廉的劳动力成本,使它在区内成为理想的投资地区,区外国家为达到原产地标准,都纷纷扩大了对墨西哥的投资。此外,还有区内美国和加拿大跨国公司的投资,这些都大大推进了墨西哥的工业进程和国内就业水平的提高。

随着自由贸易圈的建立,三方在经济合作过程中也出现了一些问题和矛盾,主要体现在以下两个方面:

1.农产品贸易在现有的所有一体化谈判中都是争议最集中的项目,在发达国家与发展中国家经济一体化进程中就更加突出。美、墨两国的农产品贸易因补贴和竞争政策问题而难以统一规则,墨西哥对农产品进口维持了大量的许可证,而美国和加拿大则保留了大部分的进口补贴,根本原因在于,农产品是发展中国家具有优势的出口产品,对墨西哥这样经济相对落后的国家而言,限制乃至取消补贴是不可能的。因此,墨西哥不做出让步,美加两国也不愿意单独在补贴方面采取实质性减低措施。

2.在很多项目的实际操作上,自由贸易圈成员国并未完全依照协议的规定去做,而且某些规定实际上增加了经济壁垒,使现实中经济障碍的消除并不如协议中规定的那样广泛。

虽然谈判达成的一致性意见能缓和发展过程中产生的矛盾,但是出于对本国利益的维护,三国协议无法彻底解决这些问题。因此,美加墨自由贸易协定实际上是各成员国之间可获利性与经济矛盾的统一体。其中,前者具有长期性质,它将给成员国带来长期的经济效应;后者是暂时的,它将通过一体化进程中一次又一次的谈判而得到解决。

(四)美墨加协议的排他性

2018 年 9 月,美国、墨西哥和加拿大三方达成《美墨加贸易协定》(The United States-Mexico-Canada Agreement, USMCA),并于 11 月 30 日正式签署生效,以取代 1994 年以来生效的《北美自由贸易协议》。新签署的 USMCA 有可能成为美国后续贸易协议的模板,重点强调三方面的内容:公平;保护美国竞争优势的数字产品、知识产权、服务(包括金融服务)贸易条款;消除不公平贸易做法的新条款,包括对国有企业、汇率操纵、与非市场经济体的关系等方面的严格规定。新签署的美墨加协议具有明显的排他性,主要体现在以下三个方面:第一,汽车原产地规定的区域内价值比例高于旧协议,在促使汽车供应链逐步转移至美墨加三国的同时,具有明显的排他性;第二,美墨间取消投资争端解决机制(ISDS),这意味着第三方投资者将无法利用这一机制提起仲裁;第三,新协议关于非市场经济国家的相关规定具有明确的针对性和歧视性,美国意在通过新协议来约束墨、加两国与第三方非市场经济国家签署自由贸易协定。

三、亚太经济合作组织——开放性的“区域经济一体化”

亚洲太平洋地区经济合作组织(Asian-Pacific Economic Circle,APEC)是成立最早但迄今仍然没有建成的一个南北型自由贸易区。

(一)亚太经济合作组织的建立和发展

从20世纪60年代初开始,日本、澳大利亚等国学者和政府人士就积极倡导在亚太地区建立区域性的经济合作组织,并分别成了一些以企业、学术界人士等为成员或由官、商、学人士组成的半官方组织。20世纪80年代,在区域经济一体化浪潮的影响下,一些亚太国家酝酿成立官方的正式区域经济合作组织。1989年11月,在澳大利亚的倡议下,亚太地区包括美国、加拿大、日本、韩国、马来西亚、印度尼西亚、新加坡、泰国、菲律宾、文莱、澳大利亚和新西兰在内的12个国家在堪培拉召开外交与经济部长级会议,这标志着亚太经济合作上升到政府之间进行协商的层面。从成立到现在,亚太经合组织大致经历了以下三个阶段:

1.探索阶段(1989—1992年)。这一阶段是亚太经合组织寻找自身发展方向、道路和方式的探索阶段。除了APEC成立大会外,还包括每年定期召开的三届部长级会议。在该阶段,亚太经合组织只是一个松散的经济论坛,成立大会确定了该组织的宗旨和目标,如“不搞成封闭性的贸易集团”“以平等、协商、渐进方式来推进地区经济合作和贸易化”等。在第四届曼谷部长级会议上,决定成立常设性秘书处,拉开了亚太地区经贸合作的序幕。

2.发展阶段(1993—1997年)。该阶段是亚太经合组织的大发展阶段,其主要标志是:

(1)组织成员数量增加,先后接纳墨西哥、巴布亚新几内亚和智利成为新成员。

(2)该组织朝着机制化的方向迅速发展,拥有秘书处、委员会、部长级会议和领导人非正式会议等,已从松散的“论坛”演化成一个“准组织”。

(3)组织内的贸易投资自由化和经济合作计划不断产生,并且有些计划已得到实施。比较著名的计划,如1994年APEC首脑非正式会谈达成的《茂物宣言》,确定了亚太地区和全世界今后经济合作的道路和方向,即发达国家在2010年前,发展中国家在2020年前实现区域内贸易和投资自由化;各国一致同意在人力资源开发、经济基础设施建设、科学与技术、环境保护、中小企业发展、公共部门的参与等方面加强合作;宣言强调"坚决反对建立一个不谋求实现全球自由贸易的内向的贸易集团",不演变成一个同世界其他地区相对抗的贸易集团。

3.调整阶段(1998 年至今)。亚洲金融危机的爆发,引发了亚太经合组织的各种矛盾,该组织原有的一些内在缺陷暴露无遗,贸易投资自由化陷入停顿,经济和技术合作也缺乏实质性行动。如 2000 年在文莱召开的第十二次部长级会议,因缺乏实质性内容而回到了空谈阶段。因此,成员国在许多重大问题上产生了重大分歧,对组织的功能和效力也产生了怀疑,亚太经合组织的运行处于调整和新的探索过程之中。

(二)亚太经济合作组织的特点

从亚太经济合作组织的运行角度看,亚太经济合作组织有非机制性、开放性和非约束性等特征。

1.非机制性。从本质上说,亚太经济合作组织是一个官方论坛,不存在自身的规则和制度。它是通过协商达成共识,然后各自采取行动。它十多年建立起来的一套职能性机构没有固定的组织体系,现有组织机构属于临时性质的,而且还未健全。非制度化和非机构化导致它尚不是一个真正的区域经济一体化组织。

2.开放性。这是亚太经济合作组织区别于其他区域经济一体化组织的一个鲜明特点,即坚持"开放的地区主义"。

(1)亚太经合组织遵循世界贸易组织的宗旨和原则,而不制定自己特殊的规则。

(2)亚太经合组织内部的贸易投资自由化成果原则上适用于外部的非成员国,集团外成员可以分享该组织成员之间市场开放的好处。

(3)亚太经合组织要为推动区域内外贸易投资障碍的消除,即全球贸易和投资自由化做出贡献,这主要通过该组织推动世贸组织多边谈判和自身"开放的地区主义"的示范效应而实现。

3.非约束性。亚太经合组织的核心原则之一是"自主自愿",强调非约束性。在该组织制订计划时,实行全体协商一致的原则,也依靠各成员的自愿去行动、实施。即便是某个成员国不履行已经承诺的计划,亚太经合组织也不能提出谴责或惩罚。例如,《茂物宣言》中贸易和投资时间表的制定,只属于原则性的承诺而未签署任何法律文件,真正的执行尚待各成员国讨论协商。

此外,亚太经合组织的成员不仅数量众多、规模庞大,而且社会经济制度各异、文化背景不一,经济发展水平相差悬殊,结构十分复杂,迄今为止,该组织的成员已达21个。同时,亚太经合组织的结构特征呈现出复合性的特点。在一般的区域经济一体化组织中,所有的成员共同组成一个统一组织,下面再没有次级的组织,而在亚太经合组织中,在统一的亚太经合组织下面,还存在由若干成员组成的小集团,即次区域经济一体化组织,如东南亚国家联盟等、澳新自由贸易区等。

综上所述,亚太经济合作依据现实条件,奉行"开放的区域主义"的合作原则,不搞封闭的贸易集团。比照区域经济一体化的基本特征,严格地讲,亚太经合组织并不是一个标准的或规范的区域经济一体化组织,它在区域经济一体化运动中的地位相当特殊。鉴于亚太地区经济成就的获得是普遍受惠于经济开放和自由化政策的结果,作为该地区经济合作重要保障的亚太经济合作组织必须以有助于世界经济的持续发展和一体化为前提。并且,实践也再次证明,亚太经济合作组织的发展模式是与全球经济一体化的背景分不开的,亚太地区的一体化形态为国际经济合作提供了全新的方式,对世界经济一体化的发展也有特殊的意义。

四、跨太平洋伙伴关系协定——美国的主导与退出

跨太平洋伙伴关系协定(Trans-Pacific Partnership Agreement,TPP)是目前重要的国际多边经济谈判组织。TPP前身是跨太平洋战略经济伙伴关系协定(Trans-Pacific Strategic Economic Partnership Agreement),由新西兰、新加坡、智利和文莱四国于2002年发起,2009年美国宣布加入并加速推进谈判。2015年10月,TPP取得实质性突破,美国、日本和其他10个泛太平洋国家就TPP达成一致。12个参与国加起来所占全球经济的比重达到了40%,TPP将对近18 000种类别的商品降低或减免关税。

TPP是跨区域的自由贸易协定,与以往自由贸易协定相比具有以下三个鲜明特点:

一是成员国之间存在巨大的差异性和复杂性。从参与主体来看,各成员国在地理、人口、政治、宗教信仰以及经济发展水平和经济结构等方面存在的差异性和复杂性比较突出。各经济体遍及北美、南美、东亚和大洋洲,既有人口大国,也有人口小国;既有基督教国家,也有佛教国家,还包含儒家文化圈;既有发达国家,也有发展中国家;既有以制造业为主导产业的国家,也有以资源为主导产业的国家。这就决定了各经济体在涉及农业、劳工、环境、知识产权等方面的谈判时会有不同的利益诉求和较大分歧。即便TPP已经签署,也仍需要分别经过各国批准,还存在一定的不确定因素。

二是协议内容的广度和深度超过以往任何自由贸易协定。从本质上看,TPP仍属于一种FTA形式,但其框架协议中明确提出要树立一个"21世纪自

由贸易协定的标杆、全球贸易合作的新标准”,因而其协议内容无论是广度还是深度,都明显超过以往任何一个亚太区自由贸易协定。从广度上看,它体现了全覆盖的特点,既包括商品贸易、服务贸易等传统FTA的条款,也包含知识产权、劳工、环境、临时入境、国有企业、政府采购、金融、能力构建等亚太区绝大多数FTA尚未涉及或较少涉及的条款。从深度上看,它体现了高标准的特点,在关税减免、服务贸易、知识产权、劳工、环境、国有企业、政府采购等相关领域的最终标准都明显超出FTA的现有水平。在商品贸易领域,TPP最终有望实现全部贸易品零关税。在服务贸易领域,FTA的条款一般仅允许准入后国民待遇;在市场准入方面,也仅在特定部门中给予外资企业超出国内规定的市场准入待遇。而TPP则采取“准入前国民待遇+最惠国待遇+例外条款”这一自由化程度较高的方式,即对所有服务部门均给予准入前国民待遇和最惠国待遇,仅对国防、金融、航空等少数特殊行业设置例外条款。在知识产权领域,FTA只要求成员国遵守WTO的《与贸易相关的知识产权协议》(TRIPs),而TPP对知识产权保护所提出的要求明显高于TRIPs。此外,TPP在劳工、环境、政府采购、国有企业等领域也提出不少高于FTA的内容和标准。

三是协议内容和标准更多体现美国自由贸易理念及其战略利益诉求。从价值理念看,TPP在知识产权、劳工和环境及服务贸易等方面设置的“高标准”,带有显著的美式自由贸易特点,其主要目的在于维护美国的经济利益和战略利益。首先,TPP框架协议明确指出,要在知识产权领域实施高于WTO(TRIPs)协议的标准。事实上,美国在技术创新和知识技术密集型产业方面具有明显优势,提高知识产权标准将有助于美国继续保持这方面的优势,并从技术贸易、技术转移和专利使用等方面获取更多的技术扩散收益。但对于发展中国家来说,不利于以低成本获取先进技术。其次,TPP协议中专门增设了劳工和环境条款,并将贸易与之相挂钩,通过强加于他国较高的劳工环境标准等,有助于美国借此对其他成员国的出口产品实施贸易制裁,以达到维护其自身利益的目的。最后,美国强调TPP谈判要实现统一原产地规则、全面减免关税、服务贸易的国民待遇和最惠国待遇,主要目的还是为了扩大对亚太区域的出口。

但在2017年1月,美国新任总统特朗普就职当天就宣布退出TPP。随后,除美国外的11国就继续推进TPP达成一致,并于2018年正式签署新的自由贸易协定——全面且先进的TPP(Comprehensive and Progressive Agreement for Trans-Pacific Partnership,CPTPP)。

五、发展中国家间的经济一体化——不成功的实践

从20世纪50年代开始,发展中国家就酝酿发展区域经济一体化。1960

年,最早的两个南南型区域经济一体化组织——中美洲共同市场和拉丁美洲自由贸易联盟正式诞生。到目前为止,已经建立起了100多个区域性经济集团。其中比较著名的有:拉丁美洲的中美洲共同市场、安第斯条约集团、加勒比共同体、拉丁美洲一体化联盟、南方共同市场;非洲的中非关税与经济同盟、西非经济共同体、大湖国家经济共同体、东南非洲共同市场、马格里布联盟;亚洲的阿拉伯共同市场、东南亚国家联盟、海湾合作委员会和经济合作组织等。

发展中国家最初组建区域性经济集团制定的目标都很宏大,企图通过发展区域内贸易和经济合作来实现工业化和经济发展。但是,近半个世纪的实践表明,发展中国家的区域经济一体化并没有达到预期的目标,更没有像发达国家区域经济一体化那样成功。在长期的历史发展过程中,南南型区域经济一体化组织也制定了相当多的一体化计划,但真正付诸实施的却很少,最终都往往由于各种原因而不了了之。直到目前为止,南南型区域经济一体化的贸易创造效果和动态的好处都非常有限。导致区域经济一体化不成功的原因很多,较为流行的说法是各成员对于区域经济一体化措施执行不力,也有的学者认为发展中国家的区域经济一体化自身存在着无法弥补的缺陷,基本上不具备成功的条件。相比之下,南北型自由贸易区是发展中国家区域经济一体化的方向。总之,无论何种原因,他们的普遍结论是,南南型区域经济一体化实践是不成功的。因此,对于广大的发展中国家来说,区域经济一体化道路还需要进行更加艰苦的探索。

第六节 中国与区域经济一体化

一、中国参与区域经济一体化进程的必要性

20世纪70年代末以来,中国开始奉行对外开放政策,重视发展与世界各国特别是与发达国家的贸易和经济合作,取得了令世人瞩目的成就。进入了21世纪以后,在经济全球化日益发展的大背景下,加强与发达国家的经济联系、参与南北型自由贸易区,对中国具有更加重要的意义,具体体现在以下几个方面。

(一)有利于中国扩大出口

发达国家和地区的市场对中国的出口至关重要。当今中国的主要贸易伙伴中,发达国家占据主要地位。如果没有这块市场,中国的出口状况将严重恶化。因此,中国必须积极投身于南北型自由贸易区,巩固中国向发达国家和地区的出口。随着区内发达成员贸易壁垒的逐步削减,中国向这些国家的出口必

然会进一步扩大,从而获得长期的、相对稳定的市场。

(二)有利于中国利用外资

中国参与区域经济一体化,有利于中国更多地利用外资,这主要表现在以下两个方面:

1.在中国实际引入外资的过程中,发达国家和地区是中国最主要的外资来源,因此,参与发达国家和发展中国家之间的区域经济组织,必然会促进发达国家成员对中国的投资;

2.南北型自由贸易区能产生"关税工厂"效应,通过分享这一效应,可以促进区外国家和地区对中国的投资,其中最主要的是发达国家的投资。所谓的"关税效应",是指发展中国家与发达国家统一市场后,区外资本为分享经济一体化的关税优惠等好处,避开一体化组织对区外企业设置的贸易壁垒,经常把投资成本相对较低的发展中国家作为他们进入贸易区的"桥头堡",使发展中国家成为吸纳外来投资和加工生产的重要中心。例如,北美自由贸易区中的墨西哥就是如此。

(三)有利于中国的技术引进和技术进步

发达国家是中国最主要的技术进口来源,参与南北型的贸易区显然有利于中国方便直接地从发达国家引入先进适用的技术。另一方面,贸易具有"技术外溢"效应和"边干边学"效应,即通过贸易活动,可以间接地带来外国的先进技术,并且这些技术可以"外溢"到国内的其他行业。中国加入南北型区域经济一体化后带来的对外贸易的扩大,有利于中国学习国外先进技术学习。同时,国内企业为了在竞争中保持优势地位,也有动力不断进行技术创新。

(四)有利于中国的改革和制度创新

任何改革措施都不是闭门造车的结果,而是对外先进经验的借鉴和学习。参与南北型自由贸易区,作为中国对外开放的重要途径,可以借鉴他国维持和巩固新制度的现成经验,推动中国制度改革的进程。

综上所述,中国必须重视南北经济合作,积极参与南北型区域经济一体化进程。

二、中国参与区域经济一体化组织的进展

到目前为止,亚太经济合作组织是中国参加的唯一的一个南北型区域经济一体化组织。1991年,中国正式成为该组织的成员,此后相继参加了诸如亚太经合组织部长会议等在内的几乎所有重要活动。

(一)中国参与亚太经合组织的基本政策

与一般的亚太经合组织成员相比,中国在社会制度、意识形态、经济体制等很多方面都有一定的特殊性。基于中国的特殊国情,中国在参与亚太经济合作组织的过程中,采取了如下基本政策:

亚太经济合作组织的贸易自由化和便利化措施应该建立在自愿参加、协商一致和自主行动安排为主的基础上。

亚太经合组织的行动议程和市场开放安排应考虑成员的不同水平,坚持灵活性原则。

亚太经合组织应对所有成员实行非歧视性原则,组织内的开放成果要向非成员开放。

亚太经合组织要重视经济技术合作,将它与贸易投资自由化放在同等重要的地位。

亚太经合组织的性质和使命,是消除亚太地区贸易投资障碍,加强成员间的经济技术合作,促进地区经济繁荣。不应包括政治和安全方面的内容,更不能成为由某个大国操纵的政治工具。

(二)中国参与亚太经合组织的情况

在上述政策前提下,中国积极投身于亚太经合组织的各种活动,并在其中发挥了重要影响。

1.参与亚太经济合作组织基本原则的制定。1996 年中国提出了“APEC 方式”,即承认多样性、强调灵活性、渐进性和开放性;遵循相互尊重,平等互利,协商一致,自主自愿的原则;单独行动与集体行动相结合。最终,马尼拉会议将“APEC 方式”写入其会议宣言。

2.参与亚太经济合作组织的贸易投资自由化行动。如在 1995 年大阪会议上宣布,从 1996 年起大幅度降低进口关税(平均关税水平从 35.9%降至 23%)。

3.积极推动亚太经济合作组织的经济技术合作。如选定北京、合肥、苏州、西安、烟台 5 个高新技术开发区作为向亚太经济合作组织开放的 5 个高新科工业区。

4.成功举办亚太经济合作组织上海年会。2001 年 11 月,亚太经济合作组织第十三次部长级会议和第九次领导人非正式会议在上海举行。这次会议对重塑“9・11”事件后的经济信心,克服当时的世界经济困难,启动世贸组织首轮多边贸易谈判等都起到了积极作用。

5. 成功举办亚太经济合作组织北京峰会。2014 年 11 月,APEC 第二十二次领导人非正式会议在北京举行,会议主题为“共建面向未来的亚太伙伴关系”,讨论了推动区域经济一体化,促进经济创新发展、改革与增长,加强全方位基础设施与互联互通建设三项重点议题。会议取得多项重要成果,发表了《北京纲领:构建融合、创新、互联的亚太——APEC 领导人宣言》和《共建面向未来的亚太伙伴关系——APEC 成立 25 周年声明》。

(三)中国参与亚太经济合作组织中存在的问题

从理论上讲,中国作为亚太经合组织的成员之一,可以分享其贸易投资自由化的好处,从而促进本国的经济发展。但是,中国从亚太经合组织的贸易投资自由化中能得到多少益处,也取决于各成员国对贸易投资自由化行动计划的实施情况。近年来,亚太经合组织贸易投资自由化行动基本停顿,中国能从其中得到的好处不容乐观。现实数据也说明了这一点,1991—1999 年,中国对亚太经济合作组织成员国的贸易占中国贸易总额的比重从 80%下降到 75%,来自亚太经合组织成员的外资占中国利用外资总额的比重由 93%下降到 77%。这在一定程度上说明,中国与亚太经济合作组织其他成员的经济联系不仅没有加强反而有所减弱,亚太经济合作组织对成员国经济的促进作用有限。

中国需要参与到有实效的南北型自由贸易区,而不是像过去的南南型经济一体化和亚太经合组织这样的“空谈俱乐部”中去。中国应坚持多边主义高于地区主义的原则,在积极参与南北型区域经济一体化的同时,以更高的热情投身全球经济一体化,而不能以前者来代替对后者的参与。

三、中国积极投身东亚区域经济合作的情况

(一)东亚经济合作的加速发展

20 世纪 90 年代中期以来,经济全球化与区域一体化已成为当今世界经济发展的两大主要趋势。尽管与欧洲和北美相比,东亚区域经济合作仍很落后,但经历了 1997 年东亚金融危机的洗礼和区域经济一体化浪潮的冲击,东亚各国加强区域经济合作的意识不断加强,经济合作出现了加速发展的趋势,并取得了积极进展,呈现出多样化发展的态势。舆论一般认为,从国家与国家之间真正形成实质性区域经济合作的角度看,东亚区域经济合作主要有以下四种形式:①东盟和东盟自由贸易区;②东盟与中日韩的合作对话(10+3);③东盟分别与中日韩的合作对话(10+1);④中日韩三国合作对话。这四种形式也被称为推动东亚合作进程的四个轮子。2012 年,中日韩三国在北京签署了《中华人民共和国政府、日本国政府及大韩民国政府关于促进、便利和保护投资的协定》。

(二)东亚区域多边经济合作与中国经济发展

东亚各国与中国地域相邻,文化相近,是中国对外经济发展的重心。中国

对外贸易的70%是在东亚地区进行的,中国吸引外资的85%也是来自这一地区。所以,东亚区域经济合作的蓬勃发展必将对中国产生重大的影响:

1.有助于中国与东亚各国经济互动,营造中国经济发展需要的稳定周边环境。20世纪90年代以来,中国对参与东亚区域经济一体化的态度有了根本的转变,尤其是中国与东盟所达成的在10年内建立自由贸易区的协议和建立更紧密的区域经济合作关系的热情,为推动东亚区域经济合作树立了样板,为整个东亚自由贸易区的形成发挥了积极作用。同时,东盟也对中国政府的合作表示赞同的态度。这种动向,反映了一种深刻的经济关系的转折和变化。

(1)东盟国家在中国崛起和世界经济形势的变化下,正在改变其长期以来在雁行模式下紧盯欧美市场的出口导向战略,把更多的贸易和投资转向中国市场,转向亚洲和东盟国家内部市场。

(2)特别是对于中国来说,经济崛起和进一步发展需要有一个稳定的周边环境,中国要成为地区甚至世界经济强国,更少不了东亚周边国家特别是东盟国家在经济和政治上更多的支持与合作。

因此,这种相互需求以及双方贸易、投资及其他经贸关系的日益发展,使得双方相互之间的依赖关系日益加深,也使双方都感受到加强合作,建立自由贸易区是符合双方利益的重大选择。东亚区域经济合作的积极推进,营造了中国经济再次腾飞所需要的周边环境,同时也为东盟经济模式的转变提供了机遇。

2.增强中国在世界经济中的分量。自由贸易区的建立,将在世界经济最活跃的地区形成一个拥有最多人口和最大潜力的统一市场,进而推动WTO新一轮贸易自由化谈判的进程。因此,中国与东亚经济合作的加强,尤其是中国东盟自由贸易区的建立,将极大地增强中国在世界经济中的分量,提高自己的国际地位,同时有利于加强中国"两岸四地"(港、澳、台与内地)的经济联系,加快它们经济一体化的进程。

(三)东亚经济合作的发展态势

东亚区域经济合作起始于东盟,尽管东盟的合作开始的比较早,但从整个区域来说,东亚合作还只处于起步阶段。与欧洲相比,东亚各国的差别很大,既有作为世界第二大经济体的日本,也有世界人口最多的中国,还有世界上最不发达的国家,成员各国社会、经济、制度、文化等方面存在巨大差异。东亚合作从一开始就没有一个明确的政治目标,因此,它是从务实的需要开始,不断增加合作的内容,逐步建立和完善合作机制。从很大程度上说,东亚区域经济合作也没有一个统一的共识。此外,与北美不同,东亚经济合作不仅仅是建立自由贸易区,还要把政治目标作为自由贸易区的重要内容,加强同东亚各国的政治、外交、经贸关系。所以在可以预见的未来,只能从地区多层次、多领域的合作开始,逐渐达到区域经济一体化的最终目标,绝不能指望在短时期内实现类似欧盟和北美自由贸易区那样的区域合作。东亚合作只能循序渐进,合作过程中出现的问题和困难,需要东亚各国和地区努力取得共识,通过互利互惠的原则协商解决。因此,东亚区域经济合作需要建立和推动多重机制的发展,寻找并建立符合东亚特点的一体化道路。尽管达到区域经济一体化的目标需要很长的时间,但近年来,东亚各国在区域合作方面取得的可喜成果,使我们对东亚经济多边合作的未来充满期待。

案例研究

新形势下的欧盟发展之路

自2004年5月一口气接纳10个新成员国开始,欧盟就面临着“消化不良”的难题。2005年,法国、荷兰否决了旨在确保扩大后的欧盟更好运转的《欧盟宪法条约》,使欧盟在当时陷入制宪危机。2008年,被视为“简版”宪法条约的《里斯本条约》又遭爱尔兰否决,“快速”的政治一体化进程出现新问题。欧盟布鲁塞尔峰会以具有法律效力的决定形式,在有关堕胎、社会政策、税收及确保爱尔兰中立地位等问题上打消了爱尔兰的疑虑,为其就《里斯本条约》举行第二次全民公决清除了障碍,欧盟制宪终于迎来新的曙光。

在经济社会层面,欧洲经济一体化的成功推进,曾使很多成员国对欧盟整体发展有着较为乐观的预期。但是,《欧盟宪法条约》遭否决而引发的有关发展模式的讨论,以及此后发生的金融危机,给这种乐观蒙上了一层阴影。在挑战中找到一条推动欧盟经济、社会更好发展的道路,成为欧盟国家迫切需要解决的问题。

2009年欧盟峰会批准了包括建立一套全新泛欧金融监管体系在内的一整套金融改革方案,一致通过了“共担就业责任”建议。建议的核心内容是保持就业率,增加就业渠道,要求企业共同为促进就业而努力。这些措施表明,欧盟今后将努力为成员国打造一个应对、防范金融风险的“防波堤”,同时协力解决社会发展中的问题。

欧盟委员会主席巴罗佐在峰会上阐述了未来五年欧盟改革的大致方向:为欧盟探寻出一条绿色和可持续的经济增长道路;提高欧盟竞争力,力争使欧盟向知识经济转型;确保欧盟能源安全;加强金融监管,并在应对气候变化领域继续发挥重要作用;等等。

在新形势下,欧盟发展的阶段性脉络更为清晰,解决一体化进程、经济社会发展中问题的措施不断增加新内容。尽管困难与考验依然不少,但欧盟正展示出成熟、渐进推进一体化的态势。

案例思考与讨论

1.欧盟内的东欧国家经济发展水平与西欧国家相比较低,欧盟应如何应对成员国之间巨大差异造成的困境?

2.欧元区国家目前深陷主权债务危机的困境之中,你认为危机的根源是什么?

思考与练习

1.区域经济一体化对世界经济的影响是什么?

2.区域经济一体化形成与发展的原因是什么?

3.区域经济一体化经历了哪几个发展阶段?

4.经济一体化有哪几种形式?

5.怎样理解经济一体化与经济全球化的关系?

第十二章 可行性研究与资信调查

Feasibility Study and Credit Status Analysis

可行性研究与资信调查是确保项目投资决策科学性和正确性的一项重要的保障措施，它们都是在投资决策做出前进行的。本章首先论述了可行性研究的概念、阶段划分、应注意的问题和可行性研究的组织实施，接下来介绍了资信调查的分类、内容、途径、程序以及资信等级评定等方面的知识。通过本章的学习，可以使学生认识到可行性研究与资信调查的重要性，熟悉可行性研究与资信调查的主要内容和基本步骤。

学习要点

Feasibility Study and Credit Status Analysis are important tools to assure the success of investment decision and they should be carried out before the investment decision is finally made. This chapter firstly introduces the concept, the process and potential problems of Feasibility Study as well as its implementation. Then, this chapter illustrates the classification, the content, the ways and procedure of Credit Status Analysis and also the knowledge concerning Credit Status Rating. By studying this chapter, students are expected to realize the importance of Feasibility Study and Credit Status Analysis and be familiar with their main content and procedure.

第一节 可行性研究的概念与阶段划分

一、可行性研究的概念

可行性研究是在项目投资决策前,对项目进行研究评价的一种科学方法,它通过对市场需求、生产能力、工艺技术、财务经济、社会法律环境等方面情况的详细调查研究,就项目的生存能力和经济及社会效益进行评价论证,从而明确提出这一项目是否值得投资和如何运营等建议。

可行性研究产生于第二次世界大战前。20世纪30年代,美国在开发田纳西河流域这一大规模国土整治工程时,正式将"可行性研究"作为项目前期论证的名称。这一时期,可行性研究侧重点在于工程技术方面。第二次世界大战后,可行性研究的重点逐渐转向财务分析方面。经过诸多专家的不懈努力,可行性研究从理论到实践日趋完善。当今可行性研究的特点是注重投资项目的综合性效果,以财务分析为核心,并且对政治、社会、生态环境等因素给予相应的重视。

二、可行性研究的阶段划分

(一)机会研究

机会研究,又称投资机会鉴定。它的任务是在一个特定的地区和行业,分析和选择可能的投资方向,寻找最有利的投资机会,同时,对项目有关数据进行估算。机会研究的研究步骤大体是:国别研究、地区研究、部门或行业研究以及提供项目报告。

机会研究工作比较粗略,主要依靠笼统的估计而不是详细的分析。这种粗略的研究所依据的各种数据一般都是经验数据和规划数据,也有的是参考现有项目匡算得出的数据,其精确度一般为±30%。对于大中型投资项目,机会研究所用的时间一般为2~3个月,所耗费用一般占总投资的0.1%~1%。投资机会确定后,凡能引起投资者兴趣的项目,就有可能转入下一阶段即初步可行性研究阶段。

(二)初步可行性研究

初步可行性研究是经投资决策者初步判断并提出进一步分析的要求后,对项目方案所做的初步的技术和经济等方面的分析。这一步骤有时根据决策者的要求和建议也可省去,从而直接进入下一阶段的研究。

初步可行性研究,主要是对以下各项做出研究和分析:市场状况、生产能力和销售策略;资源(人力、动力、原材料);建厂地址选择;项目技术方案和设备选型;管理结构;项目实施进度;项目财务分析(项目资金筹措、产品成本估算、赢利率和还贷期估算);不确定性分析。

初步可行性研究,将为项目是否可以上马提供判别依据。初步可行性研究一般要用4~6个月或多一点的时间来进行,各种数据的估算精度为±20%,所需费用一般占总投资的0.25%~1.5%。如果确定项目可以上马,则可进入下一阶段即可行性研究阶段。

(三)可行性研究

这一阶段不但要对项目从技术、经济方面进行深入而详尽的深一步研究,确定方案的可行性,还必须对多种方案进行反复权衡比较,从中选出投资省、进度快、成本低、效益高的最优方案。可行性研究将为如何实施投资项目提供指导性依据。

可行性研究的内容与初步可行性研究的内容基本相同,但它所需要的资料数据比初步可行性研究更为精确,对数据处理精度要求更高。这一阶段各种数据的估算精度为±10%,时间一般为8~12个月,所需费用占总投资费用的1%~3%,大型项目占总投资费用的0.2%~1%。

(四)编写可行性研究报告

这一阶段的主要任务是将可行性研究的基本内容、结论和建议用规范化的形式写成报告,成为最终文件,以提交决策者,作为最后决策的基本依据。

下面以中外合营(合资与合作)项目为例,说明可行性研究报告的主要内容。其内容主要包括:基本概况(包括合营企业名称、法定地址、注册国家、总投资、注册资本和合营企业期限等),产品生产安排及其依据,物料供应安排及其依据,项目地址选择及其依据,技术设备和工艺过程的选择及其依据,生产组织安排及其依据,环境污染治理和劳动安全、卫生设施及其依据,建设方式、建设进度安排及其依据,资金筹措及其依据,外汇收支安排及其依据,综合分析(包括经济、技术、财务和法律等方面的分析)和主要附件(包括合营各方的营业执照副本、法人代表证明书等)。

(五)项目评估

项目评估是指银行、政府部门、金融信贷机构对项目的可行性研究报告做出评审估价。项目评估和可行性研究同是为投资决策服务的技术经济分析手段,它们的内容基本相同,但它们是投资决策过程中的两个不同的重要阶段。其主要区别在于:可行性研究是由投资者负责进行的,考虑的重点是更新技术、扩大生产、赚取利润。项目评估主要是由银行或金融机构进行的,所关心的是贷款的收益与回收问题，主要评估项目的还款能力及投资的风险。所以，项目评估侧重考查以下几个问题：

· 基础数据，尤其是重要基础数据的可靠性；

· 项目方案是否优选；

· 项目投资估算的误差是否超过允许的幅度；

· 项目投资建议是否切实可行，有没有错误的建议或遗漏；

· 项目的关键方面是否达到期望研究的质量。

可行性研究的五个阶段都是在项目投资前进行的，可行性研究是项目发展周期的一个重要组成部分(见图 12-1 所示)。

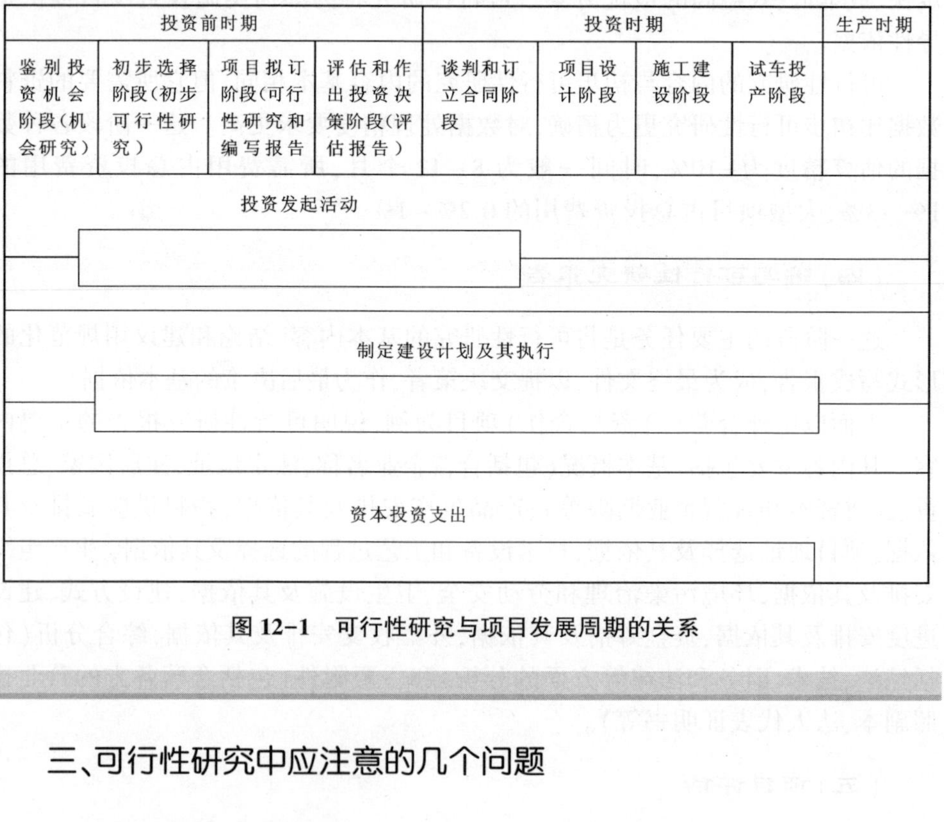

图 12-1　可行性研究与项目发展周期的关系

三、可行性研究中应注意的几个问题

(一)科学性和公正性

进行可行性研究，必须坚持实事求是的原则，数据资料要求真实可靠，分析要据实比选，据理论证，公正客观。绝不能为达到事先已经确定的投资目标而任意改动数据。

（二）评价数据的正确性、合理性和可靠性

1. 认真审核基础数据的可靠性。投资额、生产量、成本费用和销售收入等基础数据一定要比照同类项目，结合当地实际情况认真估算，如果基础数据估算失误，后面的内部收益率计算过程再规范，计算数值再准确，也不能起到应有的作用。

2. 合理确定计算期。计算期不宜过长，如果过长，便难以预测环境的变化，进而使计算出的各项动态经济指标的可信度降低。

3. 基准收益率的确定必须切合实际，偏高或偏低都会使折现计算失真。

4. 多方案比较时应认真审定方案之间的可比条件，否则，不仅使比较失去实际意义，而且可能导致决策失误。

（三）可行性研究的结论应简单明确

可行性研究中的结论和建议，应以简洁的文字，总结本研究的要点，建议决策人采用推荐的最优方案，并简述其理由。其中包括：推荐方案的生产经营和技术的特点，主要技术经济指标，不确定性分析结论，对项目各阶段工作的指导意见等。同时，对实施项目中要加以注意和预防的问题也应明确指出，切忌有意隐瞒一切可能出现的风险。

四、进行可行性研究的一些重要参考资料

从国外看，联合国工业发展组织曾制定和出版了三本工作手册，作为在世界范围内通用的项目可行性研究标准工作手册，它们是《工业可行性研究报告编写手册》《项目评价准则》《项目估价实用指南》；从国内看，主要是国家发展和改革委员会、建设部制定出版的《建设项目经济评价方法与参数》。

第二节 可行性研究的实施

目前进行项目可行性研究通常采用两种方式：一是由企业自己编制，但同时聘请一些专家作为顾问；二是委托专业咨询公司编制。

一、由企业承担编制任务

（一）可行性研究小组成员的组成

如果由企业自己承担编制任务，则首先要成立一个研究小组。项目可行性研究小组按照理论模式至少应包括下列成员：一名负责人、一名市场分析专家、

一名本行业技术专家、一名管理专家、一名财务专家。此外,还应视项目的具体情况,聘请一些短期专家如法律、金融、生态环境等方面的专家协助工作。

(二)由企业自己承担编制任务的利弊分析

以企业自身为主,同时视情况聘请一些短期专家协助编制可行性研究报告,这种方式的优点主要是:编制人员熟悉本行业和本企业的技术业务以及企业管理特点,编制的报告针对性较强,并且所花费的费用较少。但是,同时也存在一些缺点,如可行性研究结论往往带有一定的倾向性,有些企业因专业人才不全或水平较低有可能导致可行性研究报告的质量较差,甚至有可能带来一些问题。

二、委托专业咨询公司编制

在国内外,承担项目可行性研究的机构大小各异,有跨国公司、研究院所、大学、设备制造商、施工承包公司以及专门的咨询公司和小型事务所等机构。目前,西方国家有一些世界性的跨国咨询公司专门从事可行性研究工作,如美国的麦肯锡公司和克泰尔公司,法国的雷诺咨询工程公司,瑞士的哈耶克咨询公司等。因此,企业必须按照一定的程序,选择信誉高、经验多的咨询机构为己服务。委托专业咨询公司编制可行性研究报告时,要注意处理好以下两个问题。

(一)合作程序

1. 确定咨询服务的职责范围。项目投资者应为本次咨询服务划定界限,其中包括:需要提供服务的内容细目,日程安排,报告的最终形式,等等。

2. 发送征求咨询文件。根据咨询服务的职责范围,项目投资者编制出征求咨询文件,然后向项目投资者认为比较合适的咨询机构发送。备选咨询机构,一般以三至六家为宜,提出名单过多,会给选择工作带来困难。

3. 确定候选机构的优选顺序。候选机构在接到征求咨询文件后,如对此次咨询感兴趣,一般都会编制咨询建议书,内容包括:可行性研究的工作大纲,时间进度,研究重点,研究深度,费用和支付方式,人员组成,向项目投资者汇报的时间、次数等各方面必须明确的问题。项目投资者在收到各候选机构的咨询建议书后,即可开始对各咨询机构的业务能力、从事工作的人员是否称职以及该建议书的适用程度进行评价,选出一个值得与之进行合同谈判的公司。

选择咨询机构的标准,可以从以下几个方面确定:

(1)咨询机构对项目所涉及的经济和技术活动的一般经验如何。

(2)所提出的工作计划是否切合项目的实际情况。

(3)所提出的费用是否能被项目投资者基本接受。

综合以上三项标准,排出优选顺序。

4. 谈判签订合同。通过以上优选排序确定候选机构后,即可安排与选中的公司谈判,就一些细节问题进行磋商,最后签订咨询合同。谈判结束,项目投资者将选定咨询公司的消息通知其他候选公司之后,咨询工作人员即可开始工作。

(二)可行性研究咨询费用的计算方式

1. 固定金额计算方式。这种方式是按照咨询价格的理论构成计算出咨询费用总额,以后的整个咨询活动不再另外计取费用。通常,这项费用总额中还包括一定比例的不可预见的费用。咨询过程中,如费用有结余,归咨询机构;如有超支,投资者不予补偿。对于确定属于业务增加而引起的费用,可以用追加合同的方式解决。

2. 咨询人员工资加一定比例其他费用方式。这种方式是将咨询人员的工资加上一定比例的其他费用,作为咨询费。其计算公式为:咨询费=咨询人员工资×(1+系数)+直接费用。

公式中的系数,实际上反映了咨询活动中间接咨询费用的内容,它的高低一般取决于常规的间接费用数量和咨询工程所在地、工作季节、工程类型等。该系数通常在2以上,美国一般取2.3~3。

3. 概略估计方式。对于某些投资项目,由于其所需咨询服务的不确定性,可由咨询机构一方根据项目难易程度和以往同类项目咨询的经验,提出一个咨询费用的总金额,并同时规定一个报酬总额的上限和下限。如果项目咨询活动出现意外增减,咨询费用增减的额度以预先议定的上下限为界。

第三节　资信调查

一、资信调查的概念、分类和意义

(一)资信调查的概念

资信调查(Credit Information)是指通过一定的方式对贸易客户或合作与投资伙伴的资金及信用等方面的情况进行调查了解。资信调查在有的国家或地区又称作征信调查,其英文有时又译成 Credit Investigation 或 Credit Inquiry,简单来讲就是验证一个人或企业的信用。资信调查与咨询服务并不完全相同,咨询服务是请人当经营与管理或信息方面的顾问或参谋,而资信调查可以说是请人当商业方面的侦察人员。我们通常所讲的在投资决策之前要做好国外市场调查研究工作,主要讲的是要做好投资环境的评估,当然,如果广义来理解,也可以把资信调查包括在其中。

(二)资信调查的分类

资信调查按照不同的标准可以分为许多不同的类型:以资信调查的地域分类,可以分为国外资信调查与国内资信调查;以资信调查的对象分类,可以分为个人资信调查、企业资信调查、财产资信调查和产业资信调查;以资信调查的目的分类,可以分为投资资信调查、交易资信调查、管理资信调查、聘雇资信调查和婚姻资信调查;按资信调查的方式分类,可以分为直接资信调查、间接资信调查与直接和间接相结合的资信调查,等等。

一般来讲,资信调查是在一项决策做出之前进行,但由于经营管理过程中时常要进行一些较重要的决策,所以资信调查也不是一次就完结,而是根据需要选择时机,对投资与合作伙伴的资信状况不断地进行了解和掌握。另一方面,投资与合作伙伴的资信状况也是在不断变化的,也需要不断进行了解,特别是当其法律与管理组织结构发生重大变化,人事发生重大调整或生产与经营状况发生逆转时,更需要及时把握其资信的相应变化。由此看来,资信调查又可以分为事前资信调查、事中资信调查、追踪资信调查和应急资信调查等。

(三)资信调查的意义

从进行国际合作与投资项目的角度而言,做好资信调查的意义和作用主要是:

1.有助于选定资金和信用等方面情况良好的投资合作伙伴。如果选定的合作伙伴资信可靠,那么就有助于合作与投资项目的顺利进展;反之,如果选定的合作伙伴资信不佳,不仅对项目的顺利进展不利,甚至还会上当受骗,造成企业亏损甚至破产倒闭。据报道,仅20世纪90年代初的4年间,境外企业拖欠我国外经贸企业的货款就高达89亿美元。被拖欠的货款既有外贸出口方面的,也有对外承包工程方面的。在上述89亿美元的拖欠货款中,有意欺诈款约占6成。造成外商拖欠货款的主要原因是我国不少外经贸企业不重视对外商的资信调查。

2.进行资信调查有利于做出科学的国际合作与投资项目决策,提高项目的成功率,促进国际经济合作与投资事业的发展。例如,在我国利用外资与海外投资工作中,都把对外方投资合作伙伴的资信调查作为一个重要环节来抓,结果是有力地提高了这两方面的审批质量和工作水平。

3.搞好资信调查还有助于减少我国海外企业投产开业后合营各方的矛盾和

纠纷，避免出现不必要的风险和损失，使我国海外企业能够取得较好的经济效益，也使海外投资的本金能够保值和增值。如，我国某省的国际经济合作公司与巴巴多斯华人何某合资创办了一家公司，生产服装，由于事先未对合作伙伴的资信情况进行认真调查了解，公司创办后，何某采取多种手段侵吞公司资金，导致公司破产，我方损失100多万美元。又如，我国某市一家外贸公司在国外合资开办了一家中餐馆，由于企业开办前轻信对方的自我表白，未进行很好的资信调查，餐馆开业后，对方为人刁钻刻薄，很难合作共事，开业当年即出现亏损，后来该企业难于正常经营，只得提前关闭。

4.资信调查一般在项目可行性研究之前进行，因此，资信调查搞好了，对项目可行性研究工作的顺利开展也有很大的益处。

总之，资信调查是做好我国对外经济合作工作的一个重要前提。

二、资信调查的内容

（一）关于资信调查内容方面的不同学说

关于资信调查主要应当包括哪些方面的内容（要素），存在着不同的观点和学说，较有代表性的有“三F”说、“五C”说、“五P”说和“五M”说。下面分别介绍一下这几个学说。

1.“三F”说。“3F”说中的三个F，是指三个要素，即管理要素（Managerial Factor）、财务要素（Financial Factor）和经济要素（Economic Factor），认为企业资信调查的内容主要是这几个方面。

2.“五C”说。“五C”说认为企业资信调查的内容应当是：品行（Character），指潜在的合作伙伴在以往的经营中表现出来的商业道德，如债务偿还情况等；经营能力（Capacity of Business），指潜在合作伙伴在日常经营管理中显示出的经营技能和实力；资本（Capital），指潜在合作伙伴的财务情况；担保品（Collateral），指潜在合作伙伴担保品的种类、性质和变现性；经营状况（Condition of Business），指潜在合作伙伴目前经营业务的状况，如市场环境状况、所在行业的现状与前景、企业的竞争力状况等。

3.“五P”说。“五P”说认为资信调查主要应当围绕着以下五方面的内容进行：一是人的因素（Personal Factor），二是目的因素（Purposeful Factor），三是还款因素（Payment Factor），四是保障因素（Protective Factor），五是业务展望因素（Perspective Factor）。

4.“五M”说。“五M”说认为资信调查的内容是管理（Management）、财力（Money）、企业员工（Man）、市场（Market）和机器设备（Machine）五个方面的状况。

以上几种学说的立论有所不同,但实质性区别并不很大,因为资信调查的内容总是围绕着与被调查对象直接相关的因素而展开。

(二)资信调查的主要内容

对合作与投资伙伴进行资信调查,主要应注意和考虑下列一些内容:

1.公司或企业的注册时间与注册地点。公司或企业成立的迟早是一个很重要的信号。据几个主要西方国家的官方统计,公司的破产率与公司成立的时间长短有很大的关系。在破产的公司中,破产绝大多数发生在公司成立的早期,破产的高峰期是在公司成立后的前三年,一般破产率达20%左右,到成立后第10年,破产率逐步趋稳,在5%上下徘徊。所以,在寻找合作伙伴时要特别注意这一点。当然,这并不是说绝对不能与新成立的公司打交道。另外,还要注意公司或企业的注册地点,有些外国企业在一些特殊地点注册,这都是有其用意的。例如,有些企业不在本国或经营业务所在国注册,而是到巴哈马、开曼群岛、百慕大、瑙鲁、利比里亚等地注册,因为上述地区对企业的管制较少,税收政策也较优惠,所以吸引了不少公司去寻求特殊的好处。对在这些地区注册的公司的资信情况,我们应慎重对待。

2.公司的注册资本金额。现在国外的大多数公司都是有限责任性质的企业,即企业只是以其缴纳的注册资本的金额为限,对本企业的债务承担有限责任。企业的经营能力与企业的资本实力有着密切的关系。例如,我国某进出口公司曾委托国内一家资信调查机构调查香港地区一家公司的资信情况,结果发现其注册资本数量很小,而其却大肆宣传自己资金实力如何雄厚,可出几亿港元与我方合建企业等,这显然是不可信的。

3.公司的法律或管理组织结构。外国公司有不同形式的组织结构,如有子公司、分公司与母公司之分;有有限责任公司、无限责任公司和股份有限公司之分;有股票上市公司与非上市公司、独资公司与合资公司、控股公司与非控股公司之分;此外,还有独资企业与合伙企业之区别。总之,所有这些组织结构形式,都会在某些关键时刻和关键问题上影响该公司的权益。如子公司与分公司形式就有很大不同:子公司的债务由子公司负责偿还,偿还不了时则企业倒闭破产;分公司则不同,因分公司不是独立的企业法人,所以分公司所欠的债务在自身偿还不了时,母公司要代为偿还。这说明分公司是无限责任性质的企业。

4.资产负债比率。资产负债比率是指企业负债总额与企业资产总额的比率。其计算公式为:资产负债比率=(负债总额/资产总额)×100% 。资产负债比率是衡量企业资力和风险的重要尺度。这里所指的负债,是指企业所负担的全部短期和长期债务(国外把一年以上的欠款均视为长期债务,银行透支额按其性质也算在长期债务之内)。这里所讲的资产是指企业所拥有的一切财产、物资、债权和其他各种可以用货币计价的权益。一般来说,该项比率越低,说明该企业资信越好;反之,如果该项比率越高,说明该企业资信较差。这项比率原则上不应超过100%。英、美等国工业企业的资产负债比率平均为50%左右,一般工业企业若超过了这个比例,就很难从银行或财务公司借到资金。当然,各国的经营管理概念不同,银行等金融机构对企业的支持程度也有所不同,对这一比率要求也就不一样。在日本,工商企业的资产负债比率高达60%~90%也属正常。

5.合作伙伴的性格、道德(品行)和能力。合作伙伴诚实可靠并具有较强的业务开拓能力,是双方合作成功的保障和基础。为此,要对合作伙伴的经历、学历、信用、性格特点,主要经营者之间的相互关系,实际经营者与其继承者的关系,经营者对现代经营管理知识的认识与实践程度,经营者的经营作风,履约情况以及经营者的经营能力等进行调查了解。

6.企业的员工与设备等经营管理方面的情况。它具体包括:企业员工的数量、构成比例、流动率、敬业精神、薪金水准和工会组织作用;企业设备的技术档次、配套能力和商标牌号;企业经营与管理机构的设置,经营与管理计划的制订和执行情况,经营范围和经营性质等。

7.往来银行。了解潜在合作伙伴往来银行的名称、地址以及其在银行中的存、借款情况和对外付款记录。

8.业务现状与展望。包括企业供货来源状况,生产状况,销售状况,销售市场的分布与未来销售计划,前后向关联企业现状与预测,该行业发展前景,企业业务开拓规划以及长期投资的行业、产品、时间和地区分布状况等,这些与企业的资信状况也有密切的关系。

三、资信调查的途径和程序

(一)资信调查的途径

1.通过国内外银行进行调查。通过中国境内的银行(如中国银行等)进行调查。调查时,国内企业要先提出委托申请并提供国外被调查对象的有关资料,然后由银行拟好文稿,附上调查对象资料,寄给其往来银行的资信部门。国内企业也可以直接向对方的往来银行调查。调查时,将企业自拟的文稿和调查对象的资料寄给对方往来银行的资信部门。企业在自拟的文稿上可用以下简洁文句(We should be obliged if you would inform us, in confidence, of their financial standing and modes of business)。通过银行系统进行调查,除了可以了解到被调查对象的资力与借贷信誉等属于银行内部保密的情况之外,所需费用也相对较低一些。

2.通过国内外的专业咨询和资信调查机构进行调查。许多咨询机构都进行客商的资信调查工作,还有一些咨询机构是以资信调查作为其主要业务,属于专业性的资信调查机构。在通过国内外的咨询和资信调查机构进行资信调查时,也是要先提出委托申请并提供被调查对象的有关资料。目前,中国境内从事国际资信调查业务的机构已有不少,仅北京地区较有名的就有:中国国际经济咨询公司、中国对外经济贸易咨询公司、北京中贸商务咨询公司和东方国际保理咨询服务中心等。有些境外或国外的咨询公司也已在大陆指定代理机构或设立分支机构,开展资信调查等方面的业务,国内企业也可以直接委托它们进行资信调查。如美国邓白氏信息咨询公司已在中国境内设立机构从事资信调查等业务,又如中国台湾地区最有影响的资信调查机构中华征信所已在北京设立了办事处,直接开展境外或国外工商企业资信调查等项业务。由于是专业咨询和资信调查机构,调查报告的内容会更全面准确,时效性也更强,并且因为是中立机构,其所提供的报告也会更客观公正。但是,委托这类机构进行资信调查,所支出的费用会相对高一些。

3.通过国内外商会或进出口协会进行调查。各国的商会组织都拥有各行业企业的详细资料,因此,企业也可以通过商会了解国外调查对象的资信情况。

4.通过我国驻外使(领)馆商务机构进行调查。我国驻外使(领)馆的商务机构(经济商务参赞处或经济商务参赞室)对当地企业的情况比较了解,委托它们调查当地企业的资信情况也是一个有效的途径。

5.通过国外的亲朋好友、本企业的海外机构、本国的其他海外企业与机构、本企业的国外现有客户与合作伙伴进行调查。

6.本企业派人到国外进行实地考察了解,判断对方的资信,或根据对方的来函、报道对方情况的报纸杂志以及对方股票的股市行情等由本企业做出判断。

7.要求对方直接提供能反映其资信状况的资料,直接与对方接触,面对面核对对方的身份,并询问对方的生产经营规模、注册资金、年度赢利情况等,通过这些方式也可以了解和判断对方的资信。对当面询问不要有不礼貌的顾虑。如果怕有悖于对方的风俗人情,可以先出示自己的合法身份,介绍本公司的情况,然后礼尚往来,也自然引导对方相应地介绍其自身的有关情况,或者顺理成章地直接询问对方。签订合同或协议本身就是为了防止今后的纠葛,这样做对双方都有利,任何一个诚实的客商都明白这个道理。

在上面所讲的七个途径中,前五个是间接的资信调查途径,后两个是直接的资信调查途径。有时可以把间接和直接的资信调查途径结合起来使用。凡是进行间接的资信调查都要将被调查对象的全称、地址、电话和传真号码以及其往来银行的全称、地址、电话和传真号码告之被委托调查机构或个人,同时,还需要提供被调查对象与自己单位接触的意向。

（二）资信调查的程序

程序主要是针对间接资信调查而言的。间接资信调查五种途径的程序大同小异，下面以通过国内资信调查机构进行调查为例，介绍其基本程序。

1.提出委托申请。即由委托人向资信机构提出书面申请，填写国外资信报告委托书，详细列明调查对象的有关情况和具体事项以及委托方的情况。

2.付款。零散客户在委托申请提出后付清费用，固定客户付款情况有所不同，采用的是定期结算付款方式。

3.开始调查。资信机构将委托人所填具的委托书统一编号备案后，便开始通过相应的方式进行调查工作。根据国际惯例，资信机构在从事调查时无权向调查对象透露委托来源。

4.提供资信调查报告。资信机构在事先约定的期限内完成调查工作，向委托人提供资信报告。报告标准文字为中文，如委托人有要求，也可提供英文等文种的报告。

四、资信（信用）等级评定

资信（信用）等级评定是指以统计方法，将影响企业信用的各项要素数量化和精确化，按照具体、客观、准确、迅速的原则，对被调查企业的信用状况给予一个总体评价。具体进行评定时，要制定出一个评分表，以企业得分总数之多少评定其信用等级。现在，一般的做法是将企业的综合信用分为四个等级，即最好（High）、好（Good）、一般（Fair）、差（Limited）。有时也称之为A、B、C、D四级。

（一）工商企业信用等级评定的具体标准和条件

下面以我国台湾地区中华征信所信用评定等级划分标准为例进行介绍。中华征信所将信用评级的等级划分为：

1. A级：优良客户。标准和条件是：①在本行业与银行界必须具备最高的信誉；②有稳定的高于本行业平均水平的获利能力；③属于第一类股票上市公司，盈余情况良好；④属全国性成绩优秀的大厂商；⑤财力雄厚的厂商；⑥对本公司赢利有突出贡献的厂商；⑦自动付款交易情况良好者。

2. B级：满意客户。标准和条件是：①长期往来客户，收付款情况正常；②公司获利情况良好；③往来交易量极为平稳；④企业与其负责人无不良评价；⑤对本公司赢利有贡献的厂商；⑥地方性厂商；⑦上市股票公司，盈余正常；⑧同行业与银行界评价良好；⑨小型企业具有潜力者。

3. C级：应该注意的客户。标准是：①往来交易有延滞或换票情况者；②查询往来银行实绩较差者;③公司或工厂用房与用地为租用者;④企业财力薄弱者;⑤公司新成立营业未满三年者;⑥旧客户久未往来,近来重新往来者;⑦夕阳行业的厂商;⑧不景气受害较严重的厂商;⑨负债比率偏高的厂商;⑩有财务纠纷或诉讼的厂商;⑪资信资料不全的厂商;⑫在同行业往来交易中有不良记录的厂商。

4. D级:应特别注意的客户。条件是:①营业情况不良者;②获利能力差,近年严重亏损者;③资产负债比率偏高,负债情况严重;④产品滞销情形严重;⑤关系企业经营失败;⑥被主要往来客户重大倒账;⑦股东不和,情形严重,重大股东退股;⑧遇水灾、火灾等重大自然灾害者;⑨有重大漏税或违法情形者;⑩同行业传说不稳定者;⑪有退票等不良记录者;⑫有刑事犯罪前科者;⑬付款情况不良,经常需要催讨者。

(二)工商企业信用等级评定的对应分值

下面仍然以我国台湾地区中华征信所企业信用等级评定的对应分值为例加以说明。通过工商企业信用等级评定的对应分值表(见表12-1)可以看出,80分至100分对应的是A级,50分至79分对应的是B级,30分至49分对应的是C级,29分以下对应的是D级。

表12-1　信用等级评定的对应分值表

等级		分数	信用情况
A	AA	90~100	信用优良,往来交易应无问题。
	A	80~89	信用良好,目前往来交易应无问题。
B	B+	70~79	信用尚佳,当前正常交易尚无问题。
	B	60~69	信用尚可,有保证或有条件之交易尚可往来。
	B-	50~59	信用普通,资产有限,大宗交易宜慎重。
C	C	30~49	信用欠佳,往来交易应注意。
D	D	0~29	信用不良,不宜往来交往。

资料来源:我国台湾地区中华征信所

五、如何阅读和利用资信调查报告

在委托资信机构进行资信调查后,我们会得到一份资信调查报告,在阅读和利用资信调查报告时,主要应注意以下几点:

第一,拿到一份资信调查报告后,首先要关注调查对象的信用等级,因为信用等级是整个调查报告的核心,通过信用等级可以观察到调查对象的总体资信情况。如果资信等级为A级，说明被调查对象的资信很好，可放心与之合作。现实中，多数被调查对象的资信为B级，说明资信较好，在一定条件下可与之合作。如果资信为C级，与之合作时应特别加以注意。被调查对象的资信为D级，则不应与之合作。其次，要认真阅读报告中的总体分析或重要评论部分的内容，因为这些部分给我们一些有关调查对象的综合情况的分析和评价，并提示我们在与之进行交易时应注意的问题。

第二，不论调查对象的信用等级评定是高还是低，在抓住上面提到的两个关键内容之后，还要对资信报告从头到尾进行阅读。在阅读报告时，一方面要注意分析给调查对象评定那个等级的依据，另一方面，还要注意将自己所了解的调查对象的情况以及调查对象提供的自身情况同报告中所反映出来的情况进行对照。

第三，要根据本企业与调查对象的接触意向，拟与调查对象进行合作的项目性质，对资信调查报告进行针对性的阅读，分析是什么因素影响了调查对象的信用情况，而这些因素对本企业与之合作是否有直接的影响，如果有，要考虑本企业应当做出什么样的决策。

案例研究

案例一：可行性研究报告目录格式

下面是一份制造业项目可行性研究报告的目录格式，从中可以看出这类报告所包含的主要内容和要求：

第一章 实施要点（项目名称、宗旨、规模、范围、期限等）

第二章 项目的背景和历史（项目各方基本情况介绍等）

第三章 市场和工厂生产能力（需求和市场研究、销售、生产计划、生产能力）

第四章 原材料投入（投入和供应计划）

第五章 项目地点和厂址（项目地点、厂址与当地条件、环境影响）

第六章 项目设计（项目的布局、技术与设备、工艺、土木工程）

第七章 工厂机构和管理费用

第八章 人力（工人、管理人员和技术人员总数及构成等）

第九章 项目执行时间安排（建设方式、建设进度）

第十章 财务和经济评价（投资支出总额，项目筹融资，生产成本，赢利性等经济、技术、财务和法律等方面的分析评价）

第十一章 主要附件（与项目有关的批准文件等）

案例思考与讨论

1. 可行性研究报告主要包括哪些内容?

2. 进行可行性研究的必要性和意义是什么?

案例二:北京新华信商业信息咨询有限公司企业信用报告样本(节选)

本报告所指的金额除特别说明外,均为人民币。

重要事项:

目标公司于2001年由原某科技发展有限公司更为现名。

报告摘要:(略)

信用评价:

建议信用额度:1 500千元

信用等级:CR3

新华信的建议信用额度没有考虑您与目标公司的具体交易情况,仅供您在确定您与目标公司进行信贷决策时参考。新华信在分析目标公司资信状况时,综合考虑了目标公司的规模、背景与历史,目标公司相对于行业平均水平的财务状况和经营情况,目标公司的信用历史等。新华信信用等级的含义如下:

等级	风险水平	新华信建议
CR1	风险极小	信贷交易可以很宽松
CR2	风险小	信贷交易可以较宽松
CR3	风险低于平均水平	可以正常信贷条件与其交易
CR4	风险属于平均水平	可在密切监控基础上以正常信贷条件与其交易
CR5	风险高于平均水平	尽量避免信贷交易
CR6	风险大	信贷交易应以担保为基础
CR7	风险很大	只在现金基础上与其交易

综述:

目标公司是一家专业从事计算机设备批发的公司,主要代理各知名品牌的计算机设备,目标公司近几年业务收入增长速度高于整个行业的增长速度,但由于竞争激烈,销售毛利率有所下降。目标公司的资产结构和资产效率好于同行业的平均水平。

实地探访:

信用分析员于2002年访问了目标公司经营地点——某大厦某楼某座某室。此大厦位于上海市徐汇区繁华地段,交通非常方便。据某大厦物业管理处的有关人员透露,大厦属于甲级写字楼,租金约为100~120元/平方米/每月。目标公司租用办公面积若干平方米。办公室内部陈设标准,工作气氛紧张。

主营业务:(略)

销售情况:(略)

采购情况:

目标公司是某显示器的总代理,直接向南京某显示器有限公司采购显示器,其采购条件是30天赊账。目标公司一般的采购条件是30天赊账或现金进货。

信用记录:

信用分析员通过与南京某显示器有限公司财务部联系,得知目标公司是其在华东地区的总代理,付款较为及时。信用分析员与目标公司的另一家供货商苏州某电子有限公司进行电话联系,该供应商的销售经理告知,其与目标公司合作至今,未发生拖欠现象。信用分析员访问了目标公司所在大厦的物业人员,了解到目标公司于2000年开始进驻经营,到目前为止,目标公司每月支付租金均较为及时。经向当地法院查询,未发现目标公司被起诉的记录。

员工数量:(略)

财务资料:(略)

财务说明:(略)

基本财务指标对比:(略)

银行账号:(略)

注册资料:(略)

股东及股份:(略)

主要股东背景:(略)

主要管理人员:(略)

附属机构:(略)

资料来源:新华信公司网站(http://www.sbd.com.cn)。

案例思考与讨论

1. 该企业信用报告中目标企业的信用状况如何?在阅读该报告时应该注意哪些问题?

2. 将本案例与教材中的相关内容结合起来,分析、总结、概括出企业信用(资信)调查的主要内容和信用等级评定方面的一些基本规律。

3. 投资环境评估、投资项目可行性研究、资信调查等几项工作都是在投资决策做出之前进行的,它们之间是什么关系?可以相互替代吗?

思考与练习

1.可行性研究的概念与阶段划分,可行性研究与项目发展周期的关系。

2.委托专业咨询公司编制可行性研究报告时应注意的主要问题。

3.什么是资信调查?它有什么意义?资信调查可以通过哪些途径进行?

第十三章 国际税收

International Taxation

国际经济合作业务与国际税收有着密切的联系，税收对各种生产要素的国际流动具有较强的调控作用，对经济合作项目位置的分布、数量的多少、规模的大小和效益的高低也有一定影响。国际税收是国家税收发展到一定阶段的产物，它是随着经济生活国际化和税收活动国际化的出现而出现的。自从实行改革开放政策以后，中国也逐步建立起了自己的涉外税收制度。本章首先介绍了国际税收的概念、税收管辖权、国际双重征税和国际税收协定，然后分析了国际避税方法与国际反避税措施，最后对中国现阶段实行的涉外税收制度进行了论述。

学习要点

International economic cooperation is closely related with International Taxation. Taxation has strong control towards the transnational flow of factors of production and also has certain impacts towards the distribution, the quantity, the scale and the profits of economic cooperation projects. International Taxation appeared when national taxation developed to a certain phase; it emerged with the internationalization of national economy and taxation. Since the open-door policy was adopted, step-by-step China has built up her own Foreign - related taxation system. This chapter firstly introduces the concept of International Taxation, Tax Jurisdiction, International Double Taxation and International Taxation Treaties; then it analyzes the measures of International Tax Avoidance and International Anti - Tax Avoidance; and at the end it illustrates Chinese current Foreign-related Taxation System.

第一节　国际税收概述

一、国际税收的概念

（一）税收与税收制度

税收是一个经济范畴，也是一个历史范畴，它的发展受社会生产力发展水平制约。税收是国家为了实现其职能，以政治权力为后盾，强制地、无偿地参与社会产品分配的一种方式。税收所反映的是一国政府同它的政治权力管辖范围内的纳税人（包括自然人与法人）之间所发生的征纳关系。税收是国家参与国民收入分配的一种特殊方式，同其他的分配方式相比较，具有强制性、无偿性和固定性等几个特征。

税收制度是国家各种税收法律、法规和征收管理办法的总称，是国家征税的法律依据和工作规程。构成税收制度的基本要素主要有：纳税人、征税对象、税目、税率、纳税环节、纳税期限、减免税和违章处理等。

（二）国际税收的概念

国际税收是指两个或两个以上国家的政府依据各自的税收管辖权，在对跨国纳税人征税的过程中所发生的国与国之间的税收分配关系。对国际税收概念的理解，要注意把握以下几方面的内容：①国际税收作为一种税收活动，不能脱离国家而独立存在，它是国家税收在国际范围内的运用，它是以国家为一方，以跨国纳税人为另一方的税收征纳行为；②跨国纳税人是国际税收中的一个关键性因素，这是因为，一个国家对纳税人征税，行使其征税权力，本属国家税收的范围，只是由于纳税人的活动超出了国界，成为跨国纳税人，才引起国家之间的税收分配关系，才产生了国际税收；③国际税收的实质是国家与国家之间的税收分配关系，它同国家税收实质上有着严格的区别，国家税收所反映的是一国政府与国内纳税人之间的分配关系，而国际税收所反映的，除了这方面的分配关系以外，更多的是指不同国家之间的税收分配关系，或者说是不同国家之间的财权利益分配问题。

（三）国际税收与外国税收和涉外税收的区别

国际税收不仅同国家税收有着明显的区别，而且，它同外国税收以及涉外税收等概念也是不同的。外国税收是相对于本国税收的一个概念，它是外国人眼里的本国税收，它同本国税收一样，也属于国家税收的范畴，因而不能把外国税收看成是国际税收。涉外税收是一国税收制度中涉及外国纳税人的部分。

各国的涉外税收同国际税收有着一定的联系,各国的涉外税收制度是国际税收关系形成的基础,国际税收是各国涉外税收的延伸和扩展。但是,两者的立足点不一样,一国的涉外税收立足于国内,主要是处理本国政府的对外征税问题,所体现的是该国的对外经济关系,它对别国的税收制度不起约束作用,而国际税收主要立足于国际,所要处理和解决的问题主要是国与国之间的税收分配关系,它把各国的涉外税收制度放在国际经济关系的整个体系中加以分析和考察,从而揭示出带有规律性的本质的联系,调整和规范国际的税收分配关系。所以,也不能把涉外税收同国际税收等同看待。

(四)国际税收中的纳税人和征税对象

在国际税收中,纳税人和征税对象是其不可缺少的两个要素。实际上,国际税收本身并没有自己单独的纳税人和征税对象,国际税收所涉及的纳税人和征税对象仍然是各个国家税法所规定的纳税人和征税对象,只有当有关国家各自对它的税法所规定的纳税人征税,引起了这些国家相互之间的税收分配关系时,才使得这些国家的纳税人和征税对象同时成为国际税收所涉及的纳税人和征税对象。国际税收所涉及的纳税人,是指负有跨国纳税义务的自然人和法人。该跨国纳税人必须拥有来自居住国以外的收入或所得,并且,该跨国纳税人的同一笔跨国收入或所得同时在两个或两个以上的国家成为征税对象。由于国际税收的研究范围主要是所得税,因而,国际税收中所涉及的征税对象主要是指跨国收入或所得,它包括跨国经常性收入或所得、跨国超额收入或所得、跨国资本利得或跨国其他收入或所得等。

二、税收管辖权和国际双重征税

(一)税收管辖权的概念

税收管辖权是国家主权在税收领域中的表现,是国家依法确定纳税人和征税对象及其纳税义务的权力。税收管辖权的主体,是拥有征税权的国家,其客体则是负有跨国纳税义务的跨国纳税人及其跨国所得。

(二)税收管辖权的分类

税收管辖权是国家主权的重要组成部分,它受到国家政治权力所能达到的范围的制约。对于一个主权国家的政治权力所能达到的范围,一般有两种理解:一个是地域概念,即一个国家只能在该国区域内(领土范围内)行使它的政治权力;一个是人员概念,即一个国家可以对该国的全部公民和居民行使其政治权力。在国际税收中,以地域概念为一国行使征税权力指导原则的,称为属地原则;以人员概念为一国行使其征税权力指导原则的,称为属人原则。按照属地原则确立的税收管辖权,称作地域税收管辖权或收入来源税收管辖权,它是根据纳税人的所得是否来源于本国境内来确定其纳税义务,而不管纳税人是否为本国居民或公民。依照属人原则确立的税收管辖权有两种,称为居民税收管辖权和公民税收管辖权,它们是根据纳税人同本国的居住联系或政治法律方面的联系(即是否拥有国籍)来确定其纳税义务,而不管这些居民或公民的所得是否来源于本国领土范围之内。近些年来,公民税收管辖权的应用越来越少,世界各国较普遍地行使的是居民税收管辖权。

在当今世界,绝大多数国家和地区都在同时行使地域税收管辖权和居民(公民)税收管辖权,也就是常说的"两权并用"。个别国家甚至是"三权并用",即同时行使地域、居民和公民三种税收管辖权,如美国。当然,也有少数国家和地区单一行使地域税收管辖权,如香港、巴拿马、乌拉圭和阿根廷等。还有极少数国家和地区完全放弃对所得税的税收管辖权,即两种税收管辖权都不采用,如巴哈马、开曼群岛、瑙鲁和安道尔等。目前,中国在所得税方面同时采用了地域和居民两种税收管辖权。

(三)国际双重征税的含义和产生的原因

国际双重征税有时也称为国际重复征税,它是指两个或两个以上的国家,在同一时期内,按同一税种对参与国际经济活动的同一跨国纳税人或不同跨国纳税人的同一征税对象同时征税。国际双重征税一般可分为法律性双重征税和经济性双重征税两种类型。法律性双重征税强调的是纳税主体(纳税人)与纳税客体(征税对象或税源)均具有同一性,指的是不同国家对同一跨国纳税人的同一征税对象或税源进行的重复征税;而经济性重复征税指的是不同国家对不同的跨国纳税人的同一征税对象或同一税源的重复征税,经济性重复征税不强调纳税主体的同一性。

国际双重征税是由于各国税收管辖权的重叠行使造成的。税收管辖权重叠的方式主要有三种,即地域税收管辖权与居民税收管辖权的重叠;地域税收管辖权与地域税收管辖权的重叠;居民税收管辖权与居民税收管辖权的重叠。国际双重征税的存在加重了跨国纳税人的税收负担,违反了税收的公平原则,影响了有关国家之间的财权利益关系,因而对国际经济尤其是国际投资的发展会产生十分不利的阻碍作用。

(四)避免和消除国际双重征税的方式与方法

由于国际双重征税对国际经济的发展有不良影响,因此,为了顺应国际经济发展的潮流,出于各国自己的财政经济利益和税务管理的需要,各国政府和国际经济组织采取各种方式与方法来避免和消除国际双重征税。目前,各国采取的避免国际双重征税的方式有三种,即单边方式、双边方式和多边方式。单边方式是指一国政府单方面采取措施来消除和缓和国际双重征税的方式;双边方式是指有关的两个国家之间通过谈判,共同签订双边税收协定以克服双重征税的方式;多边方式是指两个以上的国家间通过谈判签订多边税收协定的方式。在上述三种方式中,应用最普遍的是双边方式。

在各国税法和国际税收协定中,通常采用的避免、消除或缓和国际双重征税的方法主要有免税法、扣除法、抵免法和减免法。免税法也称豁免法,采用免税法是以承认地域税收管辖权为前提的,即政府对本国居民来自本国以外的全部所得免税,而只对其来源于本国境内的所得征税。扣除法是指行使居民税收管辖权的国家,对居民已纳的外国所得税额,允许其从来自世界范围内的应税总所得中作为费用扣除。扣除法有时也称作扣减法,它同抵免法一起构成一国单边免除国际双重征税方法的体系,它指的是采用居民管辖权的国家,对其居民在国外的所得征税时,允许居民把已纳的外国税额从应向本国缴纳的税额中扣除,行使抵免法的原则是既承认居民税收管辖权,也承认地域税收管辖权,并且承认地域税收管辖权的优先地位。抵免法是目前国际上采用较普遍的避免国际双重征税的方法。最后一种方法是减免法,它是指一国政府对本国居民来源于国外的所得,在本国按较低的税率征税。减免法可以减轻或缓和国际重复征税,但不能消除国际重复征税。以上四种方法在避免或消除国际双重征税方面都可以起到积极的作用,但相对而言,免税法与抵免法比较彻底,扣除法和减免法作用小一些。

三、国际税收协定

(一)国际税收协定的发展与作用

国际税收协定是有关国家为了协调相互间在处理跨国纳税人征税事务和其他有关方面的税收关系,本着对等原则,通过谈判而达成的一种书面协议。国际税收协定有时也称为国际税收条约。签订国际税收协定的目的,主要是为了避免国际双重征税,此外,还有反对税收歧视和通过加强国际税务合作,防止国际偷税、漏税的目的。

最早的国际税收协定是1843年由比利时和法国之间签订的,该协定主要是解决两国间在税务问题上的相互合作和情报交换等问题,目前已不执行。目前仍在执行中的最早缔结的税收协定是意大利和奥地利于1925年10月31日签订的双边税收协定。从第一个国际税收协定出现到现在的一个半世纪中,国际上签订了各种类型的税收协定1 000多个,国际税收协定已成为当今国际经济关系中的一项重要内容。为了使国际税收协定规范化,多年来各国政府和国际经济组织做出了积极的努力。现在有两个税收协定范本供各国在签订税收协定时参考,一个是经济合作与发展组织于1977年颁布的《经济合作与发展组织关于避免对所得和财产双重征税的协定范本》(简称《经合组织范本》),另一个是联合国于1979年颁布的《联合国关于发达国家和发展中国家间双重征税的协定范本》(简称《联合国范本》)。《联合国范本》和《经合组织范本》都承认从源征税原则应当优先,而纳税人居住国应当采取抵免或免税的方法来避免国际重复征税。但两者也有区别:前者强调收入来源税收管辖权,后者则偏向居民税收管辖权。因此,这两个范本在一定程度上分别反映了发展中国家和发达国家的利益。对于发展中国家而言,《联合国范本》是他们进行双边税收协定谈判时的一个较好的参考样本。

国际税收协定的作用在于:它体现出了主权国家之间的相互尊重和平等协商;可以赋予本国居民(公民)履行跨国纳税义务的安全保障;可以促进缔约国各方协调相互之间的税收分配关系;可以推动有关国家之间的经济技术交流与合作。总之,国际税收协定的签订,可以避免国际双重征税,减轻跨国纳税人的负担,反对税收歧视和防止国际偷税、漏税,从而有力地促进世界经济的发展和全球化进程。

(二)国际税收协定的主要内容

国际税收协定的主要内容一般包括适用范围、征税权的划分、消除双重征税的方法、无差别待遇和情报交换等五个方面。适用范围是指国际税收协定对哪些人、哪些税种适用,以及它在时间和空间(领域)上的法律效力。征税权划分方面的内容是国际税收协定的主要部分,这方面的规定一般要占整个协定条文的3/5至4/5之多。征税权划分所要解决的是跨国纳税人的各项所得在各缔约国间如何进行公平合理分配的问题,它主要涉及对营业所得、投资所得、劳务所得和财产所得的征税权的划分。国际税收协定中避免双重征税的方法同各国国内税法中规定的方法基本相同,即免税法和抵免法等。无差别待遇是国际税收协定一项常有的内容,指的就是反对税收歧视,实质上就是要求实行国民待遇。无差别待遇的具体含义是指:缔约国一方国民在缔约国另一方负担的税收或者有关义务,不应与该缔约国另一方国民在相同的情况下负担或可能负担的税收或有关义务有所不同或比其更重。建立缔约国间的税务情报交换制度是缔约各方的一种义务,这种制度的建立有利于防止国际偷税、漏税行为的发生,避免潜在的不公平税负。所以,在国际税收协定中都列有一些专门条款,规定双方国家的主管当局应定期交换税务情报。

第二节 国际避税方法与国际反避税措施

一、国际避税的性质

国际避税(International Tax Avoidance)是指跨国纳税人利用各国税法规定所存在的差别或税法规定允许的办法,采用各种公开与合法的手段做出适当的财务安排和税务筹划,以达到减少或消除税收负担的行为。

国际避税与国际逃税(International Tax Evasion)的性质是不同的,国际逃税是指跨国纳税人利用国际税收管理合作的困难和漏洞,采取不向税务机关报送纳税材料、谎报所得、虚构扣除、伪造账册和收付凭证等种种非法的隐蔽手段,蓄意瞒税,以谋求逃避应承担的纳税义务的行为。避税是公开与合法的,而逃税是隐蔽和非法的,这是两者的主要区别。

国际逃税和国际避税的性质不同,因而各自所承担的责任也不同,对国际逃税,可由有关国家根据其国内税法或税收协定的规定,依法进行补税和加处罚金,以示惩罚。而对国际避税行为,由于是各国税法上的漏洞和各国税法之间的差别引起的,对避税人无法也不可能进行处理,有关国家在发现这些问题之后,只能通过完善税法,如相应做出一些补充规定,或加强与他国税法的衔接进行防范。

需要指出,逃税与避税只是两个相对而言的概念,以合法与否作为区分二者的标准本身也是相对的。特别是当逃税与避税成为一种跨国界行为时,就更难区分了,因为各国对合法的理解是不一样的,同一行为,在A国是合法的,在B国可能就是非法的。

企业在进行避税活动时,要注意以下两点:一是要注意处理好经营赢利与避税赢利的关系,相对于避税赢利来讲,经营赢利是主要的和基本的赢利方式,如果企业连正常的收入都没有,也就谈不到避税;二是要注意培养有关人才并学习有关知识,企业要开展避税活动,首先要拥有精通国际财务和税收的人才,同时,还要了解有关税收的法律和政策等方面的信息和知识。

二、国际避税的客观基础和刺激因素

(一)国际避税的客观基础

从主观因素上讲,国际避税的动机当然是纳税人要减轻税负,获得更大利润。但如果没有产生避税的客观基础,这种动机不会实现。国际避税的客观基础,简单地说,就是各国税收上的差别。国家间税收差别的存在,意味着人员、收入来源或资金的流动会影响纳税义务和实际税负。

国际避税的客观基础,或者说各国税收规定间的差别,主要有以下八种情况:

1. 各国在税收管辖权上的差别。各国在税收管辖权上的差别,可能会造成双重征税,也有可能导致不纳税。例如,A 国行使居民税收管辖权,B 国行使地域税收管辖权,某纳税人是 B 国居民,如果他的收入来自 A 国,就可以在两国都免于纳税。

2. 课税程度和方式上的差别。一些国家对所得、财富或财富转让不课税,大多数国家对个人和公司所得课税。

3. 运用税率上的差别。有些国家使用比例税率,有些国家使用超额累进税率;有些国家最高税率可能达 70%,而有些国家最高可能不超过 35%。

4. 税基上的差别。所得税税基为应税所得,但在计算应税所得时,各国对各种扣除项目的规定可能差异很大。如给予各种税收优惠,会缩小税基;如取消各种税收优惠,则会扩大税基。在税率一定的情况下,税基的大小决定着税负的高低。

5. 避免国际双重征税方法上的差别。为避免国际双重征税,各国采用了不同的方法,如免税法、扣除法、抵免法等。这些不同的方法会使纳税人承担不同的税负。其中扣除法税负最重,其次是抵免法,税负最轻的是免税法。

6. 国与国之间有无税收协定上的差别。国与国之间有无税收协定,直接影响到避免双重征税及子公司向母公司汇出股利及贷款利息等预提税的多寡。如美国政府规定,对于向没有同美国政府签订税收协定的国家和地区汇出股利、利息或特许使用费,预提税为 30%;对于有税收协定的国家,则为 10%。

7. 使用反避税措施上的差别。例如扩大纳税义务,在税法中采用国籍原则,以及各种国内和国际反避税措施方面的差别。

8. 税法有效实施上的差别。各国税务部门的征收管理水平不同,使纳税人的实际税负产生差异。有些国家税法上规定的纳税义务很重,但实际征收水平可能会很低。

上述差别的存在给纳税人合法避税提供了机会。由于逃税(或偷漏税)是非法行为,要受到法律惩处,所以纳税人目前正越来越多地潜心研究各国税制上的差别,寻求合法避税途径,以达到减轻税负的目的。

(二)国际避税的刺激因素

近年来,许多国家的税率和实际税负有了提高,所得税的税负一般要占净收入的一半左右。税收负担的加重是导致纳税人,特别是从事跨国经营活动的纳税人想方设法进行避税的外在因素。具体说来,导致税负增加从而刺激国际避税的因素主要有以下三个：

1.税率。我们知道，在其他条件不变的情况下，税率越高，税负越重。那么相应的，逃税的动机也就越强。税率分平均税率和边际税率两种情况。平均税率是指税收总额与税基相除的比率，也就是应纳税额占应税所得的百分比。边际税率是指对税基下一个单位适用的税率，也就是对每一新增应税所得额适用的税率。在实行累进税率的情况下，边际税率随税基增加而增加。

对纳税人来说，他所关心的主要是边际税率的大小，即政府要从纳税人新增加的每一元收入中拿走多少。经验表明，当边际税率不到50%时，纳税人一般尚可忍受，当边际税率超过50%时，纳税人的抗拒心理增强，避税行为增加。

2.税基。税基是征税的客观基础。在税率一定的前提下，税基的大小决定了税负的轻重。近年来，各国所得税税基都有扩大的趋势，如美国和法国将过去一向不视为征税对象的转让所得也列入征税范围，加拿大税制委员会提出了把转让所得、赠予、继承及其他一切收入均列入征税所得概念的提案。

3.通货膨胀。通货膨胀是各国都面临的一个经济问题。在实行累进所得税的国家，若没有对收入和资本或二者兼而有之的价格指数进行调整，来提供相应的免税补偿（即税收指数化），由通货膨胀造成的名义收入的增加，将把纳税人的适用税率推向更高的档次，政府借此从纳税人实际所得中征走更大的份额。国外学者将这种现象称之为“档次爬升”（Bracket Creep）。从某种意义上说，“档次爬升”是政府增加财税收入的一条捷径，因为它不需要立法机构发布新的增税法令，而是通过利用所得税累进税率的特点，使政府从国民收入真实所得中取走更多的份额。此外，由于通货膨胀直接引发的物价水平的上涨和消费价格指数的提高，以及对企业资本原始价值的影响，还造成了对个人所得和企业所得中应扣除的成本费用的扣除不足，从而导致过分征税。由通货膨胀造成的“档次爬升”和扣除不足，蚕食了纳税人的实际所得和资本，迫使纳税人选择避税这条路。

三、国际避税的主要方法

国际避税的方法分自然人避税方法和企业法人避税方法两个方面，下面重点介绍企业法人避税的主要方法。

（一）利用国际避税地避税

1.国际避税地的种类。国际避税地也称国际避税港，是指对所得与资产免税或按较低的税率征税或实行大量税收优惠的国家和地区。它主要分为三类：

第一类，不征收个人或企业所得税以及一般财产税的国家或地区，这一类一般被称为“纯国际避税地”，如巴哈马、开曼群岛、英属维尔京群岛、海峡群岛、百慕大、瑙鲁、巴巴多斯、西萨摩亚、新喀里多尼亚、瓦努阿图、特克斯与凯科斯群岛、安道尔、摩纳哥等。海外投资者到这些国家或地区设立企业,只需向当地有关部门注册登记,缴纳一定的注册费,不必缴纳企业所得税和一般财产税;个人到这些地方长期居住,不必缴纳个人所得税。

第二类,是指完全放弃居民(自然居民和法人居民)税收管辖权,只实行地域税收管辖权的国家或地区。在这类国家和地区,只对来源或存在于当地的所得与财产征税而不对来源或存在于国外(地区外)的所得与财产征税,如中国香港地区、马来西亚、巴拿马、阿根廷、哥斯达黎加、利比里亚等。

第三类,是指按照国际惯例制定税法并征税,但对外来投资者提供某些税收优惠的国家或地区。这一类国家和地区包括加拿大、希腊、爱尔兰、卢森堡、荷兰、英国、菲律宾等。

2.利用国际避税地避税的具体方法。这类方法主要是:

(1)在第一和第三类国际避税地开办企业或银行,从事正常的生产和经营活动,享受其在所得和资产以及其他方面的减免税优惠,从而达到避税目的。

(2)在国际避税地虚设机构。跨国企业在避税地设立一个子公司,然后把母公司销售给另一公司的货物,在根本未通过避税地子公司中转销售的情况下,制造出一种通过该子公司中转销售的假象,从而把母公司的所得转移到避税地子公司的账上,以达到避税的目的。设立于避税地的这家子公司,实际上并不从事生产经营活动,而只从事专门的避税活动,因此又被称为挂牌公司、纸面公司、文件公司或基地公司。

(3)在国际避税地虚设信托财产。虚设信托财产是指海外投资者在避税地设立一个个人持股信托公司,然后将其财产虚设为避税地公司的信托财产,由于避税地对财产税实行减免征收,从而达到避税目的。比如,美国某公司在巴哈马设立一个信托公司,并把远离巴哈马的财产虚设为避税地的信托财产,把这部分财产的经营所得放在避税地信托公司的名下,这样就逃避了纳税义务。

(二)利用转移价格避税

转移价格是跨国公司母公司与子公司、子公司与子公司之间进行内部交易时所使用的一种价格,通过跨国公司内部价格的划拨,来达到避税的目的。转移价格不受市场供求关系的影响,也不是买卖双方在市场上按独立竞争原则确定的价格,而是一种人为的内部转账价格。由于跨国公司的内部交易涉及商品和劳务两个方面的内容,因而,转移价格也包括两个方面:一是有形产品的转移价格,如公司内部相互提供的设备、零部件和原材料等的价格;二是无形产品的转移价格,如子公司付给母公司(或其他子公司)的技术使用费、贷款利息、商标使用费、佣金费、管理费和咨询服务费等的价格。

转移价格首先被用来逃避所得税。跨国公司的子公司分布在不同国家,这些国家的所得税税率高低不同,因此,跨国公司就可以利用这一点,将赢利从高税率国家转移到低税率国家(包括属于避税地的三类国家),从而减少公司的纳税额。

利用转移价格还可以逃避关税,具体做法有两种:一种是在跨国公司内部企业之间进行商品交易时,以调低的价格发货,减少缴纳关税的基数。比如,某商品的正常价格为2 000美元,在甲国要交80%从价进口税,跨国公司如果采取折半的价格以1 000美元进行内部交易,进口税就可以从1 600美元减少到800美元,从而少缴50%的进口关税。另一种做法是利用区域性关税同盟或有关协定对不同商品进口关税率所做的不同规定逃避关税。区域性贸易集团为保护内部市场,促进商品在本区域范围内流通,对内部产品都制定有优惠关税政策。如欧洲自由贸易区规定,如果商品是在该贸易区外生产的,或在该贸易区内生产的价值含量不足50%,那么由一成员国运往另一成员国时,必须缴纳关税。但如果该商品价值的50%以上是在该贸易区内增值的,则在该贸易区成员国间运销不用缴纳关税。

(三)利用变更企业总机构登记注册地或变更企业实际控制与管理机构所在地的办法避税

国际上认定法人居民身份(公司居住地)的标准主要有两个,一个是以公司总机构登记注册地为标准(指负责管理和控制法人的日常经营业务活动的中心管理机构所在地),另一个是以公司的实际控制和管理机构所在地为标准(指做出和形成法人经营管理决定和决策的地点)。如果一家海外企业的所在国是以登记注册地为标准认定法人居民身份,且这个国家是高税国,那么企业就可以采取到低税国登记注册的办法避税。同样,如果一家处于高税国的海外企业的所在国是根据实际控制和管理机构所在地来认定法人居民身份,那么这家企业就可以采用将实际控制和管理机构转移到低税国的办法来避税。

(四)利用双边税收协定进行国际避税

不同国家间签订的双边税收协定通常为缔约国各方的居民提供了某些减免税的优惠待遇,这些协定规定的优惠待遇对非缔约国居民的纳税人则不适用。利用双边税收协定进行国际避税是指本无资格享受某一特定的税收协定优惠的第三国居民,为获取该税收协定的优惠待遇,通过在协定的缔约国一方境内设立一个具有该国居民身份的公司,从而间接享受该税收协定提供的优惠待遇,减轻或避免了其跨国所得本应承担的纳税义务。例如,甲国和乙国之间签订有双边税收协定,协定规定甲国居民来源于乙国的所得可享受减免税优惠,丙国与甲国之间也签订了税收协定,但丙国与乙国之间没有签订税收协定。在这种情况下,丙国的居民纳税人通过在甲国设立公司,直接收取其来源于乙国的所得,从而享受甲乙两国间税收协定规定的优惠待遇。而根据丙国与甲国之间的协定规定,丙国居民来源于甲国的收入也可获得减免税优惠,这样就减轻了其来源于乙国的所得本应承担的税收义务。

(五)避免成为双边税收协定中所称的常设机构而实现避税

"常设机构"一般是指企业在某一国家进行营业活动的场所。常设机构要想逃避纳税义务是很困难的,因为在相互签订了双边税收协定的国家,常设机构是对企业进行征税的前提和依据。所以,避免成为常设机构就成为外国企业经常采用的利用国际税收协定避税的一种手段。例如,双边税收协定一般规定:外国企业在当地开展的一些业务活动(货物仓储、货物购买、存货管理、广告宣传、信息提供、建筑安装咨询服务或其他辅助性营业活动等),只有超过一定的期限(6个月或以上)时才构成常设机构。

(六)通过弱化股份投资进行国际避税

在一般情况下,跨国企业经营所需资金主要来自股东的股份投资和各种贷款。当跨国企业融资时,是选择股份形式还是贷款形式,通常主要考虑的因素有企业的经营控制权、企业的性质和企业的自有资金状况等,而较少考虑税收方面的因素。但是,在现实的国际经济活动中,跨国股息和利息所得的实际国际税负是不一样的,两者之间存在着差别,这就使得跨国企业可能利用这种国际税负的差别,通过有意弱化股份投资而增加贷款融资比例的方式,把本来应以股份形式投入的资金转变为采用贷款方式提供,从而达到逃避或减轻其本应承担的国际税负的目的。

四、国际反避税措施

针对跨国公司的国际避税行为,各国政府和国际组织近年来都在积极采取行动,堵塞漏洞,加强反避税措施。

(一)国际组织提出的国际收入与费用分配原则

所得税的征收对象是应税所得,而应税所得则是收入扣除费用后的余额。应税所得的多少直接取决于收入和费用的增减变化。转移价格的实施,使收入和费用出现了非正常的国际流动。从这个意义上说,要想堵塞国际避税的漏洞,必须设法使跨国关联企业间的收入和分配合理化。从20世纪60年代起,联合国及经济合作与发展组织就致力于研究切实可行的国际收入与费用分配

原则,以规范跨国公司的行为。目前这一努力已取得一定进展。这些原则包括:

1.独立核算原则。它要求关联企业间的交易往来,必须按无关联企业的交易往来方式进行。

2.总利润原则。即对跨国关联企业的内部交易不予过问,但到财政年度终了时,要将各关联企业在世界范围内所取得的全部利润汇总相加,再按合理标准重新分配。

3.合理原则。以经济合理性为基础进行国际的收入与费用分配。

4.合理利润划分安全地原则。要求跨国关联企业内部交易利润的划分,只有在有关国家规定的“安全地”范围内才可认为合理而予以承认。

在上述四项原则中,后两项原则应该说只在理论上成立,不具有可操作性。就前两项原则来看,只有少数几个国家实行了总利润原则,其余大部分国家奉行的都是独立核算原则。它们把独立核算原则贯彻在国内的税收法中,并提出了一些具体的国际收入费用分配标准。

(二)转移价格税制

美国《国内收入法典》第482条规定,若两个以上的企业有特殊关系时,为了防止避税或正确地计算所得,税务部门在必要时可以对这些企业的所得进行分配,即实行转移价格税制。转移价格税制的基本思路是要求跨国关联企业按正常交易原则进行交易。

美国税法还对交易是否正常提出了具体的操作方法。这些方法得到了联合国及经济合作与发展组织的税务专家们的认可,并被很多国家吸收采纳。这些方法包括:

1.独立价格比照法,即将彼此无关联的企业在市场竞争中讨价还价形成的价格视为市场价格,以此为标准衡量关联企业价格的高低。其基本点是,要求跨国关联企业间的交易价格按照独立竞争企业间相类似交易的价格制定。

2.再销价格倒算法,即从企业的再销售价格中减去一定的利润,以此来倒算标准的市场价格。这种方法通常适用于最终产品销售价格的认定。

3.成本利润推算法,即按成本加正常利润的方法进行推算。这一般适用于缺乏可比对象的某些工业品销售及特许权使用费之类的无形资产转让收入的分配。

4.其他方法。包括投资利润率推算法、最终销售价格推算法、机能推算法等。

按照美国法律规定,上述几种方法必须按顺序择用,不能随意选择。特别是当前三种方法都不能采用时,才可选用第四种方法。事实上,虽然独立价格比照法是最为合理的,但实施起来也是很困难的。美国 1979 年末的一份统计资料表明,在所调查的 519 个公司中,只有 200 个公司受到了转移价格课税调整的劝告,涉及交易 403 次,金额2.775亿美元。其中,只有 3%是根据独立价格比照法进行调整的,根据第二和第三种方法进行调整的件数占 27%,金额占 65%。

从 20 世纪 80 年代开始,美国的转移定价税制又增加了新的内容。这是因为,在无形资产及特许权转让方面,要想根据以前的判断标准,先找出市场竞争的交易价格,然后与转移价格比较,判断其是否合理的做法很难行得通,因为此时很难找到比较对象的交易价格。因此,1986 年的税制改革,提出了无形资产转让时支付的价格必须与它所带来的收益相适应这一原则。在具体的判断方法上,认为用前三种方法判断无形资产价格已经显得乏力,应实行利润分割推算或利润率推算等其他方法。基本特征是,不直接与市场交易价格相比较,而是采用机能分析,根据经营体内部的机能推算利润。

美国制定转移价格税制的目的,是为了防止美国跨国公司把应税所得转移到海外。但随着其他国家对美国直接投资的增加,转移价格税制的重点已发生变化,防止外国跨国公司把美国的应税所得转移到母国或第三国日益成为转移价格税制的主攻方向。20 世纪 80 年代以来,美国税务当局特地把矛头对准了在美投资的日本企业。1985 年,美国追征日产、丰田 9 亿美元的税款,1990 年又追征日立、东芝、松下等日本企业 500 亿日元的税款。

(三)避税地对策税制

避税地对策税制最早出现在美国。美国制定避税地对策税制的目的,是为了防止跨国公司把利润留在避税地,不汇回国内。避税地对策税制是避免企业利用避税地来推迟纳税的重要税收立法。以前的美国税法规定,凡是有美国股东参股的外国公司,其所得无论是股息还是盈余分配,在汇回美国之前,对美国股东暂不征税。如果这些公司设在避税地,那么美国股东就可能利用这一规定享受延缓纳税的特权。为了防止这种避税行为的发生,美国在 1962 年的《国内收入法典》第 951~964 条中提出了“F 分部所得”(Subpart F Income)的概念,即对美国股东控股的特定外国法人的一定所得征税。

该条款规定了三方面的内容:

1.美国股东必须拥有避税地公司 50%以上的股权,纳税义务人为美国股东中拥有该法人股票 10%以上者。

2.所得项目不指该法人从正常营业活动中的所得,主要针对在避税地成立的基地公司所得,如“外国基地公司销售所得”,“外国基地公司提供劳务所得”等。

3.该外国法人必须是设在低税负的避税地。

凡符合上述条件者，不管美国股东是否收到上述所得，均应申报其 F 分部所得，在美国缴纳税金。

继美国之后，许多其他国家也都在税法中做了类似的规定。如 1972 年原联邦德国的对外税法就规定，一个联邦德国居民，从某个受该国控股的特定外国法人得到的利息，如果占该公司利息的 10%或 10%以上，那么在特定外国法人分配利润时，该居民必须就他的这部分所得申报纳税，不管这部分所得是否汇回国内。日本在 1978 年的税制改革中，将避税地对策条款引入租税特别法之中，规定日本的居住者或法人直接或间接拥有特定外国人股票的 10%以上时，该居住者或法人的所得须向日本政府申报纳税。这样，即使海外子公司把全部所得留在国际避税地，但对母公司来说，海外留存等同于汇回国内，同样要向国内申报纳税。据统计，1987—1989 年的三年间，根据避税地对策税制，日本共追征漏报的留存利润税金 70 多亿日元。

第三节 中国的涉外税收制度

一、外商投资企业税收制度

（一）外商投资企业税收制度的演变

大体上讲，从建立之初到现在，中国的外商投资企业税收制度已经经历了五次较大的改革：

第一次，合并《中华人民共和国中外合资经营企业所得税法》和《中华人民共和国外国企业所得税法》。为了积极有效地吸引外资，中国政府在实行改革开放政策初期，曾先后制定了《中华人民共和国中外合资经营企业所得税法》和《中华人民共和国外国企业所得税法》，并配套制定了这两部法律的施行细则。在执行若干年后，于 1991 年对这两部涉外税法进行了合并，合并后的新税法名称为《中华人民共和国外商投资企业和外国企业所得税法》。这部法律于 1991 年 7 月 1 日开始施行，与其配套的实施细则也在当年 7 月 1 日实施。两部税法的合并，统一了涉外企业所得税制，是中国外商投资企业税收制度进行的第一次改革。

第二次，统一内外税收征管制度。以 1992 年《中华人民共和国税收征收管理法》的公布为标志，统一了对内税收和涉外税收的征管制度，这是外商投资企业税收制度的第二次改革。

第三次，进行全面的税制改革。1994 年，根据“统一税法、公平税负、促进平等竞争”的指导思想,统一了内外流转税制和个人所得税制,使内资企业和外商投资企业及外国企业适用统一的增值税、消费税和营业税暂行条例。同时,废止了原适用于外商投资企业和外国企业的工商统一税条例;并且,实现了外籍个人和国内公民适用统一的个人所得税法,即公布了统一的《中华人民共和国个人所得税法》。

第四次,关税和进口环节增值税免税方面的改革。当时的涉外税法规定,从 1996 年 4 月 1 日算起,在此日期以后批准设立的外商投资企业,在其投资总额内进口的自用设备一律按法定税率征收关税和进口环节增值税。这一政策在执行过程中曾做过一些调整。

第五次, 2007 年进行的两税并轨。即将《中华人民共和国外商投资企业和外国企业所得税法》与《中华人民共和国企业所得税暂行条例》合并,建立不分内外和统一的《中华人民共和国企业所得税法》(以下简称《企业所得税法》),从而为内外资企业的市场竞争创造了平等的税收环境。

外商投资企业税收制度是中国原来建立的涉外税收制度的主要内容之一。原来建立的涉外税收制度除涵盖外商投资企业外,还包括外国企业和外籍在华人员。改革开放 30 年来,中国的税法走过了一条“从统一到国内税收与涉外税收分开,再到重新合并统一”的历程,这个历程也反映了改革开放所走过的历程。实行改革开放政策后,中国依据维护国家权益,服务于对外开放,尊重国际税收惯例的原则,制定了一套比较完整的涉外税制,给涉外税收纳税人提供了一些优惠待遇,为外国投资者及外籍人员提供了良好的税收环境。当时之所以采取单独制定和实施涉外税法的政策,一个原因是为了给予外商投资优惠待遇,另一个原因是国内税收体制与国际上的标准存在差距。涉外税收优惠既体现在税种的设立上,也体现在税率的高低和税收减免上,既针对企业也针对个人。涉外税收优惠以企业所得税为主,还涉及个人所得税和进出口关税等。但与外商投资企业相关的税收除这几种外,还包括增值税、消费税、营业税、土地增值税、城市房地产税、印花税、车船使用牌照税和契税等。

从实际效果来看,单独设立涉外税收制度在当时确实起到了比较好的作用,使我国利用外商直接投资和吸引跨国公司来华投资取得了举世瞩目的成就,外资流入量连续 16 年列发展中国家第一位,多年来一直排列世界前 5 名,外资已经成为中国经济高速稳定增长的一个重要因素。但是,在中国加入 WTO 和进入 21 世纪后,为了推进市场化改革,建立统一高效的市场经济体制,创造平等的企业竞争环境,有必要对单独设立的外商投资企业所得税法进行改革,使其与国内企业所得税法合并统一。通过合并内外资企业所得税法,逐步减少给予外商投资企业和外国企业的税收优惠与超国民待遇,逐步取消内外资企业在税种、税率和税收待遇上的差别,实行平等的国民待遇。正是出于这样的考虑,2007 年,我国对两部相互独立的企业所得税法进行了合并统一。

(二)新《企业所得税法》的制定和实施

2007 年 3 月 16 日,第十届全国人民代表大会第五次会议审议通过了新的内外资企业共同适用的《中华人民共和国企业所得税法》,这部法律自 2008 年 1 月 1 日起施行。新的《企业所得税法》共 8 章 60 条,主要内容涉及总则、应纳税所得额、应纳税额、税收优惠、源泉扣缴、特别纳税调整、征收管理和附则等。与《企业所得税法》相配套的《企业所得税法实施条例》的框架也是 8 章,但具体内容多达 133 条。

根据新《企业所得税法》,企业分为居民企业和非居民企业,居民企业(即依法在中国境内设立的内外资企业)实行统一的企业所得税率,税率为 25%;对于非居民企业,在适用税率上有一定的差别。凡是在中国境内依法设立的外商投资企业均属于税法中所称的居民企业,应当就其来源于中国境内、境外的所得缴纳企业所得税,税率为 25%;凡依照外国(地区)法律成立且实际管理机构不在中国境内,但在中国境内设立机构或场所的,即为税法中所称的非居民企业,非居民企业应当就其所设机构或场所取得的来源于中国境内的所得,以及发生在中国境外但与其所设机构或场所有实际联系的所得,缴纳企业所得税,税率为 25%;在中国境内未设立机构或场所,或者虽设立机构或场所但取得的所得与其所设机构或场所没有实际联系,但有来源于中国境内所得的企业,也为税法中所称的非居民企业,它们也应就其来源于中国境内的所得缴纳企业所得税,税率为 20%。

新《企业所得税法》还对既适用于外商投资企业也适用于内资企业的税收优惠做出了规定,主要内容包括:国家对重点扶持和鼓励发展的产业与项目,给予企业所得税优惠;企业的下列所得,可以免征或减征企业所得税:从事农、林、牧、渔业项目的所得,从事国家重点扶持的公共基础设施项目投资经营的所得,从事符合条件的环境保护、节能节水项目的所得,符合条件的技术转让所得等;符合条件的小型微利企业,减按 20%的税率征收企业所得税;国家需要重点扶持的高新技术企业,减按 15%的税率征收企业所得税;民族自治地方的自治机关对本民族自治地方的企业应缴纳的企业所得税中属于地方分享的部分,可以决定减征或者免征,自治州(县)决定减征或者免征的,须报省、自治区、直辖市人民政府批准;企业的下列支出,可以在计算应纳税所得额时加计扣除:开发新技术、新产品、新工艺发生的研究开发费用,安置残疾人员及国家鼓励安置的其他就业人员所支付的工资;创业投资企业从事国家需要重点扶持和鼓励的创业投资,可以按投资额的一定比例抵扣应纳税所得额;企业的固定资产由于技术进步等原因,确需加速折旧的,可以缩短折旧年限或者采取加速折旧的方法;企业综合利用资源,生产符合国家产业政策规定的产品所取得的收入,可以在计算应纳税所得额时减计收入;企业购置用于环境保护、节能节水、安全生产等专用设备的投资额,可以按一定比例实行税额抵免等。

(三)与新《企业所得税法》相关的过渡优惠政策安排

对于新《企业所得税法》公布之前实行的企业所得税优惠政策,国务院于2007年12月专门下发了《关于实施企业所得税过渡优惠政策的通知》,规定了过渡期的具体安排,主要内容包括:

1.新税法公布前批准设立的企业税收优惠过渡办法。企业按照原税收法律、行政法规和具有行政法规效力文件规定享受的企业所得税优惠政策,按以下办法实施过渡:自2008年1月1日起,原享受低税率优惠政策的企业,在新税法施行后5年内逐步过渡到法定税率。其中:享受企业所得税15%税率的企业,2008年按18%税率执行,2009年按20%税率执行,2010年按22%税率执行,2011年按24%税率执行,2012年按25%税率执行;原执行24%税率 的企业,2008年起按25%税率执行。自2008年1月1日起,原享受企业所得税"两免三减半""五免五减半"等定期减免税优惠的企业,新税法施行后继续按原税收法律、行政法规及相关文件规定的优惠办法及年限享受至期满为止,但因未获利而尚未享受税收优惠的,其优惠期限从2008年度起计算。享受上述过渡优惠政策的企业,是指2007年3月16日以前经工商等登记管理机关登记设立的企业;实施过渡优惠政策的项目和范围按《实施企业所得税过渡优惠政策表》执行。

2.继续执行西部大开发税收优惠政策。根据国务院实施西部大开发有关文件精神,财政部、税务总局和海关总署联合下发的《财政部、国家税务总局、海关总署关于西部大开发税收优惠政策问题的通知》中规定的西部大开发企业所得税优惠政策继续执行。

3.实施企业税收过渡优惠政策的其他规定。享受企业所得税过渡优惠政策的企业,应按照新税法和实施条例中有关收入和扣除的规定计算应纳税所得额,并按本通知规定计算享受税收优惠。企业所得税过渡优惠政策与新税法及实施条例规定的优惠政策存在交叉的,由企业选择最优惠的政策执行,不得叠加享受,且一经选择,不得改变。

4.附表。在这个《通知》的最后,还附了一个《实施企业所得税过渡优惠政策表》,其中涉及30项具体内容,划定了可享受过渡优惠的30项原税收法律、行政法规和具有行政法规效力的文件,实际上是规定了实施过渡优惠政策的项目和范围。这些文件一部分是专门针对外资企业的优惠措施,一部分是外资企业在特区内的优惠,还有一些是专门针对特定区域的优惠措施。

二、中国与外国(地区)签订的税收协定

为了从国际法方面保障利用外商投资事业的健康发展,自实行改革开放政策以来,中国已经先后同世界上许多国家签订了双边层次的《关于对所得避免双重征税和防止偷漏税的协定》以及《关于相互促进(鼓励)和保护投资协定》。根据国家税务总局公布的数据,截至2018年12月12日,我国已对外正式签署107个避免双重征税协定,其中100个协定已生效,和香港特别行政区、澳门特别行政区签署了税收安排,与中国台湾地区签署了税收协议,基本涵盖了我国利用外商投资的主要投资来源国和对外直接投资的主要目的地。我国签署的多边税收条约包括2013年8月签署的《多边税收征管互助公约》、2015年12月签署的《金融账户涉税信息自动交换多边主管当局间协议》以及2017年6月签署的《实施税收协定》相关措施以防止税基侵蚀和利润转移的多边公约。与此同时,我国还与一些国家就国际运输收入(空运和海运)的税收处理问题签署了议定书或相关协定。可以说,这些协定或议定书的签订,对于确保经济活动和税收的互利互惠,健全和完善中国的涉外税收制度与征收管理,促进国际相互投资,特别是扩大外商来华投资和发展中国的对外直接投资,增强中国在国际经济活动中的地位等,都起到了重要的作用。

另外,中国政府还通过与其他国家订立双边税收协定的方式向外国投资者提供税收优惠。通过订立双边税收协定提供税收优惠是通过国际法方式提供,有别于通过国内立法提供。要确保外国投资者从我国给予的税收优惠中真正得到好处,有赖于税收饶让的争取和实行。税收饶让是指居住国政府对本国纳税人所得因来源国给予的税收减免而未缴纳的税款视同已纳税给予抵免。税收饶让的实行一般要依据国家间订立的税收协定,因而它是一种国家间的措施,是居住国政府对所得来源国吸引外资政策的一种积极配合。

案例研究

案例一:《中国和乌克兰关于对所得和财产避免双重征税和防止偷漏税的协定》(节选)

第二十四条　消除双重征税方法

一、中国的消除双重征税措施

(一)中国居民从乌克兰取得的所得,按照本协定规定在乌克兰缴纳的税额,可以在对该居民征收的中国税收中抵免。但是,抵免额不应超过对该项所得按照中国税法和规章计算的中国税收数额。

(二)从乌克兰取得的所得是乌克兰居民公司支付给中国居民公司的股息,同时该中国居民公司拥有支付股息公司股份不少于10%的,该项抵免应考虑支付该股息公司就该项所得缴纳的乌克兰税收。

二、乌克兰的消除双重征税措施

按照乌克兰关于消除在乌克兰境外缴纳的税收的法律规定(该规定应不影响本协定总的原则),根据中国法律,并与本协定相一致,就来源于中国境内的利润、所得或应税财产而支付的中国税收,无论直接缴纳或通过扣缴,应允许在就该利润、所得或财产计算的乌克兰税收中抵免。该抵免在任何情况下,不应超过抵免前按照实际情况计算的,应属于在该另一国可能就该所得或财产征收的所得税或财产税部分。

(资料来源:http://www.chinalaw114.com)

案例思考与讨论

本案例中采取的避免国际双重征税的方法属于哪一种?还有其他的避免国际双重征税的方法吗?

案例二:跨国公司利用转移价格避税

跨国公司经常利用转移价格实现避税目的。利用转移价格不仅可以规避所得税,还可以规避关税。以规避一国海关关税为例,具体做法有两种:一种是在跨国公司内部企业之间进行商品交易时,以调低的价格发货(即调低转移价格),减少缴纳关税的基数,比如,某商品的正常价格为2 000美元,在甲国要交80%从价进口税,跨国公司如果采取折半的价格以1 000美元进行内部交易,进口税就可以从1 600美元减少到800美元,从而少缴50%的进口关税。另一种做法是利用区域性关税同盟或有关协定对不同商品进口关税率所做的不同规定规避关税。区域性贸易集团为保护内部市场,促进商品在本区域范围内流通,对内部产品都制定有优惠关税政策,如欧洲自由贸易区规定,如果商品是在该贸易区外生产的,或在该贸易区内生产的价值含量不足50%,那么由一成员国运往另一成员国时,必须缴纳关税;但如果该商品价值的50%以上是在该贸易区内增值的,则在该贸易区成员国间运销不用缴纳关税。在这种情况下,跨国公司就可以利用调高转让定价,尽量使某种商品在该贸易区内生产的价值含量超过50%,进而达到避税目的。

案例思考与讨论

1. 什么是转移价格?如何利用转移价格规避所得税?
2. 国际避税的主要方法都有哪些?

案例三：文艺界名人利用国际避税地避税

2001年，意大利著名男高音歌唱家帕瓦罗蒂因为偷逃税款一案，在自己的家乡即意大利北部小城摩德纳法庭与检察官们对簿公堂。案件的起因是：检察机关认为帕瓦罗蒂在1989—1995年存在未申报的课税收入达350亿~400亿里拉(合1 660万~1 900万美元)，而帕瓦罗蒂则申辩说，在这7年时间里，他一直居住在摩纳哥的蒙特卡洛，因此应该享受免税待遇。检察机关给出的依据是：从1989年到1995年这7年间，帕瓦罗蒂的主要居住地不可能是蒙特卡洛，因为他在意大利的摩德纳和海滨度假地帕萨洛都拥有住宅，而他在蒙特卡洛居住未满6个月，不能算是当地正式居民。与此同时，帕瓦罗蒂本人没能拿出有力的证据证明自己在此期间一直居住在"免税天堂"蒙特卡洛，因而，作为意大利公民的他仍应在意大利纳税。检察官们还进一步指出，即使帕瓦罗蒂在这几年间是居住在摩纳哥的蒙特卡洛，但他在意大利从事了商业经营活动，所以仍需照章纳税。面对指控，帕瓦罗蒂的辩护律师说：在这期间，帕瓦罗蒂的商业活动不是在意大利境内开展的，对此他们有充分的证据。

案例思考与讨论

1. 国际避税地有哪些种类？企业和个人如何利用国际避税地进行合理避税？

2. 什么是税法上所称的"居民"？

3. 在近年来中国利用外商直接投资来源的统计中，英属维尔京群岛都居于比较靠前的位置，甚至超过了一些资本输出大国(如在2004年对华投资前15位的国家或地区排名中，英属维尔京群岛排名第二，仅次于香港，位居韩国、日本和美国等国家之前)，请问你能解释其中的原因吗？另外，避税港、自由港和离岸金融中心之间的区别与联系是什么？它们有交叉吗？你能分别列举出一些著名的避税港、自由港或离岸金融中心吗？

思考与练习

1.如何准确地理解国际税收的概念？

2.如何理解税收管辖权？税收管辖权分为哪几类？税收管辖权与国际双重征税是什么关系？避免和消除国际双重征税的方法是什么？

3.国际避税的客观基础和刺激因素是什么？

4.目前国际上采取的反避税措施主要有哪些？

5.中国涉外税收的税种和税率有哪些？

附录　专业词汇中英文对照表

American Depositary Receipt	ADR
Asia-Pacific Economic Cooperation Organization	亚太经济合作组织
Agreement on Trade-Related Investment Measures	与贸易有关的投资措施协议(TRIMs)
Bidding	投标
Bilateral aid	双边援助
Bilateral Investment Treaties	双边投资协定(BIT)
Branch	分公司
Build-Operate-Transfer	BOT 投资方式
Capital securities	资本证券
Circulation market	流通市场
Closed-end fund	封闭式基金
Comprehensive lease	综合租赁
Construction claim	施工索赔
Coordination of International Direct Investment	国际直接投资协调
Credit Status Analysis	资信调查
Credit Status Rating	资信等级评定
Differences in factors of production	生产要素的非同一性
Euro Bonds	欧洲债券
European Union	欧盟
Exclusive license	独占许可
Export of labor	劳力输出
Factors endowment	生产要素禀赋
Factors of production	生产要素
Feasibility Study	可行性研究
FIDIC clause	FIDIC 条款
Financial assistance	财政援助
Financial lease	融资租赁
Foreign bonds	外国债券
Foreign-Invested Enterprises	外(独)资企业

Foreign-Invested Holding Companies	投资性公司
Foreign-Related Taxation	涉外税收
Foreign Taxation	外国税收
Global bond	全球债券
Global Regional Structure	全球性地区结构
"Go out" Strategy	"走出去"战略
Grant Element	赠予成分
Guarantee letter	银行保函
Intellectual property rights	知识产权
International Competitiveness of Corporations	企业国际竞争力
International Direct Investment	国际直接投资
International Direct Investment Climates	国际直接投资环境
International Double Taxation	国际双重征税
International Economic Cooperation	国际经济合作
International Joint-Venture Enterprises	国际合资企业
International Sole Enterprises	国际独资企业
International Taxation	国际税收
International Taxation Treaties	国际税收协定
International Tax Avoidance	国际避税
International Tax Evasion	国际逃税
International Tax Heavens	国际避税地
Investment Climate Rating	投资环境等级评分法
Investment motive	投资动机
Invitation to tender	招标
Investor-State Dispute Settlement	投资者—东道国争端解决机制(ISDS)
Issuance market	发行市场
Know-how	专有技术
Labor	劳务
Legal Organizational Structure	法律组织形式
Leveraged lease	杠杆租赁
Liaison Office	联络办事处
Localization of Operation	经营当地化
Maastricht Treaty	《马斯特里赫特条约》
Macro-Management of Overseas Direct Investment	海外直接投资宏观管理

M&A of Foreign-Invested Enterprises	外商投资企业的合并与分立
M&A for Domestic Enterprises	并购境内企业
Main contracting	总包
Maintenance lease	维修租赁
Madrid Agreement Concerning International Registration of Trade Marks	《商标国际注册马德里协定》
Monopolistic Advantage Theory	垄断优势理论
Multilateral Agreement on Investment(MAI)	多边投资协定
Multilateral aid	多边援助
Multilateral Framework on Investment(MFI)	多边投资框架
National Taxation	国家税收
Negative List	负面清单
Non-Equity Investment	非股权投资
North American Free Trade Area	北美自由贸易区
Official development assistance	官方发展援助
Opened-end fund	开放式基金
Operating lease	经营租赁
Parent Company	母公司
Paris Convention for the Protection of Industrial Property	《巴黎公约》
Patent right	专利权
Physical Environment	硬环境
Pilot Free Trade Zone	自由贸易试验区
Programme assistance	方案援助
Project Assessment	项目评估
Pre-establishment Treatment	准入前国民待遇
Qualified Foreign Institutional Investors	合格的境外机构投资者(QFII)
Qualified Domestic Institutional Investors	合格的境内机构投资者(QDII)
Refocusing	归核化
Reverse merger	买壳上市
Sale and lease back	售后回租
Separate contracting	二包
Service contract	劳务合同
Shareholding Companies with Foreign Investment	外商投资股份有限公司
Simple license	普通许可

Sino-Foreign Contractual Joint Ventures	中外合作经营企业
Sino-Foreign Equity Joint Ventures	中外合资经营企业
Soft Environment	软环境
Sole license	排他许可
Strategic Appliance	战略联盟
Subcontracting	分包
Subsidiary	子公司
Tariff union	关税同盟
Tax Base	税基
Tax Jurisdiction	税收管辖权
Tax Rate	税率
Tax Type	税种
Technical assistance	技术援助
Technology	技术
The Eclectic Theory of International Production	国际生产折中理论
Theory of Ownership-Internalization-Location	OIL 理论
The Theory of Comparative Advantage	比较优势理论
The Theory of Internalization	内部化理论
The Theory of Investment Development Cycle	投资发展周期理论
The Theory of Product Life Cycle	产品生命周期理论
The United Nations Development System	联合国发展系统
Trade diverting effect	贸易转移效应
Trade expansion effect	贸易扩大效应
Trademark right	商标权
Transfer Price	转移价格
Transfer Price Taxation	转移价格税制
Transnational Corporations	跨国公司
Transnationality Index (TNI)	跨国化指数
Transnational Mergers and Acquisitions	跨国并购
Transnational Movement of Factors of Production	生产要素的国际流动
Trans-Pacific Partnership Agreement	跨太平洋伙伴关系协议(TPP)
Treaty of Rome	《罗马条约》
Turn-key contract	交钥匙合同
Viner model	范纳模型

参考文献
References

[1] 杨海明,王燕．投资学[M]．上海:上海人民出版社,1998.

[2] 马春光．企业国际化经营与管理[M]．北京:中国对外经济贸易出版社,1996.

[3] 王志乐．走向世界的中国跨国公司[M]．北京:中国商业出版社,2004.

[4] 王志乐．2005 跨国公司在中国报告[M]．北京:中国经济出版社,2005.

[5] 成思危．中国境外投资的战略与管理[M]．北京:民主与建设出版社,2001.

[6] 姜少敏,侯书森．财富论谈:破译世界 500 强经营内幕[M]．北京:中国城市出版社,1999.

[7] 刘文军,宋宏涛．500 强:成功在中国[M]．北京:兵器工业出版社,1999.

[8] (英)尼尔·胡德,斯蒂芬·扬．跨国企业经济学[M]．北京:经济科学出版社,1994.

[9] 杨德新．跨国经营与跨国公司——理论、原理、运作、案例[M]．北京:中国统计出版社,1996.

[10] 胡景岩．外商投资最新法规解答[M]．北京:企业管理出版社,2002.

[11] 江小娟．中国的外资经济[M]．北京:中国人民大学出版社,2002.

[12] 林康．跨国公司与跨国经营[M]．北京:对外经济贸易大学出版社,2000.

[13] 陈继勇等．国际直接投资的新发展与外商对华直接投资研究[M]．北京:人民出版社,2004.

[14] 中国企业国际化管理课题组．企业财务国际化管理案例[M]．北京:中国财政经济出版社,2002.

[15] 王巍．中国并购报告(2004)[M]．北京:人民邮电出版社,2004.

[16] 卢进勇．中国企业海外投资政策与实务[M]．北京:对外经济贸易大学出版社,1994.

[17] 卢进勇．海外企业的经营与管理[M]．北京:中国青年出版社,1996.

[18] 卢进勇,朱希彦．国际经济合作与投资理论和实务[M]．北京:中国审计出版社,1997.

[19] 卢进勇．入世与中国利用外资和海外投资[M]．北京:对外经济贸易大学出版社,2001.

[20] 卢进勇,杜奇华．国际经济合作[M]．北京:对外经济贸易大学出版

社,2000.
[21] 卢进勇等．国际服务贸易与跨国公司[M]．北京:对外经济贸易大学出版社,2002.
[22] 杜奇华,卢进勇．中小企业海外投资操作实务[M]．北京:中国经济出版社,2003.
[23] 卢进勇,杜奇华．国际投资理论与实务[M]．北京:中国时代经济出版社,2004.
[24] 卢进勇,杜奇华,闫实强．国际投资与跨国公司案例库[M]．北京:对外经济贸易大学出版社,2005.
[25] 储祥银,葛亮,卢进勇．国际经济合作原理[M]．北京:对外经济贸易大学出版社,1994.
[26] 邱年祝,卢进勇等．国际经济技术合作[M]．北京:中国对外经济贸易出版社,1994.
[27] 张汉林,卢进勇．经济增长新引擎:国际直接投资方式、规范与技巧[M]．北京:中国经济出版社,1998.
[28] 张锡嘏,卢进勇,王福明．全国公务员世界贸易组织知识读本[M]．北京:对外经济贸易大学出版社,2001.
[29] 王世浚．国际经济合作理论与实务[M]．北京:中国对外经济贸易出版社,1997.
[30] 科学技术部国际合作司．国际技术转让指南[M]．北京:中国政法大学出版社,2000.
[31] 刘尚志,陈佳麟．电子商务与计算机软件之专利保护[M]．北京:中国政法大学出版社,2005.
[32] 李虹．国际商务中的技术转让[M]．北京:经济科学出版社,2005.
[33] 黄静波．国际技术转移[M]．北京:清华大学出版社,2005.
[34] 张乃根．TRIPS 协定:理论与实践[M]．上海:上海人民出版社,2005.
[35] 张宏良．证券投资概论[M]．北京:中央民族大学出版社,1998.
[36] 于凤坤,姚尔强．投资基金理论与实务[M]．北京:中国审计出版社,1999.
[37] 陈宪．国际服务贸易——原理、政策、产业[M]．上海:立信会计出版社,2000.
[38] 谢康．国际服务贸易[M]．广州:中山大学出版社,1998.
[39] 雷胜强．工程承包与劳务合作案例剖析[M]．北京:中国建筑工业出版社,2000.
[40] 何伯森．国际工程合同与合同管理[M]．北京:中国建筑工业出版社,1999.

[41] 中国机械工业教育协会. 建筑工程招标投标语合同管理[M]. 北京:机械工业出版社,2002.
[42] 国际咨询工程师联合会(FIDIC). 施工合同条件[M]. 北京:机械工业出版社,2002.
[43] 黄汉权. 风险投资与创业[M]. 北京:中国人民大学出版社,2001.
[44] 何树平,胡莜周. 高新技术产业与风险投资[M]. 成都:西南财经大学出版社,2000.
[45] 何孝星. 证券投资基金管理学[M]. 大连:东北财经大学出版社,2004.
[46] 对外经济贸易合作部国际经贸关系司. 中国接受国际无偿援助管理指南[M]. 合肥:安徽人民出版社,2003.
[47] 兹维・博迪等. 投资学精要(Essentials of Investments)[M]. 北京:机械工业出版社,1998.
[48] 桑德萨那姆. 兼并与收购(Mergers and Acquisitions)[M]. 北京:中国人民大学出版社,1997.
[49] Czinkota Michael R., Ronkainen Ilkka A., Moffett. Michael H. International Business[M]. Fifth Edition. The Dryden Press, 1999.
[50] Charles, W. L. Hill. International Business[M]. Second Edition. Irwin/McGraw-Hill, 1998.
[51] Reilly, Frank K., Norton Edgar A. Investments[M]. Fourth Edition. The Dryden Press, Harcourt Brace College Publishers, 1995.
[52] Wilfred J. Ethier. Modern International Economics[M]. Third Edition. W. W. Norton & Company, Inc.1995.
[53] Joel W. Messing. Towards a Multilateral Agreement on Investment[J]. Transnational Corporations. 1997.
[54] Eiteman David K., Stonehill Arthur I., Moffett Michael H. Multinational Business Finance[M]. Eighth Edition. Addison-Wesley Publishing Company, Inc. 1998.
[55] Hymer, S.H. The International Operation of National Firms: A Study of Direct Investment[M]. Cambridge, MIT Press, 1976.
[56] Shapiro, Alan C. Multinational Financial Management[M]. Fifth Edition. Prentice-Hall, Inc., 1996.
[57] Bhagwati, Jagdish. Political Economy and International Economics[M]. The MIT Press, 1991.
[58] Robock Stefan H., Simmonds Kenneth. International Business and Multinational Enterprises[M]. Fourth Edition. Richard D. Irwin, Inc., 1989.
[59] Fatouros, A.A. Transnational Corporations: The International Legal Framework

[M]. Routledge, 1994.
[60] Lecraw, Donald J. Transnational Corporations and Business Strategy [M]. Routledge, 1993.
[61] Bhagwati Jagdish. International Factor Mobility[M]. The MIT Press, 1983.
[62] Feldstein Martin. International Economic Cooperation [M]. The University of Chicago Press, 1988.
[63] Boyd. Gavin, Structuring International Economic Cooperation [M]. Pinter Publishers Ltd, 1991.
[64] Agrra, M. E.International Economic Integration[M]. ST. Martin's Press, 1982.
[65] Krugman, Paul R. Qbstfeld Maurice. International Economics [M]. Second Edition. Harper Collins Publishers, 1991.
[66] Krugman, Paul R. Rethinking International Trade [M]. The MIT Press, 1990.
[67] Porter. Michael E. Competitive Advantage of Nations [M]. The Free Press, 1990.
[68] Ramand, Vernon. International Investment and International Trade in the Product Cycle [J]. Quarterly Journal of Economics, 1966.
[69] Buckley, P., Casson, M. The Future of Multinational Enterprises [M]. London: Macmillan, 1976.
[70] Dunning, J. H. International Production and the Multinational Enterprises [M]. Allen & Unwin, 1981.
[71] Cantwell, John, Tolentino, Paz Estrella. Technological Accumulation and Third World Multinationals [G]. University of Reading, Discussion Papers in International Investment and Business Studies, 1990 (139).
[72] UNCTAD. World Investment Report 2005, Transnational Corporations and the Internationalization of R&D [M]. United Nations Publication, 2005.
[73] Dunning. John H. Multinational Enterprises and The Growth of Services: Some Conceptual and Theoretical Issues [J]. 1989.